Voetligte en applous!

Voetligte en applous!

Die beginjare van die
Afrikaanse beroepstoneel

Danie Botha

PROTEA BOEKHUIS
PRETORIA
2006

Voetligte en applous!
Danie Botha
Eerste uitgawe, eerste druk 2006

Protea Boekhuis
Posbus 35110, Menlopark, 0102
Burnettstraat 1067, Hatfield, 0083
protea@intekom.co.za

Tipografie en ontwerp deur Ada Radford
Buitebladontwerp deur Tiglix Digital Communication
Gedruk en gebind deur die Paarlse Drukpersmaatskappy

ISBN 1-86919-090-4

© 2006 Danie Botha
© Alle regte voorbehou. Geen gedeelte van hierdie boek mag sonder skriftelike toestemming van die uitgewer gereproduseer word nie.

Grafiese materiaal met die vriendelike vergunning van die Nasionale Afrikaanse Letterkundige Museum en Navorsingsentrum (NALN) en Eulalia Krige.

Hierdie publikasie is moontlik gemaak deur 'n ruim subsidie van die L.W. Hiemstra Trust.

Vir Charles Fryer

Inhoud

Dankie aan 11
Vooraf 13
Perspektiewe op verhoogkuns 16
Wie was eerste? 19

Wena Naudé: Die meisie wat die appel geëet het
    Die plaasdogtertjie 25
    Stephanie Faure se student 26
    Paul de Groot 27
    Die heks 32
    Huistoe 34
    Die *Oorskotjie*-sage 37
    André Huguenet en *Oorskotjie* 45
    Toe Tommie moes hakkel 47
    Mentor en student 47
    Danie Smal 48
    Huistoe 2 51
    Stories oor Paul de Groot 65
    Van Vondel geen woord 66
    'n Gerieflike huwelik 68
    Besigheid is besigheid 71
    Weer *Oorskotjie* 76
    Onskuldig veroordeel 82
    Die uur van vergelding 83
    Huwelik van die jaar 86
    Die liewe vrou uit Nederland 88
    Wena Naudé-hulle in die Depressie 90
    Die paaie skei 96
    Wena Naudé en André Huguenet "by die ou meulstroom" 98
    'n Reisplan 102
    Die ervarings van 'n amateurspeler 103
    'n Verhoogaangeleentheid 103
    Vergeet van die keiser 104
    Die brug op ons plaas 105
    Ongehoord, Wena! 109
    Otto Wilmot vertel 110
    Die Blinde Swanepoel en sy seun 114
    Japie van Niekerk 114
    Mev. A.E. Carinus-Holzhausen – die "wondermens" 116

Die latere jare van Wena Naudé 119
Terugslae 124
Die sewentigerjare 126
"'n Droom! 'n Droom! My lewe vir 'n droom!" 128
Die slottoneel 131

Die Hanekoms: Oom Paul en tant Gezina
Hoe Hendrik en Mathilde Hanekom mekaar gevind het 133
Met *Oom Gawerjal se dogters en die stemregkoors* op toer 136
Hoe gemaak met onmin? 140
Bloemfontein 142
Die Oom Paul-sage 142
Hoe wen jy teen oom Kaspaas en Chinese satyn? 155
Pikkie Uys 155
Nog 'n geselskap 158
Generaal de Wet 159
Hulp vir feë en helde 160
Jean Plaat-Stultjes 166
Agter geslote deure en *Hans die skipper* 167
In die latere jare 169
Hooggeagte Dominee 170
Drie rigtings 170
Aan die tuisfront 170
Die gordyn skuif toe 171
Die deurvoerder 174

André Huguenet: Die ou wat Ampie gespeel het
Spoghans Borstlap 179
Haar tweede man 180
Paul de Groot gaan kerk toe 182
Oor vriendskap 182
Helene Botha en *Geleende geld* 183
Dis nie myne nie 199
André Huguenet word Ampie 199
André Huguenet word Mal Hans 208
Ampie 2 en *3* 214
'n Storie oor Elsa Fouché en Sann de Lange 227
Haar egskeiding 228
Reklame uit Amerika 233
André Huguenet versus F.C.L. Bosman 234
Te doenig met skape 239
André Huguenet lê die reëls neer 240
Gevaarlike huwelik 242

Afrikaanse toneel in oënskou 243
Mignon Sorel 245
Bannelinge voor die radiomikrofoon 246
Paula Styger 248
Die tweede Grieta 255
Die groot vraag 256
Oorlogswolke 258
Met Hermien Dommisse in *Helshoogte* 259
Absalom, my seun! 261
Geleende vere 262
Galgtou 265
Vergewe en vergeet 267
André Huguenet en die poswese 268
Oor *Hamlet* 268
Afrikaanse toneeltaal 275
Die klere! 276
Oor *Spoke* 276
Altyd my liefste 277
Hassan 277
André Huguenet word Jan van Riebeeck 280
Henri van Wyk 281
Johan Fourie 284
André Huguenet word koning 285
"Die Geval van die Groot Griekse Gebaar" 289
Wat het André Huguenet nóg gedoen? 292
André Huguenet oor sy kuns 296
Was André Huguenet gay? 298
André Huguenet se wense 301
Hulde aan die prins 301

Lydia Lindeque: Die meisie met die silwer rok
'n Aktrise op skool 309
Die *Rosekrans*-toer 315
Weer *Besigheid is besigheid* 326
Kinders en 'n bokkie in *Genoveva* 328
Eienaardige mense 332
Ek het 'n man vermoor 334
Lydia Lindeque en Uys Krige trou 336
Die eerste opvoering van *Magdalena Retief* 337
Noodlotskind 341
"Sy het mos eenmaal in 'n blinkerrok verskyn" 343
Twelfth night 344
Mademoiselle 347

Krige en Lindeque 347
Vir ons manne in die Noorde 350
Lindeque oor *Die arend* 354
G'n proteas vir Cleopatra 355
Die ryk weduwee 356
Krige versus Lindeque 358
Lindeque word Medea 358
Finale 360

Die Afrikaanse toneelkuns van 1911 tot 1967 – 'n oriëntering 361

Bronne 419

Registers 431
Register van persoonsname
Register van titels
Saakregister

Dankie aan

Hennie Aucamp. Hy het die idee van 'n boek oor die toneelkuns in die Afrikaanse letterkunde by my geplant. Toe dit egter die koers van 'n feiteboek ingeslaan het, het hy haas onbekombare boeke aan my geskenk en my van nuttige artikels vertel.

J.J. Labuschagne en Charles Fryer – Labuschagne in 1996 hoofbestuurder en Fryer letterkundige hoofredakteur by Tafelberg-Uitgewers – wat goedkeuring vir die projek verleen het. Hulle het entoesiasme daarvoor opgebou toe hulle een aand sonder my medewete bottels uit my kantoor verwyder en verbruik het. Dit was geskenkwyn wat ek as lid van die Fleur du Cap-toneelprysbeoordelaarspaneel ontvang het. Charles het my sedertdien net aangemoedig.

Twee Tafelberg-sekretaresses: Danita van Romburgh vir transkripsietikwerk van bandopnames af, en Engela Reinke wat die formattering en korrigeertikwerk as haar eerste vryskutwerk ná haar uittrede behartig het.

Die Nasionale Afrikaanse Letterkundige Museum en Navorsingsentrum (NALN) in Bloemfontein se personeel. Dié boek is in 'n groot mate die produk van al die leggers, rakke en kartondose in die toneelafdeling van dié navorsingsparadys. Ek kan Otto Liebenberg, Erika Terblanche, John Moremoholo en Mariëtte de Waal nie genoeg bedank vir aanmoediging en praktiese hulp nie. En dan veral 'n dankie aan Ena van der Walt. Soveel het sy entoesiasties onder my aandag gebring, soveel inligting en stukke het sy opgespoor. Sy en Dux, haar man, was ook besonder gasvry tydens my talle besoeke. Ná haar aftrede het Mariëtte dié leemte gevul.

Amanda Oosthuizen, hulpvaardige bibliotekaresse by Media24 wat ou *Burgers* beskikbaar gestel het.

Ina Kapp en haar personeel van die Kloofstraatse biblioteek hier in Kaapstad, wat ongewone boeke iewers vandaan vir my gekry het.

Oudkollega Eulalia Krige wat ongepubliseerde werk van haar ma, Lydia Lindeque, tot my beskikking gestel het. Ek kon baie daarop steun, veral vir inligting oor Lydia se latere lewensjare. Ook het sy verlof gegee vir die gebruik van korrespondensie wat in die J.S. Gericke-biblioteek op Stellenbosch bewaar word.

Wyle Anna Minnaar-Vos wie se werk oor die Hanekom-egpaar onmisbaar was.

Eghard van der Hoven, oom Eghard vir my, die groot toneelman wat "Uit hoofde van ...", sy rubriekreeks in *Beeld*, aan my geskenk het.

Hannes Horne, Dolf van Niekerk en Chris Lombard vir toneelervarings wat hulle spesiaal vir hierdie boek opgeteken het. Gedeeltes van hulle essays moet ek ongelukkig weglaat omdat dit tyds- en persoonsgewys buite die bestek van die boek val.

Medewerkers wat op 'n uitnodiging in Media24-publikasies gereageer het: Gawie Botha, Isabelle Cordier-Steenkamp, Bettie Gerber (Fox), Henk Hugo, dr.

A.D. Keet, Johann Lochner, Nico Moolman, Marie Munnik, ds. G.J.C. Uys, Ockie en Freda (Kruger) van Rooyen, dr. Mauritz H. Vorster en Otto Wilmot.

Corlia Fourie en Bertrand Retief vir hulle tekste wat belangrike ontdekkings was.

Die personeel van die Nasionale Toneelbiblioteek in Bloemfontein, prof. J.C. Steyn, Johann du Toit en Wim Vorster van DALRO wat almal met navorsing gehelp het.

En nie die minste nie: Nicol Stassen van Protea Boekhuis wat ja gesê vir die publikasie, Hanli Deysel vir die produksiekant, Ada Radford vir die tipografie en ontwerp, Jeanette Ferreira vir haar ferm redaksionele bystand en aansporing, en Martjie Bosman, haar opvolger, wat eweneens met deeglike "regie" ons tot by die "openingsaand" gebring het. Dankie, Martjie, vir jou begrip, toewyding en ure der ure se werk.

Danie Botha
Augustus 2005

Vooraf

Waar is die goeie dae van die reisende Afrikaanse toneel, die goue vergange jare, kla die peperbome op Makwassie, kla tant Mart se losieshuis op Merweville, kla die kerktoring op Aberdeen en kla die Boeresaaltjie op Eendracht. Vermaak kom nou in geblikte vorm na hierdie plekkies, in radioprogramme, televisie-uitsendings en videokassette (Eghard van der Hoven: "Smouse van die illusie", *Die Taalgenoot*, September 1987).

Dit is die jaar 1960. Ek is 13 jaar oud en sit in die voorste gestoeltes in die Paul Biesenbach-saal op Worcester.

Mense in outydse klere kom die verhoog op. Een klop aan 'n "deur". 'n Jong vrou verskyn bokant hulle op 'n "balkon". Hulle praat 'n rukkie. Dan raak dit donker. Wanneer dit weer lig word, huiwer die vrou se bleek handjie 'n sekonde lank teen die "balkondeurraam". Al is daar al weer heeltemal ander mense onder in die "straat" en lei jy uit wat hulle sê af dit is dae later en dit "is" nou selfs 'n ander plek.

Lank ná dié opvoering van Molière se *Die bruidskool* kon ek alles oor en oor in my kop oproep.

In daardie stadium het ek toneel oor die radio geken. Bibberend sit jy op winterse Vrydagaande in Ouma se voorhuis, die tolletjiestoel styf teenaan die tafeltjie met die roomkleurige "dradeloos" aangeskuif. Tot laatnag (net ná nege!).

Dit was my eerste kennismaking met lewende toneel. Hierna het ek radiodramas anders bejeën: Hoor daar, hulle klop mos nou teen 'n kartondeur. Soos op die verhoog.

Op die plaas, op 'n stuk gras langs 'n watersloot met die malse, soet geur van wattelboombloeisels op die laatmiddaglug, het ek ook "stukke opgevoer".

En eendag verskyn hy aan my: 'n vreemde figuur wat skalks glimlag en 'n buiging voor my maak. Iemand in my verbeelding, moontlik 'n herinnering aan die Molière-opvoering. My belangstelling in die toneelkuns het op daardie oomblik 'n gestalte aangeneem.

En toe ontdek ek boonop André Huguenet se *Applous!* (1950) met sy rykdom sepiabruin foto's van al die toneelmense in die Hoër Jongenskool Worcester se biblioteek. Die stimulasie van daardie boek met al die stories, inligting ...

Een of twee keer hou die bussie van die N.T.O. se jeugtoneelgroep stil langs die koraalboom in Tulbaghstraat en weldra eet Irene Durr as Mutti in *Die twisappel* behaaglik aarbeie wat nie daar is nie, maak Jannie Gildenhuys 'n donkiewa van stoele en 'n tafel op ons skoolsaalverhoog en jaag dan vir die vale.

Ná meer as 40 jaar "boei", "bekoor" en "fassineer" die teater my steeds. Het self op my dag en dae toneelgespeel, voor en ná my opleiding deur Christine Liebenberg en Babs Laker by die Akademie vir Dramakuns in Kaapstad in die jare sewentig. Het ook soveel opwinding beleef met die Akademiespelers se opvoerings in Die Kamer of tydens ons Bolandse toere met 'n Gerard Scholtz-kinderteaterstuk. Ek onthou die saamwerk met regisseurs soos Chris Lombard (die gedissiplineerdheid, die aantreklike balans tussen intellek en emosies!), Limpie Basson, Pieter Grobbelaar, Johan van der Merwe en Elza Esterhuizen. Dit was ook die tyd van gebedjies opsê voor ek 'n verskeidenheid huilende skurke in Bennie Fritz-Springbokradiovervolgverhale vir Driaan Engelbrecht of Charles Gentle gaan speel het. Nog sterker gebede was nodig om tog net 'n skrikaanjaende PRODUKSIE van juffrou Suzanne van Wijk te oorleef. Nog later die opwinding en bevrediging om te sien hoe 'n teks lewe kry tydens my regie vir Belville Afrikaanse Toneel (in die jare sewentig tot vroeë neëntigs nog só genoem) en Parow Afrikaanse Toneel se geselskappe. Sedert September 1986 ervaar ek toneel op nog 'n manier: as vryskuttoneelkritikus vir *Die Burger*.

Die afgelope aantal jare is ek lid van die beoordelingspaneel vir die Fleur du Cap-toneelpryse. Ek woon deesdae so baie opvoerings by dat ek my soms daaraan moet herinner dat ek opgewonde moet raak oor nog 'n kans om toneel te sien. Maar die oomblikke dat 'n mens goeie toneel beleef, is steeds buitengewone ervarings. As my gemoed en my verstand geraak word, as ek senurillings ervaar, as ek my inwriemel in my sitplek en hoop die spel sal nog lank duur, dan weet ek my lewe word in daardie oomblikke verryk.

Ek wil graag hier iets van die wesentlike aard van die Afrikaanse toneelkuns vaslê, as 'n uitvloeisel van dié jare lange belangstelling.

Dié boek wil nie 'n geskiedenis van die Afrikaanse beroepsteater wees nie. Dit dek in elk geval net 'n periode: van die ontstaan van die Afrikaanse beroepstoneel tot voor die stigting van die Nasionale Toneelorganisasie in 1947.

In 'n bepaalde hoofstuk val die kollig op 'n spesifieke toneelpersoonlikheid se kinderjare, loopbaan en dood. Die meeste aandag word gegee aan sy of haar aandeel in ons toneelkuns tot voor die stigting van die N.T.O.. Die latere jare word oorsigteliker gedek. Omdat die een persoonlikheid met verskeie van die ander saamgewerk het, kom hy of sy ook in meer as een hoofstuk ter sprake. (Die bladwyser aan die einde van die boek kan help om 'n volledige beeld te kry.)

Dit is 'n gemeenplaas dat toneelspel 'n vervlietende kunsvorm is. 'n Spesifieke vertolking van 'n rol in 'n stuk op 'n spesifieke tyd "leef" net enkele minute of ure, dit wil sê so lank as die opvoering plaasvind. Elke keer dat die stuk aangebied word, is daar 'n verskil. As 'n speler sy woorde op 'n sekere manier gesê het, met 'n bepaalde liggaamshouding, is die skeppingsoomblik verby. Die ervaring van die opvoering deur die gehoor verskil van persoon tot persoon en van oomblik tot oomblik. Die aangrypendheid van gisteraand is vanaand miskien nie weer daar nie. Die duur van 'n opvoering se invloed op die toneelganger wissel ook geweldig. Wanneer die ligte vir die laaste keer by 'n opvoering doof, die applous ophou, leef die artistieke uiting moontlik voort in die geheue van die teatergangers, spelers, verhoogtegnici, regisseur, skrywer, komponiste, teaterbestuur en kritici. 'n Band- of video-opname van 'n opvoering, reklamefoto's of 'n resensie dra by tot bestendiging. Wanneer 'n speler weer sy rol vertolk in 'n filmweergawe van die toneelstuk, word iets van sy oorspronklike vertolking vasgevang, maar dis nie dieselfde as die verhoogoptrede nie.

Ek probeer hier om van die belangrikste en interessantste opvoerings van die jare op te roep om sodoende iets van die verbygegane vas te lê. Dit doen ek deur byvoorbeeld te begin met 'n aanduiding van waaroor die opvoering gehandel het. Daarvoor haal ek gedeeltes uit die teks aan en/of gee 'n opsomming (dikwels deur 'n interpreterende toneelkritikus). Aanhalings uit outobiografiese vertellings, outobiografieë en biografieë, briewe, dagboeke, persberigte en resensies vertel wat alles 'n opvoering voorafgegaan het, wat gedurende 'n opvoering en daarna gebeur het. Tegelykertyd behoort die leser 'n indruk te kry van die daaglikse lewe van die lede van 'n rondreisende toneelgeselskap, hulle persoonlikhede, hulle gemoedstemming. Waardeoordele oor die gehalte van hulle werk en beskrywings van hulle speelstyle kan veral uit die aangehaalde resensies gehaal word, en uit huldeblyke. Die tydsgees word weerspieël deur die kritici se spesifieke taalgebruik en ideologie.

Ek het oorweeg om hoofstukke saakgewys op te bou – afsonderlike hoofstukke oor sê nou maar verhoogvrees, flaters, beligting, repetisies, kunsbeskouings, ensovoort, maar het daarteen besluit. Só gegroepeer sal eenselwigheid dalk intree as jy die stukke een na die ander lees. 'n Historiese verband sal ook ontbreek. Dié wat wel so 'n samevoeging wil hê, byvoorbeeld dramastudente, kan die sakeregister gebruik.

Nog 'n oorweging was om meer van die stof in my eie woorde oor te dra. Ek haal egter baie en direk aan. Sodoende kom 'n verskeidenheid vertelstyle aan bod en wen die gedeeltes aan eerstehandsheid. Dit was ook 'n avontuur om te ontdek hoe boeiend hierdie toneelmense geskryf het en hoeveel gepubliseerde skrywers ook aangehaal kan word: Gustav Preller, Jochem van Bruggen, M.E.R., Uys Krige, N.P. van Wyk Louw, W.E.G. Louw, Anna Neethling-Pohl, Rykie van Reenen, Anna Minnaar-Vos, Roy Niemann, Bertrand Retief, Corlia Fourie, Daan Retief, Barrie Hough, ensovoort. Dolf van Niekerk en Chris Lombard het op my versoek vir hierdie publikasie geskryf.

Ek weerhou my van kommentaar op of interpretasies van die aanhalings om sodoende nie die leser se afleidings en inlewing aan bande te lê nie. Ek wil ook nie die outentisiteit versteur deur die leser kort-kort met 'n "sic" daaraan te herinner dat taal en spelling deur die jare verander het nie. Dit geld ook titels van toneelstukke. Bykomende inligting word tussen vierkantige hakies verskaf om die lastigheid van voetnote te vermy.

Sekere uitsprake, byvoorbeeld rassistiese aanspreekvorms, word behou as tydsgebonde dokumentasie.

My Molière-vriend buig uitnodigend. Laat ons begin.

Perspektiewe op verhoogkuns

Anna Neethling-Pohl (1980):
> Laat my toe om iets oor die akteur in die algemeen te sê. En dan praat ek met u oor wonderwerke, groot en klein, en oor die vreemde betowering van 'n persoonlikheid. Ek praat oor verbeelding, soos van 'n baie gevoelige kind, oor 'n droomwêreld vol maskers en geheimenisse, waarin konkrete dinge vloeibaar word, en ánders word in die metabolisme, wat die bloedsweet van 'n vertolker veroorsaak. Die wêreld van die akteur is 'n wêreld vol visioene, verwagtinge, energieke toewyding ... en hoofsaaklik onrus, onsekerheid, verydeling, vergesigte, triomf en ekstase (by uitsondering!). Sy beroepsrisiko is die neerlaag, en sy kenmerkendste krag is sy elastisiteit en sy geloof, vas en seker, dat dit die volgende keer 'n skitterende sukses sal wees!
>
> ... Elke mens het iets wat volkome en met presiese omtrek net syne is, wat niemand anders op aarde net so het nie: sy eie lewe en persoonlikheid. Maar buite die begrensing daarvan lê die hele, groot, wonderlike lewe nog baie verder – verlede, hede, toekoms – en dis die taak en voorreg en geroepenheid van die akteur om, in vennootskap met die dramaturg-digter, daardie ander wêreld vir die gemeenskap oop te maak deur 'n beleefde daad daarvan te maak. Beleef. Ervaar. Deurvoel.

Chris Lombard (1996):
> Eintlik was ek altyd baie gelukkig om deur my jare lange vriendskappe [met Jannie Gildenhuys en Cobus Rossouw, byvoorbeeld – D.B.] betrokke te wees by die professionele toneelontwikkeling in ons land, al was dit dan nie regstreeks op die verhoog nie en dikwels net as klankbord. Ek het talle administratiewe krisisse intens meegemaak, om nie te sê persoonlike traumas nie. Maar die lekkerste onthou vir my is die baie, baie aande as ons ná 'n opvoering ure lank in 'n laatooprestaurant oor teatersake gesels het. Toneelmense is nagmense; ná die verhoogsessie bly die adrenalien nog borrel sodat hulle dan op hulle kommunikatiefste is, en wil kuier. Maar op dié manier het ek ook meer van die akteur se lewe en kuns geleer as waarskynlik uit al die teaterboeke wat ek gelees het.
>
> Die algemene opvatting van nagaandheid ten spyt, het ek toegewyde akteurs leer ken as lojale kamerade wat diep begaan is oor mekaar se lot, seker des te meer in 'n beroep wat dikwels so wisselval-

lig kan wees soos die akteur se kuns efemeer van aard is. Hulle is op grond van 'n hooggelaaide emosionaliteit en nerveuse gevoeligheid – voordelige attribute vir die vertolker – lank nie die rustigste teenwoordighede nie, terselfdertyd is hulle baie selde fletserige siele. En dit gee aan 'n lewe saam met hulle 'n verhewigde kwaliteit, 'n breër register, ja, ook 'n onverwagsheid, wat ek meer as gelukkig was om so lank te kon deel.

... [In Jannie Gildenhuys se Werksteaterdae by SUKOVS] het ons alles gevind wat ons geglo het nodig is vir waarlik kreatiewe en groeiende teater: 'n hegte, toegewyde groepie begaafde akteurs wat oor 'n lang periode saamwerk, fyn aanvoeling vir mekaar se vertolkingsvermoë ontwikkel terwyl hulle – sonder behoefte aan ster- of eie status – slegs ingestel is op die skeppende situasie – en in afwagtende gereedheid vir daardie mirakuleuse oomblikke wat so onverwags en oplugtend op die verhoog kan plaasvind.

... [Maar] wat bly hiervan oor? In hierdie lánd? Daar is al klaar ander name, ander tale, ander behoeftes. Maar iéts bly. 'n Herinnering aan 'n bepaalde vertolking op 'n bepaalde aand, onverganklike woorde wat 'n bepaalde akteur só gesê het dat dit met die dae in waarde toeneem, miskien ook as amulette teen verandering en die tyd. Nee, iets bly tog vir hulle wat onthou. Baie bly.

Eghard van der Hoven (1987):

Dit is 'n ervaring wat 'n mens by uitsondering beskore is: om die wonderwerk van die teater te beleef waar daar deur die intense wisselwerking tussen gehoor en vertolker 'n estetiese ervaring van skoonheid geskep is wat byna volmaak is.

Dit is by sulke geleenthede dat die teater nie net 'n plek van vermaaklikheid is nie, maar ook 'n altaar van kentering, van suiwering en artistieke ekstase.

N.P. van Wyk Louw (1939:23):

Almal wat smart ken, wat nog rusteloos is, leeg, honger; wat in geslagtelike en ander sake onbevredig is: jong meisies en seuns wat nog nie deur die "vrolikheid" in besit geneem is nie; baie vrouens, weduwees, oumense; almal wat iemand dierbaar verloor het en hul smart nog jonk in hulle voel, almal wat om iets onbereikbaars treur; almal wat die metafisiese smart, die eintlike skoonheidsverlange, ken ... húlle kan die mooi dinge waardeer as hulle ook die vermoë om te verstaan, daarby besit.

... Moet die "romantiese" dan heers in die lewe? Die naam is verkeerd hier. Ons moet liewers sê: die "digterlikheid" of die "skoonheidsliefde", of die "onmiddellike eerlikheid teenoor die lewe" – dié moet heers. Die ontvanklikheid vir wat mooi is, die drang daarnatoe. Dit wat alleen by die ontevredenes, die verlangendes, die mense wat smart ken, te kry is.

Wie was eerste?

Wena Naudé, Hendrik en Mathilde Hanekom, André Huguenet en ander persoonlikhede in hierdie boek het dít gemeen: Hulle was die eerste Afrikaanse beroepstoneelspelers.

Waar, wanneer en deur wie is die Afrikaanse beroepstoneel in die lewe geroep? Sou dit dalk by 'n klompie Maties begin het?

L.W.B. Binge vertel dat studente van die Universiteit van Stellenbosch in 1920 met *Die Hoop van Suid-Afrika* en *Die Vrou van Suid-Afrika* van C.J. Langenhoven na 24 dorpe gereis en dit 42 keer opgevoer het. Timo Kriel, onderwyser op Stellenbosch, was die spelleier. B.B. Weitsz, lid van die groep, het beweer dat hulle op 'n suiwer professionele basis gespeel en gereis het. Die totale opbrengs van die toer was £1 750, die onkoste sowat £1 200. Op pad was elke lid van die geselskap verantwoordelik vir sy etes en ander persoonlike uitgawes. "Ná afloop van die reis is aan elke speler £45 oorhandig – 'n geringe vergoeding vir die ontberings en harde werk van twee maande" (1978: 101). 'n Kortstondige bestaan as professionele geselskap dus.

Ongetwyfeld van groter belang is die ontstaansgeskiedenis wat Hendrik Hanekom en Wena Naudé skets.

In *Die Huisgenoot* van 30 Maart 1945 gee Hanekom 'n oorsig oor 20 jaar van Afrikaanse beroepstoneel. Daarin weerlê hy sekere uitsprake wat André Huguenet in *Die Huisgenoot* van 26 Januarie 1945 gemaak het. Hanekom beskryf aanvanklik sy en sy vrou, Mathilde, se jare as amateurs sedert 1912. Nadat hulle gesien het hoe suksesvol die Engelse beroepstoneel was – byvoorbeeld Marjorie Clifton se *A little bit of fluff* (Walter Ellis), *Twin beds* (Margaret Mayo en Salisbury Field) en *Woman to woman* (Michael Morton) – vertrek hulle in Augustus 1925 vanaf Lydenburg na Pretoria "om 'n beroepsgeselskap op die been te bring" (Hanekom, 1945).

In Pretoria tref hulle Paul de Groot aan, ondersteun deur Danie Smal en mev. A.E. Carinus-Holzhausen. Hanekom beklemtoon die De Groot-geselskap se amateurstatus: "Die opbrengs van die opvoerings, ná aftrek van koste, sou aangewend word as traktement vir De Groot." Die daaropvolgende De Groot-opvoerings van *Huis-toe* en *Oorskotjie* beskou hy as amateurwerk. Eers in Januarie 1926, nadat ondersteuning van African Theatres verkry is – deur Danie Smal se toedoen – kon De Groot "met sy eerste Afrikaanse beroepsgeselskap op reis gaan".

Hanekom is oortuig daarvan dat hy De Groot ses maande voor was met die stigting van 'n beroepsgeselskap (Hanekom, 1945). Hy vervolg:

> Buitendien kan De Groot se geselskap nie as 'n beroepsgeselskap bestempel word nie, omdat sy spelers almal alleen liefhebbers was en nie een van hulle daaraan gedink het om hul werk prys te gee om beroepspelers te word nie ... Fanie Eloff, die beeldhoukunstenaar, is

terug na Frankryk; dr. Anna Aucamp is terug na haar kollege; Danie Smal het sy eie voordragreise hervat; en Stephanie Faure is aan die Pretoriase Normaalkollege aangestel. Wat artistieke versorging en prestasie betref, wil ek my opvoerings beslis nie met dié van De Groot vergelyk nie. Hy het toe reeds baie jare ervaring gehad benewens opleiding aan 'n toneelskool oorsee, terwyl ek slegs ingebore kennis en liefde vir die toneel aan my kant gehad het. Hulle het tydelik hul beroepe op die agtergrond geskuif en hul kosbare tyd aan die Afrikaanse toneel gewy. Daarvoor behoort ons land hulle altyd dankbaar te bly.

Volgens Hanekom (1945) het hy "op beskeie wyse en op eie houtjie stilweg begin organiseer" in Pretoria:

> Dit was nie moeilik om 'n geselskap bymekaar te kry nie. Die groep het bestaan uit Hendrik en Mathilde Hanekom, Jan van der Walt, Ernst Killian, Simon Malherbe, Daisy Basson, Marie van Niekerk en Hester du Plessis, met P.F. Erasmus, as "advance agent" ... Ons het dadelik begin met die instudering van twee stukke wat ek self aanmekaar gesit het: *Oom Gawerjal se dogters en die stemregkoors*, 'n klug, en 'n drama in drie bedrywe, *Liefde en geldsug*. Op Woensdag 16 September 1925 is alles gereed vir die groot avontuur. Met 'n hele spoorwegwa tot ons beskikking vertrek ons laggend en vol geesdrif van Pretoria af. Daardie aand hou ons 'n eerste opvoering van *Oom Gawerjal* in die Mynsaal op Premiermyn.
>
> In November 1925, nadat ons reeds heelwat ondervinding agter die rug gehad het, voer ons op 'n aand *Oom Gawerjal* in die Spoorweginstituut op Volksrust op. Paul de Groot het in die gehoor gesit. Met die pouse ontvang ek 'n briefie van hom waarin hy vra om my na afloop van die stuk te spreek. Ek onthou nog goed sy eerste woorde: "Ik heb me gek gelag ...'n egte volkstuk. As dit in Nederlands was, sou dit in Nederland seker 'n duisend opvoerings beleef het." ... Daardie aand het ons tot kleinvannag oor die toekoms van die Afrikaanse beroepstoneel gesels. De Groot was toe op Volksrust besig met die afrigting van 'n klompie amateurspelers vir 'n Engelse toneelstuk voordat hy in Januarie 1926 sy eerste toneelreis deur Suid-Afrika sou aanvaar. Intussen was hy besig om 'n geselskap beroepspelers saam te stel.
>
> Chronologies kom die Hanekoms dus die groot eer toe dat hulle die eerste leiers van 'n Afrikaanse beroepsgeselskap was. Maar Paul de Groot met sy uitgebreide kennis en ryper ervaring het sekerlik die beroepstoneel vir ons gevestig en deel die eer as "medestigter".

Hiermee stem Wena Naudé nie saam nie. In 'n artikel in *Die Huisgenoot* van 17 Augustus 1945 probeer sy van Hanekom se aansprake weerlê.

Sy noem eers persone wat 'n gunstige klimaat help skep het en in 'n sekere sin as stigters beskou kan word: mev. A.E. Carinus-Holzhausen met haar vertalings en verwerkings van toneelstukke, Stephanie Faure as toneeldosent, regisseuse en speler, Danie Smal – "die eerste persoon in ons land ... wat voltyds sy aandag aan die Afrikaanse toneel bestee het" – en Fanie Eloff – "die bekende beeldhouer ... wat ook stil en onselfsugtig belangrike werk gedoen het". Dan wil sy graag by Paul de Groot stilstaan:

> [Sy] bydrae tot die Afrikaanse beroepstoneel word nie altyd heeltemal reg voorgestel nie. Om dié rede wil ek graag kortliks 'n paar gebeurtenisse en datums noem. Voordat ek dit doen, verwys ek eers na 'n paar uittreksels uit 'n program van mnr. Hanekom en na 'n artikel wat hy in *Die Huisgenoot* van 30 Maart 1945 gepubliseer het. "Terwyl die Hanekoms nog op reis was met *Oom Gawerjal* het Paul de Groot na Suid-Afrika gekom, en etlike dorpe besoek op 'n voordragreis. Ondertussen het hy ook een van die Hanekoms se opvoerings bygewoon, en die moontlikheid van die toneel in Suid-Afrika het hom dadelik opgeval." Verder in dieselfde program: "... reeds in Mei 1925 het Hanekom sy veilige betrekking as stadsklerk neergelê vir die wisselvallige loopbaan van die Afrikaanse beroepstoneelspeler ..." [Kyk teks vir 'n programaantekening deur F. van Rooyen in Toneelmuseum by NALN; dit toon woordelikse ooreenkomste met Hanekom se artikel in *Die Huisgenoot*, p. 9 – D.B.]
>
> Het mnr. Hanekom dan nie sy betrekking in Augustus 1925 neergelê nie? In Mei dieselfde jaar was hy dus nog stadsklerk op Lydenburg. In 'n artikel in *Die Huisgenoot* van Maart 1945 weerspreek mnr. Hanekom self hierdie deel van sy program: "Ons het huis en haard vaarwel gesê en met ons dogtertjie, Tilana, wat toe drie jaar oud was, in Augustus 1925 vertrek om 'n beroepsgeselskap op die been te bring." En verder in dieselfde artikel: "Nadat De Groot sy voordragreise in Kaapland gestaak het, in Junie 1925, het mnr. Schoeler hom aangeraai om na Pretoria te gaan. Hier is hy na mev. Carinus-Holzhausen verwys ..."
>
> Die regte datums sal die volgende wees: Paul de Groot het reeds, soos deur André Huguenet in *Die Huisgenoot* van 26 Januarie 1945 uiteengesit, teen die einde van 1924 op die Skiereiland onder die beskerming van die Kaaplandse Superintendent-generaal van Onderwys op etlike plekke opgetree. Op Vrydag, 20 Maart 1925, ontmoet hy Stephanie Faure in Pretoria. Onmiddellik daarna volg 'n reeks voordragkonserte in Pretoria en op die Rand. Dan op 2 Mei 1925 bring hulle hul eerste groot opvoering, nl. *Die Heks* van Leipoldt, in

die Operagebou, Pretoria, op die planke. Oor hierdie datums en besonderhede bestaan daar geen twyfel nie. Die opvoering van *Die Heks* onder die regie van De Groot is voorafgegaan deur Fagan se *Lenie*, wat deur Stephanie Faure afgerig is. Medewerkers aan hierdie opvoering was Fanie Eloff, wat met die dekor behulpsaam was, en wyle mnr. A. van Schaik, wat toe en dikwels daarna gehelp het met die dekor en veral met die grimering van die spelers. Die rolverdeling was soos volg: *Kardinaal*, Paul de Groot; *Elsa*, Stephanie Faure; *Janetta*, Greta [Marguerite] de Vos; *Placido*, Herman Steytler; *Eugenio*, Henri Celliers; *Paasje*, Elsa Niemeyer. Met die sukses van hierdie opvoering en die bewondering wat dit afgedwing het, is die Afrikaanse beroepstoneel gebore. Die opbrengs van hierdie opvoering was ten bate van die spelers self. [In Naudé se ongedateerde getikte weergawe by die Toneelmuseum van NALN is die laaste sin onderstreep, met 'n handgeskrewe aantekening daarby: "Kan ek nie bewys nie" – D.B.]

Oor die span wat die eerste reise onderneem het, kan daar ook nie getwyfel word nie. Hier volg die toerplan van *Die Heks*: 4 Junie 1925 in Johannesburg (Duitse skoolsaal); 5 Junie 1925 op Standerton; 6 Junie op Volksrust; 10 Junie 1925 die tweede keer in Pretoria.

Ek kan gerus herhaal dat hierdie opvoering die eerste van sy soort en gehalte was. Dit was die eerste stuk waarmee getoer is, en dit was die eerste stuk waarin professionele spelers teen vergoeding opgetree het. Mnr. Hanekom sê verder in die artikel wat ek genoem het: "Die bedoeling was om 'n amateurspan aan die gang te hou wat deur De Groot afgerig sou word ..." Dit is onjuis. Hierdie spelers het *ongetwyfeld* vergoeding ontvang, en die stuk is ten behoewe van *die geselskap* opgevoer. Fanie Eloff het egter sy vergoeding geweier. Toe het Danie Smal op die toneel verskyn. Saam met Fanie Eloff, in oorleg met wyle mev. Carinus-Holzhausen en met die medewerking van Stephanie Faure, is daar besluit om *Huis-toe* op te voer, weer ten behoewe van die spelers self. Hierdie stuk is die eerste keer in die ou Stadshuis in Pretoria op 9 Julie 1925 opgevoer. Dit was so 'n sukses dat 'n tweede opvoering onmiddellik gereël is. Dit het op 11 Julie plaasgevind. Ook is dit hierdie stuk wat die eerste keer in die geskiedenis van die Afrikaanse toneel 'n volle week lank op een plek opgevoer is, en wel vanaf 14 tot 19 September 1925 in die Standard-teater in Johannesburg. Op 26 September 1925 is *Huis-toe* ook in die Stadhuis op die planke gebring. Die derde stuk wat hierdie geselskap aangepak het, was *Oorskotjie*, wat die eerste maal op 7 September 1925 op Premiermyn opgevoer is en op 10 September in die Operagebou, Pretoria. Aan hierdie stuk is sedert 7 Augustus van dieselfde jaar geoefen. Ek wil graag met nadruk daarop wys dat hierdie opvoering van die geselskap hul *derde* onderneming was, en eers 'n week later, naamlik op 16 September, het mnr. Hanekom sy eerste stuk op Premiermyn opgevoer.

Hierdie datums stel na my mening vas wie die eerste professionele toerspan was en dus ook wie die stigters van die Afrikaanse beroepstoneel was.

L.W.B. Binge (1978: 139) het egter die weersprekings en vaaghede ondersoek sodat hy as arbiter kon optree:

Hendrik Hanekom se geselskap, "Die Afrikaanse Toneelspelers", reis dus van Oktober 1925 as 'n beroepsgeselskap. Paul de Groot, steeds persoonlik 'n beroepspeler, se eerste Afrikaanse beroepsgroep begin eers in Januarie 1926. Bloot chronologies was Hanekom vir De Groot dus ruim drie maande voor.

Die eerste Afrikaanse geselskap wat die bestaansmoontlikheid van 'n Afrikaanse beroepstoneel bewys het, was egter die geselskap wat Hanekom en De Groot in Julie 1926 saamgestel het. Dié geselskap het die grondslag aangedui en gelê waarop alle latere Afrikaanse beroepsgroepe tot 1947 opgetree het ... Die stigters van die Afrikaanse beroepstoneel was dus as eerste Hendrik Hanekom en Paul de Groot, met De Groot die spil waarom al die vroegste beroepstoneelpogings gedraai het en die man wat die gehalte van Afrikaanse beroepsopvoerings opgeskuif het.

Wena Naudé
Die meisie wat die appel geëet het

Wena Naudé se verhaal word hoofsaaklik vertel met ruimskootse aanhalings uit die outobiografiese artikelreeks van 1973 in *Die Brandwag*.

Die plaasdogtertjie

Oor Wena se kinderdae laat sy haar suster Hester vertel (*Die Brandwag*, 2 Maart 1973):

> Sy't altyd toneelgespeel, ek onthou nog goed, ag, sy was nog nie eers in die skool nie, toe neul sy eendag oor 'n kissie. My ma sê toe naderhand maak tog maar vir die kind 'n kers- of seepkissie leeg dat sy kan end kry. Sy was 'n laatlammetjie, en ons het haar maar altyd haar sin gegee. Sy's daar weg met haar kissie. Ma raak toe naderhand onrustig en vra my om te gaan kyk wat Wien aanvang. Ek kry haar by die watervoor onder die bome waar die Makateeskinders by hulle pappot sit. Plegtig bo-op die kissie – met 'n vinger wat na die wolke wys – "preek" sy vir die kinders. "Hy sit daar – die Grootbaas ... Hy kyk vêr, Hy kyk baie, Hy sien alles, Hy sien die ounooi se vet wat julle steel, Hy sien tot in julle se pense." Foei tog, het ons gedink. Sy sal seker maar eendag sendingwerk doen ...

In *Dagbreek en Landstem* van 14 Desember 1969 vertel Wena in meer besonderhede oor haar kindertyd:

> Agnes Alwena is as die jongste van ses kinders op 31 Desember 1905 op Vlakplaas in die distrik Volksrust gebore, waar haar vader, Barend, met skape geboer het. Haar moeder, Susanna, was reeds 46 jaar oud en daar's daarom gefluister dat sy eerder die buite-egtelike kind van

'n jonge dogter was. Hulle huis van ysterklip het haar pa by generaal Piet Joubert se seun Jan gekoop.

Wena gaan op Rooidraai skool. Daar raak sy op agt jaar verlief op 'n outjie van so nege jaar. Kordaat rig haar kêrel sy huweliksaansoek tot oom Barend: "Oom, as ek Wena kan kry, gee ek Oom eendag 'n span rooi Afrikanerosse. Oom moet net ja sê." Vir sy dapperheid kry hy toe byna 'n loesing. Op 18 het sy wel verloof geraak aan hom, maar dit het nie op 'n huwelik uitgeloop nie.

Reeds as kind trek sy aandag met voordrag. By die jaarlikse voordragwedstryd tydens Geloftefees is sy selfs 'n keer gevra om nie deel te neem nie sodat die ander ook 'n kans kan kry.

Haar eerste toneelrol in *Die omslagtige tant Lenie* van C.J. Langenhoven het haar gewalg. Volgens haar was die opvoering ten behoewe van die een of ander kultuursaak, of selfs 'n politieke party.

Kort ná standerd agt laat haar ouers haar terugkom plaas toe. Sy wou graag verder leer, maar raak tog gou heeltemal tevrede op die plaas met haar perde, hanslammers en kêrels uit die dorp. Dit was juis hulle wat haar kom haal het om te gaan luister toe prof. E. Lauwerijs uit Nederland op Volksrust kom voordra het.

Daardie aand het sy besef wat gedoen kan word. Sy het haar klavier, beeste en hanslammers verkoop en is teen die wil en wense van haar hele familie na Pretoria waar sy in 'n fietswinkel gewerk het en voordraglesse by Stephanie Faure geneem het.

Stephanie Faure se student

Wena vertel in *Die Brandwag* van 2 Maart 1973:

In Stephanie Faure se dagboek is aangeteken: "Wena Naudé begin lesse 13 Oktober 1924."

Daar word gewerk. Soggens vroeg, voor Pretoria ordentlik wakker was, het ek in die Prinsespark gaan asemhaal en brom. Ek was as 't ware terug by suster Hester se Makatesies-storie, met die baie mannetjies wat aangee en aangee om my. Dis 'n midderif-asemhaling – dis 'n ribbespier-asemhaling: stadig inasem ... stadig uitasem. Asem vashou; dis spraakorgane van artikulasie ... Dis resonansieoefeninge: brom 'n reeks m's – m m m m m – tot jy die trilling in die resonansieholtes kan waarneem ... in die keelholte, onder die ken, tussen die oë. Brom tot jy 'n kielie-sensasie op die lippe voel, dan weet jy dat die stem na vore geplaas is.

Ek het een oggend nog so lustig gebrom toe 'n klein dogtertjie vir so al wat sy werd is na haar ma toe hardloop met 'n "Mamma, daar's 'n mal tannie in die park".

> Maar ek was pligsgetrou. Ek het gebrom en asemgehaal net waar en wanneer ek kon. Toe ek eenkeer by broer Ben-hulle gekuier het, kom hy die môre van die kraal af huis toe met: "Wat 'n lieflike stil oggend! 'n Mens kan buurman Koos se roomafskeier duidelik hier hoor dreun!"

Paul de Groot

Op Dinsdag 28 Oktober 1924 kom iemand in Kaapstad aan wat 'n groot invloed op Wena Naudé en talle ander spelers sou hê – Paul de Groot. In 'n onderhoud tydens haar latere studiereis na Nederland in 1933 vertel Wena oor sy aankoms (ongeïdentifiseerde, ongedateerde knipsel, F.C.L. Bosman-versameling, Toneelmuseum, NALN):

> Een jaar of acht geleden stapte in Kaapstad een jong Nederlandsch acteur aan wal en omdat hij groote plannen had, stapte hij af in het grootste Kaapstadsche hotel, al zat er behalve een dikke aanbevelingsbrief niet zooveel in zijn portefeuille ... Hij hoorde niet veel anders dan Engelsch spreken; de schrik sloeg hem om het hart, hij informeerde hoeveel een passage Kaapstad-Batavia kostte. Maar de passage was hoog; te hoog. En zoodoende kreeg Zuid-Afrika een Afrikaansch tooneel ...
>
> Want toen Paul de Groot mismoedig zijn weg naar het hotel terugvind, klonk hem op een straathoek een zeer hartig Afrikaansche vloek in de ooren, en hij kreeg hoop. Waar rook is, daar is vuur. Waar een Afrikaansche vloek is, daar is een Afrikaansche taal, en waar een taal is, daar moet een theater zijn.
>
> En nu, acht jaar later, is het eerste wat de Zuid-Afrikaansche actrice en tooneelleidster Wena Naudé ons vertelt over de Afrikaansche tooneeltoestanden:
>
> – Paul de Groot is onze tooneelvader. Hij heeft ons Afrikaansch tooneel gemaakt. Het is jong, maar er zijn thans vier troepen: die van De Groot, het gezelschap Plaat Stultjes, het gezelschap Huguenet en onze troep, het Oorskotjie-gezelschap.

Volgens Binge (1969: 82) is Paul de Groot op 11 Januarie 1878 in Soerabaja in die destydse Nederlands-Oos-Indië gebore.

> Van sy ouers en sy jong jare is niks met sekerheid bekend nie. Wel het hy self vertel dat sy vader 'n Nederlandse offisier in die Ooste en sy moeder 'n Franse dame was.

Lydia Lindeque vertel ook in *Trek op die skerm*, haar outobiografie, dat Paul altyd vaag omtrent sy familie was (1941: 41):

Al wat hy ons vertel het, was dat hy in Soerabaja gebore is, dat sy pa 'n militêr was en sy ma 'n Franse sangeres. En die aand toe hy die eerste lewenslig aanskou het, was diewe besig om sy pa se brandkas met 'n boorlamp oop te blaas. Verder kon ons nooit uitvind of hy nog broers, susters, niggies of neefs het nie. Arme Paul, ons het hom dikwels jammer gekry dat hy so alleen op die wêreld is.

Binge (1969: 40 e.v.) skryf dat Paul de Groot van 1906-1907 die toneelskool in Amsterdam bygewoon het:

> ... dit wil sê op vry gevorderde leeftyd. Dat hy uitnemende werk aan die toneelskool gedoen het, is seker. In 1907 verwerf hy die einddiploma en so word hy een van 'n karige 80 uit 452 leerlinge wat in vyftig jaar hierdie diploma kon behaal. Hy beskou hierdie opleidingstyd reeds as deel van sy loopbaan en noem dan as eerste rolle Romeo in *Romeo en Julia* en Prinz Karl Heinz in *Oud-Heidelberg* van Rudolf Bleichmann. Die opvoerings was bes moontlik gedurende die somer van 1906 in Antwerpen of selfs op die Vlaamse platteland.

In Maart 1904 is *Oud-Heidelberg* in Engels in Kaapstad opgevoer. D.C. Boonzaier (aangehaal in Bosman, 1980: 419) onthou in *The South African Review* hoe "boyish, manly, dignified and commanding in turn" die prins was. Daaruit kan 'n beeld gevorm word van die soort rolle wat De Groot graag gespeel het.

Binge vervolg (1969: 42 e.v.):

> In die somer van 1907 neem hy [De Groot] deel aan die geskiedkundige "Zomerspelen" van Royaards en Verkade. Hierdie twee oudspelers van "Het Nederlandsch tooneel" het met die opvoer van Middeleeuse stukke die besef van 'n eie toneelverlede aangewakker. Amateurs is gebruik en dit is sober en ontdaan van alle realisme opgevoer. Hulle het ook op reis gegaan met die opvoerings. Royaards was 'n voorstander van die wydse gebaar, die monumentale inkleding, die welluidende woord. Verkade was weer 'n teenstander van die naturaliste. Hy wil nie "een angstvallige nabootsing der engere werkelijkheid, van het bijkomstige en bijzondere" nie. Hy wil dat voor die toeskouer se geestesoog "iets van het algemeen menschelijke ... verschijnen".

Vir Royaards en Verkade vertolk Paul de Groot 'n klein rol, naamlik die Ridder in *Lanseloet van Denemarken*, 'n Middeleeuse "abel spel".

In 1908 onderneem Paul 'n reis na Nederlands-Oos-Indië as lid van nog 'n vernuwer van die Nederlandse toneel, L.H. Chrispijn, se geselskap. Hy vertolk onder meer Crofts in *Mev. Warren's bedrijf* (George Bernard Shaw) en dr. Rank in *Poppenhuis* (Henrik Ibsen). Die standaarde het egter agteruitgegaan en eindelik was die vertolkings nader aan kabaret as toneel. De Groot onttrek hom en sluit vir die 1909–1910-seisoen by Verkade se De Hagespelers aan.

By hierdie groep kry hy nuttige toerervaring, van 'n klein geselskap (18 lede) wat met 'n maklik vervoerbare toneelstel reis. Hy tree in 'n halfdosyn ondergeskikte rolle op. Hy begin belangriker rolle vertolk nadat hy as Mercutio in *Koopman van Venetië* beïndruk het. Hy deel in die atmosfeer van die Engelse "drawing room" en die Franse "salon".

In 1914, tydens 'n opbloei van die Nederlandse toneel, vertolk hy die koning in *Hamlet* (Binge, 1969: 86 en 96). De Groot speel ook in *Haar thuis* van Hermann Sudermann en in *Hedda Gabler* van Ibsen.

Spanning ontstaan en De Groot begin weer kleiner rolle kry. Ná 'n rondreis van die groep deur Nederlands-Oos-Indië bly De Groot daar agter.

Dan volg jare se omswerwinge waarvan die besonderhede volgens Binge eenvoudig onagterhaalbaar is (1978: 86). Eers in die Verre Ooste, dan oor land deur Rusland na Nederland en daarna deur Suid- en Noord-Amerika. De Groot het self vertel hy het onder die skuilnaam Paul Duprez in voordragte en kabaretnommers opgetree, veral Franse liedjies.

Hy verteenwoordig Max van Gelder as impressario vir internasionale sterre. Die kontakte wat hy sodoende opbou, lei tot sy eie filmoptredes: in *Alexandra* vir die Duitse UFA-maatskappy in Berlyn, en in *The fatal letter* saam met Norma Talmadge en Harry Lockwood in Hollywood.

Volgens Binge het De Groot ná die 1922–1923-teaterseisoene in Nederland op 21 Augustus 1923 op sy soveelste reis na Nederlands-Oos-Indië vertrek. Hy was lid van Anton Verheyen se geselskap. Dit was 'n dwase besluit. Hulle het nie ag geslaan nie op die herhaaldelike waarskuwings uit die Ooste dat daar 'n ooraanbod van toneelgroepe is, ook teenstand – almal is nie voortreflik nie en almal dien ook nie werklik die kuns nie.

Ná oorlegpleging met African Theatres in Londen kom De Groot na Suid-Afrika om moontlikhede hier te ondersoek.

Toe hy in 1924 hier aanland, is daar 'n lewendige toneelverenigingslewe dwarsdeur die land. Prof. E. Lauwerijs van Antwerpen was juis besig met 'n derde voordragreis deur Transvaal. Ook Stephanie Faure, 'n leerling van Lauwerijs, neem deel aan voordragprogramme, asook Danie Smal, pas terug uit België.

Eers gee De Groot voordragte in Kaapstad. Een van die toneelanekdotes waarvan David Lombard in die bylae tot *Die Transvaler* van Saterdag 16 Augustus 1975 vertel, handel oor een van De Groot se aanbiedings:

> Die ou Kaapstadse Koffiehuis was ook vir Paul de Groot 'n plek van besondere betekenis. Net ná sy aankoms in die Kaap sou hy een van sy voordragaande hier hou.
>
> Hy het sy program noukeurig saamgestel uit gewaagde Franse liedjies en gedigte. Maar toe die gordyn opgaan, het hy net 'n see van

wit beffies voor hom gesien – daar was 'n groot sinodesitting in die Kaap aan en almal is genooi na die "Hollandse Avond" saam met Paul de Groot. Paul moes dadelik sy program wysig en het toe onskuldige Hollandse liedjies en ballades gesing en verse en gedigte in Vlaams en Nederlands voorgedra. Paul het erken dat hy nie 'n groot indruk op die gehoor gemaak het nie.

In dieselfde Koffiehuis – só word vertel – het Paul 'n tafeljuffrou vir "twee spiegel eieren" (kalfsoogeiers) gevra. Paul is toe later twee eiers op 'n spieël voorgesit.

Hierna voer hy toneelstukke in Nederlands op, onder meer Dario Niccodemi se *Overschotje* in die Spoorweginstituut (in effens gesuiwerde vorm). Dié werk sou Wena Naudé later groot roem besorg, maar die titelrol is vir die eerste keer in Suid-Afrika vertolk deur Lydia Cohen-Stuart (Binge, 1978: 108).

Volgens Binge (1978: 109) breek "die grootste oomblik in Paul de Groot se toneelloopbaan" nou aan. Hy, die Nederlandse swerwertoneelgees, laat blyk dat hy vir die Afrikaanse toneel gewen is. Moontlik onder invloed van *Die Burger* se nuusredakteur en rubriekskrywer Frederik Rompel en ander skryf De Groot 'n brief aan dié koerant vanuit Mosselbaai. Op Saterdag 28 Februarie 1925 verskyn hierdie "manifes" in die nuuskolom, voorsien van 'n geesdriftige inleiding deur Rompel:

> Ons verheug ons in die plan. Mnr. Paul de Groot het hom hier in Kaapstad 'n uitstekende spelleier getoon wat weet om uit sy medewerkers eersteklas speelsters en spelers te maak. Hy het geesdrif en liefde en tegelykertyd die vakkennis en talent vir die plan wat hy wil onderneem.

Rompel herinner die lesers ook, noudat 'n tweede taalstryd aan die gang is, hoe "die Vlaamse toneelletterkunde tot in die kleinste plekkie in Vlaandere deurgedring het en orals die mense laat meeleef in hulle eie sielelewe en hulle eie taal".

De Groot skryf:

> Ná op twaalf plekken te zijn opgetreden voor 'n dankbaar en dikwels groot publiek, kan ik van 'n deels geslaagde kunstreis spreken, ofschoon nog heelwat avonden op den programma staan. Ik heb nu pas toestanden leren begrijpen door de dagelijkse omgang met louter Afrikaners, hetgeen in Kaapstad niet vaak het geval was. Ik durf dus zeggen dat van beiden, zowel van die van het publiek als van mij, de sympathie wederzijds is en ik ben nu van plan, na mijn kunstreis te hebben geëindigd, over te gaan tot het oprichten van 'n zuiver *Afrikaanse toneelgezelschap*, spelend in de Afrikaanse taal en op het repertoire nemend, hetzij oorspronkelijke, hetzij vertaalde stukken,

d.w.z. in de Afrikaanse taal. Ik ben sterk tot de overtuiging gekomen dat hieraan grote behoefte is en dat voor diegenen, die met mij meedoen het 'n mooie en tevens dankbare taak zal zijn, tot het oprichten mede te werken van *het eerste Afrikaanse beroepgezelschap*.

[...] De stukken zullen allen zijn van deugdelijke aard en goede strekking en bovendien humoristies, dus zal het *eerste Afrikaanse Toneel* niet slechts 'n vermaaksinstelling zijn, doch ook een van religieuse aard.

[...] Ik hoop in April reeds de eerste opvoering te kunnen geven en zal, zodra ik nadere bezonderheden heb, u steeds op de hoogte houden van de eerste grondlegging van dit eerste Afrikaanse toneelgezelschap.

Hy stel voor dat verhoë en kleedkamers nou reeds landswyd verbeter word en vra skoolhoofde en predikante om hulle ondersteuning.

In April tree hy nog in Nederlands op. Volgens *Die Volkstem* van 3 April 1925 maak De Groot op 2 April 1925 in Pretoria "zijn eerste verschijning voor 't Hoofstedelike publiek in de stampvolle grote zaal van de Nationale Klub ... Ondanks de zware regenbui, die enigzins storend werkte op't gehoor van de aanwezigen, drong de heldere stem van die voordrager tot in de verste hoeken van de zaal door." Hy dra Vondel (uit *Gijsbrecht van Aemstel*), Huygens en Staring voor. 'n Van Alphen-gedig "Jantje zag eens pruimen hangen" stel hy komies voor in die styl van Royaards en ander.

Hy leer Afrikaans by Stephanie Faure, toe lektrise in Afrikaanse en Engelse Elokusie aan die Transvaalse Universiteitskollege in Pretoria.

Hoe het hy gepraat? 'n *Burger*-korrespondent uit Kenhardt berig teen 4 Augustus 1930: "De Groot en Siegfried Mynhardt se uitspraak van die i-klank het baie mense verstom. 'Dit', 'minder', 'skilder', ens. word 'diet', 'miender', 'skielder', ens. uitgespreek."

Binge (1978: 114–115) betrek 'n resensie in *Die Volkstem* van 4 Mei 1925 om Paul de Groot se eerste optrede in Afrikaans te beskryf:

... Saterdagaand, 2 Mei 1925 in Pretoria se Operagebou – 'n juweel van 'n skouburg in Italiaanse trant ontwerp met 'n pragverhoog, voorsien van al die nodige tegniese hulpmiddele en vir die ou Pretoriane vol historiese herinneringe – onder meer aan die woelige Krugerdagviering van 10 Oktober 1914 wat die regstreekse aanleiding was tot die gewapende protes oftewel Rebellie in die Eerste Wêreldoorlog.

Die opkoms is buitengewoon groot. Die aand begin met *Lenie* van H.A. Fagan, die rolle almal vertolk deur amateurs, mense van wie ons nie weer hoor nie, aldus Binge.

Daarna *Die heks*, met die volgende rolbesetting: Kardinaal: Paul de Groot ("meesterlik, veral die ontvangs van die pakkie van die heks en die tweegesprek met sy dogter"); Elsa die heks: Stephanie Faure ("sy wat nie in skitterende klere kon verskyn nie, het dadelik die publiek in hoë mate geboei ... haar mooie duidelike stem [het] tot in die verste uithoeke deurgedring"); Janetta: Marguerite [Greta] de Vos; Kardinaalsekretaris: Herman Steytler; Lyfarts: Henri Celliers en Paasje: Elsa Niemeyer.

Hierna reis De Groot haastig na Volksrust, waar hy W.J. Pienaar help om dié se Bybeldrama *Saul* op te voer. Hierdie groep eien hulle ook die titel "Eerste Afrikaanse beroepstoneelgeselskap" toe. Paul knap die stuk vir hulle op vir opvoering in Johannesburg en Pretoria. (Binge, 1978: 116.)

Die heks

In *Die Brandwag* van 16 Maart 1973 vertel Wena Naudé dat haar eerste toneelrol haar gewalg het, maar dat dié teensin in toneelspel weggevee is nadat sy 'n opvoering van *Die heks* bygewoon het. In 1926, ná haar sukses met *Oorskotjie*, speel sy self in *Die heks* teenoor Paul de Groot. Dr. F.E.J. Malherbe van die Universiteit van Stellenbosch skryf oor die opvoering op Donderdagaand 18 Februarie 1926 in die stampvol Bioskoopsaal in die Paarl (*Die Burger*, 20 Februarie 1926). Volgens hom het Paul de Groot as die Kardinaal 'n onvergeetlike indruk gelaat:

> Met fel-bedwonge ritmiek was sy uitbeelding een en al diep-tragiese ontroering. Sterk en kragtig in sy bevele en offisiële optrede, was hy die deur die noodlot geslagene om die ironie van sy bestemming as "Hamer van die Hekse". Miskien sou 'n paar ekstra sorglyne op sy welgevulde gelaat duideliker die folterende sielstroebeling van die man aangee, wat anders so diep-menslik en magtig-skoon deur De Groot voorgestel word.
>
> 'n Pragtige beliggaming van die deur folterende lyding wreed-verdwaasde en tot op die grense van histerie gemartelde vrou, was mej. Iris Martin. Sy was groot as Elsa, eenmaal die hoog-vereerde en nou die diep-verdoemde, wagtende op die vuurdood wat in naam van die Heilige Maria haar, die deur liefde vervoerde en deur liefde verlate vrou van smarte, toebeskik is. Sonder die minste hulp van toneelillusie was sy diep-menslik waar in haar ylende droom-komedie – een stuk louter sielsvibrering, kil-opreg in haar navrante liefdesafwysing waar sy die soet van vergange dae alleen nog kan herdink as vreugde wat doodgebore is!
>
> En naas haar in 'n veels te kleine rol die liewe, maar sterk gepassioneerde natuurkind, ons skattige Oorskotjie van vroeër, maar nou die swaar gekettingde heksedogter Janetta. Met haar donker lokke,

maar veral met haar sielvolle oë, is sy een en al gespanne waarheid, soms droewig-bemoedigende, of steunend-vleiende, dan weer naïef-vraende of pittig-opvlammende, maar steeds met die vuur van 'n goddelike land (Italië) bewende deur siel en lyf. Dit alles maak die geringe rol nogtans so oortuigend reëel.

[...] Ons publiek en hierdie stuk kan beswaarlik sonder behoorlike illusievolle ensenering klaarkom. Ek sou die geselskap sterk aanraai om 'n bietjie meer die toneelskikking in die boek aangegee, na te kom. Dit sou ook die ongepaste geestigheid en uiting van eie kultuurloosheid by sommige in die gehoor miskien verminder.

Boerbok op Senekal kla in *Die Volksblad* (ongeveer Maart 1926) ook oor die gebrekkige dekor. Hy verwys na "onderspelers" (byspelers) wat moontlik daarop dui dat De Groot-hulle op toer plaaslike talent ingespan het vir rolle soos die sipier en "page". Ook skemer nog 'n gebruik uit die pionierstyd hier deur: dat die geselskap meubels en ander rekwisiete by die dorpenaars geleen het. Boerbok skryf:

Hoewel ons onderspelers nie ver hoef agter te staan nie en miskien op gelyke voet kan speel met hierdie spelers, blink De Groot ver bokant ons kragte uit. Jammer was dit dat die toneeldekorasies nie in ooreenstemming met die spel was nie, anders sou die voordrag nog meer effektief gewees het. Dit is byvoorbeeld hinderlik wanneer die "kardinaal" opmerk dat die vuur in die kaggel hom nie meer verwarm as daar nie 'n teken van 'n vuur is nie. Ons sou hulle al die benodighede met genoeë gegee het as ons net betyds daarvan geweet het ... Die spelers verdien om onder beter of liewer gunstiger omstandighede te speel, aangesien die toneeldekorasies so 'n vername deel uitmaak van die spel en tenminste hinderlik in Senekal is wanneer alles so primitief ingerig word.

Volgens *Die Burger* van 8 Oktober 1928 het C. Louis Leipoldt in 1919 *Die heks* (toe nog *Die hamer van die hekse* genoem) aan "iemand" se "oordeel onderwerp" met die woorde: "... ek weet glad nie of die Afrikaanse skaap vir Afrikaanse weiveld geskik is of nie. Die stuk is 'n leesspel en nie eintlik geskik vir opvoering nie." Dié iemand was vermoedelik verbonde aan die uitgewersfirma J.L. van Schaik. Dis volgens J.C. Kannemeyer (1999:443) ook onbekend hoe die drama uiteindelik by Nasionale Pers beland het. Daar kon eweneens nie vasgestel word wie die begaafde boekeredakteur was wat die drama voor die verskyning in 1923 as *Die heks* inderdaad meer toneelmatig gemaak het nie (*idem*).

Die 1928-berig word afgesluit met: "Die tyd het anders geoordeel as die skrywer." Daarvan getuig die De Groot-opvoerings.

Huistoe

Voor *Oorskotjie* en *Die heks* het Wena Naudé saam met Paul de Groot in Sudermann se *Huistoe* gespeel.

As student van Stephanie Faure had Wena die rol van 'n diensmeisie in *Huistoe* – "73 woorde ... 73 ... jy moet hulle onthou en weet net wanneer hulle gesê moet word, en hóé!"

Naudé vertel in *Die Brandwag* van 30 Maart 1973:

> Dit was nou nie kinderspeletjies nie. Dis heeltemal 'n ander storie as om A.D. Keet se "Muskietejag" op te sê. Jy sién as 't ware die muskiet sit, en bekruip hom: "Jou vabond, wag, ek sal jou kry, van jóú sal net 'n bloedkol bly, hier op my kamermure ..."
>
> Maar hierdie 73 woorde maak sinne en dié sinne moet jy tussen die mag der menigte van die ander mense se sinne sê ... En dit was toe nou net waar juffrou Steph en meneer De Groot in hul rolle 'n hewige uitval het; dan moet die diensmeisie – ék – inhardloop en sê: "die rytuig is voor die deur". Dis 'n baie gewigtige oomblik, want daarmee word die koms van die skurk (Fanie Eloff) aangekondig.
>
> Ons het in Sunnyside in 'n skooltjie geoefen. Om spoed op te maak vir die vaart waarmee ek moet inkom, gaan staan ek toe vêr weg in die gang. Danie Smal en Fanie Eloff is naby die deur dat hulle kan hoor en my waarsku wanneer ek moet wegspring ... en daar kom ek toe die aand, mis so hittete die deur, en kom tot stilstand met 'n uitasem "die ruityg is voor die deer".
>
> Doodse stilte.
>
> Juffrou Steph het skielik, skoon uit haar rol uit, iets in die tuin gesien. Danie en Fanie kom soos twee wafferse steunpilare in die deur staan. Ek wag dat die vloer tog genadiglik moet oopmaak dat ek vêr kan val en toeskop agter my.
>
> Toe kom dit: "G...-ver-domme, wat geef dit nou!" ... en die "Hollanner" kom nader.
>
> Danie en Fanie ook, juffrou Steph was al by my met 'n "toe maar". En toe, asof dit uit skoon 'n ander wêreld kom, sê meneer De Groot: "Seg, kom je even morgen om 10 by Turkstra. Ek wens je te spreken."
>
> Spreken, spreken ... Hy kan maar spreken ... Moenie dink ek is bang nie ... Hy kan die ou rolletjie ...
>
> Wil tog buitendien nie toneelspeel nie ... gaan Germiston toe ...
>
> En ek is Turkstra toe ... "Seg, ik vind 't beweging van je hoofd met die losse haar heel leuk. Ik zal je graag als Scampols sien ..."
>
> Die "beweging" van die "losse haar" was te danke aan my kort geknipte hare. Ek móés hulle eenvoudig met 'n vinnige kopruk uit my oë kry.

Ek het hom aangegaap en woord vir woord vir juffrou Steph gaan vertel. Ek het verwag sy gaan lag. Sy het nie.

"Kind, wat sê jy ...? Dis wonderlik! Dis 'n pragtige rol. O, ek is bly ..."

Vir my was dit Grieks ... al die opgewondenheid ... Scampols ...

Dit nou net omdat ek te vroeg ingestorm het, en ja, ek hét "rytuig" en "deur" verkeerd gesê ...

In die *Dagbreek en Landstem*-onderhoud van 14 Desember 1969 gee sy 'n ietwat ander weergawe. Sy, Fanie Eloff en Danie Smal het staan en skerts. Toe haar sleutelwoord kom, het oom Danie haar feitlik van agter die gordyn tot op die verhoog gestamp. Toe val haar hare oor haar oë. En daarmee sien Paul haar besonderse hare raak.

Dit was dan haar "oudisie" vir 'n rol waarmee Wena uiters bekend en gewild sou word. Maar hoe het sy en De Groot-hulle in *Huistoe* gevaar? W.J. Pienaar getuig in *Ons Vaderland* van Vrydag 10 Julie 1925 daaroor:

Mej. Faure haar spel was perfek! En tog was dit nie perfek nie! Wat het dan geskort? Haar voordrag laat nie die minste te wense oor nie. Aan temperament kan dit ook nie ontbreek nie, want daar was werklik momente waar sy van hart tot hart gespeel het. Waarom dan nie altyd nie? Ons beskeie mening is dat die fout wel hierin gelê het, naamlik dat die temperament meerendeels skuil gegaan het onder die voordrag. Daarom was die mimiek dikwels eentonig en niks sê-end en nie selde nie selfs teenstrydig met die betekenis van die woorde en daarom ook het die krag ontbreek wat haar perfekte spel tot groot spel kan maak. Laat sy in die natuurlikheid van haar hart haar rol deurvoel en al die ander sal haar toegewerp word of liefs moet ons sê dat dié haar alreeds volkome eie is. Gevoel en sterk gevoel onder kontrak en daar sal die krag van haar spel uitgaan wat ons so graag van haar wil hê, maar wat ons helaas so dikwels mis.

Dis met genoeë dat ons melding maak van 'n uitbeelding van dr. Von Keller deur mnr. Fanie Eloff. Hy het diep ingesien en suiwer weergegee die sjarmante, die gepolyste skurk. Hy sal egter moet waak teen te sagte praat, vernaamlik aan die begin wanneer elke woord moet tel. Waarom kan die gehoor dan asseblief tog nie op tyd daar wees en tot rus kom nie?

Daar het krag van mnr. Danie Smal as dominee Hefterdingh uitgegaan, maar 'n bietjie te veel mannelike krag. Die vertroostende geestelike krag vir die man wat deur diepe waters gegaan het, dié het ons gemis. Miskien kon sy voorkomste wat meer eerwaardig daar uitgesien het, en sou dit meegehelp het om die nodige effek daar te stel.

Mej. Marguerite de Vos speel baie goed, maar sy het die gewoonte om die handjies teen mekaar te vryf, wat eentonig word en partykeer afbreuk doen aan haar spel.

Jammer, baie jammer, dat mnr. H. Celliers en mej. W. Naudé nie groter rolle kon vertolk het nie. Daar's 'n talent in hulle.

Dit is sterk karakteristiek van die Duitse en Deense genre waartoe *Heimat* behoort, dat daar van begin tot end 'n geheimsinnige, byna noodlottige draad loop waarom die hele spel draai, maar wat tog nie tot kort by die einde ten volle ontvou word nie. Deur sinspeling direk en indirek moet die draad die onderbewussyn van die gehoor vashou en 'n klimmende spanning veroorsaak. Dié draad het ons gisteraand dikwels kwytgeraak en die fout lê hierin dat die spelers nie altyd reageer op wat daar voorgedra word nie. Ook moet daar deurgaans by sulke plekke met nadruk gespeel word. 'n Gesamentlike beraadslaging net om die saak goed op die voorgrond te kry, sal baie meehelp om die opvoering van gisteraand volmaak te maak.

Wat 'n stap vooruit! Die algemene indruk van gisteraand se werk staan soos 'n mylpaal halfpad op die weg na 'n eie bloeiende toneel. Welke reuse spronge het ons pioniers nie in die kort tydjie gemaak nie. Ons harte is met dank en eerbied vervul.

Binge (1978: 120) haal aan uit Gustav Preller se resensie in *Die Volkstem* oor die opvoering van Donderdagaand, 9 Julie 1925. Eers 'n gemeensamige aanloop waarin Preller verduidelik hoe versigtig hy was om kritiek te gee – sal die amateurs en die vertaler mev. Carinus-Holzhausen kritiek kan verduur? Maar meneer De Groot het gelukkig tydens 'n repetisie gesê hy kan maar "opdons" as hy aanleiding vind vir kritiek.

Vervolgens gee Preller sy indrukke van gebeure by die teater:

Die Stadsaal maak vireers al nie 'n prettige indruk nie; koud, met kille planke stoeltjies, benoud teen mekaar geskuif, slegte akoustiek, "unheimisch" oor die algemeen.

Maar wat is dit? – Pretoria staan mos hier op die winderige klipstoep en wag, heel Afr. Holl. Duits Pretoria! ... Hulle verdring mekaar in die noue gange, en daar is geen enkele sitplek meer te kope nie. En, binnegekom, sou mens vir 'n oomblik denk dat 't minstens 'n veelbelowende politieke byeenkoms moes afgee só dig sit die mense hier op mekaar, só intens die belangstelling! En die saal, die treurige ou stadsaal, het sodoende 'n byna knussige, warme aanblik ontvang deur die menigte, en selfs die planke stoeltjies sien daar vriendeliker uit!

Preller skryf gloeiend oor die spelers:

Willens en wetens verval ik by 'n betragting van die medespelendes in 'n klein anglisisme, wat nietemin die verdienste besit van bruikbaar te wees in hierdie sin: – Paul de Groot is, met een woord: groot!

In die rol van die kolonel het hy geleentheid tot hoë kuns-uiting, en wat hy gegee het, is gawe kuns gewees van begin tot end ... Daar was magtige oomblikke onder, van diep-ingeleefde, kuns-emosie, weergegee met 'n krag, 'n gevoel wat 'n mens met bewondering vervul. Sy spel ook, met mej. Stephanie Faure, dit was eenvoudig meesterlik. Daar was g'n oomblikke van wesenloosheid as mej. Faure aan die woord is; inteendeel, ook daar, waar alles net van die gebarespel afhang. Dit is wat mens juis so min op die amateurtoneel sien, wat die beginner so vaak vergeet, – dat hy of sy namelik nooit ophou met speel al praat hul nie juis nie ... Ons mag 't mis hê, maar ons verbeel ons dat mnr. Smal dit vergeet ...

Mej. Faure is vir my 'n aangename verrassing gewees, 'n merkwaardige openbaring, 'n bemoedigende verskyning; dit is trouens die eerste keer wat ik die voorreg het om haar op die planke te sien. Haar kuns is van 'n besonder hoë gehalte, wat die indruk maak of iedere geste, iedere handbeweging die resultate is van 'n voldrae studie, gepaard aan die mees realistiese inlewing in die gegewe. En 'n geluid so gaaf en goed, so melodieus en buigsaam! In die derde bedryf veral, – maar in iedereen trouens, van die reeks van tense, hoogsdramatiese momente teenoor De Groot, – lewer mej. Faure die bewyse van 'n seggingskrag, 'n ekspressievermoë en stembuiging wat met één woord skitterend is.

"Wani" Naudé as Therese die diensmeisie het "'n verdienstelike vertolking" gegee. Oor die ander spelers het hy bedenkinge: dr. Anna Aucamp se "grime" as mev. Schwartze was verkeerd; Matt Laubscher het allermins die indruk gemaak van 'n jong Duitse kavalleris. Veral met Danie Smal het Preller nie vrede nie:

By 'n heftige uitbarsting van 'n medespelende, skyn hy onbewoë na te peins oor die verdere dialoog van sy rol! Hy spreek ook die g-klank verkeerd uit: gjeestelik en vergjewe.

Die *Oorskotjie*-sage

Of: Hoekom Wena Naudé nie van rooi appels gehou het nie.

Tydens 'n repetisie van *Huistoe* het Wena toe reeds 'n oudisie afgelê vir Paul de Groot se volgende opvoering, naamlik *Oorskotjie* deur Dario Niccodemi.

'n Universiteitskorrespondent van Stellenbosch som die inhoud van dié stuk soos volg in *Die Burger* van Woensdag 18 April 1926 op:

Oorskotjie is 'n verhaal uit die hoër burgerkringe in Rome. Titus Fanti is 'n talentvolle, jong ingenieur uit goeie familie, maar in armoede gedompel, meesal weens die feit dat hy getroud is met 'n gewese variëteitspeelster wie hy nie bra in goeie geselskap kan vertoon nie en met wie hy op die allerellendigste voet lewe. Al sy hoop is gevestig op die aanname van sekere planne deur die Ministerie van Kolonies vir die bou van 'n spoorweg in Tripoli. Sy welgestelde vriend Carlo Bernini gebruik al sy invloed om die Ministerie te beweeg om die planne te aanvaar en Fanti te beweeg om die vrou te laat staan.

Op 'n goeie môre, terwyl Fanti en sy vrou hulle in 'n heftige rusie verlustig, kom "Oorskotjie" binne met hul wasgoed. Sy is 'n doodonskuldige, uiters naïewe, heel goedhartige wese, met geen huis of haard, en geen begrip van haar herkoms nie. Dit ontbreek haar egter nie aan 'n woordeskat nie. Sy laat haar niks geseg óf van Fanti óf van Bernini nie, bly net so min stil vir eersgenoemde se bitsige vrou as vir laasgenoemde se deftige taal. Haar naïewe openhartigheid bring almal in die grootste verleentheid. Weldra ontwikkel 'n intensiewe maar heeltemal onskuldige vriendskap tussen haar en Fanti, tot die grootste ergenis van laasgenoemde se kyfagtige wyf. Die toestand word nie minder ingewikkeld gemaak deur die feit dat Bernini se vrou 'n swak vir Fanti en Bernini self 'n swak vir Oorskotjie het nie. Die ontknoping kom met die aanname van Fanti se planne deur die Regering, sy vertrek na Tripoli, en sy skeiding vir goed met sy vrou.

Die stuk beweeg hom vinnig van die begin af en wemel van interessante situasies, onverwagte wendinge en pittige gesegdes. Veral vermaaklik is die uitbeelding van die verhouding tussen Fanti en Bernini en hul vrouens.

Tog is die vernaamste aantrekkingskrag van die stuk nie soveel in sy humor nie as in sy patos geleë. Die onbeskermde, herberglose, onskuldige Oorskotjie, aan al die gevare van armoede en dikwels aan die vervolging van gewetenlose mans blootgestel, haar naïewe ontboesemings, haar onselfsugtige vreugde en haar nie-onderdrukbare smart, moet die gemoed van elkeen beweeg, veral wanneer 'n mens 'n Oorskotjie kry wat so by uitstek geskik is om die patetiese uit te beeld as Wena Naudé.

Só vertel Wena Naudé van die ontstaan van dié suksesopvoering (*Die Brandwag*, 13 April 1973):

> Met die sukses van *Huistoe* is Pretoria aan die toneelspeel! Vanaf 7 Augustus 1925 word daar tussen al die bedrywighede deur ook met die geoefen volgehou aan *Oorskotjie* (so gedoop deur Danie Smal en mev. Carinus-Holzhausen).
>
> Woord vir woord, les ná les het die voorbereiding aangegaan; daar is met fyn deursetting en volharding gewerk; daar is terdeë gesorg dat ek nooit weer 'n ruityg-deer-uitspraakfout sal maak nie.
>
> 'n Openingsaand is gereël vir Maandag 7 September 1925 by Premiermyn. 'n Paar dae voor die aand moes ek juffrou Steph by haar

haarkappers ontmoet. Ewe verspot kry ek daar 'n langhaar swart pruik in die hande en pas dit op.

"Laat ek sien, draai om," kom dit van juffrou Steph. "Dis net hoe jy gaan lyk in *Oorskotjie*!" besluit sy net daar en dan. – 'n Jaaroud oorloggie het losgebars tussen Paul de Groot en juffrou Steph. Dit sou by Premiermyn besluit word wie wen.

Eiehandig het juffrou Steph my arms en bene bruin gesmeer om beter te pas by die swart krulle, my toe mooi in 'n ligkol laat staan en meneer De Groot gaan roep. Hy het my op en af bekyk, en toe net teësinnig gebrom: "Ach wel, 't gaat; toch vind ik het spytig, 't blonde haar met die ogen is toch heel goed!"

Juffrou Steph het gewen – Oorskotjie het swart krulle by blou oë gekry en enduit behou vir 500 opvoerings. [Die Engelse verwerking deur Michael Morton wat op 3 Maart 1917 as *Remnant* in Londen geopen het, het maar 124 opvoerings beleef. – D.B.]

Donderdag 10 September 1925 sou die groot aand word: *Oorskotjie* in die Operagebou. Links en regs is dit bespreek en aangekondig ...! P. de Groot het ons sy groot tevredenheid oor die titelrol meegedeel.

Hy sê vir ons: "Wena Naudé is die gedroomde Oorskotjie; haar vertolking sal 'n triomf vir haar word. Ek kan mejuffrou Faure gelukwens met die talent van haar leerling."

Die spelers was: Paul de Groot, Lola Dyason, Wena Naudé, Hubertus de Kock, Stephanie Faure, Attie Buitendach en Henry Celliers." [Volgens die resensente is Henry egter Henri genoem. – D.B.]

Twee resensente beskryf dié aand. J.C.V. in *Die Volkstem*, Vrydag 11 September 1925:

> Dit sou 'n mens moeilik val om 'n beskrywing te gee van 'n opvoering van *Oorskotjie* deur Paul de Groot en sy geselskap in die Operagebou gisteraand, sonder om mens aan die gevaar bloot te stel dat die beskrywing, in die algemeen, te veel na 'n heuningkwassmeerdery lyk. Gelukkig egter is daar vir die skrywer g'n halsbandjie wat as beloning vir 'n te danige vleiende kritiek uitgeloof kan word nie. In die algemeen is ek tevrede om te beaam wat vroeër in die week deur 'n meer fasiel pen geskryf is oor die opvoering van dieselfde geselskap te Premiermyn.
>
> Maar die indruk wat ek van die Opera weggedra het, was 'n groter indruk as dat ek een van die beste Afrikaanse uitvoerings gesien het wat nog ooit in Pretoria op die planke gebring is. Daar het iets diepers ingesit en dit is dat met die opvoerings van *Huistoe* en *Oorskotjie* daar twee mylpale van veel en verrykende betekenis vir die Afrikaanse taal in besonder, en vir Afrikaans in die algemeen bereik is ...

In *Oorskotjie* het die hele spel en spil 'n meisietjie van die titelnaam "Oorskotjie", en ek sou nalatig wees as ek verswyg om mejuffrou Wena Naudé geluk te wens met die vertolking van haar rol. Dit was 'n uiters moeilike, maar ek twyfel sterk daaraan of dit in beter hande toevertrou kon gewees't. Haar gebare, haar voordrag en 'n bekoorlike stem het bygedra tot die algemene genot.

Wat die ander rolle betref, sal mnr. De Groot my verskoon as ek wens dat dit slegs nog maar die begin is van 'n lange reeks kere wat ons hom in die hoofrol sal sien?

In die *Ons Vaderland*-resensie van Dinsdag 15 September 1925 kry 'n mens ook 'n indruk van die ander akteurs se spel:

Meneer Hubertus de Kock het eweneens spel gelewer ver bokant dillettantisme. Sy gehele optrede, sy natuurlike, gulle, hartelik lagge, was werklik oorspronkelik. Ons verwag dat hy 'n blywende deel sal gaan uitmaak van die "Paul de Groot-toneelgeselskap".

Bostaande kan ook heeltemal gesê word van mej. Lola Dyason, wat die ondankbaar rol van "Franca" gespeel het. Mej. Dyason het groot kwaliteite as toneelspeelster, en voel haar op die "planke" heeltemal tuis.

Menere Henri Celliers as "Prof. Burette" en Attie Buitendach as "Mnr. Faust" het van hulle ondergeskikte rolle gemaak wat daarvan gemaak kon word.

Bly oor ons twee artieste Stephanie Faure en Paul de Groot.

Rustig was die spel van Stephanie Faure, mens voel somaar dis 'n kunstenares wat selfs vanuit 'n klein rol 'n kunststuk weet te maak.

Paul de Groot het hom van 'n nuwe kant leer ken. In *Die Heks* het ons hom gesien as die eerwaarde, deftige Kardinaal, in *Huis toe* as die strenge, weerbarstige jonge ingenieur wat hom nie deur teenslag laat neerslaan nie. Paul de Groot is "all round".

Volgens dié resensent van *Ons Vaderland* gebeur die volgende aan die einde van die aand:

... ons kan maar net sê die opvoering was 'n reusagtige sukses. Die groot publiek, die Operahuis was heeltemal vol, het dit geniet en deur herhaalde applous getoon, ja, in 'n bloemehulde uiting gegee aan sy waardering.

Aan Stephanie Faure, mej. Lola Dyason en mev. Carinus-Holzhausen is blomruikers aangebied, maar mej. Wena Naudé was oorstelp met blomme, daar was vir haar meer blomruikers dan sy met haar arms kon omvat. Dit was werklik 'n verdiende hulde.

... Met die oog op die Afrikaanse toneelweek in Johannesburg het

Danie Smal die publiek na die tweede bedryf toegespreek, wat beter is as aan die slot wanneer die mense haastig is om weg te kom.

... 'n Uitstekende orkes, onder leiding van mnr. Filler, het sorg gedra vir goede musiek.

Wena vertel van die buiging (*Die Brandwag*, 13 April 1973):

"Blomme, blomme, duisend kleurig" het ek so baiemaal in Theo. J. Jandrell se "Grietjie" gesê, en nie besef wat ek sê nie.

"Buig vir die mense," sê oom Danie Smal.

Ek buig en buig, soos ek in die dae van my langhare my nat hare droog geskud het, en toe bring oom Danie sý ruiker: drie pragtige rooiwangappels in 'n mandjie – dit was 'n uitredding! Ek het van al die gebuig verbouereerd begin word; êrens moes ek 'n vasskopplek kry, iets moes ek doen, en toe hap ek die appel. Dit was vir die toeskouers die kroon op die aand se opvoering – hulle het van voor af weer begin klap en klap en ek het gehap en gehap ... Ek het lank daarna ander pad gekyk as ek rooiwangappels sien.

Op produksiefoto's verskyn Naudé dikwels met 'n appel waaraan sy "verleidelik" net-net wil byt.

Bedags moet sy terugkeer na haar werk by 'n fietswinkel. Sy vertel daarvan in *Die Brandwag*-artikel (13 April 1973):

Meneer De Groot was tevrede, juffrou Steph was gelukkig. Meneer Sher van die Union Cycle Works was nié tevrede óf gelukkig nie.

"Mees Nóórdee, what ees all this founning, does all Pretoria want to buy bicycles today!"

Ek het maar gou uitgeglip om die besigheid se geldjies te gaan bank. By die toonbank vra die teller my: "Was jy gisteraand in die Operagebou?"

"Ja, ek was."

"Mooi, nè?"

"Dink jy so?"

"Ek dink dit was eenvoudig wonderlik en daardie Wênameisie-kind ... wonner hoe oud sy is."

"Word twintig."

"Is dit? Ken jy haar?"

"Ja."

"Mens, ek sal haar graag wil ontmoet, daardie pragtige swart krulle en groot bruin oë ..."

"Blou oë," help ek hom reg.

"Nooit, dis bruin oë. Ken jy haar baie goed??"

"Ja."

"Ag, jong, wees nou 'n pêl, ek wil haar so graag ontmoet!"
"Dankie," sê ek toe hy die bankboek aangee, "sien jou môre."
"Sal jy nou kyk wat jy vir my kan doen?"
Ek was al klaar weg. "Bruin oë" – die onnosel! Sal hom nie eers reghelp nie! Nee dankie, toneél, nie vir my nie ... dit verander 'n mens totaal!

In haar *Dagbreek en Landstem*-onderhoud van 1969 vertel sy dat sy wel die bankklerk daardie aand by die saal ontmoet en die pruik voor hom afgehaal het. Hy is toe met 'n "aag" daar weg.

Volgens *Die Vaderland* van 26 November 1964 het Wena,

> ... toe sy al bekend geword het as 'n besondere aktrise, op 'n dag vir Paul de Groot vreeslik kwaad gemaak.
>
> Ten einde haar te verneder, het Paul haar toegesnou:
>
> "Toe ek jou ontmoet, stond je fietse te pompe en nou maak jy my boos nadat ek van jou een ster gemaak het ...!" Wena het haar byna doodgelag daaroor.

Vanaf Dinsdag 2 Februarie tot Saterdagaand 6 Februarie 1926 kon die inwoners van Kaapstad opruk na dié Afrikaanse opvoering – dis tog iets anders as Pagel se sirkus met al die mak wilde diere, die voortdurende vaudeville-vertonings en opvoerings deur Britse geselskappe.

Reeds vanaf Januarie 1926 ondersteun *Die Burger* die goeie saak, want daar het toe al 'n paar briewe daarin verskyn wat as reklame beskou kan word.

Op 18 Januarie 1926 skryf F. Viljoen byvoorbeeld uit Randgate:

> Dit het my pynlik opgeval hoe min mense daardie aand in die gebou was, en ek kon nie help om weemoedig te voel oor die swak ondersteuning wat die Afrikaanse toneelkuns die aand in die hoofstad geniet het nie.

Volgens die pers was dit ook elders die geval, skryf Viljoen, en gaan dan voort met lof vir die spel. Hy sluit af:

> Daar is 70 000 Afrikaanssprekende mense in die Kaapse Skiereiland. Almal behoort hierdie uitstekende spel te kom sien.

Op Dinsdag 26 Januarie kla Een Hollander van Parow in *Die Burger* oor die prys van die toegangskaartjies. Die volgende is ongehoord duur: "Stalls 10 sjielings; Achterstalle 5 sjielings en 6 pennies; sirkel 7 sjielings en 6 pennies." Hy raai mense aan om weg te bly. African Theatres verduidelik dadelik dat 10 sjielings die maksimum is. Daar is verskillende pryse vanaf 1 sjieling en 6 pennies. Hulle ontken ook dat die pryse verhoog is net omdat die aanbieding in Afrikaans is; dis presies dieselfde as vir die Engelse aanbiedings. Sodoende word die kaartjiepryse geadverteer en in 'n gunstige lig gestel.

D.F. Malherbe gee op 29 Januarie ook die groen lig vanuit Bloemfontein:
[Die opvoering] moet noodwendig veel bevat wat vir die gemiddelde Afrikaner vreemd is, maar daarteenoor staan dat dit bekoor deur tinteling van ongedwonge gevattigheid, die skepping van fyngevoelde situasie-komiek, en aan die end deur 'n treffende patos.

Dit val Malherbe op hoe "beheers die toon van die gesamentlike spel is"; hoe deur "gemaklike groepering en oortuigende aksentuering van belangrike momente die peil van 'n waardige vertolking" gehandhaaf word.

Op 3 Februarie 1926 verskyn die eerste resensie, sonder die resensent se naam daarby:
Oorskotjie het die harte van die talryke toehoorders in die Opera-gebou gisteraand gewen. Dis die verblydende tyding wat ons van die voorstelling saamgebring het. Die saal was goed beset. Daar was verskillende Ministers en Volksraadslede, asook ons Administrateur. Daar was 'n sekere stemming van intimiteit wat 'n mens by ander voorstellings mis. Daar was mense wat elke slag teen mekaar geknik het om hulle groot instemming met die stuk en die spelers te wys. Dis almal dinge wat 'n mens by gewone opvoerings nie vind nie. Gisteraand was daar 'n verwagting dat ons iets sou sien wat ons Afrikaanse kunssin en ons Afrikaanse harte sou verheug, en in die verwagting is ons nie teleurgestel nie.

Ons praat so dikwels van toestande wat die Afrikaner nie kan verstaan nie, wat hom vreemd is. *Oorskotjie* skilder toestande en omgewings wat ons ook nie eie is nie. Maar dit het niemand belet om die stuk volkome te geniet. Oorskotjie self is so algemeen menslik dat niemand daaraan dink dat sy 'n arme straatkind van Rome is. Daardie algemeenmenslike het mej. Wena Naudé vir ons so aanneemlik gemaak dat ons partykeer heeltemal vergeet het dat dit komediespel en nie natuur was nie. Nie net die geestige en raak manier van sê het ons gepak nie, maar ook die spel van haar liggaam, van haar uitdrukkingsvolle hande, van haar vingers, haar voete, van haar hele wese. Dis juis die kuns van die groot kunstenaars dat hulle hul self heeltemal verloor in hulle rolle en werklik hulle die persoon voel wat hulle uitbeeld. Daardie sjenialiteit besit mej. Naudé, en groter hulde kan ons haar nie bring nie. Daarmee wil ons nie sê dat ons geen aanmerkings op haar spel het nie. Na die treffende en sterk dramatiese slot van die twede bedryf met die wild-hartstogtelike uitbarstings van smart by Oorskotjie, het haar spel in die derde bedryf effens swak gelyk. In die stil spel as Franca haar laaste rusie met Tito het, het Oorskotjie te min teenspel gegee. Haar sit aan die tafel was te kleurloos. En die einde van die stuk het sy die krag ontneem deur te veel verdriet voor die slot te gee. Daardeur kon sy geen klimaks meer bereik net voor die gordyn geval het nie. Maar origens niks as hulde vir haar pragtige kreasie.

Die Burger se resensent het lof vir De Groot (Tito), W.J. Pienaar (Bernini), Anna Aucamp ("wat ons hulde bring vir haar skitterende toilet, mooi en sierlik gedra") en Danie du Preez (in twee rolle). Maar:

> Mej. Jessie Breedt het blykbaar nie die moed gehad nie om die Franca, die variéte-sangeres, te speel soos dit behoort. Sy was bang om die vrou so onbeskaaf te gee, bang dat dit haarself sou verlaag. Daarin vergis sy haar egter. Mej. Naudé het haar die voorbeeld gegee. Sy was nie bang om grof te wees nie. Deur die ingehoudendheid van mej. Breedt het sy 'n ernstige fout teen die stuk begaan. Juis teen haar ruheid en onbeskaafdheid moet die innerlike beskawing van Oorskotjie helderder uitkom. Daardie teenstelling het ons nou gemis. Dis jammer.

Hierna pas *Die Burger* 'n manier van resenseer toe wat beslis nie vandag algemene gebruik is nie. Op Donderdag 4 Februarie vertel die resensent (waarskynlik Rompel) hoe goed die geselskap op die tweede aand voor 'n groot gehoor gevaar het. Op Vrydag 5 Februarie berig hy dat die gehoor die vorige aand kleiner was. Hy vul sy vorige kritiek aan deur daarop te wys dat "die vertaling lank nie volmaak is nie". Hy vind dit vreemd dat die deelnemers ná al die talryke opvoerings nog nie die onafrikaanse sinswendinge verander het nie. Hy hou nie van die "voordragtoon" by De Groot nie, maar het steeds lof vir Wena Naudé se frisheid en natuurlikheid. Op Dinsdag 9 Februarie word gevra: "Is *Oorskotjie* onafrikaans?" en daarna word bewys hoe universeel die inhoud is.

Op 3 Februarie word ook aangekondig dat Stephanie Faure se voordragprogram uitgestel word tot 9 Februarie. Dit word dus geskuif vanuit hierdie belangrike teaterweek. 'n Mens wonder waarom sy oorspronklik skynbaar uit voeling met die *Oorskotjie*-groep se toerprogram was en haar eers in so 'n laat stadium onttrek het. Of het swak plekbespreking haar gedwing? Of skuil 'n reklamegreep hieragter – dat die stap moes verkondig dat so 'n belangrike teatermens dié opvoering ondersteun?

'n Bespreking van haar program volg op 10 Februarie. Daarin word ds. M.L. de Villiers se taalgebruik gekritiseer. Hy het mej. Dolly de Villiers op die klavier begelei. Sy sing byvoorbeeld "Op die toring" van Theo Wassenaar. Ds. De Villiers verduidelik vir die gehoor dat die "bedoelde toring ons eie peer is, waarmee hy [Wassenaar] wou sê: 'die Kaapstadse pier of seehoof." Die resensent besluit Faure het 'n groter aanleg "vir humor en ligte liriese stof". Die "swaarder, dramatiese stof" ly onder "'n neiging tot oordrewe gerektheid en slaperigheid".

André Huguenet en *Oorskotjie*

Oorskotjie had 'n invloed op die vorming van 'n groot akteur: André Huguenet. Hy vertel (1950: 12):

> Met gespanne verwagting het ek na die koms van die geselskap uitgesien [in Bloemfontein – D.B.]. Alles was in die haak en niks het gehaper om die spel en opset anders te laat voorkom as die beste Engelse opvoerings nie. Paul de Groot self was vir my 'n openbaring en die spel van Wena Naudé eenvoudig verbysterend. As daardie straatkind met die appel wat "te veel is vir 'n kind en te min vir 'n vrou – net 'n oorskotjie", het Wena alle harte verower en soos in ander stede waar die spel opgevoer is, het sy hier weergalose roem verwerf. De Groot en sy hele geselskap, bestaande uit Jessie Breedt, dr. Anna Aucamp, W.J. Pienaar, Henri Celliers, Dan du Preez en nog 'n aantal andere, het 'n groot indruk gemaak en die moontlikheid van 'n eie beroepstoneel onteenseglik bewys. Die teater was vir die speelseisoen wel nie so goed beset nie, maar die vakansietyd was 'n ongelukkige om met so 'n eksperiment te begin, aangesien die belangstelling van die groot publiek nog nie gaande gemaak is nie en die welslae van so 'n besoek grotendeels afhanklik was van die baie skole en onderwysers. Nietemin het my geesdrif alle perke oorskry en was ek meer as ooit oortuig dat my toekoms in hierdie rigting lê. Slegs my ingebore vrees vir vreemdelinge en beskroomdheid het my verhinder om De Groot na die opvoering in sy kleedkamer te gaan opsoek. Maar Wena Naudé was my heldin vir wie ek, naas Freda Godfrey, Olga Lindo en Phyllis Neilson-Terry, die grootste aanbidding gehad het!
>
> Gelyktydig met hierdie opvoering van *Oorskotjie* is nog 'n Afrikaanse opvoering aangekondig. Orals in die stad is aanplakbiljette aangebring waarop die name van twee stukke gepryk het: *Liefde en Geldsug* en *Oom Gawerjal se dogters en die stemregkoors*. Die spelers was Hendrik Hanekom en sy geselskap, en die spel sou in die Ramblerssaal plaasvind. Wat my veral getref het, was die eienaardige manier waarop die advertensies opgestel was. Die meeste spelers se name was Hanekom en onderaan die plakkate het die woorde gedruk gestaan: "Mense met gebarste lippe word aangeraai om nie te kom nie."
>
> Die kontras wat hierdie opvoering gevorm het met die welversorgde, afgeronde en artistieke *Oorskotjie* het my gestuit. Daar was hoegenaamd niks wat getuig het van professionele status nie. Daar was uitbundige lagsituasies. Hanekom het 'n dosyn koppies koffie verorber en met 'n kierie en 'n stywe been tot groot vermaak van sy gehoor oor die toneel beweeg. Omdat ek weinig of geen amateuropvoerings op daardie leeftyd bygewoon het nie, kon ek die gebrek aan

afronding by hierdie opvoering nie duld nie en het tot die gevolgtrekking gekom dat dit een of ander amateur-groep spelers is wat 'n besoek bring met Hanekom se eie twee toneelstukke. Hoewel my kritiese vermoë daardie dae nog beperk was, het die powerheid en gebrek aan verbeelding van die hele opset en voorstelliing my geskok.

... Op 'n besoek aan Johannesburg, waar ek moes meeding in 'n kunswedstryd, het ek na my voordrag van "Die pelgrim" van Totius, in die artieste se wagkamer 'n visitekaartjie ontvang met die naam "Paul de Groot" daarop. Hartkloppens, gemeng met ekstase, het my 'n oomblik van stryk gebring, en toe ek na die deur stap, staan die groot akteur daar hoed in die hand. Hy het my eenkant geneem en vertel dat hy sy geselskap "reorganiseer" en dat hy my graag sou wil gebruik. Ek het hom gewaarsku dat ek eers matriek moes maak, maar hy het sy bereidwilligheid te kenne gegee om tot Julie te wag.

Van daardie oomblik af was die "teerling gewerp". Die toekoms het my toegelag ... 'n toneelloopbaan, en niks minder, was my onwrikbare besluit en niks of niemand sou my van hierdie voorneme afkry nie.

Terug in Bloemfontein het ek my eksamen afgeskryf en aan die einde van Junie vertrek ek uit Bloemfontein sonder die seën van my ouers en in weerwil van raadgewinge en teregwysings van predikant, onderwysers en vriende, na Potchefstroom waar ek my lot by die Paul de Groot-toneelgeselskap gaan inwerp het.

Mev. Marie Munnik van Pretoria vertel per brief in September 2002 oor André Huguenet (toe nog Gert Borstlap) in hierdie kunswedstrydjare:

My moeder, Marie (Miemie), se nooiensvan was Du Toit. Sy en my vader, Schalk van der Merwe, is op Heilbron in die OVS getroud.

My moeder se peetpa, dr. D.W. Viljoen, was die eerste S.G.O. in die OVS, en het geglo dat, om die Vrystaat op te bou, hy die beste onderwysers moes trek. Dit het hy gedoen deur beter salarisse aan te bied – en ek dink dis vandaar dat die Vrystaat soveel leiers kon oplewer.

Ná my ma se studie voltooi is aan die Victoria Kollege en die musiekkonserwatorium te Stellenbosch en later in Kaapstad, het sy onderwys gegee by die Paul Roos Gimnasium (o.a. vir Gideon Roos en Uys Krige).

Dr. Viljoen het my ma na die Vrystaat laat kom waar sy skool gehou het aan die Sentraal in Bloemfontein – ook vir Gert Borstlap. Teen ongeveer 1921 het sy hom vir sy eerste kunswedstryd ingeskryf toe sy sy talent raakgesien het. Hy en my pa se jongste sussie, Nellie van der Merwe, het sang by my ma geneem. Hulle het duette gesing, en by geleentheid het Gert sommer die bladmusiek onderstebo op die klavier gesit – of dit uit "plaaitjiegeid" was of uit droomverlorenheid, weet ek nie. My ma was maar nog 'n jong onderwyseres en later het sy en André op voornaamterme gekom. Sy is getroud en het na Heilbron verhuis. Wanneer die reisende toneelgeselskappe die dorp besoek het, het sy altyd 'n baie deftige ete vir hulle ná die opvoering gegee. André Huguenet het komplimentêre kaartjies aan my ouers gestuur, terwyl hulle en die Hanekoms Kerskaarte vir mekaar gestuur het tot hulle dood.

Toe *Hamlet* die eerste keer in Afrikaans in Johannesburg opgevoer is, het my tant Nellie saamgegaan en ná afloop van die opvoering kon dit nie hoër of laer nie, ons moet André gaan groet. Toe sy hom sê ek is "Marie se dogter", neem hy my hand in sy twee hande en dramaties vra hy: "Ag – en hoe gaan dit met die ou moeder?" Dit terwyl daar net 'n effense ouderdomverskil tussen hulle was!

Toe Tommie moes hakkel

Wena Naudé en Tommie Beckley het as studente van Stephanie Faure in verskeidenheidskonserte opgetree. In 'n onderhoud van 14 Desember 1969 in *Dagbreek en Landstem* vertel Naudé:

> Tommie Beckley speel 'n hakkelaar wat vertel van 'n kat wat van ver kom en sy moles in die huis kom doen. "En die kkkkkkat kkkom in die huis en hy maak toe kkkk ..."
>
> Die woord moet "kattekwaad" wees. Maar 'n ou tante in die voorste ry, behoorlik toegegooi onder die volstruisvere, besluit om die hakkelaar te help. Maar die woord wat sy sê, is nie "kattekwaad" nie. Die gehoor het geskreeu soos hulle lag. Ná pouse was die ou tante skoonveld.

Mentor en student

Die band tussen mentor Stephanie Faure en student Wena Naudé het lank voortbestaan:

Pretoria 20 April 1945

> Liewe Wena
>
> Kyk – jy moenie dink die ou vrou word nou skielik sentimenteel nie! Maar ek is nou maar van nature so – as ek iets op die hart het, dan moet dit "eraf"! Dit is net dit – ek waardeer jou vriendskap en lojaliteit meer as wat ek ooit vir jou kan sê! Hier en daar kom daar so 'n

woordjie na 'n mens terug, en as ek dan hoor "Wena Naudé sê jy's die enigste mens in Suid-Afrika wat kan lesgee in voordragkuns", dan – alhoewel jy weet dat dit 'n baie vleiende iets is, tref dit jou diep in jou siel dat die leerling van soveel jaar gelede, wat einds soveel roem verwerf het, nog so 'n opinie van jou het! Glo my ek waardeer dit, diep en innig. Ek het, soos jy weet, ook my deel van klappe en skoppe gekry op professionele gebied, maar gelukkig ook so baie wat mooi en aanmoedigend is, dat ek al die ander kan vergeet! Nou wil ek net sê – dit het my eentyd gevoel of daar so 'n gordyn van hardheid tussen ons gekom het en jou verseker dat dit nie van my kant daar is nie. Maar as dit my *skuld* is dat dit daar is, wil ek dit graag weet sodat ons dit kan wegmaak! Dankie!

[Sy verleen hulp met koerantdatums wat Wena moontlik nodig gehad het om op Hendrik Hanekom se *Die Huisgenoot*-artikel te reageer, en stuur ook foto's uit haar "professionele tyd" – D.B.]

Nogmaals my dank en waardering. "Alle heil".

(Ek sal jou laat weet net sodra daar 'n lestyd oop is op Johannesburg.)

Liefdegroete – Steph

Op versoek van Wena skryf Tillie Faure op 10 Oktober 1962 aan haar oor die dood van Stephanie Faure in 1961 aan breinbloeding:

... Om eenuur Sondag 24 Desember is sy in 'n koma en Kersnag om halfeen is sy oorlede. Dit was vir ons 'n geweldige skok, ons kon dit net nie besef nie. Sy is Dinsdagoggend om tienuur vanuit ons huis begrawe. Baie stil. Dit was altyd haar wens. Ons dominee het net 'n paar verse uit Johannes 11 gelees, verse 25–27. Na 'n paar woorde en gebed is ons weg, daar was baie vriende en familie. Op haar versoek was daar geen blomme nie. Op haar kis was net 'n los bos van die mooiste rooi rose wat ons kinders gebring het. By die graf: dit was 'n wonderlike mooi oggend. Dit het die vorige aand gereën, so stil, en dominee het net Psalm 103 gelees: Loof die Here, o my siel, 'n gebed gedoen, en die gebruiklike woorde gesê, toe het die kis weggesak. Die laaste wat ons gesien het, was die rooi rose.

Danie Smal

Vandag se moeilikhede is die grappe van môre; daarom kan ons maar net sowel nou al lag (Danie Smal in *Ons Vaderland*, Vrydag 16 Oktober 1925).

Voordragaande – dit is waarmee die naam Danie Smal sinoniem geraak het, dié beskermer van Wena.

Sy eerste program bied hy op 20 Mei 1921 in die Vrijmetselaarsaal op Roodepoort aan. Vir sy duisendste aanbieding op 21 Junie 1928 kies hy weer dié saal en versoek hy digters om ongepubliseerde werk aan hom voor te lê (*Die Burger*, 8 Mei 1928). Hy is so nederig dat hy op hierdie uitsonderlike aand die kollig déél met 'n ander kunstenaar: Tommie Beckley. Die geleentheid was ten bate van sy Woltemade-fonds vir hulpbehoewende jong predikante. (Herhaaldelik sou hy hom vir hulle welstand beywer.)

Vir sy optrede in Februarie 1926 gebruik hy 'n humoristiese tekening in sy advertensie. Dit is die gesig van 'n man wat, afhangende van hoe jy die tekening draai, dikmond lyk of glimlag. Die frons op die voorkop verander in 'n glimlaggende mond. Die byskrifte lui: "Ek het hom gesien"/"Ek het hom nie gesien nie". Baie jare later word dieselfde "veelsydige" gesig gebruik in 'n strooibiljet vir die N.T.O. se opvoering van *Iepekonders* van Molière.

Op 10 Desember 1935 word in *Die Burger* berig dat hy ná 2792 voordragaande die "mantel van Demosthenes gaan neerlê om te gaan boer". Hy vertel hoe hy die land deurreis het van die "Bosveld, Kalahari, die oewers van die Limpopo tot in Natal" en dan veral patriotiese gedigte voorgedra het.

In Natal het hy aan die begin teenstand ondervind van die Engelssprekendes. Hulle het sy konserte probeer verongeluk deur die elektriese drade af te sny. Daarom dat hy voorsorg getref het en die verhoog met pakke kerse betree het.

In 1924 het Smal ook in die buiteland opgetree. In België is hy byvoorbeeld gehoor aan die Koninklijke Vlaamse Conservatorium, en daarna op 130 plekke in Nederland. Ook in Londen gee hy voordragte. Aanvanklik was die opkoms in Nederland swak, want daar is gesê dat "men dat verknoeid Nederlandsch toch niet zal kunne snappen". Maar uiteindelik was daar bewondering vir die "soetvloeiende, klankryke taal" (*Die Burger*, 10 Desember 1935).

Soos reeds aangedui, het hy as toneelspeler nie so goed gevaar nie. As organiseerder en bevorderaar van die Afrikaanse beroepstoneel het hy wel belangrike werk gedoen. Binge (1978: 40) wys daarop dat Gustav Preller, joernalis, prosaïs, taalstryder en leier van die Afrikaans-Hollandse Toneelvereniging in Pretoria, Smal beskou het as 'n opvolger vir Stephanus Maré, 'n talentvolle speler, regisseur en vertaler van byvoorbeeld die eerste Ibsen in Afrikaans, *Steunpilare van ons volk*. Maré sterf in 1918 aan griep terwyl hy besig was met 'n opvoering van M.M. Jansen se *Afrikaner-harte* met studente van die Transvaalse Universiteitskollege. Ná 1925 het Preller egter sy hoop meer op Paul de Groot begin vestig.

Nadat Smal ervaring opgedoen het met die stigting van Afrikaanse vakbonde, beywer hy hom om al die toneelverenigings aan die Rand saam te snoer. Op 17 Februarie 1919 spreek hy byvoorbeeld 'n "gekombineerde vergadering van die Witwatersrandse Toneelgeselskappe toe". Hy het "nergens 't nog so sien knoei nie as juis hier in Johannesburg. Hier is meer toneelverenigings op die Rand as Afrikaanse Koffiehuise, en dit lijk mij of elke bloumaandag so 'n amateurgeselskappie ... nog in drie of vier aparte geselskappies opgesplits word." Sulke "knoeigeselskappies" moenie ondersteun word nie, dit is wensliker om 'n sentrale geselskap vir Johannesburg tot stand te bring (Binge, 1978: 234).

Hy word assistentredakteur van *Ons Vaderland* in Pretoria en op 6 Augustus 1920 waarsku hy teen die verdeling van toneelkragte in Pretoria, waar hy teen daardie tyd twaalf verenigings tel. Hy stig die Afrikaanse Kultuurvereniging en Toneelskool en kry die medewerking van onder andere Gustav Preller, J.H. Pierneef, A.E. Carinus-Holzhausen en Stephanie Faure. Dit is ook hierdie mense wat De Groot se eerste optredes ondersteun (Binge, 1978: 234).

W.J. Pienaar se *Saul* word byvoorbeeld, ná Paul se afrondingswerk op Volksrust, op 3 Julie 1925 in Pretoria opgevoer. Volgens *Die Volkstem* is die groep "by valle van die gordyn ... deur die aanwesiges uitbundig toegejuig, waarna mnr. Pienaar 'n kort woord van dank gespreek het en mnr. D. Smal die geselskap lof toegeswaai het vir hulle spel en 'n kwitansie vir die saalhuur oorhandig" (Binge, 1978: 117). In *Huistoe* vertolk Danie dr. Von Keller vir De Groot. Preller kritiseer sy gebrekkige betrokkenheid by die spel en sy uitspraak. Teen laasgenoemde beswaar verweer hy hom, maar Preller had die laaste sê (Binge, 1978: 122). Nadat hulle *Huistoe* 'n week lank van 14 tot 20 September 1925 onder African Theatres se beskerming in Johannesburg opgevoer het, verskyn berigte op 22 September 1925 in *Die Volkstem* en *Ons Land* waaruit Smal se spesifieke aandeel aan die historiese toneelweek blyk:

> 'n Duiselingwekkende oorwinning, sou ons die uitslag van die Afrikaanse toneelweek in Johannesburg kan noem. Nieteenstaande reën en koue weer, was die teater nog elke aand taamlik gevul – die laaste aand nie 'n enkele stoel onbeset nie. Die opkoms vir die ses aande was 2 334 en die opbrengs £464.18.0.
>
> ... Wat ons méér bereik het met die welgeslaagde waagstuk, is dat die Teatertrust so getref is, dat hulle nie alleen beloof dat ons enige tyd met 'n nuwe stuk, vir 'n week of langer, en onder gunstiger voorwaardes, naar Johannesburg toe kan kom nie, maar hulle is selfs bereid om vir eie rekening 'n toer met 'n Afrikaanse geselskap te reël en salarisse aan die spelers te betaal! Dit is voorwaar "boven bidden, denken en verwachten".

Dan kom die onbekende skrywer by die kern van die saak:

> ... het niemand genoeg vertroue in die onderneming gehad om die onkoste te help waarborg nie, sodat Danie Smal dit alleen op hom moes neem. Ons deel van die opbrengs is (20%) £93, terwyl die uitgawe, insluitende 'n salaris aan Paul de Groot, £126.10.6 bedra. En nou is die vraag of die hele Afrikaanse bevolking sal toelaat dat één man vir sy geregvaardigde optimisme daardie skade van £33.10.6 alleen sal moet dra. Ons kan dit nie glo nie, veral waar ons van alkante hoor hoe in die wolke die Afrikaners is oor die welgeslaagde proefneming.

Dan word daar 'n oproep om geldelike bystand gedoen. Dit kon gestuur word aan mev. A.E. Carinus-Holzhausen. Binge (1978: 123) kon egter nie vasstel of geld wel ontvang is nie.

Uit hierdie artikel lei Binge af dat die proefneming nie op inisiatief van African Theatres geskied het nie, maar deur die geldelike ondersteuning van Danie Smal en ook mevrou Carinus-Holzhausen. Die feit dat De Groot die enigste was wat 'n salaris ontvang het, is waarskynlik die rede waarom Stephanie Faure en Smal nie verder saam met De Groot gewerk het nie, en hulle op voordragreise toegespits het (Binge, 1978: 124).

Op 11 Februarie 1964 het 'n besondere eer Danie Smal te beurt geval. Verskeie hooggeplaastes het huldigingsboodskappe ter viering van sy vyftigste jaar as eenman-verhoogkunstenaar gelewer (ongedateerde, getikte inligtingstuk, Toneelmuseum, Bloemfontein). Onder hulle was generaal Jacques Pienaar. Volgens hom het Smal nie net in sy programme patriotiese strydgedigte voorgedra nie, hy het ook sy politieke oortuigings uitgeleef. Hy het as sekretaris van die Transvaalse Helpmekaarvereniging die 1914-Rebelle-offisiere wat in die Fort in Johannesburg aangehou is, besoek om rookgoed en versnaperinge uit te deel. Terselfdertyd het hy dan verneem wie van hulle paaiemente op verbande verskuldig is en dit dan met Helpmekaargeld vereffen. So is baie van bankrotskap gered.

Danie Smal word ook onthou vir sy aandeel in die stigting van Afrikaanse skole, en sy bemoeienis om Afrikaanssprekendes tot skoolrade verkies te kry. Met sy voordragte was hy self opvoedkundige. Volgens *Die Burger* van 6 Mei 1931 het hy byvoorbeeld spesiaal 'n program vir kinders op Carnarvon aangebied en vir elke kind 'n "versbundeltjie van 48 bladsye uitgesoekte gedigte" gegee.

Hy is op 13 September 1976 oorlede.

Huistoe 2

In 1926 is Wena Naudé nog lid van De Groot se geselskap toe hy met die Hanekoms amalgameer. Hulle besluit op 'n heraanbieding van *Huistoe*.

André Huguenet (1950: 20) som die inhoud van dié toneelstuk op:
> Magda het weggedros van haar ouerhuis in 'n klein Duitse provinsiestad en het 'n groot operasangeres geword. Haar vader, 'n hardvogtige afgetrede kolonel, het haar onteien en haar naam word nooit deur haar stiefmoeder en jonger suster genoem nie. Hulle hoor van 'n besoek deur 'n *prima donna*, wat hulle eie suster blyk te wees. Magda besoek haar eenvoudige ouerhuis in swierige klere met blomme en presente, maar haar verstokte vader sien in haar slegs 'n afgedwaalde dogter wat teen elke prys gered moet word. Magda is lief vir haar suster en wil haar saamneem na haar hotel toe, maar die ouers verwag dat sy in haar geboortehuis sal vertoef. Tevergeefs probeer sy aan hulle verduidelik watter soort lewe sy lei met bediendes, sekre-

tarisse en boodskappers, maar haar vader is so gekrenk dat sy uiteindelik instem.

'n Plaaslike *factotum*, Von Keller, lê besoek af met 'n kosbare ruiker vir Magda. Hy was haar eertydse minnaar wat haar om die bos gelei en in die steek gelaat het. Hy is onbewus van die feit dat sy 'n kind gehad het waarvan hy die vader is. Sy vertel hom dit en verfoei sy huweliksaanbod ... nou dat dit te laat is! In haar jeug sou so 'n voorstel haar goeie naam en eer gered het en eventuele versoening in haar familiekring meegebring het, maar nou ...

Haar vader kom dit te hore. Hy is dankbaar teenoor Von Keller en is die mening toegedaan dat 'n man niks aan 'n vrou verskuldig is wat hy misbruik en verlaat het nie en dat dit 'n groot guns is as hy haar ten huwelik vra. Die ou vader se arm begin bewe; hy toon tekens van beroerte. Magda besef dat haar koppige verset teen die vaderlike gesag die oorsaak is van hierdie ramp en sy aanvaar die aanbod. Die familie laat Von Keller roep en hy kom met stralende selfvoldoening oor sy edele handelwyse! Magda het niks as veragting vir die man nie en wanneer hy voorstel dat sy van haar kind geskei word ten einde sy reputasie te beskerm, kom die finale breuk en sy trek haar woord terug. Op hierdie oomblik kom haar vader binne. Sy vertel hom watter eise Von Keller stel en daarna buig hy beleefd die besoeker uit die kamer en sê dat hy met sy dogter alleen wil praat. Hy haal twee pistole te voorskyn, vasbeslote om sy dogter te skiet as sy hom nie gehoorsaam nie. Hy praat van eerbaarheid en die goeie naam wat in ere herstel is. Na 'n skerp woordewisseling neem Magda 'n uitdagende houding teenoor haar vader aan en onbedagsaam vra sy wat haar vader sou doen as hy weet dat Von Keller nie haar enigste minnaar was nie! Die geskokte vader noem haar 'n slet, rig sy pistool op haar en sink inmekaar deur 'n beroerte-aanval.

Dit is met hierdie opvoering dat Hendrik en Mathilda verdoop is. Die ander lede van die geselskap wou hulle as seniors nie op hulle name aanspreek nie, maar het ook nie kans gesien vir die formele "meneer" en "mevrou" nie. So word hulle toe op hulle toneelname genoem: "Dominee", wat later tot "Doom" verkort is, en "Magda". De Groot verdoop op sy beurt vir Mathilda tot Mathilde.

In haar Hanekom-biografie wissel Anna Minnaar-Vos die name Magda en Mathilde af. "Magda" sal daarom in Minnaar-Vos-aanhalings opduik, maar verder word "Mathilde" in hierdie boek gebruik. In die Minnaar-Vos-aanhalings sal Hendrik Hanekom Doom genoem word.

In Maart 1969 neem Nico Moolman 'n gesprek op band op tussen Mathilde en sy ma wat as Dora Bekker lid was van Mathilde se Oulike Nooientjiesorkes, wat van 1945 tot 1947 bestaan het. Mathilde wy in die gesprek uit oor hoe hulle en ander spelers hulle toneelname gekry het. Volgens haar het André Huguenet ook sy verhoognaam tydens die *Huistoe*-toer gekry. Die geselskap was op soek na 'n jong speler, "'n seun", soos Mathilde dit stel. Paul de Groot herinner hom ene Gert Borstlap vir wie hy op 'n Bloemfonteinse kunswedstryd beoordeel het. Dié skoolseun het hom dadelik ná die wedstryd as toneelspeler by Paul kom aanmeld. Die Hanekoms stuur toe dadelik vir Gert Borstlap 'n telegram om hom van sy aanstelling te verwittig en telegrafeer ook sy treingeld.

Mathilde sê 'n gehoor het gewoonlik gratis programme gekry. In die opvoering is sy 'n prima donna, maar dan kyk die mense op hulle programme en maak vrede met haar rol, want sy is eintlik 'n Hanekom. De Groot met sy sterk Nederlandse uitspraak word ook aanvaar as 'n Nederlandse akteur. Maar op 'n dramatiese oomblik kom Gert ingestorm, die mense kyk op hulle programme en bars uit van die lag toe hulle sien hy is eintlik Gert Borstlap. Al die spanning waaraan so hard gewerk is, is daarmee heen. Hendrik het by De Groot daaroor gekla. Gert moet 'n ander naam kry. De Groot stel voor: "Och, wat van Gert Hanekom, of Naudé of Van Zyl?"

Nee! Gert wil nie van so 'n vervloekte voorstel hoor nie. "Wat is die verskil tussen Borstlap en Hane...kam?"

Daarna stel De Groot "Felix Huguenet" voor.

"Ek is nie 'n kat nie!" bulder Gert.

In daardie stadium het De Groot al *Felix, jij en ik* aan hulle voorgelees, Felix synde die kat in die stuk. Uiteindelik word De Groot se voorstel, "André Huguenet", aanvaar.

Maar wanneer Huguenet Bloemfontein in 1928 met *Haar tweede man* besoek, word hy daar in sy geboortestad maar weer Gert Borstlap. *The Friend* van 21 Mei herinner die lesers dat hy die oudste seun van G.P. Borstlap is en dat hy in 1926 aan Grey Kollege gematrikuleer het. En *Die Volksblad* berig drie dae later: "Veral mnr. Gert Borstlap het 'n skitterende vertolking van 'n moeilike rol gegee en die lof ruimskoots verdien wat hom na die opvoering deur dr. C.F. Visser toegeswaai is."

In Desember 1926 verskyn "Agter die gordyne" in *Die Burger*, 'n reeks artikels waarin inligting gegee word oor die ervarings van toneelspelers soos dié in die *Huistoe*-geselskap. Die skrywer was Johann Buhr, boekresensent vir *Die Burger* en ook kortverhaalskrywer. Volgens W.D. Beukes (*Boekewêreld*, 1992: 28-29) het Buhr weens swak gesondheid vroeg afgetree, maar tot met sy dood in 1940 het hy artikels vanaf Nieuwoudtville gestuur. André Huguenet (1950: 13) verduidelik hoe dit gekom het dat Buhr dit geskryf het:

> Om die sale vol te kry, het ek die pers oorlaai met berigte oor ons lewe en werk. Ek en Paul het sy ou vriend Frederik Rompel van *Die Burger* oorreed om 'n joernalis saam met ons op reis te stuur en Johann Buhr, daardie skrander en geniale skrywer, het 'n interessante reeks artikels vir sy koerant geskrywe onder die titel "Agter die

Gordyne". Hierdie belangstelling van die pers het baie gehelp om die publieke nuuskierigheid te prikkel en ons kon roem op groter ondersteuning in die Westelike Kaapland.

8 Desember 1926: Buhr gee 'n oorsig oor sy ongesofistikeerde toneelervarings in waenhuise, skoolsale en die beteres aan universiteit, en vervolg dan:

Dit was altans die toestand ongeveer tot 'n jaar gelede toe 'n Nederlandse beroepstoneelspeler, Paul de Groot, in Pretoria 'n daadwerklike begin gemaak het met die professionele opleiding van 'n Afrikaanse geselskap vir die toneelkuns, terwyl reeds enige maande tevore 'n ander groepie Afrikaners met minder ervaring en tegniese opleiding om op te bou, maar met dieselfde vuur besiel en met groot natuurlike aanleg geseën, besluit het om alles prys te gee en hulle uitsluitlik aan die toneelkuns te wy.

'n Derglike belangrike ontwikkeling in ons kultuurlewe moes mettertyd agter die joernalistieke gordyne weerklank vind en ons was dus glad nie verwonder toe ons eendag in die beskrywing van 'n pas gepleegde moord onderbreek is deur die opdrag om somar die volgende môre al op 'n veertiendaagse reis met die geselskap van Paul de Groot te vertrek ten einde vas te stel nie alleen wat agter die gordyne van die verhoog gebeur nie, maar ook wat agter daardie gordyne plaasvind wat vir die gewone teaterganger nooit oopgetrek word nie.

29 Desember 1926:

So 'n toer is nie 'n paradysbestaan nie.

Soos gewoonlik ondersteun ons buitelandse geselskappe op 'n wyse wat hulle in staat stel om 'n klein leër van werksmense mee te neem. As hulle op 'n plek aankom, vervoer die bediendes die bagasie na die beste hotel, en wanneer die spelers in die aand op die toneel kom, is alles reeds lank tevore in orde gebring. Na die opvoering gaan die geselskap terug na die hotel en die werksmense sorg dat alles afgebreek, ingepak en terug na die trein vervoer word.

Waartoe verplig ons egter ons eie mense? Eenvoudig om al die werk self te doen wat die werksmense vir buitelandse spelers doen. Wanneer ons geselskap soggens in 'n dorp aankom of na 'n nagreis daar wakker word, heers daar spoedig die grootste bedrywigheid. 'n Paar lede stap die dorp in om te kyk of behoorlik geadverteer is, wat gewoonlik nie die geval is nie, die ander lede sorg vir die vervoer van die goed. Dan begin die werk in die saal. Die toneeldekorasies van baie plattelandse dorpe is gewoonlik van so 'n aard dat die geselskap sy eie gordyne moet gebruik. Gelukkig is die gewone huismeubels in

Huistoe gebruik sodat dié ten minste nie saam vervoer moes word nie. Wat egter wel gedaan moes word, was om die meubels by vriende in die omtrek te kry en hoewel selfs mense wat vir die geselskap vreemd was, in hierdie verband altyd verbasend vriendelik was, was dit gewoonlik 'n taamlike werk voordat alles gevind en op sy plek gestel was.

Net voor die opvoering neem een van die lede sy plek in die kaartjieskantoor in terwyl 'n paar ander by die deure gaan staan. Alles word self gedoen. Nie uit oordrewe spaarsaamheid of omdat dit mense is wat daardie soort werk gewoond is nie.

Terwyl hulle met *Huistoe* toer, begin hulle reeds vir *As mans huishou* repeteer. Daarvan vertel Buhr in Februarie 1927:

Nog nooit het ons onder meer ongunstige omstandighede met 'n stuk kennis gemaak as met *As mans huishou* nie. Selfs nie toe ons in standerd 7 *Hamlet* na skool gelees het as alternatief vir 'n afgedankste pak slae onmiddellik nadat die onderwyser ons vir die derde maal op die Sabbatsdag betrap het op die gebruik van Afrikaans nie.

Op 'n onstuimige aand in Mosselbaai was daar in 'n deur kerslig verligte koepee van 'n stilstaande spoorwegwa 'n geselskap wat die stuk daardie aand kon oefen, alleen omdat die vasgestelde opvoering van *Huistoe* weens gebrek aan ondersteuning in duie geval het. Die gedreun van die see aan die een kant, die stortreën op die dak van die spoorwegwa en die gehuil van die wind, het die spelers nou en dan verplig om of te swyg of harder te praat as wat die rol vereis, terwyl die kerse gedurig gedreig het om uit te gaan. Onsself het die hele gehoor uitgemaak, en was verbied om toe te juig, te lag of te rook. Eerlikheidshalwe moet ons erken dat van die drie gebooie die derde ons die ondraaglikste gelyk het, tog was dit die tweede wat die eerste gewaai het en ons het dit nie oortree soos 'n ordentlike mens gewoonlik gebooie verontagsaam in der stilte en met 'n sekere mate van huiwering en aarseling nie, maar op 'n luidrugtige, skielike hoogs onwelvoeglike manier wat die hele oefening vir 'n oomblik tot stilstand gebring het. Dit was ook eenvoudig nie meer uit te hou nie.

In die rol van Ferry was Paul de Groot besig om aan sy vriend Max (Hendrik Hanekom) te verhaal hoedat hy tot sy geestelike en liggaamlike leed probeer het om op gravin Trix teenoor wie hy 'n wanhopige liefde ontwikkel het, 'n indruk te maak deur ewe as sy in die park te perd rond te ry ... vir die eerste maal in haar lewe. Daarna het een reeks verwikkelinge gevolg so komies, so skielik, en so uiters behendig in mekaar gesit dat daar van die handhawing van enige een van die gebooie geen sprake kon wees. Die lede van die *Huistoe*-geselskap, wat nie aan die nuwe stuk sou deelneem nie, het later gemerk wat gaande is en die res van die oefening is onder groot lawaai voortgesit met die uitgebreide gehoor op die boonste slaapbanke en die spelers op die vloer. Die reën, die wind, en die teleurstelling was weldra vergete.

Die *Huistoe*-geselskap het bestaan uit Hendrik en Mathilde Hanekom, Anna Marais, Wena Naudé, Maxie Botha, Simon Malherbe, André Huguenet en Paul de Groot.

Vir Huguenet die beginner was die repetisies aan *Huistoe* "vernederend", dit het "'n verlammende uitwerking gehad, sodat [sy] verstand soms 'n volslae vakuum geword het" (Huguenet, 1950: 22):

> Behorende tot die ou skool, het De Groot die stelsel voorgestaan waarin elke speler op 'n bepaalde papegaaiwyse elke sinswending, nuanse, toonhoogte met infleksie en pouses en "pas" kompleet net soos die regisseur moes nadoen.

André moes die moeilike rol van Von Keller by iemand anders oorneem. Sy onvolwassenheid was aanvanklik 'n groot hindernis, maar met nege ure werk per dag is hy deur De Groot gebrei:

> Twee manuskripte is na my kop geslinger, 'n taai klap teen my kop wat my laat steier het en die raad om liewer "koekebakker of kruidenier" te gaan word, "maar toneelspeler, nooit van je leven"!
>
> ... Ons dekor was vir my skokkend power: die onooglike geblomde doeke wat Hanekom gebruik het vir *Oom Gawerjal*, sonder enige verbeeldingskrag, met bruin lappe voor die deure wat die totaal-indruk geskep het van 'n verwaarloosde, armoedige woonkamer van 'n bywoner.

Eindelik is alles gereed vir die kleedrepetisie. Anna Minnaar-Vos beskryf dit in haar Hanekom-biografie (1969: 63):

> Magda het vir haar prima-donna-rol 'n silwerkleurige lamé-rok en blink hooftooisel aangeskaf. Sy voel baie seker dat sy daarmee al die aandag sal trek, want geeneen van die ander sal besonder deftig aangetrek wees nie. André sal byvoorbeeld sommer sy gewone grys kerkpak dra.
>
> Maar toe almal gereed staan vir die gordyn om oop te gaan, verskyn daar meteens 'n sonderlinge gedaante voor hulle: André in 'n grys streepbroek, swaelstertmanel, grys onderbaadjie, krawat, wit sysakdoek in sy bo-sak en 'n goue horlosie en ketting oor dr. Von Keller se magie! Hy was vasbeslote om sy eerste buiging voor 'n gehoor op grootse manier te maak – al sou dit hom ses jaar neem om vir daardie spoguitrusting te betaal!

Soos Buhr beskryf het, toer hulle per trein. André Huguenet (1950: 28) skryf hieroor:
> Die dames het vir ons kos gemaak; twee koepees is ingerig as kombuise. Ek was 'n lekkerbek wat tuis verskillende gewone kossoorte nie eet nie, en nou moet ek driemaal per dag blikkieskos en eiers verslind! Met elkeen se geregte het ek fout gevind totdat almal op 'n streep hartlik bedank het om vir my te sorg! Mevrou Hanekom se moeder, 'n godvresende ou vrou, het vir my soep gekook en wors gebring en ek en sy het saam ons lot bekla oor die "oppervlakkigheid" van die moderne jeug! Die ou moeder het my aan my ouma laat dink en ek en sy kon lekker gesels. Eers moes ek, as die pos kom, die doodsberigte in *Die Kerkbode* vir haar voorlees, waarby sy dan oor die sterfgevalle in onbekende, wildvreemde huisgesinne sonder die minste inspanning kon huil! Sy het Paul de Groot 'n Bybel present gegee en hy het smiddags as hy haar voel aankom – die spoorwa het by die minste beweging begin wieg – die Bybel gegryp en ewe vroom gesit en lees as sy die kompartement binnekom. Sy Franse romans het hy onder die kussings versteek! Die gevolg was dat hy altyd in die goeie boekies was van "Ouma".

Wena Naudé vertel in 'n huldigingsbundel vir André Huguenet (Van Schoor, 1961: 79-80):
> Ons was vooraf gesê dat ons per "spoorwegwa" sou reis, en dat ons moes sorg vir beddegoed, en wat ons dink nodig sal wees om ons etes in voor te berei. 'n Hele spoorwegwa! Drie dubbel-, een enkelkompartement aan elke kant. Die eerste was vir twee mans, die middelste myne, maar omdat ek dit alleen kon bewoon, moes dit ook dien as sit-eetkamer; dan 'n dubbele vir twee dames, dan die koepee – wat kombuis geword het. Die tweede helfte was vir Magda en Doom, ouma De Beer en Tilana, en meneer De Groot, en daar was die koepee ook die kombuis.
>
> ... In die Vrystaat het André huis toe verlang en ons twee kon nou glad nie insien waarom hy nie vir die Sondag kon gaan nie. Meneer De Groot het geweier. Maar ons het besluit "dis nou pure Kaaskopnukke daardie". Hierdie besluit het ons in die "kombuis" geneem en meneer De Groot was in ons eetkamer en kon nie anders as om te hoor nie. Met 'n "G...verd...me" het hy daar uitgestorm. Ek was net op pad tafel toe en André kort agter my – gelukkig kon ek nog net betyds skree "koets, André", toe trek die blik met goue stroop oor ons koppe en onder op die draai van die gang teen die privaatdeurtjie vas. Ek en André het so verbeter op die blik se spoed dat ons die primusstoof onderstebo geloop het in die kombuis en dié het weer die

onderkant van die bank (dit was opgeslaan om meer ruimte te gee) laat vlam vat. Ons het gegil, gevrywe, geslaan om die vlamme te blus, meneer De Groot ook, en toe alles weer onder beheer was, het meneer De Groot so koel as 'n man hierna kon wees, gesê: "Nou, je gaat niet, jonge."

Nou ja, André kon nie huis toe gaan nie. Die stasie was 'n hele entjie van die dorp af en ons het geen vervoer gehad nie. In weerwraak het ons besluit om "kerk te hou". *Alle* moontlike gesange en psalms waarvan ons die ou "slawewysies" geken het, het ons die een na die ander uit volle bors die gang ingestuur!

André Huguenet (1950: 28) vertel:

> Watter sorgvrye dae was dit nie! Ons jongspan afgesonder aan die een kant van die wa en die "oumense" aan die ander kant! Wena se grammofoon het lustig tot laat in die nag oor die stasies en goedereloodse weerklink. En De Groot soos 'n briesende leeu in sy kompartement ... Sy amorette met Wena was naamlik op sy mees kritieke stadium en die liefde het nie alle oortredings bedek nie! Op Vereeniging, waar ons die derde aand opgetree het en waar die kleedkamers allesbehalwe klankdig is, het Paul uit sy rol gestap en die kleedkamers ingestorm. Ek was die naaste, en hy het my 'n oorveeg toegedien wat my pruik van my kop laat vlieg het! Ook maar van nature driftig, het my Hollander-bloed warm gebruis en ek is in my volle toneelmondering stasie toe en ek sluit my in my kompartement in sonder dat iemand weet waar ek is en sonder om te wag vir die laaste gordyn. Die nag laat klop iemand aan my deur en De Groot vra om verskoning, wat hy verseël met 'n soen op my wang!

Anna Marais het die rol van mevrou Schwartz vertolk. Sy teken 'n toeroorsig dagboekgewys op (bewaar in die NALN-toneelmuseum):

> Die eerste aand speel ons op POTCHEFSTROOM. Die volgende dag lees ek in die koerant dat ANNA MARAIS "vim" moet insit. Verbeel jou 'n ou vrou en ek moet "vim" insit. (Omdat daar reeds 3 Hanekoms in die geselskap is, het Paul besluit om my die naam "Anna Marais" te gee in plaas van Martha Hanekom. Vir André Huguenet het hy hierdie naam gegee omdat hy gesê het die mense sal hulle doodlag vir "Gert Borstlap", sy regte naam.) Na hierdie berig in die koerant het ek nooit weer iets téén my in 'n koerant gelees nie, want ek het geluister. Oral waar ons gegaan het, was ons gelukkig, want ons was altyd vriendelik ontvang. Klein gehore of nie – die mense was vriendelik en goed vir ons. Ai, en so nou en dan [was] 'n lekker bord warm kos baie welkom. Ons het in 'n treinwa gebly, met gor-

dyntjies voor die vensters, en ons het vir onsself gesorg, met 'n primusstoof, kastrol en pan. Ek het kitaar gespeel en ons het lekker gesing daarby en ons was vrolik. (Partymaal het ons rusie gemaak en dan was die lewe nie te aangenaam nie, maar ruimte was so min en ons moes maar weer net vergewe en vergeet.)

3de Augustus 1926 speel ons op KLERKSDORP. Ons het daar in 'n stofstorm aangekom. 4de Augustus op BOTHAVILLE; ons het 'n goeie huis gehad – 'n goeie opkoms. Op KROONSTAD het ons 'n swak huis gehad. Ons wou ons siek lag vir "Grille alle ure van die dag". Dit is soos ons "Grills all hours a day" vertaal het. 6de Augustus op PARYS – weer 'n swak opkoms; met ander woorde, ons kry geen geld nie. Op KOPPIES (Kopjes) was daar 'n vriendelike dame, mev. Bekker. Sy het ons genooi vir ete. Ons het darem gereeld Sondagaande kerk toe gegaan. Dis te sê, as ons nie op pad is met 'n goederetrein nie. 23ste Augustus op STEYNSRUS – is ver van 'n stasie af. 24ste Augustus op MARQUARD – 'n goeie huis gehad en die mense was weer baie vriendelik. 25ste Augustus op SENEKAL. Ek is ongehoord uitgeskop, het rusie met meneer De Groot gehad. André steek sy neus in en bars amper. 27ste Augustus op FOURIESBURG; vriendelike boeremense nooi ons na hul plaas. Daar is 'n kloof in die berge met pragtige varings. Ek het een in 'n blik geplant en huis (woonwa) toe geneem. Op 2de September, LADYBRAND – LELIEHOEK; op 3de Sept. THABANCHU – ons agt spelers het vir 7 mense wat die aand die gehoor uitgemaak het, gespeel. Hulle het 20 myl ver in die groot reën gery om ons te sien speel.

Op ZASTRON die 7de September. Tee die aand na voorstelling by mnr. en mev. Huisman. Ons het 'n goeie opkoms gehad en ons kon weer kos koop. Onenigheid tussen A.B.C. (een van die spelers), André en Wena Naudé. 8ste Sept. op ROUXVILLE. Vanaand verlang ek sommer baie huis toe – dis 'n maanligaand. 9de Sept. op SMITHFIELD – die saal was vol; môre kry ons weer geld vir kos. Daar is 'n baie mooi kerk. Ons pluk blomme in die spruit. 10de Sept. op ALIWAL-NOORD. Ons word genooi na die opvoering van "No, no Nanette" deur 'n Engelse geselskap. Sondagaand het ons by ds. Naudé gekuier.

BURGERSDORP en DORDRECHT: Ons het hier gaan bergklim. Ek was omtrent 100 tree op, toe het ek maar weer agteruit aarde toe gekruip – hoogtevrees. STERKSTROOM: Ek en Wena het verdwaal toe ons na die saal stap, toe steel ons maar perskebloeisels vir die toneelverhoog. MOLTENO: Ons het die hele dag in die strate geloop en adverteer, asook bloeisels gesteel. Ons was ook genooi vir tee by André se familie.

19de Sept. op STEYNSBURG. 'n Mev. MacDermit het ons genooi vir etes en ons het lekker boerewyn gedrink. 'n Goeie huis gehad en ook kerk toe gegaan. Op 21 Sept. op NOUPOORT (Naauwpoort). My ouma De Koker het daar by tante Sarah ingewoon. Ek gee my varing wat ek van Fouriesburg gebring het vir Ouma. My tante nooi ons toe vir ete.

24ste Sept. op JAGERSFONTEIN. 2½ myl van die stasie. Ons adverteer en ons loop in 'n ry agtermekaar met plakkate. Ons hou daar 'n middagvertoning. Ek kry 2/6 vir ete.

FAURESMITH: Hier loop die trein in die hoofstraat in die middel van die dorp om by die stasie te kom. Die mense gaap ons aan toe ons wa met gordyne voor die vensters agteraan 'n goederetrein daar aankom. Ons is verbaas om die hoenders te sien wat vir die trein vlug. Ons het die affêre baie geniet. Daar was 200 besprekings en ons was dus baie gelukkig hieroor.

KOFFIEFONTEIN: Dit was 'n donker aand en die wind het sterk gewaai. Ek en Matilda het alleen stasie toe gestap. Daardie aand het daar 'n Bantoe by Wena se kompartement ingestap. Hy is gou uitgeskop, maar daardie nag het ons nie lekker geslaap nie.

Op TROMPSBURG het ek 1.1.0 pond uitgegee. Ons het baie ongeskikte kinders in die gehoor gehad. REDDERSBURG – Bethaniestasie. Ons is met 2 huurmotors na Reddersburg in reën en dit was baie koud.

WINBURG – THEUNISSEN – BRANDFORT – BLOEMFONTEIN. Niks besonders het gebeur nie ... VICTORIA-WES: Matilda se moeder (Ouma De Beer) ernstig siek. Matilda het elke aand op toneel gehuil dat die trane oor haar wange rol. Niemand anders kon dit regkry nie. [André Huguenet se weergawe (1950: 29): "Ouma" het eenmaal gevaarlik siek geword en mevrou Hanekom was so ontsteld dat sy haar rol die aand van begin tot end letterlik deurgesnik het. Ouma en Tillie was alleen in die spoorwa en 'n dokter moes haar voortdurend besoek. – D.B.] Hier op Victoria-Wes het die grootste wonder met my gebeur. Dit was die 7de Maart 1906. Ja, ek is toe hier gebore en het glo 6 maande lank dag en nag gehuil. Wat ek nie kan verstaan nie is dat die grootmense nie 'n kindjie kan verstaan nie. Ek het mos gehuil van blydskap. Ek huil vandag nog as ek bly is. Nog net 30 jaar, dan is ek ook 100 jaar oud. BEAUFORT-WES: Lekker gedans na opvoering. DE DOORNS: Die predikant het ons belet om te speel omdat dit die Sondag nagmaal is. Ons het Malle Meule (Merry go round) gaan ry. Ons lees "Ria Ray". CERES: Dis 'n tweede Paradys – pragtige berge en riviere en praat nie van die varings, blomme, kapok en reën nie. Advertensie was swak gedoen, ons moes dit in die reën doen. Die nag rol ek van die berge af (in my droom).

WOLSELEY: Ons het nie gespeel nie. Reën, kapok – berge en dale. Hotnots hinder ons op die stasie (dit was eintlik Kleurlinge). 20 Oktober – WORCESTER: Goeie opkoms. Gawe seuns nooi ons uit vir motorrit. 21 Oktober – STELLENBOSCH: Ek het 'n skoolmaat Bessie Theunissen gaan opsoek in Rozenhof, en die hele middag daar by die dametjies gekuier. Na die opvoering is ons na die Uitspan kafee. Daar het ons dr. F. Malherbe ontmoet. 22 Oktober – PAARL: Ons stap na NOORDER PAARL om tantes te besoek. In plaas van 11 uur tee kry ons 'n kelkie wyn – André verjaar.

[Anna Minnaar-Vos (1969: 66) skryf hieroor: In die Paarl is hulle ontvangs op twee aande slegs R22 – en byna berokken Paul de Groot nog vir hulle 'n yslike skade! Hy wou altyd orals en altyd net spykers inslaan. In die Paarlse ou kerksaal kom Magda die aand by hom toe hy weer gereed staan om 'n spyker in 'n plankmuur in te slaan.

"Wat vang jy nou aan?" wil sy weet.

"Een spyker voor mijn coat," antwoord hy.

Stil van skok vat sy die hamer en spyker by hom en beduie aan hom wat die "plankmuur" werklik is. Hy wou naamlik sy baadjie aan die orrel ophang! – D.B.]

FRANSCHHOEK: Goeie huis. Dit reën baie. Die seuns van die koshuis bring vir ons rose. Dr. De Villiers nooi ons Sondag vir ete. Tilly – Matilda se dogter – verjaar. Wena hou haar lyf weduwee – grappige seuns. BELLVILLE: Ons was hier 3 dae, het maar net rond gekuier en agter op motorfietse gery.

PAROW: Ons speel vir 10 mense. Op CALEDON was daar 'n wolkbreuk. Ons oefen "Ria Ray". Was by die warmwaterbronne. Op pad na STRAND sit ek en Wena op die balkon van ons wa om die tonnel en die see eerste te sien. Ons was doodmoeg en vaak. STRAND: Ons speel nie. Heerlike naweek. Gaan na Boswell se Sirkus. Gebruik kosgeld vir baaikostuums. 1 November: KAAPSTAD. Ons bly 'n dag oor om oor Kalabaskraal na Hopefield te gaan. Mnr. en mev. Stigling nooi ons vir tee.

MALMESBURY: Goeie huis gehad. 4de November: STRAND. Taamlike huis. Paul skel my uit vir 'n "verdomde kaffer". Ek is baie kwaad. Heerlik in die vlak water soos sandhaaie gekruip. Ons kon nie een swem nie. Vlooie vreet ons op. PAARL: 'n Mooi plek, maar opkoms was baie swak. KAAPSTAD: Dis hier waar ek en Wena André se kos moes deel deurdat ons by Markhams Tearoom Bioscope ingeglip het en ons 'n hele halfkroon – kosgeld – moes betaal. Die aand na die opvoering het die Kaapse Nederlandse gemeenskap ons trakteer met 'n heerlike ete. Op die verhoog die aand het ons elkeen 'n blommeruiker gekry.

Oor hierdie opvoering van *Huistoe* in Kaapstad vertel André Huguenet (1950: 31):
> In Kaapstad wou ons die sukses ten top laat styg! Groot reklame is gemaak. Ekself het 'n uitgebreide kampanje geloods en die kranksinnigste dinge aangevang. In die geheim het ek by 'n blikslaer 'n tekenpatroon laat sny uit metaal met die vorm van 'n mens se voetspoor daarop en die woord "Huistoe" in groot letters. Met die opdrag aan 'n klonkie om met 'n kwas en wit verf al langs die sypaadjies van die hoofstrate hierdie sjabloon te smeer, het ons die Instituutsaal gaan regmaak vir die openingsaand. Verkeerskontroleurs en die polisie het hulle opwagting by Paul de Groot gemaak en hy was doodluiters oor die hele affêre!
>
> Dit was met die drukke etensuur vermaaklik om Kaapstad se werkers langs Adderleystraat in verbasing te sien staan voor die reusevoetspore wat almal lei na die Spoorweg Instituut ... "Huistoe" ... "Huistoe" ..., sover die oog kon sien, asof een of ander prehistoriese monster met bonatuurlike groot pote die hoofstraat vanaf die Laan tot by die Van Riebeeck-standbeeld met sy laarse betree het.

Wena Naudé vertel die storie só (Van Schoor, 1961: 80):
> Die ondersteuning was maar skraal; ons geldjies min. Ons het soos een bymekaar gestaan, die hele span – André het 'n blink idee gehad: "Kom, ons moet spring!" En ons het ook! Hy het 'n skoenspoor laat maak ... Net waar jy kyk, uit systrate, op die sypaadjies, stap die "Huistoe"-witgeverfde spoor Adderleystraat in tot regby Darters se deur waar die plekbespreking gedoen is. Ek was in ons "kombuis" doenig toe André vinnig inloer met 'n "hulle soek ons, jy weet niks, hoor" en hy het doodluiters in sy "kamer" gaan lê. Die "hulle" was ampsdraers van die Kaapstadse munisipaliteit wat graag 'n verduideliking wou hê. "Doom" het verduidelik ... hy kon altyd. Ons het saam getrek in dieselfde span vir dieselfde doel. Ons beloning daardie aand was 'n "goeie opkoms", dit was die 100ste opvoering van *Huistoe*.

Volgens Eghard van der Hoven ("Uit hoofde van ...", *Beeld*, 19 September 1985) het Hanekom en De Groot ook die volgende pamfletjie by dié geleentheid versprei:
> Hoe moes die klompie mense
> Nie daarvoor het gewerk!
> Dis inspan, uitspan, soontoe ry;
> Dis swaarkry, laat ry, honger ly;
> Dis moed verloor – ampertjies;
> Dis optree, kuns gee, 100 maal;
> Dis speel vir vol en leë sale ...
> En jul wil tuisbly – jul skandale!

Anna Marais (Dagboek, NALN-toneelmuseum) teken verder aan:

TULBACH: Bespreking so swak dat ons nie speel nie. Ons het maar in die riviertjie geboer. DE DOORNS: Goeie huis. Het heeldag in ons woonwa gesit. MONTAGU: Warmbaddens besoek. Mnr. Buhr van "Die Burger" het nou saam met ons getoer vir 14 dae. Hy skryf van ons as die "baanbrekers". SWELLENDAM – RIVERSDAL – MOSSELBAAI – OUDTSHOORN – WILLOWMORE – Almal swak huise gehad. BETHULIE: Die stof waai vreeslik, dis Donderdag en ons het Sondag laas geëet. Ons eet net droë brood met swart koffie soos bandiete. Ons eet darem vandag in die Royal Hotel. THEUNISSEN: Goeie huis. Reën heerlik. VENTERSBURG ROAD: 24 myl na Odendaalsrus. Ons ry met twee huurmotors in modderpad. Ons kom 6 uur nm. daar aan. Die hotel het nie kos vir ons 8 ekstra nie. Ek en André stap in reën na die kafee. Hulle bied aan om die oggend se oorskiet koffie vir ons warm te maak. Ons twee het toe maar 8 pakkies Marie-beskuitjies gekoop en is weg saal toe. Dit was ons aandete. As die gehoor dit moes weet, het hulle sekerlik net daar en dan vir ons 'n os gebraai. [Volgens André Huguenet (1950: 28) kon Wena weke lank van beskuitjies en lemoensap lewe. – D.B.] VILJOENSKROON – KLERKSDORP – 12de Desember. Ons vertrek na KRUGERSDORP en speel heel week daar elke aand. Dit was met die Paardekraalfees – 16de Desember. Ons het heelweek in 'n hotel gebly. Ons woonwa het van ons afskeid geneem. Die week was baie aangenaam. Ons is almal saam stasie toe om afskeid te neem. Elkeen het 'n ander trein gehaal, en ek is huis toe. Saterdag die 18de Desember 1926 was ek net mooi 7 maande van die huis en dis soos Hanekom (Doom) gesê het: "Rondgery en baie gevry, tuis gekom en niks gekry." (Net ondervinding.) Op Krugersdorpstasie het Paul de Groot die kierie, wat hy op die toneel gebruik het, vir my as 'n aandenking gegee. Seker maar omdat hy ons land toe beter geken het, en jammer was dat hy my geskel het.

André Huguenet se weergawe (1950: 32):

Die reis met *Huistoe* het hoe langer hoe noodlottiger geword wat die geldelike sake betref ... As laaste hoop is daar 'n reeks opvoerings gereël tydens die groot Dingaansfeesviering by Paardekraal naby Krugersdorp. Met die sametrekking van tienduisende Afrikaners by die geskiedkundige monument sou ons sonder twyfel kon reken op milde ondersteuning van die publiek. Watter teleurstelling toe ons aankom en verneem dat die stadsaal reeds beset was deur die rolprentvertoning van *De Voortrekkers*! In 'n kerksaaltjie buite die dorp het ons drie opvoerings gereël en 'n uitgestrekte advertensie-veldtog begin. Mevrou Hanekom en Wena, sowel as die ander twee dames van die geselskap, het die feesterrein stormgeloop en strooibiljetjies uitgedeel aan almal, van stokoud tot speenoud. Elke boere-oom het hulle bygedam en ons opvoering met geesdrif by hulle aangeprys. Terwyl hulle hulde-knopies te koop aanbied, stop hulle ongemerk 'n advertensie in die sak! Tussen al die baarde was daar 'n bokkiebaard en mevrou Hanekom loop hom ook storm met 'n "Omie, koop tog 'n knopie". Die netjiese oubaas het die knopie met generaal Hertzog se kop daarop, gekoop en ook 'n advertensie van ons opvoering geneem. Toe hy wegstap, fluister die omstanders: "Dis generaal Smuts!" Hy sou die hoofspreker wees by die feesviering dié middag.

Dié aand was daar kampvure en toesprake, maar niemand het na *Huistoe* kom kyk nie en die tweede en derde aand was die belangstelling nie baie beter nie. Ontmoedig deur die swaarkry van die lang toer en die kommer wat so 'n finansiële terugslag die twee base besorg het, moes ons almal uitmekaar gaan met geen bepaalde planne vir die toekoms nie ... Met net genoeg reisgeld om elkeen veilig tuis te besorg, is ons uitmekaar. Die sorgvrye, avontuurlike lewe van ses maande het ons na aan mekaar gebring en dit was swaar om die band te breek. Daar is trane gestort, ewige vriendskap gesweer en met beswaarde gemoed het ons almal letterlik "Huis toe" gegaan.

Hoe het die opvoerings van *Huistoe* oor die algemeen verloop? André Huguenet (1950: 28) skryf:

> Spontaan was die reaksie vir hierdie gevoelstuk, wat die geselskap dan ook volstoom op 'n emosionele noot gespeel het. Mevrou Hanekom, wat seker van alle vroue op aarde die rykste bedeel is met emosie, het elke aand met soveel oorgawe opgetree dat die publiek nie anders kon as onder die indruk te verkeer van die leed en smart wat sy moes deurmaak oor die wreedheid van haar harde vader nie. Die smart het aansteeklik deurgewerk tot elke lid van die geselskap en in my eie onvermoë om emosie te beheers en te sublimeer, het ek dikwels saans onder 'n stortvloed van trane my huweliksaanbod kom doen – en die gehoor het dit geniet! Almal het gehuil en ons moes 'n skreeuende gesig gewees het teen die slot wannneer ons voor die voetligte moes verskyn, met alle saalligte aangeslaan, om die hulde van 'n ontroerde publiek te ontvang ... Die ontsag vir die dood as die ou kolonel neersak weens 'n beroerte-aanval, was ook 'n merkwaardige ondervinding, en die hantering van die pistool wat direk op die gehoor gerig word as die verlamde oumanshand dit omklem, het menige gil uitgelok. Op 'n aand het die koster wat die voorgordyn moes trek, die groot swaar doek met 'n oorverdowende plons laat neerval soos hy geskrik het vir die rewolwer!

Salarisse is prysgegee. Maar die regmaak van die verhoog, die reëling van reklame en die salige ure wanneer ek alleen saam met De Groot saans in die kleedkamers verkeer het, was voldoende kompensasie. Daar het hy my vertel van sy lewe en die lewe van groot artieste. As ek verklaar dat hierdie die gelukkigste tyd van die akteur se bestaan is, dan oordryf ek nie. Tot vandag nog bly daardie eie, afgesonderde uurtjies in die kleedkamer – die akteur se heiligdom – die aangenaamste en genotvolste vir my.

In 'n bylae tot *Die Transvaler* op Saterdag 16 Augustus 1975 haal David Lombard vir André Huguenet aan oor die reklameset met die voetspore:

"Paul de Groot kon fyn spot en ek het sy gekskeerdery dikwels letterlik en ernstig opgeneem. Hy vra my om die polisie te bel om al die verkeer stop te sit as ons die drie aande met *Huistoe* in Kaapstad besig is. Ek doen dit en kry 'n skrobbering as antwoord van die hoof van die verkeerspolisie."

"We would only stop the traffic for the Prince of Wales. What? A play? Whose toe?" wou hy weet toe André oor *Huistoe* beduie het.

"Paul het hom die aand in die kleedkamer amper slap gelag."

... Huguenet onthou ook die aand in die Nasionale Saal op Parow toe die opvoering om agtuur moes begin het en Paul de Groot net verdwyn het. Paul en een van sy uitverkore speelsters, Maxie Botha, het die middag op die Wynbergse trein geklim en hulle was nog nie terug nie. Die toneelstuk kon dié aand eers om nege-uur begin.

Stories oor Paul de Groot

André Huguenet (1950: 30):
> Paul was onprakties en onhandig. Hy sou 'n spyker inslaan met die steelkant van 'n hamer! 'n Goggatjie op die tafel sou hom bang laat uitroep: "Doe dat beest eraf!", en hy het elke aand 'n hele pak kerse om sy spieël vasgeplak ... Die meeste sale waarin ons destyds gespeel het, was sonder elektriese ligte. Op dié manier het motte en kakkerlakke en selfs sprinkane hom saans baie gehinder.
>
> As hy kwaad word, het hy altyd Frans gepraat. Sy kruisbande was een aand soek en mevrou Hanekom, die klereversorgster, altyd begerig om hom te behaag, het te hulp gesnel.
>
> "Wat is dit, meneer De Groot?"
>
> "Zeg ... m'n *bretelles* ... ek moet m'n *bretelles* hebben ..."
>
> Vuurwarm en haastig om op te gaan, snuffel mevrou Hanekom orals rond. Sy wis nie wat sy soek nie, maar wou ook nie laat merk dat sy so dom is om nie te weet wat *bretelles* is nie. Eindelik kom haar man en vra prontuit: "Wat is die *bretelles* dan eintlik?"

"O, kruisbande? Ja seker, hier is dit," en mevrou Hanekom haal dit agter die spieël uit!

Soos so dikwels, kritiseer Binge vir Huguenet (1979: 184). Dit is vir Binge net nog 'n voorbeeld van André se "geniepsige anekdotes" in *Applous*! Dit is bedoel om te wys dat Mathilde Hanekom "so dom" was "dat sy 'bretelles' (die 'Hollandse' benaming vir kruisbande) nie geken het nie; hierdie benaming is tot vandag in Afrikaans onbekend. Dit is origens ook geen bewys dat De Groot as hy kwaad is 'altyd Frans gepraat het' nie. Dit is die gewone woord in Nederlands vir dié kledingstuk."

Anna Minnaar-Vos (1969: 74) vertel:

> Op 'n klein plekkie is die saalopsigter 'n ou oom. Hulle kry hom jammer en stel voor om, soos gewoonlik, 'n paar skoolseuns te kry om die gordyn te trek. Maar die ou oom wil van niks weet nie. Hy trek aljimmers self die gordyn en hy laat ook geen ander mens aan "sy" gordyn vat nie! Heeland hang die ou oom maar aan sy gordyn hier voor langs die verhoog en volg die spel met noukeurige aandag.
>
> In die derde bedryf moet kol. Schwartz (Paul) na sy dogter Magda (Mathilde) skiet. Toe hy mik, lyk dit vir die ou oom altevol of daardie pistool hom reg in die hart gaan tref. Hy gee 'n benoude gil, los die tou en daar slaan die swaar gordyn 'n paar duim langs Paul se kop na benede.
>
> Almal skrik hulle gedaan. Vrouens gil en die gehoor is in rep en roer. Van die gehoor hardloop na die verhoog om te kyk of niemand seer gekry het nie. Die enigste ongeval is egter die ou oom self. Hy moet gelawe word om weer van sy skok te herstel.

Van Vondel geen woord

Ná *Huistoe* pak De Groot *As mans huishou* aan. Dit was 'n vertaling van sy vriend Jan van Ees se blyspel *Felix, jij en ik*. Daar was slegs rolle vir vier akteurs: die Hanekom-egpaar en De Groot en Naudé. Buhr doen dan in Desember 1926 verslag oor 'n repetisie daarvan. 'n Redelik winsgewende toer van vyf maande volg.

Op 15 Junie 1927 beskryf 'n korrespondent van die Nederlandse *Ochtendblad* toneelbedrywighede in Suid-Afrika:

> ... Afrikaansch heeft de plaats van Nederlandsch ingenomen, en wij hebben in Nederland de jammerklachten gehoord dat het nu gedaan was met het Nederlandsch in Zuid-Afrika.
>
> Op het oogenblik [Mei 1927 – D.B.] ... zijn er vier Nederlandsche tooneelspelers in Zuid-Afrika. Een van hen speelt in het Afrikaansch, maar de drie anderen spreken en spelen Nederlandsch.
>
> Paul de Groot heeft zijn honderdste opvoering gegeven van *As Mans Huishou*, een Afrikaansche bewerking van een van de bekende

kluchten van Van Ees. Het is jammer dat dit kluchtspel als een product van de Nederlandsche letterkunde aangeboden wordt. Vergroft in de Afrikaansche bewerking en in het spel is het tot een allerlafste klucht geworden. Maar de menschen genieten er blijkbaar van. In dit land willen de menschen lachen als zij naar den schouwburg gaan. Zij zijn dit zoo gewoon, en die gewoonte maakt dat zij nooit dadelijk tot de ontdekking komen, dat zij met iets ernstigs te doen hebben als hun zulk een stuk voorgezet wordt.

Die korrespondent stel daarteenoor die verhewener werk van Anton Verheyen met sy opelugopvoerings van *Elckerlijc* op Stellenbosch en sy voordragte uit die werk van Vondel en ander Hollandse digters, wat tog ook byval gevind het.

André Huguenet (1950: 63) vertel meer oor Verheyen en sy groep wat so in kontras tot die Afrikaanse geselskap gestaan het:

> Ná sy sukses met *Elckerlijc* en *Lanseloet ende Sanderijn* op Stellenbosch, reis hy deur die Unie met twee van Joost van den Vondel se Bybelse treurspele, *Joseph in Dothan* en *Adam in ballingschap*.
>
> Vir 'n erkende toneelleier van so 'n formaat as Verheyen, was hierdie opvoerings 'n ernstige vergryp. Met sy vrou, 'n bejaarde dame met geen toneelervaring nie, en met die bystand van 'n aantal plaaslike skooldogters wat as "engele" moes optree, het Verheyen ons sluimerende jong toneel 'n groot ondiens bewys. Sy opvoerings van dieselfde dramas het in Kaapstad en Stellenbosch nog 'n mate van artistisiteit geopenbaar, maar op reis het hy en sy vrou, wat Eva in die Paradys moes voorstel, 'n goedwillige en geesdriftige publiek op die vlug gejaag! Van byna elke kansel in die land is die besoek van Verheyen afgekondig omdat die treurspel van Vondel, bekend by elke predikant, beskou is as 'n stigtelike en belangrike gebeurtenis waarheen elke Christen pligshalwe behoort te gaan. Die pynlike ontnugtering wat elke groot gehoor te beurt geval het, het gou geblyk wanneer die doek opgegaan het voor 'n kaal verhoog wat óf te klein óf te laag geblyk het vir Verheyen se mooi dekor wat hy saam uit Holland gebring het en wat hy dus maar plat op die vloer neergelê en voor die verhoog laat afhang het! Op die toneel self het hy as "Adam" en sy vrou as "Eva" die hele aand die gehoor probeer stig deur 'n voordrag van al die baie karakters wat Vondel in sy dramas geskep het terwyl die "engele" slegs as figurante die ruimte vul!

Verheyen het sy honderdste opvoering van *Adam in ballingschap* beplan vir "iewers in Transvaal". 'n *Burger*-korrespondent berig op 17 Januarie 1929:

> Saal en alles was gereël. Toe hulle met hul motor die dorp inry, is daar 'n groot menigte versamel. Verheyen dink dat daar 'n soort betoging

sal wees. Jongmense met die kleure van hul kollege versier, het die motor vasgekeer en hul leier het met stentorstem stilte gebied.

Die voorman het in sy beste Afrikaans gesê: "Spelers van die treurspel aller treurspele, ons studente groet u by u intrede in ons dorp. U roem en naam is u vooruitgegaan. Nie alleen dat u goeie Christelike kuns gee nie, maar u self is ook goeie Christelike mense."

Verheyen buig. Mevrou Verheyen glimlag vriendelik.

"Ons dorp wil u feestelik ontvang. Hiep, hiep, hoera!"

Verheyen is geroer, sy vrou is haar gevoelens beter meester.

Toe gaan die stoet, die studente voorop, na die kollege waar die vlae wapper. Nuwe hoera-geroepe en selfs die sing van welkomsliedere.

Die leier van die studente groet Verheyen geesdriftig met die hand. "Meneer Verheyen, ons dank! Die ganse dorp kom dit hier uitspreek. Ons dorp stel daar prys op u 100ste opvoering saam te vier. Ek is egter jammer om u te moet sê dat die 100ste opvoering van *Adam in ballingskap* nie kan deurgaan nie omdat ... daar geen belangstelling genoeg is nie. Gisteraand het ons toneelvereniging sy eie voorstelling gegee voor 'n gepakte saal. Verlede Maandag was hier 'n konsert van ons kultuurvereniging ... die vorige week het ons die sirkus gehad. Werklik, meneer Verheyen, ons mense kan nie meer nie. U sal egter ook nie jammer wees dat u eindelik nie meer hoef te Vondel nie. Daarom, wees ons gas, u en mevrou, u is hartlik welkom en dit is vir ons 'n groot eer om u hier op ons fees teenwoordig te sien. Lewe meneer Verheyen en mevrou Verheyen!"

Daar word met die Unievlag geswaai. Nuwe handdrukke en nog 'n slag 'n hoera uit honderde geesdriftige kele.

In die aand het meneer en mevrou Verheyen vooraan gesit by 'n uitvoering van die musiekvereniging. Maar van Vondel geen woord nie.

'n Gerieflike huwelik

Paul de Groot se volgende keuse is Alexandre Dumas die jongere se *Un mariage de convenance*, deur A.E. Carinus-Holzhausen vertaal as *'n Gerieflike huwelik*. André Huguenet vertel van die drama agter die skerms (1950: 36). Paul de Groot ontdek naamlik vir Alida Louw op Malmesbury. Intussen beantwoord Wena nie sy liefde vir haar nie. Dadelik sien hy Alida as die elegante comtesse De Candale in die "wufte, skouspelagtige" Franse stuk. Vir André, toe joernalis by *The Friend* in Bloemfontein, bied hy die rol van chevalier De Valclos aan. Huguenet vervolg:

> As daar een man is wat Heinrich Heine se woorde "Ohne die Liebe kannst du nicht Leben" uitgeleef het, dan is dit seker Paul de Groot!

Weens sy ywer om van Wena ontslae te raak en die skone Alida Louw as sy hoofdame aan te stel, het vuurvonke gespat. Wena het ongelooflike populariteit verwerf, eers as "Oorskotjie" en toe weer as "Cesarientjie" in die nuwe blyspel [As mans huishou – D.B.]. Paul de Groot was egter vasbeslote om 'n vergrote en sterk gebalanseerde geselskap saam te stel.

Wena kry drie eenakters waarmee sy en Maxie Botha moes toer. Amptelik word die saak in *Die Burger* van Vrydag 17 Junie 1927 aangekondig, sowel as finansiële redes vir die besluit:

> Dit is nie alleen 'n saak van kuns of vermaaklikheid nie, maar ook 'n groot besigheid, wat aan die rondreis van 'n geselskap, soos dié van Paul de Groot verbonde is. Tegelyk is dit ook 'n bron van inkomste vir baie mense. Gedurende die tyd wat ons enigste Afrikaanse beroepsgeselskap bestaan, het daar al ongeveer 40 artieste (tydelik of vir die hele tydperk) 'n goeie salaris getrek. In die loop van die laaste toer met *As mans huishou*, wat 103 maal opgevoer is, het hierdie geselskap meer as £500 aan saalhuur betaal, 'n bedrag van ruim £350 aan advertensies in die groot blaaie en plaaslike koerante, terwyl aan drukwerk (groot plakkate en pamflette) 'n bedrag van £300 betaal is.
>
> Die treinkoste word gereken op £480; vir huurmotors en ander rytuie is £150 betaal.
>
> Die outeursregte verteenwoordig £50 en aan seëls en telegramme is ongeveer £70 bestee. Die hotelkoste is ook betreklik hoog en bring hierdie uitgawe op byna £600. Daarby kom nog die private uitgawe van die spelers op iedere dorp, wat op 'n reis soos hierdie seker op £700 kan geskat word (minimum).
>
> Daarby gevoeg die klein fooie vir toneelknegte, bagasiedraers en hotelbediendes, wat ook 'n £100 bedra, dan nog die salarisse van die artieste (oor 5 maande), wat ruim £1 400 is, met die onkoste vir kostuums (£200), meubelhuur (£100), word dit 'n aansienlike sommetjie van £5 000, en hierdie bedrag bly in die land en gaan nie oorsee nie, soos die geval is met die Engelse beroepsgeselskappe wat maar net vir 'n rukkie Suid-Afrika besoek.
>
> Die arbeid van ons eie Afrikaanse geselskap is vir baie mense en instellings 'n goeie besigheid, veral daar hierdie spelers dieselfde toer ongeveer tweemaal per jaar maak.
>
> Hoe groter die steun, des te groter die inkomste. Dit is seker, maar hoe groter ook die uitgawe, deurdat die geselskap uit sy wins ook vir beter toneelaankleding kan sorg, soos hulle van plan is, na die vorige finansieel suksesvolle reis, met die volgende stuk (*'n Gerieflike Huwelik*) van Alexandre Dumas te doen.

Kragtige ondersteuning van 'n hardwerkende geselskap soos dié van De Groot en sy spelers, is dus ook finansieel in die belang van ons land.

Die geselskap gaan voortaan in twee afdelings werk, die een onder Paul de Groot en die ander onder Wena Naudé, wat reeds so 'n groot mate van populariteit besit. Sy gaan met 'n groepie een-akters (3) op reis onder die artistieke leiding van Paul de Groot en die finansiële beheer van Hendrik Hanekom. Die drie een-akters sluit o.m. in *Die inbreker* deur Jan van Ees.

André Huguenet (1950: 37 e.v.) vertel:
> Maar 'n jong akteur word weens onbekwaamheid uitgeskop en Maxie neem sy rol oor. Wena, weer, neem die afgedankte speler, Hamie Borcherds, musikus meer as toneelspeler, in diens en onderneem 'n toer met voordragte, musiek en dramatiese voorstellings. [Wena sou tot in die Transvaalse Bosveld daarmee swerf. – D.B.] Intussen gaan Paul voort met *'n Gerieflike huwelik*.

C.M. van den Heever roep in *Die Volksblad* van 10 Oktober 1927 die stemming van die stuk op. Dit is die "dae van Lodewyk XV, toe die adel bestrooi was met poeier, toe hulle pruike gedra het, gladtongig was en die swaarde in 'n tweegeveg geblits het vir die minste wat daar op die tone van 'n adellike getrap is."

André Huguenet (1950: 37 e.v.) beskryf die heldin:
> Alida Louw het beeldskoon vertoon in die hoepelrokke en met 'n ongekunstelde naïveté. Mevrou Hanekom was 'n openbaring as die hofdame Marton, en dit het geskyn of sy dadelik in hierdie soort rol haar *métier* gevind het. Met 'n tikkie vulgariteit, wat daardie dekadente tydperk en stand gekenmerk het, en die regte aksent, het sy inderdaad 'n sensasie verwek.

Oor sy eie rol as die jonge chevalier De Valclos skryf Huguenet:
> Ek het van die rol gehou: ligpers jas met kniebroek, alles ryk versier met roomkleurige kant vir kraag en moue, sykouse met lakleerskoene en silwergespes, sierringe en pronkpleistertjies op die gesig, 'n lang staf met linte en 'n wit pruik. Dit alles moes besonder mooi vertoon het, want as ek saans opkom, kon jy die verrukking en voldoening duidelik hoor en voel. Wat my nog meer gestreel het was die feit dat baie my vir De Groot aangesien het. Ek was gelukkig en selfvoldaan as die pronkende *jeune premier* van die geselskap.

Aan die einde van 'n bedryf (Huguenet sê eerste bedryf; Anna Minnaar-Vos tweede) moet Alida as De Groot se vrou 'n Franse lied agter die skerms sing. Die klaviere was nie almal goed gestem nie, en sommige was selfs sonder pedale, gee Huguenet te kenne. Alida het in elk geval nie 'n goeie sangstem gehad nie, dus was die uitvoering dikwels kakofonies. Geen wonder nie dat lustige lagbuie losgebars het wanneer Paul dan sê: "A ... my vrou het 'n mooi stem ..." Anna Minnaar-Vos (1969: 74) vertel van die keer toe Paul gereed staan vir sy sin:

> maar daar kom geen stem nie. Die gordyn sak ook nie, want die trekker wag vir sy woorde. Ten einde raad sê hy naderhand: "Ja, so in my verbeelding het my vrou 'n mooi stem." Skerm!

Maar ook Alida Louw verwerp Paul de Groot en bedank.

Besigheid is besigheid

Die toer met *'n Gerieflike huwelik* loop op 'n verlies uit. Paul de Groot moet planne beraam om uit die finansiële benardheid te kom. Terwyl die geselskap op Stellenbosch oorstaan in 'n studente-losieshuis, Transvalia in Dorpstraat (nie Paul nie; hy bly in 'n hotel), is daar skielik 'n bietjie hoop. Paul moet besluit of hy ene Henri van Wyk in die geselskap sal opneem, want Henri sal hom betaal vir die voorreg.

André Huguenet (1950: 40):
> Paul was besonder terneergedruk en ons het saam 'n lang wandeling gaan maak deur Stellenbosch se strate met hulle lowergroen eike en welige blomtuine. Hy het vertroulik met my gepraat en veral sy finansiële verleentheid bekla. My raad aan hom was om sy eie sake in die vervolg te bestuur en nie weer die flater te begaan om die geld van vreemdes te gebruik vir sy ondernemings nie ...
>
> Hierdie ongesonde beleid het hom die vorige toer in 'n lelike penarie laat beland en hy moes dit onder geen omstandighede weer laat gebeur nie. Van Wyk was egter reeds aangestel en De Groot het met 'n skouerophaling verklaar: "Ik kan de jongen toch moeilijk terugsturen. Hij heeft mij £200 betaald." Die gevolg van ons gesprek was dat De Groot reeds die volgende dag Hanekom versoek het om die geldelike beheer aan hom (De Groot) oor te dra. Dit was vir Hanekom 'n skok, maar De Groot het gereken dat hy op eie houtjie die sinkende boot kon red.

Twee ongedateerde briewe van Paul de Groot aan Hendrik Hanekom in die NALN-toneelmuseum handel oor die beplanning van hul volgende produksie, Octave Mirbeau se *Besigheid is besigheid* (*Les affaires sont les affaires*, 1903). Dit bied ook insig in De Groot as sakebestuurder:

Van die balans is nog ongeveer £4.4. in my besit. Ek het Maxie vroeër £2 gestuur, maar dit is private besigheid.

Die heer Van Wyk het nou huis toe geskrywe om meer geld, dus sal ek, voor dat ons dit ontvang, miskien oor 8 of 9 dae, niks meer kan betaal nie. Ons [onduidelik – DB] sal ook nog wel 'n paar shillings kom vra.

Vir nuwe scenery kan ons niks uitgee vir ons nieuwe stuk, net maar 1 screen en 'n paar tafelkleedjies. Wel sal ons pruike nodig hê en ook make-up.

Voor klere moet ons ook maar suinig wees. Isidore Lechat en sy [onduidelik] is gelukkig nie so "deftig nie". Miskien het ek vir myself klere genoeg en so moet ons probeer verder te kom, soos met Toe mans Huishou. As ons dieselfde resultaat kry sal ek bly wees.

De Groot het ook 'n probleem met sy rolbesetting. Hy kon nie maklik die dienste van ene Irena bekom nie en het intussen 'n aanbod aan Anna Pohl, die latere bekende Anna Neethling-Pohl, gemaak. Hanekom het dalk druk uitgeoefen om tog dié Irena te gebruik. Volgens Huguenet het Anna se pa, Peter Pohl, egter in elk geval 'n einde gemaak aan sy dogter se voorgenome optrede. Pohl was 'n leier in die toneellewe op Graaff-Reinet.

[Onduidelik] en het my toe kom sien met die heer Potgieter haar vriend en mej. Kriel wat die dogter is van Ds. Kriel van Kuilsrivier.

Ek het toe in hulle [onduidelik] klaar gepraat, sonder oordrewe beloftes te doen.

Ook is Irena in haar brief nie baie seker van die keus van my stuk en [onduidelik] wat "ons mense" daaroor denk, ofskoon [onduidelik]. Ek sal maar verder wag tot u hier is, om die brief te laat lees. Buitendien is ek nie van plan om nog meer by Irena aan te dring nie. Kyk al die telegramme gestuur, briewe geskrywe, ek glo 'n jong aktrisetjie moet haar belangstelling in my bewys, meer as ek in haar, en, sekerlik, hoeveel moeite het ek nie al gedoen vir haar nie. Maar ek verstaan die situasie en sonder [onduidelik] sal ons haar nie kry en ook nie sonder haar skulde nie.

Daarom het ek juffrou Pohl getelegrafeer en later persoonlik met haar gepraat.

[...] Nou weer 'n slag oor Irena. Haar brief was so definitief en haar telegramme so weinig interessant (ook praat sy in die laaste van ons, waarmee ook [onduidelik, moontlik "Hannes" – D.B.] bedoel word) dat ek daar absoluut moeg van geword het en verdere reëlings met Anna Pohl gemaak het.

So seker was ek van Irena dat ek "Die Burger" al gekry het en nou natuurlik Rompel moes inlig oor die kwessie. Hy sal nou 'n behoorlike artikeltjie skrywe ... die hele saak in min woorde duidelik word. Anna Pohl was hier om haar B.A.-graad te haal.

[...] Irena se adres is of Witbank (Pos Restante) of Bus 123 Potchefstroom. U kan handel soos u verkies, maar ek is nie van plan om my sienswyse te verander nie. U moet my verskoon dat ek dit ronduit te sê.

Met mnr. Pohl het ek bowendien die saak klaar gepraat en ooreengekom, ek is moeg van Irena se handelwyse en het regtig nie te baie belowe aan die nuwe aktrise, ek is mos wyser nou.

Ek het die grootste vertrouwe in u as besigheidsman, ook as akteur, maar laat tog die rolverdeling asseblief aan my oor. Ek handel in ons aller belang en nie met 'n bedoeling. Ek staan baie onverskillig in die lewe en die hoogste wat daar vir my bestaan is my werk en om dit so goed as moontlik te doen.

Met die [onduidelik] gaan dit goed en ook Van Wyk, ek oefen met hom vanda[deurgehaalde a – D.B.]g weer. Hy sal regkom.

Dolly de Villiers [Konserwatoriumdosent op Stellenbosch – D.B.] vertrek vandag [onduidelik] toe, sy trou 21ste met dr. Du Buisson. Heel Stellenbosch is in trane oor haar vertrek en ek ook.

Sy het my gevra julle twee hartelik te groet, ook doen ek dit namens prof. Con de Villiers en dr. Fransie.

Nou ja mense dit is dit en glo my alles sal regkom.

Volgens André Huguenet (1950: 40) het sake só verloop:

Eenmaal in besit van die jong Vrystater [Henry van Wyk wat tot Henri verdoop sou word – D.B.] se geld, kon Paul betreklik onbekommerd lewe totdat ons werk 'n aanvang neem. Teen wil en dank moes hy Wena Naudé terugneem. Ons het almal bly gevoel hieroor, want sy was 'n staatmaker en 'n kunstenares. Paul het egter allerhande ander planne in sy kop gehad. 'n Sekere mnr. Pohl het op 'n dag sy verskyning gemaak in Stellenbosch. Hy was vergesel van sy dogter Anna wat weer op haar beurt begelei is deur 'n vryer. In haar besit was 'n kontrak wat deur Paul de Groot aangebied en skynbaar deur haar onderteken is. Die geskokte vader het spesiaal die reis onderneem [van Graaff-Reinet – D.B.] om hierdie saak uit die wêreld te maak en in streng bewoording sy afkeuring van die kontrak te kenne gegee. Die ooreenkoms is sonder meer van nul en gener waarde verklaar en die aspirant-toneelspeelster, met die twee gewetensbeswaardes, het die aftog geblaas!

Anna Neethling-Pohl se weergawe hiervan (1974: 65) lui soos volg:

Maar juis in my laaste jaar op Stellenbosch het die Hanekoms al gereis en André Huguenet was by Paul de Groot in die Strand met 'n instudering besig. Hulle het my kom opsoek en Paul de Groot het 'n kontrak voor my neergelê en my gevra om dit te teken. Ek was 'n bietjie uit die veld geslaan, maar ek het die dokument wel 'n dag of drie later onderteken, nadat ek 'n bietjie raad gevra het van dosente en ook van ons vriend, ds. Kriel. Ek skryf toe aan my vader en sê dat ek Desembermaand by De Groot sou aansluit. My vader het na sy prokureur gegaan en hom opdrag gegee om (aangesien die kontrak nie geldig was nie omdat ek onmondig was) vir Paul de Groot van die kansellering te laat weet. Vir my het hy geskrywe dat ek nooit 'n beroepspeler moes word voordat ons nie gewen het nie en daar 'n staatsteater was.

"In oorlogstyd," het hy onder meer gesê, "dra die dogters van hertoë die slopemmers vir soldate uit, maar hulle is nie die slavinne van iemand in bevel nie. Jy kan vir jou volk, uit eie vrye wil, slopemmers uitdra, maar ek sal nie toelaat dat 'n uitlander jou hiet en gebiet vir sy gewin nie. Hy kan jou taal en jou moraal bebodder. Ek sal dit nie toelaat solank ék jou kan belet nie en ek hoop jý sal dit daarná nie toelaat nie."

Só kom dit dan dat Wena Naudé uiteindelik die rol van Germaine teenoor Paul de Groot se Isidore Lechat vertolk in *Besigheid is besigheid*.

Volgens Huguenet (1950: 42) is dié stuk 'n satire oor 'n groot sakeman wat die slaaf van sy rykdom geword het. As *Business is business* word dit in 1904 in New York opgevoer, en 'n jaar later in Londen. Volgens Huguenet het Mirbeau die stuk spesiaal vir die Paryse akteur Jean Cocteau geskryf, en later het Herbert Beerbohm Tree die rol in Londen vertolk, maar nie een van die twee het juis merkwaardige sukses daarmee behaal nie. Die "kolossale" rol het egter Paul se "vulkaniese temperament" goed gepas, en hy was uitmuntend as die "gewetelose kapitalis, 'n swendelaar wat nie stuit vir die duiwel nie en nie 'n vinger sal verroer vir die eer van sy vrou en dogter nie; kortom, 'n geraffineerde skurk wat met sy laaste ademtog nog belangrike afpersingsdokumente vir sy handlangers dikteer".

Huguenet (1950:43) skryf verder:
> Paul het nou opgetree as "toneeldirekteur-akteur". Behalwe sy artistieke leierskap was Paul dus ook sakeman en het hy ons met daardie selfde nougesetheid behandel as in sy rol van kapitalis-swendelaar, Isidore Lechat, in die drama *Besigheid is besigheid*. Hy het die duimskroef aangedraai en op so 'n drastiese wyse begin bespaar dat ons naderhand nie vir die noodsaaklike dinge geld uit hom kon kry nie. Wat meer is, aangesien ons twee maande sonder inkomste was en met die vorige toer ook maar skraal daarvan afgekom het, was ons geregtig op ten minste 'n voorskot om in ons dringendste behoeftes te voorsien. Maar wie sê? Paul het ons vasgevat. Van die jong begin-

ners het begin bak en brou en by die hotels, by wyse van promeskaartjies, geld verkry. Dit was vir die pasontdekte woekeraar te veel! Die vere het gewaai en 'n hewige toneel het na die eerste week aan hierdie praktyk 'n spoedige end gemaak! Dat De Groot geld moes versamel om ons groot uitgawe oor twee maande se verblyf te dek, was natuurlik begryplik. Maar Hanekom en die res – ons Afrikaners staan mos altyd in tyd van nood bymekaar – het planne vir die toekoms begin smee.

Om koste te spaar en meteen alle klein dorpies wat weg van die spoor lê, te bereik, het Paul ook hier baanbrekerswerk verrig. Hy het 'n groot motorbus in die Paarl gehuur en ons daarmee vervoer. Dit het tyd bespaar en ons werk baie vergemaklik. Terwyl ons dan die Paarl as ons uitgangspunt behou, reis ons na omliggende dorpe en dieselfde nag na die opvoering weer terug.

Dit was tydens hierdie gerieflike reëling dat daar idees begin posvat het by 'n seksie van die geselskap. Hanekom en Wena en mevrou Hanekom, met nog twee spelers, het 'n beleid van "lydelike verset" teen die ysterjuk van Paul gevolg. Heimlik is 'n fyn uitgewerkte organisasie voltooi en die onderstroom van stilte wat die storm voorafgaan, was vir almal merkbaar, maar niemand het iets durf openbaar of uitvra nie.

... Paul het 'n brief ontvang waarin Wena se prokureur die onmiddellike betaling eis van 'n sekere som geld, synde 'n bedrag aan haar verskuldig vir salaris en onbetaalde promesses tydens haar jongste debakel-toer met voordragte en musiek. Haar skuldeisers het haar lastig geval en sy moes geld hê. Die eerste man wat De Groot bydam, was 'n vriend van Wena wat 'n onbelangrike lid van die geselskap was. Paul het hom met een kinnebakslag die orkes laat insteier en soos 'n besetene te kere gegaan. Al hierdie bohaai in die teater [op Stellenbosch – D.B.] waar die grootste opvoering van ons hele toer sou plaasvind! Verskrik en verbouereerd het almal hul werk laat los en Paul is die deur uit ... ook na 'n prokureur!

Die twee wetsmanne het die saak uitgespook, maar Paul moes betaler bly. Hy het Wena skriftelik laat weet dat sy die geld sal kry en ook dadelik haar ontslag. Dit het gebeur.

Daardie aand het ons 'n opvoering belewe soos nooit tevore en sindsdien nie. Soos 'n verwoede dieretemmer het Paul met 'n sweep sy dogter gestriem en sy het op haar beurt teruggeslaan.

Volgens Huguenet (1950: 42) sal hy altyd onthou
> hoe daardie twee, vader en dogter, Paul en Wena, die een met sy deurploegde mannehart en die ander ten aansien van die ewige probleem van die vrou, hulle kaarte teenoor mekaar uitgespeel het; die

tragiese analise, die vlymskerpe, meedoënlose en tewens so hard-vogtige stryd van hierdie twee slagoffers, was 'n ervaring om nooit te vergeet nie! Persoonlike struweling en verskille het die twee tot sulke uiterstes op die toneel aangehits dat 'n verbysterende haat deur drie aktes heen tot 'n skroeiende vlam aangeblaas is. Die gehoor was verlam deur die realisme en Stellenbosch het lank gepraat oor daardie aand ... die laaste vir Paul en Wena saam!

Oor die afloop van die aand vertel hy (1950: 44):
> Nadat my werk afgehandel is, is ek met nog 'n lid van die geselskap, Henri van Wyk, alleen na die Paarl, met die opdrag van Paul dat ons daar op bevele moes wag. Die volgende dag het niemand opgedaag nie en ons twee het soos japsnoete voor die hotelstoep sit en wag. Telefoonoproepe en navrae het niks opgelewer nie. Eindelik, na die derde dag, maak Paul sy verskyning. Met hoed in die hand en nat van die sweet het hy van Stellenbosch oorgekom met 'n huurmotor en gou het die nuus gekom: "Jullie zijn mijn gezelschap!" Hanekom en die res het afgestig om 'n eie toneelgeselskap te begin.
>
> ... Dr. Fransie Malherbe het as arbiter opgetree en die geskille pro-beer bylê, maar sonder sukses. Hy wou die mooi artistieke eenheid wat Paul in twee jaar opgebou het, graag behoue sien. Hy was daar-van bewus dat Hanekom, met sy besigheidsvernuf, 'n noodsaaklike werk vir Paul kon verrig en dat De Groot se onbetwisbare talent en wye toneelervaring die kombinasie tot 'n unieke gemaak het. Maar die koeël was deur die kerk en die breuk kon met die beste wil in die wêreld nie geheel word nie. Hanekom en sy vriende het agtergebly en De Groot het alleen verder gegaan (Huguenet, 1950: 44).

Weer *Oorskotjie*

Ná die skeuring toer Wena en die Hanekoms met *Oorskotjie* tot Desember 1928. Johann Buhr beskryf die omstandighede van 'n *Oorskotjie*-repetisie in *Die Burger* van 20 April 1928:
> Selfs 'n joernalis, wat dikwels in die namiddag 'n begrafnis bywoon en in die aand 'n bal, vandag 'n onderhoud het met die Eerste Minis-ter en more met die vrou wat by was toe 'n ander vrou die jong man gebyt het, kan nie anders as getref word deur die wisselvallighede van die lewe van toneelspelers nie.

Hy skryf van 'n repetisie wat hy twee jaar tevore bygewoon het in ysige koue in 'n trein naby Mosselbaai:
> Aan die een kant het die wind droewig deur die verlate gang gehuil,

en aan die ander kant het die branders onstuimig teen die betonmuur van die stasie aangeslaan.

Vandag sit ses opgewekte spelers in 'n groot sykamer van een van ons beste koffiehuise. Alom die vrolike gelag van studente met hul nog vroliker vriendinne om tafeltjies geskaar. Deur die venster 'n verruklike gesig op die skilderagtige berge van Stellenbosch. Daarbuite die heerlikste sonskyn. Die regte omgewing vir toneel.

Wena Naudé (*Die Brandwag*, 20 Julie 1973):

Daar is baie beter toneelstukke sedert daardie jare aangebied, maar *Oorskotjie* het diep spore gelaat, sal ons sê omdat dit een van die eerstes was?

Juis omdat ons so een met die toeskouers was, was hulle dikwels ook een van ons, en het hartlik deelgeneem.

Dit was tydens 'n besoek aan een van ons "tweeman-skooltjies". Die hoof het vir die middag sy kantoor aan ons afgestaan. Ek was besig om 'n klompie omsendbriewe reg te kry vir die pos, toe die volgende toneeltjie buite die kantoor afspeel:

Oom Thys, seker diep in die sewentig, het sy opvoustoeltjie gebring vir die aand se vertoning en bekommerd aan die hoof gevra: "Okkert, ou seun, jy sê die mense van vanaand het nie leeus en tiere by hulle nie, nè?"

"Nee, oom Thys, sien, hulle is nie 'n sirkus nie, dis 'n opvoering."

Oom Thys: "Wat se ding, ou seun?"

Hoof: "Dis e ... amper iets soos Christo Kriel met sy towerlantern toe hy vir ons prentjies van die Bybellande gewys het – net, oom sien, hierdie mense werk nou nie met prentjies nie, hulle vertel nou vir ons 'n storie – en dan is hulle nou kastig die mense van die storie."

Oom Thys: "Nee, nou maar reg, ou seun, hier is my sitplekkie, sit dit dan maar êrens vir my sodat ek hulle kan sien."

Dit was iets nuuts vir oom Thys, en toe die lakens wat as voorgordyn gedien het ná die eerste bedryf toegetrek word, was oom Thys by: "Ag, hoor hier, versuim tog maar so 'n rukkie, hoor? Ek gaan net gou die kinders by die huis haal."

Die "huis" was ses myl van die skool af en oom Thys was met 'n donkiekarretjie daar.

In *The Victoria West Messenger* van 8 Mei 1928 kry ons die perspektief van 'n toneelganger:

Dis by die aand; die dag is gedaal en oor die uitgestrekte velde mymer daar 'n rustige stilte. Die deur die silwergetinte wolkies loerende maan bokant die verre oosterkim herinner ons vanaand weer aan die toweragtige maanverligte aand van die 1ste Mei, toe ons uit alle oorde van ons rustige Karoodorpie met groot verwagtings na die stadsaal opgewandel het, om daar te gaan kennis maak met niemand minder as die jeugdige, skone Wena Naudé, in die rol van Oorskotjie, so genoem omdat sy "te veel van 'n kind en te min vir 'n vrou is".

Die volgende was skynbaar een van Wena Naudé se geliefkoosde herinnerings. Sy vertel dit die volledigste in *Die Brandwag* van 20 Julie 1973. Ek vul dit aan met uittreksels uit haar onderhoud in *Dagbreek en Landstem* van 21 Desember 1961, en 'n toespraak van haar in getikte vorm by NALN as antwoord op 'n huldeblyk in 1969.

Op 'n heerlike someraand in die hartjie van die Bosveld beleef hulle hul eerste "opelugteater".

Wena Naudé vertel:
>'n Sinkplaatgebou met sinkplaatmure, so plus minus ses voet ses duim hoog, maar nou opgelig. Die muurplate is soos 'n konsertina weggeskuif, opgelig en op pale gesit. Dit het gelyk soos 'n groot voël wat daar aangevlieg kom.
>
>Die voorgordyn het bestaan uit lakens en komberse wat aan mekaar vas was. Vroeg die môre is die vloer met vars beesmis gesmeer. Die verhoog was beesmis – ek bedoel nou nie dat ons kniediep daarin gestaan het nie. Nee, net die boonste laag was beesmis. Die saal was lig en sag en veilig met 'n misvloer gewees. En namate die mense inkom, het ons nooit gewonder wat is die bywoning nie, jy ruik jou publiek inkom.
>
>Ons boligte was twee groot paraffienlampe wat 'n mens aan 'n jaaroud rondaweltjie laat dink het. Die paraffien vir hierdie lampe het in blikke gekom wat weer op hulle beurt in kassies verpak was. Die kassies het weer op hulle beurt gedien as stutte onder hanebalke vir sitplekke.
>
>In die voorste ry was die kassies plat neergesit, en algaande opmekaar, met die gevolg dat daar in die Bosveld-teater in 1928 die publiek al die geriewe van 'n "skuinsvloer" gehad het. Ons voetligte was drie stormlanterns. Die oom koster was in bevel van die ligte en moes toesien dat die lampe altyd tot volle gloed brand.
>
>Sy plek het hy volgestaan. Of jy nou in die middel van 'n grap was of 'n hartseer sinnetjie, as die lampe volgens sy mening aandag nodig gehad het, het hy eenvoudig met 'n "ekskuus, mense" die verhoog opgestap, sy voetbank-leertjie onder die lamp neergesit en opgeklim en met sy pompie koempeda, koempeda, koempeda die vlam weer

tot volle gloed gepomp. Ons moes maar op die verhoog in ons laaste dramatiese posisie vries, wag tot hy klaar is, en dan voortgaan.

Die "voetligte" het hy volgens ons neusgate gekontroleer. Word ons neusgate swart, het hy die vlammetjie laer gedraai.

Ons was net gereed om te begin, Doom in sy ligkring en ek in myne, toe die vriendelike skoolhoof na my toe kom met 'n "ek voel 'n bietjie bekommerd". Hy sê ek is maar baie eina-eina aangetrek. (Maar ek had darem nou nie vandag se mini-mini-drag aan nie. Ek was Oorskotjie en ek het maar 'n flenterrokkie aangehad en kaalvoetjies en taamlik skamel bo.) Dis so 'n heerlike aand. Dis glad nie onmoontlik dat ons deur goggas gesteur kan word nie ...

"Soos wat?" wou ek weet.

"Wel ... e ... muggies ... motte ... vlermuise!"

My eerste gedagte was: my mond is so groot, sê nou net dis oop ...

"En dan," gaan hy voort, "die roman of jagspinnekop ..."

Ek ruk soos ek ril. 'n Jagspinnekop is nie 'n aansienlike diertjie nie. Lyk altyd of hy 'n meningsverskil met jou het. Kry ook altyd koud, dié soort spinnekop. Dié dat sy hare so weg van hom af staan.

"Toe maar," sê die hoof, "hulle is nie gevaarlik nie. Hulle hardloop maar net agter jou aan om in jou skaduwee te kom."

"Maar, meneer," waag ek dit, "'n spinnekop hier?"

"Die sterk ligte, sien."

Maar dit was tyd om te begin, die gehoor was die ene verwagting. Ek moes eerste praat en ek het geweet ek sê daardie sinnetjie baie mooi. Ek sê my sin en kyk so ewe skalks na Doom en, sowaar, daar by die eerste stormlampvoetlig sit ... staan ... is die spinnekop! Ek sê my sin en uit die hoek van my mond voeg ek fluisterend by: "Kyk daar voor jou voete."

Doom begryp nie mooi nie, sê sy sin en fluister: "Wat sê jy?"

Ek sê my tweede sin en herhaal: "Kyk daar voor jou voete."

Hy kyk, sien die spinnekop, sê "O!" en toe sy sin.

'n Meneer in die voorste ry was net besig met sy pyp en 'n brandende vuurhoutjie toe hy merk op die verhoog is meer as net toneelspel aan die gang. Sy buurman net agter hom kon nie heeltemal begryp wat aangaan nie, leun vorentoe en vra: "Wat maak hulle?"

"Sjuut," is die antwoord, "hulle het 'n spinnekop daar."

Intussen het die spinnekop al die tweede lamp bereik. Doom sê weer 'n sin en fluister-vra: "Wat moet ek doen?"

Ek antwoord en voeg by: "Trap hom dood."

Hy trap. Een dooie spinnekop.

Later die aand by die groot feesmaal, terwyl Magda haar beloofde sjokoladekoek en ek die karringmelk geniet, sê die skoolhoof: "Ja-nee, kyk, dit was 'n mooi aand ... veral die spinnekop-deel."

Ons is toe verder, maar drie weke later toe ons op uitnodiging van die hoof op 'n terugrit weer by hulle aangegaan het, wou ons darem meer weet.

"Nee, sien," sê hy, "in die voorste ry het een van ons vooraanstaande boere gesit. Hy het die volgende môre gesê: 'Meester, ek het darem ook al baie meegemaak, maar die konsertmense van gisteraand ... ek kan nou verstaan dat hulle spinnekoppe saamry vir Oorskotjie, maar hoe leer hulle hulle wanneer hulle op die verhoog moet gaan?'"

Oor dieselfde toer vertel Anna-Minnaar-Vos (1969: 80):
> Terwyl hulle op Lichtenburg speel, wemel die hotel se kroeg die aand van diamantsoekers en delwers. Daar sien Magda die eerste keer in haar lewe gekleurde manshemde en verstom haar aan die rooi, groen, blou en geruite hemde waarmee die delwers daar rondpronk.
>
> Die aand ná die opvoering staan hulle hulle nog en vergaap aan die bont spul toe 'n delwer in 'n rooi hemp sy groepie maats verlaat en so uitdagend-hande-in-die-broeksak voor Doom kom staan.
>
> "Ek sê, julle is mos die kônsirt-mense, hè?"
>
> "Ja, ou vriend," antwoord Doom gemoedelik.
>
> "Nou ja, Mister, ek wil jou net sê. Ek is nie 'n arm man nie en hier gaan ek nog hope daaimans kry. Hoe lyk dit, wil jy nie darie Oorskotjie aan my verkoop nie? Hierdie kan ek jou sommer vanaand al gee." En hy haal 'n dik rol note uit sy broeksak.
>
> Ewe ernstig antwoord Doom: "Kyk, meneer, ek kan nie met jou sake doen nie, want sy's nie my dogter nie en sy is ook al mondig. Maar hier is sy – vra haar self." En hy wys na Wena.
>
> Verstom kyk die man vir Wena op en af, wat ewe verleë daar staan sonder grimering en sonder haar pruik met die lieflike swart krulle. Hy loop 'n slag om haar, skud sy kop meewarig en sê: "Gaats, mister, maar dis mos nie sy nie! Oorskotjie het dan sulke mooi rooi lippies en swart krulle gehad!"
>
> Almal bars uit van die lag. Die man vererg hom en brom so met die wegstap: "O so, só verneuk hulle 'n mens as hulle êkters is."

Maar 'n sekere resensent laat hom nie deur toneelspel verneuk nie. Só lui die bespreking in *Die Middellander*, Middelburg, Kaap, op Donderdag 3 Mei 1928:
> Mathilde Hanekom in die rolle van Imilia, vrou van Carlo Bernini, en Franca, varieté-sangeres, het haar goed van haar taak gekwyt as ons in aanmerking neem dat dit nie populêre rolle is nie. Veral omdat die karakters wat sy moet vertolk, afstotend is, kan sy maklik 'n minder gunstige indruk maak, as wat werklik die geval is. Wat enigsins afdoen aan haar spel, is die byna ongeneeslike neiging tot oordrywing

wat selfs onder die oningewydes raakgesien word. Sonder om onnodig te wil vit, wil ons darem daarop wys dat die neiging tot ontronding van vokale, as 'n onvergeeflike fout beskou word en ons wil graag die lede van die Afrikaanse toneelgeselskap daarop wys dat dit hulle plig is om sulke foute met wortel en tak uit te roei.

The Star se korrespondent op Lydenburg berig op Dinsdag 3 Julie 1928:
> The Afrikaans-toneelskap under the management of Mr Hanekom who presented the Dutch play *Oorskotjie* here last night, suffered a heavy lost through having all their takings, £60 pounds, stolen. Mr Hanekom put the money under his pillow on going to bed last night and the company left early this morning. It was only when they were nearing Machadodorp that Hanekom realised that he had forgotten the money under his pillow. They immediately phoned the police who made investigations at the hotel, only to find that the beds had already been made and that the money were missing. The company has returned to Lydenburg in connection with the matter.

Teen 7 Augustus 1928 bevind hulle hul op Jacobsdal. 'n Korrespondent van *Die Burger* berig:
> Die opkoms was pragtig, want baie van die boere het spesiaal daarvoor ingekom, party tot so 30 myl ver en hulle was glad nie spyt nie, want hulle het die spel oor en oor geniet. Iemand van die gehoor wat doof is, sê my dat dit nog die beste was wat hy in sy lewe gesien het en hy reken dat dit net helfte beter moet wees om die woorde ook te hoor.

Wena Naudé was weer die liefling van die gehore, en word ook deur Hendrik Hanekom as Suid-Afrika se Mary Pickford bemark. Anna Minnaar-Vos (1969: 80) vertel dat Mathilde Hanekom, daarenteen, haar uitgeleef het
> in die sletterige rol van Franca, met die "kiss-curls", sigaret in 'n lang houer en 'n satyn néglige, wat sy altyd so ongemerk tot ver bo haar knieë opgeskuif het – alles heerlik gewaag en daarop bereken om alleen afkeer te verwek in die boesems van alle ordentlike mense ...
>
> [...] Een Saterdagaand speel hulle op 'n klein plekkie. Daardie oggend, terwyl hulle in die saal besig is, kom daar 'n ouderling as afgesant van sy dominee daar aan – of mnr. Hanekom en sy geselskap tog nie môreaand na kerk by mev. Dominee in die pastorie sal kom koffie drink nie. Mnr. Hanekom aanvaar die uitnodiging en beskou die saak as afgehandel.
>
> Daardie aand ná die opvoering maak 'n baie bekommerde ouderling sy opwagting in Doom se kleedkamer. Hy wens Doom geluk en

begin toe ongemaklik rondtrap. Doom kan sien hy het iets gewigtigs op die hart. Eindelik kom dit uit:

"Meneer Hanekom, nou ja, in verband met môreaand. Moet tog nou nie vergeet om pastorie toe te kom nie, maar meneer Hanekom, hoe sal ek nou sê, ek weet rêrig nie of mevrou Dominee daardie afskuwelike suster van u daar sal wil hê nie."

... Dié Sondagaand trek Magda haar so eenvoudig moontlik aan, gebruik geen grimering nie en daag ewe bedees en ordentlik by die pastorie op. En toe sy die aand daar weggaan, het sy 'n paar baie hegte vriende en bewonderaars bygekry.

[...] Op 'n ander dorp moes 'n dominee haar weer verdedig en net naarstiglik keer toe een van sy broeders na die naaste kafee wou nael om vrot tamaties in die hande te kry waarmee hy daardie slet wou bestook.

Magda was baie gesteld op daardie soenlokkies wat sy vir die rol op haar voorkop en voor haar ore gedra het. Elke aand vorm sy hulle sorgvuldig met 'n setmiddel en plak hulle met papiertjies vas tot sy op die verhoog gaan. Een aand vergeet sy egter om die gompapier af te trek en daar lê sy toe so ewe verleidelik skuins oor die divan en blaas lang rookwolke uit – gompapier en al. Doom kom op en skrik hewig toe hy dit sien. Maar met die teenwoordigheid van gees, wat hom nooit in die steek gelaat het nie, merk hy op:

"Skaam jou om hier so te lê sonder dat jy eers jou hare ordentlik gekam het. Trek tog ten minste daardie gompapier af!"

In die *Cape Argus* verskyn daar toe ook 'n lieflike spotprent van Magda as "The Vamp" – soenlokkies en sigarethouer baie prominent!

Maar die mooiste kompliment vir haar rol kry sy van dr. Con de Villiers. Kort en kragtig staan dit daar op sy kaartjie: "Ryperd!"

Dr. Con het hom vantevore ook nie onbetuig oor 'n aktrise gelaat nie. Hy het die fyn Franse spel in *'n Gerieflike huwelik* bewonder, maar had nie vrede met een van die aktrises wat te krom vooroor geloop het nie: "Haar pensvel is te kort!" (Huguenet, 1950: 49).

Onskuldig veroordeel

Die Afrikaanse Toneelgeselskap toer in 1929 met 'n vertaling van 'n baie gewilde stuk uit 1912. Bayard Veiller se *Within the law* word *Onskuldig veroordeel*. In New York het dit 541 opvoerings beleef, in Londen die volgende jaar 427. 'n Resensent het die skrywer verwyt dat hy die stuk oor 'n vrou wat onskuldig in die tronk beland, kon skep in 'n tyd toe die polisie baie gedemoraliseer was.

Anna Minnaar-Vos (1969: 84):

> ... Die geselskap wat dit aanbied, bestaan uit die twee Hanekoms, Wena Naudé, Willem van Zyl en Stephen Borcherds. Met hierdie toer sluit ook die jong Siegfried Mynhardt by hulle aan. Sy vader, ds. Mynhardt van Vanwyksvlei, het al voorheen vir hulle gevra om tog sy seun te neem as daar 'n opening kom. Toe Stephen Borcherds hulle dus verlaat om oogkundige te word, neem hulle vir Siegfried om die opening te vul. Hy moes die rol binne vier dae baasraak en die feit dat hy dit wel regkry, en goed ook, bewys oor watter groot talent die jong speler beskik.
>
> Op die eerste aand is hy egter bra senuweeagtig. Hy dra sy voorganger se klere, dus is die boordjie omtrent twee duim te wyd vir hom. Willem van Zyl ... vang 'n mot en gooi dit ewe ongeërg agter by Siegfried se boordjie in. Siegfried kom eers niks agter nie – die arme mot was seker die eerste paar minute te bedwelm en verskrik om te roer. Maar pas is Siegfried op die verhoog, toe begin die mot kriewel en hoe meer die mot kriewel, hoe meer kriewel Siegfried met sy skouers, tot Doom naderhand wonder of hierdie veelbelowende jongeling sommer binne sy eerste kwartier op die verhoog 'n senuwee-instorting gaan kry. [...]
>
> Willem moet daarna lelik by Doom deurloop, want hy het nooit enige gekskeerdery op die verhoog toegelaat nie.

Die uur van vergelding

Wena Naudé (*Die Brandwag*, 14 September 1973):

> Weer moes daar aan 'n nuwe toneelstuk gedink word. Die keuse val op 'n hartroerende aanklag teen egskeiding, geskrywe deur ene Friedrich Gunter en vertaal deur mev. A.E. Carinus-Holzhausen. Ons doop dit toe *Die uur van vergelding*. Hierdie drama het onvergeetlike situasies opgetower waarvan ek een en ander wil vertel. Om hierdie gebeurtenisse ten volle te kan waardeer, is dit nodig dat 'n kort inhoud van die toneelstuk gegee word.
>
> In die ontvangskamer van ds. Holtzhausen (gespeel deur Hendrik Hanekom) het *Die uur van vergelding* sy verloop. Hier verskyn twee geskeide ouers. Olga von Stetton (Mathilde Hanekom) en Ferdinand Reinhold (James Norval). Jare het verloop sedert hulle egskeiding en eindelik het hulle al te wete gekom dat dit met hulle twee kinders, Babbie (die rol wat ek gespeel het) en Doupie (Willem van Zyl) nie te goed gegaan het nie, maar hulle weet ook nie wat van die kinders geword het nie.
>
> Soos die toeval dit wou hê, word die twee kinders op hierdie oomblik deur agtervolgende danssaaleienaars uit die agterbuurte tot in

die dominee se ontvangskamer gedrywe ... hierdie twee slagoffers van egskeiding. Die geskeide ouers ontmoet dan hier hulle eie twee verwaarloosde kinders, en, wat meer is, hulle is by as hulle eie dogter Babbie daar vlak voor hulle sterwe, terwyl hulle mekaar beskuldig oor hul mislukte huwelik.

Wanneer Doupie tot die ontdekking kom dat sy suster dood is, slinger hy die bittere verwyte na sy ouers, en vlug weg, weg van die onregverdigheid van die lewe, en gaan soek sy troos in verdowingsmiddels.

Tot sover het die verhaal gegaan om by die gordynval van die eerste bedryf te kom.

My rol was dus nou afgehandel, maar daar was nie 'n rustige wag in die verkleekamers nie. O nee, hiervandaan af moes ek die gordynval trek. In die tweede bedryf volg nog steeds die verwyte tussen die geskeide ouers, en probeer hulle 'n uitweg vind wat hulle nou te doen staan met hulle seun om aan hom te vergoed vir wat hom aangedoen is deur hulle selfsug en onverantwoordelikheid.

In die derde bedryf het die mensliewende en opofferende "Dominee" ná baie gesoek vir "Doupie" teëgekom in 'n toestand van uiterste verdowing – maar, tot groot ontsetting vir almal, wag die polisie reeds vir hulle en word "Doupie" uitgelei as 'n moordenaar ... Met oorweldigende droefheid moet die ouers die uiteinde van *Die uur van vergelding* aanvaar.

En die publiek? In 'n dorpie in die Vrystaat het ten minste een gesin dit nie aanvaar nie.

[...] Die dorpie waar ons sou optree, was 'n hele entjie van die spoorwegstasie af. Heel toevallig het daar 'n paar dae voor ons besoek nuwe inwoners ingetrek en gevolglik het hulle nog nie juis kennis gemaak met die dorpsbewoners nie of andersom. Die aand van die opvoering was die ou saaltjie so vol dat daar vir die – ons noem hulle maar die "stasie-mense" – stoele heel voor ingedra moes word. Stoele is ook in die gange geplaas.

Reg van die begin af is hierdie "Uur van vergelding" die ene vergelding en is die geskeide ouers deeglik die kop gewas. Die gehoor is diep onder die indruk gebring van die bestendiging van die huwelik. Dit was stil in die gehoor, doodstil, totdat "Babbie" besef dat hierdie twee mense haar eie vader en moeder is, en sy in wanhoop uitroep: "Ek wou nie sleg gewees het nie!"

Sy vertel van haar verlange na 'n moeder om haar te beskerm en te vertroos. Jammerlik pleit sy dat hulle haar en haar broer moet neem, maar ... die ouers weier en "Babbie" sterf terwyl sy nog roep: "Moeder! Moeder!" Uit die gehoor roep iemand: "Sy's dood ... O, julle wrede goed!"

Nie net die stilte was gebreek nie, maar dit het gelyk asof 'n sterk wind skielik ingekom het ... net waar jy kyk, het 'n wit sakdoek skielik te voorskyn gekom, dit was 'n gesnik en gesnuit nog lank nadat die voorgordyn al toegetrek was. Dit was nie ál nie! Daar is nog "Doupie" die verslaafde seun.

"Wat van hom?" vra die "Dominee" en dit wil ook hierdie Vrystaatse dorpie weet. "Wat van hierdie arme, ongelukkige, vervalle siel? Gaan julle hom soos sy sustertjie ..."

"Dominee," antwoord die vader (James Norval), "hier is my tjekboek, noem die geld wat u nodig het vir sy verdediging en ek sal betaal!"

Nog voordat die "Dominee" hierop kan antwoord, verdedig die bedroefde vader sy eie omstandigheid: "Sien, Dominee, in my tweede huwelik is daar ook kinders, dogters, hoe kan ek nou hierdie ongelukkige seun by my dogters in die huis neem?"

En die betraande moeder (Mathilde Hanekom) stel haar saak: "Dominee, as my gewese eggenoot die vader van hierdie ... e ... seun, nie sy weg oopsien om hierdie kind in sy huis te neem nie, hoe kan ek dit doen ... wat van my huidige huwelik, hoe kan ek verwag dat my man moet verstaan? Hy is tog 'n vreemdeling vir hierdie kind ... en ... wat van die dogters uit my tweede huwelik?"

Die Dominee wou nog antwoord toe hy (mnr. Hanekom) die "stasie-dame" die verhoog sien opstap, reguit na "Doupie" (Willem van Zyl) toe. Toe omarm sy hom liefdevol: "Kom, my seun, as hulle jou dan nie wil hê nie, kom na my toe, kom ons gaan huis toe."

In die saal was dit doodstil, die "dorpenaars" moes gedink het die "stasie-dame" was een van ons spelers! Willem het kopgehou; en sy rol volgestaan met 'n heen en weer "slinger". Nog onder die invloed van die verdowingsmiddels het hy probeer om uit die omhelsing te kom met 'n "uhu ... uhu", maar moenie glo nie. Die "stasie-dame" hou vas ...!

"Kom, my kindjie, kom ons gaan huis toe."

"Doom" (mnr. Hanekom) kom help. Met die een hand op Willem se bors en die ander een op die dame s'n probeer hy hulle los druk van mekaar af, terwyl hy paai: "Toe maar, mevrou, ons sal hom help."

"Nee, dominee, ek vat hom huis toe."

Die "stasie-oom" kom ook hand bysit. Met 'n arm om sy vrou se middel, probeer hy haar wegtrek ...

"Kom, Moeder ... laat staan die seun."

"Nee, Vader, die kind gaan saam met ons."

Die "stasie-oom" trek sterker, Doom druk harder, Willem beur meer ... en die "stasie-dame" val amper in haar man se arms toe Willem se trui skeur en sy met 'n stuk in haar hande staan. Met 'n "Nou goed, dominee, kyk wat u vir hom kan doen ... maar ek wag!" het sy met 'n kyk vol wantroue weer gaan sit.

Ons Vaderland, Saterdag 3 Mei 1930 berig:

> Gisteraand het die Afrikaanse Toneelgeselskap die stuk *Die uur van vergelding* in die stadsaal opgevoer.
>
> Oor die algemeen gesproke was die opvoering seker 'n sukses, want die publiek het die geselskap 'n buitengewoon goeie ontvangs gegee. Die spel was egter nie deurgaans van 'n gehalte wat sulke geesdrif werklik verdien nie. Met die uitsondering van een of twee van die akteurs, was die spel, om die minste daarvan te sê, onoortuigend, in plekke selfs swak.
>
> Wena Naudé, – vir haar kritiseer ons nie – sy was 'n openbaring. Haar spel is so natuurlik, en sy leef haar so in haar rol, dat sy die gehoor met haar meesleep, laat voel wat sy voel. Wena se skitterende spel het die stuk gered. Sy moes twee rolle vul – een, die van Rita Lehman, ligsinnig, en die ander, Bappie, diep tragies. Dat sy in twee sulke uiteenlopende karakterisasies, wonderlike sukses gehad het sê veel vir haar veelsydigheid.
>
> Willem van Zyl wat teenoor haar gespeel het, moes ook drie rolle vul. Hy was nooit skitterend nie. As Leo Wegener was hy swak.
>
> Die rol van Doupie het hom skone geleentheid aangebied om iets groots te lewer. Maar hy het nooit daarvan die regte gebruik gemaak nie. Soms in die meer dramatiese dele het hy met meer krag gespeel. Hy was deurgaans te styf en onnatuurlik. Mens kon nie vir 'n oomblik vergeet dat Willem van Zyl daar op die verhoog staan nie, en dat ons Doupie in al sy ellende voor ons sien nie. Sy grimering was goed, en as hy op die verhoog kom, lyk dit asof hier 'n groot sukses gaan wees. Maar sodra hy begin praat – met 'n stem wat hoegenaamd nie by die rol pas nie – was die illusie al dadelik weg.
>
> James Norval was uitstekend as Leitler, die eienaar van 'n danssaal in die agterbuurte – 'n rol wat hom voldoende geleentheid gee tot kragtige spel.

Dit was ongelukkig nie die enigste keer dat Willem van Zyl se spel sulke negatiewe kritiek ontlok het nie. Nog voorbeelde word weggelaat.

Huwelik van die jaar

Op Vrydag 2 Mei 1930 vind die eerste Afrikaanse verhooghuwelik plaas – tussen Willem van Zyl en Wena Naudé. 'n Dag later moet die bruidegom bostaande negatiewe kommentaar op sy speeltalent lees. J.H.L. se beskrywing van die verhoogtroue in *Die Volkstem* van Saterdag 3 Mei 1930 word hier onder aangevul uit berigte in *The Friend* en *Ons Vaderland*.

> Ná die opvoering van *Die uur van vergelding* [which was not till after 11 p.m.] is op die verhoog die huwelik voltrek tussen die twee vernaamste spelers, Wena Naudé en Willem van Zyl. [Na afloop van die stuk, het die spelers verskeie pragtige ruikers blomme ontvang, o.a. van die onder-burgemeesteres, van Paul de Groot, van dr. M.L. du Toit, van mev. Carinus e.a. Daarna het die skerm gesak, en het mev. W. Pretorius 'n paar gepaste Afrikaanse liedere gesing, en toe die skerm weer opgaan, was die trougeselskap op die verhoog.] Die band is gelê deur ds. G. Worst van Potchefstroom [wat die trouformulier in Afrikaans gelees het]. Die plegtigheid op die verhoog het pragtig gelyk. Die bruid was gekleed in 'n blou taffetas-rok [a frock of hydrangea blue faille appliqued in a floral design of flame and gold, outlined in silver, the full skirt was made with an uneven hem and a big bow of pleated silk] en het 'n [silver] pruik [trimmed with pink roses and foliage and carried a bouquet of pink roses] opgehad wat haar geskenk is deur die firma gebrs. Sewel van Bloemfontein. [Die bruidjie het gelyk soos 'n prentjie uit 'n sprokiesboek, iets om uit te knip en in 'n raampie te sit, sodat 'n mens telkens weer daarna kan kyk.] [The bridal party stood on a small platform under a floral wedding bell.] Daar was twee [little] bruidsmeisies, Tilly Hanekom en Irma Otto. [They were dainty in forget-me-not blue and blush rose pink frocks with dainty bows of pink and blue tulle on their heads.] Die hele plegtigheid het goed van stapel geloop. [During the course of the proceedings the bride was presented with a silver crown, which had been put aside for her on the occasion of the double wedding of her sisters, Mrs. de Haas (Volksrust) and Mrs. Arcling (Lydenburg). At the conclusion of the ceremony a shower of confetti was released from the wedding bell, and bright coloured streamers were flung by the audience.]

Anna Minnaar-Vos (1969: 86):

> Na die indrukwekkende seremonie in die saal loop die bruidspaar op 'n rooi tapyt skuins oor die straat na 'n hotel waar 'n groot onthaal gereël is.

Die Volkstem berig verder:

> Die resepsie het middernag 'n aanvang geneem in die Imperial Hotel [Polley's Hotel]. Die gaste is hier ontvang deur die bruid en bruidegom [where Mrs. Hanekom, beautifully dressed in gold and rose lame and georgette, received the guests]. [Nadat 'n flitslig-portret

van die groep geneem is, het 'n paar honderd gaste in die Imperial Hotel vergader, op uitnodiging van mnr. en mev. Hanekom. Hier was alles met die grootste smaak ingerig, volop blomme, verversings, goeie musiek.] Musiek is verskaf deur die Revellers-orkes en gaste het gekom van oor die hele Unie.

[Daar het meer as 300 telegramme ingekom, waarvan 'n paar voorgelees is, o.a. een van Genl. Hertzog. Ook het die bruidspaar verskeie briewe met tjeks ontvang, en 'n tjek van mnr. Hanekom met die hele netto opbrings van die opvoering in die stadsaal.]

Ds. Worst, van Potchefstroom, stel die heildronk in op die egpaar, en verklaar dat hy besef dat hy vanaand eintlik iets gedoen het wat hom miskien gaan berug maak, nl. om mense op die toneel te trou. Hy voel daar egter nie die minste gewetenswroeging oor nie, want toenadering tussen die Toneel en die Kerk is wat hy graag wil sien gebeur. Ons godsdiens moet nie afgeskei wees van ons daelikse lewe nie, of liewers, ons lewe behoort so te wees dat die godsdiens daarin pas. Die stuk wat vanaand opgevoer is, is skoon wat taal en moraal betref. Dit kan dalk meer goed doen as meer as een preek.

Die Toneelkuns het in die Kerk begin, met die passiespele van die ou kerkvaders. Later het dit ontaard en het die Kerk sig daaraan onttrek. Laat dit nou die edele strewe van ons Afrikaanse toneelspelers wees om dit terug te bring na die hoë peil waarop dit voorheen gestaan het. [Dit was vir hom 'n eer gewees om die eerste huwelik op die Afrikaanse Toneel te bevestig.]

[...] Nadat die bruidskoek gesny is, is gedans. Die aanwesiges was in baie opgeruimde stemming en het bekende liedjies hartlik saamgesing. Ook hierdie funksie het baie goed geslaag. 'n Besonderheid was die pragtige bruidskoek volgens mnr. Hanekom se ontwerp. Dit het 'n toneel voorgestel [kompleet met voetligte, skerm en al, 'n kunswerk van suiker en silwer.

... Die resepsie het om middernag begin, en dit was al mooi rooidag voordat die gaste uitmekaar gegaan het.]

Ons Vaderland van 3 Mei 1930 wys daarop dat Wena en Willem "'n paar weke gelede" reeds te Bloemfontein voor 'n landdros getroud is.

Corlia Fourie (*Rooi Rose*, Junie 2002) stel hulle dogter, Nilo, aan die woord oor dié huwelik: "Hulle was vriende wat nou saamgewerk het en vriendskap met liefde verwar het. Hulle was nie lank getroud ... nie."

Die liewe vrou uit Nederland

In Maart 1930 begin die Nederlandse mevrou Anna Klaasen 'n voordragtoer deur Suid-Afrika. Sy dra byvoorbeeld met orrelbegeleiding (deur onder andere ds.

M.L. de Villiers van *Die Stem van Suid-Afrika*-faam) Willem Smulders se "De verlooren zoon" voor; en as "Ouma" vertel sy sprokies vir kinders.

A.C. ver Loren van Themaat beskryf op 10 April 1930 in *Die Burger* hoe 'n ongewone ouma sy vir die kindergehoor was. 'n Motor toet, en daar verskyn sy aan die arm van 'n begeleidster. "Ze is niet in zwart gekleed, niet swak en ziekelik ... Wat heeft zij 'n mooie kantenhoed op de witte krullen." Sy vertel stories en laat die kinders gediggies by haar op die verhoog opsê. Almal sing saam van die bere wat "broodjes smeren". Dis "'n ouma uit 'n sprookjesland, ver, ver weg van Zuid-Afrika", 'n ouma wat sowaar mooi kan huil en kan dans!

Later raak Anna Klaasen bekend vir haar opvoering van Victorien Sardou se komiese *Napoleon se wasvrou* (haar vertaling van *Madame sans-gêne*). Volgens Binge (1978: 173) was 'n verskeidenheid aksente in dié opvoering te hoor: Anna se Nederlands, Willy Wietfeldt (as Napoleon) se Duits, Siegfried Mynhardt se geaffekteerde Afrikaans, en Stienie Wiid en Mae le Roux van Stellenbosch met hulle natuurlike Afrikaans.

Anna Klaasen word onthou as 'n vriendelike, Christelike kunstenaar. Toe sy byvoorbeeld in *Die Burger* van 17 Maart 1930 verwyt word dat die program wat sy op 14 Maart in die Kaapstadse stadsaal gelewer het, te kort was, verklaar sy: "Og, ek het gemerk dat die mense al moeg was toe ek begin optree – dit was amper tienuur, weet U – en daarom moes ek feitlik alles van my program skrap. Ek het gedink dat die mense die liefste iets vroliks wou hê. Verskillende raadgewers het verklaar dat die Afrikaners alleen maar vrolikheid en blyheid wil hoor." Sy sê nie Jan van Zyl het te lank gesing nie – sewentien liedere altesaam.

Volgens *Die Burger* van 25 Maart 1930 is by een konsert 'n spesiale beroep gedoen op dominees dwarsdeur die land om haar met organisering te help; as vrou het sy nie daarvoor kans gesien nie.

André Huguenet (1950: 79) noem haar egter "'n uitgediende ster" en betoog: "By ons, en trouens in enige land ter wêreld, is die toneelverhoog geen plek vir bejaarde vroue nie, veral nie as hulle met die klimmende jare die slankheid van die jeug moes inboet nie."

Lydia Lindeque, wat in 1930 as variétékunstenares deur die land toer, beland eenmaal saam met Bob Walters op dieselfde dorp as Anna Klaasen se toergeselskap met *Napoleon se wasvrou* (Lindeque, 1941: 101):

> Tienuur die oggend toe ek en Bob die stadsaal instap, sit die hele geselskap daar, die een meer bek-af as die ander. Anna sit op een van die groot koffers bo-op die verhoog – 'n lywige, baie indrukwekkende beeld van troosteloosheid. Toe sy Bob sien, roep sy uit: "A, daar heb ik een nieuwe Napoleon!" Sy vertel ons toe dat die akteur wat die rol van Napoleon speel, die aand tevore spoorloos verdwyn het. Dus stap Bob van variéte-ster reg in die rol van Napoleon ... alles te danke aan sy postuur.

Volgens Lydia was Bob Walters 'n "suksesvolle mislukking" as Napoleon.

Met haar omvangryke speelervaring in Nederland het sy nog later met groot geduld voortreflike toneelopleiding aan heelwat Afrikaanse spelers gegee. Veral op Siegfried Mynhardt het sy 'n blywende invloed gehad. Met Mynhardt se dood laat Eghard van der Hoven in 'n huldeblyk in *Beeld* van 30 Maart 1996 Mynhardt self vertel: "Sy het ons nie betaal nie. Dit was depressiejare. Ons het in die veld geslaap en het skaars kos gehad om te eet. Maar sy het my geleer van toneelspel, soos asembeheer, stemproduksie, teksontleding en al daardie dinge. Ná 'n tyd [in 1932 – D.B.] het dit so vrot met ons gegaan dat sy die skip terug Holland toe gevat het en ons net so op Wellington gelos het, sonder 'n pennie. Maar sy was 'n dapper aktrise en 'n wonderlike mens."

Anna Klaasen is ver van haar vaderland in Indië oorlede.

Wena Naudé-hulle in die Depressie

Anna Minnaar-Vos (1969: 86 e.v.):

> Ja, in daardie paar jaar, voor die depressie vir hulle 'n wrede werklikheid sou word, gaan dit goed met die Hanekoms se geselskap. Hulle kan in ordentlike hotelle tuisgaan, hulle spelers goed betaal en is selfs in staat om op een slag twee Chrysler-motors teen £1 000 kontant te koop ...
>
> Nie lank nie, of Doom moet een motor verkoop en 'n sleepwaentjie aanskaf vir die vervoer van die dekor. Toe begin die bywoning ook afneem ...
>
> [Uiteindelik stel Doom] die geselskap voor die keuse: dadelik ontbind of deurdruk tot hulle nie verder kan aangaan nie.
>
> Wena is die eerste wat sê: "Doom, as julle in die veld slaap, ek ook." Die ander is ook gereed om, kom wat wil, deur te druk.
>
> Wanneer Magda vandag aan daardie tyd terugdink, is dit ál of die swaar tyd wat hulle belewe het, nie werklik so swaar was nie. Want vir Magda het die wonderlike saamstaan van die spelers in daardie tyd, hulle blymoedige aanvaarding van enige ongerief, koudkry en selfs hongerly, 'n mooi herinnering geword wat 'n glans versprei oor die werklike ontberings wat hulle moes verduur.
>
> Miskien juis as gevolg van daardie gesamentlike ontberings het daar 'n hegtheid in die vasberade klein groepie ontstaan, wat saam die maerste jare van die depressie trotseer het. Magda, Wena, Doom, James Norval en Willem van Zyl het soos 'n familie saamgestaan, alles van die sogenaamde "kunstenaarstemperament" vergeet, gelag as hulle honger is, hulle slapery in die veld geniet en die blinkkant bo gehou, veral teenoor die publiek.

In 1931 gaan hulle as die Hanekom-Van Zyl-geselskap voort met die komiese *Tons of money* van Will Evans, wat in Afrikaans as *Wie is wie?* aangebied word. Veral

Doom en James Norval vaar goed met hulle vertolkings van die klugtige rolle. Vir James Norval is dit die begin van sy loopbaan as een van die beste komediante en vertolkers van karakterrolle op die Afrikaanse verhoog.

Anna Minnaar-Vos vertel verder (1969: 89):

> Gou is hulle in die middel van die geldelike verknorsing wat hulle voorsien het.
>
> Aan die begin van die skaars tyd, toe hulle darem nog in hotelle kon slaap en ontbyt eet, het Magda gesorg dat hulle volle waarde vir hulle geld kry. Soggens aan ontbyttafel staan daar 'n groot sak langs haar stoel. Solank hulle eet, smeer sy toebroodjies van al die beskikbare brood, botter en konfyt op die tafel. Dié verdwyn dan ongemerk in die sak en dan word weer brood bestel. Op dieselfde manier word ekstra gekookte eiers, of enige ander maklik-vervoerbare kos bestel, wat ook die pad na die sak volg.
>
> Menige kelner se oë het gerek vir die groot hoeveelhede kos wat dié vyf mense vir ontbyt kan verorber. Daaraan steur Magda haar egter nie – in haar sak het sy mos genoeg kos vir die res van die dag.
>
> Maar eindelik breek die tyd aan dat hulle selfs nie meer in hotelle kan slaap nie. Die enigste alternatief is dus om maar in die veld kamp op te slaan. Dit lap hulle nooit aan hulle vriende of ondersteuners uit nie, want hulle wil nie die goeie naam wat hulle so moeisaam opgebou het, weer prysgee nie. Hulle maak maar altyd asof hulle op die vorige dorp geslaap het, óf aanstoot na die volgende.
>
> Dan soek hulle maar 'n geskikte plekkie tussen die twee dorpe en rig hulle daar in die veld so gerieflik moontlik in – gewoonlik naby 'n windpomp en stroompie water. Wena en Magda slaap snags in die motor en vir die mans word op die grond bed opgemaak op die verhoogtapyt wat hulle saamry. Baie keer in die winter staan die hare van die karos, wat hulle bo-oor die ander komberse gegooi het, soggens stokstyf verys!
>
> Sodra hulle by hulle kampplek aankom, pak Magda heel eerste haar ou opwengrammofoontjie uit en laat dit speel om hulle op te beur. Haar geliefkoosde plaat was: "Shine on, harvest moon". Dan sê Doom: "Ja, Darl, ek sien wel die moon, maar waar is die harvest?"
>
> Om in hierdie tyd gebad te kom, was nogal 'n probleem. Al genade was maar dat mans en vrouens om die beurt in die stroompie bad, as daar wel een was. Maar as hulle by 'n windpomp stilhou en die wind waai nie, is dit 'n hele lollery. Dan moet Willem van Zyl, die sterkste onder die mans, opklim en die wiel met die hand gaan draai. Onder die vingerdun straaltjie water gaan Magda en Wena dan in hulle baaikostuums staan en probeer hulleself na die beste van hulle

vermoë skoonkry. Die een moet die ander se rug seepsmeer en dan spoel hulle dit om die beurt onder die eina-straaltjie water af. Die hele tyd staan Willem daarbo die wiel en draai en staar die vertes in – oënskynlik heeltemal onbewus van die intieme badkamertoneeltjie hier onder.

Doom se kommentaar by sulke geleenthede is dan: "Dit lyk my die depressie is daarbo in die wind ook!"

Al hou hulle dus altyd noodgedwonge naby 'n windpomp stil, probeer hulle tog wegbly van plaashuise af, want as hulle geheim sou uitlek, sal hulle mos weer vir "jipsies" aangesien word. So gebeur dit soms dat hulle hulle net lekker ingerig het, en hoor dan hane kraai of honde blaf. Dan kruip Doom maar weer onder die komberse uit en sê: "Sorry, boys, ons moet oppak en verder gaan. Hier's 'n plaashuis naby."

Vir hulle uitkampplekke bedink hulle heerlike name, soos "Wayside Hotel" of "Rippling Brook Inn" en alles kan nog gaan solank daar genoeg kos is om by hulle "Wayside Hotel" gaar te maak. Maar dinge begin regtig sleg lyk toe die geld selfs te skaars word vir voldoende kos.

Baie môres is daar omtrent net 'n sikspens oor vir kos. Dan sê Magda: "Maar dis olraait, dis twee bottels melk. Ons het nog hawermout en 'n bietjie suiker en dié wat suiker kry, kry nie melk nie en dié wat melk kry, kry nie suiker nie." Die pap self word mooi netjies afgemeet – net soveel lepels vir elk, na gelang [van] hulle voorraad.

In dié tyd word Doom baie lief vir skilpadvleis. Hulle het altyd 'n paar skilpaaie saam met hulle gery as troeteldiere. Soggens laat hulle die skilpaaie resies hardloop en die verloorder se eienaar moet dan al die kook- en opwaswerk vir die dag doen. Eenkeer, ná hulle 'n paar dae lank nie vleis geproe het nie, begin Doom so verlangs skimp dat skilpadvleis deur fynproewers as 'n ware lekkerny beskou word. 'n Lang ruk reageer die ander glad nie op sy skimpe nie, maar eindelik moet hulle maar toegee en lootjies trek wie se troeteldier aan Doom se vleishonger geoffer moet word. Daarna moet hulle toesien hoe hulle troppie langsamerhand uitgedun word. Van daardie dis het Doom egter altyd alleen geëet!

Saterdagoggende roer hulle vroeg, want op die meeste plekke is dit markdag. Dan sit Magda af met 'n mandjie en 'n groot handsak na die markterrein. Sy koop soveel as wat hulle kan bekostig en op haar tog deur die stalletjies breek sy so hier en daar 'n wortel af of lê 'n paar aartappels of tamaties vas wat dan skelmpies in die groot handsak verdwyn. Die sak se inhoud is dan gewoonlik voldoende vir 'n paar dae se groentesop.

Op 'n Saterdagoggend kom hulle op Colesberg aan, waar die mark net agter die stadsaal geleë is. Daar sien Magda en Wena die heerlikste waatlemoene en die versoeking om daarvan te eet, word vir hulle albei te sterk. Met hulle enigste sikspens koop hulle 'n waatlemoen. Net daar sny hulle hom oop en eet hulle versadig, maar bêre darem 'n stuk vir Doom.

Die feit dat hulle nou geen geld vir groente oor het nie, hinder nie vir Magda nie. Sy ken mos die storie en maak haar rondte met die groot sak.

By die stadsaal is Doom verras oor die waatlemoen, maar vra tog effens agterdogtig: "Darl, waar het jy die waatlemoen gekry?"

Voor sy kan antwoord, kom daar 'n vreemde man na Doom en vra: "Is u meneer Hanekom?"

Magda skrik haar asvaal, want daardie man het sy mos by die mark gesien. Haar woorde borrel ook sommer in een verskrikte stroom uit: "Ja, meneer, en dis ek wat die groente gesteel het. Roep maar die polisie. Ek sal seker veertien dae moet sit, en dan sal julle Colesbergers my mense moet kos gee. Hulle sal darem seker in die saal kan slaap."

Sonder om iets verder te sê, is die man daar weg en benoud wag hulle verdere verwikkelings af. Ná 'n halfuur kom daar 'n afleweringsbode met 'n yslike pak by hulle aan.

Hulle maak die pak oop en voor hulle verbaasde en ongelowige oë lê dit daar: die helfte van 'n vet Karoo-skaap. Kos in oorvloed vir ten minste veertien dae!

Sondae was hulle hulle wasgoed in die veld en sprei dit op die bosse oop om droog te word. Die strykysters word oor 'n veldvuurtjie warm gemaak en dan stryk hulle die goed op die dekor. Want, al gaan dit in die geheim nog so broekskeur, voor die mense, en veral op die verhoog, moet hulle altyd onberispelik skoon wees.

In die nasomer kom hulle op Fraserburg en terwyl Magda en Wena in die straat afstap, gaan Magda botstil staan.

"Wena, sien jy ook wat ek sien?"

"Nee, hoe moet ek nou weet wat sien jy al weer?"

"Druiwe, man, druiwe. Kyk net daardie prieel."

"Nou ja, dis nog lig, ons kan nie nou al gaan steel nie."

"Nee, maar ek het 'n ander plan. Kom saam."

Hulle klop aan die voordeur en 'n ou tannie maak oop.

"Goeiemiddag, mevrou." Magda haal weer haar oortuigendste glimlag te voorskyn. "Ons sien hier agter in u tuin het u sulke mooi druiweblare en u weet die saal se verhogie is maar kaal. Kan ons nie 'n bietjie van die blare kry om in 'n blompot te sit nie? Ons sal vir u twee kaartjies vir vanaand se konsert gee."

"O, julle is die êkters. Nou maar kom in, dan loop ons sommer deur die kombuis agter toe. Julle kan maar van die blare vat soveel as wat julle wil hê."

In die kombuis steek die twee in hulle spore vas. Op die tafel lê twee brode, pas uit die oond, en die geurige dampe styg nog so uit hulle op. Wena hou haar sakdoek voor haar neus, want daardie lieflike geur is eens te veel vir 'n honger maag.

In die tuin wag daar 'n groot teleurstelling vir hulle. Daar is nie 'n enkele druiwekorrel nie – net blare, blare, blare en so hier en daar 'n takkie met 'n paar klipharde rosyntjies.

Hulle pluk toe maar die blare, loop weer by die marteling van die broodgeur verby en gee die tannie haar beloofde kaartjies.

Sy bedank daarvoor en voeg by: "Op die volgende dorp kan julle by my suster gaan blare pluk. Maar sy het agt kinders. Julle sal dus tien tiekets moet reghou."

Een ligstraal is darem die onthale wat die mense dikwels vir hulle ná die opvoerings gee. Gewoonlik is daar dan volop toebroodjies en koek en, as hulle gelukkig is, ook sop. Daaraan kan hulle hulle dan weer 'n slag versadig eet.

Een aand word hulle weer uitgenooi en dié aand eet geeneen iets voor die opvoering nie – die groot eet lê mos voor! Maar wat is hulle teleurstelling groot toe hulle gasvrou die aand baie selfvoldaan sê: "Vanaand kry julle net lekkers en wyn. Julle is seker al so moeg vir koek en toebroodjies!"

In hierdie moeilike tyd probeer die Hanekom-Van Zyl-geselskap nog 'n rukkie kop bo water hou met *Die silwer koning* van Henry Arthur Jones en Henry Herman.

The silver king dateer uit 1882 en word voorgehou as 'n goeie voorbeeld van melodrama. 'n Jong Engelsman word aangekla van moord, maar omdat hy onskuldig is, vlug hy na Amerika. Skatryk keer hy terug na Engeland om wraak te neem. Met hierdie derde stuk het Jones as dramaturg gevestig geraak, en is hy hoog geag deur George Bernard Shaw. *The concise Oxford companion to the theatre* wys daarop dat Jones se werk tans vergete is omdat sy sosiale en morele kritiek nie 'n indringende filosofiese grondslag gehad het nie en ook nie deur humor gered is nie. Hy is twee jaar voor die Afrikaanse opvoering oorlede.

Anna Minnaar-Vos skryf verder (1969: 94):
> Die publiek hou baie van die stuk en, as dit nie vir die depressie was nie, sou dit seker een van hulle suksesstukke geword het. Maar al sy sakevernuf ten spyt, kon Doom dit op die ou end ook nie meer teen die steeds nypender geldskaarste uithou nie.

'n Ander groot kwelling vir Doom in dié tyd is dat hy weet dat Magda baie pyn moet verduur as gevolg van 'n gewas. Net 'n operasie sou haar kon genees.

Magda probeer natuurlik die hele toedrag van sake vir hom wegsteek en sluip dikwels, as die pyn te erg word, stilletjies snags uit die motor waarin hulle slaap om krom-krom in die veld te gaan ronddwaal van pyn. Soms verneem sy so terloops van iemand op 'n dorp: "Hoeveel vra julle dokter vir 'n besoek?" As die persoon dan antwoord: "O, so 'n halfkroon", dan weet sy dat daardie halfkroon net nie beskikbaar is nie en sy hou maar uit.

In "Smouse van die illusie" (*Die Taalgenoot*, September 1987) gee Eghard van der Hoven nog 'n voorbeeld van lyding, wel uit 'n later tyd:

"My moeder moes my en die dame wat my opgepas het een keer as pand by 'n hotel laat waar sy nie haar rekening kon betaal nie," vertel Bobbette Fouché wat as kind saam met haar moeder, Elsa Fouché, gereis het. "Eers twee opvoerings later op ander plekke het sy genoeg geld gehad om ons te kom aflos."

Ook Olga du Plessis vertel op 28 Julie 1968 in *Dagbreek en Landstem* van ontberings. Sy was lid van Anton Heunis se geselskap. Ook hulle het in die veld geslaap en dikwels van veldplante geleef. Veral die verskillende soorte salie was voedsaam. Groot was die vreugde toe die busbestuurder eenkeer 'n hoender platgery het. Sodra hulle die eerste toneelkaartjies verkoop het, het iemand dadelik gehardloop om brood te gaan koop sodat hulle nie op leë mae hoef te speel nie. Vir 'n halfkroon kon hulle in hotelle gaan bad. Op die onthale ná die opvoerings het hulle hul byvoorbeeld vergryp aan pannekoek en ander soetgoed. Ná 'n musiekkonsert ooreet Du Plessis haar aan kaas en word baie siek. In 'n losieshuis ondersoek 'n dokter haar. Hulle wil egter nie laat blyk dat hulle weer in die veld sal moet slaap nie, en gee voor dat hulle dadelik moet aanstoot na 'n volgende hotel waar Du Plessis sekerlik sal rus. Geld vir briefseëls was daar nie; die ontvangers moes maar betaal.

Du Plessis voer hierdie onderhoud toe sy en haar man, Anton Heunis, 'n hotel op Aliwal-Noord besit en al die swaarkry ver agter hulle lê. Sy sluit haar herinneringe af met 'n veldtoneel. Die vroue in die geselskap het in die bus geslaap, die mans in 'n tent. Een nag kom 'n sterk wind op en die tent waai om. In die wind en duisternis staan een van die mans en huil.

Intussen is Wena Naudé twee maande voor Nilo se geboorte op 7 April 1931 na Willem van Zyl se ouers in Bloemfontein. Sy laat die baba na die geboorte in die sorg van haar skoonouers en keer terug na die verhoog.

Uiteindelik ontbind die geselskap in 1932 en word die Hanekoms se Toneelskool in Bloemfontein gestig.

Die paaie skei

Van 1932 tot 1934 is die Hanekoms betrokke by hul Bloemfonteinse Toneelskool en voer 13 stukke op, onder ander *Oom Paul*.

André Huguenet se loopbaan word vollediger in "André Huguenet – die ou wat Ampie gespeel het" beskryf; hier net 'n samevatting: Ná *Besigheid is besigheid* en die skeuring speel Huguenet vir De Groot in *Haar tweede man* en *Geleende geld*. Nadat De Groot in Oktober 1929 na Europa vertrek het, word Huguenet joernalis by *Ons Vaderland* in Pretoria. In 1930 speel hy eers in *Ampie* onder leiding van Stephanie Faure en vorm daarna sy eie geselskap om in 1931 *Mal Hans* van Jan Fabricius op te voer. Met sy eie geselskap voer hy ook die volgende stukke op: *Ampie 2, Genoveva, Johannes van Wyk, Die swart hand, Ek het 'n man vermoor, Haar egskeiding, Die heilige vlam, Die doodvonnis* en *Gevaarlike huwelik*.

Voor Huguenet se vertrek oorsee in 1937 het hy en Henriëtte de Waal met Paul de Groot samesprekings in die Carlton-hotel in Johannesburg gevoer. Hulle het ook Paul se huwelik met sjampanje gevier. De Groot is tydens die verfilming van 'n Amerikaanse rolprent oor Cecil John Rhodes, waarin hy in sekere tonele vir Walter Huston ingestaan het, in Rhodesië (tans Zimbabwe) met Katherine Harris getroud kort nadat hy haar ontmoet het (Binge, 1978: 181). Huguenet vertel (1950: 130) De Groot was stralend gelukkig. Niemand het egter die vrou ontmoet nie.

Daardie aand het De Waal vir De Groot gevra wat sy reaksie is op Huguenet se sukses en sy "onverklaarbare mislukking van die afgelope jare. Sy antwoord was (Huguenet, 1950: 130): 'Ik beschouw André als iets van mijn eigen. Ik heb niets als de grootste bewondering voor hem en zijn werk'". Daardie antwoord het Huguenet diep getref, want hy het geweet De Groot huigel nie. Hy het Huguenet se *Haar egskeiding* drie keer in die His Majesty's-teater bygewoon, "altyd naby die verhoog in 'n private loge". Sy kommentaar was vir Huguenet meer werd "as al die loftuitings van kritici en sogenaamde toneelkenners" (1950: 130).

Volgens Siegfried Mynhardt (teks in F.C.L. Bosman-versameling, NALN-toneelmuseum) het De Groot in hierdie tyd in 'n Johannesburgse losieshuis genadebrood geëet; sy gees was gebreek, hierdie "tall, good-looking man with black hair, very blue eyes, enormous charm", iemand wat jou altyd laat voel het jy is die enigste persoon in 'n vertrek vol mense. Mynhardt vertel:

> The Hanekoms may have survived without him but his timely arrival brought them their first contact with a professional and he stimulated them incalculably when he took complete artistic control of the company.
>
> To this day his influence is evident on all who worked with him. The public may have forgotten him, but I know that all Afrikaans actors and actresses remember with loving gratitude Meneer Paul de Groot the father of the Afrikaans stage.

Oor die laaste jare van Paul de Groot bestaan baie onsekerheid. 'n Ongedateerde koerantknipsel in die F.C.L. Bosman-versameling lui dat "die vader van die Afrikaanse beroepstoneel" per sneltrein na Durban is van waar hy per boot na Nederland sal vertrek. Kort voor die uitbreek van die Tweede Wêreldoorlog is hy na Nederlands-Indië. Volgens die Nederlandse akteur Anton Verheyen was hy 'n hoteleienaar daar. Maar Binge (1978: 181) het bevind dat De Groot eers na Engeland is. Daarna woon hy tot April 1940 in die Den Haagse voorstad Wassenaar. Teen 28 Januarie 1937 oes hy nog lof in vir sy spel in die film *De man zonder hart*. Dit is die laaste inligting wat Binge kon vind. Hy twyfel baie sterk of De Groot ooit Nederlands-Indië toe is: "Die Nederlandse Rooikruis, wat daarin geslaag het om selfs die graf van Anna Klaasen op te spoor, kry daar geen spoor van hom nie."

Uit die Hanekom-Van Zyl-geselskap ontstaan die James Norval-groep. James en sy vrou, Anna Cloete, voer stukke op soos *Die verlore siel*, *Vadertjie Langbeen* en *Dracula*. Anna skryf stukke soos *Ou liefde roes nie* en *Elke hart het sy smart*.

Willem van Zyl en Wena Naudé voer ou stukke uit die Hanekom-repertorium op: *Onskuldig veroordeel*, *Die uur van vergelding* en *Die silwer koning*.

In 1933 onderneem Wena Naudé 'n studietoer na Nederland terwyl Willem van Zyl met Anton Ackermann en Pikkie Uys *Die verstoteling* opvoer. Sy kom op 31 Oktober in Amsterdam aan. In 'n onderhoud vertel sy oor Paul de Groot as vader van die Afrikaanse toneel en dan verder oor toneeltoestande in Suid-Afrika (F.C.L. Bosman-versameling):

> ... er zijn thans vier troepen: die van De Groot, het gezelschap Plaat Stultjes, het gezelschap Huguenet en onze troep, het Oorskotjie-gezelschap.
>
> – Vaste gezelschappen?
>
> – Altijd op toer. In groote steden een enkele opvoering, maar geen series. Iederen dag een dorp, vaak van dorp tot dorp een tweehonderd, tweehonderdvijftig kilometer. Het repertoire is grootendeels vertaald. Er zijn enkele jonge tooneelschrijvers, maar zij schrijven meer voor liefhebberijgezelschappen. Wij spelen bewerkingen van bekende Afrikaansche boeken als *Johannes van Wijk* en *Bodemvast*, enkele Hollandsche stukken, onlangs bijvoorbeeld *Het Goudvischje* van Van Nouhuijs, en een stuk met religieuze strekking valt altijd goed in den smaak. Gewaagde blijspelen zijn niets voor Zuid-Afrika. Maar grootendeels Fransch, Duitsch en Engelsch repertoire.
>
> – Is het tooneelspelen in Zuid-Afrika met die groote afstanden en primitieve tooneelen niet zeer vermoeiend?
>
> – Het is zeer hard werken. En inderdaad soms zeer primitief, vaak nog bij kaarslicht; maar in grootere dorpen en steden zijn, ook al weer in de laatste acht jaar, zeer goede zalen gebouwd. Tooneelknechten kennen wij niet. Het werk wordt verdeeld: de een stelt de decors, de ander zorgt voor de reclame, een derde voor het licht en

> vaak begint men om vier uur te bouwen, speelt, breekt af en reist 's nachts verder.
>
> De Zuid-Afrikaner is een dankbare toeschouwer, die van hartig tooneel houdt. Valt een stuk in den smaak, dan weet men dat ook in de meest afgelegen dorpen. Is het niet bevallen, dan weet men het even snel ...
>
> – Heeft het tooneel subsidie of steun van particulieren?
> – Neen. Wel een belasting van 15%.
> – Levert dat rondtrekken door onbewoond land geen gevaren op?
> – Soms is een rivier van den regen zoo geswollen, dat men er niet door kan en urenlaat om moet rijden ...
> – En soms een leeuw? vraagt de interviewer hoopvol.
> – Leeuwen zie je dikwijls, zegt mevrouw Naudé, alsof ze het over een tooneelkat heeft. Maar het zijn kalme beesten. Ze maken het je niet lastig, ze zijn heel mak. Den laatste keer dat we door Krugers Wildpark kwamen, zat er een leeuw een wildbeest te verslind op het pad ...
> – En ...?
> – Dan wachten we even, dan stapt hij weer weg ...

Corlia Fourie (2002):
> Daar het sy by Charlotte Kohler klas geloop, wie se verhoogvertellings haar baie beïndruk het en waarskynlik die saadjie geplant het vir haar eie eenvrouvertellings in later jare. Met die devaluasie van die Suid-Afrikaanse pond het Willem gevoel sy moet terugkeer, ook omdat Nilo toe nog nie eens drie jaar oud was nie, maar Wena het aangebly, selfs al kon sy dit nie meer bekostig om klas by te woon nie. Om Suid-Afrikaanse kultuurbelange in Nederland te bevorder, het Wena op versoek van SASVIA *Van Riet van Rietfontein* [deur J.C.B. van Niekerk, met rassevermenging as tema – D.B.] in Amsterdam opgevoer en self ook 'n rol gespeel. Die resensies was so vleiend dat die stuk daarna ook in ander Nederlandse stede opgevoer is.
>
> Wena het nou voldag by die Gerritzengrimeerskool gewerk waar sy die fynere kunsies van grimering en pruike maak bestudeer het. Saans het sy akteurs gegrimeer en van die beste verhoogproduksies gesien.

Ná Naudé se terugkeer in 1935 voer sy *Klein lagduiweltjie* op.

Wena Naudé en André Huguenet "by die ou meulstroom"

Huguenet keer in November 1937 terug van oorsee met 'n stuk vir 'n volgende reis in gedagte. In 'n klein Paryse teatertjie het hy "'n onskuldige, fyn romantiese blyspel" (Huguenet, 1950: 164) gesien. Dit is die eerste keer op 30 Desember 1919 in New York as *Smilin' through* opgevoer met Jane Cowl in die hoofrol. In Vlaandere was die stuk bekend as *Leontientje*; in Frankryk as *Julienne.* 'n Londense geselskap bied *Smilin' through* in Januarie 1926 in die Kaapstadse Operagebou aan met Mary Merrall en Franklin Dyall in die hoofrolle. *Die Burger* berig op Maandag 16 Januarie 1926:

> Ons het nie soos ons kollega van die Argus traantjies van gevoel allerweë in die saal sien vloei nie en die sakdoeke wat te voorskyn gehaal is, het ons op rekening van die warme weer geskryf, maar ons is dit met hom eens dat die stuk 'n gevoelsstuk is. 'n Bekoorlike bruid in 'n betowerende bruidstabberd word in 'n tuin vol blomme op 'n heerlike voorjaarsdag 'n halfuur voor die troue doodgeskiet. Vyftig jaar lank bewaar die bruidegom 'n onsterflike haat teen die moordenaar, nieteenstaande dit in die weg staan van die geluk van sy niggie wat hy as 'n dogter aangeneem het en wat verlief raak op die seun van die moordenaar. 'n Gevoelsstuk sonder besondere verdienste, uitstekend gespeel. Dit het min indruk op ons gemaak, miskien is ons nie sentimenteel genoeg aangelê nie.

Teen die tyd dat André dié stuk opvoer, het Suid-Afrikaners ook die rolprentweergawe van 1932 geken met Norma Shearer en Leslie Howard in die hoofrolle. André Huguenet vertel (1950: 164):

> My geselskap was tot niet. Ek moes by my aankoms raap en skraap om wat oorgebly het, byeen te bring. Slegs Paula Styger het oorgebly van die speelsters, Cor du Toit en Johan Fourie was die mans en ek moes op soek na 'n hoofspeelster en nog twee aanvullende akteurs gaan ... Wena Naudé het gestrand geraak met haar eie groep en ek het haar genader om die hoofrol te speel. Sy het ook 'n belowende staatmaker by haar geselskap gehad, Johann Nell, en 'n karakter-aktrise Ria Olivier ... Ons het op Ladybrand 'n maand aan die voorbereiding gewy.
>
> Wena het intussen veel van die Hollandse houterigheid aangeleer en in haar segging 'n pedanterie wat sy gedeeltelik op haar spelers oorgeplant het. Haar statiese houding en onnatuurlike Afrikaans het my hoofbrekens besorg en ek en sy het 'n eienaardige pas aangegee vir die nuwe geselskap. Paula was steeds 'n ongekunstelde, onopgesmukte boerenooi sonder enige gemaniëreerdheid of bepaalde toneelpersoonlikheid, terwyl Ria Olivier en Nell 'n slaafse navolging van Wena geopenbaar het. Fourie en Du Toit was negatief maar plooibaar.
>
> ... Gaandeweg het Wena se spel aan beheerstheid en besinking gewen en ek het in die samespel met haar baie geleer; selfs haar spraak

het weer daardie klankvolle, resonante geluid geword wat ek so bewonder het in *Die goudvissie* van Van Nouhuijs.

Maar Wena vertel in *Die Brandwag* van 9 November 1973:
> Op hierdie tydstip kom André Huguenet terug van 'n toneel-seereis uit Europa. Van sy geselskap was net Paula Styger oor en hy nooi ons drie toe om saam te speel in *By die ou meulstroom*. Dit was 'n baie gelukkige keuse, want dit het sakke vol geld gemaak. Vir die eerste keer sedert 1928 werk ek en André weer saam. Ons het albei baie verander. Ons het ouer en baie minder verdraagsaam geword. Sommer met die eerste oefening was ons haaks. My Nederlandse leermeesters het my geleer dat daar baie voorbereiding privaat gedoen word en jou spelers moet 'n deeglike besef hê van wat van hulle verwag word as hulle vir die eerste keer op die verhoog stap. Ek kon my ore nie glo toe André sê: "Wena, gebruik die deur links, nee wag, kom liewer deur die middeldeur op. Nee, dit lyk nie mooi nie. Kom ons sien."
>
> Opgeruk stap ek vorentoe. "Ek gaan hotel toe, laat my weet as jy besluit het." André was nie in die minste beïndruk nie, en sy mening oor my was ook nie juis vleiend nie. In sy *Kronieke van 'n toneelspeler* skryf hy: "Wena het te veel van die Hollandse houterigheid aangeleer en in haar segging ...", ens.

In *Die Brandwag* van 16 November 1973 vertel Naudé:
> André Huguenet het groot planne gehad vir sy toneelstuk *By die ou meulstroom*. In die tweede bedryf wanneer die verhaal na vyftig jaar vroeër verplaas word, wou hy dit binne 'n raamwerk laat afspeel agter deursigtige gaas met ligeffekte. Hierdie mooi idee moes hy egter baie gou prysgee. Die verhoë het so baie verskil dat sy "raamwerk" selde gebruik kon word en sy ligeffekte het die kleiner dorpies se kragtoevoer kort-kort onderbreek.
>
> *Die meulstroom* het dus maar 'n gewone melodrama geword. Miskien was dit omdat André van hierdie illusie beroof is dat hy soms baie onplesierig kon wees. Ek dink aan 'n klein plekkie waar ons opgetree het voordat ons ná die Paasnaweek in Oos-Londen sou wees.
>
> Daar het die een of ander misverstand tussen hom en Johan Fourie gekom. Johan het gedreig om nog daardie aand ná die opvoering weg te gaan. In sy drif het André Johan verseker dat dit hom nie die minste kan skeel nie.
>
> Ek, Paula Styger en Ria Olivier het baiemaal in sulke onplesierige oomblikke maar in my tweesitplekmotortjie na die volgende dorp toe gery. So ook hierdie aand. Johan Fourie is ná die opvoering per

trein weg. Die rusie tussen André en Johan was nog nie uitgewoed nie.

Aan tafel die volgende dag verwyt André toe vir Cor du Toit dat hy (Cor) ook 'n aandeel aan die misverstand gehad het, met die gevolg dat Cor van die tafel af opgestaan, sy goed gepak het en met die eerste die beste trein weg is.

André het 'n traak-my-nie-agtige houding ingeneem net totdat hy die volgende oggend verneem dat die saal uitverkoop is. Dit was ons eerste besoek met 'n toneelgeselskap in Oos-Londen.

"Wat nou?" wou André van my weet.

Ons het vermoed Johan Fourie en Cor du Toit is by Johan se ouers op De Aar. Ek het soontoe geskakel, maar die twee wou niks weet nie. Ek het die dominee probeer, maar sy antwoord was: "Jammer, hulle wil niks weet nie!"

André besluit toe: "Jy sal hulle maar net moet gaan haal, Wena. Hier is tien pond. Ry! Dis ver!"

Tussen Alice en Fort Beaufort wou ek nog teen een van die bultjies die ratte verwissel toe die hefboom in die proses breek.

Op Fort Beaufort verseker 'n vriendelike garage-eienaar my dat ek nêrens 'n werktuigkundige gedurende die vakansieweek sou kry om te help nie.

Met 'n skroewedraaier vroetel hy toe in die ratkas rond en verseker my dat niks gebreek het nie.

Ek het hom noukeurig dopgehou en ná sy vriendelike raad van "Gaan kry nou maar vir jou verblyfplek in die hotel, dan kyk ons môre wat ons kan doen", sê ek vir hom: "Nee, meneer, dankie, maar ek ry nou."

En daar gaan ek met die skroewedraaier as hefboom. Afdraande ry ek so vinnig as wat ek kan sodat die snelheid my nog 'n entjie teen die volgende bult uit kan dra; dan maar weer stilhou, met die skroewedraaier in 'n laer rat kom en dan weer aan tot bo op die bult. Dit was 'n spannende en vermoeiende manier van ry.

Tussen Cradock en Middelburg was ek so moeg – en moontlik half aan die slaap – dat ek 'n bruggie onderskat het en eers tot stilstand gekom het toe die brug se traliewerk die regterhandse voorste modderskerm teen die wiel vasgedruk het.

Laat dié nag klop ek by Johan-hulle se huis aan. Ek moes so ellendig daar uitgesien het dat geen gesoebat of mooipraat nodig was nie. Johan het net gesê: "Kom rus 'n bietjie. Ons pak gou ons goedjies in."

Ons was betyds vir die Oos-Londen-opvoering. Die volgende oggend het ek en André die motortjie na 'n garage toe geneem.

"Ja, Wena," sê André, "dít doen 'n mens vir kúns. Die petrol het my tien pond gekos, maar die Vader weet wat dit jóú gaan kos!"

Huguenet het *By die ou meulstroom* geskep uit die Amerikaanse en Vlaamse tekste. Die titel is ontleen aan 'n gewilde lied uit daardie jare. Die seunsopraan Philip Theunissen het byvoorbeeld 'n Columbia-plaatopname (WEA 248 LE 24) daarvan gemaak, met op die keersy "Die brug op ons plaas", wat ook die naam van 'n toneelstuk geword het. Oor die "aansteeklike" titel skryf Huguenet (1950: 166):

> Dit het geskyn of ek die koormeester geword het van 'n kakofonie ... want die stuk *By die ou meulstroom* het dadelik aanbiedings soos *Die brug op ons plaas, Dit is weer lente, O Boereplaas, Bolandse nooientjie, Hartbeeshuisie*, en 'n bonte versameling liedjies en hallelujas oor die land laat stoftrap!

Theunissen het ook vir Huguenet die seunsrol vertolk in *Ek het 'n man vermoor*, vol selfvertroue en die ene buigings en klikkende hakke as 'n hoflike Duitse *Knabe* (Huguenet, 1950: 111). Huguenet het hom toegelaat om, "as die gehoor dit verlang het", tydens die pouse voor die gordyn te sing. "Sy stem is nog suiwer sopraan, en hel miskien effens oor na die mezzo-sopraan" (*Die Burger*, 11 Junie 1934).

'n Reisplan

In die NALN-toneelmuseum is 'n reisplan vir 'n Wena Naudé-opvoering. Die stuk en opvoerdatums word nie vermeld nie. Wat kan uit die plekname afgelei word?

Dit is nie duidelik van watter sentrale plek hulle telkens vertrek en na teruggekeer het nie. Maar dit blyk dat hulle gemiddeld 100 kilometer tussen twee opvoerplekke op 'n keer afgelê het. Daar kan die volgende ses hoofrigtings onderskei word:

1. Van Kirkwood na Uniondale en Kareedouw terug na Port Elizabeth met 8 besoekpunte. Die verste wat hulle op 'n dag tussen twee opvoerplekke gereis het, was die 214 km tussen Hankey en Willowmore.
2. Van Aberdeen kruis en dwars deur die Oos-Kaap en die Suid-Kaap tot op Lady Grey met 23 besoekpunte. Die verste wat hulle moes ry, was die 272 kilometer tussen Ladismith en Beaufort-Wes, en die 268 kilometer tussen Barkly-Oos en Cradock.
3. Van Philipstown deur die Vrystaat en die ou Transvaal na Zeerust: 25 plekke; die verste rit: 267 kilometer tussen Vryheid en Bethal.
4. Van Vryburg deur die Noord-Kaap na Vredendal: 25 plekke; die langste rit was die 248 kilometer tussen Port Nolloth en Garies.
5. Clanwilliam deur Wes-Kaap tot op Calitzdorp. Tussen die 25 plekke was die afstande aansienlik korter – 19 kilometer tussen Montagu en Robertson. Die verste rit was 151 kilometer tussen Bonnievale en Calitzdorp.
6. Op pad van Ladismith via Beaufort-Wes en Bloemfontein na Ventersburg het hulle op 8 dorpe opgetree. Die langste afstand was 367 kilometer tussen De Aar en Bloemfontein.

As 'n mens deesdae met 'n moderne, lugverkoelde motor op hoofsaaklik teerpaaie hierdie afstande aflê, is jy steeds suf en moeg na tweehonderd kilometer. En hierdie geselskappe het dan nog 'n hele toneelproduksie aangebied ná 'n stelbouery.

Die ervarings van 'n amateurspeler

'n Korrespondent skryf in *Die Burger* van 12 Februarie 1932:

> Op 'n sekere aand het ons daarin geslaag om die baie stram gehoor aan te gryp. Tragiese spel word gelewer, die mense leef mee en party vee oë af. Die teleurgestelde heldin sak op 'n stoel neer en verberg haar gesig in haar hande ... Krulkoppie duik by die voorkant van die verhoog op, en 'n meelydende uitgerekte fooeeeeitog! laat die hele gehoor in 'n skaterlag uitbars.
>
> [...] Die volgende voorval klink nie na die waarheid nie, tog het dit plaasgevind. Ons was net besig met 'n dramatiese toneel. 'n Bebloede vlugteling kom ingestorm en hy syg uitgeput op die vloer neer ... 'n Oubaas in die gehoor staan op, gooi sy sweep oor sy skouer, en waggel na die verhoog toe. "Wag 'n bietjie," sê hy onderwyl hy die trappies opklim. "Julle is mos nie haastig nie. Ek wil net sien of daardie vent regtig gewond is. Wys vir my die wond, toe," en hy kom nog nader. Hoogs tevrede wend hy hom toe na die gehoor en kondig met 'n breë gebaar aan: "Mense, hy is wragtie gewond." Sagkens het ons hom uit die saal verwyder.

'n Verhoogaangeleentheid

Op 24 April 1933 word toneelgordyne in die "Van alle kante"-rubriek in *Die Burger* bespreek. Die rubriekskrywer hou nie van die skerm wat van bo na onder sak nie, en bepleit dié wat van die kante af toeskuif.

> Die voorhang voor die verhoog in die Afrikanerkoffiehuis maak my altyd kwaad. Dit sak met 'n gestommel en gerommel en 'n stadigheid wat 'n mens onveranderlik uit die stemming bring. Waarom het hulle dan nie 'n skuifgordyn geneem wat in die eerste plaas 'n artistieker indruk maak nie? Verder sou dit ook die voordeel hê dat 'n mens nie die spelers, wat ons ontroer het, stadigaan sien inkrimp totdat op die ou end, baie illusienemend ná 'n goeie spel, net die bene oorbly nie.
>
> Dan het die gordyn in die Koffiehuis die slegte gewoonte om 'n oomblik te aarsel alvorens ook die onderdane van die kunstenaars aan ons oog te onttrek. 'n Skuifgordyn sou in elk geval stuk vir stuk die spelers afsluit totdat ten slotte net alleen nog die hoofpersone oorbly om ook deur die gordyn afgedek te word. "Van alle kante"

hoop altyd nog dat die Koffiehuisbestuur tot 'n behoorlike skuifgordyn sal oorgaan. As daar 'n kollekte onder die kunsvriende gehou word vir hierdie doel, belowe hy sy bydrae. Hy koop daarmee sy voortdurende ergenis af, ook dié om teen die weersinwekkende voorgordyn aan te kyk.

Vergeet van die keiser

Eghard van der Hoven skryf in "Smouse van die illusie" (1987):
> Vermaaklikheidsbelasting was 'n mergelende finansiële las vir die reisende geselskappe. In Kaapland was die belasting so 25% van die brutoloketinkomste; in Transvaal was dit 20% en in die Vrystaat moes geselskappe, benewens vermaaklikheidsbelasting, ook nog 'n lisensie op elke dorp uitneem om daar te mag optree. 'n Belastingseël was omtrent so groot soos vandag se posseëls en moes op die geperforeerde deel van 'n toegangskaartjie geplak word. Behalwe die rol wat hy moes vertolk, het 'n geselskapslid ook 'n klomp ander take gehad wat hy moes verrig. Die mans moes onder meer die toegangsdeure na die saal beman terwyl die dames programme verkoop het. Niemand het ooit daaroor gepraat nie, maar dit was algemene kennis dat al die geselskappe vermaaklikheidsbelasting probeer ontduik het deur die belastingseël wat op die kaartjie geplak was mis te skeur. 'n Goeie en behendige deurwag kon maklik tot 75% van die seëls spaar.
>
> Die belastingseëls word dan van die halwe kaartjie afgewas en met gom op 'n nuwe kaartjie geplak. So 'n seël kon oor en oor gebruik word, dikwels tot tien keer.
>
> Die Suid-Nederlandse akteur Louis de Vriendt wat ons land in die jare dertig deurreis het, het elke aand ten aanskoue van elkeen wat die saal binnegekom het, elke toegangskaartjie teen die lig gehou en dit stadig en versigtig om die belastingseël middeldeur geskeur. Op Rustenburg het 'n oorblufte belastinginspekteur gedreig om die opvoering stop te sit oor hierdie ooglopende en flagrante wetsoortreding.
>
> "Ek gaan ook 'n kriminele klag teen u lê! U moet tog aan die keiser betaal wat hom toekom!"
>
> "Weg met de keizer, jonge," antwoord De Vriendt en gaan ongestoord voort met sy besparingsveldtog, "dat is mijn eigendom. Ek heb de zegels toch gekocht!"

André Huguenet het ook van die keiser vergeet. *Die Burger* van 24 Maart 1937 berig:

André Huguenet, die bekende Afrikaanse toneelspeler, is deur die magistraat alhier met 16£ beboet. Die saak het voortgespruit uit 'n opvoering van *Die gevaarlike huwelik* [Daar was 'n "gerieflike" een ook. – D.B.) alhier op 27 Februarie jl. toe Huguenet kaartjies sonder vermaaklikheidsbelastingseëls verkoop het, dit nie middeldeur geskeur het toe dit by die deur ontvang is nie, en ook nie 'n kennisgewing opgeplak het by die plek waar die kaartjies verkoop is nie. Huguenet wat op die oomblik in Oos-Londen vertoef, het 'n skuldbekentenis geteken. Hy het ook 'n beëdigde verklaring ingehandig waarin hy verklaar dat hy voornemens was om die nodige belasting te betaal, dog om rede van die onredelike houding van die speurder wat die saak ondersoek het, het hy dit nie gedoen nie.

Die brug op ons plaas

In *Dagbreek en Landstem* van 21 Desember 1961 word 'n toneelherinnering van Wena oorvertel:

Tydens die 1939–1940-toer met *Die brug op ons plaas* het Wena se moeder ernstig siek in Dullstroom geword. Sy was toe reeds 68 jaar oud.

Gedurende skoolvakansies het die geselskap min toneelstukke opgevoer. Gewoonlik het hulle dan deur die Krugerwildtuin gereis en nuwe stukke instudeer.

Daardie Junie het hulle weer so gemaak.

Terug van die Wildtuin het hulle op Nelspruit aangekom. Daar sou hulle die eerste opvoering gee.

"Maar al die tyd het ek 'n voorgevoel gehad dat iets gaan gebeur," vertel Wena. "Op Nelspruit het my man, Willem van Zyl, by die kantoor van die toneelorganisasie aangedoen om te verneem na ons plekbesprekings en ons vooruitsigte vir die aand se vertoning. Ek het buite in die motor vir hom gewag.

"Toe hy terugkom, sê hy vir my dat dit nie goed gaan op Dullstroom met my moeder nie. Sy woorde was: 'Ek dink ons moet vanaand maar kanselleer en deur ry.'

"Ek vertel hom toe dat ek so pas verneem het dat my moeder oorlede is; dat ons vanaand sal speel en ná die vertoning sal deur ry."

[...] Die nuus van haar moeder se dood en die feit dat die opvoering sal voortgaan, het soos 'n veldbrand deur die dorpie getrek.

"Toe ons die voorgordyn die aand optrek, hang daar om elke voetlig 'n kransie – 'n gebaar van meegevoel van die publiek."

Maar dit was nie al nie.

In die toneelstuk verwys die hoofdame gedurig na haar moeder – en Wena het die rol van die hoofdame daardie aand vertolk.

Elke keer wanneer Wena in die toneelstuk na die moeder verwys, was daar 'n snik in haar stem – en die gehoor het saam gesnik.

Ná die opvoering is sy en Willem van Zyl na Dullstroom.

"Oudergewoonte is ons deur my pa met 'n kersie ingewag. Soos altyd was die groot ou eetkamertafel gedek en het die afval warm op die stoof gestaan. Nie 'n woord is gepraat nie. Geen gebaar van simpatie nie. Ons het almal gaan aansit. Dié wat kon eet, het geëet. Daarna het Vader met sy kersie vir ons na die kamer geneem waar Moeder gerus het."

Die brug op ons plaas was blykbaar kunsgewyse nie geslaag nie. W. Kempen [vermoedelik Willem Kempen, die Stellenbosse taalkundige – D.B.] skryf in *Die Burger* van 27 Oktober 1940:

> *Die brug op ons plaas* is Vrydagaand met bedroewende sukses op Stellenbosch opgevoer deur die Wena Naudé-Willem van Zyl-geselskap. Bedroewend was sowel die inhoud as die verwerking daarvan en die uitwerking daarvan op die publiek, die spel van die geselskap inbegrepe.
>
> Die verhaal is kortliks soos volg: "By die brug op ons plaas" begin daar 'n liefdesverhouding tussen Dawid de Wet en 'n bosveld-nooientjie wat later 'n beroemde danseres, Deloryse, word. De Wet gaan weg, trou ondertussen met 'n aristokratiese tipe vrou, mevrou De Wet Marais, en by sy terugkeer ná agt jaar vind hy dat daar vir hom 'n buite-egtelike seun by Deloryse gebore is. Om sy ou liefde vir Deloryse, en uit teleurstellings dat sy eie vrou geen kinders wil hê nie, asook om die lieftalligheid van die seuntjie, wil hy hoegenaamd nie van die kind afskeid neem nie. Ná 'n stryd tussen De Wet se vrou en Deloryse besluit laasgenoemde om in die hoogste belange van haar kind hom aan mevrou De Wet toe te vertrou; sy lê haar betrekking as danseres neer en vertrek na 'n verre, eensame bestemming. Twintig jaar later, nadat De Wet en sy vrou oorlede is, vind die seun vir Deloryse en ontdek dat sy sy moeder is.
>
> Die stuk sit vol van hoogs interessante gegewens, met veel menslikheid, liefde, onbegrip, twyfel, kinderlike onskuld wat nie moeilikhede raaksien nie, maar die probleme is nie klaar, end-uit gedink nie, hulle word ten slotte almal met 'n patetiese draai omseil. Die slot is onmoontlik; vooraf, tussenin en aan die end is daar stukkies uiters beroerde en erg wankele sangpogings, daar is lang stukke heel onbelangrike toesprake wat onoortuigend "gesê" word, ens., ens., maar tog was dit baie duidelik: die publiek het daar veel van gehou.
>
> Die publiek het uitbundig gelag en dik knoppe gedeeltelik weggesluk en gedeeltelik lekker uitgehuil, die publiek was kennelik aan-

gedaan – 'n egte suksesstuk, waarvan 'n mens goed begryp dat die publiek dit graag sien en bly voel dat hulle dit nie misgeloop het nie.

Wie egter hoër eise stel dan maklike beweegbaarheid tot lag en huil, sal teleurgesteld wees. Want dié spelgehalte was weliswaar nie laer dan dié van ander geselskappe nie, maar werklik goeie spel het ook ontbreek. Wena Naudé het uitgeblink bo die res, maar ook sy het teleurgestel. Sy het bv. een van haar getrouste vriende sowat twintig jaar nie gesien nie, en as hy haar dan opsoek, sit sy langs 'n tafeltjie by hom verby en gesels gehoor toe! ... Willem van Zyl moes gemoedsaandoenings vertolk met weinig woorde, en veral met gesigspel en 'n belade stem – hy het nie veel daarvan reggekry nie.

Retha Aveling was "te bewus van spel en publiek"; Babs le Page (mev. De Wet Marais), Louis Steyn en J. van Niekerk het almal swak gespeel.

Lieftallig, maar ook reeds toneel- en spelbewus was klein Nilo van Zyl, Wena Naudé se dogtertjie, in die rol van die klein seuntjie.

Om alles in een sin te sê: dit is 'n onklaar stuk wat met weinig werklike spel meer vertoon en bygesing dan oortuigend gespeel word.

Willem van Zyl, wat nie baie lof van Kempen ontvang nie, het egter volgens 'n reklameteks (in F.C.L. Bosman-versameling; ongedateerd) "die toneel in 1935 vaarwel gesê, maar op aandrang het hy aan die begin van die jaar teruggekeer en het reeds roem verwerf met hierdie merkwaardige opvoering".

Wena vertel in *Die Brandwag* van 22 November 1973 van die rampspoed wat die geselskap aan die begin van die speelvak getref het. Daaruit kan 'n mens aflei waarom daar so baie besware teen die aanbieding was.

Die jaar 1938 het nie vir my op 'n baie gesellige noot afgesluit nie. Ek moes letterlik op 'n operasietafel oornag – die eerste groot operasie van 'n reeks wat daarop gevolg het. Terwyl ek toe in Dullstroom aansterk, het die gewone roetine van geselskap saamstel, reisplan reël en so meer, begin. Ek besluit op *Woman to woman* en doop dit *Die brug op ons plaas*, 'n roerende liefdesdrama met die klem op moederliefde. Daar was nou eerlik nie 'n enkele sin wat selfs net 'n glimlag op jou gesig kon bring nie ... net trane.

Die geselskap moes met die oog op sang en musiek saamgestel word. Louis Steyn vir die klavier, Japie van Niekerk en Babs le Page vir sang en klein May Hattingh die rede vir die groot moederliefde.

Soos my gewoonte was, neem ek weer die ondergeskikte rol en laat Babs le Page die hoofrol instudeer. Ons toerbus het teen hierdie tyd al beter dae geken. Geldjies was nie te volop nie. Selfs met die plakkate moes besuinig word.

Van *The Lydenburg News* het ek 'n aantal kaarte gekry en 'n paar botteltjies drukkersink. Eiehandig het ons toe ons plakkate en vensterkaarte vervaardig, en ons was nogal trots op hierdie poging van ons, maar nie ons plekbespreker nie. Pietersburg is vir die opening gekies. Sommer met die inryslag roep ek uit: "Hou stil, asseblief. Sien julle wat ek sien?"

"Hmmm," kom die antwoord in 'n koor. Pragtige netjiese plakkate in twee kleure gedruk!

Met my instap in sy winkel vra meneer Diemeer: "Het jy die plakkate gesien?"

"Ek het, ja, maar wat van die onkoste? En hoe lyk dit met die besprekings?"

"Toe maar, toe maar, ek het die besprekingsplan al 'n week gelede onder die toonbank ingesit ... vol bespreek, nie plek vir 'n muis nie!"

Normaalweg sou dit wonderlike nuus gewees het, maar ons was nie heeltemal "reg" vir so 'n eerste aand nie. Halsoorkop moet daar nou 'n plan gemaak word. Ons maak gou 'n groot swart netdoek met satynstroke om die "brug" voor te stel. Die mensliewende opsigter laat ons toe om op die verhoog te werk en in die klein uurtjies van die môre hang die gordyn. Net 'n bietjie rus en dan terug om nog weer die spel na te gaan.

Hier kry ek toe die skok van my lewe. Babs le Page – in plaas van in haar rol op die verhoog te stap – kom na my toe, doodsbleek, elke oog so groot soos 'n piering. "Juffie, ek kan nie ... ek kan niks onthou nie!"

Net één kyk in daardie gesig en ek het besef sy's reg, sy kan nie! Ek staan van aangesig tot aangesig met verhoogvrees. My eerste kennismaking met hierdie gevreesde gewaarwording en tot op hede my enigste!

Lam tot in my voete probeer ek kalm lyk en paai Babs: "Nou ja toe maar, ons ruil dan maar net rolle om." Dit het hoegenaamd geen verandering in haar uitdrukking gebring nie – trouens, sy het 'n week later eers weer normaal gelyk! Dit was van pure groot skrik maklik gestel dat ons rolle moet omruil ... en daar was nie meer 'n volle dag oor nie! Teen vieruur die middag besef ek ek kan nie. Wat nou? Ek raadpleeg Japie en Louis. Ons is dit eens dat die opvoering nie só aangebied kan word nie. Maar wat nou? Ons kan dit mos nie sommer net so kanselleer nie.

Ons kom toe op dié blink idee. Die knip van die toerbus se regtervoordeur was stukkend en ons het die deur met 'n skuif aan die binnekant toegemaak. Aan die bopunt van die straat is 'n effense kromming by 'n eilandjie net voordat jy by die stadsaal se hek indraai.

Nou moet ek net hier, as die deur oopswaai, op die eilandjie uitval en dan toneel speel soos nog nooit in my lewe nie ... en daarvandaan moet ek hospitaal toe!

Willem was intussen 'n sakeman op Pietersburg en hy was net op pad na die stadsaal toe. Ek moes Willem óf raakry óf die rem trap. Willem wou niks van die opvoering kanselleer hoor nie. Hy sal ons so voorsê dat ons elke woord kan volg.

Die sangnommer was 'n groot sukses, en net daarna word die gaasgordyn met die "brug" weggeskuif en Babs le Page – nou in my rol – moet haar verskyning maak. Sy kom op die verhoog, gryp die eerste stoel wat sy in die hande kon kry, en gaan sit dit styf teen die gordyn waar Willem staan om haar voor te sê. Dit maak nie saak watter bewegings die rol vereis nie ... Babs sit waar sy sit. Met 'n vinnige handbeweging vryf sy aanhoudend haar los hare agter haar oor in en fluister: "Ek kan nie hoor nie! Ek kan nie hoor nie!"

Ek kom op – nou in die rol wat Babs moes vertolk het – ek praat. Babs antwoord nie. Ek ken die woorde, want ek het dit mos geleer. Dus antwoord ek maar self. Ek maak swaaie en draaie, danspassies en probeer selfs tussen-in sing (iets wat ek glad nie kan doen nie). Willem blaai vorentoe, hy blaai terug, hy kan glad nie die bladsy kry waar hierdie vreemde dialoog is nie. Selfs die arme mejuffrou Hattingh raak haar wysie kwyt en toe haar "toneelvader" sag voorsê: "Say, is jy my pappie," antwoord May kliphard: "Yes, I know."

En tog, toe die gaasgordyn met die "satynbrug" toeskuif en Japie en Babs die eerste note van "Die brug op ons plaas" sing, staan die hele gehoor op en sing uit volle bors saam. Met *Die brug* word ons toe die eerste toneelspan om Noord- en Suid-Rhodesië te besoek.

Ongehoord, Wena!

Die Burger, 30 November 1940, Darling:

Sondag het mev. Annie Rabe, een van die oudstes van ons dorp, terwyl sy nog na kerk gegaan het, voor die kerkgebou vinnig wou padgee vir 'n motor en het sy geval. As gevolg van die skok het sy siek geword en is nou so erg dat die ergste gevrees word.

Die samelewing was Dinsdagaand hier net ontevrede. Die aand sou Wena Naudé met haar toneelgeselskap *Die brug op ons plaas* hier opvoer. Die stadsaal was bespreek vir die doel en mense het hulle klaargemaak om die opvoering by te woon, maar geen toneelgeselskap het opgedaag nie.

Mej. Mina Kirsten, van Klipfontein, wat ernstig siek was aan longontsteking, is aan die beter word.

'n Mens kan maar net bespiegel oor die rede vir dié "ongehoorde" optrede. Misverstand tussen Wena Naudé-hulle en die saalverhuurder? 'n Ramp langs pad? Emosionele uitbarstings tussen die spelers? Siekte?

In *Die Burger* van Woensdag 23 Februarie 1927 kry ons nog 'n blik op die toneellewe van Darling, tans sinoniem met dramaturg-akteur Pieter-Dirk Uys se aanbiedings in Evita se Perron. Die subhofie van die berig lui: "Wat die Boland dink". Die betrokke toneelstuk is *As mans huishou*.

> Besonder oortuigend was die liefdestonele, maar hiervoor wil ons die spelers nie te veel krediet gee nie. Dit was 'n heerlike maanskyn-aand en wie op 'n maanskynaand nie op Darling oortuigend verlief kan wees nie ... wel, dié kan net so goed sy maanligaande op Malmesbury gaan deurbring.

Otto Wilmot vertel

In 1944 teken Otto Wilmot sy toneelervarings op in opdrag van 'n Engelse damesklub op Somerset-Oos. Hy stel in 2003 sy essay in manuskripvorm aan my beskikbaar.

As amateurspeler het hy min toneelervaring gehad toe die kwaaie "missie" of "juffie" Wena Naudé hom uit vyf en sewentig aansoeke kies om een van Japie van Niekerk se twee rolle in *My hartbeeshuisie* oor te neem, dié van die regter. Hy kom ná 'n treinreis van seshonderd myl uit die Oos-Kaap in Kaapstad aan. Dis 1942 en die hawe is vol oorlogskepe. Toe hy by die White House-hotel instap, is hy tegelyk verlig en senuagtig.

> Louis Steyn, Wena Naudé's leading man, was waiting for me in the lobby and my first job was to sign the register. I had a premonition that I was being closely scrutinized and as I swung round I beheld my future "meesteres" standing half-way up the wide staircase dressed in scarlet velvet, on her way to the theatre. Her smile was sweet, her voice was firm and a hearty handshake soon settled my fears.

Uit Wilmot se beskrywing kan hulle reisplan gevolg word, daaruit verneem ons ook van ander geselskappe, en kom 'n mens ook onder die indruk van die afstande wat afgelê is.

Ná Kaapstad speel hulle op Caledon, Wellington, Paarl, Stellenbosch, Ceres, De Doorns, Touwsrivier, Laingsburg, Beaufort-Wes, Victoria-Wes, Loxton, Prieska (waar Siegfried Mynhardt *Haar twee seuns* die vorige aand opgevoer het) en Van Wyksvlei.

Oor Kakamas, hulle volgende bestemming, skryf Wilmot:

> Kakamas is really a God forsaken little hole and the very air around there seems to weigh down heavily on a person not accustomed to

those parts. I think my nerves would soon crack up if I were to stay there for any length of time.

By some regulation or other the place is under the jurisdiction of the Dutch Reformed Church and consequently public entertainment is discouraged. Bioscopes and other public shows are not allowed and not even a good Afrikaans play. The people there do not embrace culture, no matter in what form.

We dumped our baggage in the local Boarding House and with our stage requirements set out for Rhenosterkop, twenty-two miles out of town where we intended giving an open air performance. Rhenosterkop is a Government settlement on the banks of the Orange River and only about fifty miles from the border of German West Africa.

The settlers, about five hundred families, are largely very poor and backward and live in little adobe huts and corrugated iron shacks. The Government has a station equipped with modern farming facilities as well as a modern school. The people work and till the lands in return for their upkeep. Truly a pathetic sight to the stranger for after witnessing this spectacle one comes to the conclusion that there in that far away corner of South Africa is still a trace of nature in the raw and it should spur us on to greater efforts to alleviate the degraded position of our fellow country men and women.

But let us not be fooled by the term nature in the raw for those people gallantly rallied to our aid like one man and with the help of many willing hands we soon had a "stage" constructed consisting of paraffin cases which formed supports and over which flooring planks were securely lashed. This was fixed against the outer wall of the schoolhouse so that we at least had some protection from the wind in the rear. On the sides we draped our stage curtains while in front we had no curtain but this did not matter as we did not do any scene changing that night.

The performance was given free of charge and we had a record audience. Our audience was not very susceptible to suggestions and most of them formed their own opinions of the play. In the second act where the hardhearted son drives his old mother from the house into the storm we heard loud threats from below and two or three hefty men made for the stage only to be stopped by the local school principal who tried to explain to them to return to their seats, much to the relief of Steyn, who imagined himself the luckless victim of a lynching party.

During the afternoon one old gentleman approached me and quite seriously requested me to explain to him what a concert was as he had never before heard of such a thing. I told him and to make it sound more attractive I casually mentioned that we were going to shoot at each other with rifles, whereupon he warned me that the people were not used to shooting affairs around there and that at the sound of a shot they would all make for the hills leaving us to amuse ourselves on the stage.

Die Gordonia-hotel op Upington word tydelik hulle hoofkwartier van waar hulle uitgaan na Kanoneiland en Keimoes (hier ontmoet hulle die geselskap van Anton Ackermann). Van Upington na Olifantshoek en 62 myl verder na Kuruman waar 'n goeie opkoms in die Seodin-plaasskool is. Vervolgens Postmasburg, Griekwastad, Douglas, Hoopstad, Bloemfontein en dan 'n volgende hoofkwartier in Johannesburg sodat hulle op Randfontein, Krugersdorp en Germiston met gemak kan bereik.

Op Randfontein tree nuweling Victor van Renen vir die allereerste keer op 'n verhoog op. Wilmot onthou:

> He was very nervous and his acting very flat and after the show Wena appealed to the audience and requested them not to criticize his performance too strongly as it was his first role and he only had two days in which to learn the part. On hearing this the audience cheered and we knew we were saved as it always happens on the Rand that a bad performance at one place may lead to an empty house at another.

Op Germiston tree hulle op voor die Hanekom-egpaar, Jacques Lochner, Irma du Plessis, Fresh Steyn en Benn Potgieter.

Tien dae lank hou hulle vakansie in Johannesburg. Hy gaan kyk na 'n gruwelmuseum en na Louis de Vriendt se *Johannesburg by nag* op Springs. Die toer word op Volksrust, Bethal en Ermelo voortgesit. Op Heidelberg weet niemand van hulle opvoering nie, want, vertel Wilmot verder:

> No posters and handbills had arrived and the local booking agent was under the impression that we had cancelled the show. However Wena set about making the best of a bad job. She chartered a radio van from a furniture store and with the driver I "covered" the town announcing with the aid of a microphone and loudspeakers that we were performing that evening. We also motored to a few near-by villages where I also did some announcing but in spite of all the extra trouble we only took six pounds that night. I may add that the University [Onderwyskollege] there was closed at the time and thus we missed the support of hundreds of students.

Hierna: Carolina, Amersfoort, Wakkerstroom, Piet Retief. Ná die vertoning lê hulle dieselfde nag nog 'n nagmerrierit van 130 myl af na Standerton waar hulle vyfuur die oggend aankom. Ná die voorspoedige opvoering lê hulle dieselfde nag nog 96 myl af na Johannesburg waar hulle drie-uur die oggend opdaag. In dié weeïge toestand swerf hy en Van Renen radeloos honger in die nagstrate rond op soek na 'n oop kafee of nagklub. Uiteindelik kom 'n verkoper van worsbroodjies tot hulle redding.

Op Klerksdorp begin hulle in Mei As 'n boerenooientjie liefhet instudeer. Huguenet se geselskap voer intussen *Absalom, my seun!* op. Dan voort na Ottosdal, Sannieshof, Lichtenburg en drie uur later en 100 myl verder Thabazimbi, waarvan Wilmot onthou: " ... inhabited only by miners and I may add that there are thousands of them". Een van hulle was die seun van die gewilde sanger Chris Blignaut.

Terug na Johannesburg van waar hulle 'n "heen-en-weertjie" van meer as 500 myl na Pietersburg aflê. Wilmot vind dat sulke "tiring runs tell a lot on a person's system and morale as well". Vervolgens Greylingstad, Memel, Warden, Harrismith met die sneeubedekte berge, Bethlehem, Kestell, Fouriesburg, Ficksburg, Marquard, Ladybrand en Thaba Nchu waar *My hartbeeshuisie* vir oulaas aangebied is. As *'n boerenooientjie liefhet* [Carinus-Holzhausen se vertaling van *The lie* deur Henry Arthur Jones – D.B.] word verder ingestudeer in Bloemfontein, Kroonstad, en op Wesselsbron waar hulle Johan Fourie-hulle se *O, boereplaas* bywoon.

Hulle neem As *'n boerenooientjie liefhet* heel eerste na Petrus Steyn en Ventersburg, waar hulle tee drink saam met die Blinde Swanepoel Geselskap. Wilmot teken aan:

> Incidentally it is only Mr Swanepoel that is blind and his family being so musical and gifted in the ways of the stage, organized themselves into a touring company, presenting a variety of acts including music and short sketches.

Daarna volg Wesselsbron, Bultfontein, Bloemhof, Bothaville en Heilbron. Terwyl hulle via Johannesburg op pad is na Dullstroom, gaan staan die Chevrolet-bussie om drie-uur die oggend twee myl buite Middelburg sonder brandstof. Wilmot onthou verder:

> Wena told us to settle down as best we could until 8 o'clock that morning when the pumps opened. A Chevrolet van is a mighty small place for seven persons to "settle down" and Japie Beukmann and I clambered out in the bitter cold and gathered some firewood and soon had a roaring fire going and there before that fire the two of us contemplated the fortunes and misfortunes of a South African stock actor until the sun announced its presence and with red eyes and dizzy brains we again set off for Dullstroom where we arrived at eleven o'clock after being without sleep for over forty hours.

Op Dullstroom woon Wena Naudé se vader en suster (moeder van Retha Aveling) en klein Nilo is in hulle sorg. Geen wonder dat hulle die dorp as hoofkwartier kies nie en van daar gaan om te speel op Belfast en Lydenburg. Weens 'n telegram wat nie afgelewer is nie, daag hulle in Witbank op voor 'n saal wat reeds vir 'n ander funksie bespreek is.

Op Dullstroom handig Wilmot sy bedanking in. Hy wou liefs terugkeer na die bankwese voor die oorlogstoestande hulle van die pad af sou dwing. Wena oorreed hom om nog op Machadodorp, Waterval-Boven, Barberton, Witrivier, Nelspruit (waar die Paragon-hotel se kamerdiens per telefoon in elke kamer blykbaar 'n nuutjie was) en Alberton te speel.

Oor sy afskeid van die toneel en van 'n goeie vriend skryf Wilmot:

> At Alberton I made my last bow to the South African theatre public and the following day I was overjoyed to meet Van Renen in Johannesburg again. He had struck a good job and was settling down to a business career. We were continually together until I departed and the last grip of his hand and the friendly glint in his eyes calmed my grief.

In September 2002 vertel Otto Wilmot my telefonies van die jare daarna. Met sy terugkeer na die Oos-Kaap behou hy sy belangstelling in die toneel en teen 1944 voer hy met sy eie groep werk op soos A.J. Hanekom se *Die swart adelaar* en Fritz Steyn se *Die wildsboudjie*. Op Mosselbaai raak hy later bekend as kranige bouer van modeltreintrajekte.

Die Blinde Swanepoel en sy seun

Otto Wilmot het vertel hoe Wena Naudé se geselskap besoek by die Blinde Swanepoel en sy gesin afgelê het.

Patrick Mynhardt (2003: 27) onthou ook vir Swanepoel-hulle:

> One of my favourite companies (more because of my compassion than their artistry) was die Blinde Swanepoel en sy Geselskap. He was, in fact, blind and did mainly tear-jerking Biblical plays like *Jakob en Esau*. He never charged admission, but held a silver collection at the end and took more money that way than most of the other companies. His wife, daughters and two sons assisted him. I vividly remember the one son, an extremely handsome, well built Adonis with long wavy brownish hair. He looked something like Johnny Weissmuller, the original and greatest of all the Tarzans. The young Swanepoel's name was OK (Okay) Swanepoel, and whenever he had completed his tasks in the town hall for that night's performance, he would walk the streets of Bethulie looking for a *knippie* – the schoolboy word for sex.

Japie van Niekerk

Televisieregisseur Henk Hugo vertel in Oktober 2002 telefonies van Japie van Niekerk, 'n speler wat edel van inbors én liggaamlik sterk was. Hy word onthou vir sy Gregory Peck-voorkoms. Hugo het hom leer ken toe hy as ouer man onder sy regie gespeel het in *Nommer, asseblief!*, Gogolj se *Die inspekteur-generaal* en Guy Bernaerd se *Die klim van die oostoring*.

Volgens Hugo het Van Niekerk dikwels vertel van 'n voorval op straat gedurende die Tweede Wêreldoorlog. Saam met 'n groep Maties reis hy per trein na Kaapstad. Die kanon skiet, maar Japie betuig nie solidariteit met "ons manne in die Noorde" nie, weier om eerbiedig stil te staan. Die volgende oomblik val twee soldate hom aan. Hy sit hom teë en hulle blaas die aftog. Maar toe word hy deur bruin vroue omring en hulle begin op hom spoeg. Teen hulle kan hy hom nie verset nie. Hy sak in 'n hoek neer, waar hulle met die gespoeg voortgaan.

Hy het baie aandag aan 'n gesonde leefwyse gegee. Henk Hugo sou sekere van sy gewoontes as ongewoon beskryf, maar toegee dat Japie van Niekerk 'n behoudende persoon was. Van Niekerk het sy laaste jare op Calitzdorp deurgebring. Toe hy – wewenaar – so siek word dat 'n vriendin hom voltyds moes verpleeg, het hy met haar getrou sodat dit aanvaarbaar sou wees as sy nagte by hom deurbring.

In sy essay "Toneel op die trekpad" in *In die vroegte – herinneringe en refleksies* (2003: 78) skryf Hennie Aucamp oor Japie se eerste vrou, Pikkie (nie te verwar met Pikkie Uys nie):

> Frustrasie, ja; dit moet die spyse van veral die begaafdes gewees het. En dat sommige spelers uit frustrasie oor beperkende omstandighede begin drink en hoereer het, dit kan ek vandag volkome begryp. ...
>
> Wanneer 'n volwasse lid van die burgery beswaar maak teen die "immoraliteit" van toneelmense en die teater permanent afsweer as gevolg daarvan, kry die saak 'n ander aansien. Ek verwys na 'n hartseer brief wat ek 'n klompie jare gelede ontvang het. Dis van 'n broer wat twee susters aan die toneel afgegee het.
>
> Mnr. Verster skryf:
>> Jare gelede het Wena Naudé se toneelgeselskap 'n opvoering op ons tuisdorp aangebied.
>> Omdat ons huis naby die stadsaaltjie was, is van ons meubels by die opvoering gebruik.
>> Laat daardie nag is 'n proses aan die gang gesit wat vir Pikkie rampspoedig sou wees:
>> Wena het haar by my ouers afgerokkel. Sy word toe "toneelspeler".
>
> Later in die brief volg:
>> Wena se geselskap was op besoek in die Kaap. Na 'n Saterdagoggend se opvoering in die Hofmeyr het ek, as jong onderwyser, hulle die Sondagoggend in die Royal Hotel gaan opsoek. Wat ek daardie oggend gehoor, gesien en beleef het, het my so geskok, dat ek nooit weer 'n teater besoek het nie. Om te ervaar dat my sussie uitgelewer was aan soveel verrotting was vir my gevoelige gees te veel. Daarna moes sy 'n pad loop

van swaarkry, vernedering en verarming. Sy is op sestig kinderloos oorlede.

Dieselfde lot het my ouer suster, Gerty, getref. Hulle twee (P. en G.) was baie geheg aan mekaar. Toe Pikkie gaan toneel speel, het sy ook gegaan. Wena het haar ook ingepalm.

Mnr. Verster meld dat Pikkie 'n bietjie talent gehad het en Gerty heelwat minder.

Ek het onmiddellik gaan sit en 'n brief aan mnr. Verster geskryf waarin ek hom uit my hart kon vertel hoe begaafd albei susters was: ek het hulle baie keer sien toneel speel in Jamestown. Die een wat hy talentgewyse geringer geskat het, was 'n comédienne by die grasie Gods, en het my soms laat stik van die lag.

Mevrou A.E. Carinus-Holzhausen – die "wondermens"

André Huguenet, die Hanekoms, Wena Naudé – hulle verwys telkens na haar. Wie was sy? Wat was haar aandeel in die vroeë Afrikaanse beroepstoneel?

Ná haar dood in Maart 1945 word in *Filma* van April 1945 oor haar geskryf:

Die beskeie geaardheid van mev. Carinus het veral geblyk uit die feit dat *Filma* dit haas onmoontlik gevind het om enige besonderhede omtrent haar in te win.

... Mev. Nunez Holzhausen, wat veral in die afgelope paar jaar 'n getroue vriendin van mev. Carinus was, moes erken: "Ek weet maar baie min van haar." Sy moet met die volgende volstaan:

Dat sy ná die Tweede Vryheidsoorlog uit die Irenekamp na Wellington gegaan het, waar sy aan die Universiteitskollege haar graad behaal het. Mev. Carinus was destyds een van die briljantste studente wat die kollege ooit geken het en sy het dan ook die Koninklike goue medalje vir tale verwerf.

Dat sy daarna hoof van 'n meisieskool op Bethlehem geword het en later lektrise aan die Normaalkollege Heidelberg.

Dat sy slegs een jaar lank met wyle mnr. Carinus getroud was. (Mnr. Carinus is een van die duisende wat in 1918 aan die griep beswyk het.)

Dat sy onder wyle mnr. Gustav Preller aan *Ons Vaderland* verbonde was, waar hulle saam baanbrekerswerk verrig het.

Dat sy saam met mev. Mabel Malherbe aan die redaksie van *Die Boerevrou* verbonde was totdat dit tot niet gegaan het.

Dat sy vertalings van baie werke en toneelstukke uit Duits, Frans en Engels gedoen het. Sy was nog besig met 'n Amerikaanse roman toe sy oorlede is [Maart 1945 – D.B.]. Sy het ook 'n paar kantates vertaal; was nog besig met die vertaling van een vir Pretoria-Oosskool toe sy oorlede is.

Verskeie vriende en kollegas huldig haar in die *Filma*-artikel. Eerste aan die woord is Stephanie Faure:

> My eerste ontmoeting met mevrou Carinus-Holzhausen was kort ná my studiejare in Europa. Sy het baie belanggestel in toneel, alhoewel sy self nooit deelgeneem het nie. Nadat ek en De Groot hier in *Die heks* van Leipoldt gespeel het, het ons, in medewerking met mevrou Carinus, Fanie Eloff en Danie Smal *Huistoe* (*Heimat* van Sudermann) opgevoer. Die stuk het ná die eerste voorstellings in Pretoria 'n week lank in die Standard-teater in Johannesburg gespeel, onder beskerming van African Theatres.

Hendrik Hanekom sluit hom in die artikel by Stephanie Faure aan en verduidelik dat dit baie oortuigingswerk gekos het om dié beskerming te kry. De Groot-hulle moes bewys dat daar Afrikaanse gehore in Johannesburg bestaan. Danie Smal het veral vooraf baie reklame gedoen.

> [Danie Smal] kom woon 'n maand lank in Johannesburg en maak deur middel van voordragte in skole en deur die persoonlike verspreiding van strooibiljette ter waarde van £50 propaganda oor die hele Rand vir die onderneming. Die resultaat was vol sale die hele proefweek lank. Die kontrak is deur mev. Holzhausen, Smal en De Groot met African Theatres onderteken. Smal en Carinus-Holzhausen het onderhandel as voorsitter en sekretaresse van die Afrikaanse Kultuurvereniging.

Stephanie Faure gaan voort:

> Mevrou Carinus het ook getrou elkeen van die opvoerings bygewoon, en ons almal besiel met haar entoesiasme. Daarna het sy *Oorskotjie* vertaal en verskeie ander stukke vir De Groot, Hanekom, Huguenet, Plaat-Stultjes, ens. Al die toneelspelers het vroeër of later by haar uitgekom – sy het hulle almal goed geken.

Daarna volg Danie Smal se hulde:

> Hoe belangrik en onmisbaar die aandeel van die verskillende baanbrekers op die gebied van die Afrikaanse beroepstoneel ookal gewees het, is dit geen oordrywing nie, wanneer ek beweer dat sonder 'n mev. Carinus-Holzhausen die Afrikaanse beroepstoneel baie later eers sy verskyning sou gemaak het, en dan miskien ook baie langsamer sou gevorder het.
>
> Reeds in 1919, toe sy sekretaresse van die Pretoriase tak van die S.A. Vrouefederasie was, is daar onder beskerming en ten bate van die Federasie menige toneelstuk opgevoer.
>
> Maar dit is eers met die aankoms van Paul de Groot in 1925 dat die aanvoorwerk vir die Afrikaanse beroepstoneel sy beslag gekry het. 'n

Aanvang is onder haar leiding gemaak met gereelde opvoerings van Afrikaanse toneelstukke onder regie van Paul de Groot.

Ten slotte kom uitgewer J.L. van Schaik aan die woord in die *Filma*-artikel:

> Die betekenis van mev. Carinus-Holzhausen kom tot uiting op die gebied van kinderlektuur en die toneel. Self het sy nooit op die voorgrond wil tree nie, maar was sy tevrede gewees om, soos sy dit self uitgedruk het, "die werk van ander mense te verbeter". Hoe dikwels het sy nie manuskripte van jong skrywers moet verwerk en verbeter nie, sonder dat van haar naam enige melding gemaak is. Hoeveel toneelstukke is nie deur mev. Carinus beoordeel en vertaal nie?
>
> ... As ons Nienaber se Bibliografie oor Afrikaanse boeke naslaan, dan sien ons daarin nie minder as drie bladsye met 84 titels van werke wat deur mev. Carinus in Afrikaans vertaal of verwerk is nie en dit sal seker nie volledig wees nie. Voorwaar 'n groot prestasie.

Binge (1978: 121) wys op Gustav Preller se ontvangs van haar Sudermann-vertaling:

> Mevr. Carinus-Holzhausen haar vertaling is m.i. nagenoeg onberispelik ... Hier praat Preller, die verwerker van *Piet se tante* en *Erasmus* weer uit ondervinding en met gesag. Sy waarskuwende woorde in verband met die aanpassing/vertaling van buitelandse stukke het die latere beroepstoneel helaas nie ter harte geneem nie: "Nee, daar is baie te sê vir aanpassing ... mens voel jou meer tuis, maar daar is grense aan die adaptasie, wat nie ongestraf oorskry mag word nie. En ons meen dat mev. Carinus reggedaan 't met *Huistoe* se mense te laat in Sudermann se grime sowel as milieu."

Enkele van haar vertalings vir die verhoog:
1. Dario Niccodemi se *Scampolo* as *Oorskotjie*,
2. Hermann Sudermann se *Heimat* as *Huistoe*,
3. Jan van Ees se *Felix, jij en ik* as *As mans huishou*,
4. Alexandre Dumas se *Un mariage de convenance* as *'n Gerieflike huwelik*,
5. Octave Mirbeau se *Les affaires sont les affaires* as *Besigheid is besigheid*,
6. A. den Hertog se *Levend dood* as *Haar tweede man*, en
7. H. Ibsen se *Et dukkehjem / A doll's house* as *Geleende geld*.

Volgens Anna Minnaar-Vos (1969: 40) was sy ook die nie-amptelike beskermvrou, raadgeefster en bemoediger van verskeie van die beroeptoneelgeselskappe:

> Dit blyk duidelik uit talle besielende briewe wat sy deur die jare aan die Hanekoms (en vermoedelik ook aan ander toneelmense) geskryf

het. Geen wonder dat Mathilde Hanekom haar ... as 'n "wondermens" bestempel [het] nie.

Reeds in die Hanekoms se beginjare skryf mev. Carinus-Holzhausen: "Daar sit 'n groot mate van troos in dat julle nie net vir geld werk nie, maar 'n onskatbare bydrae bring aan die opbou van ons volkskultuur" (Minnaar-Vos, 1969: 232–233).

Jean Plaat-Stultjes (Minnaar-Vos, 1969: 87) kla in Januarie 1931 by haar: "Ik wensch mijn ergste vyand niet toe dat hy so zwaar krijgt als ik, finantieel!" Dadelik skryf Carinus-Holzhausen aan die Hanekom-Van Zyl-geselskap en bemoedig hulle met die opvoering van *Die silwer koning* van Henry Arthur Jones gedurende die vroeë jare van die Depressie (Minnaar-Vos 1969: 93–94):

> Ek dink ons kan veilig aanneem dat dit die beste stuk op die planke is vanjaar, wat Afrikaans betref. Dis die soort stuk waar ek van hou, met 'n les in ... 'n aansporing tot iets hoërs en beters ... hoop vir die sondaar ... nuwe lewe uit die dood.

Dan bring sy Plaat-Stultjes se lot onder Hendrik Hanekom se aandag en stel voor dat Hanekom hom vra om in *Die silwer koning* te speel. Hy doen dit onmiddellik, maar Plaat-Stultjes wil nie van sy geselskap afsien nie.

Twintig jaar lank het mevrou A.E. Carinus-Holzhausen die amateur- en later die beroepstoneel gedien met haar vertalings. Kort voor haar dood stel sy voor dat Puccini se *Madama Butterfly* as verhoogstuk aangebied word. Dit doen Wena Naudé in 1946. *Vlindertjie gewond* word opgedra aan mev. Holzhausen en aan Paul de Groot, Fanie Eloff en Danie Smal (reklamebrosjure in NALN-toneelmuseum; ongedateerd).

Die latere jare van Wena Naudé

Die pionierstyd was nou vir Wena Naudé verby, maar daar het nog vele kreatiewe jare op haar gewag by die Nasionale Toneelorganisasie, die streekrade soos TRUK en KRUIK en in die radio-, televisie- en veral filmbedryf. Enkele hoogte- én laagtepunte word ná die jaartalle in herinnering geroep.

1954: Wena Naudé ontvang die Erepenning van die Suid-Afrikaanse Akademie vir Wetenskap en Kuns. Gerhard J. Beukes het onder meer by dié geleentheid gesê (*Tydskrif vir Wetenskap en Kuns*, Oktober 1954):

> Vir Wena Naudé spesifiek vereer ons met hierdie bekroning om die suiwerheid, die bedwongenheid en die waaragtigheid van haar toneelkuns, haar eerbied en piëteit teenoor elke rol wat sy vertolk, haar lojaliteit teenoor regisseur en medespelers en haar geesdriftige idealisme wat verseker dat die toneel vandag nog 'n inspirerende ervaring vir haar bly.

1955: Onder regie van André Huguenet speel sy in Junie die huishoudster Rebekka West in Henrik Ibsen se *Die wit perde van Rosmersholm*.

In *Die Brandwag* van 15 Maart 1974 vertel Wena van haar ongelukkigheid met hierdie rol:

> Van die begin af het sy gesukkel. Volgens André was haar uitspraak nie meer "Afrikaans nie. My bewegings was platvloers. Ek was té boers! Die rol was vir my 'n marteling en ek was vir André 'n hoofpyn."

Gedurende die eerste middagopvoering bars "Jong Suid-Afrika" boonop uit van die lag vir Wena wat volgens 'n ongeïdentifiseerde kritikus 'n "versuikerde pruikeffek-kapsel" gehad het. André storm ná die opvoering die kleedkamer binne en skreeu: "Die eerste die beste ?! op straat sal Rebekka beter speel!" Wena antwoord: "Kry haar!"

Sy wou selfs nie die gunstige kritiek glo nie. Oor die ongunstiges skryf sy in *Die Brandwag*-artikel:

> Al troos wat jy dan het, is dat jy eerlik self so dink en jy lees dit weer en weer om te kyk of dit nie 'n bietjie wil verander nie. Dit maak tóg seer. Jy het tog bitter hard probeer. En nou ... Rosmersholm se "Wit Perde" word uitgespan, vervang met 'n ander stuk en jy sit ... werkloos! Eers in 1964 was daar weer vir my 'n rolletjie by N.T.O.

Nellie Kruger skryf in *Die Landbouweekblad* van 16 Augustus 1955 kortliks oor Naudé se benadering tot die rol. Maar die artikel handel eintlik oor Wena se stokperdjie: die maak van pruike, en die manier waarop sy haar kennis gedurende toneelopvoerings toepas. "Toe Cobus Rossouw 'n uur voor die première van *Rosmersholm* in Pretoria ontdek dat sy duur pruik oopgeskeur is, moes Wena inspring en dit gou regmaak ... En toe Ulrik Brendell, die idealis-boemelaar in die stuk, se kop nie slordig genoeg lyk nie, het Wena agter onder sy vaal hare 'n wit strook ingewikkel wat hom kompleet so ongekam soos 'n landloper laat lyk het. Hy kon met vrymoedigheid die gehoor sy rug toekeer." As Rebekka dra sy egter nie self 'n pruik nie. Dis haar eie welige, lang lokke wat snags so vol haarnaalde, knippe en kamme is dat sy as 't ware moet sit en slaap. "Die Rebekka-kapsel eis minstens twee uur aandag per dag. Origens was Wena haar hare net een keer per maand, anders word die kopvel te dor. Sy hou dit skoon van stof deur dit daagliks te borsel met 'n stewige borsel wat in 'n sy-doek of sy-kous toegewikkel is." Volgens Kruger het Wena in 1932 voltyds by 'n pruikmakery in Nederland gewerk en haar vak by meester Gerritzen geleer. 'n Werksdag het van agtuur in die oggend tot tienuur die aand gestrek.

1964: Op 20 Maart kuier 'n joernalis van *Die Brandwag* (Pierre Coetzee volgens Wena in *Die Brandwag*, 10 Mei 1974) in die kleedkamers voor 'n aanbieding van

Mikro se *Bruidjie Dit en Bruidjie Dot*. As "tipiese gehoor" ondervra hy die veteraanaktrises wat bymekaargekom het vir die aanbieding: Wena, Mathilde, Elsa Fouché en Anna Cloete. Hy stel dié persoonlikhede in dramatiese vorm voor:

> TIPIESE GEHOOR: En waarom verkies jy drama bó blyspele, Wena Naudé?
>
> WENA: Jou komedie is tot 'n groot mate afhanklik van die gehoorreaksie. Dit wissel en daarmee ook die peil van jou werk. Maar in die drama kan jy deurgaans 'n peil handhaaf. Jou gehore beïnvloed jou nie soveel nie.
>
> TIPIESE GEHOOR (*erg slinks*): En wat is jou mening van plattelandse gehore, Wena Naudé?
>
> WENA (*op haar gemak*): Die rypheid van hul smaak steek geensins af by dié stedelike gehore nie. Veral in die afgelope jare is groot opvoedingswerk in hierdie opsig gedoen.
>
> TIPIESE GEHOOR (*verward*): Ontstel swak gehoorreaksie jou, Wena?
>
> WENA (*lankmoedig*): Die dankbaarheid van die publiek beïndruk my altyd. Maak asseblief die deur agter u toe, wanneer u loop ...

In *Die Brandwag* van 10 Mei 1974 onthou Wena:

> En daardie toejuiging aand na aand as een van ons "oues" opstap. Die besef "hulle onthou jou nog" het 'n mens se hart vinniger laat klop. Ek het baiemaal gevoel of ek skoon uit my rol kon uitstap, 'n treetjie vorentoe neem en omtrent dubbelvou in 'n opregte "dankie-dankie-buiging"! Jy is baie na aan trane as jy daarna in die kleedkamer kom en jou maats omhels jou, en fluister "mooi, ou pêl!" of net 'n woordelose drukkie aan jou arm of 'n klop op die rug.

1964: Naudé vertolk Moeder Kniertje in Herman Heijermans se *Op hoop van seën* eers vir die Universiteit van Stellenbosch en daarna vir KRUIK in Kaapstad. Op 30 April bring die digter W.E.G. Louw, redakteur van *Die Burger* se kunsblad en gedugte toneelkritikus, hulde aan Wena Naudé onder die opskrif "'n Ruiker vir Wena":

> Háár soort spel het seldsaam geword. Met die toneelkuns is dit seker soos met álle ander. Party mense is gebore spelers. Hulle het 'n natuurlike gevoel vir die toneel: die wyse waarop hulle beweeg, hul staan en sit, álles kom vir hulle so natuurlik as vlug vir die voël. Dié natuurlike gawe kan natuurlik deur goeie opleiding ontwikkel, en deur die ervaring tot 'n vaste en betroubare tegniek gestabiliseer word.
>
> Ander het dit net nie. Aan hulle is daar in laaste instansie geen salf te smeer nie. Ja, miskien kan hulle met opleiding min of meer geroe-

tineerde rolsêers word, maar die groot rolle en die ontroering wat dááruit spreek, sal altyd vir hulle 'n verborgenheid bly.

Dis nou baie jare gelede dat ek laas – behalwe, meen ek, af en toe in 'n rolprent – Wena Naudé op die planke gesien het. As ek my reg herinner, was dit destyds in die ligte, maar so menslike *Ek onthou vir Mamma*. Maar toe ek haar eergisteraand in die Hofmeyr wéér gesien het, het ek haar dadelik as ras-aktrise herken.

Of die rol van Kniertje in Heijermans se *Op hoop van seën* werklik een van die groot tragiese rolle van die Westerse toneel is, daaroor sou 'n mens, glo ek, kan verskil. Dit ís aandoenlik, dit gryp 'n mens aan die hart, dié gelatenheid, dié onderdanigheid teenoor vermeende "meerderes", dié skaarse opstuiwings in eie kring.

Maar daar is, eintlik gesê, weinig skakering en geen ontwikkeling in dié rol nie. Nogtans bied dit volop speelgeleentheid.

Daarom het ek geboeid gesit en kyk na háár, geluister na elke intonasie van dié stem en in haar 'n aktrise herken wat speel soos die vink of die rooivlerk-spreeu sou vlieg – natuurlik, moeiteloos, byna onnadenkend, maar rég van oomblik tot oomblik.

Daarom het my oog en my oor telkens háár uitgesoek tussen alle ander, deur wie sy van tyd tot tyd omring is.

Wena Naudé, wat in haar tyd, meen ek, om den brode ook baie minderwaardige rolle moes speel en swaar gekry het om die pot aan die kook te hou, is 'n aktrise wat ons nog nie na waarde skat nie.

Die wyse waarop sy haar stem gebruik, dié spontane vermoë om met stemnuanses as 't ware elke flikkerinkie van selfs so 'n afgesloofde ou siel as Kniertje s'n weer te gee, is iets wat seldsaam geword het op ons verhoog.

Gebruik ons haar reg? Moet ons nie, noudat daar uit die ontsaglike rykdomme van ons land uiteindelik ook geld beskikbaar gekom het vir die toneelkuns, haar gebruik vir dié soort rolle, waarin sy as voorbeeld en besieling kan dien vir 'n hele nuwe, jong geslag van spelers en speelsters nie?

Wie ore het om te hoor, moet hoor.

September 1964: Anna Neethling-Pohl speel saam met Wena in Pirandello se *Die lewe wat ek jou gegee het*. Neethling-Pohl (1974: 180–181) vertel van haar voorbereiding vir die vertolking van Donn' Anna. "Ek het my ure lank opgesluit in 'n donker kamer en in Donn' Anna se lewe probeer dring. Ek het gevoel dat sy in 'n skemerwêreld beweeg, byna soos 'n half-blinde, en ek het ook tussen die meubels in die halfdonker probeer om, self 'n skaduwee, saggies maar vinnig te loop". Vir die vertolking van Donn' Anna verower sy die Drie Blare-prys en die Johannesburgse Galery-klubprys. Sy beskryf 'n aand in die dameskleedkamer tydens die TRUK-speelvak (1974: 181):

In ons dameskleedkamer was dit saans altyd baie stil. Wena het uit eie keuse heeltemal eenkant doodstil gesit en grimeer voor haar pragtige grimeerdoos; Elsa [Fouché – D.B.] het met vinnige bewegings aangetrek en gaan sit om te grimeer asof sy plaas neem in 'n deftige salon, en sy het liggies gegrimeer en gebabbel; Kita [Redelinghuys – D.B.] het gou aangetrek en baie effens gebruik gemaak van háár grimeerkissie en gaan sit, ook eenkant, soms gelees, soms met 'n ernstige opgeskroefde gesiggie een of ander stukkie dialoog tussen ons bespreek. Ek was gewoonlik reeds klaar teen die tyd dat hulle gekom het en het in my hoekie deur my teks geblaai.

Wanneer die stuk begin, is daar vrouens op die verhoog. Hulle kniel en kyk na die oorkant-souffleurskant na 'n oop deur in die kamer waar Donn' Anna se enigste seun op sterwe lê. James Norval as die ou tuinier kom op die verhoog, hoed verleë in die hand en gaan ook stywerig op sy knieë.

Intussen staan ek bewoë na James se ontroerende spel en kyk. Langs my staan Francois [Swart – D.B.] en Wena. Hulle moet as die priester en my suster nou vir die wagtende mense gaan sê dat die seun dood is ... dus baie ernstig. Maar nie Francois nie. Hy moet hoorbaar priesterlike woorde in Latyn sê en sy gemompel was beslis oortuigend, maar wát hy nie alles kwytgeraak het nie! Wena het haar sakdoekie byna in haar mond gedruk! Soms het haar blou oë helder geskitter soos sy haar lag bedwing, maar, groot kunstenares soos sy is, het sy sekondes daarna droewig-ernstig op die verhoog verskyn, en die stouterd, Francois, ook volkome in sy rol!

Ná enkele minute moes ek opgaan. Ek het my ore toegedruk, my oë toegemaak en aan my donker kamer van die repetisies gedink, en daarop gekonsentreer sodat ek al die ander grappige dinge kon uitvee.

Vertolking is nie maklik nie, het ek dikwels ondervind, en ek is nie so 'n natuurlike speler soos Wena of Francois nie.

In *Die Brandwag* van 29 Maart 1974 kry ons Wena se perspektief:
'n Rol vir Anna, net vir Anna Neethling-Pohl. Vir 49 opvoerings het ek die grootste gedeelte van die bedryf daar op 'n bank gesit en Anna dopgehou. Elke opvoering was elke beweging, elke gebaar en, soos Paul de Groot dit sou noem, elke "segging" presies dieselfde as die vorige.

My rol was Donna Fiorina – 'n vrou wat reeds verwelk het en nou vergruis word deur haar suster se vreemde optrede ...

Ná my rol in "Die lewe" het die "voorgordyn" toegetrek op 'n samewerking tussen my en TRUK. Bot toe!

Daar kan nie met sekerheid gesê word of die volgende een aand tydens die speelvak van *Die lewe wat ek jou gegee het* gebeur het nie, maar die aanwesiges laat 'n mens dit vermoed:

In die kleedkamer is Anna en Wena besig met hul grimering. Agter hulle staan 'n rak vol kostuums. Hulle beskinder vir Elsa en besluit dat haar liefdeslewe werklik skandalig is. Die volgende oomblik ratel die kostuumhangers en Elsa verskyn tussen die klere. Met 'n pruilmondjie sê sy: "Nou is julle tweetjies niks meer dierbaar vir my nie."

My bron is dr. Lucas Malan, tans van Darling, wat die anekdote by sy vriend en bekende in die teaterwêreld, William Egan (1944–1992) gehoor het. Malan het op 'n aand in die middel-tagtigs een van die Ster-Kinekor-filmteaters naby die Carlton-sentrum in Johannesburg gegaan waar 'n premiére van die rolprent *My broer se bril* sou plaasvind. Daar was geen groot opkoms nie, maar in die voorportaal het die regisseur, Dirk de Villiers, 'n stralende Elsa Fouché aan die sestig of so fliekgangers as "ons groot aktrise" bekend gestel. In die rolprent speel Elsa Fouché egter 'n baie klein en onvleiende rol as 'n bejaarde vrou wat op 'n keer haar valstande moet uithaal of insit. Toe Malan hierdie ervaring 'n dag later met sy vriend William Egan bespreek, het die kleedkamer-anekdote oor haar jeug ter sprake gekom.

Terugslae

Sedert 1942 het Wena Naudé verskeie terugslae ondervind.

Corlia Fourie (2002) skryf:
> Wena is in 1942 weer getroud, met Johannes (Pine) Pienaar [Sangiro se broer – D.B.]. Dié keer het dit 'n rukkie goed gegaan, maar ook dié huwelik kon Wena se lang tye weg van die huis af nie deurstaan nie. (Hulle is in 1947 geskei.)
>
> Nilo moes ná een jaar op Stellenbosch haar studie weens haar ma se geldelike probleme staak en van toe af het sy toneel "bestudeer deur self te speel", dikwels in dieselfde produksie as haar ma. Maar later, toe die toneel hulle nie meer kon voed nie, is Wena en Nilo albei Johannesburg toe waar Wena by Woolworths en Nilo by C to C Bazaar gaan werk het. Maar dit het finansieel so sleg met Wena gegaan dat sy desperaat ander werk gesoek het. Oplaas het haar ellende die pers se ore bereik en *Die Landstem* het op 20 Oktober 1951 onder die opskrif "Liefling van die Afrikaanse Toneel nou arm, alleen", die droewe verhaal vertel: hoe sy van een betrekking na die ander moes gaan met skuldeisers wat sy nie uit haar karige salaris kon betaal nie, hoe sy onsuksesvol na die verhoog probeer terugkeer het, hoe sy haar woonstel moes ontruim en by tye in die wagkamer op die Johannesburgse stasie moes gaan rus. Al ligpuntjie was dat *Sarie*

Marais, die eerste rolprent waarin Wena gespeel het, voltooi is [in 1949 – D.B.].

Maar gelukkig het dit (tydelik) beter met Wena gegaan nadat sy in 1952 [in Uys Krige se *Die ryk weduwee* – D.B.] vir die eerste keer vir die Nasionale Toneelorganisasie begin werk het en ook meer en meer in rolprente gespeel het.

Oor hierdie fase in Wena se lewe getuig André Huguenet op 19 September 1951 in 'n brief aan F.C.L. Bosman. Hy doen daarin voorspraak vir haar vir werk. Hy het haar naamlik op Aliwal-Noord raakgeloop. Sy was besonder gretig om vir N.T.O. te werk en het by Marda Vanne aangeklop, maar dié het haar koel ontvang en niks in die vooruitsig gestel nie. Huguenet skryf:

> Sy is trouens een van ons beste, indien nie DIE beste aktrise nie en ek meen eerlikwaar dat sy na vier jaar ook 'n kans moet kry – ander, mindere talent, het so 'n kans gehad, ons mag ons oudste en skitterende talente nie aanhoudend veronagsaam nie.
>
> Ons weet wat haar gebreke is, maar ek het naarstiglik en orals verneem en belangstellendes meen dat sy minder drink en sy sien daar goed uit en het baie moed. Ons het tog ander wat feitlik gewoontedronkaards verklaar is en tog nog 'n aanwins is – sy dit dan met 'n mate van tug en "eensame opsluiting". Hierdie brief is vriendskaplik en onoffisieeel en vertroulik. Ek gee die wenk maar aan U as vriend van ons werk en lid van die Raad – laat ons haar onthou die volgende keer. Sy sal ons nie tot skande strek nie en die publiek sal dit waardeer dat nog 'n ou veteraan by N.T.O. optree.

Oor die tydperk van 1954 tot 1968 skryf Corlia Fourie (2002):

> In 1954 het 'n groot eer haar te beurt geval toe sy met 'n erepenning vir toneel deur die Akademieraad bekroon is. Maar toe sy daarna weer op haar eie met die Wena Naudé-geselskap begin optree het, het finansies gou weer 'n probleem geword ...
>
> Wena het 'n toevlugsoord vir toneelspelers beplan en in Rondebosch 'n ongebruikte verpleeginrigting gekoop. Aanvanklik het sy sommer enige bejaarde wat moes aansterk, gehuisves en in 'n stadium het die personeel van die Oorskotjie-tehuis uit 17 opgeleide verpleegsters bestaan. "Toe ek my oë uitvee, was dit 'n lelike ding gewees. Boer se kind weet nie eens veel van die toneel nie, wat nog van besigheid," het sy met galgehumor gesê. Sy is in 1960 voorwaardelik gesekwestreer.
>
> Op 57 het Wena by Foschini gewerk en ook pruike gemaak om aan die lewe te bly. Sy was nie die enigste akteur met wie dit sleg gegaan het nie. Mathilde Hanekom was 'n klerk by die Aula, Anna

Cloete het klere gemaak, Jan Bruijns het dakke opgesit, Jaco van der Westhuizen het melkkanne by 'n melkery nagegaan en Elsa Fouché was haweloos.

In 1968 het sy 'n vaste aanstelling by KRUIK gekry, maar ná drie jaar is Wena ontnugter terug Johannesburg toe omdat die groot rolle wat haar belowe is, nooit gematerialiseer het nie.

Die sewentigerjare

In hierdie jare was daar heelwat rolprentwerk en later ook televisiewerk vir Wena. In November 1976 ontvang sy bv. 'n Rapport-Oscar as "beste rolprentster" (*Die Transvaler*, 8 November 1976). Haar spel in *Daar kom tant Alie*, *Liefste Madelein* en *Jakkalsdraai se mense* het daarvoor in aanmerking gekom. Pas vantevore het sy in *Die vlindervanger* opgetree, en die volgende jaar is sy ouma Anna in *Kom tot rus*.

In 1974 het sy vir Bertrand Retief gespeel in die Kavaliers-film *Boland*! Retief vertel in "Toe Wena agtien was ..." (Retief, 1998: 30–34):

> Toe die onvergeetlike Wena Naudé my die eer aandoen om 'n rol in *Boland*! te aanvaar, was sy al in haar sewentigerjare.
>
> Ons rolprentspan het 'n paar weke lank in die Drostdy-hotel op Stellenbosch gewoon, daar oorkant die ou kerkie aan die Braak.
>
> Kavaliers se fotograaf ... was 'n bloedjong, stilskaam seun van sowat agtien, effens mank in sy een been. 'n Baie goeie fotograaf. Hy was die selfaangestelde voorsitter van Wena Naudé se bewonderaarsklub en het die grond waarop sy geloop het, aanbid. Ons noem hom maar Hennie.
>
> [...] Ek het juis na 'n foto van haar uit die twintigerjare sit en kyk – 'n beeldskone meisiekind in haar jong dae, en nog steeds pragtig in haar sewentigs – toe sy met 'n laggie wat óf heimwee, óf stoutmoedigheid kon spel, sê dat sy iets vir ons wil vertel.
>
> Die vorige Saterdag ... het Hennie langs haar kom sit, daar waar ons op die Blakes se Libertas met verfilming besig was: "Tannie Wena, ek wil Tannie iets vra, maar Tannie mag nie lag nie."
>
> Wena het belowe dat sy nooit so iets sou doen nie.
>
> "Tannie, ek wil vra of Tannie vanaand saam met my sal gaan fliek?"
>
> Wena sê sy het amper van die stoeltjie afgeval, maar beslis nie laat blyk hoe verbaas – en gevlei – sy was nie. "Is jy seker, Hennie? Ek bedoel, ek is al stokoud!"
>
> "Tannie is nie oud nie!" het hy heftig geprotesteer. "Maar sal Tannie nie skaam wees om saam met my te gaan nie?" Sy oë was wyd van kommer.
>
> "Nee, nee!" het sy hom verseker. "Natuurlik nie! Ek gaan graag saam met jou. Dis vir my 'n groot eer."

Hennie het tot agter sy ore gebloos. "Nooit nie, tannie Wena! Kan nie wees nie! Dis dan vir my so 'n groot eer ..."

Wena. Immerjong aktrise. Dame. Deernis in haar oë.

Maar toe, sê sy, kom die onverwagte.

"Baie, baie dankie, tannie Wena! Dit sal wonderlik wees. Maar ek wil Tannie 'n guns vra."

Wena het geluister.

"Tannie sien, as die res van die rolprentspan sien ek neem vir Tannie fliek toe, gaan hulle vir Tannie lag, en ek kan dít nie toelaat nie. Ek gee nie om as hulle vir my lag nie, maar hulle moenie vir Tannie lag nie. [...]

"... Ek sal halfsewe by die agterdeur uitglip en vroegtydig die kaartjies koop. Dan stap Tannie by die voordeur uit en ek kry Tannie so tien voor sewe voor die fliek. Dan sal niemand ons saam by die hotel sien uitgaan nie en Tannie sal Tannie nie hoef te skaam nie."

[...] Wena vertel dat sy ... net begin wonder het waar Hennie dan bly, toe hy langs haar verskyn en haastig 'n kaartjie in haar hand prop. Met 'n binnensmondse "Sien Tannie binne, ná die ligte uit is ..." is hy weg ...

... Die ligte is gedoof en die fliek het begin voor Hennie kom sit het.

"Is Tannie se sitplek orraait?" [...]

"Tannie, ek glip uit net voor die ligte aangaan, okay? Dan kry ek Tannie buite onder die eikeboom, okay?" [...]

Pouse is sy alleen uit tot op die sypaadjie. Hier was sy gou-gou weer die middelpunt van 'n belangstellende klomp drama- en ander studente.

Van Hennie was daar geen teken nie, totdat hy hinkepink met die lam been deur die studente aangestoom gekom het, yslike roomyshoring in elke hand.

"Hoop Tannie hou van vanilla ..." het hy in die verbygaan gesê, en toe weer verdwyn.

Die studente het duidelik nie verstaan wat aangaan nie. Sy het ook nie verduidelik nie, net haar roomys rustig, al geselsend gestaan en aflek.

[...] "Was die roomys orraait, Tannie?" wou Hennie weet toe hy ná ligte-uit langs haar insak.

Heerlik, het sy hom verseker, en sy geniet die aand saam met hom terdeë. [...] Met die laaste toneel wat ten einde loop, het Hennie haastig geraak: "Baie dankie dat Tannie saam met my kom fliek het ... Ek sal buite gaan kyk dat Tannie veilig by die hotel kom, maar Tannie sal nie skaam hoef te wees nie."

Buite was Hennie nêrens te sien nie, maar Wena was gerus in die wete dat hy haar van iewers uit die donker dophou soos hy belowe het.

Sy het haar hotelkamer veilig bereik. Vir Hennie het sy eers die volgende dag weer gesien. Hennie het geswyg, maar sy oë het gevonkel.

Ek dink dit was toe dat ek opgelet het hoe Wena se oë sag glinster. Dit was mooi om haar dop te hou.

Daar in die fliek, in die donker, was Wena en Hennie albei agtien jaar oud.

"'n Droom! 'n Droom! My lewe vir 'n droom!"

Só het wyle Roy Niemann, akteur, romanskrywer en joernalis, sy artikel in *Sarie Marais* van 24 September 1975 genoem. Daarin gee hy 'n duidelike beeld van Wena as aktrise én mens:

> Dit is herfs in Rossmore, sonnig maar met 'n yskoue wasempie in die lug.
>
> Nou is die somer ongetwyfeld verby: die jaar is ryp en wag in okertinte en haagdoringrooi om gepluk te word.
>
> Die groot ou huis met sy voorstoepe en systoepe en agterstoepe lê toe in die bevryde tuin: omgekantelde baksteenpilaartjies, toegegroeide visdammetjie, vervalle somerhuisie, vergete voornemens ... en 'n woonplek vol wonder ... huis, paleis ...
>
> "Die somerhuisie moet ook weer op sy bene gehelp word," sê Wena Naudé, en stryk oor haar hare: die besoek waarna ek so uitgesien het, het aangebreek.
>
> Ek was 'n droomverlore snuiter toe ek Wena Naudé die eerste keer ervaar het. In 'n kerksaal op 'n dorpie sonder grasie was dit waar sy haar eie vertaling en verwerking van *Madam X* kom aanbied het. Dit was nog 'n fout van Lana Turner om die rol te gespeel het nadat Wena dit gedoen het. Vir my altans. Melodrama van die eerste water ofte nie; tranemelker ofte nie, ná daardie aand in die kerksaal met die aanbieding van *Waar vergiffenis kon red* het Wena my aan haar voete gehad. As die madam X van *Vergiffenis* het sy haar gehore meegesleur met 'n onafwendbare kragtoer.
>
> Baie jare later het ek haar in 'n behoorlike (toe nog) teater in Kaapstad dieselfde kragtoer sien uithaal in die rol van Kniertje in die stuk *Op hoop van seën*. As 'n Afrikaanse aktrise al ooit 'n verhoog met haar medespelers skoon gevee het, dan het Wena dit destyds met 'n ieder en 'n elk van die spelers in *Op hoop van seën* gedoen. Teen haar kolossale spel as die klein verlore moedertjie het al die ander spelers in die niet van die syverhoog verdwyn en sy het alleen oorgebly om die stuk na sy einde toe te dra.
>
> Wena is nou nie meer so jonk nie: einde van die jaar sal sy sewentig jaar oud wees. Vir alle ander mense behalwe Wena Naudé is dit

die ouderdom waarop jy definitief en finaal aftree as jy dit nie tien jaar gelede al gedoen het nie. Wena gaan nou 'n nuwe fase van haar loopbaan begin.

Haar eerste beeldradiostuk sal moontlik vertoon word en Swaruk het haar 'n kontrak aangebied wat elkeen van die jonger spelers haar sal beny, maar die pad wat sy oor meer as 'n halwe eeu geloop het – somtyds was dit letterlik gelóóp – maak dit niks meer as reg dat sy vertroetel word nie.

Dit was in September van 1925, presies vyftig jaar gelede, dat sy 'n gehoor in die saal van die Premiermyn naby Cullinan geheel en al oorrompel en die liefling van Afrikaanse gehore geword het. Die stuk was *Oorskotjie* en haar vertolking sal altyd in menseheugenis wees, maar: "Wat peuter almal so met *Oorskotjie*?" roep Wena uit. "Dit was nie die eerste sukses nie. Voor *Oorskotjie* was daar *Huistoe*, 'n baie groter sukses as *Oorskotjie*."

Maar wat help dit om teen die prikkels te skop, Wena?

Dis *Oorskotjie* wat jou op die vreemde landkaart van die Afrikaanse toneelwêreld gevestig het. En vandag en môre en hierdie jaar vier ons almal wat jou liefhet en waardeer jou goue jubileum op die verhoog! En jy vier dit saam met ons, newwermaaind *Huistoe*! ...

Sedert 1947, toe Wena Naudé haar eerste filmrol in *Sarie Marais* vertolk het, tot op hede het sy al in 34 – teen hierdie tyd miskien al 36? – rolprente opgetree.

"Ek geniet rolprentwerk geweldig baie. Hulle (die filmmakers) behandel my so goed. Ná elke rolprent is ek skoon siek soos hulle my voer. Die ander spelers ook," sê sy.

In *Hans die skipper* het sy teenoor André Huguenet gespeel en ondanks die film se voor die hand liggende swakhede het Wena seker een van haar sterkste dramatiese filmrolle vertolk. Sy was die dwarse Hans se onderdanige vrou wat verskeur raak tussen die twee liefdes van haar lewe: Hans, haar skipperman, en Johan, hul seun.

Deesdae speel sy komedierolle wat uit die oogpunt van genotvolheid seker bo sterk dramatiese rolle verkies word, maar 'n mens wil haar weer so graag sien in 'n rol soos dié waarin sy haar loopbaan begin het en wat langs die pad oor vyftig trekjare telkens die hoogtepunte van haar loopbaan gevorm het.

Nou dat Wena waarlik ryp is soos die jaarkring waarin ons by haar besoek aflê, wil ons haar weer 'n kragtoer sien uitvoer wat hard sal slaan en sy trillings ver en wyd sal laat voel ...

Wena Naudé was een uit 'n gesin van ses kinders. Sy was die jongste en verlangs familie van die skilder Hugo Naudé.

In haar veelbewoë lewe was sy, buiten aktrise, ook pruikmaker, amper-kraamverpleegster, handelsreisiger in skryfbehoeftes en kantoormeubels, ontvangdame, matrone en strokiesverhaalkarakter. Tydens laasgenoemde tydperk was sy eens die karakter Janet, 'n onaangename mens, in 'n Willie van Rensburg-verhaal. Op 'n dag koop sy toe die betrokke tydskrif by 'n joggie op die hoek van die straat. Hy kyk haar so skeef aan en vra: "Mies, is mies Janet?"

"Ja," sê Wena.

"Sis!" spuug hy sy veragting uit.

Sy was twee keer getroud en twee keer geskei, maar dis terugslae waaroor sy nie graag gesels of uitwei nie. Vra jy te snipperig uit, praat sy jou dood. Dis van die private pyne van die hart wat jy maar liewer privaat hou.

Daar was 'n tyd toe haar dogter, Nilo, uit haar eerste huwelik met Willem van Zyl ook toneelspeelster was. In minstens twee opvoerings het Nilo die rol van haar ma se dogter vertolk, nl. in *Ek onthou vir Mamma* en in *Waar vergiffenis kon red*. Nilo het haar baie goed van haar taak gekwyt, maar op die ou end het sy getrou en haar eie gesinnetjie gekry en hulle grootgemaak.

Nou probeer Wena se dogter maar so onopsigtelik moontlik stukkies van haar moeder se belange behartig, maar Wena is 'n selfstandige mens, koppig ook nogal – hoe anders sou sy die eerste toerjare in Suid- en Suidwes-Afrika kon oorleef het? – en sy behartig haarself self! En basta!

As daardie eerste jare van die toneel in Suid-Afrika dan so verskriklik moeilik was, waarom het mense soos Wena Naudé voortgegaan?

"Ek weet nie," sê Wena, "maar ons het! Seker maar omdat ons ... verliefde dromers was ..."

Kaalbas op die verhoog?

"Nee wat, dis mos regtig nie nodig nie! Dit laat jou net in verleentheid beland. Ek beskou dit as simpele oppervlakkigheid en sensasiesoekery. Hulle buit die ligsinnige toneelganger se onkunstige sug na sensasie uit of verdoesel swak spel en/of 'n swak toneelstuk agter 'n kaal lyf of twee. Maar ek glo – en dis belangrik! – dat daar by die meeste toneelliefhebbers nog daardie gevoel vir en begeerte na die dieper en ernstiger dinge is."

Haar rol in *Goudvissie* is die een wat sy die meeste geniet het. Dit sê sy dadelik wanneer jy vra. Haar grootste teleurstelling as aktrise was die dag toe sy moes erken dat Gordon Daviot se stuk *Die laggende vrou* wat Wena vertaal en op toer geneem het, nie geslaag het nie. Die Afrikaanse toneelpubliek was nog nie daarvoor gereed nie. Dis dieselfde teks waarop Ken Russell sy onlangse film *Savage Messiah* gebaseer het. Dis 'n vrye vertolking van Henri Gaudier en Sophie Brzeska se verhaal. Selfs Russell se weergawe kon nie oral gunstige reaksie uitlok nie.

Wena is al baie jare met ons, maar sy het nie veel verander nie: 'n bietjie gekrimp miskien, 'n bietjie verkleur miskien, 'n bietjie baie slimmer geword. Die geesdrif en die lewenslus, die lewensvreugde en die optimisme oor die môre wat elke dag net 'n dagreis verder is, is nog dieselfde. Jare en jare gelede was dit juis daardie onvernietigbare elemente wat haar die terugslae laat oorleef het, wat haar elke keer weer 'n vastraplek laat kry het vir 'n nuwe begin: 'n nuwe toer, 'n nuwe huwelik, 'n nuwe loopbaan. En nou, op die ou end, is daar tog geen berou nie. Alles is ondervinding.

"My ryk lewe," noem sy dit. "Maar 'n mens moet godsdiens hê," sê sy. "Jy moet glo en weet. Dis belangrik."

In haar woonstelletjie aan die suidekant van die groot huis in die herfstige tuin is daar baie herinneringe in die plakboeke en programme en bric-a-brac – en 'n bedorwe wit langhaarkat, 'n troetelkind ter wille van wie sy nog haar eie motortjie aanhou sodat die kat oral met haar kan saamry en nooit agtergelaat hoef te word nie. Voorheen was daar hondjies en ander katte. Ook hulle kom en gaan ... Dis dan die hede en die verlede wat 'n mens daar in die woonstel kry.

Vir eers die hede: Wena self, die bedrywigste film-, beeldradio- en radiospeler in die land. Die oudste ook miskien? 'n Kontrak vir 'n toer in Suidwes-Afrika; 'n draaiboek vir 'n nuwe speelfilm; 'n afspraak om 'n klompie oues van dae te gaan vermaak ...

Wena is op haar hoede – daardie triek moes sy vroeg al leer – , maar tog betrap jy haar op nostalgie soos toe sy ons na haar werkkamer-cum-garage-cum-bergplek toe neem. Al die "tools" van haar "trade" sien jy daar: rakke met botteltjies haarstringe; gom en gaas; foto's en plakkate; 'n spieël en 'n skêr; boeke en kleurstof en albums en gehawende reistasse en dan: 'n foto van oubaas Naudé, haar vader. Toe word haar oë baie sag en ver en sy vergeet net 'n oomblik lank dat sy nog aan 't vertelle was ... van die wonderlike, wonderlike lewe wat voluit gelewe moet word sodat daar nooit, nóóit enige naberou sal wees oor 'n onbesonnenheidjie van 'n mens se menslikheid nie.

Die slottoneel

Corlia Fourie skryf in *Rooi Rose* (2002):

> Drie dae nadat die verfilming van die TV-reeks *TJ17* voltooi is, het Wena 'n beroerte-aanval gehad wat haar spraak en een arm aangetas het. Sy is in die hospitaal opgeneem en ná sowat ses weke is sy

ontslaan. Sy het baie pyn gehad en kommer oor die toekoms het haar neerslagtig gemaak. Die maatskappy wat vroeër aan haar 'n woonstel vir haar oudag verkoop het, het bankrot gespeel en Wena was haar woonstel en ses duisend rand kwyt. Aanbiedinge om hulp het van oral ingestroom en die Akteursbystandsfonds het ook aangebied om haar finansieel te ondersteun.

In dié stadium het haar omstandighede 'n hewige polemiek in die pers uitgelok. Talle mense was ontsteld omdat niks vir die versorging van bejaarde akteurs gedoen is nie; ook nie van owerheidsweë nie. Uiteindelik kon Wena in Februarie 1978 'n wooneenheid in Kronendal, 'n tehuis vir bejaardes, betrek. Sonder haar toneelvriende was sy baie alleen en 'n paar maande later, op 7 September 1978, is sy oorlede. Die volgende dag was die room van ons akteurs by die krematorium in Braamfontein om Wena te groet, onder andere Siegfried Mynhardt, Tilana Hanekom, Dawid van der Walt, Wilna Snyman, Carel Trichardt en Marius Weyers.

Volksblad, 7 September 1978 berig:

Wena Naudé (72), liefling van die Afrikaanse toneel, word Vrydag in Johannesburg veras.

Volgens mev. Nilo Mostert, enigste dogter van die oorledene, het haar ma lank terug reeds gevra om veras te word en het sy dit self in haar testament genoem. Sy het ook gevra dat haar as in 'n rivier gestrooi word omdat haar hele lewe 'n diens aan die ganse Afrikanervolk was en slegs 'n rivier kan haar as deur die land laat vloei. Mev. Mostert weet nog nie watter rivier sy sal kies om haar ma se as in te strooi nie.

Die Hanekoms
Oom Paul en tant Gezina

Hendrik Hanekom het hom onderskei as leier van die eerste Afrikaanse beroepstoneelspelers, die eerste gebore Suid-Afrikaner om dit te doen. Hierin is hy bygestaan deur sy vrou, Mathilde. Anna Minnaar-Vos (1969) het dié toneelegpaar se lewensverhaal opgeteken. Soos reeds genoem, gebruik Minnaar-Vos dikwels Hendrik en Mathilde se verhoogname, Doom en Magda.

Hoe Hendrik en Mathilde Hanekom mekaar gevind het

Mathilde Hanekom is op 9 Desember 1899 op Prins Albert gebore. Toe is sy Mathilda of Tilla genoem.

Haar vader, Karel de Beer, 'n sakeman, was 'n musikale man en het gereeld Christie Minstrel-konserte gehou. Hy het oorspronklik daarvan in Amerikaanse tydskrifte gelees en dadelik begeesterd geraak om 'n plaaslike weergawe te reël, eers op die dorp en later selfs om vyfuur in die middag op plase (Minnaar-Vos, 1976: 14).

Dailey Paskman het die geskiedenis van die gewilde Christie Minstrels vir die eerste keer in 1928 opgeteken in *"Gentlemen, be seated!"* Die titel verwys na 'n groep banjospelers met swartgemaakte gesigte wat in 'n halwe sirkel op 'n verhoog gaan sit om te sing en uitbundig gek te skeer. Die spitsvondige "end men" in hulle veelkleurige kostuums was die voorbokke met die oproerige vermaak, terwyl die "interlocutor", waardig in 'n aandpak, die orde probeer handhaaf het (Paskman, 1976: 24–25).

Die De Beers het kort voor lank (Minnaar-Vos, 1969: 14) "die dorp op horings [gehad] met hulle vrolikheid". Drie broers neem deel, die een suster speel klavier en die ander sing die solo's. (Mathilde, die laatlammetjie van die gesin, was in hierdie tyd nog te jonk om self deel te neem.) Almal is baie deftig aangetrek – die mans selfs met swaelstertmanelle, wit hemde en rooi kamarbande. Daar is ook twaalf jong meisietjies in wit rokkies en rooi lyfbande. Dit was Mathilde se eerste kennismaking met "teater".

In haar jongmeisiedae het Mathilde tot groot ontsteltenis van haar ouers besluit sy wil "window dressing en millinery" in die Kaap gaan leer. Drie maande lank het haar ouers saam met haar in die Kaap gebly om hierdie "wilde loot" wat maar net nie mooi in die tradisionele patroon van haar eie tyd wou pas nie, te vergesel en op te pas. Daarna het sy eers net by haar susters Kitty en Miemie op Beaufort-Wes gaan kuier, daar gebly en as uitstaller in 'n winkel vir £1 per maand gewerk. Spoedig volg haar ouers haar na die dorp toe hulle sien sy volhard in haar "dwaasheid". Sommige Saterdagaande los sy een van haar susters af in die bioskoop en "hamer al die walse, polkas, masurkas en 'two-steps' van die tyd op die blikkerige, vals klavier uit. By sentimentele toneeltjies speel sy haar gevoelvolste 'parlour pieces', maar met die 'cowboy'-prente is dit 'n ander storie. Hoe woester die perde galop, hoe woester galop haar vingers oor die klawers, tot sy naderhand byna oor die klavier klim van opgewondenheid" (Minnaar-Vos, 1969: 18).

Op Beaufort-Wes het sy ook vir Tokkies oftewel Hendrik Hanekom ontmoet. Hy was die assistent-stadsklerk. "As hy nie werk of toneelspeel nie, sit hy net altyd met sy neus in 'n boek" (Minnaar-Vos, 1969: 19).

Volgens *Die Suid-Afrikaanse biografiese woordeboek III* (1977) en Binge (1978: 126) is Hendrik A. Hanekom op 17 Junie 1896 op Beaufort-Wes gebore. Minnaar-Vos (1969: 19), wat die medewerking van Mathilde had, stel die geboortejaar op 1893.

Anna Minnaar-Vos vervolg (1969: 19):

> Op skool speel hy dikwels in skoolkonserte die rol van 'n keboutertjie of 'n diertjie. Eenkeer is hy 'n hond en geweldig in sy skik toe sy familie en die onderwyseres vir hom sê dat hy tog so mooi geblaf het.
>
> Gedurende sy kinderjare besoek die Leonard Rayne-geselskap ook af en toe vir Beaufort-Wes. By daardie geleenthede wil die jong Tokkies uit alle mag die opvoerings bywoon, maar sy pa weier onverbiddelik om hom te laat gaan. So 'n Engelse kônsirt is geen plek vir 'n jong snuiter wat saans net na sonsondergang bed toe behoort te gaan nie!
>
> Tokkies moet ewe getroos kamer toe, maar daar kruip hy met sy klere en al onder die komberse in en wag totdat die huismense tot ruste gekom het. Dan klim hy stilletjies deur sy kamervenster en sit af stadsaal toe. Daar het hy natuurlik geen hoop om by die saal in te kom nie. Die saal is gewoonlik vol en daar is ook die lastige kwessie van toegangsgeld. Dus voeg Tokkies hom maar by die skaar Bruinmense wat toegelaat is om voor die vensters saam te drom sodat hulle na die "show" daarbinne kan kyk. Gereeld tel een of ander vriendelike Bruinman dan die klein knapie op sy skouer en van daardie verhewe sitplek af sit Tokkies hoog en droog die spulletjie daar binne en betrag.

Nadat hy tot 1908 op sy geboortedorp skoolgegaan het, het hy op 'n plaas in die distrik Colesberg gaan skoolhou om geld te verdien om sy studie voort te sit. Daarna is hy terug op Beaufort-Wes.

Hanekom vertel self in *Die Huisgenoot* van 30 Maart 1945:

> Dit was in 1912 – dit lyk vandag na die gryse verlede en tog is dit nog vars in my geheue – dat ek die eerste keer op 'n toneelverhoog opgetree het. Reeds voor die tyd was dit die gebruik op Beaufort-Wes om elke jaar met die September-nagmaal 'n "konsirt" te hou. Die plaaslike stadsklerk, mnr. Keulder, was 'n toneel-entoesias, en die opvoerings het onder sy leiding plaasgevind. Ek was onder-stadsklerk, en mnr. Keulder het gou daarin geslaag om geesdrif vir die opvoerings by my te wek. Die gevolg was dat ek my debuut op die toneel as meester Van Helderbosch in Langenhoven se *Die wêreld die draai* gemaak het – 'n stuk wat hy later omgewerk het onder die titel *Die laaste van die takhare*. Verskeie ander stukke het gevolg.

In 1915 speel Hendrik in Jan F.E. Celliers se *Heldinne van die oorlog* (Minnaar-Vos, 1969: 21). In sy *Geskiedenis van die Afrikaanse literatuur 1* (1978: 110) beskryf J.C. Kannemeyer hierdie drama, as "'n opdragstuk vir die onthulling van die Vrouemonument in 1913 en bedoel as 'n vervolg op S.J. du Toit se *Magrita Prinslo*. Dit handel oor die afbranding van die plase en die leed van die vrouens en kinders in die konsentrasiekampe ... karaktertekening en -ontwikkeling ontbreek feitlik volledig, ... terwyl die slot, waar die dominee 'n lang rede hou, in 'n stuk moralisasie ontaard." Die stuk is in 1924 gepubliseer.

Minnaar-Vos (1969: 21) vertel:

> Die aand met die opvoering van *Heldinne van die oorlog* is daar 'n hele konsternasie. Die spelers kom tot hulle ontsteltenis te hore dat 'n raadslid hulle by die Kommandant van Polisie ('n Ier) gaan verkla het omdat dit dan 'n rebelstuk sou wees. (Dit is in die jaar 1915.) Die saal is gepak en hier voor in die saal sit die Kommandant ook ewe breed. Die mense begin naderhand klap van ongeduld dat die stuk moet begin. Haastig hou Tokkies en mnr. Keulder koukus agter die gordyn.
>
> Eindelik begin die spel. Tokkies speel 'n dominee en in die kamptoneel verander hy sy "preek" so dat die Kommandant later self trane afvee. Tokkies se jongste broertjie, Joe, lewer ook sy bydrae tot die aandoenlikheid van die stuk. Een van sy arms was baie maer, want hy het dit kort gelede gebreek en toe hy "sterf", steek hy die maer ou armpie uit. Toe kan 'n mens net snikke deur die saal hoor. Party van die vrouens huil sommer hardop.
>
> Ná die opvoering verklaar die Kommandant plegtig, terwyl hy nog kort-kort met sy sakdoek oor sy oë vee:

> "There's nothing wrong with the play. Indeed, I sympathised whole-heartedly with the Boer woman."

Later sou Hanekom ook sukses behaal met *Magrita Prinslo*. Volgens Binge (1978: 127) het hy in 1922 oorgekom van Beaufort-Wes na De Aar om dit tydens die Dingaansfeesvierings in Bosman se Bioskoop op te voer. Dit was "[e]en van die opvoerings van Hanekom wat mense jare daarna nog sou onthou".

Hendrik Hanekom vertel in *Die Huisgenoot* van 30 Maart 1945:

> ... en in 1915 het ons vir die Strewersvereniging 'n eenakter, *Hoe die nuus versprei het*, aangepak.
>
> In daardie jaar het Mathilde de Beer met haar ouers van Prins Albert af na Beaufort-Wes verhuis. Sy was 'n mooi nooi, en gou het ek die saak so geplooi dat sy ook 'n rol in die eenakter gekry het. Daarna het die nuus gou versprei dat Mathilde in die toekoms seker al die dameshoofrolle sou kry. Dit was ook so, en in 1918 [op 5 Augustus, volgens Binge (1978: 127); volgens Minnaar-Vos (1969: 24) 9 Augustus – D.B.] het ons die mooiste rolle van ons loopbaan vertolk toe ons saam voor die kansel verskyn het. Nog in dieselfde jaar is ek as stadsklerk op De Aar aangestel, en gedurende die drie en 'n half jaar wat ons hier gewoon het, het ons ons amateurtoneelwerk voortgesit. Ek het daarna 'n betrekking as stadsklerk op Lydenburg, Transvaal, aanvaar en ook hier baie stukke vir liefdadigheid opgevoer.

Met *Oom Gawerjal se dogters en die stemregkoors* op toer

Dit was op Lydenburg dat die twee besluit het om hul eie professionele Afrikaanse toneelgeselskap te stig. Volgens Hanekom se herinneringe (*Die Huisgenoot*, 1945) wou hulle dit doen in navolging van die bedrywige Engelse beroepstoneelspelers, mense soos Leonard Rayne en Marjorie Clifton. Clifton het juis toe die bioskoopsaal gevul met *A little bit of fluff*, *Twin beds* en *Woman to woman*.

In NALN se toneelmuseum is 'n ongedateerde aantekening (vermoedelik in die sewentigerjare geskryf) van Mathilde waarin sy van hulle besluit vertel. Hendrik (sien verduideliking laer af) kom eendag tuis en laat haar raai watter beroemdheid Lydenburg toe kom. Toe sy hoor dis Leonard Rayne, gryp sy hom

> ... and danced round the room, it was too wonderful. After Leonard Rayne left we started dreaming dreams and scheming schemes. Why not start an Afrikaans professional company but now where is the money coming from and a play as in those days, strange as it may seem, every little village had their own amateur company and all the Afrikaans plays were performed by them. Every afternoon after his office closed at 4 we two used to go for long walks to try and see how, with what we can start the company.

Maar Paul de Groot suggereer in *Het Algemeen Handelsblad* van 24 Februarie 1926 dat Hanekom-hulle hom nagevolg het (Binge, 1978: 129). In Augustus of Oktober 1925 vertrek hulle na Pretoria om 'n beroepsgeselskap op die been te bring. (Soos reeds bespreek, is daar onsekerheid oor watter maand dit was. Binge (1978: 128–129) meen dat dit waarskynlik Oktober was op grond van Johann Buhr se artikelreeks "Agter die gordyne" in *Die Burger*, 11 Desember 1926–15 Januarie 1927).

Maar hulle sukkel steeds om 'n nuwe Afrikaanse stuk te kry. Nou vra hulle iets nuuts by skrywers aan, maar slegs twee antwoord: Langenhoven en Totius.

Langenhoven gee voorkeur aan amateurwerk, verdoem hulle beroepsplanne en vervolg (Minnaar-Vos, 1969: 30): "Jong stadsklerkie, behou jou werk en as jy 'n dief of moordenaar op die verhoog is, ken jou dorp se mense jou goed genoeg om te weet jy is nie so 'n karakter nie." Volgens hom word reisende geselskappe maar altyd as rondlopers, diewe of iets ergers beskou en met so iets moet Afrikaners hulle nie ophou nie. Totius pleit ernstig dat hulle tog nie 'n volksaak moet beledig deur geld daarmee te gaan verdien nie.

Só kom dit dat Hanekom self twee stukke skryf en dit met sy beroepsgeselskap in Pretoria instudeer: *Oom Gawerjal se dogters en die stemregkoors* en *Liefde en geldsug*. Volgens Mathilde se ongedateerde herinneringstuk het Hendrik die idee vir eersgenoemde stuk gekry toe hy tydens 'n vakansie in 'n Kaapse koerant gelees het van 'n vrouestemregvegter wat op haar seepkissie in Hyde Park, Londen in hegtenis geneem is. Mathilde probeer die naam van die vrou onthou; dit lyk asof dit Emmeline Pankhurst kan wees.

Op Woensdag 16 September 1925 begin hulle toer per trein vanaf Pretoria. Hanekom vertel (1945):

> Reeds al hierdie eerste paar weke was vol ernstige en luimige avontuurtjies. In die derde bedryf van *Oom Gawerjal* moes daar 'n geweer agter die gordyn afgevuur word. Die oomblik breek aan, maar daar heers 'n doodse stilte. Almal van ons is nog maar 'n bietjie rou en sit besluiteloos na mekaar en kyk. Die kêrel wat die skoot moes afvuur, kom vinnig op die verhoog gehardloop en in plaas daarvan dat hy toe maar na oom Gawerjal roep, wat binne die perke van die stuk sou gepas het, skree hy luidkeels: "Meneer Hanekom, die verbrande geweer wil nie afgaan nie. Wat nou!?" In stomme verbasing staar ons hom almal aan. Intussen peuter iemand met die geweer, en eensklaps knal daar 'n skoot wat sowel vir ons as die gehoor laat wip van die skrik. Dit het 'n hele rukkie geduur eer die gehoor se gelag, nou vir mekaar, bedaar het.

Op 'n nag in November 1925 vind die belangrike gesprek met Paul de Groot oor die toekoms van die Afrikaanse toneel op Volksrust plaas. Die amalgamasie van die twee groepe onder beskerming van African Theatres is toe reeds bespreek. Intussen gaan die *Oom Gawerjal*-toer voort en Hanekom (1945) vertel verder:

Oom Gawerjal en *Liefde en geldsug* het nog steeds groot byval gevind. Op plekke waar die opkoms dit geregverdig het, is die stukke op agtereenvolgende aande opgevoer. 'n Aand op Petrus Steyn in die Vrystaat, waar ons *Oom Gawerjal* sou opvoer, onthou ek nog goed. Met die pouse kom 'n hele deputasie agter die skerms: "Beskou u dan Petrus Steyn swakker as ander Vrystaatse dorpe? Waarom kan altwee stukke nie ook hier gespeel word nie?" Ek verduidelik dat dit Saterdagaand is. As ons die ander stuk ook sou speel, sou dit waarskynlik Sondag, en boonop Nagmaal-Sondag, wees voordat ons klaar is. Hulle stel toe voor dat ek die mening van die gehoor moes vra. So gesê, so gedaan, en met donderende applous gee die stampvol saal te kenne dat hulle gewillig is om 'n ekstra halfkroon te betaal om die opvoering te sien. Ons het toe ietwat vinniger gespeel, dieselfde toneelaankleding vir die volgende stuk gebruik en gelukkig die tweede opvoering 'n paar minute voor twaalf beëindig.

Praeceptor reageer in *Die Burger* van Woensdag 3 Maart 1926 op die "werklik uitstekende opvoering" op Riversdal:

Lank laas het ons twee sulke genotvolle aande deurgebring as op Donderdag- en Vrydagaand, aan ons verskaf deur die Afrikaanse Toneelspelers in die Riversdalse stadsaal. Wie is dan die Afrikaanse Toneelspelers? Ja, dit mag mens wel vra, want hoewel hulle al vier maande op reis is, en baie plekke besoek het, het daar nóg in *Ons land*, nóg in *Die Burger* iets (sover ons ten minste weet) verskyn nie. [Ons het al verskeie berigte oor hulle opvoerings opgeneem. – Red.: *Die Burger*.]

Hulle is ook baanbrekers op die gebied van die Suid-Afrikaanse toneel en reis die land deur in hulle eie spoorwegwa onder toesig van 'n ou vyf-en-sestigjarige moeder [ouma De Beer, Mathilde se moeder, wat haar kleindogter Tilana help oppas het en oor almal se sedes gewaak het – D.B.] wat al die ongemak van 'n maandelange treinreis deurmaak om op haar oudag 'n handjie by te sit tot die ontwikkeling van die Suid-Afrikaanse toneel in die Afrikaanse taal. Die geselskap bestaande uit vier dames en vyf here staan onder die toesig van mnr. en mev. Hanekom. Hulle is almal egte, gesonde Afrikaners wat die reis onderneem om te toon dat Afrikaners net so goed as ander nasionaliteite kan uitblink op die toneel en dat die Afrikaanse taal net so geskik is vir die toneel as enige ander taal ter wêreld.

Mnr. Hanekom met sy geselskap reis met twee stukke, een 'n klugspel, die ander 'n drama, albei deur mnr. Hanekom self geskrywe. Die klugspel is *Oom Gawerjal se dogters en die stemregkoors* en die drama *Liefde en Geldsug*. [...]

Jammer dat ons Riverdallers nog so min smaak betoon vir iets so deeglik as twee toneelstukke wat ons die voorreg had in ons stadsaal opgevoer te sien. Maar onbekend maak onbemind. Noudat die mense eers eenkeer geleer het dat die Afrikaanse stukke nie maar altyd swak en verspot hoef te wees nie, nou hoop ons sal dit in die toekoms beter gaan en waar mnr. Paul de Groot Vrydagaand met *Die Heks* in die stadsaal optree, wil ons vertrou dat die Afrikaanse Toneelspelers werklikwaar vir hom 'n weg gebaan het op Riversdal.

Praeceptor reageer waarskynlik op die oproep in die program:

Geagte ondersteuner, wees asseblief die Afrikaanse Toneelspelers behulpsaam om die groot volksaak 'n volslae sukses te maak.

Ons volk is die voog van hierdie edele onderneming en dus doen ons 'n beroep op iedereen om getroue ondersteuners te word ...

Die Stellenbosse letterkundige E.C. Pienaar skryf ook oor *Oom Gawerjal se dogters en die stemregkoors* in *Die Burger*, 13 Maart 1926:

Dis nie vir my aangenaam om verder te skryf nie omdat ek so graag hierdie blykbaar welmenende onderneming van ganse harte sou wou ondersteun en aanprys, maar "dis 'n saak van groot nasionale belang waaraan ernstige plig verbonde is", om weer die eie woorde van die toneelkunsbaanbrekers aan te haal, en daarom moet daar reguit gepraat word. Hulle aankondiging bevat 'n uitdaging wat iedereen wat dit wel meen met die opbou van 'n eie Afrikaanse kultuur en ek wil die uitdaging beantwoord deur hulle werklike prestasie te toets aan wat hulle aan lawaaierige luidrugtigheid voorgee om te presteer. Ek het hierdie onaangename taak nie gesoek nie. Dit word aan my opgedring. Om te sê dat ek diep teleurgesteld was, sou my gevoel baie sag uitdruk. Ek het met hoofpyn huis toe gegaan, maar nie van lag nie! Nog nooit het ek soveel rumoer en geskreeu op die toneel meegemaak nie. Net by die inkomslag toe begin oom Gawerjal al met die bywoner en dan volg die ou meid, die seun, die dogter, die stemregagent, die skoonseun, die vrou – almal moet onder oom Gawerjal se tong of kierie deurloop ('n taamlik deftige kromnek "walking stick" vir 'n ou boer). As die ou nie besig is om pyp op te steek of "kô-fie" te drink nie, dans hy voortdurend heen en weer met sy stywe been soos 'n rasende kaartmannetjie. Die arme oom Gawerjal. Ek het naderhand regtig vir hom begin jammer kry, want hy het gespeel so al wat hy kan en ek dink hy moet stokflou gewees het toe die laaste gordyn val. Hy het ongetwyfeld speeltalent en baie van sy gebare en gesegdes is werklik goed, maar daardie rol sal hom doodmaak en met hom staan of val sy hele geselskap. As die res van hulle deurgaan vir beroepspelers en skitterende sterre, dan is dit spotterny om verder te praat van Afrikaanse toneelkuns, want werklik, hulle skitter almal sonder uitsondering deur minder as amateurderige middelmatigheid, om dit sag uit te druk.

In *Die Huisgenoot* van 30 Maart 1945 reageer Hanekom hierop:
> Alles het goed gegaan, die stuk het groot gehore getrek en orals byval gevind, totdat ons die vermetelheid gehad het om op Stellenbosch op te tree. Die Rekreasie-saal was gevul van hoek tot kant. Die gehoor het gelag, ja geskaterlag, dog een man in die gehoor, prof. E.C. Pienaar, het die lawwigheid nie geduld nie. Hy het darem seker ook hier en daar 'n bietjie geglimlag, maar volgens die verpletterende kritiek van hom het hy daardie aand met 'n swaar hoofpyn die saal verlaat.
>
> Daardie resensie is vandag een van die kosbaarste kleinode van ons toneelversameling. Prof. Pienaar, meer as enigiemand anders, het ons in daardie dae laat besef dat die toneel nie maar net 'n aaneenskakeling is van grappige gekhede nie. Hy het vir my rigting bepaal en sodoende gehelp om later saam met De Groot, toe ons moeilike dae deurgemaak het, vas te trap. Ons kon nie weer 'n *Oom Gawerjal* op die planke bring nie, maar moes ten spyte van moeilikhede, bekommernisse en leë sale volhard in die voorstelling van goeie stukke. Vandag is ek prof. Pienaar meer as ooit dankbaar vir die vaderlike tug waarmee hy my tereg gewys het.

Anna Minnaar-Vos (1969: 58):
> Ongetwyfeld was die resensie 'n groot skok vir die moedige geselskappie wat met soveel geesdrif in die pad geval het. Finansieel het dit hulle ook 'n knou gegee. Want ná die kritiek het die ondersteuning baie gedaal.

Hoe gemaak met onmin?

Anna Minnaar-Vos skryf (1969: 47):
> Uit die staanspoor stel Hendrik Hanekom 'n baie streng gedragskode vir sy spelers op. Hulle moet te alle tye netjies gekleed en van onberispelike gedrag wees. Geen speler word toegelaat om 'n kroeg binne te gaan nie – nie eens om sigarette te koop nie.

In Maart 1969 gesels Mathilde met Dora Moolman oor die goeie ou dae (Hanekom, 1969). "Tant Tillie" gee 'n voorbeeld van hoe streng "oom Hendrik" was. Hulle hou byvoorbeeld voor 'n hotel stil en Jacques Lochner wil sommer by die kroeg indraf om sigarette te koop.

"Lochiiieee ...!" kom dit waarskuwend van oom Hendrik.

"Wil net gaan sigarette koop, oom ..."

"Ja, 'net gaan sigarette koop' en dan stap jy daar in en daar sit 'n paar mans en bier drink. Dan sien hulle jy's 'n vreemdeling en vra jou wie jy is. Dan sê jy jy's van die kônsirtmense. 'O, een van die êkters. Ja, weet jy, my vrou is skoon mal oor vanaand, het glads vir haar 'n nuwe rok laat maak.' En dan kom daai man vanaand by die huis, en sy vrou sê jy't weer sit en bier suip. 'Ja,' sê hy, 'en raai wie loop ek daar raak? Een van die êkters.' En sy vrou sê: 'Ja, ek het gewéét die êkters is suiplappe. Ek gaan die rok maar kerk toe dra, en ek gaan nie vanaand kônsirt toe nie.'"

Minnaar-Vos skryf hieroor (1969: 47):
> In hierdie opsig word Hendrik baie goed ondersteun deur Ouma de Beer, wat soms met die klein Tillie saam met hulle reis. Ouma dink blykbaar dat, aangesien sy die "kinders" nie van hulle dwaalweë kon bekeer nie, sy darem sal toesien dat hulle respektabel bly. Sy staan dus haar plek as hoof en gewete van die gesin vol en onder andere sien sy toe dat elke lid van die geselskap Sondagaande op sy plek in die kerk is. In haar afwesigheid neem Mathilde hierdie rol oor. Op party plekke kyk mense hulle verbaas aan as hulle verneem hoe laat die kerk begin en vra dan: "Gaan meneer-hulle dan ook kerk toe?"
>
> [...] Hendrik duld ook geen argumente of tweedrag onder die spelers nie. So gou as wat daar onenigheid tussen twee van hulle ontstaan, roep hy hulle een vir een opsy en op sy kalm, besadigde manier maak hy die saak uit die wêreld. Dan drink hulle drie saam 'n biertjie op hulle goeie vriendskap en 'n tyd lank is daar weer rus en vrede.
>
> Op 'n later toer het selfs die biertjie van vriendskap nie die nodige uitwerking gehad nie. Twee jong spelers het maar gedurig gehaak en niks wou help nie – nie mooipraat of selfs dreigemente nie.
>
> Terwyl hulle dus tussen twee dorpe in die Noordweste op pad is – hulle het teen daardie tyd al met 'n bus getoer – laat Hendrik die bus stilhou, klim af en sny drie latte van die naaste bos af. Hy oorhandig aan elkeen van die twee twissieke spelers 'n lat en hou die derde self.
>
> "Toe," por hy hulle aan, "julle wil mos baklei. Nou het julle die kans. Dons mekaar op!"
>
> Die twee kom egter nie so ver om van woorde na dade oor te gaan nie en toe raps Hendrik hulle dat die hale rooi oor hulle skouers lê. Die afranseling wat hulle soos twee stout seuntjies kry, kom vir hulle so belaglik voor dat hulle uitbars van die lag. Dit was die einde van die vete en daarna word die twee selfs boesemvriende.

Op 2 Junie 1954 skryf Mathilde tydens die *Ek onthou vir Mamma*-toer vanaf Vryheid aan Gerhard Beukes oor 'n geval van onmin:

> Dit lyk nie vir my ons sal juis 8 dae vakansie hê nie, want ons moet 8 dae neem vir instudering, want Johann gaan na "Ou Rivier". Daan Retief gaan weg, wat ek baie jammer oor is, hy is 'n goeie seun en goeie speler en drink of vloek nie wat vandag nogal tel, daar is so baie wat 'n mens in die skande steek en mans is vandag so skaars, al die blommetjies soos ons hulle noem, die mans is skaars vandag. Die een wat J.F. se plek geneem het, is ook ongelukkig een. Ons het so 'n moles gehad met dié J. Hy en Elsa [Fouché – D.B.] kon mekaar nie verdra nie, toe loop hy teen Elsa vas op Bultfontein en toe dink hy dis goed om Elsa 'n klap te gee. Ek haal my hoed af vir Eghard [van der Hoven – D.B.]. Hy het die twee toe in 'n verkleëkamer en J. moes toe verskoning vra, toe kon ons speel, met 'n uitgepakte huis, hoor. Maar J. is soos al die blommetjies, moet altyd kwaad wees vir iemand, die hele Ryk Weduwee toer was hy kwaad vir Wena, ek het met die R.W. toer probeer om hom Dale Carnegie te laat lees en uitleef en, glo my, dit was 'n werk, dit het my gedaan gemaak, ek was maar bly dat hy die [*Ek onthou vir Mamma* – D.B.]-toer vir Nilo vir 'n maat gehad het, nou ja, nou is die onaangenaamheid ook agter die rug.

Bloemfontein

In die hoofstuk oor Wena Naudé is die Hanekoms se aandeel aan die volgende opvoerings beskryf: die tweede toer met *Huistoe*, *As mans huishou*, *'n Gerieflike huwelik*, *Besigheid is besigheid*, die tweede toer met *Oorskotjie* ná die skeuring met Paul de Groot, *Onskuldig veroordeel*, *Die uur van vergelding*, *Wie is wie?* en *Die silwer koning*. Van 1932 tot 1934 span die egpaar hulle kragte in vir hulle toneelskool in Bloemfontein. Volgens Binge (1978: 150) het hulle dit blykbaar gedoen omrede Mathilde se swak gesondheid en Tilana wat skool toe moes gaan.

Dit word eers die "Vrystaatse Toneelskool" genoem en later die "Toneelskool van die Hanekoms". Vanaf September 1934 voer hulle ongeveer 15 stukke in Bloemfontein op.

Fred van Rooyen gee klas in spraakkuns en voordrag, Hendrik in toneelspel en Mathilde in grimering en verhoogbeweging. Vir haar was die moeilikste om die studente te leer om hartlik en natuurlik te lag.

Die heel eerste werk wat hulle opgevoer het, was C.J. Langenhoven se *Die familiesaak*. Dit is baie gunstig ontvang.

Die *Oom Paul*-sage

Volgens Anna Minnaar-Vos (1969: 100) is "sommer hulle tweede aanbieding al 'n hoogtepunt waaroor *Die Volksblad* (10 Junie 1933) liries raak." As deel van 'n Malherbe-aand voer hulle sy verwerking van *Hans-die-Skipper* as *Die seeman* op. (Malherbe het die titel van sy roman met koppeltekens geskryf, maar die verhoogverwerking en ook die rolprent van 1953 heet *Hans die skipper*.) Ná die opvoering kom die jong Calman Postma na Hendrik Hanekom en sê:

"Vanaand het ek my Oom Paul gesien."

"Wat bedoel jy tog, man?" vra Doom verbaas.

"Meneer Hanekom, ek loop al vyftien jaar rond met die idee om 'n toneelstuk oor Paul Kruger te skryf. En vir vyftien jaar soek ek 'n man wat daardie rol kan vertolk en my kan help om meer duidelikheid oor die beeld te kry. Vanaand het ek daardie man gevind – dit is u."

Maar Hanekom verwerp die gedagte en hulle beleef 'n bedrywige tyd met ander opvoerings: *Moederliefde, Huistoe, As mans huishou, Peggy-my-kind, Haar man se geheim, Die swerwer, Die doodvonnis* en *Die wêreld die draai*. En toe Calman Postma aankondig dat hy 'n eerste weergawe van sy drama voltooi het, begin Hanekom langsamerhand belangstel.

Anna Minnaar-Vos skryf (1969: 103):

Magda was uit die staanspoor baie geesdriftig oor die saak en het op eie houtjie al portrette van Paul Kruger bymekaar gemaak om te sien hoe hulle met die grimering te werk sal moet gaan. Sy het dadelik gesien dat Doom se hele neus opgebou sal moet word, maar kon glad nie in Bloemfontein, of êrens anders in die land, die vereiste "nose putty" in die hande kry nie. Die haarkapper, by wie hulle gewoonlik hulle grimeermiddels gekoop het, was egter baie behulpsaam en het dit, sowel as ander buitengewone grimeermiddels, uit die buiteland bestel.

Net ná die aankoms van die voorrade, begin Magda op haar eie gesig eksperimenteer met die neus se vorming en die verskillende kleure. Die sakkies onder die oë het veral baie probleme opgelewer.

Op 'n dag kondig Doom uit die bloute aan:

"Darl, ek gaan vir 'n paar dae Pretoria toe."

"Om wat op aarde daar te gaan maak?"

"Ek wil na die Kruger-museum toe gaan. Daar is dinge wat ek self moet sien en bestudeer."

Toe weet Magda dat Doom die rol van Oom Paul gaan speel en dat hy vasberade is om alles presies reg te hê.

Doom se voorgenome paar dae in Pretoria het 'n paar weke geword. Elke dag besoek hy die Kruger-museum en bekyk en bestudeer elke ding noukeurig – die muurpapier, die gordyne, die meubels, die breekgoed en eetgerei, die foto's, die uniforms van soldate en lyfwagte. Van alles maak hy aantekeninge en neem hy foto's.

Soms sit hy ure lank net doodstil om die atmosfeer in te drink en hom in daardie stukkie verlede te probeer inleef. Elke dag gaan hy so 'n halfuur lank in die koets sit en bid.

Die opsigter van die museum het die man se sonderlinge handelwyse noukeurig dopgehou en naderhand begin kriewelrig raak. So 'n intense belangstelling is mos heeltemal abnormaal! Gewoonlik vertoef mense net 'n uur of wat in die museum en dan het hulle alles gesien. Sou die man dalk 'n dief wees, of 'n saboteur of sommer net van lotjie getik?

Toe dit naderhand twee weke word en die geheimsinnige man daag nog elke dag by die museum op, besluit die opsigter dat die verantwoordelikheid darem nou te veel vir hom word en hy roep die polisie se hulp in.

Hulle stuur so 'n jong konstabeltjie, vars van die platteland af, om te gaan ondersoek instel ...

"Meneer," sê hy versigtig, "dit lyk of u baie belang stel in die museum. Wat interesseer u die meeste?"

Toe Doom opkyk, herken die konstabel hom meteens.

"Maar my aarde, is dit dan nie meneer Hanekom nie? Ek het u al op die platteland sien speel. Wat maak u dan nou hier?"

"Ja, ou seun, dit is ek en ek sit met 'n yslike probleem. Die mense wil hê ek moet die rol van Paul Kruger speel en ek weet nie so mooi nie ..."

"Maar, meneer Hanekom, om te dink die opsigter het my laat roep omdat hy gemeen het u is nie heeltemal reg nie!"

"Nee, boetie," antwoord Doom, "op die oomblik is ek nog heeltemal by my positiewe. Maar as ek met hierdie ding klaar is, sal ek sekerlik nie meer reg wees nie. Dan kan jy my maar kom wegsit." [...]

Terug in Bloemfontein spring Doom en Magda dadelik aan die werk om die dekor, kostuums en ander rekwisiete in orde te kry – alles moet *presies reg wees*. [...]

Ná 'n lang soektog kry hulle gordynstof vir die dekor, wat baie soos die muurpapier in die Kruger-huis lyk. Maar die blommetjies daarop is blou en die blommetjies op die muurpapier rooskleurig. Met oneindige geduld gaan Magda toe sit en verf elke blou blommetjie met die hand rooskleurig. 'n Fluweelkleedjie met fraiings laat hulle in Duitsland maak. Ongelukkig voer die Duitsers nie hulle bevele stip uit nie – en die kleedjie kom hier aan met 'n geblomde rand. Toe hulle dit sien, besef hulle dadelik dis nie reg nie, maar besluit tog om maar daarmee deur te druk. Verder maak hulle die regte breekgoed, lampe en meubels bymekaar. Magda is veral in haar skik met die koperkoffiekan en -tessie wat sy in die hande kry.

Die kostuums van die soldate, lyfwag en die dames word presies volgens beskikbare foto's gemaak. Dit gee 'n hele soektog af om die regte materiaal vir die dames se rokke te kry. Magda is ook baie gesteld daarop dat haar manteltjie vir die rol van tant Gezina presies reg moet wees. (Later, toe hulle met die stuk getoer het, het sy twee egte geskiedkundige manteltjies present gekry – een wat aan die eggenote van pres. Schalk Burger en een wat aan Tant Gezina self behoort het.)

Doom se klere lewer natuurlik die grootste probleem op omdat hy sy skraal, lenige figuur moet verander na die bonkige, rysige gestalte van Oom Paul. Die skoene, spesiaal volgens 'n foto gemaak, is 3½ duim opgebou om lengte te gee. Vir die breër middellyf het hulle van oorsee 'n plastiese kussinkie gekry, gemaak in die vorm van 'n magie. Daaroor het Oom Paul se eie horlosieketting gehang. Die horlosie en ketting is aan hulle geleen deur meneer J.A. Kruger, 'n kleinseun van die President. Die pruik is oorsee gemaak en die baard in Bloemfontein.

Die manel was eintlik die belangrikste, want dit moes Doom se skraalheid van skouers kamoefleer. Die snyer kom toe met die oplossing om die voering volgens Doom se mate en die manel self volgens Paul Kruger se mate te maak. In daardie ruimte tussen die twee "manelle" stop Magda toe vyftien jaarts watte. Van die spelers moet om die beurt vir ure staan terwyl sy die stoffeerwerk doen. Die resultaat is natuurlik 'n manel wat soos 'n stuk lood op die skouers rus, maar die illusie is volkome.

Doom bestee ook nou dae aan eksperimente met sy grimering. Tot Oom Paul se vermiste linkerduim kry aandag. Met stopverf word Doom se eie linkerduim in sy handpalm vasgeplak en met grimeerstof geverf sodat dit van 'n afstand kompleet lyk asof daar geen duim aan sy linkerhand is nie. Eers ná 'n paar dae kry hy dit na sy sin reg.

Eindelik voel hy tevrede met sy grimering en besluit hulle om 'n klein eksperimentjie te waag. Hy sou hom vir die rol grimeer en aantrek en dan foto's laat neem om die reaksie van andere te toets.

Op 'n dag begin hulle die oggend vroeg daarmee en teen die middag laat hy die fotograaf weet om die foto's te kom neem. Die gelykenis van Oom Paul is geskep, maar hulle harte klop so dat hulle omtrent nie kan praat nie. Wat die portret sou oplewer, sou alles beslis. Die afnemer weet nie watter karakter hy moet kom afneem nie, maar toe hy by die deur inkom, steek hy vas en sê: "Maar, mevrou, waar is meneer Hanekom? Hier sien ek dan net vir Paul Kruger."

Hulle sug van verligting. Die eerste toets het geslaag.

Die volgende dag kry hulle sewe foto's. Magda kies een uit en vra die fotograaf om daarvan 'n vergroting te maak en in sy venster te sit om die publiek se reaksie te toets.

Drie dae daarna bel die fotograaf en vra vir Doom om dadelik daarheen te kom. Daar gekom, vind hulle 'n bebaarde oubaas wat heftig met die fotograaf staan en argumenteer en beduie dat hy die mooi portret van sy President daar in die venster wil koop, al kos dit £100.

"Maar, oom," sê die fotograaf, "dis nie Paul Kruger daar op die portret nie. Dis 'n portret van hierdie man." En hy wys na Doom.

Die oubaas kyk met veragting na Doom.

"Kyk, kêrel, jy moenie dink jy kan my vir die gek hou nie. Hoe sal ek my President nie ken nie? En om te sê dis hierdie snuiter ... ga!"

[...] Later gee hulle hom 'n portret present en toe eers is hy tevrede.

Hierdie voorval ruim alle twyfel by Doom uit die weg en hy is nou vuur en vlam vir die rol. Teenoor hom sal Magda natuurlik as Tant Gezina optree en die rol van die jong meisie, Esther, word vertolk deur Laurika Postma, die beeldhoudster, en suster van die skrywer.

[...] Die eerste opvoering vind op 27 September 1934 in die Grand Teater, Bloemfontein, plaas. Die stuk is 'n onmiddellike sukses, want dit spreek nie net tot toneelliefhebbers nie, maar gryp ook die volksgevoel van die breë lae van die bevolking aan.

Postma dui sy toneelpersonasies soos volg aan:
Oom Paul: Staatspresident van die Z.A. Republiek
Tant Gezina: Eggenote van oom Paul
Esther Fouché: Dogter van bure
Danie Ferreira: Beminde van Esther; amptenaar en later luitenant in die Z.A. Staatsartillerie
Giel Smit: Advokaat en vriend van Danie
Thys Viljoen: Vriend van Giel
Sersant van Polisie – en 'n paar burgers
N.B. Behalwe oom Paul en tant Gezina, is al die ander simboliese karakters

Die teks vir die eerste binnekoms van Oom Paul, is die groot toets vir Hanekom:
Giel: Esther, kan ons sommer deur die werf gaan? Dis nader na my huis.
Esther: Seker. Kom maar saam, ek sal julle die pad wys. (*Giel, Thys en Esther regs af. Giel vergeet sy hoed op die tafel.*)
Oom Paul (*verskyn in middeldeur; kom tot by tafel en sien Giel se hoed; bekyk dit goed, en gaan dan na deur regs*): Esther! (*Esther op.*)
Esther: Môre, oom Paul. (*Neem die President se pluishoed en wandelstok en gaan lê dit op tafeltjie in hoek.*)

OOM PAUL: Esther, roep gou vir tant Sina, my kind, gou, ek het baie groot nuus.

ESTHER: Wat is dit, oom Paul?

OOM PAUL: Nee, roep eers vir tante. Sy moet dit ook hoor. (*Tante kom regs op.*) O, hier is jy, moedertjie. (*Soen tante.*) Ou liefste, alles is verby. Jameson is gevang. Sy plan het totaal misluk.

TANTE: Haai, Paul!

OOM PAUL: Ja, die Reformers het hom lelik in die nek gekyk en hy moes hom by Doornkop, naby Krugersdorp, met al sy manskappe oorgee – onvoorwaardelik.

Anna Minnaar-Vos skryf (1969: 108):
> Met hulle tweede opvoering (op Reddersburg) kom ds. W. Postma (dr. O'Kulis), wat Oom Paul persoonlik goed geken het, ná die spel na Doom en sê: "Meneer Hanekom, hoe het jy geweet dat Oom Paul die manier gehad het om, as hy opstaan, sy skouers op te trek?"
>
> Doom het dit natuurlik nie geweet nie. Hy was maar net bang dat die manel gesak het en nie goed oor sy skouers hang nie. Nietemin is hy verheug om op hierdie manier nog iets te leer wat sy vertolking meer lewenswaar sal maak.
>
> [...] Wanneer hulle besluit om op toer met *Oom Paul* te gaan, adverteer hulle vir spelers en kry 150 aansoeke. Daaruit kies hulle vir Elsa Fouché, Willie Beckmann, Tonius Ferreira en Johann Lubbe.
>
> Reeds by die instudering het dit geblyk dat al die ander spelers ook perfek in hulle rolle pas. Veral Elsa Fouché het groot lof ingeoes vir haar uitstekende vertolking van Esther, die jong meisie. Sy en Willie Beckmann bly egter nie tot aan die einde van die toer in die geselskap nie. Hulle trou en besluit daarna om hulle eie geselskap te stig. Hulle rolle word oorgeneem deur Jacques Lochner en Berdine Grünewald.

Elsa Fouché vertel in *Die Vaderland* van 28 Junie 1971 dat sy baie graag Esther wou gespeel het. Haar geliefde Jean Plaat-Stultjes is 'n paar maande gelede in 'n hotelkamer in Vanrhynsdorp oorlede. Met erfgeld koop sy 'n bus en verhuur dit aan die Hanekoms. Dit het haar moontlik gehelp om die rol te bekom. Nadat sy met Willie Beckmann getroud is, het sy die bus teruggeneem vir hulle eie toere.

François Malherbe (die letterkundige F.E.J. Malherbe) skryf oor die Stellenbosch-opvoering op 15 Oktober 1935:
> Suiwer speeltalent het vir my die meeste uitgeblink in Berdine Grünewald. Hierdie meisie is 'n ware ontdekking. Lief-innemend, fleurig en vurig as romantiese nooientjie, maar ook intens-dramaties as geslaene het sy spel gelewer soos op ons toneel seldsaam is.

[...] Die sukses van die stuk, wat artistiek nooit kan bevredig nie, is nietemin verseker orals waar die gloed van nasionale sentiment geredelik oplaai as Oom Paul uit die dode skyn terug te keer met die binnekoms van Hanekom en uit sy mond die skone woorde van vaderlandsliefde, onwankelbare trou en minagting van die vuige en skynheilige indringer onmiddellik aanvuur tot liefde en veragting, of selfs politieke bewussyn oproep in terme van die hede ... So 'n stuk op Krugersdag maak dus eintlik alle kunskritiek stil.

En tog het ek te midde van snikke en trane om my heen, sit en wonder waarom die skrywer nie meer van Oom Paul as "mens en die Moses van Sy volk" gemaak het nie, en het ek jammer gevoel vir die spelers dat die motief nie sterker en suiwerder behandeling deur die skrywer ontvang het nie. Want soos ek reeds elders opgemerk het is die omgewing waarin die kolos geplaas word, so uiters kinderagtig en soetelik romanties bedag en is Oom Paul so erg by hierdie onbeduidenheid en soetelikheid betrokke dat sy heroïese gestalte, ten spyte van die uiterlike gelykenis en sy historiese intrige en byna legendariese gevatheid, tog nouliks tot sy reg kan kom. Hoe onnatuurlik moet hy hom eindeloos lank besighou met twee bogseuns, hoe dwaas moet hy alles met hul bespreek as sy gelykes, hoe sot moet hy hom blootstel aan die gevaar van 'n bioskoop-skurk, wat in- en uitgaan in sy huis en wat hom eindelik sommer bejy en bejou; hoe volmaak word hy ten slotte beheers deur 'n lieftallige dogtertjie van 'n buurman!

[...] Maar genoeg. As ons eenmaal die foute van die skrywer ter syde laat en ons laat onderdompel in die vaderlandsliefde en romantiek van die skrywer, verbreed deur die Hanekom-regie – dan moet aan die spel lof toegeswaai word.

Want ... Hanekom gee 'n baie knap realistiese voorstelling van Oom Paul – al weet ek nie goed raad met sy, altans artistiek vervelende, preektoon-deklamasie nie.

Frederik Rompel, wat Kruger geken het, skryf op 21 November 1935 in *Die Burger*:
> Waar Hanekom self teen die Kruger-figuur sondig, is waar hy nog te beweeglik is, en veral waar hy in die preektoon verval wat die regte Kruger nooit gebruik het nie, selfs nie in sy gebed of sy preke nie.
>
> Tog het die Hanekom-uitbeelding sy groot verdienstes. Dit maak Kruger tot 'n waardige verskyning, tot mens met 'n groot hart, met humor en vaderlandsliefde.

Anna Minnaar-Vos skryf (1969: 116):
> Ná Berdine by hulle aangesluit het, belewe hulle een aand 'n benoude tydjie. Hulle speel in 'n mooi, nuwe kerksaaltjie, maar sukkel hul-

le gedaan om die dekor op te kry, want hulle is verbied om spykers en skroewe te gebruik. Op die een of ander manier het hulle darem reggekom, alhoewel almal baie bewus is dat die dekor maar net op genade hang.

In die tronktoneel gebeur dit toe: die een "muur" – ongelukkig die kant waar die deur in is – raak van sy ankers los en vou stadig ineen. Toe Berdine dus omdraai en vir Johann (Lubbe) sê: "Jy kan nie by daardie deur uitgaan nie," lê die "deur" plat. Die gehoor gedra hulle egter uiters voorbeeldig – nie een kik of mik of giggel nie en bewaar met hulle stilswye die illusie dat die deur en muur wel daar is.

Arme Tant Gezina het egter baie moeilikheid ondervind om daardie illusie te bewaar. Sy het naamlik ouder gewoonte net agter die "muur" gestaan om Doom se spel dop te hou en toe die affêre neertuimel, is dit op haar kop en sak sy onder die voue en jaartse en jaartse gordynstof weg. Daar moet sy maar doodstil en half versmoor bly lê tot die einde van die toneel.

[...] 'n Ou vriend van die Hanekoms sit een aand op Senekal reg voor in die saal en gaan so op in die spel dat hy heeltemal onbewus van sy omgewing word. In een toneel sit Oom Paul alleen op die verhoog – diep in gedagte versonke, terwyl hy rustig aan sy pyp suig. Dan kom die lyfwag (wat Oom Paul se sienswyse heftig opponeer) stilletjies van agter en tel die President se swaard wat op 'n klein tafeltjie lê op. Versigtig trek hy dit half uit die skede terwyl hy berekenend na die President se rug kyk. Dan laat hy dit weer ewe versigtig teruggly. Die handeling word 'n paar maal herhaal en die spanning in die saal laai op.

Met die eerste uittrek van die swaard fluister die ou vriend dringend: "Oom Paul!"

Oom Paul hoor wel sy vriend se waarskuwing, maar reageer natuurlik nie daarop nie. Met die tweede uittrek kom die fluistering nog harder: "Oom Paul!"

Oom Paul suig ongestoord aan sy pyp.

Met die derde uittrek spring die arme vriend op en skreeu dit uit: "Maar my magtig, oom Hendrik!"

Op baie plekke is die lyfwag (Antonius Ferreira) behoorlik deur 'n vyandige gehoor uitgejou of allerhande bedreigings toegevoeg soos: "Maar druk die vent se keel toe!"

Ander reaksies (Minnaar-Vos, 1969: 114):

Op 'n sekere plek sê 'n ou oom vir die dametjie in die kaartjieskantoor: "Ek hoor daar is vanaand 'n konsert en hulle sê die man lyk net soos President Kruger."

Op die dametjie se verduideliking antwoord die ou oom aangedaan: "Ek is oud en voor ek doodgaan, wil ek nog net een keer my geliefde ou President weer sien." [...]

[...] Ná 'n middagvertoning in Johannesburg klop iemand aan Doom se kleedkamer.

"Kom binne," sê hy en tot sy verbasing tou daar so 'n stuk of twaalf fris kêrels in. Almal druk sy hand en party val hom glad om die nek. Toe hierdie "vertoning" verby is, sê die leier:

"Sir, we're Irish and we would like to know how long you have been playing this *Paul Kruger*?"

"Oh, about eighteen months."

"And you mean to tell me there has been no revolution yet? Then I'm sorry, but I think you Afrikaners have no back-bone. If this play had been performed in Ireland, there would have been a hell of a revolution within eighteen days!"

Op die kaartjies vir die stuk was Oom Paul se portret gedruk. Baie mense wou graag die portret ongeskonde bewaar en daar was dikwels groot ontevredenheid as die kaartjies so geskeur word dat die portret in die slag bly. Baie keer het dit gebeur dat persone nuwe kaartjies kom eis omdat hulle die deel met die portret daarop wou behou.

Hendrik Hanekom is nie uit die staanspoor "Doom" genoem nie. 'n Ruk lank is hy voluit as Dominee aangespreek, vertel Anna Minnaar-Vos in 'n huldiging ná sy dood.

Dié naam sou hom in later jare goed te staan kom, soos byvoorbeeld tydens sy toer met *Oom Paul* (Minnaar-Vos, 1969: 62):

Op elke dorp waar 'n opvoering gehou sou word, moes Doom vooraf 'n lisensie uitneem. Soms is die lisensies nie plaaslik verkrygbaar nie en dan is die polisiehoofde gewoonlik so gaaf om die geld in ontvangs te neem en dan later self die sakie in orde te bring.

Op een plekkie is die sersant egter glad nie in 'n behulpsame bui nie. Hy sê net: "Geen lisensie, geen opvoering", en daarmee basta. Doom is egter vasberade om nie 'n opvoering te kanselleer waarvoor alles al kant en klaar gereël is nie. Dis tog 'n nietigheid wat buitendien ook nie sý skuld is nie en hy besluit dus om daarmee voort te gaan.

Tot sy verbasing sien die sersant die aand hoe die mense begin aantou saal toe en, doodnuuskierig, besluit hy om te gaan kyk wat aangaan. Toe hy agterkom dat hierdie koppige toneelspelers sy bevel verontagsaam het, storm hy die kleedkamer woedend binne en eis dat alle werksaamhede onmiddellik gestaak word. Verskrik drom die spelers om Doom saam en van alle kante kom dit:

"Maar, Dominee, wat gaan aan? Wat wil die vent hê?"

By die aanhoor van daardie geëerde aanspreekvorm is die "vent" se blus meteens uit.

"Ag ekskuus tog, Dominee," stamel hy. "Maar sien, Dominee, ek voer maar net my plig uit. Ja, sien, Dominee, ek moet my ook maar by regulasies hou, maar ek dink Dominee kan darem maar met die konsert aangaan."

Anna Minnaar-Vos skryf (1969: 121):
> As hulle toer deur die Unie met *Oom Paul* as uiters suksesvol beskou kon word, dan was die reis met die stuk deur Suidwes een lang segetog.
>
> [...] Die spelers is almal baie opgewonde oor die vooruitsig en kwetter soos spreeus oor wat hulle gaan aantrek en hoe lekker hulle gaan toer. Doom sit maar met sy gewone stil glimlaggie na hulle en luister en sê toe ewe kalm:
>
> "Ek luister maar hoe droom julle oor al die gemaklike vakansieklere, maar ons gaan nie vakansie hou in Suidwes nie. Ons gaan toneelspeel en die mense leer om respek vir ons toneel te kry – dus toer ons fatsoenlik, soos ons dit in die Unie gewoond is."
>
> Doom was nog steeds onverbiddelik streng wat die kleredrag van sy spelers betref. Voor die Tweede Wêreldoorlog het die dames self aandrokke vir aandete in die hotelle aangetrek en Doom self was altyd onberispelik geklee. Wanneer hulle op warm dae lang afstande met die bus moet aflê, kon die mans hulle dasse afhaal en hulle baadjies uittrek, maar so gou as die dorp in sig kom, het Doom gereeld gesê: "Boys, die poorte van Jerusalem!" Dan knap almal hulle weer op en ewe netjies ry hulle die kleinste dorpie binne.
>
> [...] Op baie plekke is daar geen beskikbare saal nie en moet die geselskap in die hotel se eetkamer optree. Ná die aandete word die tafels dan bymekaar in een hoek geskuif, 'n tapyt bo-oor gegooi en siedaar, die verhoog. Dan gebruik hulle die kombuis as kleedkamer en dit bring gewoonlik 'n bietjie vertraging mee, want hulle moet wag tot die personeel klaar is met die skottelgoed. Dit gee Magda egter 'n goeie geleentheid om so tussendeur vir die geselskap tee en koffie te maak. In sulke gevalle word die kroeg as kaartjieskantoor gebruik en almal, dominee en eerwaarde kerkraadslede inkluis, moet maar hulle opwagting daar maak om hulle kaartjies te kry.
>
> Op Lüderitz speel hulle op die hotel se stoep. Die gehoor sit onder die stoep in die tuin en heeltyd wat die spel aan die gang is, word daar bier bedien. Op 'n ander plek speel hulle in 'n algemene handelaar se winkel, met 'n netjiese stapel klein doodkissies teen die agterste muur gepak.

[...] Die skoolhoof op Nina het vir Doom kom soebat dat hy tog die opoffering moet doen om op die klein ou plekkie te kom speel. Dit sal so baie vir die mense beteken, want hulle sien nooit so iets nie. Ná baie wik en weeg kry Doom 'n datum wat nog oop is en sê hulle sal hulle bes probeer om daardie aand daar te wees.

"Goed, meneer Hanekom, dan begin ons dadelik die saal bou."

Doom val byna agteroor, maar besef dat hy sulke geesdrif nie sal kan teleurstel nie. Teen wil en dank sal hulle móét gaan.

Die reis is 'n marteling, maar die geselskap se nuuskierigheid oor die saal wat spesiaal vir hulle gebou is, hou hulle aan die gang. Eindelik kom hulle daar. 'n Paar geboutjies staan verwese bymekaar, maar eenkant staan die nuutgeboude pragstuk: die saal met sy mure van boomstamme, takke en riete, met klei toegesmeer.

Binne is die grondvloer en verhogie netjies met mis gesmeer en 'n voorgordyn van aanmekaar-gestikte lakens hang voor die verhoog. Daar hang olielampe aan die dak en voor op die verhoog staan 'n ry kersies met papierskermpies aan die gehoor se kant. Daardie aand bring die mense weer hulle eie stoele en die saaltjie is byna te klein vir die geesdriftige, juigende gehoor.

[...] Op Windhoek kom 'n ander skoolhoof hulle vra om tog na sy dorpie, Drimiopsis, daar ver anderkant Gobabis, te kom. Daar woon baie Angola-boere wat vir President Kruger self geken het "en meneer Hanekom kan tog verstaan wát dit vir hulle sal beteken om die stuk te sien!" Meneer Hanekom verstaan baie goed.

[...] Dit neem hulle 'n volle dag om die skof van Windhoek na Gobabis af te lê en dieselfde nag nog durf hulle die verlate woestynpaadjie verder aan. Die skoolhoof het hulle goed beduie hoe om te ry en ook gewaarsku om mooi op die middelmannetjie langs te hou, anders val hulle in die sand vas. By 'n geweldige groot klip langs die pad moet hulle wegdraai en by daardie klip moet hulle raas so al wat hulle kan om die wilde diere af te skrik wat daar rond is.

Maar sê nou so iets vir 'n toneelspeler! Hoe sal hulle nou wilde diere wegja; dis dan juis wat hulle so graag wil sien!

Toe hulle dus die groot klip so teen dagbreek nader, ry hulle baie stadig en almal sit so stil soos muise. Naby die klip hou hulle stil en lig met die flitse en ja, daar staan hy: 'n yslike luiperdmannetjie soos 'n brandwag bo-op die klip! Hy knip 'n oomblik sy oë in die skerp lig en beraadslaag blykbaar of hy sal aanval of nie. Ná 'n minuut of wat besluit hy dat dit nie raadsaam sal wees nie en soos 'n skaduwee verdwyn hy aan die agterkant van die klip af en die geheimsinnige woestynduisternis in.

Toe hulle by die skooltjie kom, staan daar al 'n plaat karretjies en waentjies in die vroeë môreson en daartussen beweeg ou ooms met lang baarde en tantes wie se verweerde gesigte onder egte Voortrekkerkappies skuil. Op talle vuurtjies staan die koffiewater en kook en die geur van braaivleis vul die lug.

Die skoolhoof is gou by om hulle te verwelkom en sê haastig vir Doom: "Meneer Hanekom, hier het iets snaaks gebeur. Dit lyk of die mense werklik glo dis die President wat weer op 'n onverklaarbare manier hier uitgekom het om hulle te kom groet. Moet dus nie met hulle praat voor u gegrimeer is nie en moet in hemelsnaam nie afgrimeer voor u vertrek nie. Laat die illusie bewaar bly."

Hy praat nog, toe staan 'n ou oom al aggressief nader.

"Waar is my President?" vra hy bars.

"Toe maar, oom," antwoord Doom kalm, "jou President is hier. Hy rus net so 'n bietjie, maar jy sal hom netnou sien."

Die skoolhoof neem Doom na sy huis, waar hy begin grimeer terwyl ander solank die klaskamer, waarin hulle sou speel, in orde kry. In daardie klein kamertjie word daar daardie dag 69 mense ingedruk op die bankies of matte en matrasse, deur die hoof verskaf. [...]

Die stuk begin met die drie jong spelers wat oor dit en dat met mekaar gesels. Daarvan hou die gehoor net niks nie en hulle begin onderlangs brom. Naderhand staan een ou oom op en skreeu: "Wanneer hou daardie kinders op met hulle geklets? Ons het nie gekom om na hulle te luister nie, ons wil die *President* sien!"

Die jong spelers kry dit skoon op hulle senuwees en staan besluiteloos en verward rond. Van agter die gordyn por Doom hulle aan: "Hou aan! Hou aan!" En hulle hou aan en skree maar hulle woorde teen die gebrom uit.

Eindelik kom die groot oomblik: die verskyning van Paul Kruger ...

Die gebrom hou soos met 'n towerslag op en 'n doodse stilte heers terwyl alle oë vasgenael is op die indrukwekkende figuur daar voor hulle. En toe staan die ou oom, wat die hardste geraas het, stadig op en met sy bewerige oumensstem begin hy sing, terwyl die trane oor sy wange stroom: "Kent gij dat volk ..."

Al die ander volg sy voorbeeld. [...]

Ná afloop van die stuk vra die skoolhoof dat die President en Tant Gezina tog op die verhoog moet bly, want die mense wil hulle graag 'n handdruk gee.

En toe kom hulle in 'n lang tou aan – die taai, gebreide ooms en tantes met die jare van harde werk, swaarkry en ontbering agter hulle en hulle bring hulle geskenke – dit wat hulle van hul eie skamele besittings kon afknyp. Daar is twee karosse, twaalf gebreide springbokvelle, volstruisvere en -eiers, pyle en boë, 'n honderdjaaroue skedelbeen, sakkies met biltong. Dit kom hulle alles eerbiedig aan die voete van hulle President neerlê.

En heel laaste kom staan daar 'n geboë ou tantetjie met 'n diep-beplooide, verweerde gesig voor Magda. Sy hou 'n verkreukelde kardoesie eiers na Magda uit en sê in 'n aangedane stem: "Tant Siena, ek weet nou nie of die President van sy eiers sag of hard hou nie. Toe het ek hulle maar so rou gebring. Nou moet tant Siena hulle maar self gaar maak soos hy daarvan hou."

Met hulle grimering en kostuums nog aan klim die spelers in die bus en ry daar weg. In die bus is dit baie stil. Hulle kyk na agter deur die vensters en sien hoe die groepie wuiwende mense al kleiner word agter die bus se stofwolke.

Op Maandag 5 Oktober 1936 verskyn 'n nabetragting van die reis in *Die Burger* onder die opskrif "Suidwes se mense vir ons in baie opsigte 'n voorbeeld".

Veral Berdine Grünewald as die "enigste nôientjie in die geselskap" en Doom kom aan die woord. Berdine vertel van al die gehuil op en voor die verhoog, en van al haar geskenke – die velle van slang, tier en leeu. "Ons het nie gehoor of daar 'n kêrel was wat 'n olifant doodgeslaan en die vel vir haar afgeslag het nie."

Volgens Doom maak die mense in Suidwes niks van afstande nie. Dit is 'n kleinigheid om 200 myl na 'n opvoering te ry. Mense kom selfs 30 of 40 myl met donkiekarre!

Op een plek het 'n kind van Israel aan mnr. Hanekom gesê: "Sedert die mense van die opvoering gehoor het, het niemand meer dorp toe gekom nie. Ek kon maar net so goed die winkel die afgelope paar weke gesluit het. Vandag is hulle egter almal hier en moet ek werk soos in Farao se tyd."

Op Grootfontein het een van die Angoolse boere met sy ou moeder van in die tagtig jaar 60 myl afgelê om 'n opvoering by te woon – die eerste wat sy in haar lewe gesien het.

Een aand het die geselskap 'n opvoering van *Oom Paul* op 'n afgeleë plekkie gehou en die opkoms het omtrent uit 90 mense bestaan. Een oubaas wat nog nooit soveel mense bymekaar gesien het nie, het by die deur ingekyk, met die hand oor sy lang bos baard geveeg en aan die deurwagter gesê: "Maar neef, wat 'n magdom van mense!"

Die geselskap maak met die grootste lof melding van die gasvryheid van Suidwes se mense. "Ons was later al skaam om by 'n plek aan te gaan om die pad te vra," het mnr. Hanekom vertel. "Hou ons by 'n plek stil, dan rus die mense nie voordat almal eers afgeklim en koffie gedrink het nie. Daardie goeie ou Afrikaanse gewoonte is nog baie sterk onder die mense daar. Weier jy om af te klim, dan weier hulle eenvoudig om jou die pad te beduie!"

Hoe wen jy teen oom Kaspaas en Chinese satyn?

In die daaropvolgende jare vind talle afstigtings van groepe plaas en die gehalte van die opvoerings ly daaronder.

So laat as Augustus 1949, tydens die toer met W.A. de Klerk se *Die verterende vuur*, kla Mathilde Hanekom in 'n brief aan F.C.L. Bosman:

> Ons toer nog baie lekker, net koud, en het nog steeds die Circus Male-meule en die ergste, die paddastoel geselskappe, om teen te kamp. Ons ou Publiek wil nog maar nie opgevoed raak nie. Ons huis is glad nie sleg nie, maar dit kan voller wees en dan die belasting wat so dodelik is. Nou is daar weer die Piet Pietersen met *Oom Kaspaas en die All Blacks*. Ons kom op Warden, daar is 90 vir ons bespreek en die ellendige Piet Pietersen 10 dae na ons het 110 bespreek. Kan ons mense dan nie leer nie. Op Dundee het Guardman £55 geneem en Chris Blignaut £112. Dit verpes ons Toneel. Net so, ons bots toe op Dundee en Vryheid teen 'n Circus en ons vat op Dundee £40 en Vryheid, wat altyd £100 gee, neem ons £32, hoe kan 'n mens moed hou en die Benn Potgieter kom 'n maand na ons op Vereeniging en toe is sy plan al uit bespreek, hy speel 'n middel-eeuse Fantasties Musiek Fantasie "Polly ons gaan Perel toe".
>
> Sy naam is Von Winkel, is Duits, kom van die Perel, is aangetrek: Chinese Satin Bloese, *Goue* Ballet Skoene, Swart Balletbroek. Sy suster is aangetrek dit lyk soos 'n Hollander en praat Duits. By Johan Fourie met *Silwer Hare tussen Goud* draai mense om elke aand. Wat, Doktor, moet mens maak om ons mense te laat besef wat Toneel is, maar, soos Doom sê, ons speel so salig, as ons die mense in die saal het, kan jy 'n speld hoor val. Ons het lieflike gehore, die publiek lief ons stuk, elke aand kry ons mense, vernaam die Skoolhoofde, Dominees en Drs, hulle lief die stuk.
>
> [...] Nouja Sep. speel ons 24 jaar en wat skeel die gedrog vir ons.

Pikkie Uys

Een van die nuwe geselskappe was dié van Anton Ackermann. Pikkie Uys speel vir hom, 'n aktrise wat gewild sou raak met haar haar uitbeelding van veral "naïewe, ongekunstelde bakvissies". Só word in 'n reklameteks beweer toe sy met *Skaakbord van die liefde* in Julie 1948 na die verhoog terugkeer ná die verfilming van *Simon Beyers*.

Ds. Cor Uys van Port Elizabeth vertel in 'n onderhoud wat in Oktober 2002 met hom gevoer is, van dié tante van hom. Susanna (Sannie) Uys word as die jongste van vier kinders groot op die plaas Elizabethsrust naby Petrusburg en matrikuleer aan die Oranje Hoër Meisieskool in Bloemfontein. Vermoedelik kort daarna sluit sy by Willem van Zyl se toneelgeselskap aan.

Haar geliefde basterbrak had die naam Pikkie en het oral saamgetoer. Ná sy dood begin die geselskap vir Sannie Pikkie noem.

Sy is getroud met Anton Ackermann (verhoognaam van Koos van Zyl van Loxton). Weens 'n persoonlikheidsbotsing met Hendrik Hanekom vorm Ackermann 'n eie geselskap. Hy was flambojant van geaardheid en kon nie Hanekom se gestrengheid verduur nie.

In 1937 speel Pikkie in *Die hand van die gereg* die rol van Opdrifseltjie. Ackermann is haar vader, die booswig kaptein Amos Greyling. In die vuurtoring moet hy afskeid van sy dogtertjie neem. Daar buite wag die hand van die gereg op hom.

Volgens 'n 1948-teks in die F.C.L. Bosman-versameling het Pikkie Uys ook gespeel in *Hier kom Japie, Janie gooi haar flikkers, Die verstoteling, Onsterflike liefde, Martjie die maltrap* en *Koop my blomme*.

Laasgenoemde was haar broer G.J.C. (Johannes) Uys se verwerking van George Bernard Shaw se *Pygmalion*, wat ook verwerk is as die musiekblyspel en film *My fair lady*. Johannes Uys was 'n landbou-ekonoom en later sakeman in die Paarl.

Anton Ackermann het die uitdaging aanvaar om 'n keer weg te beweeg van die geykte melodramas. Volgens ds. Uys (2002-onderhoud) het Ackermann self gesê dat hy gespot is vir dié besluit, dat hy "a fool" is wat instorm "where angels fear to tread".

Op die voorstoep van ds. Uys se ouerhuis op Rustenburg het die skilder-toneelspeler Benn Potgieter die agterdoek vir die opvoering geskilder. *Koop my blomme* is aan die begin van 1940 vir die eerste keer opgevoer, soos reeds met reklamekopie vir *Roza* op 8 September 1939 in *Die Burger* voorspel is.

In 'n reklamestuk vir *Koop my blomme* word aanhalings uit die Afrikaanse weergawe onder foto's geplaas. Om 'n indruk van die gehalte van die vertaling te gee, volg nou telkens eers die oorspronklike Engels van *Pygmalion* (Shaw, 1953: 16 en 102) en daarna die reklameteks:

> ELIZA DOOLITTLE: Ah-ah-ah-ow-ow-ow-oo!
>
> PROFESSOR HIGGINS: A woman who utters such depressing and disgusting sounds has no right to be anywhere – no right to live. Remember that you are a human being with a soul and the divine gift of articulate speech: that your native language is the language of Shakespeare and Milton and The Bible: and don't sit there crooning like a bilious pigeon.
>
> BESSIE (Pikkie Uys): Aaooouuww!
>
> VAN DER SANDT (Anton Ackermann): 'n Meisiekind wat sulke aaklige geluide kan voortbring, het geen reg om te bestaan nie. Onthou dat jou moedertaal die taal is van die Voortrekkers, van die Bybel, en jy sit daar en raas soos 'n broeis gans.
>
> PROFESSOR HIGGINS: ... Very well: be off with you to the sort of people you like. Marry some sentimental hog or other with lots of money, and a thick pair of lips to kiss you with and a thick pair of boots to kick you with.

VAN DER SANDT : Nou goed, gaan trou met 'n idioot met 'n dik paar lippe om jou mee te soen, en 'n groot paar voete om jou mee te skop!

Hierdie suksesstuk waarvoor Pikkie Uys veral onthou word, is aan die begin van 1939 opgevolg met 'n tweede gewilde werk, *Janet*. Dit is aan die einde van 1938 in Somerset-Strand ingestudeer.

In die veertigerjare, net voor die koms van die N.T.O., verkies die rebelse Anton Ackermann om eerder die filmkuns te beoefen. Vir Unifilms speel hy in *Die skerpioen* (1946). Hy tree op as een van die produksieleiers van Edeling-films en verwerk Johan van der Post se roman tot *Die pantoffelregering* (1947) vir hulle. Hy en Pikkie Uys speel ook daarin. In dieselfde jaar word *Simon Beyers* vrygestel. In hierdie verwerking van Sita se roman oor die Simon van der Stel-era, *Die goeie oue tyd*, vaar Pikkie Uys baie goed in 'n hoofrol. Ds. Uys wys daarop dat sy moontlik tot dié hoogtes gevoer is deur die regie van en samespel met Pierre de Wet, wat in die tydskrif *Sight and sound* die "boy-wonder" van die Suid-Afrikaanse rolprente genoem is (Le Roux en Fourie, 1982: 36–37). Sy kon ook positief beïnvloed gewees het deur spelers soos Gert van den Bergh, Eugenie Heyns en Schalk Theron.

Intussen het Anton Ackermann en Pikkie Uys se huwelik verbrokkel. Drankmisbruik en 'n Boheemse leefwyse in hulle huis in Aucklandpark, waar talle toneelspelers onderdak gevind het, het daartoe bygedra.

Patrick Mynhardt (2003: 26) onthou dat hy as kind op Bethulie nooit *Koop my blomme* gesien het nie: "... as Pikkie had one hell of a fight backstage with Anton for drinking too much, stormed to the front curtain, peered out at the audience and announced 'Ek speel nie met dronk ekters nie, sawrrie', and stormed off to the hotel."

Ackermann is later met Tersa Rossouw getroud. Teen 1948 pak hy weer 'n reis met *Koop my blomme* aan, hierdie keer met Tersa as Bessie. Maar nou skryf Binge in *Die Burger* in April: "In 'n onaanneemlike stuk wat draai om 'n klankleerkundige het spelers veelal oor hul woorde heen gerasper asof hulle self fonetiese voorligting nodig het."

In 'n ongedateerde *Landstem*-teks (F.C.L. Bosman-versameling) word vertel van Pikkie Uys se ervarings in latere jare. Haar geselskap, nou sonder Anton Ackermann, toer met 'n heraanbieding van *Die hand van die gereg*.

Dié toer is gekenmerk deur "terugslae en tragedies". Eers is Pikkie in Kaapstad deur 'n motor omgery. Ondanks haar talle beserings en 'n geneesheer se waarskuwing dat grimering in dié wonde ontsteking kan veroorsaak, was sy daardie aand op die verhoog, boonop ná 'n brief van die bankbestuurder wat sê haar laaste nege pennies is vir boekhoukoste gebruik. "Sy sê darem daar is êrens 'n fout, want hulle het weer geld gedeponeer." Sedert Mei het 'n lid van die geselskap doodgebrand, het Daan Bronkhorst naby Nieuwoudtville by die dood omgedraai weens slangbyt en het Pikkie ook daarvan siek geword nadat sy – met 'n stukkende plek in haar mond – die slanggif probeer uitsuig het.

Uys moes op 'n keer optree met 'n koors van 103. In die Noordweste het hulle byna van dors omgekom. En kort ná die motorongeluk, word 'n groot stuk van hul dekor gesteel. Terwyl hulle nog oor die skade probeer kom, bars 'n band, wat hulle byna £20 kos.

Landstem berig verder:

> "Die mense sal ons nou nie meer glo nie," sê mnr. Gulyan Francesca, die bestuurder van die geselskap [later bekend as Francesco die Nar – D.B.]. "As ek vanaand na die verhoog kyk, voel ek lus om te huil, maar gelukkig speel ek die rol van 'n baie ou man wat nie alles raaksien nie, anders kon ek dalk op die verhoog in trane uitgebars het."
>
> [...] By al hul sorge kry hul darem nog tyd om te lag ook. Pikkie Uys vertel dat hulle in die verlede altyd in die aande buite geslaap het om geld te spaar. Naby Clanwilliam het hulle weer so gemaak en daardie aand het hulle elkeen 'n hopie sand langs die Olifantsrivier saamgekrap om op te lê. Sy lag as sy beduie hoe hulle in 'n ry op die sand geslaap het.
>
> "Dit het kompleet soos 'n klomp lyke gelyk wat daar lê", vertel sy [...] "En dan is ek nog daar met al my voorgevoele," sê Pikkie.
>
> Elke keer voordat iets gebeur, voel sy dit al kom. Die spelers is noual heeltemal senuweeagtig as sy 'n gevoel kry. Op pad Strand toe het sy een gehad en 'n paar minute later is hulle byna deur 'n trein omgery, vertel sy.

Uit *Landstem* se teks en gepaardgaande patosvolle foto's kry 'n mens die indruk dat Pikkie Uys iemand was wie se neurotiese lewensbenadering rampspoed aangetrek het. Ds. Uys onthou haar egter as 'n lewenslustige mens met 'n sonnige geaardheid, maar iemand wat wel later tragies agteruitgegaan het.

Nog 'n geselskap

In 'n artikel "Vir liefdadigheid" (*Die Naweek*, 18 April 1946) vertel regisseur en leier Rufatus S. Burger iets oor die geskiedenis van die Helpmekaargeselskap (nie te verwar met die Helpmekaar Vereniging nie). Hulle het in 1935 in Observatory, Kaap begin opvoer. In die eerste aanbieding, *Die ongeluksvoël*, speel David du Toit, Maxie Louw, Johannes Venter, Esther Heydenrych, Carl van Wyk, Jacobus van der Westhuizen, Lina Theron, Rufatus Burger en Rykie Pennington. Bywoning was egter baie swak, en van 'n kritikus moes hulle verneem: "Julle sal seker nie weer aan toneelspeel dink nie." Maar hulle het wel voortgegaan en "met al die gesukkel baie geleer" (Burger, 1946). Hulle konsentreer op liefdadigheidswerk met die volgende opvoerings: *Agterstevoorboerdery* deur Dawid J. Coetzee (oor armblankedom), *In die maalstroom* (toneelverwerking van Jochem van Bruggen se *Die burgemeester van Slaplaagte*), *Piet se tante* deur Brandon Thomas, soos vertaal deur

Gustav Preller, en *Gebroke drade* van J.R.L. van Bruggen (oor huweliksprobleme). Hulle ondersteun byvoorbeeld die Nelspoortse Sanatorium en die Jan Krielskool. In 1941 behaal hulle veral sukses met Ella Eloff-van der Walt se *Tussen die tuine*. Elfduisend mense woon 17 opvoerings by en hulle kan £550 vir liefdadigheid gee. Latere opvoerings is *Die private sekretaris*, *Katrientjie* van Stella Owen, *Die hele dorp skinder* (Marie Linde se vertaling van John Emerson en Anita Loos se *The whole town's talking*) en *Die skone geslag*.

Generaal de Wet

Die Hanekoms probeer in hierdie jare met gehaltewerk voortgaan. Ná Hendrik Hanekom 'n studietoer na Nederland, Engeland, Duitsland en Frankryk onderneem het, voer hulle byvoorbeeld *Generaal de Wet*, ook van Postma, in 1938 op. Weer neem hulle dié historiese werk na Suidwes.

Anna Minnaar-Vos skryf (1969: 142–143):

> Hulle tref onuithoudbare warm weer daar aan en Doom, in sy swaar militêre pak, baard en snor, swem naderhand byna in die sweet. Elke keer as hy van die verhoog af kom, gaan hy 'n bietjie na buite om lug te skep. Dan haal hy ook sy snor en bandelier af. Een keer vergeet hy om sy snor weer betyds aan te sit en gaan met die kaal bo-lip op die verhoog. Hy sien hoe ontsteld Lokkie, Tonie en Johann [Jacques Lochner, Tonie Ferreira en Johann Lubbe onderskeidelik – D.B.] na hom kyk en meteens flits dit deur sy gedagtes: "Ek het vergeet om die snor weer aan te sit!" Weer kom sy teenwoordigheid van gees hom te hulp en hy sê: "Kyk, burgers, ons gaan na Sannaspos. Die Engelse sal betaal vir die bom wat so na aan my ontplof het dat my snor afgeskroei het."
>
> Ná die opvoering kom 'n ou Angola-Boer na hom en sê:
> "Kyk, nefie, ek het saam met my generaal geveg en nooit geweet hy was so na aan sy dood nie. Kan jy nie 'n plan maak met die mense wat die boeke skryf dat hulle darem vir die wêreld vertel hoe na my generaal aan sy dood was nie?"

Wanneer die Hanekoms hulle toer deur die Unie hervat, behaal hulle aanvanklik sukses, maar dan begin hulle, hier kort voor die uitbreek van die Tweede Wêreldoorlog in 1939, al hoe meer teenkanting kry. Anna Minnaar-Vos verduidelik (1969: 143):

> Deur verskeie resensente word daar kwaai kritiek teen die stuk self uitgespreek en dit, sowel as die sterk anti-Engelse gees van die drama, besorg aan die geselskap baie swak opkomste ... Dis 'n tyd van politieke woelinge in die land. In die plaaslike politiek is daar allerlei verandering en heraanpassings, wat gepaard gaan met baie haat

en bitterheid. Verwyte word heen en weer geslinger en politiek word in die onskuldigste ding gesleep en miskien was genl. De Wet se uitlatings nie altyd so onskuldig nie! Daar is ook gerugte van oorlog in Europa. Dit is dus te verstane dat so 'n stuk in so 'n tyd by sommige mense vyandige gevoelens sou wek.

Toe hulle die aand in Pretoria se stadsaal speel, daag daar onverwags 'n groot gehoor op – meer as 2 000 mense. Magda help by die deur om kaartjies te skeur en meteens staan daar so 'n groot, fris man voor haar.

"Mevrou, kan u vir my twaalf sitplekke laat kry, asseblief?"

"Ek weet regtig nie, maar ek dink die saal is al vol."

"Nou kyk, mevrou, dan staan ek en my maats sommer hier agter rond. Maar ons moet eenvoudig vanaand in die saal wees."

"Waarom dan? Wat gaan aan?"

"Mevrou, sien, ek is Johannes van der Walt. Ek en my maats het gehoor dat 'n klompie van die ander kant vanaand hier gaan moleste maak. Hulle wil die generaal met vrot eiers en tamaties gooi nes hy die vlag oopvou. Maar ons is reg vir hulle."

Voor Magda staan die befaamde stoeier en later een van die bekendste leiers van die Ossewabrandwag, die beweging wat onder meer Suid-Afrika se oorlogsdeelname teengestaan het.

Anna Minnaar-Vos skryf verder (1969: 144):

> Die oomblik breek eindelik aan dat die generaal die vlag moet oopvou. Hy doen dit stadig en plegtig in 'n afwagtende houding terwyl die ander hulle asems ophou. Niks gebeur nie. Hy rol die vlag toe, vou dit weer oop en wag. Weer gebeur daar niks nie. Teleurgesteld moet almal toe maar aanvaar dat die vermeende aanvallers óf vir Johannes en sy maats geskrik het óf andersins tot ander insigte gekom het.

Hulp vir feë en helde

Dit is moontlik dat die Hanekoms *Generaal de Wet* in 1938 ook na Benoni geneem het waar 'n jong Percy Tucker sy eerste kennismaking as tienjarige met toneelspelers gehad het, maar dit kon dalk ook *Deugniet en korrelkop* van C.H. Chambers gewees het. Dié latere vooraanstaande impresario en grondlegger van 'n Suid-Afrikaanse Computicket-plekbesprekingdiens vertel daarvan in sy outobiografie *Just the ticket!* (Tucker, 1997: 12):

> My sense of the theatre as another world, functioning magically and mysteriously parallel with my own, was increased by the Afrikaans-language companies who included Benoni among the many small

> towns to which they toured. The house where I was born [in 1928 – D.B.], 121 Prince's Avenue, found itself directly opposite the Town Hall when this was built in 1937. The new edifice quickly became a mecca for these companies, whose comings and goings were a constant source of fascination to me.
>
> My first direct encounter with actors came when, aged ten, I answered a ring at the doorbell and was offered complimentary tickets for my family if they would be willing to lend their furniture to the company for that evening's performance. I was alone in the house at the time and thought nothing of eagerly granting this request, made in person by the great pioneering Afrikaner actors Hendrik and Mathilda Hanekom (not that I knew who they were at the time). When my parents came home, they found their youngest son happily helping to load the lounge suite and the verandah table and chairs onto a truck. They thought I was beyond redemption.
>
> [...] By the way, we did get all the furniture back.

Eghard van der Hoven, wat ook met die Hanekoms saamgetoer het, tussen 1944 tot 1958 in 21 toneelstukke gespeel het en later direkteur van TRUK sou word, vertel vir David Lombard in *Die Transvaler* van 16 Augustus 1975 ook oor hierdie leen van meubels en oor ander planne met dekor:

> 'n Toneelspeler kon uiters twee tasse saamneem waaruit hy soms maande lank moes lewe. Op baie dorpe moes die spelers dan by inwoners gaan aanklop om van hulle meubels vir décor te leen.
>
> 'n Toneelgeselskap van drie lede onder leiding van ene Barend Fourie het op Nylstroom aangekom in 'n ou Dodge om 'n opvoering daar te hou. Die groep het nie plek vir dekor gehad en kon so 'n luukse ook nie bekostig nie. Elke aand voor elke opvoering het Fourie sy kop by die voorgordyn uitgesteek en waardig om verskoning gevra "dat daar ongelukkig vanaand geen dekor sal wees nie omdat dit weens 'n misverstand nie betyds van die droogskoonmakers af gekom het nie".
>
> Op baie dorpe waar toneelgeselskappe opgetree het, is skoolseuns ingespan om te help met die opsit van décor en later met die afbreek en laai daarvan.
>
> Ons het later slim geraak en elke seun wat help moes 'n pand – sy knipmes of das – gee sodat ons seker kon wees dat hy ná die opvoering nog sal kom help afbreek.

Anna Neethling-Pohl skryf oor dié lenery (1974: 23):

> Ook die beroepsmense het later in alle dorpe gaan meubels "leen". Johann Nell het my vertel hoe 'n fyn tegniek hy vervolmaak het om

die nodige meubels in die hande te kry. Sodra hulle op 'n dorp aangekom het, het hy verneem wie siek en wie gesond is. Dan het hy hom na die siekeriges begewe en begin deur te sê dat hy met leedwese verneem het van die ongesteldheid. Nadat hy dan gewasse of blindederms in flesse bekyk en bewonder het, het hy oor meubels begin praat en dit was nie honderd jaar daarna nie of hy en sy helpers dra die meubels deur die straat.

Dolf van Niekerk, dramaturg van byvoorbeeld *Kwart voor dagbreek*, digter en bekroonde prosaïs, onthou:

> Ek kan nie onthou om watter rede baie van die reisende toneelmense (soos Pikkie Uys, Anton Ackermann, die Hanekoms, Elsa Fouché en andere) kennisse van my pa geword het nie. Ek het wel 'n vae herinnering dat my pa se broer tydens een so 'n besoek verlief geraak het op Elsa Fouché. Hoe dit ook al sy, ons huis met sy karige meubels was min of meer permanent op al die geselskappe se lys van toneelentoesiaste by wie meubels en dies meer geleen kon word. En wat 'n voorreg was dit nie! Van die onderhandelinge het ek niks geweet nie, net die opwinding beleef as die bevel kom: die rusbank, die stoele en tafel en wat ook al moet by die stadsaal kom. In 'n ommesientjie het ek my maats byeengebring. Dit was asof die orakel gespreek het. Die paar stukke meubels en goed is straatop tot by die stadsaal gedra. Wag uitasem dat een van die wonderwesens verskyn en beduie waarheen met die trek. Sonder uitsondering het 'n man opgedaag – nooit een van die feë wat ons in ons seunsharte gehoop het om te sien nie.
>
> Die meubels was gou vergete. Nou het die groot stryd begin: wie gaan gekies word om die gordyne te help trek? Soos miere het ons gewerk – 'n wens is nouliks uitgespreek of dis reeds uitgevoer. Water by die fontein gaan skep, tee of koffie by die huis gaan haal ... En perskes van die boom af in die vrugtetyd ...
>
> Dae ná die opvoering en die boaardse wesens se vertrek, bly jy in vervoering. Sweef die karakters in jou herinnering oor die verhoog; kry jy die vreemde geur van grimeermiddels – verander jou lewe momenteel, word jy deel van 'n misterie, van 'n tweede lewe, glansend en waar, verhewe bo jou vaal stofstraatbestaan en die reuk van kryt en swartbord.
>
> Die nawerking van die toneelervaring lei byna sonder uitsondering tot opvoerings in die motorhuis. Die storie sal later kom – eers die stuk bloudraad span en die reisdeken-gordyn in werkende orde kry. Iets soos wat die reisgeselskap opgevoer het? 'n Konsert met sang en voordrag, en ten slotte 'n toneelstuk? Die eerste deel is mak-

lik: daar is nog altyd "Heimwee" en "Amakeia". Maar die toneelstuk verg diepe denke. Die besluit – hoofsaaklik omdat die tyd ontbreek! – is dat die opvoering, soos vantevore, op die verhoog geïmproviseer sal word. Net eers 'n storielyn vind en 'n paar waaghalsige improviseerders werf.

Patrick Mynhardt (2003: 37) had as kind egter 'n onaangename ervaring met toneelmense. 'n Dokter Nel het soms as locum op Bethulie gewerk. Sy basterbrak se naam was Paddy:

> I felt insulted at having a mongrel named after me, and so I named my dog ... Dr Nel. The dog was run over by the Hanekoms Touring Company and I hated them for years!

Eghard van der Hoven (1986) beskryf sy eerste toneelervarings:

> *Moederloos* op Makwassie was die eerste beroepsopvoering wat ek ooit gesien het en waar my liefde vir die teater begin het. [Dit kon 'n opvoering deur Jean Plaat-Stultjes gewees het. Fanny Eden se gewilde godsdienstige roman is verwerk deur S. Ignatius Mocke. Vergelyk Minnaar-Vos, 1969: 87. – D.B.]
>
> Die middel jare dertig was die bloeityd van die reisende Afrikaanse Toneel. Baie geselskappe het ook Makwassie aangedoen. En wat 'n belangrike dag was dit nie wanneer so 'n geselskap opgedaag het. Vreemde mense uit 'n vreemde wêreld. Daar was die trotse hoofdame met haar swaar gegrimeerde wimpers wat niemand raak gesien het nie, maar gehoop het almal sien haar raak. En die hoofakteur, so aantreklik dat die jong skooldogters sy moraliteit betwyfel het – superieur uit die hoogte, in sy roomkleurige wintersjas met die vals pelskraag en sy breë rand velthoed wat skuins oor die oë sit. Net vir een aand het hulle gekom en dan was hulle weer vort, met al die glinster en klatergoud saam met hulle. Hulle het die teater vir ons van buite af ingebring. Hulle het hulle beelde in die stofstrate van dié klein gehuggie uitgekerf vir ons om hulle te onthou. En die stadsaaltjie was daarna weer vir maande saans donker totdat die volgende geselskap gekom het.
>
> Ek onthou opvoerings soos *Eerloos, Misdade van die vaders, Die rosekrans, Mal Hans* en *Ek het 'n man vermoor* uit die jare dertig. Ek onthou lawaaierige skoolkinders en uitbundige boerereaksie. Maar ek onthou ook die stilte wanneer die gehoor hom verdrink het in die hartstogtelike oomblikke van verdriet, in die hygende doodsnikke van die teringlydende heldin, van die moeder in *East Lynne* by die doodsbed van haar seuntjie. Was dit Elsa Fouché wat dit opgevoer het of was dit Wena Naudé? [Volgens Anna Minnaar-Vos (1969: 87) was dit

Plaat-Stultjes wat dit opgevoer het. Sy hoofspeelster was bes moontlik Elsa Fouché. – D.B.] Ek weet nie meer nie, maar ek onthou nog die aktrise met die hees stem wat wenend haar verdriet uitgestort het oor haar klein Willie: "Dood! My liewe klein Willie dood! En hy het nooit eers vir 'Moe-e-e-der' gesê nie!"

Die goeie het altyd getriomfeer. Die publiek was tevrede en die prinsipaal en veral die dominee het instemmend geknik oor die "mooi les wat weer vanaand vir ons voorgehou is".

Tot 24 geselskappe het daardie jare deur die land getoer: kultuurtroepe op reis met vragmotors, paneelwaens, *two seaters* of Chryslerkarre met gespeekte wiele. Dit het alles afgehang van jou status of armoede waarmee jy gereis het en waaruit jy geleef het: uit skeepskoffers met koperbeslag of ordinêre rugsakke. Vir vyftien jaar sou ek deel wees van hierdie swerftogte van die Afrikaanse Toneel deur die hinterland van ons beskawing.

En in "Smouse van die illusie" (*Die Taalgenoot*, September 1987) vertel Van der Hoven:

In die Noord-Vrystaat vertel hulle die mooi storie van André Huguenet ... wat die aankoms van sy geselskap met groot toejuiging in die voorportaal van die hotel aangekondig het. Die ontvangsdame was die opgeskote dogter van die hoteleienaar. Sy was geklee in haar skooldrag met 'n springjurk wat gevaarlik wulps hoog bokant die knieë gesit het tot onrus van ma en pa. Smiddags ná skool het sy vir haar ma waargeneem by die ontvangstoonbank terwyl dié bietjie gaan rus het neffens in een van die slaapkamers.

"Dame, ek is die Afrikaanse akteur André Huguenet," verbreek dié toneelspeler die middagstilte in 'n welluidende, geaffekteerde stem, "dit is my geselskap en kollegas hierdie. Reserveer asseblief vier enkelkamers met badkamers vir ons en 'n suite vir my hoofdame vir die nag. Laat my ter gelegener tyd weet wat u tariewe is, en, onthou, ons dineer 'n halfuur voor die ander gaste."

Die arme kind het nog nooit sulke hoogdrawendheid gehoor nie, ook nie van sulke swierige akkommodasie nie! Sy het al haar illusies omtrent die sjarmante helde uit die vreemde skoon weggeskrik, en roep beangs die gang af: "Ma! Die êkters is hier!"

"Ag genade, my kind," kom dit benoud uit die slaapkamer, "trek af jou gym, en druk toe jou ore! Ma kom."

Otto Wilmot van Mosselbaai onthou op 82-jarige leeftyd in die onderhoud wat in Oktober 2002 met hom gevoer is, hoe 'n moeilike man André Huguenet kon wees. Huguenet beloof 'n groep skoolseuns kaartjies vir 'n vertoning op

Alexandria as hulle genoeg pompgaslampe vir die verhoog kan bring. Geesdriftig daag 'n jonge Otto Wilmot agter die verhoog op. Dadelik vra André bulderend wat hy daar soek. Lamp en al word Wilmot verjaag.

Toe Wilmot in 1941-1942 vir Wena Naudé se geselskap gespeel het, was hy verantwoordelik vir die meubels op die verhoog. Sodra hulle op 'n dorp aankom, moet hy dit gaan soek by die inwoners. Laatnag, ná die uitputting van die opvoering, moet hy nog die meubels terugbesorg, want dieselfde nag of die volgende oggend reis hulle na 'n volgende plek.

Ockie van Rooyen skryf op 3 Oktober 2002 vanuit Walmer oor die toestande waaronder hulle *Belinda is doofstom* in 1958 opgevoer het.

> Die spelers het ook funksies agter die verhoog gehad. Ek was verhoogbestuurder en Freda [Freda Kruger, later sy vrou – D.B.] het vir die rekwisiete gesorg. Dan was sy nie-amptelik ook nog Huguenet se sekretaresse en is niks ekstra betaal vir die eer nie. Doodmoeg van min slaap op die toer, moes sy eenkeer 'n klomp briewe tik. Sy korrespondensie was altyd baie. Daar was nie 'n lessenaar of tafel nie en sy moes op die bed sit met tasse onder die tikmasjien. Toe sy haar weer kom kry, het sy met haar kop op die ysters van die tikmasjien aan die slaap geraak.
>
> [...] Ons moes op die onmoontlikste verhoë speel. Ene weet ek was so skuins na vore dat selfs die meubels gedurende die opvoering vasgehou en teruggeskuif moes word. Of daar staan 'n reusagtige klavier op die klein verhogie en die mense weier dat ons dit verwyder. Maar André bulder net: "Haal af! Ek betaal vir die saal!"
>
> [...] Die hotelle van daardie dae was nog nie gegradeer nie, en sommiges was werklik nie die naam hotel waardig nie. Ander was weer beskeie, maar had karakter, en die ontvangs was hartlik en die kos van besondere hoë gehalte.
>
> Partykeer kon mens nooit by die hotel uitkom voordat die aand se spel nie afgehandel was en alles afgebreek en weggepak is nie. Dit het veral gebeur as ons ver moes ry en laat opgedaag het. By een hotel moes Henri Hattingh, bynaam Katot, vir ons inbreek, omdat ons nêrens iemand kon vind om ons in te laat nie. Soms was die kantoor en jou kamer gesluit en moes ons uit die kamers wat oop was self kies waar elkeen sal slaap. Huguenet sou natuurlik die beste neem. Dit was ook nie verkeerd nie, behalwe dat ek darem eerder die dames eerste wou laat kies.
>
> Partymaal was daar in die winter net een kombers op 'n bed. Ek onthou dat Freda en Mari Doubell (Belinda) een aand die vloer- en badmatjies tussen hulle laken en kombers ingesit het en ook nog dik aangetrek het. Hulle het ook soms in dieselfde bed geslaap om warm te kry.

Dan was daar op baie plekke van die dorp se élite wat ons uitgenooi het vir 'n geselligheid ná die aand se spel, min wetend dat ons eers alles moet afbreek en wegpak, grimering afhaal en nog talle ander dinge doen. Die arme meisies moes nog eers weer mooimaak ná die verhooggrimering. Huguenet het verwag dat ons dié onthale moet bywoon. (Soos wat hy verwag het dat ons elke Sondag soos 'n ry eende die kerk moet instap. Sonder uitsondering is ons vanaf die kansel verwelkom. Dit was goedkoop publisiteit.) Dan kom jy doodmoeg by die onthaal aan en daar sit Huguenet al lankal en ontspan en gesels kopstukke. Hy kon soms tipies hanswors wees as hy in die luim was.

Jean Plaat-Stultjes

Een van 25 geselskappe aan die begin van die dertigerjare waarna Eghard van der Hoven in die artikel in *Die Taalgenoot* (1987) verwys, het onder leiding van Jean Plaat-Stultjes gestaan.

Plaat-Stultjes is in Pretoria gebore, maar keer as jong kind na België terug waar hy sy goeie toneelopleiding van stimulerende toneelleiers soos Johan de Meester jr. aan Het Vlaamsche Volkstoneel ontvang. Hy ontvang lof vir sy spel as 'n jong filosoof in Molière se *De nieuwbakken edelman* (*Le bourgeois gentilhomme*) (Binge, 1978: 91–92).

Van 1930 tot 1934 lewer hy op sy ingetoë manier uitstekende werk in Suid-Afrika en is hy baie gewild met taamlik sentimentele stukke soos *East Lynne, Wania, Die teken van die kruis, In die kloue van Satan* en *Moederloos*. Volgens Minnaar-Vos (1969: 87) laat sy tegniese vermoëns die werk egter bo die gemiddelde uitstyg.

Hy vertolk in 1931 die rol van "die oom" in Afrikaans se eerste klankrolprent, *Moedertjie*, wat 'n verwerking van J.F.W. Grosskopf se eenbedryf *In die wagkamer* deur Stephanie Faure was. Hy het ook die grimering versorg (Le Roux en Fourie, 1982: 28).

In *Die Vaderland* van 22 Maart 1969 vertel Elsa Fouché van haar liefde vir Plaat-Stultjes. Sy ontmoet hom in 1927 ná haar eerste toneelreis – 'n rampspoedige een met die geselskap van Walter Spiethoff. *Die duiwelsvrou* is net drie maande lank opgevoer, en brandarm moet die aktrise boekhoudster word op Edenburg. Sy gaan hou vakansie op Rustenburg waar Plaat-Stultjes haar nader om vir hom te speel. Hulle toer met *Die brief van 'n blinde moeder* en nog twee eenbedrywe. Elsa dink met heimwee terug aan hulle jare van swaarkry én geluk:

"Alles het so mooi gelyk, ons romanse, verlowing en toekomsdrome terwyl ons gewag het dat Plaat se egskeiding van sy vrou gefinaliseer moes word – sy was oorsee – toe die noodlot intree ... terwyl ons besig was om met *Moederloos* te toer."

Plaat-Stultjes sterf naamlik op 22 September 1934 in 'n hotelkamer op Vanrhynsdorp aan longontsteking. Die kabelgram om die egskeiding te bekragtig kom die volgende dag aan (*Die Vaderland*, 1969).

Elsa sou later baie van sy werk weer opvoer. Sy het net nie kans gesien om die stukke aan te pak wat hy teen sy dood gereed gehad het nie, naamlik *Skelmstreke van Jakhals* en sy verwerking van Dostojewski se *Skuld en boete* vir die verhoog (Binge, 1978: 174).

Agter geslote deure en *Hans die skipper*

In Januarie 1940 voer die Hanekoms onder andere *Agter geslote deure* op. Voor die openingsaand op Donderdag 25 Januarie op Worcester kry die stuk reklame in *Die Burger*. Die opsteller, vermoedelik Hendrik Hanekom, het geglo 'n godsdienstig-didaktiese interpretasie sal gehore lok:

> 'n Moord word gepleeg wat die samelewing tot in sy grondveste skok, en die man wat toevallig op die moordtoneel aangetref word, word in hegtenis geneem. Soos 'n onverbiddelike net span die omstandighede, asof deur 'n bose noodlot bestuur, teen hom saam, al sy bewegings lyk verdag; alle verontskuldigings word op diaboliese wyse deur die gereg as verdoemende getuienis teen hom gebruik. Soos in 'n onweerstaanbare vloed word hy meegesleur na 'n onverdiende dood, want hy is onskuldig.
>
> [...] Eerstens besef ons ... dat alleen God, wat die diepste waarhede van die siel ken en verstaan, kan oordeel wie werklik sondaar is en wie nie; dat die mens ... self te onvolmaak en te kortsigtig is om die eerste steen na sy naaste te durf werp; en ons weet dat die Ewige Boodskap nog altyd geld en vandag miskien meer as ooit tevore, dat ons nie mag oordeel nie, opdat ons nie self geoordeel word nie. Tweedens leer ons dat die mens, hoe laag ons ook al mag glo dat hy of sy gesink het, in die suiwerende en veredelende mag van die liefde tot glansryke hoogtes van selfverloëning en offervaardigheid kan styg.

Volgens die reklamestuk het Hanekom sowat honderd dramas gelees voor hy op dié stuk besluit het. Die dramaturg se naam word nie vermeld nie.

Later in 1940 gaan die Hanekoms onder beskerming van die Reddingsdaadbond op reis met D.F. Malherbe se *Hans die skipper*. Hendrik Hanekom ontvang groot lof vir sy vertolking van die titelrol. Hulle ewenaar daarmee byna die sukses van *Oom Paul*.

Vir 'n heraanbieding in 1941 versorg Fresh Steyn die dekor. Hy skryf op 4 Februarie in die Excelsior Haarsnysalon in Markstraat, Johannesburg aan die Hanekoms. Mathilde Hanekom teken aan op die brief (Hanekom-versameling, NALN-toneelmuseum): "Fresh omtrent Hans die Skipper dekor. Baie gawe seun, bietjie rof met die bek."

> Liefste Magda en Doom,
> Met gesondheid van die beste en hoop julle almal dieselfde toe.

[...] Kyk, Magda ou Skat, ek het die seile van die Voëls gebruik. Glo my dit was 'n helse werk. Die masjien van [onduidelik] kon die dem goed glad nie werk nie, die verf was te dik daaraan. Ek het toe 'n besem gevat en al die verf daarmee afgeskraap. Toe moes ek 'n soort van 'n seilgarenaald kry en die goed daarmee vaswerk. Glo my, my vingerkoppe het soos skaapstertjies gelyk wat jy die vel van afgetrek het, maar "ik heb doorgedruk". Wel, ek het geweet wat julle wil hê en toe ek die brief kry, was die goed al klaar. Ek het weer in die klein saaltjie gaan verf.

Magda, glo my, ou Skat, die seile was wragtie vrot en julle sal dit baie mooi moet hanteer, anders sal dit nie hou nie. As ou Rooi Koos mooi agter dit kyk, sal dit hom darem deurhelp. Die Vader weet hoe het San [moontlik Sann de Lange; sy was in die eerste produksie – D.B.] dit laas gestik, want toe ek dit ophang om te begin, het ek nie geweet waar kop of stert is nie. Dit was dem ongelyk. Die gate het ek probeer toemaak so ver ek kon. Wel, in elke geval sal julle baie daardeur spaar, want dis ook seker nie vir langer as drie maande nie, nê? Ek het ook £2 se verf gebruik met trap-hom-fyn.

[...] Wel, jong, Elsa [Fouché] speel nou vir Andries [Huguenet – D.B.] en glo my, julle sal Elsa nie ken nie. Wragtie, sy kan so deur 'n ring spring en so deftig soos wat sy aantrek! Sy sê dat sy en André kom baie goed klaar. Hulle adv. ook baie hier in die T.Vaalse koerante, een artikel op die ander. Jy weet mos hoe. Soos in Hollywood jou hele pedigree.

Jong, ou De Vriend speel hier op die Rand en een van die kêreltjies wat by ons werk, speel ook saam. Ek verstaan die ou het 'n huis gekoop in Kensington, dit gaan glo baie jolly daar. Die ou het ook hier 'n paar plekke al gekanselleer. Hy wou 'n window card in ons venster laat sit, maar toe sê Engelbrecht, my baas, hy adv. nie vir Sappe nie. "Tjorts op hom."

Jong, ek verstaan dat André in Pretoria amper £500 gevat het [moontlik met *Is jy 'n bokryer?* – D.B.]. Mrs Van Staden se suster het by die deur kaartjies verkoop. Ek hoop julle vat £1 000 daar ...

Sê vir ou Dad hy moet die klomp weer hier 'n bietjie kom omloop, want ek hoor die ander spelers maak so goed en so goed hulle sal een van die dae almal skatte besit en tog – as ons weer hoor, dan vreet hulle pap.

[...] Ons het nou die aand by Kiettie-hulle [moontlik Kitty Botha wat bv. vir die Hanekoms gespeel het in Otto Bastian se *Die vermiste getuie* in 1939 – D.B.] gaan dronknes hou en ek was net aan die "brand". Ek het al die mooi vrouens weer gesoen en gevryf. [...]

[...] Maak maar goed geld sodat as julle hier kom, ons lekker kan spree of kerk toe gaan.

Fresh verwys hierbo na Louis de Vriendt, 'n Vlaamse toneelspeler wat uiters gewild was vir "transformasie-aktes" saam met sy vrou, Mignon Sorel; met "growwe en oordrewe mimiek en stemverwringing" en "oorhaastige kostuumwisseling" het hulle elkeen gemiddeld agt rolle op 'n keer vertolk (Huguenet, 1950: 35); teen 1941 was hulle gewildheid aan die afneem.

In die latere jare

Anna Minnaar-Vos (1969: 155–156):

> In 1945 ontvang Hendrik en Mathilde die Akademiepenning as waardering vir wat hulle vir die opbou van die Afrikaanse toneel gedoen het. Hierdie toekenning is merkwaardig om twee redes: Dit is die eerste keer dat dit vir die toneel toegeken word en dit is ook die eerste keer dat twee mense dit gesamentlik ontvang
>
> [...] Terwyl Magda met 'n musiekprogram toer, toer Doom in 1945 met *Die stille haard* van H.A. Fagan. Dit is 'n goeie stuk deur 'n bekende skrywer, hulle speel goed en die dekor is baie aantreklik. Kortom, daar haper niks nie. Nogtans bly die bywoning baie gemiddeld. Toe hulle egter op 'n sekere plek kom waar hulle saal gewoonlik vooraf vol bespreek is en hy sien die uiters swak bespreking hierdie keer, voel Doom baie bekommerd. Hy vra die bespreker:
>
> "Wat is verkeerd? Daar is mos nie droogte nie en alles floreer. Is die mense dan moeg vir ons?"
>
> Maar die man kan ook nie sê wat skort nie. In die loop van die gesprek vra die bespreker egter so terloops:
>
> "Meneer Hanekom, wat *is* 'n stille haard?"
>
> Meteens gaan daar lig vir Doom op. Die mense verstaan nie die titel nie! Daardie selfde nag nog bel hy vir regter Fagan om te hoor of hy die naam mag verander.
>
> "Hendrik," sê regter Fagan, "dis julle stuk. Doen soos jy goed dink."
>
> Gou-gou word die naam op die plakkate wat nog versend moet word, verander na *Moleste met die buurman*. Hulle speel nog die Saterdagaand vir oulaas onder die ou titel op 'n dorp wat hulle gewoonlik goed ondersteun. Die opkoms is swak. Die Maandagaand, altyd 'n moeilike aand, speel hulle onder die nuwe titel en die saal is stampvol!
>
> Dieselfde probleem ondervind hulle met 1946 se stuk. Hulle begin met die titel *Die hand van die gereg*. Die bywoning bly swak. Gedagtig aan hulle vorige ondervinding verander Doom die naam na *Die giftige omhelsing* – met nog noodlottiger gevolge! Toe kom Eghard van der Hoven by Doom en sê: "Ons moet die ding 'n sentimentele naam gee. Wat van *Met die waters wat verby is*?" Hulle gee die stuk sy sentimentele naam en die sale loop vol.

Hooggeagte Dominee

Die Hanekoms en ander geselskappe het dominees en skoolhoofde dikwels by reklame betrek. Op Robertson tik Hendrik Hanekom se sekretaresse, Hentie van Rooyen, die volgende omsendbrief aan die dominees (ongedateerd; in Hanekom-versameling, NALN-toneelmuseum):

> Geagte Dominee
>
> Dit is met genoeë dat ons hiermee aan u wens mee te deel dat die geselskap van Hendrik Hanekom eersdaags aan u dorp 'n besoek bring met die aangrypende drama "Met die waters wat verby is".
>
> Soos gewoonlik lewer die Hanekoms weer iets nuuts en iets wat ware genot in die volle sin van die woord aan elke ondersteuner verseker; daarby bevat ook hierdie werk soos alle vorige opvoerings van die Hanekoms, 'n suiwer moraal.
>
> Ons sal dit derhalwe hoog op prys stel as u hierdie besoek van die geselskap aan u gemeentelede wil bekend stel by C.J.V., Strewers en ander byeenkomste, sodat almal wat belangstel in die bevordering van die Toneelkuns, van hierdie geleentheid mag gebruik maak om 'n puik opvoering by te woon.
>
> Aangeheg stuur ons vir u twee uitnodigings vir u persoonlike gebruik.

Drie rigtings

In 1947 gaan die drie Hanekoms in drie verskillende koerse. Mathilde toer met die Oulike Nooientjiesorkes terwyl Tilana saam met Eghard van der Hoven die Hanekoms se Jongspan stig en op reis gaan met *Stiefkind van die Skepper*. In Transvaal speel Doom die waardige Pastoor Manders in Ibsen se *Spoke*. Teen die einde van die jaar sluit Mathilde egter by Doom aan in *Deur sy afgod verpletter*. Die Jongspan, waaronder nou ook Danie Smuts en Daan Retief, bly onafhanklik en toer met Van Kerkhoven se *Trou is nie perdekoop nie* (Minnaar-Vos, 1969: 161).

In 1948, 'n jaar ná die stigting van die N.T.O., sluit die Hanekoms by dié organisasie aan. Die Jongspan gaan egter nog op hulle eie voort.

Aan die tuisfront

Gedurende die Hanekoms se lang toere sorg huishulp Evie en haar man, Attie, vir sake tuis in die Strand. Evie doen per brief verslag (NALN-toneelmuseum: 19 September 1946):

> Baie, baie dankie vir Baas en Mies se brief wat ons gekry het. Ons het al so verlang en toe u brief kom, was ons so bly om te hoor dat alles nog wel met u gaan en dat die ry so voorspoedig was en dat Master en Mies en al die nôitjies en baasies so lekker konsert hou en rond-

gaan. Ons voel somaar jaloers as Mies so van al die plekke skryf waar u konsert hou en deurry dat ons ook nie so saam met Master en Mies kan wees om alles te sien nie. Maar ons moet nou maar tevrede wees dat solank u weg is, kyk ons nou na u plek hier en dit gee ons plesier om dit te doen sodat Master en Mies gerus kan wees. Ons sal ons bes hier doen. Ons kyk mooi na die huis en plek en hou alles netjies en reg sodat as u terugkom u ook lekker die rus hier by die see kan geniet na die harde werk nou daar in die Vrystaat en Transvaal. Ja, Master en Mies, ons verlang al baie en kyk al net uit na die Rooibus en die streep stof wat agterna sal kom. Tattie praat ook net baie van die Rooibus en die base en nôitjies. [...]

Ons is nog besig met al die werkies om te verf ens., maar ongelukkig kan ek nêrens sement kry nie – het al orals probeer, maar op die oomblik is dit nie te kry nie. Ek dink Baas moet maar so 'n klompie sement daar op die Rooibus gooi en saambring. [...]

Sê vir Miss Hentie [die Hanekoms se sekretaresse – D.B.] ek sal lekker kos maak as u terug is en die gebakte ertappels sal ook eerste reg wees. [...]

Beste groete, van

Attie, Evie en Tattie.

Die gordyn skuif toe

Gedurende Augustus 1948 tot April 1949 vertolk Doom die hoofrol, naamlik dié van Just van Hellenburg, en Magda die rol van Anna, in W.A. de Klerk se *Nag het die wind gebring*.

Anna Minnaar-Vos skryf (1969: 169):

> Die stuk kry seker die sterkste rolbesetting wat nog ooit voorheen of sedertdien in 'n Afrikaanse opvoering aangetref is, naamlik Hendrik en Mathilde Hanekom, André Huguenet, Siegfried Mynhardt, Gert van den Berg, Enone van den Berg en Erna Eksteen. Boonop staan dit nog onder die bekwame regie van Anna Neethling-Pohl.
>
> [...] Veral in die Engelse pers is daar, naas onvoorwaardelike lof, ook klagtes dat die stuk te somber is. Byvoorbeeld *The Cape Argus*: "The lines of the play call upon the players to weep, wail, moan, scream and keen."
>
> [...] Die presidente van die Vroueklub in Port Elizabeth kla tydens 'n teeparty by André Huguenet dat almal darem nou so moeg is van al die doodslag, siektes, swaarkry en trane in Afrikaanse stukke.
>
> Blitsvinnig kom sy antwoord: "Madam, if it is any consolation to you, I can tell you that the next play the N.T.O. will bring to Port Elizabeth will be Shakespeare's *Macbeth*."

Huguenet (1950: 229) skryf dat "Hanekom hierdie drama gedra het met 'n ongelooflike puik vertolking".

Die Hanekoms sou nog aan die volgende opvoerings deelneem: *Die gek van Boedapest* (nuwe titel vir W.A. de Klerk se *Die verterende vuur*, 1949), *Oupa Brompie* (*Grumpy* deur Horace Hodges en T. Wigney Percival, 1950), *Candida* (George Bernard Shaw, 1950), voor hulle uitkom by die suksesvolle *En waar was jy gisteraand?* (Lennox en Ashley se *Third party risk*).

Dit is op die toer met *En waar was jy gisteraand?* dat Hendrik Hanekom baie siek raak. Anna Minnaar-Vos skryf (1969: 181):

> Hy het reeds ses jaar lank aan 'n slegte hoes en swaar aanvalle van skeelhoofpyn gely en op die toer ontsettende pyne oor sy bors begin kry. Twee weke lank het hy egter nog volgehou met die vertolking van sy opgewekte rol.
>
> Op Prins Albert, Magda se geboortedorp, word hy egter so siek dat hy noodgedwonge moet ophou speel. Die dokter daar meen dis sy hart en beveel hom aan om 'n paar maande te gaan rus. Hy en Magda vertrek daarom na hulle huis "Af en Toe" in Die Strand sodat hy weer sterk kan word. Die rolle in die stuk word herskommel en die geselskap gaan voort. Ná 'n rukkie speel Doom weer af en toe saam, alhoewel sy gesondheid maar nie wil verbeter nie.
>
> En toe, in daardie laaste paar maande van sy lewe, kom daar meteens die wonderlikste geleenthede, wat 'n skitterende hoogtepunt vir sy lewe sou gevorm het, as hy net van hulle gebruik kon maak.

Hy kon naamlik die Generaal in W.A. de Klerk se later bekroonde *Die jaar van die Vuuros* speel:

> [...] Op 'n aand in Januarie 1951 kom De Klerk by Af en Toe in Die Strand aan. Die hele geselskap is daar bymekaar: Doom en Magda, Tilana en Eghard, Elma Krynauw, Danie Smuts, Daan Retief en Louw Verwey. Daar lees hy sy drama aan die aandagtige gehoor, met die veraf ruising van die branders as agtergrondmusiek. Toe hy klaar is, sê Doom stilweg: "Ek wil die rol speel."
>
> Die ander is net so geesdriftig en almal bespreek die stuk tot drie-uur die volgende môre, terwyl Magda koffie en ander laafnis aandra.

De Klerk wen saam met Gerhard Beukes en sy *As ons twee eers getroud is* die eerste prys in die dramakompetisie van die Van Riebeeck-feeskomitee. Ook Beukes wou Hendrik Hanekom vir die hoofrol van sy stuk hê – Oupa wat so deur die weduvrou agtervolg is – maar Hanekom aanvaar dit nie.

In 1951 nader die beroemde Amerikaanse akteur Jacob Ben-Ami hom om saam met hom in Arthur Miller se *Death of a salesman* te speel. Ook die titelrol van *Die vrek* van Molière, N.T.O. se volgende opvoering, word hom aangebied, maar hy is te siek om die aanbiedings te aanvaar.

Hy aanvaar egter die rol van Shylock in Hermien Dommisse se opvoering van Shakespeare se *The merchant of Venice* in die Kleinteater van die Universiteit van Kaapstad. Anna Minnaar-Vos (1969: 183) dui nie aan of dit die Afrikaanse weergawe was nie. Volgens Donald Inskip in *Forty Little years* (1972: 142) was daar eers in September 1955 'n opvoering van *Die koopman van Venesië* onder spelleiding van Fred Engelen in die Kleinteater.

Anna Minnaar-Vos skryf verder (1969: 183):

> In September begin hulle in Kaapstad repeteer. Hy is alreeds 'n baie siek man, maar met die uiterste kraginspanning en 'n onverbiddelike wil om nie in te gee nie, probeer hy deurdruk. Die ander spelers kom agter wat aangaan en in hulle bewondering vir soveel deursettingsvermoë probeer hulle hom help net waar hulle kan. Maar die taak is vir Doom se afnemende liggaamskragte te groot. Die repetisies word gestaak en die opvoering uitgestel.
>
> Op 24 Oktober gaan Doom vir X-straaltoetse en word bevind dat hy aan longkanker ly. Hy gaan na die Volkshopitaal vir 'n operasie, maar dit is reeds te laat.
>
> In die hospitaal kom baie vriende hom besoek. Van sy getrouste besoeksters is drie ou toneelvriendinne: Anna Neethling-Pohl, Gwen ffrangcon-Davies en Marda Vanne.
>
> [...] Kersfees bring hy by Af en Toe deur. Magda omhul hom met haar liefde en probeer om die Kersfees net so te laat verloop soos al die voriges in hulle lewe saam ... Dit moet vir haar die mooiste en die dierbaarste herinnering aan hulle lewe saam wees.

Hendrik Hanekom is op 16 Januarie 1952 oorlede. Hy is vanuit die Groote Kerk in Kaapstad begrawe. In *Die Huisgenoot* van 8 Februarie word hy só gehuldig:

> Dit sou in die geval van Hendrik Hanekom nie reg wees om in die geykte taal te sê dat die Afrikaanse toneel deur sy betreurde afsterwe 'n swaar of onherstelbare verlies gely het nie. Want hoewel hy tot die einde nog aktief in ons toneellewe gestaan het en selfs tydens sy siekte nog altyd groot planne gehad het, en hoewel hy sy kennis en ervaring en sy groot belangstelling nog langer tot voordeel van die Afrikaanse toneel sou kon gebruik het, kan die Afrikaanse toneel deur sy dood nie verloor wat hy in 'n lang en bedrywige lewe daaraan gegee het nie. Dit bly die erfenis van die geslagte wat kom, selfs al sou hulle daar nie altyd bewus van wees nie.
>
> [...] Aan die einde van sy lewe kon Hendrik Hanekom gelukkig wees in die wete dat die Afrikaanse beroepstoneel geleidelik gevestig geraak het en in ons kultuurlewe 'n plek verower het wat erkenning en geldelike steun van die staat ontvang het. Hy kan dubbel gelukkig wees by die gedagte dat dit in groot mate die gevolg was van

die spore wat hy en sy geselskappe gedurende 'n kwarteeu kruis en dwars oor die uitgestrektheid van Suid-Afrika getrap het.

Die deurvoerder

Mathilde was in staat om sonder Hendrik haar plek as aktrise vol te staan. In die jare ná sy dood sal sy byvoorbeeld in verskeie rolprente optree. Haar rolprentloopbaan het in 1942 begin toe sy en Hendrik in die rolprent *Lig van 'n eeu* gespeel het, en sy ook die kostumering van dié werk oor die NG Kerk se honderdjarige bestaan in die Transvaal behartig het (Le Roux en Fourie, 1982: 32). Daarna het gevolg: *Ek sal opstaan* (1959), *Spore in die modder* (1961), *Man in die donker* (1962), *Gem of the Karoo* (1963), *Die hele dorp weet* (1964) en *Die wonderland van Kammie Kramer* (1964).

Mathilde sal ook nog aan 16 verhoogproduksies deelneem. Daarvan is die belangrikstes *Die ryk weduwee* (1953), *Ek onthou vir Mamma* (1954), *Die wit perde van Rosmersholm* (1955), *Die twisappel* (1955–1956), *Ai, die liewe Martha!* (1957), *Bruidjie Dit en Bruidjie Dot* (1964) en *Die lewe wat ek jou gegee het* (1964). Haar laaste optredes was in Van Wyk Louw se *Die pluimsaad waai ver* (1966) en Strindberg se *Dodedans* in 1967.

In 1957 tree Mathilde op as Anna Neethling-Pohl se bestuurderes op 'n voordragreis. Op dié reis gebeur toe die gedoente met die padda. Anna Minnaar-Vos (1969: 195) vertel:

> Die reis is 'n geweldige sukses, want Anna besit die sterk en aantreklike persoonlikheid om so 'n eenman-aanbieding te laat slaag.
>
> [...] En altyd waak haar Shadow oor haar en sorg dat alles in die haak is. Een aand kom Magda agter dat daar iets vir Anna hinder terwyl sy voordra. Sy loer deur die gordyne in die saal, maar daar is alles stil en kalm. En toe, in een van Anna se dramatiese pouses hoor sy dit ook: 'n luide, uitdagende "Kwaak! Kwaak!" van 'n dammetjie naby die saal. Ná die nommer kom Anna baie ontsteld van die verhoog af.
>
> "Kyk, Magda, ek kán hard praat, maar daardie parra is my moses."
>
> "Toe maar, ek sal sorg," paai Magda. "Gaan maar op – hoor hoe klap die mense."
>
> Anna gaan op en Magda prakseer wat haar te doen staan. Dis 'n baie warm aand, dus moet al die deure en vensters noodwendig oop staan. Al genade is dus om die padda se bek te snoer.
>
> Sy gryp die lang stok waarmee hulle die saal se hoë vensters oopmaak en sit af na die dammetjie. Op die wal neem sy stelling in en elke keer as die padda sy kop bo die water uitsteek om 'n lekker ou "Kwaak!" te laat hoor, slaan sy met alle mag met die stok op die water. Dan duik padda se kind sonder 'n geluid weer weg. In die saal

heers daar nou rus en vrede en Anna kry haar verdiende applous, terwyl Magda dreigend met die stok op die dammetjie se wal bly sit.

Later tree Mathilde Hanekom op in *Ai, die liewe Martha!* – spesiaal vir haar geskryf deur J. Nel van der Merwe, met regie deur Anna Neethling-Pohl. Anna Minnaar-Vos (1969: 197) beskryf Mathilde se eerste kennismaking met die teks:

> Sy begin lees aan die stuk met oë wat kort-kort dof word van die trane, want daarin vind sy haarself en haar hele verlede – ál die herinnerings aan jare gelede se swaarkry op die stofpaaie, die vooruitbeur, groei en ontwikkeling tot sy by die hede kom en haarself sien soos ander haar sien: geëerde raadgeefster, geliefde vriendin. Sy lees tot die eerste flou daglig deur die gordyne skemer en haar kussing nat van die trane is.
>
> Die volgende oggend vroeg bel sy vir Nel en dam hom sommer kwaai by: "Jou vabond, hoekom het jy my tot vyfuur vanmôre uit die slaap gehou?" En Nel begryp dat dit haar manier van dankie sê is.

Ai, die liewe Martha! was 'n landswye triomftog.

J.J.K. beskryf haar rol en spel in *Die Transvaler* van 1 Mei 1957:

> Mathilde Hanekom verskyn in al die fasette van haar burlesk en erns as Martha Lindberg, moeder van die Afrikaanse toneel. Sy wals, paradeer, kry hartkrampe, bewys weldadigheid, krimp van angs vir die dodelike geluid van vliegtuie en ry self vliegtuig om toneel te speel en 'n opvoering te red. Sy is 'n vorstin van modieuse hoede en blomruikers, die moeder van 'n verloopte toneelkind in verdriet, die peetmoeder van ontluikende aktrises en bowenal 'n Afrikaanse vrou wat tradisies van haar volk getrou en 'n mens van haar mense bly. In hierdie dankbare rol vier sy een van die triomfe van haar loopbaan.

N.P. van Wyk Louw se omstrede *Die pluimsaad waai ver* word vanaf Woensdagaand 25 Mei tot 11 Junie 1966 in die Kleinteater in Pretoria en van 22 Junie tot 2 Julie in die Brooketeater in Johannesburg opgevoer. Mathilde neem deel aan die groeptonele met bruilofsgaste en boervrouens. Volgens J.C. Steyn (1998: 1038) het die volgende in Anna Neethling-Pohl se kleedkamer ná een vertoning plaasgevind:

> Met spierwit hare en 'n swart operamantel aan het dr. Petronella van Heerden in prof. Pohl se kleedkamer ingebars. Daar was trane in haar oë. "Dis waar! Presies so!" het sy gesê. "Só het ek dit as kind gesien, toe ons met 'n kar en perde gevlug het na die oorgawe van genl. Cronjé by Paardeberg!" Sy het haar verder uitgehuil in die arms van mev. Mathilde Hanekom. W.E.G. Louw, wat die storie vertel, voeg by: "En as dr. Nel van Heerden in trane oor iets kan uitbars, dan gaan daar iets mee aan!"

Anna Minnaar-Vos (1969: 218):
> Nog een maal, aan die einde van 1967, speel Magda 'n klein rolletjie vir TRUK in Strindberg se *Dodedans*. By dié geleentheid sê sy: "Ja, hartjie, ná al die jare is ek weer op die verhoog. Partykeer vergeet ek die twee lyntjies wat ek moet sê, dan sê ek sommer my eie."

Op 'n dag ná haar tagtigste verjaardag op 29 Desember 1976 is Mathilde Hanekom oorlede nadat sy vier jaar weens aarverkalking in 'n newelwêreld in Weskoppies by Pretoria geleef het.

Anna Minnaar-Vos bring op 3 Januarie 1977 hulde in *Die Vaderland* (1976):
> Sy het haar al hoe meer in die verlede teruggetrek totdat die hede nie meer vir haar eintlik bestaan het nie – net daardie dolgelukkige jare saam met haar geliefde Doom.
>
> [...] Maar selfs al het Mathilde Hanekom tien jaar gelede uit die kalklig verdwyn, lewe sy nog voort in baie harte en herinneringe. Wie eenmaal met hierdie borrelende, stuwende persoonlikheid kennis gemaak het, sal haar nooit kan vergeet nie. Al was sy vier jaar lank nie meer werklik van hierdie wêreld nie, laat haar dood tog 'n groot leemte by diegene wat haar goed geken het. Want nou is sy finaal weg en sal ons nooit weer haar innige en vrolike "Hullo, darling" hoor nie.

Op 30 Desember 1976 huldig Daan Retief haar in die SAUK-radioprogram "In die voorportaal". Hy noem haar op haar jeugname:
> Vir my is daar 'n ekstra tikkie weemoed in die wete dat Mathilda Hanekom op die Oujaar moes sterf, want in mý lewe het ek nog geen ander mens ontmoet wat 'n Oujaarsaand so kon geniet soos Tilla dit op haar dag kon geniet nie.
>
> Sy het van 'n Oujaarsaand gemaak wat die vroeëre Afrikaanse tradisie van 'n Oujaarsaand wóú hê – vrolikheid, pret, elke twee uur sop en koffie, en g'n mens sal slaap voor die Nuwejaar se son op hom skyn nie.
>
> (En deur sulke nagte was Mathilda altyd die voorste danser op die vloer en het sy dié wat baie jonger was as sy moeg gekuier.)

Op Nico Moolman se bandopname van 1969 vertel sy self oor die Nuwejaarsviering:
> Oom Hendrik het nooit 'n drankie toegelaat terwyl ons toer nie. Maar dan in die middel van November hou ons op met speel, want die skoolkinders is besig met eksamen en ons het altyd 'n groot toeloop van skoliere gehad.

En dan word dit Krismis en Nuwejaar. Baie van ons het geldjies gespaar vir dié tyd. En ons gaan huis toe. Ons het 'n huis in Somerset-Strand gehad. Die huis het so gestaan dat jy van elke kamer op die see kon uitkyk.

En daa-han ... is dit holiday. En oom Hendrik sê die spelers moet algar na hulle ouers toe gaan. En hy gee vir hulle treingeld.

Maar ek sê: "Ja, maar Oujaarsdagaand sorg julle dat julle almal hier is. Kom al Oujaarsdagoggend, want dan begin ons al 'instudeer'." Daaarlingh, en so drie-uur, dan begin die vriende uit die Kaap uit aankom, en Doortjie weet hoe baie vriende ons gehad het ... almal kommin mense, nes ek en sy ... (*Dora Moolman lag borrelend.*) En die radio speel plate die hele tyd. En Evie en Arrie wat die huis opgepas het terwyl ons die tien en 'n halwe maande weg was, partykeer nege maande, het die groot eettafel uitgedra buitekant toe. En dan lui Evie die klokkie en dan kan die mense koek en skons kom eet en koffie of tee drink. En dan gaan hulle swem. En so sesuur, dan het Evie die tafel vol vleise en kos gedra en dan eet die mense. En intussen loop die bottels leeg ... die wyn, die lemonade. En one, two, three ... dis nog nie mooi donker nie ... dan gaan ons in huis toe en begin die (*Mathilde sê dit met ontsag.*) dans. So tienuur, dan wil een al uitsit, dan sê ek nee, kom, die melkboy het nog nie opgedaag nie. En ons dans tot die lig begin uitkom en die melkboy opdaag. Dan neem ons 'n kiekie, ook met die melkboy by, en ons gee hom iets om te eet en te drink. En dan dans ons nog en eet dan ontbyt. Dan gaan slaap almal. En vyfuur die middag dan sê ek dis Nuwejaar, opstaan, opstaan! Nee, met Nuwejaar het oom Hendrik 'n uitsondering gemaak. Hy was net so jollie. Maar hy was self die barman. Die bar was met die trappe op in sy studeerkamer. Hy't daar gesit en lees, en as hy wou gaan swem, het hy die bar toegesluit.

Daan Retief vertel (1976):

Ek het 'n foto'tjie waar 'n klomp van ons suur en seer staan teen die oggendkoelte van Nuwejaarsdag 1949. Almal van ons lyk vaal en moeg na die deurnag-kuier. Net Mathilda lag nog. En dit verbaas 'n mens nie, want sy het die vrolikheid van die Klein-Karoo in haar gehad. Sy was uit 'n geslag van pret-mense. Kitaarspel-mense, lekkerlag-mense, poetsbak-mense, mense met 'n liefde vir die lewe. Prins Albert se De Beer-mense van vroeër.

Dit is heelwaarskynlik ook waarom Mathilda Hanekom nooit "aktriserig" geword het nie. Natuurlike mense *word* net nie so nie. Haar lewe lank het sy die vrolike, mooi meisiekind van die Swartberge gebly, sonder aanstellerigheid, sonder bog.

En toekennings en gloeiwoorde het niks aan hierdie natuurlikheid van haar gemaak nie. "Hoghe mense" (soos sy hulle genoem het) het haar beïndruk, maar nie bederf nie. Deftige onthale het haar bekoor, maar nie bederf nie. Sy het haar huis net soveel geniet as haar verhoog, want haar huis was haar lewe en die verhoog was haar werk, en haar lewenspad saam met haar man, Hendrik Hanekom, baanbreker-toneelman van weleer.

Watter vrou sal opoffer wat Mathilda opgeoffer het om in daardie vreemde, verre, onverligte jare, *alles* van huis en haard te los, en saam met haar man 'n beroep te begin waarvan die gelyke in daardie stadium nie eens bestaan het nie – dié van professionele Afrikaanse verhoogkunstenaars?

Dit was 'n voltydse, dag-na-dag-ryery die ganse land vol oor paaie wat ons onsself nou moeilik kan voorstel, en dit was opvoerings in landbousaaltjies, hoteleetkamertjies en sinkgeboutjies waarvoor die hedendaagse Afrikaner sal neus optrek. [...]

Ek wonder of die Afrikaanse beroepstoneel in daardie jare aan die loop sou gebly het as daar nie iemand soos Mathilda Hanekom was nie. Want mense wat dinge kan *begin*, is volop. Dis die *deurvoerders* wat skaars is. En Mathilda was 'n deurvoerder sonder weerga.

Hendrik Hanekom het die artistieke, finansiële en sakelas gedra. Mathilda was die hart en siel van hulle toneelgroepe. Sy het die sielkunde geken van, in moeilike tye, net op die regte oomblik 'n koffiefles se dop af te skroef, of 'n koue gekookte eier te voorskyn te haal. 'n Koningsdis vir moeilike tye. En moeilike tye was daar baie.

Teenoor die rustige, byna enigmatiese Hendrik Hanekom was Mathilda die ene entoesiasme, die verkwikker, die liefdevolle blaasbalk agter die vuur wat die man gelouter het wat die Afrikaanse toneel gelouter het.

Wat my ook altyd sal bybly oor Mathilda Hanekom as mens, was haar allesoorheersende liefde vir haar man. Alles wat sy ooit bedink het, het sy vir Hendrik bedink. Alles wat sy ooit beplan het, het sy vir Hendrik beplan. Haar lewe was vir Hendrik. Hoe tragies dat in so 'n toegewyde huwelik, haar man byna 'n kwarteeu voor haar moes sterf ... 'n kwarteeu waarin Hendrik steeds reg voor gestaan het in Mathilda se ry van herinnerings.

En nou is dit weer Oujaar. Maar ons Oujaarsvriendin het hierdie een nie gehaal nie. Maar ons, almal van ons, sal deur al die baie Oujare vorentoe, dikwels en baie aan haar dink, aan hierdie nooi uit Prins Albert, hierdie sprankelende mens, hierdie toegewyde baanbreker, Mathilda Hanekom.

André Huguenet
Die ou wat Ampie gespeel het

Spoghans Borstlap

Gerhardus Petrus Borstlap is op 22 Oktober 1906 in Bloemfontein gebore. Sy Nederlandssprekende oupa wou gehad het dat hy na hom vernoem word: Cornelius Wilhelmus Réhuel Zelotes. Dit was 'n ander Nederlander wat aangedring het op 'n heeltemal ander naam vir hom toe hy toneelspeler wou word. Hy en Paul de Groot het saam op "André Huguenet" besluit.

Sy outobiografie, *Applous! Die kronieke van 'n toneelspeler*, het in 1950 verskyn.
Hy word groot in 'n spoorwegkamp (Huguenet, 1950: 2–3):

> Die koppelwonings was soos swaelneste aanmekaar gemodder, daar was geen asemhaalplek nie, die vertrekke was klein en ongerieflik ... Die mense daar het slegs belang gestel in die maandelikse salaris en teen die dertigste eet almal lekkers, vrugte en poedings en die kinders loop met krakende skoene en nuwe pakke klere, om die volgende week reeds weer met die boekie op skuld te gaan koop!
>
> [...] Ek was 'n verwende en perverse kind en my ouers geen bemiddelde mense nie, wat drie kinders moes opvoed uit 'n skamele salaris. My broertjie [Manie – D.B.] was 'n ontembare sportmaniak en 'n deurbringer van klere; 'n allemansvriend en uithuisig. Sally, my suster, was 'n mooi meisie met 'n lieflike sangstem. Ons twee het reeds op elfjarige leeftyd klavierlesse begin neem.
>
> [...] Ek was sonder twyfel die "spoghans" onder die familie, verwaand, ydel en gevolglik 'n bietjie verwyfd. Alhoewel ons arm was, kon ek nooit die "vernedering" van eenvoudige klere en ander ontberings duld nie. Hierdie innerlike verset teen my milieu het aanlei-

ding gegee tot afsondering van my skoolmakkers, veral later op kollege.

Haar tweede man

André Huguenet die "spoghans" se beginjare as beroepstoneelspeler word met chronologiese spronge tot 1938 in die hoofstukke oor Wena Naudé, die Hanekoms en Lydia Lindeque gedek, aangesien hy toe baie met hulle saamgewerk het.

Hier word nou 'n sprong terug na 1928 gemaak, die periode net ná die *Besigheid is besigheid*-toer met Paul de Groot as leier.

Op 13 Maart 1928 breek Wena Naudé en die Hanekoms weg van Paul de Groot. André bly egter nog in diens van De Groot en hulle bied *Haar tweede man* aan.

Hoe het die spelers in dié stuk geklink? Huguenet gee 'n aanduiding (1950: 47):

> Ek was 'n emosionele vulkaan wat op gesette tye in erupsie verkeer het. Ek het die brutaliteit besit om De Groot te kritiseer. Ek het my verset teen die Hollandse uitspraak wat hy op ons probeer afdwing het; ek het genoeg van my oupa se taal oorgeërf en mense het daarvan begin praat. Henri van Wyk het 'n bywoner-Afrikaans gepraat, Elise Louw [Rena la Roche – D.B.] met daardie vervelige Bolandse opwaartse infleksie by al haar uitgange wat Paul so woedend gemaak het, en hy self 'n onmiskenbare Hollands wat glad geen sweem van Afrikaans gehad het nie; selfs die dubbele ontkenning het ontbreek!

Huguenet se rol was "dié van 'n man wat vyftien jaar weg was, dood gewaan deur sy vrou". Hy kom onverwags terug en vind haar getroud "met sy beste vriend aan wie se sorg hy haar toevertrou het".

> [...] Ek kon die gemoedsgesteldheid van so 'n ongelukkige nie peil of aanvoel nie en dit is psigologiese aksie wat die waarde van egte dramatiese kuns bepaal. Die baie lang alleensprake en bepeinsings van hierdie man wat deur smart verstandelik onewewigtig raak, wou ek met liggaamlike aksie toon, soos dikwels in bioskope en, myns insiens, ook in hierdie melodrama die geval moes wees. Maar Paul het my doodstil laat sit soos Hamlet en hom sterk uitgelaat teen alle handeling, maar wou deur innerlikheid die karakter laat openbaar.

Hierdie keer toer hulle met "'n groot bus wat soos 'n veerwaentjie gelyk het, 'n vierkantige bak op 'n Chevrolet-onderstel". André het verleë gevoel. "Wat sou my mense sê as hulle sien dat ons die land deurskommel met so 'n ou 'lorrie'!" (Huguenet, 1950: 47–48).

In *Die Burger* van 18 Julie 1928 verskyn 'n nuusberig oor 'n voorval op dié toer. Is dit nie dalk as reklame "geplant" nie, sodat die lesers kon weet waar die geselskap hulle toe bevind het, en hoe suksesvol hulle is? Oor wat presies op die bus gebeur het, kan mens maar net gis.

WAAR IS DIE GELDSAK?
'n Skrik vir die Paul de Groot-geselskap
Die Paul de Groot-toneelgeselskap het gister, Saterdag 14 Julie, byna die slagoffer geword van 'n groot finansiële verlies. Die De Groot-geselskap het vir twee weke in Brits-Betsjoeanaland getoer met *Haar tweede man*, en mnr. Paul de Groot het die opbrengste in 'n leerhandtassie bewaar tot die geselskap op Kimberley kom, waar die Standard Bank 'n kantoor het. Op weg na Kimberley het die handsak êrens tussen Christiana en Bloemhof soek geraak en nêrens kon die geldsak opgespoor word nie. Op Bloemhof is telefonies berig ontvang dat 'n handelsreisiger, 'n sekere mnr. Papenfus, wat kort agter die geselskap se motorbus gereis het, 'n dergelike sakkie in die pad gevind het. Die sak wat oor die tweehonderd pond bevat het, is onbeskadig terugbesorg.

Huguenet (1950: 51) vertel van 'n ander voorval op die toer:
In die verafgeleë Taungs (waar daar die sogenaamde "verlore skakel" gevind is) het ons in die hotel se eetkamer, wat as saal ingerig is, 'n opvoering gegee. Sonder decor en met die minimum ligte moes ons dié aand optree. Om toegang te verkry tot die enigste deur wat na die geïmproviseerde "verhoog" lei, moes ons deur die kantien gaan. Vol drinkende, ruwe mynwerkers (daar is naamlik 'n mangaanmyn digby) wat allerhande onpaslike opmerkings gemaak het oor die ongewone prosedure, moes ons 'n weg baan om ons opgange te maak. My baard het groot konsternasie verwek en tussen die bestellings van "whisky and soda" deur, het een geskree: "That man is a nationalist!" en drie forsgeboude mans storm op my af. Was dit nie vir die tussenkoms van Paul en die hoteleienaar nie, sou die drinkers my dié aand seker nie sonder letsel daarvan laat afkom het nie!

'n Korrespondent van *Die Burger* op Kamieskroon doen op 28 April 1928 verslag oor wat in daardie geweste gebeur. Die rol wat toneelkuns in die alledaagse lewe gespeel het, blyk duidelik:

SMAG NA REËN
Namakwaland kry nog maar swaar. Die boer wat die geluk gehad het om onder die laaste reëns te ploë, sien maar met min hoop uit na 'n oes. Die weer word aldag baie belowend en dan kom die oostewind maar weer. Saterdagaand het Paul de Groot se geselskap die toneelstuk *Haar tweede man* hier in ons koshuissaal opgevoer en 'n goeie opkoms geniet. Die stuk het vir ons baie beteken en ons sien uit na mnr. De Groot se tweede besoek.

'n Kleurling is hierdie week deur die assistent-magistraat beboet met £2 omdat sy varkhok in 'n vuil toestand aangetref is. Dis 'n waarskuwende voorbeeld vir ander.

In September 1928 ontvang die spelers 'n besonderse hulde. Op Vryheid in Natal was die teater gepak. Met die buiging aan die einde word oor die voetligte 'n reusetros piesangs vir hulle aangebied.

Paul de Groot gaan kerk toe

Henri van Wyk vertel in *Die Vaderland* van 26 November 1964 anekdotes oor Paul de Groot, ervarings wat moontlik uit hierdie jare dateer. Oor Paul se kerkbywoning vertel hy:

> Paul de Groot het nie juis die binnekant van 'n kerk goed geken voordat hy na Suid-Afrika toe gekom het nie. Veral op hul plattelandse reise het hulle dikwels met kerklui in aanraking gekom.
>
> Vir Paul de Groot was daar geen verskil tussen 'n predikant, 'n ouderling of 'n diaken nie. Hy het almal voor die voet "dominee" genoem ...
>
> In Suid-Afrika het Paul tydens hul reise soms ook saam met die jong Afrikaanssprekende toneelspelers van sy geselskap op Sondae kerk toe gegaan.
>
> Met kollektetyd wanneer die diaken by hul ry kom, het Paul de Groot gewoonlik die een hand opgesteek en vir die diaken gesê: "Wag, ek betaal voor seve ..." Dan het hy 'n pondnoot met die ander hand uitgehaal, dit op die bordjie of in die sakkie gegooi en die diaken met die hand verder aan gewys.
>
> Vir die koster het Paul de Groot die hoogste bewondering gehad. Na die koster het hy altyd verwys as die "hoofbediende" van die kerk.
>
> Hy kon sy oë nooit van die koster af hou nie. Nog voor die diens begin het, het hy die koster met sy blik gevolg net waar hy in die kerk beweeg het om vensters oop te maak of deure toe te maak.
>
> Ná afloop van die diens het hy gewoonlik die koster opgesoek en dan 'n fooitjie in sy hand gestop. Net daarna het hy die koster ewe plegtig met die hand gegroet en gesê: "Dit was banja goed, hoor! Ik heb dit seer genote ..." (bedoelende die diens).

Oor vriendskap

André Huguenet (1950: 53) getuig daar het

> ... 'n innige vriendskapband tussen die vier deelnemers van hierdie klein geselskap [vir *Haar tweede man* – D.B.] ontstaan. Van Wyk het

my boesemvriend geword en Rena la Roche, 'n stukkie porselein, het "olie op die golwe" gegooi wanneer daar misverstand kom. In my siel het daar behoefte aan vriendskap ontstaan – die eerste maal in my lewe ... Die verskil in leeftyd tussen Paul en my het "vriendskap", in die ware sin van die woord, onmoontlik gemaak. Hy was my patroon en ek sy protégé, maar sy poging om iets meer te word, het my altyd oorweldig. Sy lewenservaring en mensekennis het my afgeskrik en afgesluit.

Van Wyk, met sy lewensblyheid en tipiese Afrikaanse ewewigtigheid, het my aangetrek en ek het langsamerhand in hom 'n vriend gesoek. 'n Slaafse aanhanklikheid aan 'n persoon wat die direkte antitese van my eie self is, het soms in hewige, onverklaarbare konflikte geëindig, maar hierdie verskille het op die lange duur die vriendskapband hegter gesmee ... Iemand moes in my jong lewe kom om my oordrewe, fanatieke en eiesinnige idees te neutraliseer. Van Wyk en Rena het my meer menslik gemaak, minder selfsugtig en met 'n oog vir ander se belange ook ... Van Wyk het 'n invloed op my gehad wat my iets meer gemaak het as 'n "rare jongen", soos Paul dit uitgedruk het.

Helene Botha en *Geleende geld*

André Huguenet skryf (1950: 54):

[Ná *Haar tweede man* was De Groot] sterk ten gunste van 'n beter soort stuk vir ons volgende keuse en almal was geneë om Ibsen 'n kans te gee. *Poppehuis*, verreweg sy gewildste drama, het maande lank Paul se aandag geniet, en toe eindelik daarop besluit is, moes die plattelandse gehore gereeld saans ná afloop van die opvoering van ons toekomsplanne verneem. Hy steek dan 'n hele relaas af oor die naturalisme en die omwenteling wat dit in Europese lande veroorsaak het. Weinig het die arme mense van al hierdie geredekawel begryp.

In Jansenville, waar ons eintlik aangedoen het om 'n versameling vetplante te bekom, het ons 'n onderwyseressie Helene Botha ontmoet. Ná afloop van die opvoering het sy ons in die kleedkamer kom opsoek en haarself bekend gestel as die speelster van Nora, onder leiding van dr. Con de Villiers op Stellenbosch. Meteens het daar 'n lig vir ons opgegaan: dis al wat ons nog kortgekom het ... 'n aktrise om die moeilike hoofrol te vertolk ... Helene Botha sou 'n jaar studieverlof aanvra en die uitgebreide toer met ons meemaak.

Helene Botha se dagboek oor die reis met *Geleende geld* (NALN-toneelmuseum) bied 'n eerstehandse beeld van reis- en opvoertoestande asook besondere insigte in die persoonlikhede van Helene Botha, De Groot, Huguenet, Van Wyk en Rena la Roche (vir wie Helene Elise noem).

> Sondag 6 Januarie 1929: Ons het vanmiddag die Strand verlaat. Ons bus is gerieflik. Eers sit ek (by die venster), dan André, Elise en Van Wyk. Paul en die drywer sit voor. Die rit was jolig, ek het dit baie geniet. Ek hou van almal buiten van Coetzee die drywer. Hy is al te familiêr. Ons het na ete gaan wandel.

Ook Lydia Lindeque (1941: 47–49) teken Coetzee:

> Op een van Paul se toere het hy 'n eienaardige man gehad wat vir hom die bus bestuur en wat die geselskap oneindig veel pret verskaf het: Andries Coetzee. Hy kon nie lees of skryf nie. Tog het hy homself altyd voorgedoen as die persoon om wie die hele De Groot-geselskap draai. Dit was een van sy ou laaie om te poseer as die bestuurder van die geselskap. Dan het hy dikwels spelers, plekbesprekers, saaloppassers, almal wat binne sy magsgebied die opvoering in die geringste in die wiele ry, op die mees pittoreske manier sleggesê …
>
> Hy was 'n mooi geboude man met 'n rooi knewel van 'n snorbaard wat soos stukke ou uitgepluisde besemgoed weerskante van sy mond afgehang het. Hy het 'n snaakse soort stap gehad met 'n paar groot weglê-voete wat hy spog-spog na links en regs voor hom uitgegooi het. Hier was 'n tipe kêrel so reg na Paul se hart. En om die twee saam die straat af te sien kom – Paul met sy deftige houding en Snorbaard met sy lang los baadjie in die wind en sy groot stewels soos ploffende olifantpote in die stof – was genoeg om jou oor siek te lag.
>
> Andries was 'n Woltoon van die Boe-Pêrel, waarop hy baie trots was. Ai, maar kon hy nie bry nie! Hy het sy erre gerol soos 'n kind sy hoepel. [...]
>
> Dit was met dieselfde toer dat Paul twee baie skraal dames in sy geselskap gehad het [vermoedelik Helene en Rena – D.B.]. Hulle twee en die "bestuurder" kon nooit eintlik bra stryk nie. Op 'n aand kom hy agter na die verhoog toe en vertel dat die mense hom voor by die deur gevra het:
>
> "Waarr krry Paul de Grroot daarrie twie drroebiskuite vandaan? Hulle sit daarr op die steits nes twie mierrkaaie …"
>
> [...] Eenkeer het Paul hom 'n mooi blink kamerjas present gegee, net om te sien wat hy daarmee sou aanvang, dink ek.
>
> En Snorbaard het hom nie teleurgestel nie. Hy was so trots op daardie jas soos 'n jong offisier op sy uniform. 'n Week lank het hy dit elke middag aangetrek met sy groot kapstewels sonder kouse. Dan wys daar 'n stukkie wit been tussen die soom van die jas en die

stewels, en stap hy met 'n handdoek oor sy arm af bar toe waar hy in 'n skorre stem, wat die aandag van almal op hom vestig, die kelner beskree:

"Haai, miesterr *propraaiwer*... Sê bietjie warr's julle badskamerr!"

[...]

Eenkeer het die geselskap by 'n plaas in die Karoo stilgehou om water te drink. Net voor ons vertrek, kom die hele familie uit om ons vir oulaas goed te betrag. Een tante het oor die agterdeur geleun en bus toe geskree: "Haai, waarmee smous julle?" En Snorbaard skree terug: "Ons smous met Paul de Grrrote!"

Ook Huguenet beskryf Coetzee (1950: 54):

Hy het 'n vrypostigheid en ongedwongenheid aangeleer wat hom tot op die verhoog gelei het! Paul het hom gebruik om as "Jean" die huisbediende die telefoon te beantwoord en 'n skenkblaadjie met briewe op te bring [in *Haar tweede man* – D.B.]! De Groot kon lekker die draak steek met ons bestuurder. Sy naam is elke dag in die hotelboek geteken as "Sacha de la Fontenelle" of "Maurice Jacques" en ander eksotiese Franse beroemdhede! Ou Coetzee was baie bang vir 'n leer; niemand kon hom hoër as drie trappies laat opklim nie. Hy het altyd heftig geremonstreer: "Wie sal vir my vrou en kinders sôre as ek daar afval ... Paul de Grrroote ...?"

Helene Botha:

6 Januarie: Die klomp vloek so bietjie te veel na my sin! Ek moet oppas dat ek dit nie aanleer nie.

Maandag 7 Januarie: Caledon. Ons het vandag begin oefen – dit was 'n ware blou Maandag. P. de G. het my die dag laat berou dat ek 'n Bolander is – my spraak is hopeloos, my stembuiging is soos een wat op 'n leer klim – begin laag en styg hoër en hoër. Die oefening was akelig en uiters vermoeiend!

[...] Twee "travellers" het ons gevra vir die bioskoop – ons het nee dankie gesê. Ek het al my kouse uitgewas en moet nou my part vir môre gaan leer. Dis al halfelf, maar ofskoon ek baie vaak en moeg is sal ek maar moet. O jee! Ek is nie meer my eie baas nie!

Dinsdag 8 Januarie: ... Die oefening was baie beter en die tyd het gou omgegaan. P. de G. se humeur is nog maar baie kort. Elise moes hoor: "Verdom! Sit nou de linkerpoot naar voren!" omdat sy verkeerd gestaan het.

Na ete het ek tarantella geoefen. Van Wyk was "charmed" en dink dis *pragtig*! Ek, P. de G. en Elise het gaan wandel. Die mense het baie gekyk. Hy het ons kafee toe geneem. André en Van Wyk het ons bioskoop toe gevra, maar ons het ons upstairs gehou. P. de G. het by ons kom gesels tot tienuur. Toe kom die ander en ons vier het baie gespot en geterg. André het P. de G. se wit boetse voor my deur gesit en dit versier met wit "daisies" wat hy uit 'n blompot gesteel het.

Woensdag 9 Jan.: ... Ek kon nie vandag vir P. de G. plesier nie – niks was reg nie! 'n Ou Ier van ongeveer 45 het vir Elise en my vir die bioskoop gevra – ons het gegaan, maar P. de G. het homself genooi en ook saamgedrel. Ek was dus aan hom oorgegee. Die film het 'n baie groot indruk op my gemaak – "Stage Madness"! [...]

Vrydag 11 Jan. 1929: Vanoggend was akelig, ek kon niks reg doen nie – ek was vaak en lusteloos. Na ete het ek probeer slaap, maar het pure nagmerrie gehad. Ek het my mooi aangetrek en toe baie mooi gespeel – P. de G. het my tog te danig geprys.

[...] Na ete het ons met Mr Parr [die Ier van ongeveer 45 – D.B.] en Pienaar gaan spin. Ek het agter by Parr gesit. Hy het gesê: "You are the sort of girl who wants to be loved and you are loved wherever you go – you have lovely eyes" – ja! sê ek, "en 'n windskeef neus"!

[...] Hy wou my op my voorkop soen. As P. de G. daar soen, gee dit my nog "spasms", maar met sy ou snortjie kan ek net so wel my tandeborsel oor my voorkop veeg. Ons moes vanaand ons rolle instudeer. Ek het met Elise sit gesels en eers halfelf in my kamer gekom – dis nou elfuur en die rol kan na die maan!

Saterdag 12 Jan.: Vanoggend het ons lekker geoefen ten spyte van die feit dat ek die nag niks geslaap het nie, en drie-uur nog slapeloos rondgedwaal het. Vanmiddag het ons vakansie gekry. P. de G. het my twee portrette present gegee. Elise en Van Wyk het heeldag nie met mekaar gepraat nie en het vanmiddag gesoen en afgemaak.

P. de G. het my vanaand bioskoop toe geneem. Dit het vreeslike opgewondenheid by die ander span veroorsaak. Hulle meen hy is "smitten". Arme drommels! As die arme man skeef na 'n meisie kyk, is hy skielik verlief. Ek is bly ek is nie hy nie. Elise "inform" my dat Nora se portret groot en breed op sy spieëltafel staan! En wat daarvan??

Sondag 13 Jan.: Vandag het ons laat geslaap tot tienuur. Toe het ons gaan briewe skryf in die sitkamer. André en Van Wyk het 'n palm, twee "advokado pear" boompies en 'n kruik rondom my gepak om my in die regte sentimentele stemming te bring om my "love letter" te skryf – die palm en die kruik moes my laat dink aan die "sheik"! Na ete het A. klavier gespeel. Ek en Elise het gewedywer wie die lelikste gesig kan trek – die plek was dood, nie 'n mens op straat nie ... Vanaand was ons almal in die kerk. P. de G. het nie geweet wat om met sy lang bene te maak nie. Daar was 'n jong kêrel wat gepruim het – ek kon sien hoe hy die "chew" afbyt! [...]

> Maandag 14 Jan.: My pen is leeg – hy voel glo nes ek! ... Niks interessant het gebeur nie – buiten dat die slotbedryf van *Geleende Geld* baie hartstogtelik is. P. de G. met sy manlike aandoening, beef soos 'n jellievis as hy my teen sy boesem vasdruk.
>
> Dinsdag 15 Jan.: ...Vanmiddag het ek sleg gevoel toe ons begin oefen. P. de G. het sonder genade my die krisis oor en oor laat speel. Ek voel later die saal begin draai met my. André en Van Wyk het die ding agtergekom, maar P. de G. is soos 'n klip. Later speel P. de G., André en ek saam en ek voel my knieë gee pad, ek maak my mond oop, maar daar kom nie stem nie. André vang my toe en ek klou om sy nek vas soos een wat versuip. Hy het my op 'n stoel gesit en hul het my arms begin vryf – maar ek hyg net na asem – wil huil en lag ... Elise het haar gek gehardloop vir water. Later, toe ek regkom, het ek 'n vreeslike swaap gevoel. Die oefening het daar gestop. Ek het my kom siek huil in my kamer – my senuwees het skoon ingegee. Elise het my brandewyn en 'n asperin gegee. Van Wyk het my nou in die bed 'n tros druiwe gebring. P. de G. was nou net hier met 'n kardoesie meebos en het ekskuus gevra vir vanmiddag.

Huguenet getuig (1950: 57):

> Helene Botha het aanvanklik teleurgestel. Reeds op die veeleisende repetisies te Caledon het sy twee maal flou geword en kon nie die dissipline en nougesetheid van De Groot se metodes gewoond raak nie. Sy het in Stellenbosch die rol in Engels vertolk, maar dit het nie ooreengekom met Paul se opvatting nie. Soos gewoonlik het dit moeiliker geblyk om 'n aktrise iets af te leer as om haar iets van die begin af aan te leer.

Helene Botha skryf verder in haar dagboek:

> Woensdag 16 Jan.: Ons oefen nou net in die oggend – dis baie aangenaam ... Ek en Elise was met Basson en O'Neill in die bioskoop. P. de G., André en Van Wyk was ook daar – dit lyk hul pas ons op. [...]
>
> Vrydag 18 Jan.: Vandag se oefening was lekker, ek begin nou al 'n bietjie my part ken. Elise en Van Wyk het vir twee dae nie gepraat nie; vandag het hul weer opgemaak. Van Wyk is bitter ongelukkig. Ek het probeer raad gee, maar jaloesie is 'n bitter ding ... Ek het die dans geoefen. P. de G. wil my nie vang soos die dansonderwyseres sê nie. Hy het weer allerlei besware gehad en ek sê toe maar "ja" en wou nie my asem mors nie, want as die Hollander 'n nuk in sy kop kry, sal jy dit nie met 'n span osse daaruit kry nie. Ek sê toe vir hom: "Sê maar ja, dan is jy van die las ontslae!" Hy moes lag ...

Saterdag 19 Jan.: Vandag was dit 'n tranedal – gelukkig nie by my nie. Ons het vir die eerste keer in die Stadsaal geoefen. P. de G. was die duiwel self. Arme Elise het dit bitter gehad! André en Van Wyk is oorhoeks en dit was vanaand 'n hele affêre. André het 'n drug geneem en Van Wyk het gedink dis gif. Hy hardloop toe kaalvoet in die reent dokter toe en pluk hom uit die bed. Dr. het hier in sy gown aangekom met sy Bybel nog in die sak. Dr. sê toe daar is nie gevaar nie, want hy het nie te veel geneem nie. André en Van Wyk is toe weer versoen – dit het alles gebeur ná ons uit die bio gekom het. P. de G. het ons geneem.

Sondag 20 Jan.: ... Ons was weer almal in die kerk. Onder die gebed kry ek gedagte van wat P. de G. gister vir Elise gesê het: "Gods, kind! kom tog niet op het toneel nie soos een kraai!" (Elise het krom geloop en sy het 'n lang nek.) ... [Paul de Groot – D.B.] het in die kerk na drank geruik! Van Wyk sê hy drink baie in die laaste tyd. [...]

Dinsdag 22 Jan.: ... P. de G. het vandag 'n gruwelike fout gemaak. Ek sal vanoggend nooit vergeet nie. Ek het al my respek vir hom verloor en verag hom uit die diepte van my hart. Ek het vanaand soos 'n mal ding vir 'n uur in die wind rondgeloop – park, bad en hospitaal toe. Daar was 'n groter storm binne my as die windstorm buite.

Die resultate is uit en 12 uit die 13 matrieks van Jansenville is deur. Hoera!

Woensdag 23 Jan.: Vandag se oefen was eienaardig. Ek en P. de G. het "love scenes", maar ek het meer gevoel asof ek hom wou klap as soen.

Ek praat nie met hom van die toneel af nie. Hy sal *moet* ekskuus vra vir gister. [...]

Vrydag 25 Jan.: Ons het ons gedaan geoefen – oggend en middag. P. de G. het weer 'n nuk in sy kop. Die kinders het vanoggend saam geoefen – die kleinste was so ontsteld dat hy wou gaan "pee"! P. de G. het vir hul lekkers gegee en gee toe die kardoes lekkers vir my. Ek het sonder om 'n woord te sê dit weer voor hom neergesit en weg geloop. Vanaand was ons almal op 'n dans in Park Hotel. Elise het nie gegaan nie, haar pa is ernstig siek. P. de G. het met my kom dans, en ek moes. Hy vra toe hoekom ek vir hom kwaad is en hy het berou dat hy dit ooit gevra het! Hy het gesê ons sal die ding nog uitgesels – hy sal moet ekskuus vra ... Ek het met Groenewald gaan spin i.p.v. dans. Ons was bad toe, maar hy het hom goed gedra. [...]

Dinsdag 29 Jan.: ... P. de G. het vir my kom ekskuus vra hier in my kamer. Hy was tog te aangedaan en het my hande gesoen. Ek het vir hom gesê hy is harteloos – hy ontken dit. Die aand het ons by die Swartse deurgebring. A. het hom baie ongeskik gedra en vir my en

Van Wyk stil gemaak onder die speel. Toe hy dik is, wou hy somaar loop en lyk toe vreeslik "bored" toe ons nie wil gaan nie.

Vandag was A., V.W. en Coetzee met die bus Worcester toe om "posters" op te slaan. Ons het alleen geoefen en dit baie geniet. Vanmiddag was die kinders by my om te oefen, maar ek wou met O'Neill gaan tennis speel en "bribe" hulle toe met "penny licks" (ice cream) om huis toe te gaan ... Vanaand het ons gou geleer om ons gesig op te maak. P. de G. het my hopeloos opgemaak en ek lyk rooi met rooi oë soos een wat "booze". Hy het toe vir E. en my bio toe geneem – "Learning to love"!

Woensdag 30 Jan.: ... Ons het heelmiddag gordyne reg gemaak. Ek voel siek en benoud as ek aan die opvoering dink. Ek hoor Wena Naudé en Hanekoms kom hierheen vir opvoering – mens kan nou al 'n eier by my kook ...

Donderdag 31 Jan.: P. de G. was vanmôre omgekrap. A. en V.W. het gisteraand voor hom in die bio van hom sit en skinder – hy het dit gehoor en vanmôre moes ons oor en oor speel – hy was briesend. [Die res van die inskrywing gaan oor hoe sy flankeer met 'n boer, 'n reisiger en 'n derde man – D.B.] [...]

Sondag 3 Febr.: P. de G. sit vanaand langs my in die kerk en ruik na drank – dit grief my om drank in 'n kerk te ruik. "André was setting the new fashion in a green sporting jacket!" – so gaan toneelspelers kerk toe ...

Maandag 4 Febr.: Alles lyk so duister. Môreaand dié tyd sal ons opvoering verby wees. My hart is swaar. Ek weet nie hoe ek die nege maande met die hopie mense gaan deurmaak nie – met die uitsondering van Elise haat ek die res.

Dinsdag 5 Febr.: Die opvoering is verby. Dit was 'n sukses. Ek was byna radeloos. Ek en E. het by beurte om mekaar se nek geval en geween.

P. de G. was die duiwel in oor iets. Ons het gedink dit was met ons. Ons het baie blomme gekry ... Dis nou eenuur; ek sit by E. in bed – ek kan nie vanaand alleen slaap nie, my senuwees is op hol ...

Woensdag 6 Febr.: (Villiersdorp.) Ek voel hoog dronk. Ek het niks supper gehad nie; ek was te opgewonde. Na die opvoering het ek en E. vir iets gesoek om te eet en Mr Vos nooi en trakteer ons toe op 'n beer shandy – die ding sit in my knie. Daar was 'n pip squeak diertjie wat in die koerant skryf en hy sê so ewe: "Ek sal iets oor die spel in die koerantjie sit." Hy meen hy doen ons 'n baie groot guns!

O! P. de G. het hom lê uitslaap vanmiddag terwyl ons rond hardloop en kinders leer. Vanaand was hy soos 'n duiwel en het vreeslik vir E. uitgeskel oor haar "make up". Hy het geknoop soos 'n ...

Donderdag 7 Febr.: (Worcester.) ... P. de G. is vandag weer vriendelik. Vandag het ek skoon ingegee. Ek het opgegooi toe ek in die saal kom – ek is siek. P. de G. het vir eenkeer geskrik en 'n bottel brandewyn gekry – ook iets by die apteek om pyn dood te maak. [...]

Saterdag 9 Febr.: (Riviersonderend.) ... Die verhoog was hopeloos klein – ons het etlike flaters gemaak. P. de G. het vanoggend drank saam in die bus gery – hy begin nou vreeslik drink. Hul sê hy het dit nooit tevore gedoen nie. Ek wil met hom daaroor praat. Ek mag nie vanaand "verdomp" sê nie, want die mense sou kamma geskok wees. [...]

Donderdag 14 Febr.: (Malmesbury.) ... Mammie, Dolly en Jacobus was vanaand by die opvoering. Paul Louw en Joseph het ons saal toe geneem. My brandewynbottel het in die straat stukkend geval! Die opvoering was taamlik. A. was die duiwel in en het die tarantella te vinnig gespeel dat ek nie my draai kon kry nie. Ek moes my knieë dra ...

Vrydag 15 Febr.: Die hele geselskap is op strike! Van Wyk dwing om sy goed te vat en huis toe te gaan – ek is tot my nek vol vir A. Sondag gaan daar 'n losbarsting kom. Ek ... hoor niks van C. nie ['n minnaar wat sy nie duideliker identifiseer nie – D.B.] – dit maak my neerslagtig. Vanaand se opvoering was 'n "farce". Milly Mouton sê kamma dit was mooi. Elise en V.W. het ook baklei oor gisteraand se spin. E. sê P. de G. het met *Haar tweede man* orals gespeel. Hy sou selfs in 'n "closet" speel as daar net twee brille in is sodat daar twee mense kan sit – dis 8/1 in sy sak!! Ek was vanmiddag soos 'n leeu oor A. – daar gaan nog groot dinge gebeur. Ou Coetzee het vanaand toon aangeslaan met die sigaar in sy mond. Die twee voete staan nog oos en wes! Hy sê toe hy na sy vrou gevry het, het hy sy voete reg binne toe gehou as hy om die draai van die huis kom. Nou, as hy met sy vrou in die straat stap, sê sy: "Pieter, draai jou voete binne toe!"

Saterdag 16 Febr.: (Porterville.) Ek het vandag 'n lekker brief gekry van C.; nou voel ek weer gelukkig. Hier is vandag groot omwenteling. A. het heeldag niks geëet nie – hy en Van Wyk het baklei. Vanmiddag het hy net druiwe geëet en toe 'n bottel wyn uitgedrink – hy het fits gekry en was so siek soos 'n hond. Hul het dr. Neil Hugo ingeroep. P. de G. en A. het toe 'n vreeslike "row" gehad. Ek en P. de G. was ook oorhoeks oor kinders wat hy nie bestel het nie. A. wou nie speel vanaand nie, ek het met hom gepraat, swart koffie ingegee en hom maak eet. Hy het darem gespeel ... A. en V.W. het oor E. vuis geslaan – ou Coetzee moes hul uitmekaar maak – en elkeen in sy kamer opsluit. P. de G. is die duiwel in vir A. en wil hom môre die "sack" gee ... Ons het 'n skattige kindjie van drie jaar op die stage gehad.

Sondag 17 Febr.: Ek lê nou op Elise se maag en groen naghemp te skryf. Dit is so vol druiwe – haar maag, nie die nagjurk nie – dat dit 'n lekker tafel is. Vandag was weer rus en vrede. A. is 'n ander man en dood nice – een keer se dronkword het hom die wêreld se goed gedoen. Ek en P. de G. het 'n lang "talk" gehad. Hy het belowe om sy eie klere in te pak – ek hoop hy hou sy woord. [...]

Maandag 18 Febr.: (Hopefield.) Die mense hier geniet nie ons spel nie, dis te diep vir hul ... Niemand het my na die opvoering kom sien nie – dis 'n onbekende wêreld. Net die dans het hul voor geklap. [...]

Donderdag 21 Febr.: (De Doorns.) ... Mag die Heer my help dat ek nooit sulke drie onnosel kinders het nie soos ek vanaand op die verhoog gehad het – ek het hul sommer afgestoot en die een geknyp met die afgaan. [...]

Maandag 25 Febr.: (Fraserburg.) Ek en P. de G. het 'n hewige rusie gehad – ek het te veel agter hom gestaan en die mense kon nie sy pragtige gesig sien nie. Hy knyp my sommer en sê ek moet vorentoe staan. Ek was so verskrik dat ek skaars die slot kon speel. Toe die gordyn val, het ek nie gou genoeg omgedraai nie en met my rug na hul gewees. Toe bars hy los ná die gordyn toe was. Ek is na sy kamer toe en vra hom wat skeel – ek het nie vir hom stilgebly nie – hy ja my die kamer uit, maar ek bly staan en sê toe vir hom hy sal jammer wees! Ek sal nie vir 'n oomblik aarsel om hom net hier te verlaat nie.

Ons S.A. woordeboek het nog nie 'n sleg genoeg naam gevind vir P. de G. nie.

Woensdag 27 Febr.: (Loxton.) ... P. de G. en A. het vanoggend weer aan mekaar gespring omdat A. by 'n losieshuis was – hy was dus 'n kaffer genoem – A. het nie stilgebly nie! Vanaand is hul weer boesemvriende! Die Heer help my dat ek nooit 'n artieste word nie – al die lae streke noem hul artistiese temperament! [...]

Vrydag 1 Maart: (Hanover.) ... Die saal en verhoog is lekker, maar aug! die voetligte was drie tamaai Milnerlampe – die hittegolwe het by 'n mens se bene opgeklim. [...]

Woensdag 6 Maart: (Bethulie.) Maxie Botha, 'n ou speelster, het hier aangekom. P. de G. is mal verlief op haar – sy is verloof.

Donderdag 7 Maart: (Springfontein.) Vandag het ons verdwaal dat dit 'n naarheid is. I.p.v. een en 'n halfuur te ry het ons vier uur geneem om hier te kom! A. is skoon uit sy sinne – hy loop al weer rond soos 'n waansinnige. Ou Coetzee het ons vertel van Maxie Botha en A. – dit is glo nog spasms wat hom so bijoengs maak.

Vrydag 8 Maart: (Edenburg O.V.S.) Ons het vanmôre vreeslik vasgeval. A. het uitgespring en die pad gevat. Van Wyk het plaas toe geloop vir 'n graaf. 'n Ander kar kom toe en wou ons help en val self vas – dit was nou somaar 'n gawe Engelsman. Ons het toe uitgekom en hom gehelp. 'n Derde kar kom toe by en val ook in. Toe alles oor was, kom Van Wyk op sy gemak met 'n graaf – hy het eers tee gedrink by die tannie en perskes geëet! André het op 'n ander kar geklim wat hom langs die pad gekry het. Ek sou die spektakel baie geniet het, maar ek het vreeslik pyn gehad en was nie lus om in die veld te bly sit nie. A., V.W. en Coetzee het 'n hewige rusie gehad, V.W. het A. goed opgeneuk oor E. [...]

Maandag 11 Maart: (Luckhoff.) Ek en André, of nee, Gert Borstlap, want hy is skielik vanaand nie 'n lae Afrikaner nie maar 'n Hollander, het vanaand 'n hewige uitval in die saal gehad. Hy het 'n seun geklap, geruk en pluk omdat die seun nie 'n lamp by die hotel kon kry nie. Ek roep toe uit my kamer en sê hy moet nie vir hom so gedra nie. Toe is die gort gaar! Hy vlieg my in en sê alles wat sleg is! Ek sê hom weer net so sleg en later lag ek, ou C. en Van W. hom uit. P. de G. sit met sy bek vol tande – so 'n lafaard! Vanmiddag het A. 'n brief van V.W. gesteel en glo opgeskeur. Ek het die brief gesien en dis daaroor wat A. so woedend is. O, hy is 'n skurk!

Dinsdag 12 Maart: (Jagersfontein.) André het "all round" ekskuus gevra ... Ons het 42 myl in doodse stilte gery – g'n een sê boe of ba nie. A. het toe al sy sê gehad [...]

Vrydag 15 Maart: (Bloemfontein.) Ons speel nie hier nie, maar lê leeg. Ek en E. is by dr. Van Rhyn – dit is heerlik om weer by sulke mense uit te kom. Ons het vanaand baie gesels en sy oë oopgemaak vir wat P. de G. regtig is – nie die vriend van die Afrikanervolk soos hy wil voorgee nie, maar 'n bloedsuier! Ons het Nora gediskusseer en Dr. is met my eens in die opvatting – dis hieroor wat ek en P. de G. so baie op Caledon gestry het! Hy laat vir Nora as 'n swak figuur verskyn terwyl sy in werklikheid 'n monument van 'n vrou moet wees ...

Saterdag 16 Maart: (Excelsior.) ... Ek het op brandewyn vanaand gespeel. Ek kon nie dink oor makerolletjies nie en skree toe vir Kristen om krimenaatjies te bak – P. de G. het sommer hard gelag! [...]

Dinsdag 19 Maart: (Dealesville.) ... P. de G. het gisteraand te veel whisky gedrink, toe is hy vanmôre aamborstig en "had 'n koorts". Hy lui toe vir Dr. op – maar die opluiery was eers snaaks! Hy trek hom toe kaal uit, net met 'n handdoek om en lê wag vir Dr. V.W. het toevallig daar ingekom, maar hy sê 'n lyk op strooi was 'n mooi bog! O, maar hy is pieperig! [...]

Woensdag 20 Maart: Ons het vandag twee keer vas geval – die eerste keer moes ons al die bagasie uitlaai en die wiele oopgraf. Dit was 'n "sight" om vir my en Elise met groot trommel en twee suitcases in my een hand en 'n graaf in Elise se ander hand deur die deurslag te sien loop. Elise se kniegies het teen mekaar gestamp en sy het gestap soos 'n bees wat te veel van die mosdoppe geëet het.

Die tweede keer het mense ons kom help. Om vir A. en P. te sien stoot was 'n treat – hul glo nie daaraan om hulself te verrek nie ... E. en V.W. raak skoon laf verlief.

Vrydag 22 Maart: (Marquard.) Hell! Hell! Hell! Nee, Helene, jy word oud en jou senuwees kan nie meer sulke dinge verteer nie. A. het vanoggend weer begin lol – dis weer oor V.W. en hy weier om sy goed te laat pak. P. was boos en ons is weg sonder hom. V.W. het in die bus gou Rank se rol sit leer. P. is half deur die wind – hy trek sy vaal pak aan, jas en hoed en soek 'n orrelis om die tarantella te speel – toe trek hy hom weer kaal uit, net met 'n handdoek, en spons hom af. Tien minute later is hy weer in die saal en help stoele regsit. V.W. moes twee rolle speel en solank hy verklee, moes ek 'n klein stukkie inlas in die spel met die kinders by die Krismisboom!! Dis nou van my, maar ek hou somaar my lyf Ibsen en skryf self 'n bedryf. Van kwart oor ag tot halfelf was een lang hel! V.W. ken nie sy part nie en hakkel – kom verkeerde plekke in en ek was die hele tyd in doodse angs. P. de G. was nie eers van plan om 'n ander in A. se plek te kry nie – hy sal moet. Ek moes tarantella dans sonder musiek!! Hier is ek onbekend!

Saterdag 23 Maart: (Winburg.) Nee kyk! Die lewe word interessant! P. de G. het vanoggend besluit om 'n nuwe kêrel te kry. E. en V.W. was weer so dik dat 'n mens dit nie met 'n mes kon sny nie. Toe kom ons hier en E. raak danig met 'n mooi lang vent – Coetzee. Toe is die gort gaar! Van Wyk neem 'n paar goengaais en 'n botteltjie aspirin. Toe ons terugkom van ons spin is E. by hom in die kamer en toe begin die poppe dans. V.W. weier om te speel en Coetzee en ek praat mooi – koef! slaat hy neer in die gang en ek en ou Coetzee dra hom kamer toe – E. hardloop weg en loop kry fits in die kamer. Ons moes lank sukkel om hom by te kry. C. neem hom toe saal toe en daar kom ek in die kamer om vir E. te sien trekkens kry op die bed. Ek ja haar toe 'n goengaai in, vryf haar warm en neem haar saal toe. Binne 'n uur is die twee weer dood danig en ek en ou Coetzee sit met geskokte senuwees. [...]

Sondag 24 Maart: (Winburg.) ... Ek is nou al so sat en dik van al die nonsens en jaloesie ... E. het baie skuld daaraan, sy sê vir Coetzee daar is niks tussen haar en V.W. nie en moedig hom so aan. [...]

Maandag 25 Maart: (Ventersburg.) A. het vanmiddag getelegrafeer uit Johannesburg en later opgebel en gevra of hy kan terugkom. P.

het ons opinie gevra en ons het ons voorwaardes gestel. Ek het 'n "straight talk" met E. gehad oor haar gedrag en die skande van die naweek – sy was boos en baie parmantig, maar vanaand is sy weer stroopsoet. V.W. hou hom styf teenoor my, ek wonder wat E. hom loop vertel het.

Dinsdag 26 Maart: (Odendaalsrus.) Vanoggend toe ek my oë oopmaak, staan E. by my en sê verskrik – "André is terug!" Soos 'n groot speld is hy toe weer terug, maar P. sê toe hy moet nou Krogstadt speel – nou is hy Kroonstad toe om die rol te leer en Vrydag tel ons hom daar op ... Die opvoering was 'n farce! P. moes reg in die begin natuurlik weer in my hare krap en dit het my so boos gemaak dat ek vir die res van die aand af was. My seuntjie was tog te snaaks – hy het die geheimsinnige blikkie gebruik en toe hy sien dat V.W. uit net so 'n blikkie sy gesig skoonmaak, dag hy dis met die inhoud van die geheim-blikkie en skree ewe waarskuwend Antie hy was sy gesig met die p!

Huguenet (1950: 58) skryf oor sy aanvanklike vertolking:

Die rol van Dokter Rank, die slagoffer van erfsonde, het my ten deel geval en vir dié wonderlike geleentheid sal ek Paul de Groot in lengte van dae dankbaar bly. Hierdie tragiese figuur met die dood in hom, die intieme huisvriend van die Helmers, is feitlik 'n wandelende lyk wat met slepende gang moeisaam voortbeweeg as gevolg van 'n oorgeërfde rugmurgontsteking wat hom geleidelik graf toe sleur. Paul het my die karakter laat opbou tot in die fynste détail; elke oogflikkering byna, en 'n tam, lomerige manier van beweeg met behulp van 'n stok ... met 'n bleek, maskeragtige grimering en grys diep oogsakke ... Die resultaat: 'n vroeg-oud askeet... Die hele opvatting van die Rank-figuur het ek passief gehou en met 'n innerlike krag probeer laai.

Rena la Roche was die vriendin Christine Linden, Van Wyk was Krogstadt die geldskieter, en Paul die eggenoot Torvald Helmer. Hierdie, myns insiens onbeduidende, rol het hy weer met sy sterk persoonlikheid byna te kragtig vertolk vir so 'n swakkeling en gevolglik is die ander mansrolle ietwat uit verband gegooi. Ibsen, die vroue-aanbidder en kampvegter vir haar regte, het min goeie mansrolle geskep wat opweeg teen die skitterende vrouekarakters, tensy hy daardie man plaas tussen twee nog sterker vroue.

Maar Huguenet het nog 'n rol vertolk. Oor dié verandering wat hy moes maak, vaar hy uit teenoor F.C.L. Bosman (ongedateerde brief, F.C.L. Bosman-versameling):

Dr. Rank was my lieflingsrol. De Groot merk onraad en besluit om my rol af te neem, dit self te speel (en my na te aap) en gee my sy rol van die eggenoot Helmer, 'n part wat geen akteur ooit met sukses kan vertolk nie, dis Ibsen se swakste karakter ... Bah ... as ek dink hoe ek vier maande *dit* moes speel! Ek is klaar met De Groot. Openlike diefstal ... geen geld liewer as 'n pragtige rol wegsteel!!

Helene Botha skryf verder:
> Goeie Vrydag 29 Maart: (Edenville.) Gister het ek 'n "catch" gemaak op Bothaville by die skoolraadsekretaris – hy sal my 'n pos gee. Ons het twaalfuur op Kroonstad aangekom by die Selbourne Hotel om André te kry volgens afspraak. Die gek was glad nie daar tuis nie; dis somaar vir spog wat hy so telegrafeer ... Ons het halfvier hier aangekom – dis 'n misrabele klein gaatjie. Ek was stokalleen vanaand en toe speel 'n gramophone hier langsaan so hartroerend "Mistakes" en "Parked" dat ek my kussing so nat gehuil het. [...]
>
> Woensdag 3 April: (Viljoenskroon.) ... O, ek haat P. de G. Hy het weer vergeet om die ouderdom van die kinders te sê, toe kry ek tamaaie seuns en dogters. Die prinsipaal Mr Roux van Wellington het my sy brief gewys. P. wou my toe soos gewoonlik afstry en die prinsipaal tot 'n leuenaar maak – ek speel toe my troefkaart en sê ek het die brief wat hy geskryf het. P. is toe so boos dat hy die kinders wat ek so swaar geleer het vanaand weggeja het en ons speel toe sonder hul. Hy het nie eens die ordentlikheid gehad om my te sê wat ek nou op daardie plek moet doen nie. Die lae skurk! Ek sal môre nie die kinders leer nie! Ons het ná die opvoering by die prinsipaal tee gedrink – P. is so onbeskaamd dat hy nogal saamgaan ... Ek het amper flou geword in die tweede bedryf – ek voel dood siek! [...]
>
> Vrydag 5 April: (Potchefstroom.) My plan was om die geselskap hier te verlaat – ek kan P. de G. stenig oor die kinders. Ek het na sy kamer geloop en ons het 'n baie lang diskoers gehad – hy het eindelik gewys dat hy menslik is. Ek was baie hard, maar het hom later jammer gekry – ná ek hom goed die waarheid vertel het omtrent homself, het ons vriende gemaak – die ou het my bedank vir die "talk". Die kinders het weer vanaand gespeel en sal weer soos voorheen speel – ek het daarop gestaan! Pots is 'n mooi groot plek en het lekker winkels. Die saal is heerlik, die verhoog was so groot dat ek byna verdwaal het. Dit was 'n baie lekker gehoor! Ons het heerlik gespeel en P. lyk vanaand doodgelukkig! Ons "dressing room" het mooi en tamaai spieëls.[...]
>
> Maandag 8 April: (Ventersdorp.) ... Die man wat in die saal werk (Engelbrecht) kyk met die een oog na die voetligte en die ander na

die plafon! A. en ou C. is nou boesemvriende – twee Judasse bymekaar! Ek mag van A. se vrugte eet, maar E. mag nie. Hy het vir hom 'n gramophone gekoop. V.W. het ons nou hier tot halfeen entertain op die rusies van die vorige toer – die Hanekoms, Wena en Bareherd [Borcherds – D.B.] op Stellenbosch. Ons het baie gelag!

Dinsdag 9 April: (Lichtenburg.) Ons is nou binne in die diggings en, glo my, die gehoor was vanaand goed ongeskik. Hul het gelag oor alles! Vanoggend vroeg om halftwee hoor ek 'n vreeslike geklop aan die deur en 'n motor se ligte skyn in die kamer. Ek dag toe siende dat Mr Onion 'n detective is moet dit seker iemand vir hom wees en daar was 'n moord of iets. Ek raak toe net opgewonde, want ek hoor 'n gefluister in die gang. Nie te lank nie of ek hoor 'n klop aan ons deur, toe loop ek oor van nuuskierigheid! Wat was my teleurstelling groot toe die vrou sê dit is 'n nuwe "boarder" en sy moet by ons in die kamer slaap. [...]

Woensdag 10 April: (Coligny.) ... Die hotel is lekker, daar was net groot rusie omdat A. nie in een kamer wil gaan met ou C. nie. Nou is hul weer groot maats. O, maar ons stage! Ek is glad bewerig in my bene van op los planke stap en dans! Die mense was bitter ongeskik – die vrou by die deur met die baby. Vanoggend is ons laat weg uit Lichtenburg. Ou C. moes voorkom om tienuur en is 10/1 beboet omdat hy op "Road Closed" gery het!

Donderdag 11 April: (Ottoshoop.) ... Ou C. was vanmôre omgekrap en het geweier om te laai. P. het garage toe gestap en 'n ander bus loop huur. Toe C. dit sien, spring hy op die bus en loop laai gou. Ons het vanaand in die hof gespeel. Vanmiddag toe ons daar inkom, was ek op die bank en E. en V.W. elk in 'n box. Die uitspraak was "onskuldig, maar albei hoort in die malhuis". Die mans het in die magistraatskantoor aangetrek en ons in die poskantoor [...]

Vrydag 12 April: (Zeerust.) Dit is die tuiste van Maxie Botha. P. en A. is albei half deur die wind van verlief. Sy het A. kom sien en hy was so opgewonde dat hy nie in sy klere kon kom nie. Hy het na my uitgehardloop, kaal voete en oop hemp met 'n broek wat loshang. P. is "all smiles" en kom môre per taxi Groot Marico toe en bring haar saam ... Ek en E. het baie gelag vir P. en A. se ontsteltenis oor Maxie – ons het hare gewas, stage klere uitgewas en gestryk en dit alles net vir Maxie. [...]

Sondag 28 April: (Bloemhof.) ... Ou C. en André is dood stuurs en ek en Elise kon nie ons lag hou nie aan tafel toe André net Yorkshire pudding order sonder beef – die bediende bring hom toe darem albei, maar ou C. wat nie kan lees nie sê toe agter A. aan, maar Yorkshire het hom dronk geslaan en hy sê toe net "pudding". Gelukkig was die sweets plum-pudding en hul bring hom toe dit. Die ou se gesig was 'n kunswerk van teleurstelling en woede. Hy wou nie sy fout laat agterkom nie en sy maaltyd was dus sop, vienna sausages en pudding. Die ou was honger en het toe maar baie jodebrood by sy koffie geëet om die holte in sy maag te vul. [...]

Vrydag 3 Mei: (Vryburg.) Van Wyk is in bed met "appendecites" en A. moes sy rol speel – alles het baie goed afgeloop. Ons sal vir arme ou V.W. hier moet agterlaat – E. huil nou al – môreoggend sal ons net moet troos ... Na die opvoering was daar 'n heerlike "spread" by Mrs Walters en hul was bitter teleurgesteld dat A. en P. nie daar was nie. Arme drommels is glo doodverlief. [...]

Hemelvaart Donderdag 9 Mei: (Postmasburg.) "No rest for the weary!" Soos gewoonlik moes Helene weer oefen. Paul as Krogstadt is 'n "scream" – hy rittel en beef van aandoening. [...]

Saterdag 11 Mei: (Klipdam.) Ons het oor Barkly-Wes gery en nou is ons hier op die diggings. Dit was 'n stampende saal, maar 'n baie oproerige een. Paul het stilgebly terwyl ons twee alleen op was en gesê hy sal die dronk kêrels uit die saal gooi as hul nie nou stilbly nie. Ná die opvoering het hul op hom gewag en die saal ingekom om skoor te soek. Paul hou toe sy lyf klein en die polisie het hul weggeneem. [...]

Dinsdag 14 Mei: (Barkly-Wes.) ... Vanoggend toe P. hier kom en daar is niks geboek nie en die saal is £4, sê hy ons speel nie en buitendien voel hy siek. Die muishond rooi gesig booking klerk praat hom toe weer 'n gat in die kop. Ons moes toe maar mooi saal regmaak. Die dokter het ons twee kom sien en sê P. is verkoue en ek het rus nodig. P. meen toe hy is ernstig en word hewig siek. Toe ek 5:30 uit die saal kom, laat P. my roep en sê ons speel nie – hy het koors.

Die d...mn booking klerk kom toe weer en P. laat hom weer ompraat. Ek en E. kan moor – P. staan toe op en voor ons speel, het die klerk 'n hewige toesprakie gelewer en gesê P. is baie siek, maar het tog besluit om te speel. Die mense juig hom toe toe hy afkom. Ek wat baie sieker is as P. en 'n seer keel het, dié word niks van gesê nie ...

Vrydag 17 Mei: (Hopetown.) Die mans het P. oortuig dat dit 'n onmoontlike rit is en dat ek dit nie sou staan nie! Ons bly dus hier. Vanaand se speel was hel – my keel het ingegee en ek was later so hees dat dit soos 'n padda se gekwaak geklink het. Toe André moes inkom, is hy skoon weg en daar staan ek – ek hardloop later af om hom te soek en ons moes die gordyn laat val. Dit was 'n konsternasie in die aantrekkamers! P. wil toe somar hê V.W. moet gou sy make up verander en ingaan as Krogstadt. P. sê toe vir die gehoor een van die spelers is ontsteld en hul moet vyf minute wag, dan sal ons weer aangaan – almal meen toe dis ek wat ingegee het. Eindelik daag A. op en P. is so gedwee soos 'n lam – nie eers een uitskelwoord nie – ek dink P. is bang vir A.

A. verklaar toe dat hy terug hotel toe was na die WC, want sy magie was seer! [...]

Maandag 20 Mei: (Britstown.) Ons was vanmôre vier myl uit Hopetown toe V.W. 'n attack van appendicites kry. Ons moes omdraai en stadig terugry hotel toe waar ons hom agtergelaat het. Arme Elise het dit bitter – ek was bly dat ek nie vanmôre in haar skoene gestaan het nie. A. was baie kwaad omdat ek hom uit die kamer geroep het om die twee 'n kans te gee om alleen te wees – ek het my nie aan sy boosheid gesteur nie!

Woensdag 22 Mei: (Vasburg.) [Vosburg – D.B.] ... Ons het gehoor ons speel hier in 'n skuur en P. sê toe as dit te sleg is, sal ons nie speel nie – ons het net begin bly word. Die dorpie is bitter klein en 45 myl van die naaste stasie Pampoenpoort. Toe ons hier kom, hoor ons dat 100 bespreek is. Die skuur is van rooi baksteen met 'n groot sinkdeur. Die vloer is los klippe en sand – maar 'n mooi platform was gemaak. Die Vasburg-mense het die verhoog nie geken toe ons daarmee klaar is nie ... Susan du Plessis ... het dit vreeslik geniet – dis die eerste toneelgeselskap wat nog ooit hier gespeel het. Ou Coetzee is tog te vies oor A. en E. vriende is.

Dinsdag 28 Mei: (Calvinia.) Auk, maar ek het vanaand sleg gespeel – wie kan ook speel as jy die twee, P. en A., verag met wie jy speel. A. wat ons so opgehits het om te strike, het vandag gestrike – ek het in my kamer gelê en alles gehoor – elke woord – hy het ons almaal sleg gemaak – net hy is akteur en gaan nou £8 'n week kry. Goed, ek en E. sal vir P. môre gaan sien – A. sal nie sy sin kry nie – hy is 'n lae onderkruiper – hy sê dis ons wat oproerig is! ... P. het vir my en E. albei 'n box chocolates gegee – hul is damn oud en muf!

Woensdag 29 Mei: (Nieuwoudtville.) Ek en E. het al ons moed in ons hande gevat en vir P. in sy kamer gaan spreek oor wat ons gister afgeluister het tussen hom en A. Ons het P. mooi vertel wie die valse ophitser is en dan daarvoor betaal word – hy het ons twee meer beloof. A. voel so skuldig hy kan ons nie in die gesig kyk nie. Ou C. het nog sy elent (talent) [dis 'n verklaring deur Botha self in die dagboek – D.B.] om motor te dryf.

Donderdag 30 Mei: (Van Rhynsdorp.) Dit is heeltemal 'n oulike plekkie, maar die saal is beroerd en klein – daar was vanaand 'n gestamp, stoot, druk en skreeu om by die saal in te kom – dit was tjok en blok, en 'n klomp moes omdraai – hul was net oproerig!

Voor het 'n damn mooi Engelsman gesit – hy het hard probeer om alles te verstaan en het by die end vreeslik geklap ... In die voorste ry het twee outjies so "beloved" gewees dat hul somaar loshand sit vry. Hy wil glad nie na my kyk nie, maar hang voor die nooi om soos 'n vink by die bek van sy nes. [...]

Die dagboek eindig met 'n inskrywing vir Donderdag 6 Junie waarin sy veral die natuurskoon van Knysna bewonder.

André Huguenet skryf (1950: 64):

> Almal was moeg en 'n bietjie ontgogel ... Ons stuk was nie gewild nie en ons het struweling gehad. 'n Onbepaalde vakansie was die aangewese uitweg vir almal, en in hierdie gees is ons dan ook uitmekaar. Op 8 Oktober 1929 is Paul met die *Sistiana* na Europa.

Hierna keer Helene Botha terug na die onderwys en André Huguenet aanvaar 'n pos by *Ons Vaderland*.

Dis nie myne nie

Ongeveer 1929 vertel André Huguenet die volgende in *Die Burger* om die toer met *Geleende geld* in die mense se gedagtes te hou:

> Ons reis van Pretoria na Johannesburg. Daar aangekom, het mnr. Paul de Groot tevergeefs op sy bagasie gewag. Eindelik, ná 'n lang oponthoud, kom daar 'n groot kis en dokumente ens. aan wat blyk om aan kommandant De Groot van die Heilsleër te behoort. Die kommandant het die toneelspeler se koffer gekry. Ons wonder wat die kommandant alles in die akteur se koffer gevind het. In Pretoria het Paul de Groot weer rekenings ontvang vir honderde sakke meel, suiker ens. Dit was bestem vir 'n bakker met dieselfde naam.

André Huguenet word Ampie

Huguenet pak sy volgende rol in 1930 aan: Ampie in Jochem van Bruggen se verwerking van die eerste twee romans in sy *Ampie*-trilogie: *Die natuurkind* (1924) en *Die meisiekind* (1928). Die derde, *Die kind*, verskyn eers in 1942, lank ná hierdie verwerking.

Kannemeyer (1978:187) toon aan hoe Van Bruggen sy hoofkarakter plaas "in bepaalde maatskaplik-verworde milieus ... om sy krag te toets en die geleenthede vir die verteller skep om sosiaal-didakties op te tree". Ampie en sy mense leef in armoede op Vlakplaas, hy ervaar die treurige leefomstandighede in Blikkiesdorp se sinkhuisies, en, in die laaste roman, die haglikheid van die delwerslewe. As Ampie die "natuurkind" teleurstellings ervaar, is dit na sy esel ou-Jakob dat hy sy toevlug neem. Ná die dier se dood begin 'n nuwe lewensfase vir hom: 'n verhouding met Annekie.

Op 16 Maart 1930 skryf André Huguenet aan dr. F.C.L. Bosman van die Universiteit van Kaapstad vanuit sy *Ons Vaderland*-kantoor in Pretoria:

> Geagte dr. Bosman
>
> Hierby stuur ek u 'n foto van myself as *Ampie* – omdat u een van dies is wat hom interesseer vir die Afrikaanse toneel.
>
> Dis my opvatting van Ampie, *so* sien ek hom en so gaan ek hom speel. Só het ek hom sinds die eerste dag gevisualiseer, en só het hy vir my langsamerhand uitgekristalliseer en werklikheid geword! Dit is vir my die kostelikste karakter-studie wat ek nog ooit gespeel het, en, nodeloos om te sê, het "Ampie" my nagrus meer as eenmaal verstoor. Ek sien my droom egter stadigaan verwesenlik – ons sal oor 'n klein maandjie hier op Pretoria die première gee, en gaan hoogswaarskynlik ook naar Kaapstad, Stellenbosch en Bloemfontein.
>
> Skryf my wat u van die stuk (?) dink, ek voel dis ons plig om "Ampie" vir ons publiek te bring!
>
> Vriendskaplik die uwe

Stephanie Faure word die regisseur van *Ampie*. Huguenet beskryf die openingsaand van 18 April 1930 (1950: 72):

> Ons het slegs twee kleedrepetisies gehad, 'n versuim waarvoor ek Stephanie nooit sal vergewe nie. Die grimeerdeskundiges het nie opgedaag nie en ons het die aaklige vooruitsig tegemoet gegaan dat die openingsaand die eerste sou wees waarby die grimering vir alle karakters gedoen sou word!
>
> Die son het nog hoog aan die hemel geskyn, toe begin die bokwaens en bokkies, treppies en verewaentjies, ruiters te perd en kinders per skoolbus voor die Operagebou stilhou. Die teater was reeds weke vantevore totaal uitverkoop en slegs sitplekke op die hoogste en ongerieflikste galery was nog beskikbaar. Besoekers uit Johannesburg, die skrywer self met sy familie, letterkundiges, kunstenaars, geleerdes, kritici, politici, predikante, hoofonderwysers, verteenwoordigers uit alle vertakkinge van die maatskappy, het saamgedrom om die skerm te sien opgaan oor die "Ampie" van die toneel.
>
> Totaal opgevreet deur senuwees, het ek in my kleedkamer in 'n koue doodsweet uitgebreek. Mense het gekom en gegaan. Die amateurs was net so senuweeagtig as ek. Ek het die leiding van Paul de Groot gemis en myself vervloek dat ek ooit hierdie waagstuk aangepak het! Die orkes het begin en ek het op die toneel gegaan om die res van die geselskap te sien. Ek was verpletter toe ek Annekie gewaar. Die arme meisiekind is deur die Franse of Duitse of watter

soort grimeerders opgemaak soos 'n modepop! Dit het gelyk of sy met haar netjiese rokkie en koketterige grimering nou net uit 'n revue of danskoor stap. Ek moes tweemaal kyk om seker te maak wie dit is. Die ander manspersone het almal 'n sprekende gelykenis vertoon met figure soos Bloubaard, Landru, Raspoetin en Ali Baba! So 'n versameling on-Afrikaanse gesigte het ek nog nooit bymekaar versamel gesien nie ... en ek daartussen met my toiings, boskasie en vuilbesmeerde voete. Stephanie het die liewe haarkappers en skoonheidsdokters die vrye teuels gegee en hulle het 'n kolleksie saamgestel wat madame Tussaud se wasbeelde alle eer sou aandoen!

Ek moes my inhou en 'n stille gebed opstuur vir bystand te midde van hierdie konglomerasie. Die brandskerm was nog af, maar ek kon die dreuning soos 'n veraf wind in die skouburg hoor. My vonnis word vanaand gevel en 'n vagevuur is vir my voorbestem! 'n Dik laag van my smerigheid het ek gou gaan afvee en 'n kam deur my hare getrek om ten minste nie soos 'n ontsnapte kranksinnige te lyk tussen my medespelers nie. Die laaste tone van die voorspel het weggesterf en die boere het hulle om die afslaer op die verhoog begin skaar en al rokende gesels en geskerts terwyl die voorhang stadig opgaan. Oorverdowende applous het die eerste toneel begroet en my moed het gestyg ... die dekor was ten minste 'n sukses!

Op my verbouereerde esel wat hier in die sye rondskop en trappel, het ek gewag vir my sleutelwoorde. "Daar kom 'n donkie en 'n ruiter aan ..." skree die afslaer en ek en ou Jakob beur hier uit 'n donga van die agtergrond af op. 'n Ware vloedgolf van dawerende applous het uit die groot, saamgedromde gehoor losgebars. Ek was die kluts heeltemal kwyt en moes die boer met 'n slaphand twee-driemaal groet voordat ek kon begin praat. So 'n ovasie is genoeg om jou kouekoors te gee. Ek kon myself nie help nie ... en soos Byron het ek een oggend opgestaan en was beroemd! In doodse stilte het die massa ons spel gevolg.

Huguenet-hulle vorder tot by die tweede bedryf se derde toneel met die sing van die aandgesang:

    ... Breng ik van zorg en strijden moe,
    Voor elken dag mij hier gegeven
    U hoger, reiner loflied toe.

BOOYSEN: Die reën val soos bokhael op die aarde. (*'n Slag dreun – almal skrik.*)

MEVROU B.: O Kasper, die slag was seker langs ons huis.

BOOYSEN: Die weer is soos 'n oordeelsdag! Die slag het neergeslaan en naby ook. Ons moet wakker bly tot die weer oor is.

MEVROU B.: Sou die slag nie van ons beeste doodgemaak het nie?
BOOYSEN: Bes moontlik, vrou, as dit God behaag het, moet ons tevrede wees. (*Hy kyk by die venster uit.*)
AMPIE: Die weer het doodgemaak, omie!
BOOYSEN: Die weer bedaar nou.
Ampie sit as verdoof.
MEVROU B.: Die weer is oor, Ampie, slaap maar op die rusbank.
BOOYSEN: Ons kan nou gerus gaan slaap. Dit was 'n waterspoeling. Hoor die spruit! Nag, Ampie.
Booysen en Mevrou B. af.
AMPIE (*lê sy kombers op rusbank*): Die slag het doodgemaak! Het hy nie dalk vir Annekie getref nie? Iets het hy getref, iets van my. Ek voel dit, ek het iets verloor. Ek weet dit! – Of dalk het die weer vir ou Jakob getref! Ag, Here, nee, dan liewerster vir Annekie! Ag, liewe Here, nee! Spaar ons tog almal same asseblief! Ek moet weet! Ek moet weet! (Af.)
Skerm.
Die werf agter Booysen se huis na die storm – dagbreek. Ou Jakob lê getref en Ampie met sy kop op die dooie donkie. Booysen soek Ampie en betrag die toneel.
BOOYSEN: Die liefde is onbeskryflik! Ampie! – Ampie! (*Stoot aan hom. Ampie beur hom langsaam orent.*) Ampie, ou seun, kom, jong, staan op.
AMPIE: Ja, oom Kasper. (*Booysen help hom.*)
BOOYSEN: Die weer het vir ou-Jakob doodgeslaan, nè?
AMPIE: Oom Kasper, is ou-Jakob dan dood?
Skerm.

Huguenet (1950: 73–74) skryf:
> In die onweertoneel waar Ampie uit vrees vir die donder onder die tafel inkruip, het die eerste gelag in die saal begin – onvanpaste gelag, want vroeër het elke naïewe sin van die natuurkind 'n simpatieke glimlag aan die gehoor ontlok. Maar daarna, met die vals-sing van die Aandlied en die angs vir die bliksemstrale, het 'n massa-skaterlag weerklink! Die stemming was gebreek. My benadering van die rol, 'n heilige eerbied vir die patetiese slagoffertjie van die natuur, is wreed deur die gehoor verwoes. Warm trane het van blote wanhoop en teleurstelling uit my brandende oë gepers en ek het die res van die toneel letterlik deurgesnik. Dit het tydelik 'n simpatieke noot aangeroer en ek het deur so 'n kunsgreep die rol verwring, maar tegelyk gered van verdere ontheiliging.
> In die opsittoneel het ek myself miskien te veel vryhede veroorloof deur handtastelikhede met Annekie. Die opbruisende gevoel vir haar, wat Van Bruggen so kostelik in sy roman beskrywe, moes by 'n

gehoor tuisgebring word, maar my eerste klapsoen het 'n kol op haar te wit gesiggie gelaat, wat eenvoudig 'n histeriese lagsalvo veroorsaak het. Ek het hoe langer hoe meer met die een kant van my brein wat nou al heeltemal suf was, gewaar dat Ampie in 'n klugtige figuur ontaard. Die publiek het ek die skuld daarvoor gegee, want ek het die karakter met erns, opregtheid en simpatie benader. Dat sy kinderlik naïewe opmerkings soos: "Het Omie opgelet Blommetjie maak uier?" altyd gelag sal en moet veroorsaak, kan niemand betwis nie. Maar een so 'n "bok" gee dadelik aanleiding tot ander onnodige gelag. 'n Gehoor klassifiseer onbewus elke karakter; die een is die harlekyn, 'n ander die skurk, nog 'n ander die verliefde en so meer. Elkeen word volgens hulle klassifisering in 'n vakkie gesit, en hierdie etiket bly jy behou dwarsdeur die opvoering. Die nar kan snik, die skurk kan bid, maar die reaksie van die publiek sal dieselfde bly. Dit was die doodsteek met *Ampie*. Ek het sedert die eerste memorisering van die rol die komiese daarin – wat volgens Jochem van Bruggen altyd 'n onderliggende toon van deernis het – ingetoom, beheers en met 'n getemperde aksent gespeel. Dat selfs die godsdiensoefening in Oom Kasper se huis elke aand in 'n klug ontaard het, behoort tot die ongelukkigste en jammerlikste verskynsels op die Afrikaanse toneel.

Die esel het hom goed gedra en ek het werklik inspirasie geput uit sy samespel! Die lieflike toneeltjie waar hy onder Pierneef se boom dood lê, en die skitterende ligeffekte wat Stephanie aangewend het teen die tipiese agtergrond en neerplassende reën, het my 'n koue rilling deur die liggaam gestuur en my enkele sin in hierdie tablo het 'n verdiende *furore* gemaak.

Aan die slot van die opvoering het Van Bruggen, duidelik onder die indruk van die spel, na agter gekom en veral Annekie uitgesonder. Hy het my gelukgewens, maar ek kon merk dat die Ampie van sy verbeelding nie in vervulling gegaan het op die toneel nie. Ek het gespeel soos 'n besetene of 'n geïnspireerde, wie kan sê? Daardie eerste aande bly vir sommige akteurs onvergeetlik omdat hulle meen dis hulle beste. Ek moet self eerlik erken dat sulke aande soos 'n nuwe battery begin en eindig soos een wat onbruikbaar en afgeloop is. Ek gebruik meer energie, krag en sweet op as 'n dagloner voor 'n hoogoond!

Hoe het Gustav S. Preller die eerste opvoering ervaar (*Die Burger*, 19 April 1930)?

Ampie is Jochem van Bruggen se uitnemende uitbeelding van die maatskaplike rehabilitasie van 'n bywonerseun, en wat die groot gehoor Dinsdagaand in die Operagebou in Pretoria aanskou het, is Van Bruggen se dramatisering van sy roman, na die vertolking van Stephanie Faure en André Huguenet.

Die magtige dramatiese gegewe is ... Ampie, die verskoppeling, wat deur die reggeaarde Kasper Booysen uit die armblankedom opgehef en tot "man gemaak" word.

Van Bruggen het daar ons grootste maatskaplike vraagstuk aangedurf, en sy oplossing daarvan gegee. Ampie is die objek, Booysen die middel. Al die ander is bysaak.

En nou wil ek, in 'n persoonlike waardering, – want daar is regtig veel om te waardeer, veel om dankbaar voor te voel, vir die Afrikaanse taal en toneel – eers sê waar dit m.i. aan haper.

Booysen (Van Veyeren) se spel is swak, maar sy *grime* is hopeloos. Dit is nie Booysen nie. Soms is dit belaglik, – waar hyself oor sy ouderdom kla, en iedereen hom "oom" noem, terwyl hy gegrimeer is vir 'n min of meer onbeholpe man van dertig. Booysen is egter 'n "oom" – 'n man wat nie alleen deur sy karakter daartoe kom om die reddende hand uit te steek nie, maar ook deur kosbare lewenservaring. Hy moet 'n man wees van middelbare leeftyd.

En, terwyl ek dit oor die *grime* het, kan ek netsowel sê hoe m.i. die meeste daarvan te wense oorlaat. Die teenstelling tussen die opmaak van Ampie en sy pa, en al die ander is veels te sterk. Met die uitsondering van Booysen, is almal bywoners, en behoort m.i. Ampie nader te kom aan die ander. "Oom Tys" wil my plek-plek oortuigend wees, maar is tog ook verkeerd gegrimeer. Hy is 'n grysende warkoppeinser, nie die rietskraal kêrel met donker baarddos en – vir sy statuur, koddig rondende korpus nie. Grieta, Kasper se vrou, is oortuigend, maar ouer as haar man. Ampie self is oordrewe. Hy is die verstoteling en ook die sonderling van die worp, maar te veel van 'n vervuilde wildeman. Dit is geen tiepe nie, maar seldsame uitsondering, wat vir die toneel verkeerd is.

Sy vader, "David", is oordrewe oerangoetangagtig. Ek het geen bedenking teen die oerangoetangagtige van sy aksie nie, maar wel teen sy grimering, wat eenvoudig sleg is. Annekie het ek my anders voorgestel, maar sy win by nadere kennismaking. Die Koelie is swak, en pas nie in sy rol nie.

Die Kasper en die Koelie, en selfs Tys, kom almal op met dieselfde hinderlike, wiegelende, onsekere beweging, heen en weer, van die liggaamsgewig op die een, dan weer op die ander been, en die bolyf aarselend – die waarmerk van driekwart Afrikaners wat vir die eerste keer voor die voetlig verskyn. Bart is veel sekerder van sy aksie. Soms kom hierdie onsekere ook by die vroue voor, soos by Hester, maar nie by Grieta nie, en in mindere mate by tant Annie.

'n Verdere bedenking geld die uitgerektheid van enkele *scénes*. Dit is die geval met die venduafslaer se koeterwaals, met die serdiensblikkie op die kas voor die koelie-winkel, (ofskoon Huguenet se aksie hier veel vergoed); dit is die geval ook met verskeie tonele in die kamer van die Tys-gesin, en veral met die aandgesang, in die twede toneel van die bedryf, waar die toneeldonder en weerlig by te pas kom, wat te lank volgehou word.

Die toneel-*decor* laat m.i. te wense oor, maar hier mag wel bedenk word wat 'n werk, wat 'n onkoste en inspanning daarby te pas kom! Die graspolle het 'n atmosfeer gegee wat veel van die ander en veral die agterdoeke, nie besit het nie.

Behoudens wat daar bereids gesê is van die voorkoms van sommige van die medespelendes, kan van die spel slegs met lof gewag word. Met uitsondering van Huguenet sou almal daar meer aksie in kon breng. Die peuterdery bv. aan die tweeskaar-ploeg (wat 'n "masjienie" genoem word) is weinig oortuigend, wat Kasper aanbetref; hy moes baadjie uittrek daarby. Ek weet nie wat vir 'n "masjienie" Van Bruggen hom voorgestel het nie; die ploeg is gepas, maar die boute van "onder" wat losgedraai moet word, is daar nie aan nie. Die draaiery is doelloos.

Daar is oomblikke van 'n leegte op die toneel, en gevalle waar die akteurs met hul rug naar die gehoor toe praat, maar dit sal later alles wel reg kom.

Origens kan m.i. op die handeling nie veel aangemerk word nie. Dikwels word daar spel gesien van hoë kunsgehalte. Ampie met ou Jacob bv. en ook Ampie en Anneke hul samespel. Dit moet aan mej. Faure en Huguenet baie geduld en moeite gekos het om dit sover te bring.

Huguenet in die naampart dra die hele stuk, soos dit behoort te wees. Die kuns van die beligte planke is grotendeels oordrywing, en mens is ongeneig om uit die hoogte fout te vind met een en ander; veral waar soveel van Huguenet se spel so uitstekend geslaag geag moet word. Die aandgesang is 'n moment van hoë pathos en 'n volgende keer sal die drietal dit by een strofe bepaal – en die gehoor sig beter gedra! Jammer dat die publiek so – hoe sal ek sê – so ongemanierd en hinderlik is om te giegel en te lag waar dit glad nie te pas kom nie. Maar daarom ook behoort hierdie *scéne* verkort te word, want, wat die publiek betref, sal dit elders nie beter gaan as hier nie.

Die derde toneel van die 2e bedryf, wat byna 'n *tableau vivant* mag heet, is met een woord manjifiek. Booysen is daar weer 'n bietjie houterig en wiegelrig by, maar Huguenet het hom diep ingeleef in hierdie stukkie spel. Vir hom bestaan daar op die oomblik niks op aarde as die koue kreng van ou Jacob, en die weerlig-onreg nie.

Mej. Rina Malan speel goed. In die begin het sy nie meegeval nie; dit het gelyk of haar *boene fiber* oor die 100 grade loop; maar sy het dit oorwin, en daarna het dit heeltemal flink gegaan. Mej. Nita Marais haar spel is maklik en oortuigend, haar aksie seker. Peter Penning het nie veel te doen gehad nie, maar wat hy gelewer het was toneelmatig bevredigend, hoewel hy ook nie in die Ampie-*milieu* pas nie.

Die tussenpose, tussen die bedrywe, is te lang, en 'n enkele keer te lang, waar die gehoor bly sit; ofskoon dit by 'n *première* te wagte was. Oor die algemeen geneem, het die stuk goed van stapel geloop, en kan verwag word dat dit met meer oefening en langer samespel beter sal gaan. Dieselfde geld van die voordrag. Ek was bly gewees dat daar geen souffleurskassie voor die voetlig gestaan het nie. Dit is sonder twyfel een van die hinderlikste hulpmiddels van die amateur-toneel. Soufflering uit die koelisse is baie beter en nooit so in die ooglopend nie, dewyl die souffleur telkens van posiesie kan verander, en die gehoor nie dadelik sekuur weet dat 'n speler die kluts kwyt is wanneer hy opeens 'n kas voor die voetlig of 'n bepaalde punt in die koelisse angstig begint te fikseer nie. Oor die algemeen genome was die rolle goed ingestudeer. Van Veyeren en Penning was net een of twee keer die draad kwyt.

Mej. Stephanie Faure, die onsigbare regisseur, wat agter die skerme die dinge reël, verdien 'n woord van dankbare hulde vir die wyse waarop sy een en ander van stapel laat loop het. Hierdie werk is dikwels die swaarste en altoos die ondankbaarste.

Die musiek was verdienstelik.

Die Opera-gebou was stampvol, en waarderend, nieteenstaande die oorheersing van 'n jongere studente-element.

Onder die publiek was ook die dramaturg, Van Bruggen, en sy gesin aanwesig; maar daar is tevergeefs geroep om "Van Bruggen" en "Outeur" aan die end. Jochem het die hele aand al in erge spanning toegekyk, maar baie vriende het hom, mev. en mejj. Van Bruggen en die oue heer Van Bruggen senior, gaan gelukwens na afloop.

Jochem van Bruggen het ons iets nuuts gegee vir die Afrikaanse toneel – die eerste regtig pakkende drama met 'n slag daarin. 'n Mens voel dankbaar vir hierdie nuwe oplewing van die Afrikaanse toneel, en gehoop mag wel word dat die geselskap eweveel sukses daarmee sal behaal buite Pretoria.

Finale: 'n Halfuur na "Afrikaners Landgenote", om middernag nadat die hoofingang gesluit was, die straat leeggeloop, alles stil geword het: Huguenet met ou Jacob aan 'n tou, voorop, en mej. Stephanie Faure en Van Veyeren agteraan, Pretoriusstraat af.

Iets vroeër: Van Bruggen en sy gesin alleen af om by Turkstra 'n koppie koffie te gaan drink.

Dit is *nie* waardering nie.

Dit is Afrikaanse agtelosigheid van die opgekome publiek. In die "ou dae", sê nou maar so 'n twintig jaar gelede, het ons dit anders geweet in Pretoria; en miskien ook 'n bietjie mooier en dankbaarder. In ieder geval is dit nooit nodig gewees vir die vernaamste medespelendes om voet te slaan huis-toe nie! Daar was altoos 'n motor van 'n vriend, en daar was altoos 'n klompie wat genoeg liefde gevoel het vir die saak om agter die skerme te gaan gelukwens, en daarna dikwels nog die sukses elders te gaan vier.

Wat het Jochem van Bruggen inderdaad van die opvoering gedink? Volgens Huguenet (1950: 74) het hy aan Stephanie Faure geskryf:

> Die opvoering was goed. Ampie het, soos die rol opgevat deur Huguenet, kostelik gespeel ... Hy kan Ampie m.i. minder individueel voorstel en 'n trappie hoër in die maatskappy laat klim. Met Annekie (Rina Malan) het u ongetwyfeld groot sukses behaal. Sy het deur haar natuurlike spel en heldere stem ons bekoor en verbly.
>
> [...] Ek kan u verseker dat die publiek die opvoering geniet het, ons huisgesin ook. Ons voel dankbaar dat Ampie op die toneel 'n sukses gaan word. Oor die eerste opvoering kan ons sekerlik hoogs voldaan wees en tevrede voel ... Ek voel dat dit as 'n suiwer Afrikaanse toneelspel baie populêr gaan word.

Aan Huguenet (1950: 76) skryf Van Bruggen:

> Soos u die karakter opgevat het, is hy bo bedenking kostelik weergegee sodat ek maar effens 'n teleurstelling gevoel het in die figuur; die spel het my te veel geboei ... Ek voel oortuig dat u die Ampie-gestalte in 'n ander gedaante beskou as ek. U het meer 'n individu in die oog, ek bedoel meer die algemeen-menslike. Die groet-skoot op die vendusie was besonder mooi – die slap hand en skugtere glimlag; dit het vir my die haweloosheid van Ampie nie so laat opmerk nie, dog toe Ampie vir Annekie soen en 'n vuil kol op die skoon dogter se wang laat bly, kon ek nie nalaat om vir my vrou te sê nie: "Ampie is darem te vuil" ... Vir my staan hy op 'n hoër plato en daardeur sal sy manewales wat die publiek laat lag, matiger word, maar die spel sal dieper tref. Die studie sal moeiliker word, maar die weergawe grootser ... Hoe fyn was die spel bv. in die onweerstoneel! Daar was dit 'n algemeen-menslike openbaring van die bywonerkind uit die diepste van sy gemoed. Die sleperige vals sing van die aandsang het die dissonante dreuning en geblits pragtig begelei. Al lag die oppervlakkige publiek daaroor – en 'n gedeelte sal altyd oor die ernstige voorstelling lag – dit was spel van geniale gehalte, net soos die kort toneeltjie

daarna ... In die roman is die ontwikkelingsgang van Ampie gemotiveer. Op die verhoog moet die akteur dit weergee. Vat hom in die begin minder verwaarloos en daarna sal u spel hom vanself reël. Ek weet dat u daartoe in staat is. *Ampie* is tog 'n drama en deur die wysiging van die weergawe na ernstige en hoër plan, sal die armblanke 'n rykdom van mooi menslikheid openbaar. Sy monoloë, sy gesels met die donkie, sy agterdog teen die mensdom, ens ...

Toe Huguenet-hulle 'n derde *Ampie*-toer teen 1941 aanpak, word die volgende in 'n reklamestuk (ongedateerde teks in NALN-toneelmuseum) verkondig:

Huguenet het as vertolker van die karakter van die verwaarloosde armblanke-seun Ampie as 't ware die reïnkarnasie van die seun geword. Toe Van Bruggen self die eerste opvoering in Pretoria bygewoon het, het hy van aandoening in trane uitgebars oor die uitbeelding van Ampie. Die skrynende humor waarmee Huguenet die rol vertolk, vervul elke toeskouer met ontfermende deernis vir die rampsalige figuur, miskien die grootste in die Afrikaanse letterkunde.

André Huguenet word Mal Hans

Vanuit die buiteland bied Paul de Groot vir André 'n rol in sy voorgenome opvoering van *Die rosekrans* aan, maar André wys dit van die hand. De Groot sou dan ook die toer ná minder as vier maande beëindig.

Ná die ontbinding van die *Rosekrans*-geselskap tref Huguenet Paul de Groot in 'n staat van diepe depressie in Bloemfontein aan. Die jong Lydia Lindeque het nie sy "waansinnige liefde" vir haar beantwoord nie en só het De Groot "totaal vervreem en afgesonder van sy geselskap geraak" (Huguenet, 1950: 81). Nogmaals verlaat De Groot Suid-Afrika.

Huguenet pak in 1930 die waagstuk aan om 'n eie toneelgroep te vorm, *Dolle Hans* van Jan Fabricius self te vertaal en as *Mal Hans* op te voer met Huguenet in die hoofrol. Die rolverdeling was soos volg: Naomi: Rena la Roche; Majoor De Weert: Henri Steenkamp; Kees Witte, 2de luitenant: Charles Kock; Does de Weert, kontroleur: Henri van Wyk; Hans Hartman, 2de luitenant: André Huguenet; Sersant Tiemersma: Leon Cloete.

In *Die Burger* van 27 Desember 1930 beskryf F.J.M. 'n repetisie van *Mal Hans*:

Die Tivoli-skouburg is nog in wanorde ná die vorige aand se variétévertoning, en die toneel lyk in die half-duistere oggenduur spookagtig met sy bont gordyne en groteske seildoek wat blykbaar 'n tuin moet voorstel. Gisteraand het dit dan ook op 'n tuin gelyk, maar nou is dit 'n baie oninspirerende gesig, en ek wonder by myself hoe meneer André Huguenet en sy geselskap onder sulke omstandighede en omgewe van so 'n aaklige gesig, nog in staat is om 'n repetisie aan die gang te sit van hul nuwe stuk *Mal Hans*. Maar toe ek daar kom, was 'n paar van die spelers reeds op die verhoog en bo in die engelebak was 'n bediende besig om die vuilnis weg te ruim van 'n vorige aand se galery-habituees, en onder in die stalles was sy maat besig om op lustige wyse "A Little Kiss Each Morning" te fluit, terwyl hy sy afdeling skoon vee, wat aanmerklik minder vuil is as die verdieping daar bo teen die dak.

Die werkers gaan rustig aan met hul taak en neem nie veel notiesie van die mense wat kom en gaan nie.

Maar toe eindelik meneer Huguenet die teater binnekom, moes die volkies hul werk maar voorlopig staak, en 'n oomblik later was dit doodstil in die groot saal toe meneer Huguenet hard uitroep "eerste bedryf", waarop 'n klein dametjie, 'n regte Gretchen-figuurtjie, opstap en met teekoppies op 'n tafeltjie begin werskaf. Sy neurieer 'n deuntjie en gaan opgewek voort totdat 'n groot forsgeboude man verskyn en 'n gesprek op tou sit. Ek kon elke woord duidelik hoor, maar meneer Huguenet was blykbaar nie tevrede nie, want hy skree hard "harder praat, mense, ek kan julle glad nie hoor nie" en toe merk ek dat die regisseur bo in die sirkel staan, want hy het onder die speel stilletjies boontoe gesluip om die effek te hoor. Nou praat die spelers hard, amper te hard vir my, maar in 'n vol saal sal dit nie te hard klink nie.

So gaan dit voort vir enige minute in stilte, maar toe verskyn meneer Huguenet in die orkes en beduie met wilde gebare waar die foute lê, en toe hy weer op die eerste ry gaan sit, begin die persone weer van voor af aan. Dit het hulle goed gedoen, want hulle speel nou lewendiger en met 'n lus en oortuiging wat die eerste keer ontbreek het. Die dialoog van Fabricius se stuk is pragtig en dit gaan vlot in Afrikaans.

"Nee, nie 'mevraauw' nie", kom dit hier van die voorste ry, "mevrou, mevrou, mevrou, en hard praat, asseblief," dan gaan dit weer 'n rukkie goed sonder teregwysing van die regisseur. Dan meteens bulder meneer Huguenet dit weer uit: "regop daar, en saluut so", dan 'n bietjie voorgespeel, en die akteur doen dit na, maar hy moet dit drie, vier maal oordoen voordat meneer Huguenet tevrede is. "Nie so temerig nie", klink dit weer uit die verste hoek van die Tivoli, "dis 'n militêre stuk, en u moet duidelik, saaklik en korrek praat en optree, niks van daardie gemoedelike van ons Afrikaners nie. Dink aan kol. Brink, aan Robertshoogte, aan enigiets militêr, maar moenie rondslenter soos skoolseuns nie."

Dit lyk nou werklik of die spelers hul verbeel dat hulle offisiere is, want kyk hoe regop loop almal nou en hul praat so skerp en duidelik dat dit dadelik 'n militêre atmosfeer skep, en aangemoedig met 'n "so ja, dis beter, dis goed ja" van die regisseur, doen die spelers nou so hul bes dat meneer Huguenet voldaan glimlag, en uitroep "nou nog 'n keer en dan het ons dit". So word die eerste bedryf herhaal, en dit loop sonder enige interrupsie van stapel.

Vir die tweede bedryf word die toneel enigsins verander, en ná 'n kort pouse begin dit weer.

Die werkvolk wat al haastig word om hul besems te neem, staan nou al pruilend nader as 'n wenk vir die basies om nou op te hou, maar hulle is nog lank nie klaar nie, want nou begin die stuk eers in alle erns. Die tweede bedryf begin dadelik pakkend, en ná 'n rukkie verskyn meneer André Huguenet op die toneel. Dis Mal Hans en 'n doodse stilte heers terwyl meneer Huguenet sy eerste sinne sê. Die ontknoping word mooi en die spel van almal meer intens weens die aanwesigheid van Mal Hans. Op elke besonderheid let meneer Huguenet terwyl hy sy rol speel, niks ontgaan hom nie. "Moenie my so staan en aangaap nie" en hy speel verder, kalm en bedaard maar tog so natuurlik ingehoue dat dit deur blote skeppingskrag my ontroer het. Meneer Huguenet se wese is heeltemal getransformeer, en hy is nou die gedaante van die halfbloed-Hollander, gekrenk in sy eer deur 'n haatlike Hollandse majoor, wat alles in sy vermoë doen om die "malman" se lewe ondraaglik te maak. Hoon is daar in die stem van meneer Cilliers as hy die "onbekookte malman" toespreek, of liewer "toesnou". Ingehoue drif skuil daar in die stem van luitenant Hans Hartman as hy sy meerdere met valse eerbied antwoord. 'n Geweldige toneel volg skielik toe Hans op die majoor toestorm en hom by die keel gryp; die werkvolk gaan langsaam sit en sit oop monde en kyk na die worsteling wat daar op die toneel ontstaan. Hulle is nou geïnteresseerd in die spel, en nie te lank nie of vier van die klonkies sit regop langs mekaar in die rooi opgestopte stoele van die stalles. Die bestuurder van die Tivoli en twee dametjies van sy kantoor verskyn ook by die ingang, en gaan een vir een plek neem agter in die saal.

Daar is nou al 'n klein en kosmopolitiese gehoor, maar die spelers is so verdiep in hulle rolle dat hulle van die mense niks merk nie, en die drama ontwikkel in hierdie stadium so snel dat elkeen moet konsentreer op haar of sy rol. Die wurg-toneel word weer 'n slag herhaal, en hierdie keer met nog meer opgewonde realisme, totdat die majoor skuimbekkend in 'n stoel neersak en Mal Hans deur twee soldate weggevoer word. Die toneeltjie het my in my siel aangegryp, en daar was 'n lang stilte voordat verder gegaan is met die repetisie.

Toe meneer Huguenet weer in die saal kom, was hy vir my nog as 't ware omhul met die waas van die Javaanse karakter Mal Hans, maar gou gee hy sy bevele en die vroutjie, gespeel deur mejuffrou Rena la Roche, is nog altyd op die toneel. Dit lyk of sy baie te doen sal kry in die opvoering, want sy is die enigste vroue-karakter. Sy word kort-kort vriendelik deur meneer Huguenet reggehelp, want sy is so gevat, dat sy alles op die mees verstandige wyse uitvoer, haar optrede is mooi en haar spel besonder oortuigend.

Die toneel stel 'n tronk voor, en op 'n eenvoudige kampbed sit Mal Hans in sy sel opgesluit. Meer swaarmoedig as die eerste bedrywe is die sombere toneel reeds genoeg om die toeskouer 'n koue rilling deur die liggaam te jaag. Mal Hans loop op en neer, en die ander offisiere kom een vir een van hom afskeid neem.

Om te sê dat hierdie deel van Fabricius se drama aangrypend is, is om dit in sy swakste vorm uit te druk. Die tronktoneel sal die toeskouers in vervoering bring, omdat dit so eg-menslik, so pateties-realisties weergegee word.

As Hans in sy eensame opsluiting die tyding van sy vriend Does de Weert (gespeel deur meneer Henri van Wyk) se dood kry, dan is sy verkropte verdriet hom heeltemal die baas. Harde snikke word gehoor, en daartussen die onsamehangende woorde van selfverwyt en berou, en die manlike trane wat oor die vertrokke en bekommerde gesig heenbiggel, laat die gemoed vol skiet. Boonop kom die enigste oorgeblewe vriend van Mal Hans hom nog opsoek, en die gesprek wat hoofsaaklik gaan oor die liefde van Hans tot Naomi, sy oorlede vriend se vrou, word tussen al die trane afgewissel deur soldate-humor. Hierdie humor word nog versterk deur die binnekoms van die ou sersant Tiemersma (meneer Leon Cloete).

Dit is vir my nie moontlik om neer te skrywe watter ontroering die slottoneel van meneer Huguenet my gebring het nie. As hy die portretjie van Naomi daar soen, en sinne van liefde stamel soos 'n onregverdig gestrafte kind, dan voel 'n mens dat hier 'n magtige stuk werklikheid afgespeel word. Die stilte in die skouburg, wat nou al byna heeltemal lig geword het, is indrukwekkend, en die sagte fluisterende stem van 'n tot die dood veroordeelde word duidelik gehoor. Die versoenende houding van die ongelukkige halfbloed-Hollander teenoor die majoor wat sy dood bewerkstellig het, is iets om nie gou te vergeet nie. "Ek weet nie waar ek sal gaan as ek gesterf het nie, maar ek hoop dat daar darem êrens 'n geweste is waar ook sienjo's opgeneem word," is die afskeidswoorde van Mal Hans. As die klein Gretchen-figuurtjie 'n oomblik later in die sel verskyn, is Mal Hans al weggeneem, om in die nabye skyfskietterrein neergeskiet te word soos 'n hond, omdat hy nie kon verdra dat sy moeder se bloed in hom gehoon sou word nie.

Dis maar 'n alledaagse repetisie en dit het my so diep ontroer dat ek met 'n swaarmoedige gevoel huis toe is oor die valse veroordeling van 'n edel en kloekmoedige soldaat Mal Hans.

Die resensie in *Die Burger* van 2 Februarie 1931 begin met verskeie subhofies: "Eerste opvoering van *Mal Hans*", "Geesdriftige ontvangs op Caledon", "Uitstekende spel, maar waarom juis dié stuk?". Die resensie lui soos volg:

Mal Hans, 'n vertaling in Afrikaans van Jan Fabricius se bekende Hollandse drama *Dolle Hans*, is 'n getroue skildering van die rassegevoel in die Hollandse leër in Indië. Dit het sterk dramatiese momente, vir baie Hollanders 'n simpatieke tendens en gee aan almal wat op die hoogte is van die kleurvraagstuk in Nederlands-Indië 'n blik in die verhouding tussen Indo's en blankes in die Hollandse krygsmag in Indië.

Maar waarom moes Huguenet, wat met sy geselskap Vrydag j.l. die stuk op Caledon vir die eerste maal opgevoer het, van alle stukke in die wêreld hierdie stuk kies? Ons kan daarvoor geen rede vind nie. Meer as 6,000 myl skei ons van Holland en daar is 'n wêreld se verskil tussen die kleurvraagstuk van Nederlands-Indië en dié van ons. En die vetgedrukte kennisgewing op die program, "Hierdie stuk speel in Nederlands-Indië, en het hoegenaamd geen betrekking op toestande in Suid-Afrika nie", neem die feit nie weg dat die kontak tussen 'n Afrikaanse gehoor en foute van die Hollandse regeringstelsel teenoor die basterd-Hollanders in Indië ontbreek nie. Wie die kleurlinge van Nederlands-Indië nie ken nie en die sosiale verhoudings daar nie bestudeer het nie, moet vreemd staan teenoor die hele stuk, hoe goed ook al gespeel, terwyl baie Suid-Afrikaners ondanks die feit dat dit in Nederlands-Indië speel, met die oog op ons toestande hier gekant sal wees teen die verheerliking van 'n halfbloed. As daar iets verkeerd is in die verhouding tussen blank en gekleurd in Suid-Afrika, bring dit tot uiting in 'n Suid-Afrikaanse stuk.

Buitendien verwag Huguenet te veel as hy meen dat die opvoering van sy geselskap die publiek in 'n Indiese atmosfeer verplaas. As die gordyn oopgetrek word, bevind ons ons in 'n "Indiese" woonkamer, maar geen enkel voorwerp dui dit aan nie; daar is niks Indies in die vertrek nie ...

Dit alles is baie jammer, veral omdat van die spel van André Huguenet, mejuffrou Rena la Roche en Henri Steenkamp so oneindig veel goeds gesê kan word. Huguenet speel sy rol so oortuigend en so simpatiek dat daarop amper niks aangemerk kan word nie. In alle situasies voel 'n mens dat hy die gees van die stuk verstaan en in sy rol lewe. Mejuffrou La Roche staan hom dapper by. Ook sy het die aangebore talent van 'n beroepspeelster. Net jammer dat sy af en toe (veral in die eerste gedeelte) so sag praat dat 'n mens haar nie kan verstaan nie.

Meneer Henri Steenkamp het die rol van die bulderende majoor verdienstelik gespeel. Dit is 'n baie moeilike rol, veral vir 'n jong kêrel. Hy moet net oppas dat hy nie by die begin van sy optrede die indruk gee dat die gebulder nie natuurlik is nie. Af en toe skreeu hy sy antwoorde op wat Huguenet sê voordat in die gewone gang van sake die woorde wat aanleiding tot sy woede gee tot hom kon deurgedring het.

Die resensent sluit af met 'n opsomming van die intrige en 'n aanduiding van die rolverdeling, en voorspel dan: "Die stuk sal trek, al is dit alleen maar omdat baie mense self sal wil oordeel."

L. Fourie van Bredasdorp was een van die mense wat self geoordeel het. Sy mening verskyn in *Die Burger* van 10 Februarie 1931:

Dis met 'n mate van verontwaardiging dat ek gisteraand die opvoering van André Huguenet en sy geselskap gaan sien het. Ek was een van die baie nuuskieriges wat self wou gaan kyk het wat die stuk *Mal Hans* te beduie het oor die netelige kleurvraagstuk. En laat ek maar dadelik sê dat die manier waarop die baster daarin verheerlik word my glad nie aangestaan het nie. Ek, en vele van my, is 'n vurige bewonderaar van André Huguenet, maar hy moenie vir ons sulke storende stukke kom voorsit en dan verwag dat ons daarmee moet instem nie. Die opvoering was as spel een van die beste, so nie die beste nie, wat ons nog op Bredasdorp gesien het, maar die feit dat 'n baster die vernaamste rol daarin speel, het my gehinder. Ons sal liewer sien dat hy, soos op die program aangekondig staan, *Ampie, die natuurkind*, vir ons bring.

Die gehoor was blykbaar opgetoë met die stuk, maar dit is slegs te wyte aan die pragtige spel. Die strekking van die *Mal Hans* van Fabricius is nie suiwer nie, en laat 'n slegte smaak in die mond agter. Al word die baster op die end doodgeskiet, tog bly hy deurgaans die simpatieke figuur, en dwing op plekke selfs bewondering af vir sy manlike houding en standvastige karakter.

Maar ons sien liewer *Ampie*, iets van ons eie, en nie die baster nie.

Die redakteur wys daarop dat meneer Jan Terblanche van Sans Souci by Napier dieselfde mening huldig. Terblanche "meen egter dat *Ampie* ook nie 'n gewenste stuk is om op die platteland op te voer nie, omdat die armblanke nie iets is om trots op te wees nie" (*Die Burger*, 10 Februarie 1931).

F.J. de K. van Mosselbaai skryf op 22 Februarie 1931 onder meer: "Die gedagte van die Hollandse skrywer om 'n baster die hoofrol te laat speel, neem nog glad nie die feit weg dat daarin die skoonste en reinste handeling geteken word nie."

André Huguenet (1950: 86):
> Sonder enige toneel-*trucs* het ek die rol gedra en niks of niemand kon my "afsit" nie. Ek het my nie geërger aan die kriewelrigheid van 'n gehoor, die helder ligte in sommige sale, die klein- of grootheid van die verhoog en die eenvoudigheid van my publiek nie. In later jare het ek ander dinge by hulle gesoek, maar met *Mal Hans* het ek my siel saans afgebrokkel stukkie vir stukkie, totdat ek ná die spel soos 'n uitgedroogde spons was, energieloos, voldaan, tevrede, met 'n weldadige gevoel van bevrediging wat ek selde later geken het.

Die Burger van 18 Februarie 1931 berig:
> Heidelberg (K.P.) Saterdag, 14 Febr. Hier het gisteraand amper 'n lelike ongeluk plaasgevind, toe by die opvoering van die stuk *Mal Hans* meneer André Huguenet, die toneelspeler, 'n noue ontkoming gehad het. Gedurende die aand het dit geblyk dat een van die asetileenlampe wat die stadsaal verlig, 'n lekkasie gehad het, en die petroldampe het 'n verstikkende geur op die verhoog versprei toe meneer Huguenet in die middel van die opvoering met 'n vuurhoutjie die lamp wou aansteek. Hy het nouliks gebuk om dit te doen, toe 'n geweldige vlam opskiet en 'n groot vuur ontstaan het. Hy het net betyds weggeruk, en sy pruik is aan die een kant heeltemal verbrand, en sy gesig lelik verskroei deur die vlam. Dit kon maklik 'n groot ongeluk gewees het as meneer Huguenet nie maar effentjies en so versigtig die vuurhoutjie op die lamp gebring het nie. Daar die lamp een van die voetligte uitgemaak het, moes die gordyn dadelik neergehaal word, en dit het 'n hele tyd geduur voordat die groot stroom petrol gedemp was.

In 1934 skryf Huguenet aan F.C.L. Bosman:
> ... Die titelrol het my aangetrek en ek het die ongeskiktheid van die stuk uit die oog verlies in my dweepsieke verlange om *Mal Hans* te speel. Die toer het skitterend begin, maar noodlottig geëindig en ek moes weer gefinansier word om met *Ampie* 'n reis te onderneem.

Ampie 2 en 3

In *Die Burger* van 8 Januarie 1932 volg dus 'n aankondiging:
> André Huguenet en sy geselskap gaan in hierdie jaar op die platteland *Ampie* opvoer, waarmee hulle reeds in Pretoria en Bloemfontein so 'n groot sukses behaal het. In Pretoria het hulle gespeel voor 'n gehoor van 2,000 mense, twee aande agter mekaar in die groot Operagebou en in Bloemfontein voor 1 400 persone.

Tye is sleg, daarom het hulle besluit om net maar 'n halfkroon te vra, en die prys vir kinders wat almal vir "Ampie" ken, op een sjieling te stel.

André Huguenet skrywe my dat die mense verlede jaar tydens sy voorstellings van *Mal Hans* al teleurgesteld was dat hy nie met Ampie gekom het nie.

Daar is een groot moeilikheid. In *Ampie* speel die donkie 'n vername rol. Dit sal natuurlik baie moeilik gaan om 'n lewende donkie saam te neem. Onderwysers op die verskillende plekke het reeds beloof om 'n behoorlike ou vaal donkie vir elke voorstelling te verskaf, maar dis altyd gevaarlik, omdat die plaaslike donkie die geselskap voor verrassings kan stel.

'n Ander moeilikheid is dat die donkie deur die weerlig getref moet word. Huguenet het daar al aan gedink om die donkie chloroform te gee, maar die veearts sê dat die dier, ná die toediening van daardie verdowingsmiddel, geweldig snork, wat die illusie van 'n dooie donkie vir die publiek baie onaanneemlik sal maak.

Toe het iemand voorgestel om die donkie elke aand af te maak, maar Huguenet verklaar dat nóg hy nóg een van sy geselskap tot so iets sal oorgaan, ook al is donkies nog so goedkoop. Hy het vir sy oefeninge reeds 'n donkie gekry vir 1s.6d. wat wedywer in toneelspeelkuns met die eerste ou-Jakob wat in Pretoria ná afloop van die voorstelling 'n pragtige ruiker rooi wortels met 'n deftige strik oor die voetlig present gekry het.

Die beste plan om die moeilikheid met die donkie op te los, lyk Huguenet om 'n opgestopte dier op die rondreis saam te neem. Die opstopper in Johannesburg vra egter 'n goeie tien pond vir so 'n ding, maar dis altemit nie te duur nie as 'n mens bereken dat dit jou elke aand van die las van 'n dooie, of 'n bedwelmde donkie wat agter die skerms lê en snork, onthef.

As André Huguenet voortgaan met so baie oor die donkie te skrywe, vrees ek dat daar meer belangstelling vir die donkie-toneelspeler sal wees as vir die menslike akteurs.

In hierdie professionele opvoering van *Ampie* was die rolverdeling soos volg: Lydia Lindeque: Annekie; Bettie Reitz: Tant Annie; Ena du Toit: Tant Grieta Booysen en Hester Staander; Johan Piek: Oom Tys; Dewald van der Merwe: Bart en oom Kasper.

Lydia Lindeque vertel 'n paar *Ampie*-stories (1941: 81–82):

Met ons *Ampie*- en *Genoveva*-toere het ons baie grappe gehad. Daar was nie plek in die bus om Ampie se donkie saam te neem nie, en ons moes toe maar op elke dorp tevrede wees met plaaslike talent. Op baie dorpe was dit nogal 'n taak om 'n donkie in die hande te kry, bv.

in Durban moes ons leier, André, £1 tien betaal vir een ou donkietjie om twee keer sy verskyning te maak op die toneel. Dit was vir jou 'n ware eseltjie-de-luxe, as 'n mens dink jy kan twee donkies vir 'n halfkroon koop in die Karoo.

Op 'n sekere plek was daar glad geen donkie te kry nie. Een van die grapmakers onder ons het toe aan die hand gegee dat André hier in die bres moet spring. André het egter gesê hy doebleer nie graag nie, en voorgestel dat die voorsteller self die donkie moet speel. Ons het hom geweeg en te lig bevind, want sy ore was nie lank genoeg nie.

Wel, die aand moes ons maar tevrede wees met 'n ou muil wat die hele verhoog volgestaan het. André het elke aand op die donkie ingery gekom, waar hy ou Jakob vendusie toe bring. Maar dié aand was dit heeltemal onmoontlik, want André se kop het bo teen die dak geraak as hy op die muil sit.

Op Steynsburg het ons 'n besonder lewendige donkie gehad, wat die hele aand gestaan en rondtrap het agter die skerms. Hy het naderhand handuit geruk en daar sak die hele spul op die verhoog inmekaar. Toe skop die ou eers dat potte en panne oor die publiek se koppe trek. Ons akteurs het mooi bogte gelyk – die donkie was die groot "sukses" van die aand.

Baie aande was daar g'n plek agter die skerms vir ou-Jakob nie, dan moet hy by ons in die verkleekamer staan. En waar 'n donkie staan, daar staan hy! As een se rok miskien agter hom hang, moet sy maar op die ou se rug klim om dit in die hande te kry. Een aand het die skoolseuns hulle byna doodgelag vir ons ou-Jakob wat twee dae vantevore, soos hulle vertel het, 'n vulletjie gekry het. "Sy" naam moes dus eintlik Jakoba gewees het.

Op Prieska was ons almal besig om in die verkleekamers aan te trek, toe ons meteens 'n vreeslike gil van die verhoog hoor. Ek kon nooit dink dat 'n dooie ou donkie so woedend kon word nie. Hy het die seuntjie wat hom vasgehou het, aan die been beetgekry en met al die vuishoue en stokke van die wêreld wou hy die kind nie laat los nie. Sy oë staan soos twee bolle vuur in sy kop terwyl die arme kind krul van die pyn.

André Huguenet (1950: 97) vul aan:
> Dewald moes 'n stoel stukkend slaan en een van die pote gebruik om tussen die kake van die esel te druk sodat hy die kind se been kon los.

Lydia Lindeque vertel verder (1941: 82–83):
> Eindelik en ten laaste laat hy die seun los, spring soos 'n wilde dier die verhoog af en hardloop die saal uit. Gelukkig was daar in daardie

wêreld baie donkies, en dit het maklik gegaan om gou 'n ander een in die hande te kry. Die dokter was dadelik byderhand, maar daar het gif in die wond gekom; en dit het André 'n hele sommetjie aan doktersgeld gekos.

André Huguenet skryf (1950: 97):
> Daardie aand was my spel glad nie so intiem en liefderyk soos gewoonlik nie, want alhoewel 'n ander donkie verkry is, het die gedagte aan die nare been-episode my nog baie aande daarna tot groot versigtigheid genoop.

Lydia Lindeque brei uit oor die donkies (1941: 83):
> Soms het die esel ook aan "plankekoors" gely – met noodlottige gevolge vir die planke. Een aand, voor 'n uitgesoekte publiek te Stellenbosch, het 'n dergelike ramp weer die donkie en ons oorval. Ek onthou nog die konsternasie wat dit veroorsaak het. Dit was darem te "natuurlik" vir sulke deftige mense ...

André Huguenet (1950: 96) beskryf dit só:
> Somtyds is ons sonder waarskuwing en onverhoeds betrap wanneer dit te laat is om die natuurwette te stuit. Lydia het my met groot angstige oë aangekyk toe die esel in 'n onbewaakte oomblik besluit om ons in verleentheid te dompel ... want langs die skuins verhoog het 'n aangroeiende stroom sy weg na benede tot voor die eerste ry gevind en daar in 'n skuimende plas tot stilstand gekom! Dit was swaar om jou lag te bedwing as die spelers agter die skerms skree: "Sakke, sakke!" en jy dan karakteristieke stalgeure begin ruik.

Dekorontwerper Kobus Esterhuysen (Van Schoor, 1961: 28):
> Ek gaan nie bloos as ek erken dat ek nog nooit in my dag des lewens toegang tot reisgeselskapvertonings betaal het nie. As dit nie komplimentêr was nie, dan was dit maar by die agterdeur in, of soos hulle sê, onder die tentseil deur.
>
> In ruil hiervoor moes darem sekere dienste verrig word. Dit het meestal gewissel van kloklui met die plakkaat deur die strate, tot die verskaffing van meubels en rekwisiete. Dit was juis in hierdie laaste hoedanigheid dat ek ou oom Koos Koster se esel, Jakob, moes gaan leen vir *Ampie*.
>
> Die donkie het ek goed geken van waterkarry-ervaring, die sagmoedigheid vanself. En my aanstelling as temmer van die gediertes was vanselfsprekend. Met die middagvertoning egter, ontwikkel Jakob skielik 'n steeksheid net toe André met sy arm om die bees se

nek op die verhoog verskyn. Hoe meer ek van agteraf stamp en stoot, hoe steekser word die esel. In hierdie stadium het die eerste lagreaksie van die gehoor ons gesukkel nog gedemp, maar ná 'n minuut of drie het dit in 'n verspottigheid ontwikkel en die dier wou net nie roer nie. Dis toe dat net een sinsnede my oortuig het dat André in werklikheid maar net so 'n boerseun soos ons almal was. "Om ...'s naam, Kobus, kry 'n warm klip buite, man." Met die warm klip in sy lies het Jakob gou van plan verander en sy perfekte debuut op die krakende kerksaalverhogie gemaak met 'n perfekte herhaalvertoning die aand.

Lydia Lindeque (1941: 83–84; 1997: manuskrippagina 66–68) vertel:
> Op hierdie selfde toer was daar baie "props" nodig, soos byvoorbeeld "drop" vir Annekie, 'n mondfluitjie en trompie vir Ampie, brood, gemmerbier, sardiens en nog so 'n paar ander goed. Elkeen moes vir sy eie toneelbehore sorg, en bewaar jou siel as alles nie op tyd daar vir die opvoering was nie. Dan het dit gegaan soos die aand op Alexandria. Ons was al almal klaar aangetrek om op te kom, toe Johan Piek wat die ou Indiërhandelaar speel, vir my kom sê dat hy sy drop in die hotelkamer vergeet het. Ek moes self binne 'n paar minute my verskyning maak, maar daar was niemand anders om te stuur nie. Ek laat spat die bultjie af in my Annekie-mondering dat my kappiebande sommer so styf staan in die wind.
>
> In Johan se kamer het ek al wat handsak was omgekeer, maar die drop, hy was nie daar nie. Oorkant die straat was 'n Indiërwinkeltjie, en ek spring agter die toonbank in, gryp 'n handvol drop en laat nael weer die bult op saal toe. Die ou Indiër het gedink dat dit 'n arm dogtertjie was wat kom lekkers steel het, en lê op my hakke, met nog so 'n paar kinders in 'n streep agter hom aan. Die volgende môre het hy lekker gelag toe ek hom die geld gee en sê dat dit ek was. Ek het net betyds by die saal aangekom om op te kom, en moes my toe nog uitasem sukkel om die vervlakste drop te eet sonder om in die klewerige swart goed te stik.
>
> O, elke aand moes ek twee stringe drop eet; later kon ek dit nie meer insluk nie en moes ek wag totdat ek van die verhoog af was om ontslae te raak daarvan. Sindsdien het ek nog nooit weer drop geëet nie.
>
> In die tweede bedryf moes daar donderweer en reën gemaak word. Ons het 'n stuk gladde sinkplaat gebruik vir die donder, en die reën het bestaan uit 'n klomp klein stukkies lood in 'n blik wat dan reëlmatig in die rondte geskud word. Baie aande hoor jy net hoe daar gesoek word na die reën of donder. "Magtig, mense, ons het nooit gis-

teraand die reën ingepak nie" – of Johan kla oor die donder wat so gebuig het tussen die bagasie in die bus dat dit nou skielik meer soos geweerskote klink as donderweer. En dan gebruik hy soms twee woorde wat nogal verwant is aan die voorwerp waarna hy soek. En partykeer het die reën verdamp en soek ons ons byna dood vir lood om nuwe reën te maak.

E.J.M. Durr (Van Schoor, 1961: 26) vertel hoe die *Ampie*-span in Julie 1932 hulle bure op Winklespruit was. In 'n omgewing waar feitlik net Engels gepraat is, praat Durr hulle tog om om 'n opvoering aan te bied.

Gou het ons 'n mak donkie bekom, ons het die saal gehuur en begin adverteer.

'n Jong Indiër het die donkie al op die sand geneem van Illovo af na Amanzimtoti. Hy het op en af geloop met die nodige plakkate. Die saal is in gereedheid gebring en die langverwagte aand het aangebreek. Ek het gereël vir 'n paar konstabels om teenwoordig te wees ingeval daar moeilikheid is.

Die ondersteuning was wonderlik en gou was die saal vol, maar 'n kwartier ná die ligte afgeskakel was, het die eerste klippe op die dak geval. André was baie verontwaardig. Die konstabels is uit, maar die skuldige persone het in die donkerte in digte bosse verdwyn.

'n Paar van die konstabels het buite weggekruip en ongeveer tien minute daarna sien hulle sowat ses seuns weer klippe gooi. Hulle hou die ses seuns, en ek skryf hulle name en adresse neer. Die verrigtinge is 'n oomblikkie gestaak, en die seuns na binne gebring.

In die saal het ek aan hulle verduidelik dat ons net 'n klompie Afrikaanssprekendes is wat na 'n toneelopvoering kyk en niemand enige kwaad bedoel nie. André het hulle gewaarsku om nou te gaan slaap.

Eienaardig genoeg, twee dae daarna loop 'n paar seuns al met die spoorlyn langs by ons huise verby. Daar steek 'n stuk staal deur een se hakskeen en met groot gesukkel bring sy makkers hom na ons en vra om hulp.

Dadelik herken die bedeesde seun vir André en my en wou eers omdraai, toe André hulle gerus stel: "Nee, ons sal vir julle help." Ons het hulle dadelik na 'n dokter op Warner Beach geneem en ná behandeling na hulle kamp. Die seuns was verbaas oor die manier waarop ons hulle behandel het ná die gebeure 'n paar aande tevore.

André Huguenet reageer in 1934 in 'n brief teenoor F.C.L. Bosman oor hierdie toer:

Ons het enorme sukses met *Ampie* wat meer as 70 maal opgevoer word, die publiek geniet (maar op die verkeerde manier). Ampie is m.i. 'n eenling en glad geen tipe nie en daarom het ek hom ook minder-ernstig voorgestel. Trouens, iedereen het 'n ander idee omtrent Ampie ... hy is soos 'n diamant elkeen beskou hom uit 'n ander hoek en in 'n ander lig. Ek persoonlik kon *Ampie* die toneelspel nooit au serieux neem nie. Daarom was my vertolking nie "sielkundig" genoeg nie ... sielkunde op die Afrikaanse toneel!! Wie kan dit weergee, seker nie meneer Van Bruggen met sy onbeholpe familie met hulle spraakgebreke en ander tekortkomings nie! *Ampie*, die tragedie van ons armblankedom, *kan nie* in sy ware en afskuwelike lig op die toneel in Afrikaans weergegee word nie. Ons publiek sal dit eenvoudig nie sluk nie, hulle weier beslis om Ampie ernstig op te neem ... ek het hom soms (op Potchefstroom) met ("'n traan in my oog") gespeel en die hele aand ingetoë gespeel en die geleerde studente het hartlik gelag!

Huguenet verwys hierbo na die toer wat Van Bruggen inderdaad met sy "onbeholpe familie" onderneem het. Van Bruggen (1939: 7–9) vertel daarvan:

> Ek is spyt dat die toneelstuk *Ampie* ooit geskryf is. Die dramatisering het die waarde van *Ampie* verminder; ek sou vandag ook soveel meer besit en nooit met die toneelstuk getoer het nie. Ek het my indertyd deur die vriendelike en dringende versoeke van baie welmenende vriende laat oorhaal om die boek tot 'n drama te verwerk. Hulle het die groot plan voorop gestel om die eerste opvoering in die Operahuis van Pretoria te laat plaasvind. En, veral dit het my tot die taak oorgehaal, een van ons beste toneelspelers was so entoesiasties om die hoofrol te vertolk; persoonlik het hy my gesê dat hy "Ampie" wil speel.
>
> Ek glo dat dit moeilik is om 'n boek soos *Ampie* te verwerk vir die toneel. Die stof is dramaties, wat deur die-man-op-straat as klug beskou word; vir my sou dit amper heiligskennis wees. Ek moes daarvoor oppas, en om al die voorvalle saam te pak op so veel moontlik dieselfde plek op die planke, was vir my moeilik. Mejuffrou Stephanie Faure, wat die toneelspeelbal van *Ampie* aan die rol gesit het, was so vriendelik om my oor tegniese moeilikheidjies heen te help. En tog herhaal ek, dis jammer dat die toneelstuk ooit geskryf is.
>
> Eenmaal daar, is die bewerking, vanweë die dialoog, goed om te lees, dog tegnies minder geskik vir die planke. Die donkierol gee baie moeilikheid. Die hoofrol kan besonder maklik, ter wille van die laglus van die gewone publiek en juis om daaraan moedswillig te voldoen, oordryf word en in 'n karikatuur ontaard. [...]
>
> Die groot gebeurtenis vir my en baie van my vriende, was op hande. Ná baie moeite en oor en weer geskryf en gewerskaf, het die "African Theatres" hulle neergebuig en ingewillig om vir twee agter-

eenvolgende aande die Operahuis te Pretoria vir die eerste keer aan
'n Afrikaanse Drama af te staan. Pretoria se strate het vol pamflette
gelê en oral kon jy Ampie langs sy donkie afgebeeld sien. Die advertensiewerk was onverbeterlik. Onder die regie van mejuffrou
Stephanie Faure het in April 1930 die spel ons in die stampvol
Operahuis verras en ook teleurgestel. Soos reeds gesê kan die hoofrol maklik in 'n karikatuur ontaard. Ampie is geen paljas, wat in die
rondte dans wanneer hy Annekie ná lange skeiding weer sien nie, hy
sal nie onder die tafel wegkruip en daar sidder-en-beef vir die onweer nie ... Ek het daarna verlang om Ampie te sien speel soos ek
hom my voorstel, soos ekself dit sou gedoen het as ek kon speel, omdat daar soveel van Ampie ook in my en baie ander mense, wat hulself wil ken, is. En daarin skuil die drama, daaruit moet hy openbaar
word die algemeen-menslike, wat Ampie geen tipe maak nie, omdat
hy oral op die wêreld lewe. Ek het verlang dat ook my kritici, wat
nog aan Ampie as 'n tipe van ons armblankes klou, so 'n Ampie-mens
moet sien.

Van Bruggen skryf verder (1939: 14–15):
> Ons het besluit om in die veld te kampeer, naby die dorpe waar ons
> moes optree. Dit het ook sy bekoring vir ons gehad en ons het vry gevoel soos piekniekgangers, maar ek glo dat dit 'n negatiewe advertensie was. Vir ons sigeunerslewe het die mense meestal hul skouers
> opgetrek: "Kan die 'backvelders' iets van waarde lewer?" Ons het
> oordag in kampkostuum rondgedros en hulle verwag van toneelspelers, in uiterlik en handeling, politoer en grasie. Ons het die kuns om
> self te adverteer ook nie verstaan nie, behalwe een van ons, dog daaroor later. Maar, in al sy natuurlikheid en altoos eenders, was die natuurlikste stuk lewe van ons almal, die redelose ou-Jakob, ons beste
> advertensiekrag. Op die vragmotor, so onnatuurlik, met sy kopkant
> agtertoe, het hy daar roerloos in sy stalletjie gestaan soos 'n stomme
> filosoof, met moedelose ore en altoos weemoedige oë, het hy oor die
> nuuskieriges heengestaar na die vreemdigheid, wat wonderlik van
> sy agterkant af kom en onder hom uit, tog vorentoe padgee, weg van
> hom af. Die donkie het stellig meer mense na ons sale gebring as vyftien gewone adverteerders tesame. Want 'n mens moet werk om iets
> gedaan te kry en Jakob het deur niksdoen goed gewerk, ten spyte
> van die depressie.

Later skryf Van Bruggen (1939: 52–57):
> Dit was op Waterval-Boven. Die aarde van die Hoëveld sak skielik
> na die tropiese geweste toe met loodregte afgronde. Dit is 'n sentrum

van baie spoorwegwerkers, bo en onder die waterval en daarom bly die onderstes in Waterval-Onder. Jy kan die mense daaronder amper met 'n klip van bo-af raak gooi; maar as hulle by die boonstes wil gaan kuier, vat dit lank, want hulle moet ver omloop.

Die skoolkinders van onder was bly om die skoolkinders van bo te ontmoet by die groot konsertsaal van die Spoorweg-Instituut. Hulle het seker vroeër ook baie plesier op so 'n aand daar gehad, want die konstruksie van die geboue gee hulle soveel kans daarvoor, veral wanneer 'n konsert aan die gang is. Daar is tallose wegkruipplekke en gange tussen die kompleks van huise, lokale, loodse en ontspanningskamers. Dit lyk na 'n openstapeling van koeliewinkels, waarby aangebou en opgeplak word wanneer die bergruimte te min word.

Die saal is eers gebou vir danspartye en om te dien as vergaderplek. Daaraan het hulle 'n verhoog met kleedkamers op gemesselde pilare aangebou, sodat 'n mens van drie kante vrye toegang het om daaronder te kom. Dit is 'n ideale plek vir rondlopers wat geen slaapplek het nie en wat in die doolhof om die saal maklik soek kan raak wanneer dit nodig is. En die kinders kan met hul verbeeldingskrag avonture skep in die suiletempels van die ou geskiedenis. Vir die skrandere jeug is daar geen heerliker speeloord denkbaar nie.

Binnekant op die verhoog dink 'n mens nie aan die oop ruimte daaronder nie. Die planke lyk solied en lê vas, maar dis darem eienaardig dat so baie van hul kwaste losgeraak en uitgeval het. Die vloer van die verhoog is vol versreide luggaatjies. Daardeur kan die mense wat daaronder is, nagenoeg alles sien en hoor wat bo aangaan ... Ons sou die kleinspan die voorreg die aand gegun het, indien dit net by loer en luister gebly het. Maar 'n kind bedink dikwels streke, wat die beëindiging van sy genot teweegbring.

Die spel het reeds gevorder tot waar Ampie op 'n negosiekassie sit en geniet van sy hopbrood, sardiens en gemmerbier. Die lekkernye lê voor hom op die vloer. Meteens lig die hopbrood op en begin te roer asof 'n towerhand dit na hom toe aanstoot, onderwyl hy die sardiens verswelg. Hy skrik, sy kake roer nie meer nie en dis gelukkig dat hy op die einste oomblik niks hoef te sê nie. 'n Onrustige verbeelding hou hom vas, totdat hy die wippende hopbrood weggryp, die gat gewaar en 'n stok se punt sien wat die brood nog verder wou wegstoot. Toe swaai die spel, wat as vanself loop, skoppelmaai met sy verbeeldingskrag ... Netnou moet Bart kom ... Hy moet langs, so effens voor hom gaan sit ... As die ou net nie op die gaatjie gaan sit nie ... Dit sal 'n mooi spektakel afgee as hy tog daarop gaan sit; so ewe ongeërg ... Dit val hom moeilik om sy verbeelding te bedwing, sodat hy in sy onmiddellike omgewing kan bly en voortgaan met die spel ... Hy hoor Bart agter hom: "Dis so waarlik Ampie!" ... Maar hy moet maak of hy dit nie hoor nie, want Bart moet hom kamma skrikmaak en dan moet hy verskrik uitroep: "Hoekom laat jy 'n mens so skrik, jou vabond?" en uitnooi: "Eet saam, jong!" ... Dit sal net daarvan afhang waar Bart gaan sit. Sy verbeelding hou hom vas ... Dit gaan goed en die spel vlot mooi, totdat Bart hom op die verkeerde plek neerplak en 'n stuk uit die hopbrood uitknyp. Hy het ook skaars geknyp, of die stok steek hom dat hy so wip en 'n kort vloekwoordjie uitstoot. Nie eintlik 'n vloekwoordjie nie, maar net die warmplek se naam. Ampie kou vir al wat hy werd is, maar is bang om van die gemmerbier te drink; moontlik kan hy hom versluk.

Van die voorstes in die saal, wat dit opgeval het, het al begin lag toe die hopbrood begin dans het; maar die vrolikheid het algemeen geword, toe Bart vinnig agteruit wip en die stok sonder weerstand 'n end bokant die vloer uitskiet en skielik verdwyn.

Die rumoer en vrolikheid hier voor hom in die saal, gee Bart, wat regtig seer gekry het, 'n heerlike gedagte om homself te wreek. Die spel is nou vir hom 'n bysaak. Hy gryp die bottel, nog amper vol gemmerbier, voor Ampie weg, sonder dat die onrusstokers daaronder dit sien. Sy oë bly gevestig op die gaatjie in die vloer. Langsaam draai hy die prop uit. Ampie kou nog steeds, maar hy word onrustig oor Bart se doening wat glad nie by die spel hoort nie. Hy sien ook 'n oog voor hom in die donker gaatjie blink. Stadig bring Bart die bottel nader en stort skielik 'n volle straal gemmerbier op die glinsterende oog. Toe bars hy uit in sy gekompliseerde lagbui en loop amper uitsinnig op die planke rond. Ampie rol van sy kas op die vloer en lag so hartlik, asof hy allenig in die pakhuis 'n kat van lusernbale sien aftuimel, toe hy 'n muis wou bespring ... En deur die saal dawer die vrolikheid.

Toe die publiek stil word, kry Bart sy positiewe bymekaar, maar Ampie krul nog op die vloer agter die skerms, want hy het toe reeds tot daar gerol. Met 'n volle glimlag verduidelik hy aan die gehoor, wat egter alles verstaan en waardeer: "Dames en here, hier is gate in die vloer en die kwajongens ontstig ons met stokke; verskoon ons asseblief; geen mens kon so iets gehou het nie! Netnou sal die spel verder aangaan. Baie dankie!" Hy wink dat die gordyn moet sak.

Dit het 'n paar minute geduur voordat die geselskap weer normaal was, want ons spelers se harte het ver van die spel afgejubel, behalwe oom Snor, wat effens met my saam die toestand ernstig beskou het. "As ons die gaatjies net toegespyker het met stukkies sink en eenduimspykertjies ... Paraffienblik is ook al goed ..." Dit kon alles verhelp gewees het, ja, as ... Ek was hoegenaamd nie meer vrolik nie.

Die hele opvoering loop in die war; die spel het 'n klug geword; "die verbrande ..."

Ek het uitgestorm, vol ergernis teen 'n sinkomheining in 'n hoek my vasgeloop, deur 'n blinde gang verdwyn waar een van die skoolmeesters my inhaal en te laat onder die lugtige verhoog bring. Alles was daar doodstil; die belhamels het in die doolhof verdwyn.

Ek moes gedurende die opvoering waghou tussen die pilare met groot sterre vlak bo my in die plankhemel. Ek kon ook daardeur loer en mooi luister. Die spel het los geloop, vlot en geesdriftig, soos selde tevore ... Watter lewenslustige seun, vol platjiestreke en verbeeldingskrag, sou nie die stok se punt teen die verleidelike sitvlak van Bart vasgesteek het nie? Kon hy dan 'n straal gemmerbier in sy oog verwag?

Ná die aankondiging dat ons hoop om weer met 'n nuwe stuk te kom, was die toejuiging uitbundig. Die publiek het die aand geniet, dank sy die kwajongstreke.

Van Bruggen skryf oor die komieklikhede wat hulle soms teengekom het (1939: 102–103):

In die Quatlamba-hoogland het ons ongewoon veel mense teengekom wat skeel is. By die ingang van die dorpie het 'n werkman op die pad ou-Jakob op die lorrie snaaks nagestaar, gelag en toe oormatig dwars gekyk. Die stadsklerk, en die seuntjie, wat ons advertensiebord en klokkie rondgedra het deur die strate, was albei skeel. Dit het ons nogal stof vir komiese geselsery gegee. Selfs die barbier se oë het nie heeltemal korrek gestaan nie ... Toe die gordyn die aand voor ons oopgetrek word, sit twee skeel dames in die voorste ry, en Ampie kon bekwaald sy lag bedwing toe die seun, wat die gordyn trek, om die skerms vir hom loer met die allerskeelste skeel-kyk wat bestaanbaar is.

Lindeque (1997: manuskrippagina 65) vertel dat sy nooit 'n Van Bruggen-opvoering gesien het nie, maar een keer het hulle êrens in die Karoo verby hulle gery; "dit het soos 'n regte armblanke trek gelyk".

Teen 1941 voer Huguenet *Ampie* met 'n nuwe rolbesetting op. Willem Kempen se resensie in *Die Burger* van 28 April 1941 is oor 'n opvoering op Stellenbosch: Die mense het ... opgetree asof elkeen werklik deel het aan 'n ongesneë stuk lewe: dat wat die een sê en doen, al die ander raak, kon aan die swygendes se gesigspel en liggaamshouding gesien word. Alle lof aan die regisseur, Huguenet self, dat aan die stilspel so die volle aandag bestee is, want dit gebeur dikwels dat goeie individuele spel tot niet gemaak word wanneer 'n speler nie

Wena Naudé

1 Wena Naudé as jong meisie saam met 'n onbekende plaaswerker by haar eie troppie skape. Sy het self agterop die foto geskryf: "1923 toe ek nog geboer het!"

2 Die Hanekom-geselskap se opvoering van *Oorskotjie*, 1928. Wena Naudé is die meisie met die appel.

3 Wena Naudé in 1926 as Oorskotjie, die rol wat haar bekend gemaak het.

4 Wena Naudé en Martha Hanekom, vir wie Paul de Groot die verhoognaam Anna Marais gegee het omdat daar so baie Hanekoms in die *Huistoe*-geselskap van 1926 was. Die swempakke het hulle teen 6 pennies elk gehuur, volgens Wena se kommentaar agterop die foto.

5 Die Paul de Groot-geselskap op Beaconsfield-stasie, ongeveer 1926. V.l.n.r. is André Huguenet, Mathilde Hanekom, Paul de Groot, Anna Marais, Henri Steenkamp, Hendrik Hanekom en Wena Naudé.

6 'n Toergeselskap op pad. Terwyl 'n motorband herstel word, word daar ook gou kos op primusstofies gemaak.

7 Nog vervoerprobleme: Almal moet help stoot om die motor uit die los sand te kry.

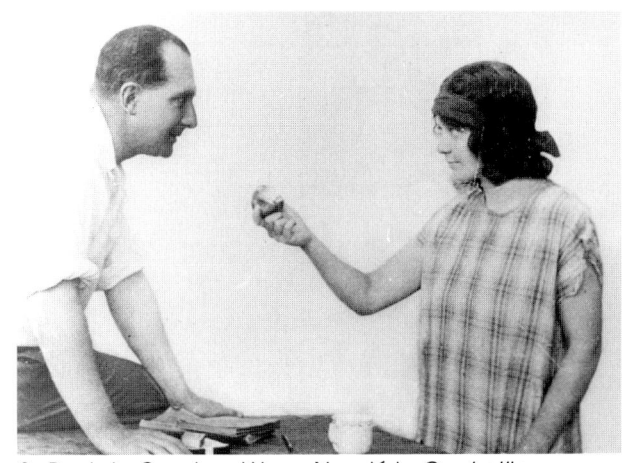

8 Paul de Groot en Wena Naudé in *Oorskotjie*.

9 Die Afrikaanse Toneelgeselskap, waarskynlik in *Onskuldig veroordeel* wat in 1929 opgevoer is. V.l.n.r. is Stephan Borcherds, Hendrik Hanekom, Mathilde Hanekom, Wena Naudé en Willem van Zyl.

10 Wena Naudé in 1964 in Mikro se *Bruidjie Dit en Bruidjie Dot*.

Die Hanekoms

11 Hendrik Hanekom, Bloemfontein, 1934.   12 Mathilde Hanekom.

13 James Norval, Wena Naudé, Mathilde Hanekom, Hendrik Hanekom en Willem van Zyl in *Die uur van vergelding*, wat in 1930 deur die Afrikaanse Toneelgeselskap op die planke gebring is.

14 Hendrik Hanekom as pres. Kruger in *Oom Paul* van D.C. Postma, wat vir die eerste keer in 1934 in Bloemfontein opgevoer is.

15 Elsa Fouché, wat die rol van Esther in *Oom Paul* vertolk het.

16 Johan Lubbe, Jacques Lochner en Willie Beckman, vermoedelik in *Deugniet en Korrelkop* van C.H. Chambers wat in Augustus 1938 deur die Hanekom-geselskap opgevoer is.

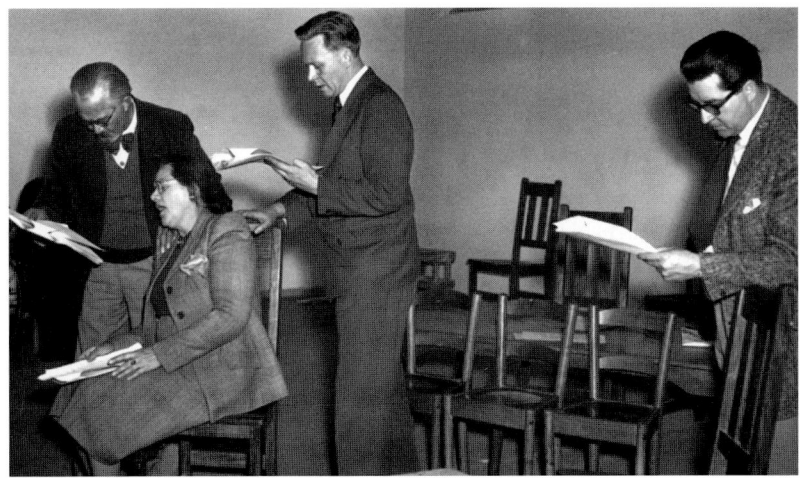

17 Die Hanekoms aan't repeteer.

18 Mathilde Hanekom en Wena Naudé in *Die wit perde van Rosmersholm* van Henrik Ibsen wat in 1955 deur die N.T.O. opgevoer is.

19 Die onblusbare Mathilde Hanekom.

André Huguenet

20 "Spoghans Borstlap" op laerskool. André Huguenet, toe nog Gert Borstlap, sit heel links in die derde ry op die stoel.

21 'n Foto van die Paul de Groot-toneelgeselskap op toer met *Huistoe* van Hermann Sudermann uit *Die Burger* van 6 November 1926. Die spelers in die trein is v.l.n.r. Henri Steenkamp, Maxie Botha, André Huguenet, Anna Marais, Hendrik Hanekom en Wena Naudé. Voor op die grond staan Mathilde Hanekom en Paul de Groot.

22 Huguenet as dr. Von Keller in *Huistoe*.

23 Helene Botha, die onderwyseres wat 'n jaar lank verlof geneem het om die rol van Nora in *Geleende geld* (1929), 'n vertaling van Henrik Ibsen se *Poppehuis* te speel.

24 André Huguenet in die naamrol van die gewilde verwerking van Jochem van Bruggen se *Ampie*.

25 Huguenet het self as regisseur van die 1941-produksie van *Ampie* opgetree. Hier verskyn hy saam met 'n onbekende speler as oom Kasper Booysen, Freda Tesner as tant Grieta Booysen en waarskynlik Christine Linde as Hester Stander.

26 Huguenet en Wena Naudé in *By die ou meulstroom*, 'n opvoering van 1938. Huguenet het skuins onderaan die foto geskryf: "Ja Moeda (of Nelda) dis ek — nie Richard Tauber nie."

27 Huguenet en Naudé weer saam, dié keer in *Vergewe en vergeet* (1945).

28 James Norval as Hyde in *Die verlore siel,* 'n toneelverwerking van Arthur Conan Doyle se *Dr Jekyll and Mr Hyde.*

29 Huguenet in N.T.O se opvoering van *The prisoner* (1961).

30 Huguenet in die fleur van sy lewe.

Lydia Lindeque

31 Lydia Lindeque as jong aktrise.

32 Lydia Lindeque as dramatiese aktrise.

33 Die Suid-Afrikaanse toneelgeselskap in 1945 in Egipte. Lydia Lindeque, met die gestreepte rok op 'n donkie, word deur 'n kameel bygekom.

34 Lydia Lindeque in die rol van Viola in *Twelfth Night*, wat in 1940 onder spelleiding van Marda Vanne en Gwen ffrancon-Davies opgevoer is.

35 In 1957 speel Lydia Lindeque in *Mirandolina* vir die Cape Town Theatre Company onder spelleiding van Pietro Nolte.

36 Lydia Lindeque as Medea in een van die eerste opvoerings van KRUIK in 1964.

reageer op wat deur ander spelers gedoen word nie ... daar kom dan feitlik 'n lid van die publiek op die verhoog.

Die hoogste lof vir individuele spel gaan aan Huguenet, nie omdat hy die leier van die geselskap is nie, maar omdat hy, op die oomblikke van die hoogste spanning en teistering in die lewe van Ampie, só volkome self Ampie geword het. So het hierdie opvoering dan ook oneindig meer geword dan net 'n stuk toneelspel: 'n aangrypende bewys van die ontsettende taak wat op die Reddingsdaad wag, en 'n onontkombare oortuiging van die gebiedende noodsaak dat elkeen van ons tot die uiterste van ons vermoë sal help in die opheffing van die Ampies van ons samelewing.

Oor die ander spelers kan ons kort praat. [Nico – D.B.] Van Rooyen was 'n slymerige, agterbakse koelie, 'n self-geregverdigde Oom Tys, vader van Annekie, en 'n onwaardige ou stuk vader van Ampie. Dit skort hom egter nog iets aan oëspel: soms te vlak van uitdrukking wanneer hy as vader vir Ampie en Annekie die les lees oor die huwelik, en wanneer hy 'n belangrike oomblik opkyk na die gesig van Ampie, is dit nie die dierlike ou pa wat kyk na die seun wat hom geflous het nie, maar Van Rooyen wat opsien na Huguenet.

Freda Tesner, met haar puntige bollatjie en vlymskerp mes-stem, en met die hande toegevou in die ewige voorskoot, is 'n uitgeknipte Tant Annie. As Nig Grieta, Booysen se vrou, is sy waardig en rustig, maar sy moet waak teen 'n ligte trekkie om die mond wat lyk asof sy vir Ampie lag.

Elsa Fouché as Annekie speel oortuigend in 'n moeilike rol, maar doen soms steurend toneel-bewus aan. Kasper Booysen is vernaam en welgesteld, maar hy praat verkeerd: hy hoef nie so te "trek" om te laat hoor dat hy baas is nie, 'n mens kan dit aan sy stap en sy klere sien. Johann Nell is 'n lawaaierige afslaer, maar 'n te saaklike Bart: hy onderkruip en spot en lê-leeg soos 'n waffer Bart self, maar praat soms te danig stakkato.

Dis onmoontlik om in 'n kort kolommetjie veel besonderhede van verdienstelikheid en onverdienstelikheid op te noem, maar 'n puntjie mag nog opgemerk word: Huguenet het in die vry-toneel en die ouers-vraery blykbaar 'n bietjie moeg geword om teen die publiek se laggery wanneer daar die ernstigste voorvalle afgespeel word, te speel, en toe die publiek 'n lag-konsessie gedoen by wyse van 'n ongepaste heup-swaaiery en 'n kokette vertoning van die wit van die linker-oogappel wat darem nie Ampie is nie.

Daarmee my laaste opmerking: 'n deel van die gehoor het die hele aand geskater, selfs om die ernstigste dinge, dinge soos Ampie se sing van 'n gesang om sy bevreesde gemoed te stil, sy geslaenheid omdat ou-Jakob, die enigste wat hom en vir wie hy heeltemal verstaan, omdat ou-Jakob en nie liewers maar Annekie nie, deur die weer getref is. Ampie is tog geen komedie nie, die geselskap het dit ook nie so voorgestel nie, en tog was so baie mense voortdurend onbedaarlik aan die lag. Dit het sake erg bemoeilik, soseer dat bv. Christine Linde, wat 'n baie dartele en neus-wipperige Hester Stander was, soms moes stilbly en wag om voort te speel, en dat Huguenet ook soms die gelag moes doodskree om die spel nie te vertraag nie. Dit was jammer.

Aan Huguenet en sy geselskap ten slotte weereens: veels geluk en baie dankie, hul aandeel was 'n ware verkwikking.

Elsa Fouché vertel (Van Schoor, 1961: 35):

Toe ons in Kaapstad moes optree, onthou ek nog hoe [André] gedurig fout gevind het met een van sy manspelers. Die stomme man kon absoluut niks reg doen in sy oë nie. En ná 'n hernieude sarsie onplesierigheid het die speler ... laat ons hom maar Jan noem ... se beker volgeloop. Hy het net mooi genoeg van die hele spulletjie gehad. Spelers is juis spelers omdat hulle ook fynbesnaard is, en 'n gedurige rusiemakery is nie bevordelik vir jou spel of werk of menswees nie. Toe ons nog meen dat al die spelers rustig in hulle hotelkamers ontspan, kom vertel een van hulle vir my dat Jan met al sy bagasie weg is. Ek moes natuurlik vir André gaan sê. Histeries van woede het hy uitgeroep dat hy eenvoudig die geselskap sou ontbind! Ek stel hom toe gerus en sê dat ek vir Jan sou gaan soek en vind. André skree dat ek nie mooi reg in my kop is nie, maar ek is vort. Toe ek eers by die plekbespreker aandoen, verneem ek dat die Hofmeyrsaal vir die volle week byna uitbespreek was. Ek het besluit dat ons moes optree en dat ek vir Jan moes vind. Maar waar? Hoe? Hoe moes ek, met klein Bobbette by my, die hele Kaapstad platloop of platry en tussen al die duisende mense vir Jan kry? Ek bel toe my vriendin Joyce van Geems (wat vandag ook al oorlede is), en vra haar om vir Bobbette te kom haal om by haar te bly. Die liewe Joyce het dadelik gekom en Bobbette het die hele week by haar gebly. Ek kon toe my soektog in alle erns begin.

André het herhaal dat ek "kranksinnig" is, en dat hy die opvoering gaan kanselleer. Ek kon egter gelukkig – of ongelukkig – 'n saak soos hierdie nie sommer gewonne gee nie. My speurvernuf het my intuïtief gelei, en ek is van die een hotel na die ander. Ek het geweet dat Jan nie onder sy eie naam in enige hotel sou registreer nie. Ek vra toe vir Johann Nell (wat Bart in hierdie *Ampie*-aanbieding gespeel het) om tog saam met my te gaan. Hy was dadelik gewillig, want 'n week se leeglê sou ons nie pas nie! En so is ons van die een hotel na die ander. Gelukkig het ons Jan se handskrif goed geken, en toe ons by die agtste hotel kom en die besoekersboek nagaan, merk ons dat daar wel 'n bespreking vir 'n meneer Johnson in Jan se handskrif was. Was ons bly! Ek en Johann sit toe en wag dat meneer Johnson sy opwagting moet maak, en ons het ook nie lank gewag nie of meneer Johnson, alias Jan, stap die trappe op. Toe hy ons sien, probeer hy vinnig om die hoek verdwyn, maar ek was te gou vir hom. Toe ek egter by hom kom, sê hy: "Nee, Fouché (so het hy my altyd genoem), ek gaan nie saam met julle nie. Ek het genoeg beledigings van meneer Huguenet verduur. Ek kan nie meer nie."

Ek verduidelik toe aan hom dat as hy nie teruggaan nie ek (en die ander spelers) sonder werk – en dus sonder betaling – sou sit, en ek moet vir klein Bobbette sorg. Bobbette was die hele geselskap se liefling. Jan het lank stilgestaan, terwyl ek in spanning wag. Eindelik sê hy: "Dan ... net vir Bobbette se ontwil, sal ek teruggaan."

En daardie aand was ons geselskappie voltallig! André, natuurlik, praat glad nie met Jan nie en ignoreer hom. Hy meen dat hy vir Jan 'n guns bewys om hom terug te neem, in plaas dat Jan vir die geselskap 'n guns bewys om te speel!

En die volgende dag? Toe is daar weer 'n groot bruin doos op my bed en daarin was 'n pragtige swart winter-tweestuk met 'n swart hoed wat amper soos 'n keil lyk ... so wonderlik in die mode destyds en tog so "apart"! Die briefie het gelui: "Net 'n klein waardering vir jou belangstelling in my geselskap ... André."

Klein waardering, dink ek by myself. My liewe André, dit moes jou minstens £20 gekos het!

As André met spelers rusie gemaak het, dan het hy briefies aan hulle gestuur met die hotelkelners en daarin gevra wat hy wou weet ... maar hy het dan NIE met hulle gepraat nie!

'n Storie oor Elsa Fouché en Sann de Lange

Barrie Hough (*Rapport-Tydskrif*, 28 Julie 1996) vertel in "Skuins voor Maandag":
> As jong getroude paar het my pa en ma in die jare veertig in Braamfontein gebly, in 'n huis oorkant die sogenaamde duiwehokke, waar Fugard se *People are living there* hom afspeel. Onder hul vriende was tant Elsa Fouché, die stoeier Willie Liebenberg, die aktrise Sann de Lange en Sophie van Staden, wat 'n losieshuis gehad het. [...]
>
> Die storie ... gaan oor die henneparty wat my ma, tant Elsa, tant Sann, tant Sophie en 'n paar ander vriendinne – lank nie meer met ons nie – gehou het.

Daar is versnaperings voorberei en heelparty alkohol gekoop. Die groot opwinding van die party was egter die items wat deur die vroue gelewer sou word. Dié een het gesing, daai een het 'n gedig voorgedra ens. My moeder, wat toe nie 'n klein vrou was nie, het glo Salomé se Dans van die Sewe Sluiers op 'n tafel gedoen – met 'n chiffon-serp op elke moontlike strategiese plek.

Die beroepsaktrises – onder meer tant Sann en tant Elsa – het met mekaar meegeding om die aandag van die klein gehoor. En tant Sann is hoeka een wat glo in *exits* en *entrances*. So 'n paar jaar gelede het sy 'n rol van die hand gewys in 'n produksie van Lucille Gillwald. Die rol was dié van 'n sterwende ou vrou in 'n bed. Toe ek tant Sann vra waarom sy nie die rol wou hê nie, sê sy vir my: "Daar's dan nie 'n *entrance* nie. En 'n rol sonder 'n *entrance* is niks nie."

Tant Elsa het ook geglo dat jy die gehoor moet vang. Sy het altyd vir my ma gesê: "Sussa, gee vir my 'n rol waarin ek kan sterf of ween! Die rol van moeder, want ek ken die hart van 'n moeder (moeder het sy so uitgerek)."

Op die henneparty spring tant Sann tant Elsa voor met 'n geween en 'n gesterf, want sy kies toe 'n sterftoneel uit 'n Griekse tragedie. En op haar dag was tant Sann blykbaar een van dié vertolkers van Griekse drama.

Tant Elsa is vinnig daar uit en na haar huis om die hoek. Haar item was laaste op die lys. Toe dit tyd word, sit een van tant Elsa se vriendinne 'n 78-grammofoonplaat op die draaitafel. Die troumars speel krapperig. Tant Elsa kom uit in 'n wye trourok met baie onderrokke. Haar hare hang in dramatiese swart lokke uit onder 'n skouspelagtige hooftooisel met bloeisels. Haar baie mooi gesig is perfek gegrimeer. Onskuldig en fyntjies tree sy nader. Die rok wieg effens. Tant Elsa laat haar groot oë oor die kamer heen gly. Die dames oe en ah. Tant Elsa flikker haar oë koketterig.

En toe maak sy haar mond wyd oop en lag. Met nie 'n tand in haar mond nie! Sy het haar kunsgebit uitgehaal. Sy lag hard en harder. En almal saam met haar.

Wat 'n *entrance* en *exit*.

Haar egskeiding

Nadat *Ampie* vir Huguenet deur die Depressie geneem het, bevind Huguenet hom in beheer van die enigste reisende geselskap. Hy plaas sy spelers onder kontrak en werk deur 'n massa toneelliteratuur, op soek na 'n volgende trefferstuk. Hy besluit op *Genoveva*. In die hoofstuk oor Lydia Lindeque word van dié toneelreis vertel. Hy volg dit op met *Johannes van Wyk* en *Die swart hand*, verwerkings van onderskeidelik J.H.H. de Waal en Hendrik Brand se romans. Maar dit was geensins suksesstukke nie. In Julie 1934 pak hy *Ek het 'n man vermoor* van Maurice Rostand aan. Dit is vir hom vertaal deur F.C.L. Bosman. Teen Januarie 1934 is Bosman nog nie daarvoor betaal nie, en skryf hy uit Amsterdam dringend daaroor aan Huguenet. "Beste André" word deurgehaal en vervang met "Waarde André". In die nagelate korrespondensie is daar nie 'n bewys vir uiteindelike vergoeding nie.

Huguenet se volgende opvoering, *Haar egskeiding* van Clemence Dane, ontlok 'n artikel deur M.E.R. in *Die Burger* van 21 Februarie 1935:

> Die toneelstuk *Haar Egskeiding* wat deur André Huguenet se toneelgeselskap opgevoer word, trek nou deur Kaapland; baie mense gaan daarna kyk – wat ook bepaald hul moeite werd is om te doen – en gesels dan seker later oor stuk en spelers. Ons het in hierdie stukkie nie juis met die spelers te doen nie, maar met die strekking van die spel; maar dit moet gesê word dat hulle dit goed speel. Die opvoering dra tekens van sorgvuldige instudering en voorbereiding, iets wat 'n gehoor, soms onwillekeurig, gunstig vir die spelers stem. Ek is maar skrikkerig om as kunskritikus op te tree, maar die algemene opinie was dat al die spelers goed geslaag het in die vertolking van die gedagte van die stuk; en dat veral die twee hoofrolle, nl. van Sydney en haar vader [vertolk deur Ena du Toit en André Huguenet – D.B.], uitstekend gespeel is. My enigste beswaar persoonlik was teen die deftigheid van die vrouens se klere; mense wat hulle skielik in so 'n werklik diep-tragiese situasie bevind, sal waarlik nie soveel aandag aan hul klere gee nie. Die drie vrouens het jou maar aan die poppe op 'n modeparade laat dink. Jammer.
>
> Maar ek kon geen jonger vrou vind om met my hier saam te stem nie; daarom noem ek dit hier, om daardeur ander te prikkel tot besoek van die opvoering, want dit verdien 'n besoek!
>
> Hilary Fairfield [André Huguenet – DB], kranksinnig geword ná die oorlog, is reeds tien jaar lank in 'n gestig vir sielsiekes. Sy vrou, Meg [Lydia Lindeque – D.B.], het teen die einde van hierdie tyd verlief geraak op 'n ordentlike man, haar egskeiding gekry, en staan op punt van hertrou. Die skryfster ... vra ons om te veronderstel dat die wet reeds aangeneem is wat egskeiding toelaat waar een eggenoot sedert jare kranksinnig was. [...]
>
> Die spel begin deur die geluk van Meg voor te stel in haar voorgenome tweede huwelik. Haar karakter is een wat moeilik is om goed te vertolk. Sy is bekoorlik, soet van geaardheid, begerig dat almal om haar gelukkig en tevrede moet wees. Sulke karakters is dikwels ook swak en gee toe, soos Meg ook uiteindelik doen, vir diegene wat die sterkste druk op hulle uitoefen. Hulle self is oortuig, en oortuig ook dikwels ander mense dat hulle op beginsels handel; maar dit is maar

gewoonlik 'n rasionalisering; hulle doen wat van hulle verwag word om te doen. Meg is kunstig uitgebeeld; dit is juis hierdie tipe wat vir die gewone man so aanlokkend is; die egte "vroulike". Maar soos gesê, is die rol maar nie 'n dankbare om te speel nie, want die karakter verloor, juis deur die waarheid waarmee sy vertolk word, die simpatie van die gehoor – altyd 'n teken dat hulle in die spel opgaan, en dus 'n troos vir die speler van die onsimpatieke rol. [...]

Dit word gesê dat Clemence Dane se stuk in Engeland opgevoer is toe dieselfde wetsontwerp oor egskeiding vir kranksinnigheid, ens. wat nou hier voor ons Volksraad is, ook voor hul Parlement was; en dat die spel die loop van sake beïnvloed het. Dit is natuurlik 'n goed gekose tyd, wat die spelers betref, vir die opvoering van die vertaling by ons; en ook wat die publiek betref, omdat dit ons aandag sal trek na wat in ons Volksraad aan die gang is. Ons vroue veral dink ver te selde na oor wetgewing wat ons belange diep raak; dit sal baie goed wees as ons deur die besoek van hierdie spel oplet na wat aangaan, en ons eie opinies volgens ons eie ondervinding vorm. Dit is die rede waarom ek hier ook die aandag wil trek tot die saak. Die wetsontwerp van mnr. Naudé vra dat van 'n eggenoot of eggenote wat gewoonte-misdadiger is of lank en ongeneesbaar (volgens sekere wetenskaplike toetse) kranksinnig is, egskeiding verkry sal kan word.

Ons moet oplet dat die egskeiding nie gekry *moet* word nie, maar gekry *kan* word. Persoonlik, en veral met die oog op die geboorte van kinders aan so 'n huwelik, dink ek dit behoort gekry te *kan* word, hoewel dit aan die persone se eie gevoel oor die saak oorgelaat moet word. Of, waar die huwelik voortbestaan, behoort sulke mense nie kinders te kry nie. Maar dit is nie 'n pleidooi daarvoor of daarteen wat ek hier wil maak nie; net 'n poging om die vroue goed te laat nadink oor die saak. Tereg het Langenhoven, in verband met 'n wet oor bankrotskap, vir ons gewys hoe ons doodstil sit en wetgewing laat maak wat ons so diep aangaan. Ons moet opinies vorm en uitspreek.

Wet 32 van 1935, Wet tot Wysiging van die Egskeidingswette van die Unie, is goedgekeur op 1 Mei 1935. Dit bepaal dat "naas ander gronde vir egskeiding, daar ook 'n order vir egskeiding verleen kan word indien (a) die betrokke party gedurende 'n tydvak van minstens sewe jaar aan die bepalings van die 'Geestesgebreken Wet', 1916, gewees is of ongeskik is en (b) ingevolge sekere artikels van die Kriminele Procedure en Bewijsleverings Wet 1917 tot gewoontemisdadiger verklaar is en minstens vyf jaar na daardie verklaring in die gevangenis aangehou is". (Inligting deur prof. J.C. Steyn van Bloemfontein.)

Hierdie opvoering is as "superieur", "glansryk" en "loutere kuns" beskryf. André Huguenet (1950: 115) skryf dat veral Ena du Toit "meteoriese sukses" behaal het. "Sommige aktrises neem jare voordat hulle opgang maak, ander word oornag beroemd. Ena het vier jaar geneem om in *Haar egskeiding* die kalklig vol op haar te laat skyn."

Lydia Lindeque vertel (1941: 90; 1997: manuskrippagina 74–75):

> Dit was tydens dié toer in 1934 dat ons 'n kontrak aangebied is deur African Theatres. Maar ons moes eers wys waartoe ons in staat was. Ons moes vier aand- en twee middagvoorstellings gee in Her Majesty's in Johannesburg, iets waaroor ons almal baie opgewonde was. Ons het reeds weke van tevore voorbereidings begin tref vir die week se verblyf daar: klere is gekoop, en Paula Styger het ons elkeen 'n teelepel Engelse sout laat drink!

Ná 'n warme ontvangs met bosse blomme op die stasie en met begeleiding van 'n klomp motors is hulle na die Carlton Hotel. Lindeque vervolg (1941: 91; 1997: manuskrippagina 75):

> Die volgende middag het ons in die teater 'n repetisie gehou en die aand het ons geopen. Ons klompie was verlore agter die skerms. My verkleekamer het pragtige dik tapyte in gehad, 'n gemaklike bank, stoele, en liggies rondom elke spieël. Dit was 'n wonderlike gevoel. Vir die eerste maal in my lewe het ek soos 'n ster gevoel. Spesiale vroue-teaterbediendes was altyd byderhand; hulle het ons gehelp aan- en uittrek, ons hare gekrul, ons klere opgehang en reggemaak. En as ek in die aand my lekker warm verkleekamer binnestap, voel ek die belangrikste mens in Johannesburg.
>
> [...] Ons het ons vuurdoop deurstaan, en ná die Julie-vakansie sou ons in Johannesburg instudeer vir ons werklike toer onder beskerming van African Theatres.

Hulle ervaar die weelde van 'n toer vir African Theatres (1941: 93–96):

> Die toer was lekker. In die aand as ons in die kompartement kom, is die beddens opgemaak, en nie te lank nie of ons word soetjies aan die slaap gesus soos die ou trein met singende wiele oor die Vrystaatse vlaktes afglip na die Suide. Ons het op die meeste plekke twee- of driemaal gespeel, en toer was dus glad nie so gejaagd nie.
>
> Saans as ons klaar gespeel het, was daar vrouens wat kom inpak en gesorg het dat alles weer veilig op die volgende plek aanland. Ons het toe vir die eerste maal kans gehad om uit te gaan na opvoerings en om ons vriende te onthaal. Dan het ons ook nie maklik by ons ou vriende gespog met ons eie trein nie. Dié het bestaan uit twee waens vir die spelers – saam met die sakebestuurder en die toneelbestuurder was ons elf – en dan nog twee ander waens vir die meubels, decor en verhoogbenodigdhede. En dit was ook op hierdie toer dat dit gelyk het asof ons op elke plek meer vriende as ooit tevore het.

Van Port Elizabeth is ons op 'n Sondagaand weg na Pietermaritzburg. Ons het dus drie aande en 'n middag nie kon speel nie. Onder African Theatres word 'n mens net betaal as jy speel – "no play, no pay". Maar selfs hieraan het ons ons nie veel gesteur nie. Alles was té lekker en ons het net gelag. Die drie dae op die trein het ons egter opgetel en baie senuweeagtig gemaak.

Die derde middag, teen twee-uur, het ons op L. aangekom en ons moes daar tot die aand aguur oorbly. Ons spelers, saam met Shimmy, die toneelbestuurder, 'n eienaardige tipe, is toe na 'n kafee. Dit was erg vervelig en so teen vieruur besluit ons om by die drankwinkel 'n paar "alsies" te koop. Met die gebottelde sonlig is ons af na die stasie waar ons in ons wa begin party hou het.

Op dieselfde trein was Ali Bey, die Turkse stoeier. En toe ons eers so 'n paar maal op mekaar se gesondheid gedrink het, het die morale aansienlik gestyg en het die mansmense net begin grootpraat. Húlle was toe jong Turke en nie Ali Bey nie. As hy net sy bakkies hier by die deur insteek, sou hulle die arme ventjie kafloop, het hulle gesê. Ek het toe aangebied om die Turk te gaan roep, maar hulle was nie geesdriftig oor my aanbod nie.

Met al hierdie stoeipraatjies het hulle onder mekaar begin stoei, wat naderhand 'n bakleiery afgegee het. Ek en Ena dink toe die dik treinglase is tennisballe of wolballe of so iets – en daar trek twee deur die lug om bo die stoeiers se koppe in skerfies uitmekaar te spat. Geeneen van die worstelhelde het egter 'n wond opgedoen nie, nóg van die glasstukke nóg van al die fantastiese klemme en grepe wat daar op die treinvloer vir die eerste maal in die geskiedenis van die stoeikuns aangebring is.

Een van die toeskouers was die ou kondukteur wat al ons grappe, gesing en gevegte terdeë geniet het. Siegfried [Mynhardt – D.B.] was naderhand baie moeg van treinry. Hy kry toe die inval om by 'n sy-stasie langs die spoor te gaan sit. Ek sien hom nou nog daar sit – sommer plat op die grond in sy kardoesbroek terwyl hy oor die wye vlaktes uitkyk met 'n uitdrukking van ondraaglike heimwee op sy gesig. Ek kan my nie herinner dat ek nog ooit tevore iets so pateties en tegelykertyd so gedwee en berustend gadegeslaan het nie …

Was dit nie dat ons groot maats met die kondukteur was nie, sou Sieg seker daar bly sit het, die donker nag deur tot die anderdagmôre, wanneer die volgende trein hom miskien daar alleen op die wêreld sou gewaar en dan opgetel het. Die kondukteur het hom om die lyf gevat en in die trein gehelp.

Om te voorkom dat hier die vermoede gewek word dat ons besig was om ons soos 'n klomp hansworste voor 'n trein vol mense te gedra, moet ek hier aanstip dat daar later slegs twee waens was met net een passasier behalwe die personeel van die geselskap.

Ali Bey, die oorsaak van die hele petalje, het op L. afgeklim; en die enigste passasier behalwe ons het gou-gou katswink in sy kompartement uitgestrek gelê. Een van ons lede wou 'n paar akrobatiese toere bo teen die dak van die wa uithaal; ongelukkig was hy nie te vas van ewewig nie en daar skop hy die arme Eric 'n gat in die kop. Eric was gans en al 'n vreemdeling vir ons – en dis bepaald jammer dat hy, die buitestander, dit moes ontgeld. Ons laaf hom toe en net gou was hy weer reg.

Hy het egter geen wrok in sy hart rondgedra nie – want toe ons twee dae daarna in Durban is, het hy ons gebel en ons toe kom opsoek. Ek en Ena het hom skaars enige geluk gebring. Om hom gedeeltelik te vergoed vir al die skade wat ons hom berokken het, nooi ons hom uit om saam met ons na 'n "nightclub" te gaan.

André Huguenet (1950: 118) vertel wat daarna gebeur het:

Tydens die besoek aan Durban – ons eerste – het die seisoen met die gewone sukses van stapel geloop en die Saterdagaand moes die geselskap die triomf op waardige wyse vier deur na een van die obskure "nagklubs" te gaan, ten spyte van my waarskuwings om die nuut-verowerde Engelse stad met ongeskonde eer te verlaat. Toe ek die Sondagoggend wakker word en my oggendblad lees, staar die groot swart letters op die voorblad my in die gesig: "Night Club raided ... members of Theatrical Company arrested." My naam is lewensgroot aan die wye wêreld verkondig en ek lê onwetend en onskuldig, soos dit 'n eerbare landsburger betaam, in my bed! Die nagwolwe is aangekeer, verklarings is afgeneem en die geselskap is onder 'n wolk van goedkoop publisiteit en ongesonde berugtheid uit die hawestad weg

Ook word Huguenet deur Clemence Dane voor die hof gedaag. Sy het aan hom slegs opvoerregte toegestaan, nie ook vertaalregte nie. "Haar 'skade' het sy op etlike honderde ponde vasgestel, maar die hof het dit verwerp en my slegs verantwoordelik gehou vir die balans van die opvoerregte wat £65 bedra het" (Huguenet, 1950: 121). Die wederregtelike vertaling is deur ds. C.F. Mynhardt, Siegfried Mynhardt se vader, gedoen.

Reklame uit Amerika

Op 14 Augustus 1933 word in *Die Burger*-rubriek "Van alle kante" van reklame vir Paul de Groot se opvoering van *Verborge sonde* vertel:

Henry Ford het vir 'n grammofoonplaat Afrikaans gepraat.

Mnr. Herold, hoof van die groot motorfirma Herold & Kie in Johannesburg, is in Amerika, waar hulle natuurlik ook Ford gaan opsoek het. Mnr. Herold is 'n vriend van dokter en mevrou J.J. de Waal van Johannesburg, en stel baie belang in die rol wat hulle dogter [Henriëtte – D.B.] in die opvoering van *Verborge sonde* deur die Paul de Groot-geselskap sal speel. Om die ouers plesier te doen, het hy in Detroit 'n grammofoonplaatjie laat maak en Henry Ford beweeg om daarop ook 'n paar woorde in Afrikaans te praat. Henry sal wel 'n paar ure bestee het om die woorde uit sy hoof te leer en enigsins behoorlik te leer uitspreek, maar hy het dit reggekry. Wat hy gesê het: "Ek wens jou en al die Afrikaners in Johannesburg baie sukses met die toneelopvoering."

Hierdie grammofoonplaatjie wat Henry Ford se stem goed weergee, en heeltemal verstaanbaar is, is van geskiedkundige waarde en Van Alle Kante hoop dat dr. en mev. De Waal kan beweeg word om dit aan 'n museum af te staan. Dit is van geskiedkundige waarde. Ford praat, soos begryplik is, met 'n sterk Amerikaanse aksent Afrikaans. Mnr. Herold wat 'n Afrikaner is, het hom die woorde en uitspraak geleer.

André Huguenet versus F.C.L. Bosman

Huguenet volg *Haar egskeiding* op met *Die heilige vlam* (Somerset Maugham se *The sacred flame*) in 1935 en in 1936 met *Die doodvonnis*, die vertaling van Emlyn Williams se *Night must fall* wat op 31 Mei 1935 in Londen geopen het.

Op 11 Mei 1936 skryf F.C. L. Bosman onder meer soos volg in *Die Burger*:

Romantiese "rosegeur en maneskyn" of didaktiese melodrama is wat ons publiek nog by voorkeur wil hê. Nou moet 'n geselskap per slot van rekening in die eerste plaas bestaan en dis derhalwe te begrype dat selfs die beste geselskap soms 'n rigting sal inslaan wat hulself nie die begerenswaardigste ag nie. Anders hoe kan ons dit begryp dat selfs 'n geselskap soos dié van Huguenet hom soms kan besondig aan drake soos *Genoveva* en *Die swart hand* en selfs in sy jongste stuk gruwele op die toneel bring wat die negasie is van alle goeie smaak en die suiwerste "Grand Guignol" verbystreef? Maar alles het sy grense en selfs vir die minsontwikkelde volksmaak is sommige van die toneeldrake goedkope uitbuiters van Afrikaanse godsdienssin en sug tot lering, smaaklik (?) gemaak met 'n dik sous roue sensasie en goedkope komiek te magtig geword, temeer as die toneelkragte (sic) na verhouding is. Wat kan 'n mens bv. van stukke verwag wat *In die kloue van Satan* of *Druppels van Edik en Gal* heet? Die volksmaak mag laag wees, maar het ook sy boom en vroeër of later weet die volk die ware van die onware te onderskei en die goeie van die slegte los te maak.

Bosman noem twee toneelleiers wat weet hoe om tussen "die Scylla en Charybdes van te hoog en te laag" deur te vaar: Paul de Groot en Wena Naudé "met haar jongste twee stukke".

André Huguenet neem nié genoeë met Bosman se stellings nie en in 'n aantal briewe gee hy sý siening van die stand van die Afrikaanse teater.

Die eerste brief skryf Huguenet op 18 Mei 1936 vanaf Bethlehem:

> Dankie vir u brief i.s. die voorgestelde samewerking op toneelgebied. Ek weet werklik nie wat ek aan die F.A.K. of Akademie moet skrywe nie ... ek het geen rede tot klagte aangaande my werk nie ... al wat ek betreur, is die raadgewers en die kritiseerders wat nou skielik ontpop as die vriende wat vrees vir ontaarding en ondergang van ons toneel!
>
> Nooit het uself of enigeen wat graag soveel fout vind iets gedoen om ons saak te bevorder nie. Ek wou dat u met andere 'n geskikte (en waardige) saal vind vir 'n besoek aan Kaapstad ... maar niks is verrig nie, ons moet triomfeer op die platteland. Met alles word fout gevind terwyl die here professore e.a. agter hulle lessenaars allerlei skemas en planne aan die hand doen. Die tragedie van die saak is dat hulle die toestand verder as die hange van Tafelberg glad nie ken nie en tog alte graag wil fout vind met wat daar anderkant gedoen word.
>
> *Genoveva* heet 'n draak ... alhoewel ek dit kersvers uit Brussel gekry het waar dit in die Koninklijke Schouwburg met sukses opgevoer is! En nou waag u warempel nog ook om my nuutste stuk aan te val terwyl u nie eens weet dat dit op die oomblik in Londen as díé vernaamste spel beskou word nie. Dit is nl. sedert Mei van verlede jaar (dus byna 'n jaar aanmekaar elke aand) in die Duchess Theatre in Londen op die planke as *Night Must Fall* en lees maar wat die Engelse blaaie daarvan sê. Koop asseblief *Best Plays Of 1935* en lees *Night Must Fall*, dan sal u seer seker nie sulke onsin beweer as "strewende die Beste 'Grand Guignol' verby"!!! Dit laat my wanhoop as geleerdes sulke loutere onsin beweer ... ek kla nie oor die oningewyde plattelandse publiek nie, maar, werklik, hierdie *tour de force* wat in Londen 'n hele jaar aangaan en deur Farjeon, St. John Ervine e.a. bestempel word as die beste "psychological Thriller for Years" ... en u wil die wêreld wysmaak van "Gruwele" op die toneel? Waarom het u nie die moeite geneem om die spel te sien nie? U kan tog nie sulke losse bewerings wêreldkundig maak nie ... ek betaal bloedgeld vir die spel en (het) na groot moeite daarin geslaag om die opvoerregte te kry. Dink daaraan watter voorreg dit is om 'n stuk hier te kan speel wat op dieselfde tydstip in die West End van Londen louere inoes.

Dit kom my voor dat hierdie "krenterige kritikasters" daarop uit is om met vitterige, soms venynige, vooroordeel alles stukkend te skeur net soos in onse letterkundige kritiek vandag. As hulle maar net betyds kan vertel word watter kosbare stukke ek waag om in Afrikaans op te voer ... en dan waag u nog om De Groot as voorbeeld op te hou wat keuse van stukke betref! Weet u dat behalwe Ibsen se *Poppehuis* hy gegee het *The Rosary* (draak van alle drake), minderwaardige spel van A. de Hertog, kostuumspel van Grundy, swak Mirbeau (*Les Affaires sont les Affaires*) en verder geen standaard werk nie. Die bewys dat u hierdie Londense sukses weer wil gaan klassifiseer onder die drake-genre waarvoor u so 'n heilige afkeer het, toon my alte duidelik dat julle glad nie op hoogte is van die moderne drama nie ... as iets nie juis aan die drie Aristoteliese eenhede van tyd, plek en handeling beantwoord nie, heet dit "drakerig, melodramaties of verouderd". Lees asseblief *Night Must Fall* en vertel my dan dat *Die Doodvonnis* die Grand Guignol verbystreef. Dis verregaande en ek twyfel langsamerhand aan onse sg. deskundige oordeel ... moet ons dan orals teen hierdie soort onkunde stuit, in stad sowel as platteland ...

In u kritiek van Verheyen – u woordeskat is totaal uitgeput en ek huiwer om te dink wat u gaan skryf as daar werklik iets volmaaks en onberispeliks in Kaapstad opgevoer word. Die here professore raak te maklik in die wolke op die wieke van die gevleuelde woord en dan kry ons óf venyn óf hierdie heuningkwas, en intussen weet hulle nog nie eens waaroor dit gaan nie ... hierdie uitlating oor onse Londense suksesstuk bewys dit onteenseglik.

Moenie my beskuldig as een van die klaendes nie ... ek dien die publiek en hulle behandel my uitstekend, maar hierdie soort "kritiek" kan ek werklik nie langer staan nie.

[...] Ek het met mense in Kaapstad gesels en hulle vertel my dat u indertyd soveel bewieroking gehad het vir *Treine* of so iets in die Koffiehuis en dat u ekstase daaroor mense laat wyfel aan u deskundige oordeel oor die drama ... nou word u nog kritikus *in absentia* en veroordeel die grootste Londense sukses met een pennestreep ... u het seker gedink dit is weer die "verouderde dramatiek" van *Genoveva* wat u maar nie kan vergeet nie ... *Genoveva* is in sy soort enig en hoogs artistiek en nie minder verouderd as Shakespeare of Molière nie en die Vlaamse dramatisering daarvan is baie fyn. Ek gaan dit Septembermaand in Johannesburg met die Rykstentoonstelling speel as afwisseling op my program, en as ek 'n goeie Nederlandse bewerking kan kry dan ook *Eustagius* ... die halfbroer van Genoveva. As beroepsgeselskap moet ons afwisseling bring en dit kan nie beter verkry word as deur sulke legendariese stukke soos *Genoveva* en *Eustagius* wat hier ter lande so ingeburger is dat dit al 'n Afrikaanse kleur gekry het. Het u beswaar teen 'n "Draak" nou en dan? Waarom nie, dis niks om mee fout te vind nie, inteendeel dit is hoog nodig, veral vir ons wat poog om 'n Nasionale (Volksteater) te skep. Hulle speel dit in België en Holland voor fynproewers elke aand, maar mense gaan daarna kyk wetende wat om te verwag. Ons kritici moet verstaan dat selfs ons in alle beskeidenheid alle soorte wens op te voer.

Die voorgenome organisasie en "keuring" van geselskappe sal op 'n nul uitloop. Teorie en praktyk kan nie op onse gebied stryk nie. Die publiek laat hulle nie deur keurkomitees lei nie en ook nie mislei nie. Hulle sal geselskap nommer 1 (volgens keurkomitee-indeling) nie steun as hulle meer van geselskap nommer 2 (weer volgens K-Komitee) hou nie. Net soos hulle hul nie laat voorskryf dat DRAMA en TONEEL in SUID-AFRIKA te verkies is bo SONDE MET DIE BURE of PETALJES VAN OOM BART nie!

[...] Ek eindig met die beste wense en die hoop dat u nog die tyd sal beleef dat daar lofredes oor die Afrikaans toneel (en toneelspelers) uit die pen van die huidige kritikasters sal vloei.

Op 8 Junie 1936 skryf Huguenet aan Bosman:

Tydens u afwesigheid het ek Clemence Dane se standaard-drama *A Bill of Divorcement* gegee en verlede jaar weer W. Somerset-Maugham se *The Sacred Flame*.

My een strewe was sedert my prille jeug om te kan optree in die groot Engelse teaters in die West End van Londen. Vandag nog as ek hulle stukke speel en manne soos St. John-Ervine se opinie lees oor dramas in Engeland en ook van Herbert Farjeon en in mindere mate dié van Hannen Swaffer, dan skaar ek my liewerlede by hierdie mense; dan verkeer ek trouens in goeie geselskap. Dit kom oneindig nader aan onse volksmentaliteit en begripsvermoë as die onvolprese Middeleeuse spele wat Uitlanders van tyd tot tyd hier wil opvoer. Die klankprent laat sy invloed gedug voel en naas die surrogate kuns van die silwerdoek sal die lewende toneel hom tot 'n groot mate noodgedwonge moet aanpas veral by so 'n jong volk wat uiteraard onverskillig staan teenoor die fynere en diepere betekenis van die drama. Die mense wat ywer vir 'n Afr. Beroepstoneel sal moet óf die juk opneem van pioniers in die ware sin van die woord óf hulle eie gat grawe deur by 'n oningewyde en kuns-nugtere volk swaar en onverteerbare spyse af te forseer. Die gelukkige middelweg is wat ons betrag te bewandel en sodoende én die belangstelling gaande te hou én meteen waak teen verkragting van die kuns.

[...] Wat betref u kritiese beskouings oor opvoerings in ons land en in ons taal, sal ek maar berus in u uitspraak. U en elkeen van onse kritici afsonderlik hou 'n eie opinie daarop na en dié het ek ondervind is so uiteenlopend van aard dat die arme baanbrekende toneelspeler daarop hoegenaamd geen peil kan trek nie. Hulle (en ander) kritiseer die werk van eeuoue kultuurnasies, hulle prestasies ... hoe kan ons verwag dat u onse beskeie, gebrekkige pogings sal roem?

Ekself staan elke ses maande voor die groot probleem ... wat moet ek speel? Fagan het my die MS. van sy *Ousus* gestuur en my gevra dat ek moet speel, dit sal my nie 'n pennie kos nie ... ek het daarvoor geen kans gesien nie. Ek sal dit nie 5 aande agtermekaar speel nie of die nuus van my nuwe swak opvoering sal soos vuur vooruitbrand. Ook sy *Die Ouderling* het hy gegee vir opvoering en geen geld gevra vir opvoerregte nie, selfs daarvoor sien ek nie kans nie. Ek sweet liewer om die 80 pond bymekaar te kry vir die Engelse *Night Must Fall* waaroor die publiek in verrukking gaan en wat sowat al die elemente bevat van 'n goeie, sterk-gespierde toneelspel. Dis my saans 'n inspirasie om te dink dat dieselfde stuk in die wêreld se metropolis die publiek in vervoering bring, en hier geniet my mense dit net soveel al is dit op 'n ander manier.

Wat Wena se werk betref ... sy het 'n Godgegewe talent wat geen kritikus (of kritikaster) haar sal ontneem nie. Maar ook haar stukke!!! W.G. van Nouhuijs, nou ja, sy stukke het reeds die patriargale baardedos ontgroei en verkeer waarskynlik in die stadium van sy tweede kindsheid, modern gekleed, maar daaragter loer tog die draak se oog, nie waar nie? Dertig jaar gelede was die stuk mode, en ons is op gebied van die drama 'n paar eeue agter die Westerse kultuur, dus is *Goudvissie* nog ultra-modern vir onse mense. Q.E.D.!

Nee, doktor, ons leef so intiem met die mense saam dat ek nie kan begryp dat ander, ontwikkelde mense nie kan insien hoe agterlik ons massa-publiek is vir suiwer dramatiese kuns nie. Eergister nog kom 'n prinsipaal na my toe met die versoek dat ek tog so gou as moontlik *Die Skerpioen* moet opvoer, want dit gaan voorgeskrewe word vir Skool-hoër. Die Dingaansfees-komitee van Adelaide het my onlangs gevra om drie aande *Genoveva* daar te kom opvoer tydens die 1937 Dingaansfees-Eeufeesvierings, die grootste in ons land, by Piet Retief se plaas. Die predikant, prinsipale, burgemeesters ens. het my na die feessaal geneem om te sien of die plek doeltreffend ingerig is. Ek het hulle toe gesê dat twee professore (t.w. F.E.J. Malherbe en F.C.L. Bosman) ernstig beswaar het teen so 'n draakstuk, maar hulle het aangedring, hulle wou geen ander stuk daar opgevoer sien nie.

Gisteraand na die opvoering hier op Ladybrand kom 'n ou oom na agter en vra ewe naïef vir die geselskap: "Nou, wie was nou eintlik

Danie?" Hulle wys almal na my. Die oom loop na my toe, lê sy hand simpatiek op my skouer en sê: "Neef, ek moet jou tog gelukwens, jy is darem rêrig 'n actrice!"

My taal is op (beide vir hierdie oom van die veld en vir die vitterigheid van die geleerdes wat ons werk moet vergemaklik) en ek eindig met die beste wense.

Te doenig met skape

In sy brief van 18 Mei 1936 verwyt André vir dr. F.C.L. Bosman dat hy *Treine* ten onregte sou bewierook het.

Treine deur Charl J. van Blerk is op 18 en 19 Januarie 1934 in Kaapstad vir die eerste keer opgevoer. Dit is dadelik verwelkom as 'n "gewaagde" drama wat sterk onder die invloed van die rolprentkuns staan. Die resensent van *The Cape Times* (19 Januarie 1934) beweer dit

> ... destroys the conventional idea of the young Afrikaner as a stolid, unimaginative person and shows him (and her) as emotional and dramatic – characteristics which, oddly enough, are least appreciated by the Afrikaners.

Die resensent van *Die Burger* (19 Januarie 1934) skryf dat die drama die eensaamheid en verlatenheid van 'n Karooplaas oproep. Die treine wat verbyry, versterk hierdie afgesonderdheid. Dit gaan dan om

> 'n uitgehongerde man aan die een kant en 'n eensame liefdeshongerige vrou aan die ander kant. Maar waar Susan le Roux toegee aan die versoeking van verveling en bereid is om te skarrel met Herman feitlik ook vir die liggaamsbevrediging sonder meer, kan en wil Sylvia, fyner van siel en hoër van strewe, dit nie doen nie, en stoot Herman se handtastelikheid haar veel meer af as wat dit haar aanlok.

Sylvia glo nie aan die soort liefde wat die bruin vrou Ewa ken nie, een "wat net weet van 'beetpak', van gryp na die liggaam".

Jim Retief, wat vroeër vir Wena Naudé gespeel het, vertolk Dan Theron, die man wat Sylvia, sy jong en edel vrou, verwaarloos. Volgens die resensent van *The Cape Argus* (19 Januarie 1934) gee Retief

> ... a very satisfactory performance which unfortunately was not sustained as it approached the climax of the story. Understandable perhaps, for he was out so much with his lambing sheep that he was scarcely able to keep pace with the dramatic development in the living room.

André Huguenet lê die reëls neer

Vir *Die doodvonnis* behou Huguenet van sy vorige geselskap net Lydia Lindeque. Huguenet (1950: 122) skryf:

> Daar was genoeg aspirante om 'n nuwe geselskap saam te stel. My plan was om die spelers uit die staanspoor meer erns by te bring, hulle verplig te maak om die geselskap te dien en hulle toekoms en loopbaan deur studie en oorleg planmatig te verseker. Elke speler het ek genoodsaak om 'n som geld, hoe klein ook al, as "premium" te betaal. As hulle na ses maande proeftyd ongeskik blyk om die beroep te volg, word die geld terugbetaal, so nie gaan daardie leergeld outomaties na die geselskap. Die sisteem het uitstekend gewerk. Een van die nuwelinge het egter die hele toer van ses maande sy weeklikse salaris ontvang en nooit te kenne gegee dat sy kontrak 'n klein foutjie bevat wat nie met die ander s'n ooreenslaan nie. Toe hy weg is – hy was naamlik een van die mense wat nie in die wieg gelê is vir toneelspel nie – het hy 'n groot som van my geëis en dit gekry ook. Wie kan bewys dat wit swart is? Ek sal tot die dag van my dood oortuig bly dat die man 'n gewetelose skelm is en voorbedag hierdie gemene spel gespeel het.

Volgens 'n berig in *The Friend* van 18 Desember 1936 het Huguenet op Kroonstad in die hof oor hierdie saak verskyn. Die klaer, Daniel Jonker, het die saak gewen. Hy sou £96 17s. 6d. ontvang. Die berig wys op die akteurskode wat tydens die hofsaak ter sprake gekom het. Van die klousules was soos volg: "Elke lid van die geselskap sal elke Sondagaand die kerkdiens bywoon. Slegs die bestuurder kon verlof vir afwesigheid toestaan."

Siegfried Mynhardt (Van Schoor, 1961: 77) skryf oor hierdie reël:

> Ons het nooit kontrakte gehad nie, was ook nie nodig nie. Ek weet van geen speler wat jy [Huguenet – D.B.] ooit te kort gedoen het nie. O ja, daar was tog 'n kontrak. Oornag het jy besluit om hulle op Cradock te laat druk en een klousule was dat ons almal elke Sondag kerk toe moes gaan. Het ons daarteen geskop! Dit het niks gehelp nie. Die doel was seker tweevoudig. Jy is opreg godsdienstig en jy het jou kerk lief en gaan gereeld daarheen. Maar dit was ook goeie reklame – ons groepie, deftig aangetrek, het gewag net tot die diens moes begin en dan met goeie "timing" het ons die lengte van die kerk binnegeloop en in die voorste ry gaan sit. Ek hoor nog die gefluister van kosskoolstemme soos ons ingeloop het en dikwels het die goeie dominees vir ons gebid. Daar was "method in your madness"! As ek my nie vergis nie, het jy self die kollekte vir ons gegee. – Dis vir my 'n mooi herinnering.

Johann Lochner van George getuig in 'n brief van Oktober 2002 dat Huguenethulle beslis by dié reël gebly het:

> My pa, dominee J.G. Lochner, was in die jare vyftig predikant op George, spesifiek die George Suid-gemeente van die NG Kerk. In 1958 verhuis ons na die Uitenhage-De Mist-gemeente. Nou onthou ek goed dat André Huguenet, wanneer hy met sy toneelgeselskap George en later Uitenhage besoek het, altyd Sondae my pa se eredienste bygewoon het en ná afloop daarvan 'n uur of drie by ons aan huis deurgebring het. Dit was meesal die aanddienste, maar ek herinner my ten minste een geleentheid dat hy 'n middagete by ons geëet het op George. Hy het gewoonlik sonder die geselskap by ons kom kuier. My ma het meermale groot bewondering vir hom uitgespreek, en my pa het dit weer waardeer dat Huguenet "altyd" kerk toe kom en "altyd" vir ons kom besoek het. Ons verhuising na Uitenhage het nie die einde van die besoeke beteken nie. Op die een of ander manier het hy uitgevind waar my pa toe predikant was, of dalk het hy toevallig in die "regte" kerk uit 'n stuk of ses-sewe op Uitenhage beland.
>
> Ek dink dat dié gegewens iets sê van Huguenet se godsdiens en sy (behoefte aan?) kontak met plaaslike mense soos hy deur die land getoer het.

Nog reëls van Huguenet was:

> Geen lid het die reg om vreemde mans of vroue in sy of haar hotelkamer te ontvang nie.
>
> Die bestuurder het die reg om 'n akteur vier-en-twintig uur kennis te gee in geval van dronkenskap, immoreelheid of aanranding, wat die geselskap in disrepute kan bring.
>
> Bindende liefdesverhoudings tussen lede van die geselskap word ten sterkste afgekeur, en die bestuurder director moet 'n streng wakende oog daaroor hou.

In 1996 voer akteur Albert Maritz onderhoude met verskeie toneelspelers vir 'n moontlike televisiereeks. In September 2003 het ek gedeeltes van die videobandgesprekke getranskribeer. Anna Cloete vertel onder meer vir Albert dat die reël van die liefdesverhoudings ook vir James Norval se geselskap gegeld het. Maar hulle het die reël feitlik van die begin af oortree. Sy was 'n verpleegster wat by James 'n oudisie kom aflê het. Hy was baie streng en sy was aanvanklik erg bang vir hom. Eers sê sy vir hom "meneer", maar soos die liefde sterker word, word hy "meneertjie" vir haar. Vryery het in streng privaatheid plaasgevind. Voor die ander het hy haar juis besonder sterk gekritiseer om die liefdesverhouding sodoende te verbloem. Jare later sal toneelmense soos André Huguenet en Patrick Mynhardt vir hulle beskou as 'n voorbeeldige egpaar.

Huguenet het ook die volgende bepaal:
> Akteurs en aktrises moet orals en te alle tye welgekleed en gegrimeer verskyn sodat die publiek dit kan goedkeur – netjies en nederig.
>
> Hulle mag nie skuld maak op die plekke waar hulle optree nie, maar helfte van hul salaris mag in noodgeval getrek word.
>
> Oral en te alle tye sal hulle alleenlik Afrikaans praat, en die naam van die geselskap hooghou.
>
> Gedurende 'n verhoogoptrede sal hulle nie 'n jota of tittel uit die teks weglaat nie.
>
> Die straf vir oortreding van hierdie gedragskode is 'n streng vermaning deur die bestuurder en 'n boete van nie meer as vyf pond nie.

Gevaarlike huwelik

Huguenet besluit vervolgens om *Gevaarlike huwelik* van Martin Vale op te voer. In Maart 1937 resenseer N.P. van Wyk Louw dit in *Die Burger*:
> Binne die grense wat die stuk self aan die spelers stel, was daar uitstekende toneelspel te sien. Lydia Lindeque het as Elma, Ben Hugo se moorddadige skilder se tweede vrou, deurgaans mooi gespeel en 'n paar keer pragtige, onvergeetlike momente bereik. In die eenvoudige dinge – as goeie gasvrou by die teetafel, as gelukkige jong vrou – was sy fynbeskaafd, lig en natuurlik. Later as die smart haar beetkry, en veral in die groot toneel waar sy van Hester (Paula Styger) die waarheid omtrent haar man hoor, dat hy 'n koel, gewetenlose misdadiger is, styg sy deur twyfel, trots en verset tot 'n geweldige emosionele hoogtepunt. [...]
>
> André Huguenet was, soos dikwels tevore al, die speler wat sy rol met volkome meesterskap vertolk het – rustig, en op elke oomblik wat gebaar en uitdrukking betref, die karakter wat hy wil uitbeeld ... Die rolle waarin 'n man op daardie vreemde grensgebiede van die denk of die sedelikheid kom, speel hy nog maar altyd die beste. Op daardie oomblikke word elke hoofbeweging, elke gesigsuitdrukking sinvol en geweldig. Maar in die meer alledaagse dinge word sy spel dan ook slapper.
>
> [...] Die toneelstuk self mag vir baie mense aantreklik wees om die spanning, die avontuur en die knaleffekte wat daarin so oorvloedig is, maar dit is waarlik nie 'n stuk wat aan goeie spelers reg laat geskied nie, of 'n kritiese gehoor tevrede stel nie. Of die gehoor gisteraand nou regtig so kieskeurig was, weet 'n mens nie. Maar laat ons nou eerlik wees – verwag 'n mens nog soveel gelag op "die verkeerde plekke"? Dit is nie die volle waarheid om te sê dat die spelers self

daarvoor verantwoordelik is, en dat hulle op sulke plekke juis die gehoor met hul spel moet boei en bedwing nie – daar is nou eenvoudig mense wat daarvoor nie vatbaar is nie, en wat 'n aand sonder lag as 'n verlore aand beskou. Ons moet net soveel *tug* onder ons gehoor as *kuns* in ons toneel kry.

Afrikaanse toneel in oënskou

A.M. van Schoor vra in 1937: "Die Afrikaanse Toneel: Waarheen?" (knipsel in Dora Moolman-versameling, sonder nadere datering). Sy essay begin met 'n beskrywing van die reistoestande:

Op 'n klein dorpie in die Oostelike Provinsie sit ek drie weke gelede in 'n kafeetjie en luier oor 'n koppie koffie onder die lastige aandag van 'n paar vlieë wat blykbaar ou bekendes van die buikige Griekse eienaar is. Regoor die geboutjie staan die "stadsaaltjie" voor die stowwerige hoofstraat gehurk in die somerson. Terwyl ek deur die gaasdraad van die kafee-deur na niks sit en kyk, hou 'n bestofde motorwa voor die geboutjie stil. 'n Paar kindertjies begin nuuskierig-verwonderend oor die aanwesigheid van die motorwa met die Johannesburgse nommer in hulle dorpie daarom rondstaan. 'n Oomblikkie later begin die insittendes stukke goed in die versukkelde "stadsaal" dra, en toe een van hulle die kafee binnekom, sien ek deur die geopende deur in groot letters op die motorwa dat dit 'n geselskap Afrikaanse beroepstoneelspelers is.

[...] In die weke lig van olielampe het 'n honderdtal dorpelinge en bewoners van die plase in die omgewing daardie aand die opvoering bygewoon. Groteske skadu-figure het op die verlepte toneeldoeke gedans en die gevoelige planke van die verhoog het krakend die minnaars se getrou-tot-die-dood-beswerings beaam of meelewend geknars onder die voetegetrappel van die worsteling tussen held en skurk. Die gehoor het geskaterlag oor die wyshede van die outa en aia, waarderend gegiggel op die teerste oomblikke en gepas gegil of ge-"ditsim" toe die rewolwerskoot byna die swaelnessies in die nok van die gebou laat intuimel het ...

By een van die groterige stasies in Noord-Kaapland op pad terug na die Noorde het ek deur die treinvenster 'n aanplakbiljet gesit en bestudeer. "Groot opvoering more-aand in die Kerksaal" het dit aangekondig.

In die Vrystaat het 'n motorwa op die grootpad 'n entjie van die trein voor bollende stofdampe uitgejaag. Die naam van nog 'n Afrikaanse toneelgeselskap was daarop geskilder ...

En drie aande daarna in Johannesburg ... Die musiek van 'n goed besette orkes verstil, geluidloos verdoof byna onsigbare skitterligte oor rye gekartelde of blinkende hoofde bo swierige rokke of beukende borshemde; die skerm wat met ryke luisterheid swaar uit die hoogte hang, gly geruisloos uitmekaar voor die toneeldekor weg. Dis 'n Afrikaanse drama wat in een van die Goudstad se swierige skouburge afgespeel word. 'n Meelewende stilte vul die teater tot in alle gewelwe voor die oorheersende voorstelling van 'n groot volksman, maar agter en voor my kraak of ritsel sjokoladepapiertjies gedurig in verfynde hande, fluister stemme steurend oor inkonsekwente nietighede en giggel iemand nog die indruk van 'n tere moment weg ...

In die plaaslike bladjie wat op die dorpie sirkuleer waar grondboontjiedoppe onder voete geknars het, is die opvoering in die "stadsaal" as 'n "mylpaal" bestempel; in die groot stad waar sjokoladepapiertjies in fyne hande geritsel het, is die eerste Afrikaanse opvoering in die groot skouburg eweneens een van die "mylpale" op die ontwikkelingsweg van die Afrikaanse toneel genoem.

Van Schoor probeer hierna die stand van die Afrikaanse toneel bepaal. Eers die knelpunte. Die eie toneelliteratuur is nog in 'n "groeiende beginstadium" en lewer dus nie 'n groot bydrae nie. Die rolprent hou ook 'n bedreiging in:

Die Engels-Amerikaanse rolprent het 'n groot gedeelte van die Afrikaanssprekende jeug onbewus geleer om in sy lewensgenietinge Engels te dink en te leef, om die belewing van die genoegens van die lewe in sy eie taal as vreemd en oneg aan te voel. Ons ly en treur Afrikaans, maar ons lag en geniet nog Engels-Amerikaans.

Daarom dat Paul de Groot en André Huguenet "elkeen eenmaal met lekker speelbare Afrikaanse dramas voor half gevulde sale in His Majesty's in Johannesburg gespeel het terwyl duisende Afrikaners dieselfde aande die bioskope kant en wal help vul het".

Van Schoor vervolg met 'n waardebepaling van spesifieke spelers. De Groot word geloof vir "sy rypheid van ervaring en onversetlike deurdrywingskrag waarmee hy die eerste sooi van meerderwaardigheid vir die Afrikaanse drama omgedolwe het" en

Huguenet is een van die twee Afrikaanse toneelspelers wat die eerste draad van genialiteit deur die Afrikaanse toneel geweef het ... [Hy] het distinksie vir die Afrikaanse toneel gebring, 'n grasie en verfyning wat 'n sieraad vir enige toneel in enige taal sal wees. Sy forte het hy in *Ampie* en *Mal Hans* gevind – 'n vermoë om die siel van 'n verwikkelde, verdwaasde of half-waansinnige wese bloot te lê op 'n wyse waartoe alleen die innig belewende kunstenaar in staat is. Maar Huguenet loop in die laaste jare die groot gevaar om sy kuns te stereotipeer. Hy was die waansinnige lewensbanneling in *Haar eg-*

> *skeiding*, die byna tot waansin gedrewe boetvaardige in *Ek het 'n man vermoor* en in sy jongste dramas *Die doodvonnis* en *'n Gevaarlike huwelik* volg hy dieselfde rigting. Daardie wonderlik veelseggende afsluiting van sy sinne met die wanhopig-vraende "hû" in *Haar egskeiding* het ek herhaaldelik in *Ek het 'n man vermoor* gehoor en die aangrypende effek van die eerste aanhore het by my sy krag verloor... [Hy] mag sy kuns tot eenselwige tipe-vertolking vervlak [waardeur] die res van sy geselskap onder die oorheersing van sy sterk toneelpersoonlikheid in stukke van dié aard sal ... ly.

Volgens Van Schoor is Hendrik Hanekom "'n [r]ustiger kunstenaar, innig belewend en diep indringend". Sy "talent is groot, in die breedte sowel as die diepte; vir die opbou van ons volkstoneel is dit 'n werktuig van onskatbare waarde".
Die gelykes van die mans is nie onder die vroue te vind nie:
> Wena Naudé het haar "Oorskotjie" nog nooit geëwenaar nie; sy bereis nog ons land op toneeltoere, maar het in geen jare naby 'n groot stad gekom nie en dis moeilik om te oordeel of dit net die ideale rol vir die regte temperament was wat haar naam bestendig het. Lydia Lindeque is jare lank al op die Afrikaanse verhoog – 'n verfynde verskyning, bekwaam, nooit onverdienstelik nie, maar haar talent is rustig en kalm beléwend. Ena du Toit het eensklaps groot ontwikkelingsmoontlikhede aan die dag gelê, maar 'n ander lewensfeer het haar opgeëis."

Van Schoor besluit:
> Daar is twee groot leemtes wat vandag in ons beroepstoneel aangesuiwer moet word. Daar moet meer doelbewuste, meer georganiseerde toneelwerk en -strewe wees; minder geselskappe wat mekaar in die wiele ry; minder geselskappe wat ook net die platteland met stukke bereis om die "plattelandse" smaak te bevredig. Die "plattelandse" smaak is 'n dwaling en 'n verskoning vir die opvoering van minderwaardige toneelspele wat die minste moeite verg. Die skoonste kuns is die afspieëling van die lewend menslike en die groot Afrikaner-publiek op die platteland is ewe seer in staat tot die waardering van die ewig menslike as die stedeling.

Mignon Sorel

Die Nederlandse spelers Louis de Vriendt, Mignon Sorel en Willem Benoy toer deur die land met humoristiese aanbiedings soos *Die vabond* (1936) en *Staking in Hollywood* (1937) – Charlie Chaplin word byvoorbeeld nageboots. Tydens eersgenoemde vind hulle dit nodig om die volgende reklameteks te gebruik: "Wat 'n grappemaker het rondgestrooi Mignon Sorel is dood? Kom sien hoe springlewendig sy is, en geniet van haar pragtige spel." Maar toe *Wat God verenig het* in 1938 opgevoer word, is haar dood 'n werklikheid.

Dr. A.D. Keet, seun van die volksdigter met dieselfde naam, vertel in 2002 per brief:

> In die jare dertig was daar 'n Vlaamse toneelgeselskap wat deur die land getoer het en stukke in Afrikaans opgevoer het. Dit was Louis de Vriendt, sy vrou, Mignon Sorel, en 'n medespeler professor Benoy. Net hulle drie.
>
> Op Senekal O.V.S. het Mignon Sorel siek geword. My pa (wyle dr. A.D. Keet snr.) het as mediese dokter na haar omgesien. Die diagnose was maagkoors (tifoïed, nie tifus nie). Sy is 'n maand lank in die hospitaal behandel. Tifoïed was destyds 'n probleem en in baie gevalle fataal. Sy is daar oorlede en begrawe.
>
> Arme Louis de Vriendt en prof. Benoy het hulpbehoewend geword. Hulle het gewoon in Jerling se losieshuis en baie dae maar deur die dorp gedwaal. Hulle het die erns van die situasie besef. Twee verlore vreemdelinge, Katolieke, in 'n stil, klein Vrystaatse dorp. My pa en ds. D.P.M. Olivier van die plaaslike NG. Kerk het 'n kollektelys rondgestuur in die dorp om hulle by te staan.
>
> Toe sy oorlede is, het Louis de Vriendt die dorp se inwoners bedank en gesê hy hoop om eendag weer na Suid-Afrika te kom. Hy sou sy eerste opvoering dan op Senekal gee.
>
> Hy het sy woord gestand gedoen. Hy is later weer getroud met (ek dink) 'n Suid-Afrikaanse aktrise. As seun het ek sy eerste opvoering bygewoon, maar kan min daarvan onthou (nie eers die naam nie).

Bannelinge voor die radiomikrofoon

Kort voor Huguenet op 'n uitgebreide oorsese reis vertrek, neem hy deel aan 'n geskiedkundige gebeurtenis. Tot in daardie stadium het die Suid-Afrikaanse Uitsaaikorporasie alle radiodramas voor die mikrofoon laat opvoer en is dit "lewend" uitgesaai. Hulle besluit nou om eers plaatopnames te maak van Hendrik Brand se speurdrama *Tamboere in die nag*, 'n verwerking van sy speurverhaal *Die skerpioen*. Later kan die plate tydens 'n uitsending gespeel word. Dié eksperimentele metode was 'n voorloper van die huidige werkwyse om dramas voor uitsending volledig op te neem.

André Huguenet skryf oor hierdie geleentheid (1950: 130):

> Omdat daar meer as twintig spelers nodig was, het ek Hanekom gevra om met sy geselskap te help met die onderneming ... Dit was 'n uitputtende, tydrowende en ondankbare werk, want behalwe die feit dat ek heeltemal die slagoffer is van 'n mikrofoonskuheid, het die

nuwe medium my baie hoofbrekens besorg. Geen van die spelers of ekself het enige kennis of ervaring besit van die besondere eise van die radio nie.

Onder die opskrif "Adriaan Hugo speur in Goudstad se radio-ateljee" berig *Die Burger* op Maandag 15 Julie 1937:

> 'n Week lank het die geselskappe van Hendrik Hanekom en André Huguenet, bygestaan deur Siegfried Mynhardt en Chris Blignaut, vrywillige bannelinge geword in die ateljees van die Uitsaaikorporasie. Dag en nag het hulle in die elektriese lig gewerk, etes selfs vergeet, en in plaas van 'n geesdriftige gehoor wat die toneelspeler tot groter hoogtes aanspoor, moes die spelers hierdie keer geesdriftig word voor die staalstaander van die mikrofoon.
>
> Reg voor hulle deur die groot glasruit kon hulle mnr. J.F. Marais, Afrikaanse programorganiseerder, en mnr. Campbell in die instrumentekamer sien. Die stemme van die spelers het soos onweer in die kamer gedreun, maar die twee manne wat voor 'n skakelbord die stemme beheer het, het blykbaar net so min erg gehad aan die swetende spelers as die mikrofoon.
>
> Net as 'n fout begaan is het hulle die twee manne gewaar. 'n Speler het gepraat voordat die geel liggie hom die sein gegee het. Die groen liggie flits in die ateljee en deur 'n luidspreker kom mnr. Marais se stem, sommer uit 'n hoek waar niemand staan nie: "Hou die geel lig dop voordat u praat."
>
> Die grammofoonplaat wat in glad 'n ander deel van die gebou uitgesny word, is verbrou, en die hele toneel moet weer van voor af aan oorgedoen word.
>
> Dan trek die trop spelers met die spelleiers om uit die groewe van die swart plaat hulself swyend aan te hoor. Dit klink mooi. Eersteklas.
>
> Dan 'n skielike gekras en die gesigte van die groepie trek op 'n bondel. 'n Defek in die plaat, en die hele toneel moet van voor af opgeneem word.
>
> Al wonder in die hele proses is dat die humeure tot vanmiddag so goed gehou het, toe almal ene blydskap was oor die skitterende welslae van die eerste groot proefneming van die Uitsaaikorporasie met dergelike plate.
>
> By die ingemaakte drama word die bestanddele betrek uit vier-vyf ateljees. Dit kom met verskillende lyne in die instrumentkamer saam, waar die plaat uitgesny word.
>
> Partymaal is dit net twee ateljees wat gekoppel word. Die aankondiger, mnr. Olivier Burgers, praat in die een ateljee, terwyl uit 'n ander die eentonige ge-tom-tom van die Voedoe-tamboere dof dreun.

Partymaal word 'n paar ateljees in snelle afwisseling gebruik om die vereiste effek te verkry.

Daar is bv. die vegtoneel in 'n straat.

Eers vertel Hendrik Brand (Hanekom) 'n gedeelte van die verhaal. Opeens word die werklike geveg uit die gang van die ateljee waar 'n mikrofoon geplaas is, gehoor. Dan drie skote uit die ateljee van die klankeffekte onder die gebou. Hendrik Brand moes gou omstorm om in die mikrofoon van ateljee nommer drie 'n gesprek met Adriaan Hugo (André Huguenet) te voer, terwyl die geveg nog aan die gang is.

Almal snel dan in aller yl na ateljee nommer vier om van die afloop van die geveg te vertel en aan die verdere ontknoping deel te neem.

Mnr. Arthur Swemmer, wat vir die klankeffekte verantwoordelik is, was met verbasende vindingrykheid al die tyd besig om in 'n kelderateljee om die beurt voetstappe, 'n deur wat dig geslaan word, en 'n rewolwer wat afgeskiet word, na te aap. Twee plankies wat op mekaar geklap word, is die rewolwerskoot. 'n Tamboer met 'n sak oor dien as 'n bom, of wel ook 'n elektriese gloeilamp wat op die grond aan flenters gesmyt word.

Gister was 'n aanhoudende getoeter nodig. 'n Draad is inderhaas na buite gespan en die toeter van 'n motor is op 'n grammofoonplaat ingesny, om later waar dit nodig is, in die toneel gespeel te word.

"Nee, gee vir my die verhoog," het Berdine Grünewald so teen die vierde dag gesê.

Aan die stuk het verder ook deelgeneem: Mathilde Hanekom, Paula Styger, Anna Ziervogel, Johann Lubbe, Jacques Lochner en Tonius Ferreira.

Die speurdrama sal in vervolgstukke vanaf 15 Julie uit die Johannesburgse omroep uitgesend word, en daarna sal die plate ook na die ateljees van die ander omroepe gestuur word. Altesame is 'n 50-tal plate opgeneem.

Paula Styger

By Huguenet se terugkeer in 1938 span hy en Wena Naudé saam met *By die ou meulstroom*, waarna hy 'n reis na Amerika onderneem.

Paula Styger speel vir hom in sy volgende produksie: *Die kwaksalwer* (Dorothy Brandon se *The outsider*) in 1939. Sy het in 1935 by hom gedebuteer met *Haar egskeiding* en gespeel in sowel 'n heraanbieding van *Ek het 'n man vermoor* as in *Gevaarlike huwelik*.

Oor laasgenoemde opvoering vertel Paula Styger aan Bill Bosch (ongedateerde teks in NALN-toneelmuseum):

Vernederings moes André belewe nie weens persoonlike skuld nie, maar skulde wat hy ter wille van die toneel aangegaan het omdat hy geweier het om met goedkoop dekor en garderobes op te tree.

Dit, plus die reisonkoste en die beste hotelle waarin hy sy mense laat tuisgaan het, het onaangenaamhede tot gevolg gehad, soos die keer met *Gevaarlike huwelik* op Mafeking.

Daar is André gearresteer oor skuld en die hele dag gevange gehou. Die aand kon hy wel optree, maar oral was polisie en op elke pennie van die opbrengs is beslag gelê.

Op hoë ouderdom skryf Paula Styger haar herinneringe aan haar kinderjare buite Burgersdorp neer. Dit geskied met baie herhaling, en word daarom hier in aangepaste vorm weergegee.

Op my vyfde verjaardag neem ek vir my pa tee in 'n blou keteltjie land toe. Ek het my Voortrekkerkappie op my kop. My pa is besig om lusern te sny. Dis 'n baie droë wêreld en ons kweek baie lusern. Toe ek daar kom, haal my pa sy helmit, een soos ou generaal Smuts altyd gedra het, af en hy neem my op sy skoot en sê ...

Maar ek het vergeet om te sê die gras is hoër as my kop. Toe sien ek 'n klein vygie en pluk die blommetjie. Toe ek by my pa kom, haal hy sy helmit af en tel my op sy skoot. Ek sê: "Pa, dié blommetjie het die Here gegee vir my vyfde verjaardag." My pa sê: "My kind is met baie talente gebore."

Nadat Pa die tee uit die blou keteltjie gedrink het, loop ek terug huis toe. Toe ek daar kom, sê my ma: "Kom, my kind, jy het koors, jy is siek, ek moes jou nooit in die warm son laat loop het nie. Wat makeer? Jy sê jou kop voel warm en jy is nat van die sweet." Toe sê ek ja, ek voel siek, want Pa het vir my gesê ek is met baie talente gebore. Wat is 'n talent? Toe het my ma die Bybel geneem en gelees van die talente, van die man wat gewoeker het met sy talente.

In *Suid-Afrikaanse Stem* van 23 Maart 1958, toe Styger op die toppunt van haar loopbaan as advertensiebestuurder en skakelbeampte vir vier wêreldbekende parfuums en skoonheidpreparate in Johannesburg was, vertel sy vir Albie Venter:

Ek is een van vyf kinders en is op Burgersdorp gebore ... Toe ek drie jaar oud was op die familieplaas Rooipoort, het ek begin gedigte voordra en toe ek nege was, het ek my eerste rok ontwerp, self uitgeknip en gemaak. Dit is in al die naaldwerkklasse aan die Hoërskool Burgersdorp vertoon en ek was nie bietjie trots nie! [As volwassene was sy moderubriekskryfster. – D.B.]

In plaas van saam met haar broers en susters speel, het sy eerder met waterverf geskilder. Of kortverhale geskryf. Haar eerste het in *Die Huisgenoot* verskyn toe sy vyftien was. Sy vertel verder (ongedateerde herinneringe, Paula Styger-versameling, NALN-toneelmuseum):

> Ek het gesmag na verdere studie, maar my vader het destyds nog gemeen dat 'n universiteitsloopbaan nie nodig is vir 'n dogter nie. Sodoende moes ek noodgedwonge op ons plaas bly en het ek die tyd verkort deur die ontwerp, sny en maak van klere, lees, skryf, en my moeder het my geleer om te kook.
>
> Ek het 'n onuitspreeklike liefde gehad vir die grond en tot vandag toe besoek ek so dikwels moontlik die ou familieplaas waarop my moeder nog woon. Maar ek was tog immers nie 'n seun nie. Hulle het geploeg, gesaai en geoes. Hulle het genoegdoening uit hul werk geput. Ek het besluit dat ek ook nes my broers iets moes vind wat my innerlike bevrediging sou verskaf. Ek het die plaas verlaat en so het my toneelloopbaan begin.
>
> Ek het my vuurdoop ondergaan by die toneelgeselskap van André Huguenet. My eerste optrede was in 'n karakterrol in 'n toneelstuk met die naam van *Haar egskeiding*.

Aan Bill Bosch vertel sy jare later (ongedateerde teks in NALN-toneelmuseum):

> Hoewel die verhoog my altyd gelok het, het tragiese omstandighede my eintlik 'n toneellewe laat begin.
>
> Ek en my kêrel, wat toe pas van die buiteland teruggekeer het waar hy hom as dokter bekwaam het, wou trou. My vader wou nie toestem nie omdat ek slegs 17 jaar oud was.
>
> Toe ek 18 was, het hy toegestem. Ons het verloof geraak, maar kort daarna is my verloofde oorlede.
>
> Daarna was daar weer 'n romanse, en weer het die dood ingetree toe die man in 'n motorongeluk omgekom het.
>
> Ek was lamgeslaan deur die twee terugslae op so 'n jong leeftyd. Ek moes ontvlugting soek, maar hoe? Mnr. Al Venter, destyds burgemeester van Burgersdorp en 'n huisvriend van ons, het die oplossing gebied. Hy het voorgestel dat ek moet weg van die omgewing van my smarte, en gedagtig aan my talente, het hy voorgestel dat ek aan André Huguenet skryf.
>
> Ten spyte van sterk teenkanting van my ouers het ek en mnr. Venter aan André geskryf. Ek het hom ook laat weet dat ek hom sou besoek wanneer sy geselskap Burgersdorp toe sou kom.
>
> Nie lank daarna nie het dit toe gebeur. "Jy weet, ons is mos familie van mekaar," het André my begroet, en ek het beaam, ons is verlangs familie. Hy het my aangehoor – ek het hom vertel waarom ek toneelspeelster wou word. Nadat hy gesê het, "nou dink jy seker dat jy op toneel vir jou 'n man sal kan soek", het André belowe om van hom te laat hoor.

In Desember 1934 kry ek toe 'n telegram van hom, vier velle – André se geaardheid was mos om briewe telegrafies te skryf – waarin ek 'n aanstelling kry as lid van sy geselskap.

Haar ouers het tog huiwerig toestemming verleen. Om haar treinkaartjie Kaap toe te koop, het sy haar perd Vrystaat aan haar broer verkoop. Teen R4 per maand speel sy toe in *Haar egskeiding*.

In 1939 begin Paula Styger op Rooipoort naby Burgersdorp in haar dagboek oor die toer met *Die kwaksalwer* skryf (NALN-toneelmuseum):

2 Jan. Elke dag wat verbygaan, bring my nader aan die dag wat ek sal vertrek om weer my swerwerslewe te aanvaar. Wonderlik hoedat dit mens trek, nes 'n magneet.

3 Jan. Vanoggend het ek met sulke gemengde gevoelens die dag begin, half hartseer, half ontevrede. Later het dit verdwyn om plek te maak vir 'n opgewonde gevoel nadat ek 'n telegram van André ontvang het, waarin hy meedeel dat hulle my die 11de sal kry hier op Burgersdorp. Ek is so bly – ek het so vreeslik opgesien na die endjie treinreis na Bloemfontein in die nag, dis so ongerieflik.

4 Jan. My moeder sal my mis, ek weet dat ek baie vir haar beteken. Miskien sal ek my nog eendag baie verwyt dat ek nie by die huis gebly het nie.

6 Jan. [Eers beskryf sy hoe bang sy is 'n "satanskind van 'n swartnerf" kom val haar ook aan. – D.B.] Ek is al so angstig oor wat hierdie toer sal oplewer. Ek wonder. Ek maak my klaar vir baie, hope moeilikhede wat seker sal kom. "In my heart I just pray for courage and patience, and to be brave. To face everything. No matter what it is."

11 Jan. [Sy wag die hele dag en die bus daag eers laat op. Hulle besluit om op Burgersdorp te oornag. – D.B.]

Ek hou van Berdine, ek dink ons sal goed saamwerk, maar dit neem ook eers bietjie saamtoer, voordat mens iemand ken. Ag, ek voel so jammer vir Mammie, sy sal my mis, haar gemoed was so vol, dit het my hart gebreek, maar ek het my bedwing en sterk gehou. Ek wou nie huil nie. O! wat 'n wonderlike moeder. Liewe Heer, spaar haar nog lank vir my as 'n voorbeeld, vir 'n spieël om in te kyk. Dat ek in haar voetspore mag wandel.

15 Jan. 'n Lek by Laingsburg, nog een naby Worcester. Dit was salig om Johan en Ria [Johan Fourie en Ria Olivier – D.B.] te sien. Mnr. [Eric] Olsen het ook gearriveer. Seg, ons is 'n groot geselskap.

Sat. 16 Jan. (Paarl.) Vanmôre het ons begin om die stuk deur te lees. Ag, maar lieflik, dis fyn met die teerste en innigste oomblikke. Wonderlik.

André Huguenet som die intrige van die "lieflike" drama soos volg op (1950: 187):
> Dorothy Brandon het haar drama ontleen aan die opspraakwekkende geval van die beendokter, die ongekwalifiseerde Sir Herbert Barker ... Die aartskwaksalwer Anton Ragazoff verneem dat die leier van die mediese beroep, dr. Geerling, 'n dogter het wat sedert haar jeug gebreklik is – ook weer die werk van kwaksalwers in die afwesigheid van haar vader. Hy besef dadelik watter advertensie dit vir hom sou wees as hy die skone en talentvolle, na die lewe hunkerende Isabel kan laat opstaan en wandel, nadat nie alleen haar vader nie maar die beste spesialiste van die wêreld nie daarin geslaag het nie. [...]
> 'n Jaar lank lê Isabel vasgegespe op sy "rekbank", sy apparaat waarmee hy geleidelik ontwrigte ledemate tot hulle normale vorm terugbring. Voordat die jaar om is en sy van die bank losgemaak is, sal niemand kan sê of die behandeling 'n sukses sal wees nie ... Op hierdie groot dag is, volgens ooreenkoms, al die vernaamste dokters sowel as die pers teenwoordig. Vir Isabel is dit met vleuels 'n nuwe lewe in, of met haar krukke weer terug na die oue ... Daar volg 'n toneel van spanning soos die toneel maar selde beleef.

Paula Styger se dagboek vervolg:
> 16 Jan.: Vanaand het ons pret gehad, ons het *Ampie* gelees. André wil dat ons dit oor die draadloos uitsaai. Maar dis kostelik, hoor ... Ons het lekker musiek gemaak en gesing ... André is so opgeruimd en plesierig, hy is so veranderd die man, hy is so wonderlik, hy is so hart en siel in sy werk, hy is vol daarvan. ... Ek kan my verwonder, dis inspirerend vir my. Dis soos 'n vuur wat hy in my laat opvlam.
> 18 Jan. ... Hoe is dit – is daar in my iets wat kan ontwikkel – is daar 'n ongebore iets wat opgroei tot iets groot? Hoekom is al die mense wonderlik en besit talente – behalwe ekself? Ek is so, ag, ek weet nie wat ek is nie, ek is niks nie... Wat donder en jaag my in my onstuimige siel? ...
> 9 Jan. Ons het regtig gevorder met die stuk. Ek is so bly, dan hoef mens nie so te jaag op die end nie. Ag, ek voel so ellendig vanaand. Ek kan ook sê: "Ag, Here, wys my die weg wat ek moet gaan sodat ek dit weet."
> 24 Jan. [Sy wens sy was 'n granietstandbeeld. – D.B.] Om alles te geniet in die lewe, nou ja, dis vir ander mense bedoel – nie vir my nie. Ek is maar gemaak om dit te aanskou van 'n distansie af. Moet ek altyd daarmee tevrede wees? NEE, ek is nie en ek kan nie en ek sal nooit wees nie. [...]

27 Jan. Gisteraand het ons Anton Ackermann se geselskap gaan sien in *Janette*. Ek sal liewer niks sê nie, mens doen jouself 'n onreg aan om 'n tweede maal daaroor na te dink ... Nou ja, vandag was ek in die wolke. Ek het my eerste sangstuk gekry: "A bowl of roses". Ag ... so lieflik, so sielvol.

30 Januarie. [Sy is verruk oor 'n man met 'n mooi mond en tande, ene Richard, wat sy die naweek op Yzerfontein ontmoet het. – D.B.] Ons instudering is hierdie keer vir my so maklik, dis so lekker. Alles gaan goed, baie goed.

Dinsdag 7 Februarie. Saterdagaand was ons première 'n groot triomf gewees. Dit was wonderlik, alles het so goed afgeloop. So skitterend en suksesvol. En Richard was ook daar, dit was lieflik ... Dis so min dat ek so 'n gevoel van geluk en liefde smaak. He moved the soul in my body. En daar is weer 'n interessante blaadjie in die boek omgeblaai.

11 Februarie. (Clanwilliam.) [Steeds liefdesekstase – D.B.].

Maandag 13 Februarie. Ek is moeg van mense, mense heeldag ... Vanaand sou ons op Worcester gespeel het, maar die bespreking is toe nie na André se sin nie en hy kanselleer toe. Ek dink nie dit was die regte ding om te doen nie, hy moes maar liewers dat ons speel. [Richard het gebel. – D.B.]

14 Februarie. Ek het so 'n klein bietjie vertroue probeer kry, maar nou is alles ook alweer weg ... Lees Het vernieuwing der Dramatiese kunst van Henriette Roland Holst. Ek het die opvoering vreeslik geniet vanaand.

23 Februarie. Daar is soveel dinge wat ek wil weet en wat ek wil doen, maar ek kry ook nie tyd om oor iets na te dink nie. Hemel, ons is so besig. Daar is vir niks tyd nie.

26 Februarie. [Haar verjaardag. Richard besoek of bel haar nie – D.B.].

Vrydag. (Cradock.) As ek nou maar op toer iemand gehad het met wie ek kon praat, wat sou dit nie beteken het nie? Maar hulle is so ligsinnig; daar is niks diepte nie. Miskien by Ria wat wonderlik is, maar sy is so gelukkig, sy is in die lente van haar geluk, wie op aarde sal haar nou wil vergal met bitterheid? Die enigste manier is om dit alleen uit te worstel.

Maandag 27 Maart. (Hanover.) O, wat 'n ellende. So min mense, dit was tot sover die slegste aand wat ons gehad het met die stuk. Ek is bly dis verby.

Sondag 16 April. (Steynsburg.) Vrydagaand het ons op Burgersdorp gespeel. Dit was 'n lekker vol saal. Maar die gehuil van 'n baba het die opvoering belemmer en deurdat André die publiek aangespreek het, was hy so ontsteld dat hy verder sy rol sleg gespeel het.

Reeds in Februarie had Huguenet las van babas op hierdie toer. Daaroor berig *Die Transvaler* op Maandag 20 Februarie 1939: "Dit was tydens die slotbedryf toe 'n spannende hoogtepunt bereik is."

Dié hoogtepunt is moontlik bereik met die volgende toneel (NALN-toneelmuseum):

> ISABEL [Berdine Grünewald]: Toe asseblief! Dink net ek was 'n hele jaar lank op hierdie bank vasgegespe, en ek kan nie 'n minuut langer wag nie.
>
> RAGAZOFF [André Huguenet]: Jy sal ook nie. (*Staan op.*) Ons begin. Dr. Lemmer [Leon Celliers], dr. Helgard [Eric Olsen], verskoon my ... Dr. Tesner [Paula Styger], sal u asseblief daardie skroef losdraai? Nee, nog beter ... Ek tel haar op die rusbank. Mevrou Kriel [Ria Olivier], neem weg die bank. (*Hy lig haar op van die Rekbank, terwyl Etienne* [Johann Nell] *en Kriel die Bank opsy stoot.*) Vir die laaste maal hou ek jou vas.
>
> ISABEL (*knik gelukkig*): Ja.
>
> RAGAZOFF (*lag half ironies*): Nee. (*Hy sit haar sag op die rusbank neer.*) Toe nou ... Sit nou. Ek sê sit regop. Alleen.

Die Transvaler vervolg:

> Agter in die gehoor het 'n gegiggel, wat tydens die opvoering erg steurend was, ontstaan. Mnr. Huguenet het hom skielik vanaf die verhoog tot die skare gewend en gesê: "Stilte, asseblief!" 'n Paar sekondes lank was dit so stil dat 'n mens selfs 'n speld kon hoor val. Daarop het mnr. Huguenet verder gesê: "Moet die Engelsman, die Jood, en die Samaritaan dan altyd die beskuldiging teen ons slinger dat ons nie die Afrikaanse toneel kan waardeer nie?" Die woorde is met applous begroet.
>
> Die spel is daarop onder doodse stilte voortgesit. Aan die einde het die toeskouers wat die saal tot in alle hoeke volgesit het, die geselskap 'n geweldige ovasie gegee.

Paula Styger se dagboekinskrywing van 16 April vervolg:

> Gisteraand se opvoering hier was vir my 'n marteling, want ek het so siek gevoel. Ek weet nie waar ek so skielik aan so 'n verkoue kon kom nie. Vandag sal ek heel gewoon in die bed bly, dis die beste. Aand. Die hele dag in die bed en ek voel nou nog ellendig. Ek hoop ek is môre beter. Het Stanislawski se *An Actor prepares* begin. Dit lyk vreeslik interessant en leersaam. Dit was 'n lang dag om so alleen te wees.

19 April. Dit was twee aaklige aande waarop ek so lig in my kop op die verhoog was dat ek net wou omval.

Dit is die laaste inskrywing in die dagboek.

In die *Suid-Afrikaanse Stem*-onderhoud van 1958 met Albie Venter vertel Styger dat haar toere saam met Huguenet nie altyd rooskleurig en maklik was nie. In 1942 sluit sy by Pierre de Wet se geselskap aan en tree saam met James Norval en Anna Cloete op:

> Ek het 'n lang en aangename verbintenis met Pierre se geselskap gehad, bv. in *Pinkie* en *Satansloon*. Toe Pierre later regisseur van rolprente geword het, het ek nog dikwels vir hom rolle op die silwerdoek vertolk, bv. *Pinkie se erfenis*.
>
> My gesondheid het geleidelik agteruitgegaan en op Port Elizabeth, die 28ste Oktober 1944, ná tien jaar saam met die Afrikaanse toneel – moes ek die geselskap verlaat om 'n operasie te ondergaan. Ek kan maar net sê dat dit een van die gevaarlikste operasies was wat enige vrou kan ondergaan. My lewe het aan 'n baie dun draadjie gehang. Die dokters het my voor 'n duidelike keuse gestel: of met my toneelloopbaan aangaan en die gevaar loop om my lewe te verloor, of anders moes ek vaarwel sê aan my eerste liefde en sodoende probeer om aan te sterk.

Sy het laasgenoemde gekies. Uiteindelik het sy handelskuns bestudeer in Johannesburg. Deur 'n weldaad van die Nederlandse miljoenêr Bernard van Leer (waaroor sy tot ná sy dood moes swyg) is sy van armoede gered en het 'n nuwe lewe vir haar begin: eers as advertensiebestuurder en skakelbeampte vir 'n Johannesburgse maatskappy, toe publisiteitsbestuurder van parfuumvervaardigers, en daarna inligtingsbeampte by die Departement Inligting.

Die tweede Grieta

In 1939 toer Huguenet met 'n verwerking van J.H.H. de Waal se *Die tweede Grieta* (1912). Dis 'n romantiese verhaal teen die agtergrond van die Anglo-Boereoorlog oor 'n "gesteelde", maar "doodgewaande dogter", en 'n "geldwolf" ('n gewese teologie-student) wat twee jong manne as sy "doodsvyande" op die slagveld agtervolg (Schoonees, 1922: 103).

Die geselskap bestaan uit Berdine Grünewald, Johan Fourie, Ria Olivier, Eric Olsen, Paula Styger, Johann Nell, Mercia Minnaar en Leon Celliers.

In die F.C.L. Bosman-versameling is 'n lys van hoeveel biljette elke besoekpunt moet kry. Daaruit kan die gebruiklike ondersteuning op dié plekke afgelei word. 14 250 biljette is gedruk en gewoonlik is 200 aan 'n plek toegeken. Daarna styg dit: 300 Caledon, Ceres, Wellington, Swellendam, Riversdal, Ladismith, Mosselbaai, Somerset-Oos; 350 George, Uitenhage; 500 Worcester, Stellenbosch, Robertson; 700 Oudtshoorn; 800 Paarl; 1000 Port Elizabeth.

Oor hierdie toer skryf Huguenet (1950: 190):

> Ek het my oë styf toegeknyp en 'n eksemplaar gekoop van Die tweede Grieta wat ek nog nooit gelees het nie, maar "op versoek van duisende" besluit het om te speel. Dae van bloedsweet gewy aan 'n "dramatisering" van hierdie prul, het my byna rasend gehad. Ek het die skrywer verwens en myself daarby! Nou nog weet ek nie hoe die lang repetisies van stapel geloop het nie. My geselskap was oorbluf; van regie was daar geen sprake nie en ek het hulle twee-twee opdrag gegee om hulle eie tonele te verbeter en desnoods nuwes in te skryf! Duurder as enige van my vorige opvoerings, het ek 'n kostuumspel teen 'n weelderige en wisselende agtergrond daarvan probeer maak en in elke moontlike slaggat wat so 'n dramatisering van 'n lomp roman noodsaak, vierkantig getuimel. Die première het twaalfuur uitgekom. Ons het onklaar getrap in die bergstapels décor, kleedkamers het te klein geword vir die kostuums en ons moes die toiletgeriewe anneksdeer. Ons twee voertuie kon die tente, beddens, ammunisie, en ander impedimenta nouliks tors. Twee maande lank het dit so aangehou en my spelers het saam met my in 'n nimmereindigende nagmerrie verkeer. Berdine was onder 'n soort hipnose, saans sowel as bedags, Paula en Ria was verwilderd, Johann en Fourie, saam met Mercia Minnaar, Olsen en Cor du Toit, oorspanne en onthuts met rolle wat moes gedoebleer, getripleer en selfs gekwadroepleer word!
>
> Op Kimberley het ek halt geskree. Die res van die gewone lang toer is gekanselleer en ons het 'n sug van verligting geslaak – nadat ons Waterloo slegs agt weke geduur maar na agt maande gesmaak het.

Hierna toer Huguenet met *As mure kan praat* (vertaling van *The stranger within*, Crane Wilbur se verwerking van 'n Octave Mirbeau). Voorts tree hy op in *The corn is green* en *Night must fall*, albei deur Emlyn Williams en met Leontine Sagan as regisseuse en medespeler. Hy moet sy styl aansienlik aanpas by dié van die kalmer Engelse spelers.

Die groot vraag

Toe volg *Is jy 'n bokryer?* deur Leo Dietrichstein. Dit is, volgens Huguenet (1950: 197–198), baie vry en platvloerserig verwerk deur Dirk Mostert. In die katalogus van die Nasionale Toneelbiblioteek in Bloemfontein word die inhoud só opgesom:

> Tant Dorie Goedvolk [Freda Keyter] hou haar man, Amos [André Huguenet], deeglik onder die duim. Om bietjie weg te kom, vertel hy dat hy 'n vrymesselaar geword het en gereeld na die losie moet gaan. Tant Dorie voel baie gelukkig, want by die losie is mos nie meisies nie!

Om haar skoonseun, Frans [Pierre de Wet], teen die Evageslag te beskerm, dring sy daarop aan dat ook hy 'n vrymesselaar moet word. Frans vertel vir sy vrou, Eva [Paula Styger], dat hy 'n bokryer geword het en dat geen "geheime" verklap mag word nie. Maar as oom Amos en tant Dorie by Frans en Eva kom kuier, begin die kaskenades.

Org Visser (Johann Nell), 'n toneelspeler wat al Piet se tante in die gelyknamige toneelstuk vertolk het, moet in 'n stadium voorgee hy is oom Amos se verlore dogter Staansie, 'n "modiste". In reklamestukke (Huguenet-versameling in NALN-toneelmuseum) verskyn uittreksels uit die teks en foto's:

> PAULA STYGER [Eva]: En is my ou mannetjie nou trots dat hy 'n bokryer is?
> PIERRE DE WET [Frans]: So trots dat ek 'n geileier kan uitbroei.
> PAULA STYGER: Hulle het my vertel van 'n sweetkamer, geraamtes teen die mure, donker kelders, kopbene ... en dan 'n stoet van vermomde priesters wat almal op swart bokkapaters ry.

Huguenet (1950: 198) het hom nie juis tuis gevoel in hierdie blyspel nie. Pierre de Wet het egter as "harlekyn" uitgemunt en daar was "werklik onbedaarlike lagsalvo's":

> Johann [Nell as Org – D.B.] was natuurlik in sy element met sy maskerade as vroumens. In 'n modeltabberd wat Schiaparelli hom sou beny, het hy in 'n nousluitende snit met hoëhakskoene, goue tulband om die kop, lang sigaretkoker, geverfde naels en vals ooghare, wat hom op 'n haar soos Marlene Dietrich laat lyk het, ons almal en sy gehoor laat rol van die lag.

Dié fopdostoneel bereik die volgende hoogtepunt (Dietrichstein, 1969: 42–43):

> AMOS (aan Org as Staansie): Wat is jou naam, liewe kind?
> ORG: Staansie, meneer.
> AMOS : Staansie, seker Constaans? Baie mooi naam. Amper net so mooi as die persoon self. Sit, oom se kind.
> ORG : A, certainly ... Very kind of you, sir.
> AMOS : Praat oom se dogter nie Afrikaans nie, hè?
> ORG : Oh, so bietjie. Ek wil try om te probeer.
> AMOS : Die vrouens talm tog lank met die aanpassery. Sit tog maar. Jou ou voetjies word so moeg.
> ORG : Agge no, no so baie moeg as mister dink. [...]
> AMOS : Jy het seker nie 'n kêrel nie, nè?
> ORG : O no, ek is te jong.
> AMOS: O, dan moet jy maar danig wees met my ...
> Org : Maar dit is so skielik.
> DORIE: Amooooos. Waar is jy nou weer?

Dié fopdostonele het egter ook afkeer verwek. Die gehoor wat aanvanklik geskaterlag het, het vanweë die suggestiewe aksies die "man" besonder stil en "meer skaam-verleë" gadegeslaan. Aldus H.N. Malan in *Die Burger*, 11 November 1940.

In reklamebrosjures (André Huguenet-versameling, NALN-toneelmuseum) word die spelers se toneelprestasies opgesom. Daarvolgens het Pierre de Wet reeds op 16 een van die hoofrolle vertolk in die vroegste Afrikaanse rolprent *Moedertjie*. Later deurreis hy die land met *Mr Cinders* (die oorsese weergawe van hierdie weeskind-musiekblyspel was skouspelagtig met byvoorbeeld 'n sneltrein en 'n maskerbal uit die agtiende eeu op die verhoog) en *Bubbles and Squeak* voor hy in Londen roem gaan verwerf "in die beroemde revue *The cat and the fiddle*". (Jerome Kern was verantwoordelik vir die musiek en liedere soos "The night was made for love" en "The love parade" was baie gewild.) *Wild violets* (1932) en *Streamline* (1933) volg daarna. Met die uitbreek van die Tweede Wêreldoorlog keer De Wet terug na Suid-Afrika en word hy ook "besigheidsbestuurder" vir die *Bokryer*-geselskap.

Leon Fagan (as Arnold en Steen) moes weer sy balletopleiding in Londen onderbreek weens die oorlog. Hy was 'n joernalis in Port Elizabeth toe hy 'n rol in die klug gekry het. [Leon Fagan was in daardie stadium die verhoognaam van Pieter Geldenhuys. – D.B.] Thelma Rousseau (Annie) het nie veel ondervinding of roem nie. Sy was wel bevoorreg om van die beroemdste spelers te sien optree in His Majesty's in Johannesburg. Haar moeder was hoof van die verversingsafdeling en so was sy dan toegelaat om die opvoerings by te woon.

Willem Kempen se resensie in *Die Burger* van 27 Oktober 1940 sluit ongewone sieninge in:

> ... les bes: die hoog te waardere feit dat 'n mens by verskeie van die spelers 'n soliede kulturele agtergrond kon aanvoel. 'n Mens kon dit alte duidelik aan die gehoor merk dat hulle voel dat, hoewel hier allerlei verspotte en gekke situasies voorgespeel word, die spelers self nie onontwikkelde mense is nie.

Dan volg Kempen se reaksie op die dames se spel:

> Met die gedeeltelike uitsondering van mejuffrou Keyter as Dorie Goedvolk, sou 'n mens verder net graag sien dat die dames 'n bietjie selfstandiger speel, minder opsiende na die manne-spelers aan wie hulle ondergeskik is.

Oorlogswolke

Afrikanergeledere was verdeel oor Suid-Afrika se deelname aan die Tweede Wêreldoorlog. Huguenet (1950: 199) skryf:

> Baster-Hollander "zijnde", het ek soos baie ander met die inval van Nederland emosioneel geword en besluit om in Kaapstad die aand se opbrengs aan die noodlenigingsfonds vir Holland te skenk. Later in

Pretoria het ek 'n soortgelyke skenking gemaak (alhoewel in hierdie geval die African Theatres hulle persentasie van die opbrengs waarmee ek niks te doen gehad het nie, op hulle beurt aan die Goewerneur-generaalsfonds afgestaan het) en ook in Bloemfontein. 'n Lasterkampanje is geloods en 'n fluisterveldtog teen my op tou gesit wat, om dit op sy allerflouste uit te druk, luidkeels geroep het om wraak. Geen Afrikaanse koerant wou my verontskuldigings of verduidelikings publiseer nie. Ek moes op eie koste advertensies plaas en my onskuld besweer. [Byvoorbeeld in *Die Burger* van 3 Maart 1941 – D.B.] ... Wildvreemde mense het my op straat aangekeer en 'n verduideliking geëis ... Ek sou dan vir die gewraakte Goewerneur-generaalsfonds geld gegee het! Waarheid is dat ek 'n middagvoorstelling in Pretoria se Operagebou vir die Kruger-verskuiwingsfonds geskenk het en vir die uit hulle huise verspoelde Beaufort-Westers ook 'n *bénéfice*-voorstelling – maar nooit kon teen my naam 'n oulap vir die Oorlogsfonds bewys word nie. [...]

In Kaapstad het die georganiseerde veldtog sy toppunt bereik. Ons was die eerste en enigste Afrikaanse geselskap om ooit in die groot Alhambra-teater op te tree, en 'n mens het verwag dat die Skiereiland se Afrikaners hierdie onderskeiding sou verwelkom. By my aankoms moes ek van die teaterbestuur verneem dat geheimsinnige kode-oproepe soos 'n netwerk deur die stad en voorstede gespan is met 'n opdrag dat die Afrikaners my opvoerings moes boikot.

[...] Ek het hoe langer hoe meer werklik begin glo dat ek, soos mevrou Carinus eenmaal gesê het, die *enfant terrible* van die Afrikaanse toneel is!

Huguenet herhaal *Ampie* – en word in ere herstel by die plattelandse publiek voor hy vir die Johannesburgse Repertory Players speel in Pirandello se *Six characters in search of an author* en die regie van Eugene O'Neill se *Anna Christie* behartig. Laasgenoemde was nie 'n sukses nie. Huguenet wyt dit aan sy "inskiklikheid ten einde amateurs se gevoelens te spaar en hulle pligsgebrek te vergoelik" (Huguenet, 1950: 204).

Met Hermien Dommisse in *Helshoogte*

Hermien Dommisse het André Huguenet tydens 'n direkte uitsending van 'n radiodrama in Johannesburg ontmoet – drie maande ná haar huwelik in 1941. Hy vra haar om teenoor hom te speel in *Helshoogte*, soos Emily Brontë se *Wuthering heights* vertaal is. Dommisse (1998: 23–24) skryf:

> Hy bied my die hoofrol aan van Cathy ... Hy sou vanselfsprekend die manlike hoofrol van Heathcliff vertolk. Ek kan dit amper nie glo nie.

My droom word uiteindelik verwesenlik. Dis 'n aanbod waaroor ek jare lank gedroom het en nou word dit 'n werklikheid. Maar dit beteken dat ek maande lank op reis sal wees, weg van my man vir wie ek bitter lief is. Dis ondenkbaar. Ek is verskeurd.

In die trein op pad terug Krugersdorp toe skommel my gevoelens tussen ja, ek sal gaan en nee, ek kan nie. Hoe nader die trein aan Krugersdorp kom, hoe moeiliker word dit vir my om te dink aan so 'n lang reis weg van my man af. My emosies kry die oorhand. Ek kan nie weggaan nie, maar ek speel toe in my verbeelding die dramatiese verloop van hoe ek hom van Huguenet se aanbod vertel en my reaksie daarop. Ek sou baie hartseer vir hom herinner aan sy belofte om nooit in my pad te staan nie en dat ek die aanbod moet aanvaar. Hy sou natuurlik ontsteld teenkap dat hy nooit, nooit so lank sonder my kon leef nie. Dan sou ek in sy arms val en sê dat ek ook nie kans sien om so lank van hom af weg te gaan nie en dat ek sal wag vir 'n meer geleë aanbod. Ons sou mekaar dan passievol omhels.

Tuis gekom, speel ek toe my spel ... Hy spring opgewonde op en wens my geluk. "Wanneer begin julle repeteer?" vra hy. Ek bars in trane uit. Wil hy my dan weg hê? Het hy my nie meer lief nie? ... Hy verduidelik sy standpunt: niemand het die reg om in die weg te staan van die uitbouing van 'n ander se talent nie ... Dit het ook my riglyn [geword] in my bewering deur die jare vir die verbetering van lewensomstandighede vir die kunstenaar en die ondersteuning en die skep van geleenthede vir al ons land se kunstenaars.

[...] Daardie eerste toer as volwaardige (onopgeleide!) beroepsaktrise was 'n ontnugterende ervaring. Die maande lange reis, met al sy uiters beperkende omstandighede, het my geleer hoe bykans onmoontlik dit was om onder sulke omstandighede die beroepstandaarde wat ek nagestreef het, te verwesenlik. Dit was duidelik dat die omstandighede ook vir André Huguenet 'n daaglikse doring in die vlees was en seker die rede vir sy soms onaanvaarbare optrede.

"Onaanvaarbare optrede" tydens die *Helshoogte*-toer, byvoorbeeld. Daarvan vertel sy (1998: 40) die volgende:

Realisme was aan die orde van die dag. Geen geflous nie. Rêrige trane asseblief ... rêrige woede ... rêrige, geloofbare gesoenery ... aand na aand op 'n ander dorp en meesal op swak toegeruste verhoë na myle lange reise oor sielsdodende, stamperige, stowwerige paaie. Ek onthou 'n Saterdagaand op 'n groterige dorp. Die Sondag was dit Nagmaal en die Nagmaalgangers van heinde en ver het die saal volgepak gesit. Stoele moes selfs ingedra word. Huguenet het met die intrap in die dorp verdwyn en toe hy die aand by die saal opdaag, was hy in 'n verskriklike bui. Iets moet hom so ontstel het dat hy 'n hele paar doppe voor die vertoning weggeslaan het. Ons was almal vreesbevange en het so ver moontlik van hom af weggebly op die verhoog. Toe ek in die eerste toneel vir hom 'n klap moes gee, het ek te ver weg gestaan en sy ken in plaas van sy wang getref. Hy was woedend en met 'n "Ek sal jou wys hoe om te klap ..." vang hy my met 'n slag teen my wang wat my teen die agterdoek laat steier. Geskok en skrikbevange, die ene bewerasie, kom ek orent en probeer, soos dit 'n beroepsaktrise betaam, voortgaan asof daardie klap maar deel was van die spel. Maar toe ek weer by hom kom, klap hy my met so 'n geweldige hou op die ander wang dat ek voor teen die voetligte neerplons. My groot vrees was dat die lang haarlokke wat my periodekostuum vereis het en onder my eie hare vasgespeld was, met die wilde waai van my kop dalk sou loskom. In my verbeelding het ek hulle al klaar oor die verhoog sien lê!

Die gebeure is met 'n doodse stilte vanuit die gehoor begroet. Hulle het waarskynlik gedink dis maar deel van die spel ... so reg in die realistiese tradisie. Ons het voortgegaan met die opvoering, maar in 'n elektries gelaaide spanning wat dwarsdeur die saal voelbaar was. In die laaste bedryf moes Huguenet, in sy Heathcliff-rol, vir Cathy soen, maar toe byt hy my in die wang. Hierdie keer het my duidelike pynreaksie 'n hoorbare reaksie van die gehoor ontlok. Die bytmerke het dae lank daar bly sit! Maar die wonderlike is dat ons na afloop van die skrikwekkende opvoering van alle kante moes hoor dat dit die briljantste spel was wat hulle nog ooit gesien het ... sulke ongelooflik geloofbare vertolkings!

Absalom, my seun!

Antonius Ferreira speel in 1942, nadat hy as jongeling dikwels gordyn moes trek vir die geselskappe, uiteindelik teenoor André in *Absalom, my seun!*. Antonius Ferreira (Van Schoor, 1961: 30–31) skryf hieroor:

André moes die rol van 'n ou man vertolk. Natuurlik moes hy 'n baard aanplak met die ewige "crepe hair". Hannie, die meisietjie, moes in een toneel langs hom kniel en hom vertel hoe die skurk haar wou verkrag. Ons het baie Hannetjies gehad, maar hierdie spesifieke een het die aand op D. weer met haar kop teen André geleun. Hy het haar al dikwels gewaarsku dat sy nie haarnaalde moet gebruik nie, want as sy haar kop optel, dan pluk sy van sy baard af.

Dié aand op D. is dit toe weer so en toe sy haar kop optel, trek sy 'n stuk van sy baard af. Dit was genoeg! André sit toe doodgewoon en begin pluk aan sy baard, een vir een stuk, totdat daar niks oor was nie!

"As jy dan my baard af wil hê, hier is dit!" ... Kliphard, die laaste mens in die stampvol saal moes dit hoor. Hy tel toe al die donse op, frommel dit inmekaar en gee dit aan Hannetjie met die woorde: "Hou nou jou ... haarnaalde môreaand in jou handsak." [...]

Op S. moes ons polisiehulp inroep ná die opvoering om vir André van die saal af hotel toe te begelei. Daar was 'n gespanne oomblik in die spel, en 'n paar babas het begin huil. Meneer Huguenet stap na vore tot by die voetligte en sê: "Julle hoop myners, skaggrawers en hysbakbestuurders, wat dink julle is dit dié ... 'n doop-Sondag?"

En ná die opvoering wou hulle hom braai. Daarna het hy op die biljette die toegang vir babas as 10s. 6d. aangebring. Daar was 'n paar gevalle waar ouers dit wel betaal het, maar André het gesê as die kinders nie tydens die opvoering huil nie, hulle die 10s. 6d. kan terugkry.

Patrick Mynhardt (Van Schoor, 1961: 72) skryf ook hieroor:
> When his company was doing *Absalom, my seun!* at some mining village, André snapped at some of the miners in the auditorium, telling them they were a bunch of peasants, and were to shut up and behave themselves. He was playing a very old man and was rather heavily disguised in the full character make-up. When he came out of the stage-door at the end of the performance, he was confronted by about twenty tough miners who said they were waiting for André Huguenet as they wanted to beat him up. He told them that Mr Huguenet would be out in a minute. Not a soul recognised him, so he hopped into his car and drove off to his hotel at great speed, a broad smile on his face.
>
> [...] André was sick and tired of howling babies, so he had printed on his bill-posters: Adults 5/-; Children 2/-; Babes in Arms 10/6. One night a baby did cry in the auditorium, so André stopped acting and proceeded to shout at the father, who promptly got up, walked up to the footlights and presented the 10/6 ticket on the baby's behalf. André had to admit defeat, and carry on in spite of the wailing child.

Geleende vere

In 1944 verwerk en voer Huguenet 'n blyspel van Siegfried Geyer, *Die kleine Komödie*, as *Geleende vere* op. Die kostumering en dekor was 'n skouspel in wit en silwer, want dit stel immers die hof van 'n prins voor. "'n (H)eerlike deurmekaarspul" ontstaan wanneer die prins en sy lakei rolle omruil en 'n gravin en haar diensmeisie probeer kul. (Katalogus, Nasionale Toneelbiblioteek, 1975: 223.)

'n Mens kan jou voorstel hoe gehore die volgende gedeeltes geniet het (Geyer, 1969: 12-13):

> LISA [die diensmeisie – D.B.]: Toe jy met my oor die telefoon gepraat het was ek eers geamuseer, toe nuuskierig en later boos ...
> RUDOLF [die lakei as die prins – D.B.]: Daar was 'n vrou, haar naam was Eva ... sy het 'n soortgelyke ondervinding gehad ...
> LISA : Eva ... 'n vriendin van jou?
> RUDOLF : 'n Bloedverwant – baie ver langs ...

En (Geyer, 1969: 21):
> RUDOLF : Dis die reine waarheid, gravin!
> GRAVIN: Die waarheid is nooit rein nie, Rudolf.

En dan is daar die toneel in die derde bedryf waar Rudolf Lisa die hof maak met liefdesuitsprake wat die Prins vir hom op 'n stukkie papier neergeskryf het en wat hy nou met moeite gelees kry (Geyer, 1969: 67):
> RUDOLF (*lees*): "Die sterre buite waak oor twee minnaars ... (kyk na die plafon en is teleurgestel) wat 'n liefdesfees vier ..."
> LISA (*glimlag*): Nie voor ete nie – wag!
> RUDOLF : " ... in hierdie aardse paradys ... S.O.S." (*Blaai om.*)
> LISA (*verwonder*): S.O.S. Wat is dit?
> RUDOLF : Niks nie ... dis onse familiespreuk ...

Morele besware teen dié opvoering noop André Huguenet om dit in *Die Burger* van 27 April 1944 te verdedig:
> Dit spyt my baie dat ds. Raath van Nylstroom dit nodig gevind het om 'n aanval te doen op die onskuldige Duitse blyspel *Geleende vere* wat orals in die wêreld met sukses, en sonder om die moraal van die volk te ondermyn, ten tonele gevoer is.
> As die dominee 'n Afrikaanse of enige ander opvoering gaan meet volgens 'n godsdienstige, en veral Calvinistiese maatstaf, sal hy dadelik sy Shakespeare en Ibsen en selfs Schiller en Lessing moet verbrand. Ds. Raath moet onthou dat mense nie na 'n teater gaan om daar gestig te word soos in 'n kerk nie, net so min as die Afrikaner na die kerk gaan om 'n predikant te sien toneelspeel! 'n Mens kan en mag die twee nie geheel-en-al met mekaar versoen nie. Die toneel is 'n spieël van die hele gamma van menslike emosies, botsings, konflikte (innerlik en uiterlik), en hoewel dit geestelik moet prikkel, moet dit ook wondplekke in die maatskappy uitbeeld, soms selfs ten koste van die besware van 'n dogmatiese predikant. Daar skuil in die onskuldige verwikkeling en komiese situasies niks wat enige Christenmens kan stuit nie. As 'n mens se verbeeldingskrag jou soms te ver voer, lê die skuld seer seker nie by die opvoering self nie. Die spel is 'n egte Duitse "posse" en word soos meeste blyspele van

die klugtige aard nie beskou as 'n opvoering van direk didaktiese waarde nie en ook nie noodwendig 'n natuurgetroue weergawe van die lewe nie.

Dit sal ds. Raath waarskynlik nie begryp nie net soos daar baie diepsinnige godsdienstige kwessies is wat die toneelspeler nie begryp nie. Ons staan egter almal in diens van die volk en ek vrees ons sal deur die veroordeling van gesonde vermaak die reeds uitgehongerde jong Afrikaanse publiek tot erger misstappe verplig as die bywoning van 'n Afrikaanse blyspel wat nie sy humor put uit die swak nabootsing van 'n ou Hotnot of Kaapse aia of 'n hakkelaar nie! Laat ons nie onnodig preuts wees nie. Selfs ons kerk kan nie belet dat ons jonger geslag veral gesonde vermaak moet hê nie, anders gaan hulle na die bioskoop met sy egbreuk, sy moord, sy onsedelikheid e.d.m. Ons mag nie die duimskroef te sterk aandraai nie. Ek ken na 18 jaar darem ook my publiek om te weet dat hulle nie altyd na *Absalon, my seun!* wil kyk nie. Die toneel word dan 'n bespotlike nabootsing van die kerk en vervul hoegenaamd nie sy funksie as massakuns nie. Die toneel is 'n gemeenskapskuns.

In Augustus 2002 vertel Isabelle Cordier-Steenkamp in 'n telefoniese onderhoud van haar aandeel aan dié opvoering. Sy sou later as radiospeler en ook as joernalis bekend word – onder andere by *Huisgenoot* en *Sarie*. Op skool was sy reeds 'n ontluikende skrywer. Dit was in haar tyd by die *Dagbreek en Landstem* dat sy betrokke was by die stigting van die André Huguenet-fonds. Berdine Grünewald het aan die einde van 'n opvoering van *Die dame met die kamelias* in die Hofmeyr-teater in Kaapstad nog in haar wit sterfbedgewaad verskyn om die stigting van dié fonds sielvol aan te kondig. (Oor die jare heen was daar ook ander prosaskrywers onder die toneelspelers: André Huguenet, Anna Neethling-Pohl onder die skuilnaam A.P. Niehaus en onder haar eie naam, Paula Styger, Henri van Wyk, Daan Retief, Jan Schutte, Lydia Lindeque en Hermien Dommisse.)

Reeds in die huldigingsbundel *André Huguenet* (Van Schoor, 1961: 14) vertel Cordier-Steenkamp die storie van die mansjetknope. Sy het dit aangevul tydens die onderhoud in 2002:

> My werk was om al die klere te versorg, asook juwele en ander los artikels, onder andere 'n paar mansjetknope wat 'n geskenk van André se moeder was en wat hy altyd as 'n soort gelukbringer gedra het. Een aand moes die gordyn al opgaan, maar die mansjetknope kon nêrens gekry word nie. Ek verduidelik dat hy die knope nie die vorige aand aan my oorhandig het nie, maar alles help niks, dis net my skuld en dis al. Diep veronreg het ek agter die skerm gewag vir my "wagwoord". Dit was die belangrikste toneel in die bedryf. Ek moes André die hof maak, maar elke keer as ek na sy kant kyk, het my bloed gekook. Sy hempsmoue was opsigtelik los onder die swart

baadjiemou. Toe moes ons albei op 'n rusbank neersak en ek moes my arms na hom uitsteek, hom omhels en soen. Ek het my arms halfpad uitgesteek, toe het hulle lomp langs my sye geval. Ek het my gesig weggedraai. Ek kon André om die dood nie soen nie. Ek het gesien hoe die sweet onder sy grimering uitpêrel. Hy het op sy haastige manier opgestaan, sy hande op sy heupe gesit, my aangegluur en in 'n harde stem gesê: "Toe, Isabelle Cordier (op Frans uitgespreek), wie dink jy nou eintlik is jy?"

Die saal was stampvol. Die mense het agter teen die muur gestaan en in die paadjies gesit. Dit was doodstil. Jy kon 'n speld hoor val. Ek het net 'n ou tannie hier voor in die gehoor "Foeitog" hoor sê, toe het André langs my neergesak en meesterlik met die spel voortgegaan asof niks gebeur het nie ... Toe ek in my kleedkamer voor die spieël staan en sien hoe die trane my oogskaduwee in swart strepies oor my wange vee, kom André stil in die deur staan. Ek het geweet hy was jammer.

"Meneer," het ek gesê, "u het nie gisteraand vir my die mansjetknope gegee nie, want u was na 'n partytjie na die opvoering en het dit nie afgehaal nie."

Hy het 'n lang ruk stil gestaan. "Laat ek jou net vanaand een les leer," het hy gesê, "en dit is dat as jy jou voet op daardie verhoog sit, is jy gravin Laura en Isabelle Cordier met haar griewe het hier in die kleedkamer agtergebly." ... Ná hierdie voorval het hy op 'n honderd maniere probeer vergoed.

Gedurende die 2002-onderhoud het Cordier-Steenkamp vertel hoe Huguenet haar op 'n dag teen die einde van die toer beledig het. Sy kon hom nie vergewe vir wat hy haar toegevoeg het nie. Goed, besluit sy, as hy haar nie om verskoning wil vra nie, dan gee sy nou kennis dat sy oor veertien dae gaan ophou optree. (Hulle is elke veertien dae betaal.) Dit skep dadelik 'n dilemma: sy is as onervarene, maar met baie belangstelling en leeskennis, uit 50 meisies gekies; dis nou vyf maande gelede; hoe gaan Huguenet weet watter plaasvervanger om te laat kom? Maxie de Jong huil, Fanie Bekker pleit. Die oggend van die laaste ontbyt saam is die spanning ondraaglik. Uiteindelik daag die taxi op, en Huguenet gee haar 'n koevert met dubbel haar salaris daarin. Hulle het weer vriende geword; sy en haar man, Jabez Steenkamp die kortverhaalskrywer, het hom dikwels besoek. Kort voor sy dood aan 'n hartaanval het hulle hom in sy kleedkamer ná 'n opvoering van *The prisoner* besoek.

Galgtou

Patrick Hamilton word veral vir die sielkundige riller *Gaslight* onthou, maar Huguenet-hulle pak in 1945 sy *Rope* aan en vertaal dit as *Galgtou*.

Huguenet gee 'n aanduiding van die inhoud (1950: 219). Twee studente wil "gevaarlik lewe". Ter wille van die ervaring vermoor hulle 'n mede-student "koelbloedig en bloedloos". Hulle nooi onder meer die vermoorde se vader om deel te neem aan 'n fuifparty rondom die doodkis. Maar gedurende 'n donderstorm begin 'n nuuskierige digter te veel vrae vra.

In die rolbesetting was onder meer Johann Nell, Antonius Ferreira en Rudolf Nel.

Van Rudolf Nel skryf Huguenet dat hy 'n talentvolle jong speler was en "studentikose manhaftigheid" in hierdie drama goed oorgedra het. Van die verhoog af was Nel met sy blonde, golwende hare ook 'n kranige, romantiese ou. Só skryf hy van Vredenburg af op 19 Februarie 1945 aan 'n onderwyseres op 'n naburige dorp waar hulle blykbaar die vorige naweek opgetree het:

> Liewe maatjie
>
> Net so 'n paar gedagtetjies waarmee ek julle baie hartlik wil bedank vir die mees aangename naweek wat ek in 'n baie lang tyd beleef het. Elke oomblik daarvan het ek ten volle geniet. Ek het gelewe.
>
> Ek wou gisteraand so graag 'n tydjie alleen met jou gewees het, al was dit dan nie om te gesels nie maar net om daardie salige gevoel van tevredenheid te beleef. [Onduidelik – D.B.] was weer tussenbeide, miskien vir die beste, vir al wat ons weet.
>
> Ek kan dit nie help nie, maar gisteraand was vir my soos 'n wonderlike skildery, waaraan die skilder kleur en lewe gegee het en jy was die skilder. Ten spyte van die ander mense en Tony se lawwigheid het hulle nie vir my bestaan nie. Hulle was daar en tog ook nie.
>
> Toe jy gisteraand my rug vir my gesmeer het, het ek nie aan my sonverbrande rug gedink nie, net daardie beweging van jou hande oor my liggaam het 'n gevoel van tevredenheid oor my laat kom. Ek het soveel beter gevoel, die sonbrand was vergete – om die waarheid te sê het ek nooit weer daaraan gedink nie. Net 'n plan gewees om jou weer te sien, en in die hoop gelewe om alleen met jou te wees vir so 'n minuutjie of twee. Vanaand is daar niemand om my rug te smeer nie noudat ek dit eers begin voel.
>
> Ek sal maar daarvan droom en in die vertroue leef dat ek van jou ook sal hoor. Sal ek? Ek vertrou so.
>
> Groete aan jou maters.
>
> Ontvang my groete.
>
> Rudolf
>
> NS: Ek het jou naam skandelik vergeet. Vergewe asb., hoor. R.

Patrick Mynhardt onthou 'n voorval (Van Schoor, 1961: 73):

> At some other village he [Huguenet – D.B.] was doing *Galgtou* and whilst on the stage he noticed that all his dramatic lighting effects

were being spoilt by the light from a street lamp shining in onto the stage. He made a quick exit, leaving all aghast on the stage, found a tall pole and smashed the culprit globe. He was apparently seen by a policeman who chased him round and round the little hall until André gave him the slip by dashing in through the stage-door. He appeared on the stage, panting and out of breath, but happy.

Vergewe en vergeet

Wena Naudé (Van Schoor, 1961: 82) skryf oor 'n opvoering van *Vergewe en vergeet* in 1945: "Die intrige was aktueel: die terugkeer van 'n soldaat wat deur geheueverlies sy eie vrou verstoot en kleef aan 'n eertydse vriendin uit sy jeugjare."

Maar Huguenet het blykbaar verkies om te vergeet van hierdie samewerking met Wena. Hy verwys byvoorbeeld nie daarna in sy outobiografie *Applous!* nie. Volgens die teaterprogram (Wena Naudé-versameling, NALN-toneelmuseum) het hy wel daarin opgetree, en was dit 'n drama van Rebecca West wat hy vertaal het. Die inligting oor die teks is onvolledig. *Vergewe en vergeet* is vermoedelik hoe hulle John van Druten se verhoogverwerking van West se roman *The return of the soldier* in Afrikaans genoem het.

Wena Naudé skryf (Van Schoor, 1961: 82):

> Kortaf was (Huguenet se) brief: "Wat doen jy? Ek is platsak. Ons moet weer saamwerk, Wena. Saam het ons nog altyd geld gemaak. Ek het 'n goeie stuk, laat hoor van jou."
>
> Dit was nie 'n sukses nie!
>
> *Vergewe en Vergeet* het ons die spel genoem. Toe ek die hotelregister in Calitzdorp teken, het 'n onweerstaanbare drang my oormeester en het ek in hakies agter die "Vergewe en Vergeet" bygevoeg: "As julle kan". André het dit gesien. Dit het hom nie in die minste aangestaan nie, en die volgende oomblik het die register in stukkies fyn geskeurde papier in die hotelportaal rondgewaai.

Uit die programaantekening in die Wena Naudé-versameling (waarskynlik deur Huguenet geskryf) blyk 'n ongewone "eerlikheid":

> Die toneelstuk is een wat in die buiteland die toets deurstaan het en sy waarde as teaterspel glansryk bewys het. Ons hoop die Afrikaanse publiek gaan dit net so gunstig ontvang as die toneelliefhebbers elders ... Die onvolmaakthede wat selfs klassieke toneelwerke aankleef, is ook in hierdie spel aanwesig. Ons is bewus daarvan, maar tegelykertyd bied ons *Vergewe en vergeet* aan as 'n drama wat al die eienskappe bevat wat dit aanneemlik en gewild sal maak onder ons groot publiek.

André Huguenet en die poswese

Dr. Mauritz H. Vorster van Port Elizabeth skryf in Augustus 2002 op versoek:

> Ek was gedurende die jare 1946-1950 as posmeester op Petrusburg in die OVS werksaam.
>
> Mnr. André Huguenet se ouers het in daardie jare daar gewoon, en sy suster en haar man (Lötter) het 'n algemene handelaarsaak reg oorkant die poskantoor bedryf.
>
> André het soms lang tye by sy ouers gekuier of gewoon. Omdat hy baie van sy sake per telegram gedoen het en sy geldsake ook deur die posspaarbank bedryf het, het ek dikwels met hom te doen gehad.
>
> Op 'n sekere dag het hy sy posspaarbankboekie oor die toonbank gestoot met die doel om geld te onttrek. Ek was toevallig by die toonbank en het opgelet dat hy slegs een of twee dae vantevore ook geld getrek het. Die reël was dat vier dae moes verloop voordat 'n kliënt weer geld mag onttrek. Toe ek André se aandag daarop vestig, het hy ewe nonchalant sy hand in sy sak gesteek en 'n tweede spaarboekie aangebied met die opmerking: "Ek is mos twee mense." Die tweede boekie was in sy eie naam, nl. Gert Borstlap. Dit was ook sy pa se naam.

Baie telegramme, dikwels in potlood geskryf, is te sien in die leggers van die NALN-toneelmuseum – afsprake met nuwe spelers om by die geselskap aan te sluit, gelukwensinge, opdragte, ensovoort. Dit is ook verbasend om in die dagboeke te lees hoe gereeld pos hulle bereik het. Die afsenders moes op die hoogte van die toerplan gewees het en hul tydsberekeninge deeglik.

Oor *Hamlet*

Die laaste opvoering wat Huguenet in sy outobiografie dek, is *Hamlet* (1950: 225-227).

Een van sy medespelers was Gideon Roos wat reeds teen Mei 1929 vir die Oranjeklub in Kaapstad gespeel het. In 1933 is hy 'n radio-omroeper, en tree hy in die Klein Teater in Maeterlinck se *Sister Beatrice* op as 'n hulpspeler vir die studente (Binge, 1978: 192). Later daardie jaar speel hy weer vir die Oranjeklub, hierdie keer onder M.I. Murray se regie in die belangrike *Hantie kom huistoe* deur P.W.S. Schumann. Anna Pohl, die latere Anna Neethling-Pohl, het die naamrol vertolk. In 'n *Burger*-resensie van Augustus 1933 oor *De rechte lijn* deur Jan Fabricius kom 'n karakterisering van Roos as speler voor:

> Nie alleen het sy imposante persoonlikheid en sy kragtige stemgeluid die vertolking van 'n uiters moeilike rol vir hom aanmerklik vergemaklik nie, maar sy geroetineerdheid as voordragkunstenaar, sy selfvertroue as toneelspeler en sy benydenswaardige dramatiese ta-

lent het hom gehelp. Sy doeltreffende gebaar, veelseggende mimiek, sy betekenisvolle klein beweginkies en volkome beheersing was opvallend.

Later was Roos hoof van DALRO (Dramatiese, Artistieke en Letterkundige Regte-organisasie) in Johannesburg.

Roos vertel (Van Schoor, 1961: 100-101):

> Ek sal my beperk tot een werklik grootse gebeurtenis in ons Afrikaanse toneellewe waaraan ons albei deel kon hê – die geslaagde reeks opvoerings in Johannesburg en Pretoria in Mei 1947 van Shakespeare se beroemde treurspel *Hamlet*, in Afrikaans vertaal deur prof. L. Ignatius Coertze.
>
> Dit was ongetwyfeld 'n waagstuk om Johannesburg se grootste skouburg twee weke lank te huur vir 'n opvoering in Afrikaans, en daar was baie mense wat gemeen het dat Anna Neethling-Pohl en Siegfried Mynhardt, die regisseurs, heelwat meer afgebyt het as wat hulle kon kou. Maar die uiteindelike sukses van daardie "seisoen" – en die feit dat dit inderdaad verleng moes word om aan die aanvraag na sitplekke te voldoen – het hul vertroue ten volle geregverdig en hul deursettingsvermoë beloon.
>
> 'n Opvoering van *Hamlet* is geen kinderspeletjies nie, en ons moes weke lank hard repeteer. Vir André was net die leer van die woorde al 'n groot taak. Maar hy het 'n goeie geheue gehad; en hoewel hy gedurende die repetisies somtyds moeilikheid gehad het met sy reëls – hoe ongeduldig kon hy dan nie met homself raak nie! – kan ek my nie herinner dat hy tydens die opvoerings self ooit die souffleur nodig gehad het nie.
>
> Sonder bril was André se oë nie sterk nie, en dit het soms amusante dinge veroorsaak, maar partykeer ook gevaarlike insidente. Die decor van Kobus Esterhuysen was knap ontwerp om die handeling op verskillende vlakke te laat plaasvind, en by 'n paar geleenthede het André in die gedempte lig van sekere tonele een van die trappies nie raakgesien nie. Dit was nogal vermaaklik.

Elise van der Spuy, 'n jeugkennis van Huguenet, vertel meer hieroor (Van Schoor, 1961: 114):

> "Die doolhof van 'n akteur se geesteswerkinge moet geheim bly ... ons laat geen kyker by oefeninge toe nie!" sê André in sy boek *Applous!* Maar eenkeer het ek die voorreg gehad, op uitnodiging van die regisseuse, Anna Neethling-Pohl, om vir André in aksie te sien tydens 'n kleedrepetisie van *Hamlet* in His Majesty's, Johannesburg. Met bewondering en genot het ek daar in die groot, leë teater gesit

en die boeiende ontplooiing van die grootse drama in spanning gevolg. Skielik is die illusie van Elsinore gebreek deur 'n verpletterende slag, gevolg deur 'n stortvloed van "blommetaal" van agter die decor! Dit was André wat oor sy mantel gestruikel het en toe van die trappe bo, na die skanse van die kasteel getuimel het!

Gideon Roos vervolg (Van Schoor, 1961: 101–103):
> Maar sy swak gesig het soms gevaarlik geword – vir my, altans – in die slottoneel waar Hamlet vir Koning Claudius eers met die vergiftigde skermswaard deurboor en dan die gifbeker laat drink. Ons het vooraf 'n mooi "roetine" afgespreek wat alles vlot en dramaties sou laat verloop. Wanneer André op my afstorm met die woorde: "Die punt ook nog vergiftig! Gif, doen dan jou werk!" dan sou ek op my "troon" terugsteier, met my regterarm opgelig asof ek die aanval wou afweer. Dit sou dan vir André die kans gee om die swaard onder my regterarm deur te steek, agter my liggaam verby, en vir die gehoor sou dit kompleet lyk asof hy my deurboor.
> Alles het goed gegaan totdat André by een repetisie hom só in sy rol inleef dat hy soos 'n besetene op my afstorm, in sy opgewondenheid sy balans effens verloor, en toe somaar reguit na my gesig korrel in plaas van onder my arm deur. Gelukkig het die skermswaard die gebruiklike stomp punt gehad, en 'n tweede geluk was dat daardie punt my net bokant die winkbrou tref dat my kop eintlik agteroor ruk. Net 'n halfduim laer, en dan sou die punt dwarsdeur my oog en in my harsings gewees het!
> Om te sê dat ek effens geskrik het, is om dit sag te stel, maar die arme André het hom boeglam geskrik! Eers heelwat later het ek uitgevind dat hy die volgende oggend na 'n assuransiemaatskappy gegaan het en 'n stywe polis uitgeneem het teen enige besering wat hy moontlik een van sy medespelers kon aandoen. Van toe af was hy ook baie versigtiger met die swaard. Maar iedere keer dat hy die gifbeker aan my lippe druk met die woorde "Bloedskandige, moorddadige, vervloekte Deen – drink op die brousel!" het hy hom só in die gees van Hamlet se doodswraak ingeleef, en die beker met soveel krag gehanteer, dat my lippe aand na aand van binne rou gestamp was teen my tande. Hulle het eers ná die afloop van die "seisoen" weer kans gekry om gesond te word! Ek het egter nie gekla nie, want ek het besef dat André nie bedoel het om my so te vermorsel nie. Feit was net dat hy op daardie oomblik nie meer André Huguenet was nie, maar werklik Hamlet, die weifelaar, wat skielik in sy sterwensuur wou vergoed vir al sy onbeslistheid en uitstel, en nou sy belofte aan die gees van sy vader wou gestand doen!

Daardie einste feit, dat André homself so totaal verloor het in die rol van Hamlet – meer as in enige ander rol wat ek hom ooit sien vertolk het – het 'n eienaardige kontrawerking gehad en het daartoe gelei dat hy gaandeweg vergeet het om Hamlet te speel en aan Hamlet iets van die karakter van Huguenet gegee het. In sy outobiografie *Applous!* het hy later vertel hoedat hy vooraf die vertolkings van 'n halfdosyn wêreldberoemde akteurs in 'n halfdosyn lande bestudeer het. "In Duitsland," sê hy, "het Gustav Gründgens die Deense prins met 'n onvergeetlike, gedempte krag weergegee; in New York het Maurice Evans hom met 'n innerlike dinamiek gelaai ..." Maar André was essensieel 'n ekstrovert, en dit was uit die staanspoor duidelik dat sy Hamlet weinig van die "melancholy Dane" sou hê. In plaas van introspektief-weifelend, was sy prins 'n man van energieke, selfs opvlieënde temperament. Een van die onderwerpe waaroor letterkundiges en toneelliefhebbers nóóit uitgepraat sal raak nie, is die vraag wat nou eintlik die korrekte vertolking van hierdie groot rol moet wees. Elkeen het natuurlik die reg om sy eie mening daarop na te hou, en na my mening was André se vertolking totaal verkeerd. Ek het herhaalde male aan hom gesê: "André, ek stem nie saam met jou vertolking in een enkele toneel nie; maar, nes Voltaire, sal ek tot my laaste druppel bloed veg vir jou reg om dit só te doen. En – dis een van die interessantste vertolkings wat ek nog ooit gesien het!"

Juis dáár het 'n deel van die geheim van André se genie gelê – selfs al het jy nie met hom saamgestem nie, kon jy nie help om sy talent te bewonder nie. Ek meen vandag nog dat sy vertolking van Hamlet nie korrek was nie, en dat dit bewys is deur sy weergawe van die groot monoloog "Te lewe of te sterwe: dis die vraag". In daardie deel was André op sy minste oortuigend, juis omdat hierdie deel nie anders as met 'n introspektiewe styl gedoen kán word nie. En tog het ek iedere aand, dwarsdeur daardie hele seisoen, in die coulisses gestaan wanneer André daardie monoloog lewer, en dit opnuut geniet! Trouens, ek het nie een van sy groot monoloë ooit gemis nie – asook in my kleedkamer gaan sit en ontspan vir my volgende verskyning nie, maar altyd agter op die verhoog gestaan om hom te sien en te hoor. En watter beter bewys sou ek kon lewer van sy geniale talent as dat ek nie met sy vertolking saamgestem het nie en tog iedere aand opnuut deur hom gebind en bekoor is? Dit bewys dat André Huguenet werklik 'n akteur was met die goddelike genie in hom!

Jan Schutte, radioman en latere skrywer van onvergeetlike werk vir daardie medium soos *Die Du Plooys van Soetmelksvlei* en *Briewe van tant Magrieta* het die rol van Horatio in *Hamlet* vertolk. In *Die Ruiter* van 25 Julie 1947 gee hy 'n helder beskrywing van wat tydens 'n opvoering agter die verhoog gebeur het:

Agter die skerms, in die skemerlig wat van die verhoog af deursypel, het ons in groepies gestaan of rondgesit. Hier was een in 'n mantel toegedraai teen die koue, daar het twee langs die muur gehurk, 'n fluistergesprekkie gevoer en moeg geglimlag vir iemand wat, vir die soveelste keer, by 'n skrefie in die gordyn na die slaapkamertoneel staan en loer. Iemand met 'n hees keel het 'n peperment kom bedel. Af en toe het 'n alleenloper in sy doellose gedwaal teen 'n spies geskop wat een van die soldate teen die muur laat leun het en onnodig lawaai opgeskop. Dan het 'n hofdame of twee 'n stilmakende gesis deur die tande geblaas, die toneelmeester het dreigend gebrom, die twee teen die muur het opgekyk en hul gesprek hervat ...

Dit was die vyf-en-dertigste opvoering van *Hamlet*! Honderd-vyf-en-twintig uur van speel was agter die rug. Dit was die laaste aand, die vyf-en-dertigste en laaste opvoering van die seisoen – en ons het in bondeltjies en knoetsies agter die skerms rondgestaan, gereed om vir oulaas lekker te speel, en hier en daar met mekaar gedemp gesels:

"Naand, buurman. Hoe voel jy vanaand?"

"Nederig bedank ek u. Goed, goed, goed! Hoe gaan dit met u heerskap in die jongste tyd?"

" 'Soos met dié wat middelmatig oor die weg kom'!"

Of:

" 'U wambuis is losgeknoop'."

" 'Breek u hart, u mag daaroor nie praat nie'."

" 'Ja, daar is meer dinge in die hemel en agter die skerms as wat ek en filosowe oor kan droom'!"

En intussen loop die toneel wat aan die gang is, ten einde.

"Nog net 'n uur-en-'n-half, dan is ons klaar. Klaar!" [...]

Ons het almal daar agter die skerms en in die kleedkamers vir mekaar daardie vraag gevra: "Is jy bly dat dit vanaand die laaste aand is?" En ons het almal geantwoord: "Ek dank die hemel." En tog het almal met weemoed in die stem daardie antwoord gegee. Ons het geweet dat ons net môreaand, Sondagaand al, sal terugverlang na die reuk van die grimeerstof, na die spanning van daardie paar minute voordat die gordyn opgetrek word, na geheimsinnige skemer agter die skerms. Ons sou terugverlang na die uitputting van hierdie vyf-en-dertig opvoerings.

So tussen die gesels deur, so tussen die moegheid en die flou grappies deur, het daar reeds op daardie laaste aand al hier en daar aangename herinneringe aan die *Hamlet*-opvoerings begin opduik – herinneringe aan die dinge wat die spelers alleen ken. [...]

Ons sal byvoorbeeld nie gou die aand met Siegfried se pruik vergeet nie. Dit was in die begrafnis-toneel waar hy en Hamlet in die graf stoei. Hoe dit gebeur het, weet ek nie presies nie. Ek was besig om Hamlet uit die graf te trek terwyl die soldate aan die ander kant met Laertes (Siegfried) doenig was. Meteens is daar 'n benoude uitroep – wat hier maar weggelaat sal word! – en toe ek opkyk, sien ek Siegfried se pruik op die rand van die graf lê. Met die gestoei het iemand dit waarskynlik van sy kop getrek. Dit was komieklik om Siegfried die pruik te sien opraap en daarmee in die graf terugduik.

Ons het almal maar 'n oomblik of wat bietjie gebondel daar op die rand van die graf – baie soos voetbalspelers op die veld as een van die manne sy broek verloor – en die volgende oomblik was Laertes weer op die been en die pruik weer op sy kop. Maar ons was almal dik van die lag. Op sigself was dit die onskuldigste voorvalletjie en glad nie laggenswaardig nie, maar daardie toneeltjie in die graf: Laertes langs die lyk van Ophelia, met koorsagtige haas besig om 'n pruik reg te trek terwyl die begrafnisgangers hier op die rand van die graf onverpoosd voortsnik, sal vir baie van ons een van die mees komiese insidente in hierdie reeks opvoerings bly!

Net so snaaks was dit die aand toe Hamlet vir die toneelspelerstoneel op die verhoog moes verskyn. Hamlet het, soos almal natuurlik weet, 'n ontsettende lang rol gehad om te leer en die foutlose geheueprestasie wat André Huguenet hier gelewer het, is voorwaar nie gering nie. Net – daardie een aand sal ons nie vergeet nie. Gedurende die verloop van die stuk gebeur dit twee of drie maal dat Hamlet van die sykant af ingestap kom terwyl 'n toneel aan die gang is. Dit gebeur o.m. met die slaapkamer-toneel. Dan kom hy van ver af aangeloop en roep: "Moeder, Moeder!" voordat hy werklik op die verhoog verskyn. 'n Ander keer wat hy op hierdie manier moet verskyn, is in die spelers-toneel. Die toneelspelers kom op die verhoog om voor te berei vir die opvoering wat hulle die aand voor die hof gaan gee. Hamlet kom ongemerk binne en luister hoe hulle hul woorde repeteer. Dan sê hy: "Nee, nee, dit sal nie gaan nie. Sê die stuk asseblief só op," en hy gee dan die kostelike raad in sake toneelspel.

Dié aand het die spelers weer binnegekom, die spelerkoningin het haar stukkie dialoog begin oorlees en toe sy daarmee halfpad was, moes Hamlet haar in die rede val. Maar Hamlet was nog nie eens op die verhoog nie – daar het glo iets met een van sy kledingstukke verkeerd geloop en hy kon nie betyds klaar wees nie. Fanaties het 'n paar mense na sy kleedkamer gestorm om hom te roep. Die spelerkoning en -koningin het intussen doodluiters aangegaan asof alles in die haak was. En toe, skielik, kom Hamlet se stem hier uit die duister: "Moeder, Moeder!"

Ek vrees die gehoor het ons hoor lag daardie aand. Soos een man het almal dit uitgeskater! Jy het net rokke en mantels sien waai soos die spelers in die kleedkamergange verdwyn om daar te gaan klaar lag. [...]

Die verhoogvlak waarop ons gespeel het, is spesiaal opgebou en was heelwat hoër, seker drie of vier voet hoër as die werklike verhoogvloer. Op hierdie wyse was dit vir die dekorbouers moontlik om voorsiening te maak vir die graf deur net eenvoudig 'n opening in die boonste vloer, dié waarop die werklike spel plaasgevind het, te laat. Hieroor is dan 'n deksel geplaas wat mooi inpas. Vir die begrafnis-toneel is die deksel eenvoudig verwyder en dáár was die graf, gereed vir die grafgrawers om in te klim. In een opvoering lig die dekor-verskuiwers die deksel van die graf en ontdek dat daar reeds 'n "lyk" in die graf lê. Schalk Theron, die eerste grafgrawer, het van agter die verhoog deurgekruip en toe presies reg onder die grafdeksel gaan lê. [...]

In sommige tonele was dit nodig dat die hof vrolik onder mekaar moes gesels. Dis natuurlik nie altyd vir die mans maklik om sommer so uit die vuis te staan en praat as hulle niks te sê het nie. Daarom het party van ons ons toevlug tot die ou tegniek geneem en net eenvoudig die twee woorde "radyse en slaai" oor en oor herhaal. Ander het probeer om meer vindingryk te wees... Ons was naderhand moeg om teenoor mekaar opmerkings oor die aanstaande opvoering te maak en Rosenkranz en Guildenstern het toe begin stry of dit nou J.A.A.T.S. of Volksteater is wat die opvoering gaan gee. Naderhand het ons op die idee gekom om 'n vervolgverhaal te vertel en ek het losgetrek met Rooikappetjie:

"En toe loop Rooikappetjie en sy loop en sy loop en toe kom sy by 'n huisie. Môreaand hoor julle episode vyf." Een aand het ek vergeet hoe ver ons die vorige aand gevorder het. Toe het ek maar gesê die volgende episode het nie betyds aangekom nie en in plaas daarvan vir hulle uit my katkisasie-dae die Rigters se name opgesê: Otniël, Ehud, Samgar, Debóra en Barak. [...]

Twee mense was nie baie beïndruk met die spel in *Hamlet* nie: skrywer Jan Rabie en digter Peter Blum. Jan het in 'n aandpak langs klavierstudent Betsie van Rooyen in die voorste ry van His Majesty's Theatre gesit en die hele aand duim vasgehou dat "die boggerse André Huguenet nie dalk 'n krater van hom maak of sy woorde verkeerd opsê nie" (Kannemeyer, 2004: 117). Peter Blum, weer, vind 'n opvoering van *Hamlet* "absoluut goor" en skryf verder vir Rabie dat toneelspel "nie 'n medium van selfuitdrukking" is nie en dat daardie "pansies ... dit (misbruik) om ontslae te raak van hulle verwyfde gebare" (Kannemeyer, 1993: 31).

André Huguenet skryf in Augustus 1947 aan Anna Neethling-Pohl (Van Schoor, 1961: 162) oor sy gevoelens ná die speelvak:

... hoe lekker is dit om weer stil en ongehinderd tuis te wees! Ek voel soos 'n afgeleefde ou stoepsitter, en as ek my nie keer nie, is ek weer binne 'n week spekvet!

... As ek terugkyk na die Hamletgebeurtenis, lyk dit na 'n aangename lang droom en is ek huiwerig om dadelik weer iets aan te pak. Maar mens kan nie net van 'n flash in the pan leef nie ...

In 1947 ontvang Huguenet en Anna Neethling-Pohl erepennings vir toneel van die Suid-Afrikaanse Akademie vir Wetenskap en Kuns.

Afrikaanse toneeltaal

Op 21 Junie 1947 bespiegel 'n medewerker van *Die Burger* oor 'n toneelaangeleentheid in dié tyd: "suiwer Afrikaanse toneel-taal".

Dit is eienaardig dat selfs die beroepspelers wat lank saam met Paul de Groot en ander Nederlandse toneelspelers opgetree het baie selde die verskillende onderdele van die toneel op suiwer Afrikaanse name noem.

... Om die nodige diepte (perspektief) in die toneel te gee, word meestal half-uitstekende, beskilderde rame agter mekaar op die toneel gepak. Hierdie rame noem die Afrikaanse toneelspelers maar ook op hul Engelse name.

As so 'n raam uit een stuk gemaak is, behoort die boonste gedeelte soos in Nederlands 'n *toog* genoem te word. Die twee smal dele waarop die dakraam dan rus, heet die *pote*.

Wanneer die toneelrame uit twee dele saamgevoeg is – 'n smal reep bo in die dak wat vasgespyker of vasgeskroef is aan twee los "pote" – dan heet die boonste die *fries*, en die "wing" die *syskerm* soos die Vlaminge dit noem.

Daar is ook baie min spelers en spelleiers wat aan die verskillende ligte Afrikaanse name gee. *Voetligte* word wel algemeen gebruik, maar nie *dakligte* en *skynwerpers* nie – dié kry weer Engelse name.

By die afrigting – ook miskien omdat spelers dikwels sommer in die saal self of in 'n gewone vertrek afgerig word – gebruik die spelleiers ook maar die meubels as aanduiding van hoe die spelers moet beweeg. Die benamings *voortoneel, voorgrond* en *agtergrond* word selde gebruik.

... Na die skrifte waaruit die spelers leer, word meestal as "skript" verwys. Nou kan dit die Engelse woord wees, maar dit is ook 'n ou woord van Paul de Groot, miskien 'n verkorting van "manuskript".

As spelers wil sê dat iemand in die *kas* sit om die toegangkaartjies te verkoop, sê hulle meestal "hy sit by die deur", ook weer omdat daar by baie sale in Suid-Afrika nie eens 'n behoorlike kas is nie. Die Afrikaanse spelers praat ook meestal van "suksesstukke", selde of nooit van "kasstukke".

> ... Die saal word verdeel in *onder* en *op die galery*. Die ou woord *uilegalery*, wat Preller nog gebruik het, hoor 'n mens nie meer nie, maar *engelebak* wel. Daar word meestal van "box" gepraat, maar ook van *losie*. Spotwoorde wat 'n mens vir losie hoor, is *nes* of *hokkie*.

Die klere!

In sy ongepubliseerde verhandeling oor die Kaapstadse Afrikaanse Toneelvereniging (K.A.T.) van 1972 haal Fred Nel dikwels uit die vereniging se notules aan. In die notule van 10 November 1947 skenk sekretaris N. de Bruyn besonder aandag aan die kleredrag van Neethling-Pohl en Huguenet toe hulle as bestuurslede van die pas gestigte Nasionale Toneelorganisasie die vereniging kom toespreek het oor die planne en die reëlings van die geldelike sake van die N.T.O.:

> Met die aankoms van mev. Anna Neethling-Pohl ('n "diva" swierig geklee in swart gedrapeerde fluweel aandtabberd met afsettende lang wit handskoene en madonna-glad hare met lae nekbolla) en mnr. André Huguenet (in beskeie "mans" snyerspak van swartlandbruin met rustenburgtabakstrepe en amerikaanse roubandbrille) word hulle hartlik verwelkom ... (Nel, 1972: manuskripbladsy 76-77).

Oor *Spoke*

Ná *Hamlet* was daar Huguenet-produksies soos Ibsen se *Spoke*, G.E. Lessing se *Altyd my liefste*, J.B. Priestley se *An inspector calls*, W.A. de Klerk se *Nag het die wind gebring*, George Bernard Shaw se *Minnaar onder die wapen*, Shakespeare se *Macbeth* (1950) en James Elroy Flecker se *Hassan* (1950).

Eghard van der Hoven skryf in die *Beeld*-rubriek "Uit hoofde van" op 25 Julie 1985 oor die "vrees wat sy lewe lank wroegend sluimer in die onderbewussyn van 'n akteur: dat hy sy woorde sal vergeet":

> André Huguenet, die gevierde Afrikaanse toneelspeler, het maar altyd gesukkel met die memorisering van dialoog. Vir sy Hamlet-rol het hy 'n paar maande op Petrusburg by sy ouers gaan deurbring om hierdie marathonrol onder die knie te kry.
>
> In dieselfde jaar het hy ook Oswald in *Spoke* van Ibsen in die His Majesty's in Johannesburg vertolk. Teenoor hom was Anna Neethling-Pohl as mevrou Alving, sy moeder. Die slottoneel van dié stuk is 'n emosionele en hartroerende stukkie drama. Oswald bieg aan die knie van sy moeder oor sy sondes van die verlede, oor die veneriese siekte wat besig is om sy brein aan te tas en van hom 'n koolkop te maak. André kon daardie laaste paar reëls net nie in die kop kry nie, maar verniet of hy dit wou erken. Elke keer as hy vashaak en die souffleuse (*prompt* in Engels) hom voorsê, dan skrobbeer hy haar ná

die opvoering op sy vlymskerp manier: "Dêmmit, vroumens, moenie my so gou voer nie. Gee my kans om te *emote*!"

Een aand was daar weer 'n getjommel met woorde in hierdie toneel. André het verstrik geraak in sy emosies en Anna kon hom op daardie oomblik nie help nie. Die souffleuse was te bang om dit te doen! Daar was 'n lang stilte. André met sy kop op sy moeder se skoot en Anna wat haar seun beskermend vasklem. Geen woorde, geen trane. Net 'n oneindigheid van niks. Dit was vir almal duidelik dat André lankal nie meer "emote" nie en dat hy plein net sy woorde vergeet het.

En toe striem daar 'n bevel in 'n hoë André Huguenet-stem wat tot in die agterste ry van die teater gehoor kon word:

"*Prompt*, vroumens, *prompt*. Die wurms vreet my op!"

Altyd my liefste

In 1948 regisseer Truida Pohl Lessing se *Minna von Barnhelm* as *Altyd my liefste* vir die pas gestigte N.T.O. As eksperiment toer dié Afrikaanse geselskap saam met 'n Engelse groep wat James Barrie se *Dear Brutus* aanbied (Binge, 1978: 245).

A.M. van Schoor beleef die opvoering lank ná die openingsaand en in *Dagbreek en Sondagnuus* (ongedateerde knipsel, NALN-toneelmuseum) kla hy hulle aan van 'n tamheid in die spel. Huguenet, as die afgedankte majoor, het "stroef" gespeel en "in die lang liefdestoutrekkery van die laaste tonele te staties verstrik geraak". Hy wys daarop dat Huguenet "nog nooit enige sinnigheid vir liefdesrolle openbaar het nie".

Otto Wilmot van Mosselbaai onthou in 2002 hoe Huguenet in hierdie beginjare van die Nasionale Toneelorganisasie by hom op kantoor opgedaag het op soek na seëls. Wilmot, wat ná sy eie verhoogondervinding steeds baie in toneelspeel belanggestel het, probeer die belangrike teatergees nog 'n rukkie aan die gesels hou. Hy vra hom hoe die teaterwese nou ná die stigting van die N.T.O. daar uitsien. Dadelik deklameer Huguenet: "Die monster wat ek help skep het, het my nou verslind!"

Hassan

In 1950 vertolk Lydia Lindeque die klein rol van Pervaneh in James Elroy Flecker se *Hassan*. Sy vertel in *G'n proteas vir Cleopatra* (1997: manuskrippagina 148–149):

> Ons het onder Marda Vanne se regie begin repeteer; ná twee weke sou Basil Dean van Londen kom om aan te gaan met die afrigting. Marda het ons gewaarsku dat hy 'n baie moeilike mens is. In haar woorde: "He puts a steamroller over you, and just a thin piece of paper comes out at the other end."

Waarom sy ooit voorgestel het dat hulle die aaklige ou man van Londen moet bring, weet geen mens nie. Dit was seker omdat hy beskou was as 'n ekspert op *Hassan*, wat hy die eerste keer in 1923 in Londen geënsceneer het.

Dean se Londense skouspel oor die arm Bagdadse lekkergoedmaker wat smag na rykdom, mag en die liefde van 'n mooi jong vrou, was 'n sukses en het 281 opvoerings beleef. Die New Yorkse speelvak in 1924 het egter net twee weke geduur. Sy heraanbieding in Mei 1951 in Londen, met André Huguenet ook in die hoofrol, was eweneens nie 'n sukses nie.

Lindeque vertel verder van Dean se aandeel:

> Die dag ná [Dean se] aankoms moes al die spelers in die Operahuis te Pretoria bymekaar kom vir 'n lesing. Ons kon ons ore nie glo nie: 'n lesing! Nadat ons reeds twee weke lank repeteer het en ons amper al ons woorde ken ...
>
> Almal vergader op die verhoog en daar waai 'n bitter koue wind om ons bene. (Waarom moet die verhoë van teaters altyd so winderig en koud wees?) Nadat ons klaar gelees het was dit duidelik aan Basil se gesig dat hy nie in sy skik is met een van ons nie. Ná hy uit is, het Marda ons probeer moed inpraat, en gesmeek om tog maar geduldig te wees. Een wat teëstribbel sal nie baie populêr by Basil wees nie. Johann [Nell – D.B.] het reeds 'n paar groot knope gelos.
>
> Repetisies was onplesierig, om dit saggies uit te druk. Die koue verhoog het niks bygedra om dinge te verbeter nie. Basil het voor op die verhoog of in die eerste ry gesit, toegewikkel in 'n kombers en gedurig warm tee of koffie gedrink.
>
> Ons het van voor af begin repeteer; alle bewegings is verander, en hy kon 'n speler ure lank by een sin hou om die regte stembuiging te kry. Stanislawski skryf hoe hy dieselfde gedoen het met sy eerste enscenering met beroepsakteurs; hy het egter besef dat skone despotisme nie 'n akteur in sy binneste self oortuig nie; dit skend net sy binneste self. Basil het tog seker Stanislawski se boek, die toneelspeler se Bybel, gelees! ... En hier was hy nou besig om ons te tiranniseer en onnodig te verwar. "No, Mr Nell!" hoor ek hom nog roep. "No! 'I went to the market.' Say it again, and again, the way I want you to say it. 'I went to the market.'"
>
> En so gaan dit dae lank aan. Aan André in die hoofrol het hy nog harder gewerk. Van Doreen Mantel as Jasmin het hy niks gehou nie. Ek het ook gedink dat Marda die verkeerde persoon gekies het vir die rol. Doreen is 'n baie goeie aktrise, maar hoegenaamd nie 'n wulpse Jasmin nie. Ek onthou ook dat dit uiters moeilik was om 'n

liefdestoneel met André te speel. Ek behoort dit te weet, ek het ses jaar lank teenoor hom gespeel. Hy was nie 'n akteur wat saam met 'n mens kon speel nie, hy het altyd aan homself gedink en dit was 'n baie krampagtige, gespanne self. In ons toerdae is sy opkoms in 'n stuk baie keer aangekondig deur al die toilet- en verkleekamerdeure wat toeslaan met die boodskap: "Hier is ek!" In ons liefdestonele het hy my óf amper doodgedruk, dat ek skaars kon asemhaal, óf, as ek te veel kla daaroor, met 'n pap hand my vasgehou en ander pad gekyk as hy met my praat.

Die kostume en dekor is ontwerp deur Geoffrey Long. Die dekor het bestaan uit honderde jaarts roomkleurige materiaal, wat rondom die verhoog gedrapeer was, elke stuk met die hand beskilder en met bladgoud versier.

... Geoffrey het weke lank boeke nagegaan om die kostume eg Persies te laat lyk. Tientalle klermaaksters het amper dag en nag gewerk om dit betyds klaar te kry vir die kleedrepetisie. Toe die groot aand aanbreek, het Basil elke kostuum afgekeur. Ek dink regtig hy was mal. Toe ek my rok later vir Geoffrey gee, bars hy in trane uit. Die man wat die baie dapper oorlogskilder was, wat met valskermsprongge in die voorste linies geland het – hier staan hy nou in trane. Ek sê vir hom: "Ek sal hierdie rok weer môreaand dra. Basil kan na die hel gaan!" ...

In daardie stadium het Marda toe ingegryp.

Basil Dean het sy belangrikste bydrae tot die Britse teater gelewer vóórdat die Suid-Afrikaners hom beleef het. Sy grootste prestasies het hy vanaf 1911 tot 1948 behaal. Op grond daarvan word hy 'n Commander of the British Empire in 1947. Verskeie teatergidse vind niks vermeldenswaardig in sy later jare nie. Hy sterf op 22 April 1978 in die ouderdom van 89 jaar (Hartnoll, 1991: 132).

Patrick Mynhardt skryf (Van Schoor, 1961: 73):

During that wonderful production of *Hassan* with its glorious Oriental setting, James Norval inadvertently stood on André's toes, and André, forgetting all about his English, yelped: "Eina, God, my groottoon." The following night Johann Nell tripped on the stage and he, too, forgot his English with a "O God". André gave him a dirty look, saying "Moenie 'God' sê nie, sê 'Allah'."

Dan Welman (Van Schoor, 1961: 127) se weergawe hiervan is soos volg:

Daar was 'n toneel in *Hassan* waarin André aan 'n tou deur 'n venster in die woning van die bedelaarskoning getrek word. Met een opvoering in Port Elizabeth het die spelers hom met opset 'n bietjie vinniger as gewoonlik getrek. André het op sy maag deur die venster geseil, die rostrum afgerol en met 'n slag op die verhoog beland. James Norval het sy ewewig verloor en bo-op hom geval.

"Wat gaan nou aan?" het ek André hoor sug. En toe skielik gil hy: "Eina, magtig, my toon!"

Die Engelse gehoor het blykbaar maar gedink dit was Persiese woorde, soos die ander wat dwarsdeur die stuk voorgekom het!

In 'n latere toneel het hy op die verhoog verskyn, geklee in 'n bisarre, kleurryke kostuum en 'n ongelooflike hooftooisel. Hy moes dan in verbasing uitroep: "Eywallah! Y'allah Akbar! Y'allah kerim! Isagfurallah! Eywallah! Hassan is ended! Hassan is no more!"

Hy het weer een aand begin met: "Eywallah!" en toe hy by die laaste "Eywallah!" kom, gee hy 'n danspassie in die rondte.

"Aai, aai, aai, ek voel soos Carmen Miranda!" [Carmen Miranda was 'n vaudeville-sangeres, ook bekend vir haar optredes saam met die Groucho Marx-komediante in *Copacabana*, 'n film van 1947. Daarin is haar hare ook baie eksoties getooi. – D.B.]

By 'n ander geleentheid was dit weer: "O, Y'hallah perdeby!"

Hierna moes hy dadelik, wanneer hy die bedelaarskoning se soldate sien, sê: "Who are these terrible men?"

Gedurende die instudering het hy al gekla: "Dis so 'n klomp verspotte, petieterige kêreltjies hierdie. Hoe kan ek nou vir hulle skrik en sê 'who are these terrible men?' Daar moet ook meer van hulle wees!"

In 'n oordrewe, gemaak-pieperige stemmetjie het hy op 'n aand te voorskyn gekom met: "Who are these terribly few little men?"

Ná die *Hassan*-toer skryf André Huguenet in 1950 aan Anna Neethling-Pohl (Van Schoor, 1961: 164):

> Ons toer het goed verloop sedert ons uit Johannesburg is – veral Durban en die kusstede was om een of ander onverklaarbare rede ekstaties oor Hassan – ek is bly dat dit oor is – dit is die eerste maal dat ek die ervaring gehad het dat die publiek van my hou en ekself glad nie – dit skyn asof hulle meer van my hou as die ou vet man, as Hamlet of Macbeth en dit slaan my absoluut terneer ...

André Huguenet word Jan van Riebeeck

Gedurende die Van Riebeeck-fees in 1952 speel Huguenet die rol van Jan van Riebeeck, met Frances Fuchs as Maria.

Frances Fuchs (Van Schoor, 1961: 39) skryf hieroor:

> Daar is dikwels gesê dat André Huguenet 'n onmoontlike mens was om mee klaar te kom, dat sy wispelturigheid en opvlieënde humeur

die wêreld moeilik kon maak vir die spelers wat saam met hom in dieselfde stuk optree. Ek het hom nie so geken nie. Gedurende die kort maar intensiewe tydjie van voorbereidingswerk en afrigting wat ons saam deurgebring het, het ek nooit tekens van hierdie opvlieëndheid ervaar nie. Deurgaans was hy beheers, ingetoë, waardig. En selfs gedurende die senutergende oomblikke by die fotograwe toe ons in volle mondering afgeneem moes word en André alewig opgeskeep gesit het met sy groot swart vilthoed of sy lang swart pruik wat tot op sy skouers gehang het en maar net nie in posisie wou bly nie – was hy altyd gereed met sy skerp humorsin om die spanning te verbreek.

In *Die Vaderland* van 26 November 1964 vertel Henri van Wyk ook van Huguenet se deelname aan die voorstelling van Jan van Riebeeck se landing.

Vooraan het gestap André Huguenet as Jan van Riebeeck met Maria van Riebeeck (Francis Holland – mev. Douglas Fuchs) aan sy sy. André was ook geklee in die kostuum van Van Riebeeck en het die lang staf met swierige bewegings heen en weer geswaai.

Naby die Kasteel het 'n groepie Kleurlinge op die sypaadjie die optog gestaan en dophou. Vir 'n bejaarde en gerimpelde vrou sonder 'n tand in die mond was die Van Riebeeck-figuur tog al te koddig.

Die oomblik toe Jan van Riebeeck regoor haar kom, kon sy haar nie langer bedwing nie en skree-lag kliphard: "Is djy nou êntlik Djan van Riee-bêk?"

André Huguenet kon hom nie bedwing nie en kap soos blits terug: "Wie dink djy miskien? Vader Krismis ...?"

Henri van Wyk

Tydens bogenoemde *Die Vaderland*-onderhoud was Henri van Wyk byna sestig. Omstreeks 1937 het hy met 'n eie geselskap begin rondtoer, maar in 1949 vestig hy hom op Parys as vryskutskrywer en versekeringsverteenwoordiger. Hy vertel ook van 'n Huguenet-hofsaak:

Dis 'n snikhete dag op 'n Karoodorpie in die omgewing van Beaufort-Wes. Die hofsaaltjie is stampvol. Daar heers groot belangstelling in hierdie saak. In die deure en by die vensters vertrap die mense mekaar.

Die beskuldigde is André Huguenet. Omtrent al wat leef en beef, het kom luister. Net eergisteraand was die beroemde toneelspeler op hul dorp vir 'n toneelopvoering. Nou is hy voor die hof.

Klaer in die saak is die kerkraad van die N.G. gemeente. Dié word verteenwoordig deur die opsigter/koster van die gemeente se kerksaal. Die aanklag is een van kwaadwillige beskadiging van eiendom.

Voorspel tot die hofsaak is 'n ou, verslete stuk dekor wat jare der jare die enigste versiering van die plankverhoog uitgemaak het. Vir die kerkraad het dié ou stuk dekor buitengewoon sentimentele waarde gehad.

Die ontwerp is geskilder deur die eerste kunssinnige onderwyseres wat nog ooit op hierdie Karoodorpie kom skoolhou het – nou al jare gelede getroud en weg.

André Huguenet is 'n akteur wat daarvan hou dat alles "prim en proper" moet wees waar hy toneelspeel. Die verslete dekor met die paar kamele by 'n oase tussen die sandduine in die woestyn het hom geensins aangestaan toe hy eergistermiddag hier aangekom het nie.

Buitendien was dit só groot dat die dekor wat Huguenet vir sy eie opvoering saamgebring het soos 'n lap op 'n kombers daarteen vertoon en stukke van die duine en kameelpote agter sy eie dekor uitgesteek het.

Daarom het André opdrag aan Johann Nell en nog 'n speler van sy geselskap gegee het om "die ding af te haal en daar buite neer te smyt!"

Dit alles trots 'n groot kennisgewing agter op die verhoogdeur waarin onder meer bepaal word dat "hierdie saal verhuur word op die uitdruklike voorwaarde dat niks in die saal verander of verwyder mag word nie; en dat die saal in dieselfde toestand gelaat word as waarin dit gevind is ..."

Die aand ná die opvoering is die ou stuk dekor net so buite die saal gelaat. Die volgende oggend het die koster dit daar aangetref. Hy was woedend. Hy het die predikant daarvan gaan vertel.

Die dominee was hewig ontsteld. Hy het 'n aanklag by die sersant van polisie aanhangig gemaak.

Die sersant was 'n taktvolle polisieman. Hy het André Huguenet in die hotelletjie gaan opsoek. Hy het aan die hand gedoen dat André liewer moet "samespeel", aan die kerkraad 'n bedrag geld as skadevergoeding – sê 'n rand of twintig – moet aanbied en dan maar hoop dat die kerkraad die saak terugtrek.

Daarvan wou Huguenet niks weet nie. Vir so 'n ou stuk lap betaal hy nie 'n oulap nie! Nie hy wat André Huguenet is nie!

En hier sit hy nou in die hof. Almal wag op die landdros om sy verskyning te maak. Gister is 'n dagvaardiging aan Huguenet uitgereik om vandag op die Karoodorpie in die hof te verskyn. Dié is op hom in 'n Bolandse dorp beteken, waar hy gisteraand 'n opvoering gehad het.

"Stilte in die hof!"

Almal staan op toe die landdros instap. Hy is 'n jongman – geklee in 'n gewone baadjie en 'n gewone sajetbroek – wat waarneem solank die eintlike landdros met siekteverlof is.

Die klagstaat word voorgelees. André Huguenet ontken skuld. Die klaer lewer sy getuienis. André kom aan die beurt. Hy gee sy verweer.

"Edelagbare, die saaltjie was 'n vlooines," sit hy op hoë noot af met sy bekende handgebare en toneelstem. "Dit het gestink soos 'n leeuhok met die aroma van boerbok-ammoniak wat soos 'n waas daarin gehang het ..."

Met groot omslagtigheid en volop handgebare gee hy 'n volledige beskrywing van die omstandighede wat daartoe gelei het dat hy die ou stuk dekor laat verwyder het.

Die jong, waarnemende landdros het hom eers geduldig aangehoor, maar later moeg geword vir die ellelange en teatrale beskrywing van die saaltjie. Hy het die beskuldigde in die middel van 'n sin in die rede geval: "Meneer Huguenet, u hoef nie so omslagtig te kere te gaan nie. Ek ken darem ook die toneel nogal betreklik goed ..."

André Huguenet val hom in die rede: "My wêreld, waarom verander u dan nie van beroep nie ...?"

Die jong landdros glimlag so effens en maak keel skoon, maar voordat hy iets kon sê, vervolg die beskuldigde nog net so hoogdrawend: "Ek sal u met ope arms in my geselskap ontvang!"

Die uitslag van die saak was dat Huguenet skuldig bevind maar gewaarsku en ontslaan is op voorwaarde dat hy die skade betaal.

Oor 'n ander hofverskyning vertel Patrick Mynhardt (Van Schoor, 1961: 72):

Apparently years ago he witnessed an accident in Paarl, and had to give evidence in court, and when the magistrate asked him what distance the car ahead had skidded, he retorted: "Beste meneer, ek is 'n arties, nie 'n landmeter nie, en dis nie 'n gewoonte van my om 'n 'tape measure' in my sak rond te dra nie!" He was fined for contempt of court.

Gawie Botha van die Paarl herinner hom in 2002 'n botsing van "André Hugenoot" met die gereg. Botha se pa was in die dertigerjare 'n polisieman op Worcester. Huguenet-hulle het, moontlik om kostuumuitgawes te beperk, in 'n sekere toneelstuk altyd 'n plaaslike geregsdienaar betrek vir die slottoneel. Hy moes net sy daaglikse plig voor die gehoor kom uitvoer. Met sy hand op die skuldige se skouer neem hy hom in hegtenis en dan skuif die gordyn toe.

So kom Gabriël Botha senior dan ook die aand in sy swart uniform met die blink knope en nog blinker skoene opgestap. Hy hou vir Huguenet as die skurk sy regte voor, en kry hom dan ferm aan die skouer beet en wil hom uitlei.

Die volgende oomblik sak Huguenet op sy knieë neer en begin smeek en bid. Hy't vrou en kinders om voor te sorg, seblief, hy's onskuldig!

Gawie sê sy pa kom agter hier's nou groot fout. Die gordyn gaan nie toe nie en hy sien Huguenet het 'n groot skrik weg. En die pleitery hou aan. Oplaas verduidelik sy pa dis maar alles net deel van die opvoering; Huguenet hoef nie bang te wees nie. Toe lag die gehoor dawerend vir Huguenet se verleentheid.

Verleentheid ... of goeie toneelspel?

Henri van Wyk is op 14 September 1968 oorlede. 'n Verslaggewer van *Die Volksblad* skryf:

> Met die dood gister op Parys van Henri van Wyk, een van die baanbrekers van die Afrikaanse toneel, kan vandag vir die eerste keer die geheim verklap word hoekom Henri vir wyle André Huguenet twee keer in sy lewe deeglik 'n drag slae gegee het. Dit het alles gegaan om 'n nooi van Henri daar in die vroeë dertigerjare toe albei nog jong toneelspelers was. Mnr. Van Wyk is gistermiddag op Parys oorlede nadat sy gesondheid in die afgelope jaar erg gekwyn het. Hy het onlangs 60 geword. Toe ek hom in November verlede jaar in sy woning op Parys besoek het, het hy 'n aantal kostelike staaltjies uit die lewe van 'n paar van die grotes van die Afrikaanse beroepstoneel, tot in daardie stadium ongepubliseerd, vertel. Een staaltjie durf ek nie gepubliseer het nie, want Henri het my gemaak belowe dat ek dit nooit sou skryf solank hy lewe nie.
>
> Dit was oor die twee keer toe hy André oor sy skoot getrek en hom 'n pak slae gegee het, soos 'n mens met 'n skoolseun sou doen. Onderwyl die twee in die geselskap van wyle Paul de Groot deur die land gereis het, het Henri smoorverlief geraak op 'n nooi. André kon die nooi egter nie voor sy oë verdra nie, en het Henri 'n lewe gelei in 'n poging om hom van haar ontslae te laat raak. Op 'n dag het hy so beledigend van haar teenoor Henri gepraat dat laasgenoemde sy kollega daar en dan 'n paar taai klappe gegee het. Toe André aanhou om beledigend van haar te praat, het Henri hom beetgepak en sy sitvlak vuurwarm geslaan. André het soos 'n seuntjie geloop en huil en met dramatiese handgebare beduie dat "daai vent my so aangerand het, dat ek op my sitvlak nie kan sit nie ..."
>
> Die volgende oggend het André om verskoning kom vra, en die vrede is herstel. Dit was egter van korte duur, want 'n rukkie later het hy die pen opgeraap en 'n beledigende brief aan Henri se nooi geskryf waarin hy haar ook gedreig het. Die nooi het die brief aan Henri gestuur en toe was die gort gaar. Vir 'n tweede keer het André se sitvlak onder Henri se lyfband deurgeloop.

Johan Fourie

Johan Fourie het ook die pioniersjare meegemaak saam met die geselskappe van Wena Naudé en André Huguenet. As seun van 'n winkelier het hy op 19 begin toneelspeel. Teen die jare vyftig stig hy sy eie geselskap. In Augustus 2002 vertel Bettie Gerber (tans Fox) telefonies van die latere toneelreise.

Johan Fourie het twee toneelgeselskappe laat toer, een onder sy leiding en die ander onder sy broer wat die verhoognaam Leon Celliers gebruik het.

Op 'n Vrydagaand in 1953 gaan die sewentienjarige Bettie Gerber op Knysna kyk na een van Fourie se opvoerings: *Na-oes*, 'n verwerking van 'n roman deur Paula. Haar suster kom eerste agter dat sy aangestaar word. Die volgende oggend lui die telefoon. Dis Johan wat haar 'n belangrike rol in dié opvoering aanbied. Met die hulp van die plekbespreker is die mooie jonge dame opgespoor. Met moeite kry sy haar pa se toestemming, en die Sondag gaan haal sy die teks by die geselskap op Swellendam. Dinsdag stap sy op Napier op die verhoog – sonder enige ondervinding of opleiding. Met 'n drie maande kontrak het sy oorgeneem by Joan van Zyl wat swanger geraak het.

Dit was 'n moeilike rol. Dié selfgesentreerde karakter was so anders as sy self. In die volgende opvoering was sy tuiser. Daarin kon sy baie emosioneel raak. Die trane het gerol. So kom hulle dan toe ook op Knysna met *Blare wat val*, 'n verwerking van die Regina Neser-roman. In die voorste ry sien sy 'n skooljuffrou wat haar altyd so vreeslik kon knyp. En Bettie huil, en die juffrou huuuuil.

Johan het Bettie Gerber altyd as "Ou mens" aangespreek. Toe kom hulle ooreen sy sal hom Oubaas noem. Tot vandag toe.

In 'n onderhoud met *The Cape Argus* op 20 September 1958 vertel Fourie van die tranetrekker waarmee hy toe besig was: *Gee terug my kindjie* deur Jan Stander, 'n onderwyser naby George. Die vroue huil oor dié verhaal van die ongehude jong moeder. Fourie het verklaar dat dit 'n goeie teken is. Kry hulle aan die huil; dan bring hulle hul gesinne ook teater toe. Lida Meiring het in verskeie van hierdie soort dramas vir Fourie gespeel.

Rina Botha, later dosent aan die Dramadepartement van die Universiteit van Stellenbosch, was lank Johan Fourie se hoofdame, het boeke verwerk vir opvoering en regie behartig. Hennie Aucamp bring hulde aan haar in sy outobiografiese *Bly te kenne* (2002).

Johan Fourie is in 1977 oorlede.

André Huguenet word koning

Die laaste Huguenet-produksies sluit in: T.S. Eliot se *The cocktail party* (1951), Sophokles se *King Oedipus* (Augustus 1952), D.F. Malherbe se *Hans die skipper* (film, 1952), Molière se *Tartuffe* (1952) en *Iepekonders* (1953), Ibsen se *Die wit perde van Rosmersholm* (1955), Shakespeare se *King Lear*, Thornton Wilder se *Our town*, Elmer Harris se *Belinda is doofstom* (1958), Jan de Hartog se *The fourposter* en Bridget Boland se *The prisoner* (1961).

Eghard van der Hoven vertel in sy "Uit hoofde van ..."-rubriek in *Beeld* van 22 Junie 1987 oor André Huguenet:

Omdat kleinighede hom dikwels heftig ontstel het, het hy maklik sy konsentrasie verloor en oor sy dialoog begin struikel. Hy was dan ook een van die min akteurs in ons land wat daarop aangedring het dat 'n voorsêer (souffleur) op diens moes wees tydens elke opvoering op toer, al het so 'n toer soms 'n jaar geduur. Gewoonlik was dit een van die jong akteurs wat 'n klein rolletjie gespeel het wat hierdie taak moes behartig. Hier moet ek meld dat André dit selde sou erken dat hy wel sy woorde vergeet!

Danie Smuts vertel die staaltjie van 'n aand iewers in die Oostelike Provinsie toe die souffleur nie op sy plek was waar André hom kon sien nie. Dit was met die toer van *Iepekonders* van Molière, in die sesde of sewende maand daarvan. André en Danie was op die verhoog in die lang toneel tussen Argan en sy broer Beralde, bygesê, 'n taamlike eentonige toneel! Op die hele toer was dit nooit nodig om André te help met sy woorde nie. Daardie aand was hy egter glad nie op sy gemak nie. Daar was geen warm water in die hotel nie, sy kamer was langs 'n raserige kroeg, die geselskap het hom begin irriteer ná soveel maande op die pad en die gehoor was dié aand klein en rusteloos. Boonop het die souffleur besluit hy gaan in die kleedkamer sit en gesels: André het die hele toer nog nie vasgehaak nie, waarom sou dit nou juis vanaand gebeur?

Skielik was daar 'n stilte. André was stil en Danie was stil. Die gehoor het opgehou rondskuif, en nog stiller geword as Danie en André. Ná so twintig tellings van 'n oneindige niks haal André sy brilletjie af en vee so 'n slag met sy mou oor sy gesig.

Toe vra hy ewe plegtig vir almal om te hoor: "En die souffleur, waar's die vent?"

"Ek weet nie, meneer," antwoord Danie so rustig as wat hy kon.

"Nou ja, wie praat?" kom dit van André.

"Jy, meneer!"

"Wat sê ek?"

"Sus en sus en so, meneer!"

"Maar, meneer Smuts, ek het dit mos gesê!"

"Nee, jy het nie, meneer Huguenet!"

"Maar my magtig, wie speel die rol, meneer Smuts, ek of jy? As ék sê ek het dit gesê, dan het ek dit mos gesê?"

Die gordyn moes toegetrek word sodat vasgestel kon word wie het wat wanneer gesê.

Teen die tyd dat Huguenet in *Iepekonders* speel, skryf Uys Krige aan Lydia Lindeque oor 'n rolbesetting vir die moontlike verfilming van sy drama *Die twee lampe* (J.S. Gericke, 225 Kf 15 (30)):

Maandag 23 Februarie 1953

Ek het (die stuk) onlangs weer deeglik hersien. Vir, meen ek, 'n groot verbetering. Ek dink nie African Theatre sal daarin belangstel nie. Dis te swaar, somber, "grim". As hulle dit dalk neem, moet ek natuurlik die rolboek skrywe. En Huguenet moet nié die rol van Gert Beukes speel nie. Hy sou dit skoon verongeluk. Hoor ek nog altyd [onduidelik], hy is 'n derderangse akteur en in dié rol sal hy 10derangs wees. Onder strenge regie sou Jan Bruijns dit kan doen.

Toneelspeler Pieter Geldenhuys vertel (Van Schoor, 1961: 53) van Huguenet se repetisies vir *King Oedipus*:

When André was rehearsing *King Oedipus* in Cape Town, he and Johann Nell, who was producing, came and stayed a few days with us on our farm which was in the Blouvlei Valley in Wellington below Du Toit's Kloof. The Berg river ran through the farm. At one point at the lower end of the export grape vineyards, where the river makes a sharp bend, it left a lovely stretch of white sands sheltered by old oaks and willow trees. This was André's favourite spot to rehearse. Here he used to give completely uninhibited vent to his feelings and vocal powers. One day he repeatedly rehearsed the scene where Oedipus's eyes are gouged out and he lets out a bloodcurdling scream like a wounded lion. The farms in this valley are small and well cultivated and therefore very close to each other. There was also a remarkably strong, clear echo. And André, enjoying the freedom of the open air, rehearsed this scene with such lust that our immediate neighbours, very much concerned, phoned to enquire what horrible business was taking place on our farm.

Toneelspeler en toneeladministrateur Hannes Horne het in 1996 sy herinneringe aan 'n Afrikaanse en Engelse weergawe van dié meesterstuk van Sophokles op versoek opgeteken:

Die lekker-lekker van die uitvoerende kunste is dat daar soveel groot geeste jou pad kruis as kunstenaars enersyds en as gewone mense andersyds. So herinner ek my die *Koning Oidipus*-opvoering. Die destydse Nasionale Toneelorganisasie se bydrae tot die eeufeesviering van Pretoria in 1955. André Huguenet het die titelrol vertolk, met Anna Neethling-Pohl as Jocasta. Die Nederlandse regisseur Johan de Meester was in beheer. Jannie Gildenhuys, Len Verdoorn en ek het die koor gelei en – glo dit as jy wil – Pik Botha was die blinde siener Tiresias.

De Meester het Oidipus geklee in 'n swaar swart kostuum, met purperrooi skouerdrapeersels tot op die vloer. André was bekend daarvoor dat hy elke karakter tot in die fynste besonderhede voorberei het. Haarlyn, grimering, kostuum, selfs nuwe neuse van klei om die regte voorkoms te kry. By die finale kleedrepetisie het N.T.O. gesorg vir kleërs vir die hoofkarakters, maar André was knorrig en ongeduldig met die maer, onkundige, seunsgesigmannetjie wat hom moes bystaan. Hy het hom net vir een repetisie geduld. Die tweede aand het 'n groot lawaai die gange van die Stadsaal van Pretoria gevul. Toe ons verskrik by ons kleedkamerdeur uitloer, sien ons André, halfgeklee, die mannetjie by die buitedeur die straat inhelp. Die volgende oomblik word ek en Jannie Gildenhuys na André se kleedkamer ontbied. Ons word aangesê om van die volgende aand af vroeër aan te meld sodat ons saam die taak van kleërs van André Huguenet ook kon behartig.

Die jaar daarna het André sy dertig jaar op die verhoog gevier met 'n Engelse aanbieding van *Oedipus Rex* in die Labiateater in Kaapstad; hy in die titelrol en ook as regisseur. Marjorie Wright, die vrou van die destydse ambassadeur van Engeland, het die rol van Jocasta vertolk. Bill Smuts was die verhoogbestuurder. Ek en Johnny Malherbe was deel van die koor.

Die kostuums van die N.T.O.-opvoering is ook vir hierdie aanbieding gebruik, behalwe vir Oedipus. André het self die swaar, swart, lang kostuum uitgegooi en 'n kort tuniek laat ontwerp. Hy het baie mooi, sterk bene gehad en dit graag ten toon gestel. Marjorie het Anna Neethling-Pohl se pers en purper kostuum gedra met 'n skouerdrapeersel wat agter op die vloer gesleep het. In die een toneel bring sy en haar geselskap brandende offerandes aan die god Apollo wat in 'n groot beeld die verhoog volgestaan het. Toe sy omdraai, skop sy die sleep in die koperbak brandende offerandes. Oedipus verskyn in die paleisdeur met die volgende woorde: "Jocasta, dearest wife, why did you call me from the house?" gevolg deur 'n bedrukte: "My God, jy's aan die brand!"

Die opvoering is met 'n oop verhoog aangebied, dit wil sê sonder voorgordyn. Een noodlottige aand het iemand 'n *Cape Times* op 'n bankie op die verhoog vergeet en die antieke Griekse tragedie het begin met die moderne geskrif vir almal om te sien. Toe André die verhoog betree, val sy oog op die koerant en met 'n groot nie-Oedipus-gebaar, gooi hy dit die donker coulisse in. Veel later verlaat hy die verhoog om sy vrou/moeder se dooie liggaam opgehang te vind en om met haar versierspelde, met groot smart, sy oë uit te steek. Ons op die verhoog was daarvan bewus dat hy die verhoogbestuurder hewig uittrap oor sy agtelosigheid terwyl die gehoor ontroer sy wanhoopskrete aanhoor.

"Die Geval van die Groot Griekse Gebaar"

Só noem Rykie van Reenen haar essay wat oorspronklik in Van Schoor (1961: 116) verskyn het. In 'n brief van 3 Oktober 2002 gee Ockie van Rooyen van Walmer op versoek ook inligting oor dié voorval tydens die *Belinda is doofstom*-toer. Hy het die rol van Lokkie vertolk, en sy latere vrou, Freda Kruger, het Stella teenoor hom vertolk. Volgens Van Reenen is Huguenet op Citrusdal in hegtenis geneem, maar Van Rooyen sê dit was op Vredendal. Van Rooyen gee die aanloop:

> So skerp soos sy tong kon wees, net so 'n skerp intellek het hy gehad. Ek glo vas dat hy na Langenhoven die mees gimnastiese verstand gehad het.
>
> ... Die aand toe hy op Vredendal gearresteer is deur 'n oorywerige belasting- of provinsiale inspekteur en 'n polisiesersant, sal ek en my vrou ook altyd bybly, want dit was juis toe ek en Freda alleen op die verhoog besig was gedurende die openingsbedryf, dat Huguenet skielik in die deur kom staan en sê: "Lokkie, bly stil!" Eers dink ek: Jong, maar vanaand is jy darem deurmekaar. Weer sê hy: "Bly stil!" Maar ons speel aan en hy stap toe maar tussen ons deur tot voor op die verhoog en sê aan die gehoor: "Dames en here, ek is so pas gearresteer. U mag u geld by die loket gaan terug vra."
>
> Daar was pandemonium en ons het in daardie stadium nie geweet wat agter die verhoog gebeur het nie. Ons het darem 'n vroeë aand gehad, en toe ons by die hotel kom, sit hy daar met 'n drankie tussen fris plaasmanne wat hom gaan vrylaat het. Dit was baie groot nuus, maar die misverstande so belaglik dat die sersant binne twee dae verplaas is, of so het ons verneem. Huguenet het die volgende oggend in die hof verskyn en met sy brein had hy geen prokureur nodig nie en hy verkry uitstel om sowat vyf maande later weer in Clanwilliam se hof te verskyn.

Rykie van Reenen skryf oor die hofsaak (Van Schoor, 1961: 116–118):

> André Huguenet het die saaltjie op Clanwilliam ingekom, netjies in sy stemmig geruite bruin pak, met 'n smaakvolle das van growwe bruin weefstof. Hy het misprysend om hom rondgekyk. Daar kon gehoor word dat hy tersy opmerk hy's nie gewoond om "vir 'n blote kworum" te speel nie. Ons het eintlik skuldig gevoel dat ons so minnetjies was. Maar daardie dag het ons die ou grootmeester sien uithaal!
>
> Onthou u nou maar vir Huguenet as Ampie of Oidipus, as Macbeth of The Prisoner. Vir ons wat daar was, bly hy bo-al die hoofspeler in Die Geval van die Groot Griekse Gebaar.
>
> Die toneel was naamlik in 'n hofsaaltjie, 'n regtige een in Clanwilliam se landdroskantoor. Huguenet is daarvan aangekla dat hy 'n provinsiale beampte – laat sy naam nou maar rus – op die 26ste dag

van Februarie in 'n kleedkamer op Citrusdal aangerand het, tydens 'n opvoering van *Belinda is doofstom*.

Ek onthou dat ek die oggend uitasem my ma gegroet het, voordat ek en 'n fotograaf in 'n motor spring. "Ma, totsiens, André Huguenet is in die hof op Clanwilliam!" "My liewe land, kind," het my ma onbegrypend gesê, "en wat het dit dan tog met jou te doen?" 'n Vraag wat 'n koerantman homself natuurlik gepas by vele geleenthede kan afvra, maar daardie oggend was daar nie tyd vir sulke selfondersoeking nie.

Nou ja, laat kom dan maar die getuienis. Stemmig, hand in die elegante broeksak, sit die aangeklaagde. Hy tuur in verre gedagtes versonke by die hofvenster uit. Dis 'n bladstil, ongerepte oggend. Hy kruis een been nonchalant oor die ander. Hy is mét ons, maar kennelik nie ván ons nie. In die getuiebank het ons sers. Louw van Citrusdal. Dit blyk dat hy op die aand van 26 Februarie, op versoek van genoemde provinsiale inspekteur, na die stadsaal gegaan het om sekere beweerde onreëlmatighede onder hoofde van die Ordonnansie op Vermaaklikheidsbelastings te ondersoek. Hy het hom en die provinsiale inspekteur by mnr. Huguenet bekend gestel en hom sy volle naam en adres gevra.

Die aangeklaagde het gesê: "Ek is André Huguenet." Twee keer, en hard, het hy dit gesê. Toe hulle nog na hom bly kyk, en die inspekteur nog nie sy naam neerskryf nie, het hy gesê: "Ek was Borstlap, maar ek is nie méér Borstlap nie." En wat sy adres betref, hy is 'n swerwer, hy het geen adres nie en as hulle sy adres wou hê, moes hulle dit maar in die koerante soek. Ja, en die een woord op die ander, en toe loop mnr. Huguenet by die kleedkamer uit en hy skakel die lig af en daar staan hy wat sersant is en die inspekteur in die donker, sê get. En toe kom mnr. Huguenet weer terug, en toe vra hulle hom weer "baie mooi" sy volle naam en adres ... en nou ja, tóé, het besk. vinnig op die inspekteur afgestap, die vuis van sy regterhand gebal en hom, met enige paslike woorde, met die agterkant van sy regterhand geslaan.

Dit is die betrokke hou. Dit was 'n baie seer hou, het die inspekteur self voor ons getuig, maar dit was nie 'n hou wat baie lank seer was nie. Die landdros knik met wyse begrip. Seer, maar nie baie lank seer nie, noteer hy. Ons verslaggewers ook.

Hy het nog gereed gestaan om besk. se naam af te skryf, begin getuig die "aangerande" man self ...

"Wil jy dan te kenne gee dat besk. sy *verkeerde* naam verstrek het?" kom die vraag vinnig. Nee, dit nou nie. Hy wou net graag besk. se *volle* naam hê. "Ek het gedag dis miskien Andries Albertus Huguenet, of so."

Andries Albertus inderdaad. 'n Puntige neus prik effens hoër die lug in, 'n bruin wenkbrou lig smalend omhoog. Ongestraf sal *dit* nie bly nie!

Ná die middagpouse is besk. self in die getuiebank. Ons verslaggewers skuif reg.

"Die diender," sê André Huguenet met neerhalende klem en "die man in die blou pak" het die aand sowat 8.50 sy kleedkamer binnegekom. Hulle het hulself hoegenaamd nie bekend gestel nie. Hulle het gevra of hy die eienaar van die vertoning is. Hy het gesê ja, hy is; hy is "die hele boksemdaais – eienaar, hoofspeler, alles".

(Hele boksemdaais, eienaar, hoofspeler, alles, skryf ons, en die landdros, neer.)

Get. het sy naam twee, drie keer op aanvraag verstrek, maar "die diender het gesê: 'Ons wil jou regte naam hê'." Get. het hom gevra: "Sal ek dit vir jou spelle?"

Daar gaan 'n ligte rimpeling van vermaak deur die hof; dit word haastig gesluk.

Hy't nie geweet watse inspekteurtjie dit is nie, gaan get. voort – skaapinspekteur, scab-inspekteur, goeiste weet wátse inspekteur. Hy het hulle gesê hy is André Huguenet, maar hy kon aan albei se gesigte sien hulle glo hom nie. Hy het aan die diender gesê: "Ek gee jou 'n beleefde antwoord, en dit is nie die plek om met my te redekawel oor wat my naam is nie, al is dit ook Piet Snot ..." (Al is dit ook P.S., word genoteer.)

"Toe ek weer in die kleedkamer kom," sê besk., "het hulle my naam nog nie opgeskrywe nie. Ek het gesê my vaste adres is Kaapstad, Posbus 1983, maar dat die wapad vir die volgende jaar my woning was. Ek het aangebied om hulle 'n reisplan te gee, waarvan ek 'n kwartmiljoen in voorraad het, Edelagbare. En om krag aan my woorde te verleen, het ek een van my Griekse gebare gemaak – 'n baie wye, Edelagbare – en toe kom die man in siviele drag se pen in die gedrang.

"Ek is 'n toneelspeler, Edelagbare, ek praat met my hande. 'n Predikant doen dit ook. Die meneer die inspekteur se pen het in die pad gekom, dit was al." Ons word vergas op 'n swiervolle en wydse gebaar, wat 'n hele kamer voor hom kan wegveeg, wat nog te sê 'n arme inspekteurtjie ...

Hy had geen *bedoeling* om enigiemand aan te rand nie. Nooit nie! Wel het hy dit beledigend, selfs krenkend, gevind dat hulle sy naam nie wou aanvaar nie. "Elke skoolseun ken my naam en weet waarvoor dit staan." Die A.K. van die man in siviele drag het hom van die begin verdag voorgekom.

"Sy wát?" blaf die landdros verbluf, terwyl ons oë haastig die inspekteurtjie soek, om te kyk waar sit so 'n man se A.K.

"Sy A.K., Edelagbare," herhaal besk. rustig. "Sy Algemene Kennis." Ons sug begrypend.

"En later, in die aanklagkantoor," gaan besk. met 'n tikkie nydigheid voort, "het ek ook aan sy I.K. getwyfel." Die inspekteur probeer ongeërg lyk, maar bloos.

Die landdros laat sy gedagte gaan. Hy vind besk. het reeds, hy sal nie sê bekommernis nie, maar tog reeds heelwat ergernis verduur, as gevolg van hierdie geval van die teatrale gebaar. Hy sal hom loslaat, maar hy moet hom waarsku ...

Besk. buig 'n oomblik sy hoof beskeie. Daar is wel geen hoorbare applous nie, maar die slottoneel is heerlik en triomfantlik syne.

Volgens Van Rooyen (3 Oktober 2002) het Huguenet die ondervraging oor sy vaste verblyfplek beklink met: "Edelagbare, ek verseker u dat ek in my posbus bly en nie 'n ander adres het nie." Van Rooyen verduidelik verder hoe Huguenet se oortreding eintlik ontstaan het:

Wat gebeur het, was dat die destydse Administrateur van Kaapland 'n vergunning aan Huguenet toegestaan het as 'n vergoeding vir sy langdurige diens aan die kunste: hy hoef nie verder belasting te betaal op toegangkaartjies nie. Die arme André het, soos die meeste kunstenaars, nie juis verstaan wat die toegewing behels het nie. Hy moes die belastingseëls op elke kaartjie plak en dan terugeis van die destydse Provinsiale Administrasie. Hy het net doodeenvoudig begin kaartjies verkoop sonder die belastingseëls daarop.

Wat het André Huguenet nóg gedoen?

Dolf van Niekerk, radio-omroeper, prosaskrywer, digter en dramaturg van die opspraakwekkende *Kwart voor dagbreek* in 1961, roep Huguenet in 1996 op versoek só in herinnering:

Die haas afgeleefde Fiat-motortjie wip en spring oor die gruispad tussen Bloemfontein en Petrusburg. Dit is nag. Die twee insittendes skommel heen en weer. Die een slaap in weerwil van alles. Die bestuurder, onderwyseres wat Latyn en Engels aan die Hoërskool Petrusburg doseer, voel uiters verantwoordelik vir die veiligheid en welsyn van haar beroemde passasier.

André Huguenet.

Die motortjie dreig kort-kort om die pad byster te raak. Die nag staan oggend se kant toe. Ná die opvoering in die stadsaal van Bloemfontein, het André, wat enkele dae by sy ouers op Petrusburg deurbring, die akteurs en die regisseur gaan groet soos dit hoort. En soos dit hoort, het die groetery 'n groot hap uit die nagure gebyt.

Meteens, asof uit die niet, spring 'n springhaas voor die Fiat in. Die bestuurder trap vervaard rem, die motortjie spring eenkant toe. Die slapende passasier skrik wakker, net betyds om die springende springhaas uit die ligkring te sien verdwyn. "Goeie hemel! Watter aaklige dier! Byt hy ander diere?"

Dan hoor ek Huguenet op die verhoog – Hamlet, Macbeth – en hy projekteer vir die agterste ry en die gebare is ewe groot, asof hy 'n wese aanspreek en roer wat oor die teater, oor die drama, oor die woorde waak. Totdat die gordyn weens 'n tegniese of menslike fout tussen hom en Anna Neethling-Pohl sak; sy grootse gebaar, wat die draai van sy hoof vooruitloop, stuit teen die gordyndoek; die gebaar versteen ... en 'n yskoue stem opwaarts vra: "Het iemand kranksinnig geword?"

Chris Lombard van Heidelberg in die Kaap, digter, kenner van teater in die onderwys, herinner hom in 1996 ook die dae van André Huguenet en kollegas:

Sommer van baie jonk af al, is ek teaterbetower deur die reisende geselskappe wat ons dorp besoek het, meestal dié van André Huguenet tot hy hom op 'n aand gruwelik vererg het vir 'n klomp javels agter in die saal en Heidelberg subiet van sy program geskrap het. Vir goed. Gelukkig het ek darem toe al van sy bekendste opvoerings saam met my ouers gesien, hoewel titels en intriges my op daardie jeugdige ouderdom nog dikwels verbygegaan het. Geïsoleerde tonele het egter gebly en toe ek in later jare *Applous!* lees, was ek verbaas om te sien hoeveel van die foto's kinderindrukke teruggebring het: Wena in *By die ou meulstroom*, die dekor in *Geleende vere*, Pikkie Uys agter haar blomme. Een van die blywendste opnames was uit *Die kwaksalwer* as die brose kreupele haar eerste treë gee. So 'n speldvaloomblik sou natuurlik in die kindergemoed bly lê. En gis.

Maar dit was die, vir my, romantiese buitenissigheid van die geselskap in sy sigeunerbestaan wat die meeste aangelok het. Alles aan hulle het my onverwoorde verset teen 'n ordinêre voortploetery gestreel. Soms het dit gebeur dat 'n reeds gegrimeerde akteur net voor skerm-op agter van die kaartjiesloket af sommer direk deur die saal moes stap om betyds te wees vir sy verskyning. Vir my was so iemand dan soos die begenadigstes onder die muses, die bevestiging van meer oplugtende lewensdimensies as 'n prokureursfirma- of aksynskantoor-verdienste!

Tydens onderhoude in 2002 het Isabelle Cordier-Steenkamp en Freda Kruger hulle herinner dat Huguenet dikwels van die teks afgewyk het, veral ná maande op toer met 'n stuk. Dit word gewoonlik as iets onprofessioneels afgekeur. Volgens Isabelle het die ander spelers meegedoen. Veral onderlangs het hulle 'n reeks opmerkings gemaak en 'n "gesprek" gevoer wat glo onhoorbaar vir die gehoor was. Hulle het ook mekaar se woorde baie goed geken. In 2002 onthou Freda nog tussenwerpsels van Huguenet tydens *Belinda is doofstom* in 1958. Sy was verantwoordelik vir die maak van verhoogbrandewyn. Op die klein plekkies was daar nie altyd Cola Tonic nie en dan moes sy eksperimenteer om iets brandewynerigs te kry. "Johann Nell as Swart Piet sou regte brandewyn verwelkom het, maar daarvoor was André darem te professioneel." Tussendeur sê Huguenet baie duidelik hoorbaar dat dit die slegste brandewyn is wat hy nog ooit gedrink het.

Ockie van Rooyen se reeds vermelde herinneringe van 3 Oktober 2002 bied 'n besonderse insig in die sielkundige benadering tot die toneelkuns:

> Van kleintyd af was ek 'n baie privaat mens en ek het net die toneelwese betree om aan myself te bewys ek kan uit my dop kruip en dat ek enigiets kan doen as ek wil.
>
> [...] Ek het Huguenet ontmoet terwyl ek met verlof by my ouers op Aberdeen was en die toergeselskap daar opgetree het. Eintlik was ek toe nog op die myne in Springs werksaam as die jongste mynopmeter in Suid-Afrika. Binne-in die program was 'n los biljet wat gevra het vir mense wat bekwaam is om André ná die vertoning te kom spreek oor 'n voornemende toer die volgende jaar. Hy vra my toe watter ondervinding ek het. My antwoord was bloot dat hy in sy biljet nie gevra het vir mense met ondervinding nie, maar vir mense wat bekwaam is. Dat hy my nie weggejaag het nie, is miskien omdat ek alles en almal vreesloos trompop kon loop as ek besluit het om iets aan te pak. Ek was toe pas 22 jaar oud.
>
> [...] Ek het nooit soos ander toneelspelers kon spog oor 'n "method" met of "inlewing" in 'n rol nie. Vir my was dit 'n breinfunksie en ek kon deur my verstand enige emosie naboots, en ek dink ek was suksesvol daarmee.
>
> [...] Freda [later Van Rooyen se vrou – D.B.] was maar pas 17 jaar oud en in 'n koerantberig is sy "die kind" van die Suid-Afrikaanse toneelwese genoem. Sy kom van Reitz in die Vrystaat en omdat ons albei in die beskermende Suid-Afrikaanse platteland grootgeword het, dink ek was ons tog goed voorberei vir een van die moeilikste werke wat daar is. Want nie net moes ons vir 'n perfeksionis, in die goeie sin van perfeksionisme, speel nie, jy het ook te doen gehad met die uiterste uitputting, met ander mense se emosies en met jou eie. Verder was die medespelers mense met uiteenlopende geaardhede en bekwaamhede. Dan nog hulle kunsmatige emosies, wat vir sommige ernstige nadele inhou. Min diesulkes kan lank uithou. Daarom was ek eintlik met my spelbenadering emosioneel baie veiliger en

kon ek realisties en in beheer van myself bly. Jy kon net oorleef en jouself bly as jy sterk selfdissipline gehad het.

Instudering vind op Robertson plaas. Freda se ma wou glad nie hê dat sy op so 'n jong ouderdom aktrise moet word nie. Wat haar tog laat instem het, was die beeld van Ockie wat Huguenet aan haar voorgehou het, naamlik "'n jongman wat 'n skoon lewe lei en nie rook of drink nie". Van Rooyen vervolg:

> In my rol as die skurk Lokkie gaan ek teen die einde met die trap op na die slaapkamer om die doofstom Belinda se baba af te neem vir my en vir Stella (Freda). Op pad daarheen word ek doodgeskiet. Vroeër in die opvoering het ek Belinda verkrag en ek was dus die pa van die baba en Stella kon nie babas hê nie. In die Hollywood-weergawe van *Johnny Belinda*, waarvoor Jane Wyman destyds sonder moeite 'n Oscar gewen het, word Locky McCormick ook op die trap doodgeskiet en val dan die trap af. Huguenet het gemeen dit is te gevaarlik en ek moes op die platform voor die deur neerval.
>
> Met ons première op Robertson val ek te ver na links en stort op my rug die trap af tot heel onder. Huguenet, wat die spelers uit 'n toneelganger se oogpunt wou bekyk, was toe juis agter in die stadsaal. Dit het hom so beïndruk dat hy ná die spel gesê het ek moet dit elke aand só doen en vir die res van die jaar moes ek dit herhaal, maar die Here was goed en ek het nooit seergekry nie. Dit was rou houttrappe en soms was my rugwerwels nerfaf.

Waarom het Ockie en Freda van Rooyen dan toneelspeel laat vaar? Ockie van Rooyen vertel:

> Ek het nie van die ophef gehou wat van mense gemaak word nie. As gelowige gee ek alle eer aan God en het 'n hekel gehad aan menseverering. Dit het op toer gebeur dat my rol mense so opgesweep het dat ek talle vloekwoorde uit die gehoor toegevoeg is, en elke aand was daar 'n groot gejuig as ek geskiet word. Daar was wel ook die bakvissies, wat selfs gehuil het wanneer ek geskiet word. En dan was daar die manne op 'n klein dorpie aan die Weskus wat my buite met 'n geweer kom soek het en die ander spelers moes hulle eers oortuig dat hulle na net 'n speletjie gekyk het.
>
> In 'n koerantartikel het Huguenet aangevoer dat ek 'n jong krag in die toneelwese is en vir 'n groot toekoms bestem is. Maar ek het reeds besluit dat, soos dit in Korintiërs staan, ek "klaar was met die dinge van 'n kind". Toe ek en Freda boonop besluit om te trou, was dit finaal, want ons het nie kans gesien om as getroudes só te leef nie. Dit was nie die ideale omgewing vir getroudes nie, hoewel ander getroudes jare lank die land suksesvol deurreis het en dit sonder skan-

des en opspraakwekkende egskeidings oorleef het. Daar was voor ons die Hanekoms en die Norvals, om net twee egpare te noem wat dit as lewenswyse suksesvol kon aanvaar en beleef.

André Huguenet oor sy kuns

Hier volg 'n paar uitsprake van André Huguenet uit verskillende stadia van sy loopbaan.

Oor die sukses wat hy op die openingsaand van *Haar tweede man* behaal, skryf Huguenet (1950: 49):

> Paul self was verras. Dit was nou duidelik dat ek een van daardie ongelukkige spelers sou word wat nooit by repetisies 'n aanduiding gee hoe hy 'n rol gaan vertolk nie. Dit is ontstemmend vir die medespelers en dit word sterk afgekeur in die wêreld se beste geselskappe ... totdat jy 'n ster is en natuurlik kan hiet en gebied. Dit wil my voorkom asof die denkbeeldige "vierde muur" pas daar is wanneer die saal gevul en die skerm op is! Met repetisies is die gehoorruimte 'n gapende afgrond wat beklemmend op my inwerk. Selfs ná twintig jaar is dit nog die geval en het my eerste aand se vertolking 'n belemmerende uitwerking op nuwe spelers.

In *Die Huisgenoot* van 27 Maart 1936 gee hy 'n oorsig oor sy tien jaar op die verhoog:

> Kyk ek so oor die tien jaar terug wat ek gewy het aan die Afrikaanse toneel, dan dink ek aan 'n geknakte gestel, 'n leë beursie en geen ruime mate van kunsbevrediging nie. Ek twyfel soms selfs aan 'n rooskleurige toekoms vir diegene wat hul alles wil lê op die altaar van die Afrikaanse toneel. Weelde bestaan daar nie; inteendeel, menige dag van gebrek en verstandige oorleg is die lot van die Afrikaanse beroepstoneelspeler. Miskenning en smaad is dikwels sy deel. Daar is die intellektuele "snob" wat reken dat almal wat toneelspeel, halfbakke, halfgeleerde, of heeltemal ongeleerde uitvaagsels is. Dan is daar die selfgenoegsame dilettant wat meen dat sy sporadiese verskyning op die planke 'n gebeurtenis is wat ten minste as nasionale feesdag uitgeroep behoort te word.

Hy skryf in 'n brief aan Anna Neethling-Pohl op Vrydag 16 September 1955 (Van Schoor, 1961: 149):

> Ek kan ook nooit julle radio-medium met die toneel vergelyk nie. Dit amuseer my altyd as radio-artieste praat van "rolle speel" oor die draadloos. Natuurlik "speel" hulle dit nie. Afgesien nog van die feit dat jy nooit met lees kan bereik wat jy met "spel, gebaar en mimiek"

kan doen nie. Die "woorde" soos baie spelers hulle teks en dialoog noem, is maar die begin van toneelspeelkuns; sonder die mimiek, die liggaamlike uitdrukking en die groot geheim van die pouse, die stilbly en die "stilspel", is die toneelspeelkuns nog glad nie gebore nie. Dat die "segging" oor die radio byna tot volmaaktheid gevoer kan word, betwyfel ek nie. As 'n akteur bv. met 'n rol wat hy reeds deurgewerk en op die toneel gespeel het, 'n radiovertolking daarvan kan gee, dan sou dit miskien aanspraak op "spel" kon maak. Maar, dan moet hy ook vertroud wees met die tegniek van die radiohoorspel ... die woord dui dit aan: "hoor" – nie sien nie, nie aanvoel nie – ten minste nie soos wanneer dit gepaardgaan met die "aanskoulikheid" as 'n toneelskepping nie. Stel jou voor dat jy op die toneel altyd musiek "invleg" as noodsaaklike bykomende effek ... dit is op sigself 'n erkenning van die onvermoë om deur die onuitgesproke woord, die swanger stiltes – die stilspel met gelaat, houding en gebaar – alles wat die gesproke woord self aanvul tot so 'n mate dat dit dikwels glad nie meer die dialoog is wat die toeskouer meevoer nie. Nee, die radio is slegs die een onderdeel van toneelspel – die gesproke woord. Karakterisering ook, lê nie noodwendig in die stemgebruik en spraakaanwending nie, maar in die projeksie, wat sonder om te praat soms die karakter reeds klaar skep. Daarom is die mimeerkuns nog altyd een van die belangrikste vakke vir die toneelspeelkuns ... trouens, die teater het begin as mimeerkuns – later het een speler gepraat en daaruit het die dramatiese kunsvorm ontwikkel. Selfs televisie sal nie die toneelkuns in sy totaliteit weergee nie – daar is eenvoudig geen substituut voor nie. Dat die radiotoneel 'n hoogs-gespesialiseerde soort kuns geword het, weet ek alte goed. Die moeilikheid is dat jy as beroepstoneelspeler voor die mikrofoon jou kuns moet vergeet en probeer "natuurlik" lees, deur stemgebruik "karakteriseer", omdat die visuele, die gelaat, selfs sonder grimeerkuns, die houding, die gebaar, die oë, op sigself almal gesamentlik hulpmiddels is wat 'n karakter voorstel.

In *Die Huisvrou* van Desember 1959 verskyn 'n artikel van hom onder die opskrif "Dit is wat ons toneel ondermyn". Hy neem bestek van die Afrikaanse toneelgeselskappe se bydrae oor die dekades heen en vergelyk dit dan met die probleme onder die N.T.O.-bewind. Hy gee onder meer die volgende beskrywing van 'n rondreisende toneelspeler se ervarings:

... geestelik moet die speler hom altyd aktief hou sodat hy nie 'n houtpop word wat net saans sy rol stamel en bedags reis en roetinewerk verrig nie. Omdat die platteland min prikkeling bied om jou geestelik te verryk, moet dit alles uit jou eie binneste, jou eie gees en verstand, kom. Daar is geen kuns op die klein dorpies nie. Jy sien daar geen uitstallings van skilderye, geen opera, geen ballet, geen wêreldberoemde musiekkunstenaars, geen kunsfilms, geen kunslesings of demonstrasies nie, m.a.w. die toneelspeler is uit 'n artistieke oogpunt heeltemal op homself aangewys vir geestelike en artistieke verryking. En dit is 'n leemte, 'n gemis, wat elke fyngevoelige akteur kan afstomp en laat versleg en ontaard. Die toneelspeler wat staande bly, moreel en geestelik en getrou aan die kuns wat hy dien met al sy aanverwante vertakkings, is 'n uitsondering en 'n geseënde indiwidu. Kyk watter opofferings die toneelspeler maak om sy werk vir die plattelandse toneel te bring! Hy het alles veil vir daardie taak. Al wat hom staande kan hou en in staat stel om nie te verroes, te versleg of te ontaard nie, is die waardering van sy gehore wat hom nie alleen dra as vertolkende kunstenaar nie, maar hom in staat stel om hom stoflik te gaan verryk – en soms geestelik te gaan rehabiliteer – as die lang, afmattende, moeisame landsreis agter die rug is. Die inspanning, voorbereiding en stamina wat 'n Afrikaanse toneelspeler aand na aand op die platteland noodwendig moet besit en beoefen, is byna bomenslik. Dit is selde indien ooit bevorderlik vir die akteur se vernaamste taak: sy vertolking. Hy is boeglam na die dag se reis, die inspanning en dikwels ontbering. As hy in die aand fiks en uitgerus moet wees, is sy gees meestal suf, sy liggaam moeg en sy verbeeldingskrag ondermyn. Dit ontbreek hom byna altyd aan besinking, ontdooiing en daardie wonderlike voorvereiste – rustigheid – om die verbeelding wakker en ontvanklik te hou. Wat die plattelander die afgelope 35 jaar gesien het aan opvoerings deur ons reisende geselskappe is almal bloedsweet-pogings om in die eerste plaas ons eie toneel en tweedens ons eie akteurs aan die lewe te hou.

Was André Huguenet gay?

Ses maande voor Huguenet se dood daag Albie Venter (Van Schoor, 1961: 119–120) vir 'n onderhoud van tien minute by hom op, maar bly 'n uur.

Hy het Huguenet gevra waarom hy nooit getrou het nie. Die antwoord was dat hy nie teen 'n huwelikslewe gekant was nie. Hy het hartseer geword as hy die huweliksgeluk van kollegas soos James en Anna Norval gesien het. "Elke mens soek iemand met wie hy sy lewe kan slyt. Maar ek glo nie daar is enige vrou wat ooit saam met my sou kon leef nie." Daarom het hy met die toneel getrou. Die "enigste vrou" wat hom "verstaan en aangevul het", was sy moeder. Haar dood was vir hom 'n geweldige slag. "Toe haar bietjie inspirasie van my weggeneem is, het dit gevoel asof ek nie meer mans genoeg is vir die vyandige wêreld nie ... die wêreld wat maar te gretig is om mense in die koue uit te werp."

Isabelle Cordier-Steenkamp (Van Schoor, 1961: 18) werp lig op Huguenet en sy moeder se verhouding:

> As iets in 'n winkelvenster sy aandag getrek het, sou hy nie geaarsel het om in te stap en dit dadelik aan haar te stuur nie. Sy was die groot stukrag in sy lewe. Ek onthou nog goed: toe ons 'n week lank by sy ouers op Petrusburg gekuier het, het hy eendag buite op die stoep in 'n leunstoel gesit. Sy het in die gang voor ons gestaan en met liefdevolle oë na hom gekyk. Toe het sy gesug en gesê: "Ja ... my arme kind ... hy het geskiedenis gehad nog voordat hy gebore was."

Was Huguenet moontlik gay? Deur die jare het ek maar herhaaldelik uit gesprekke so 'n indruk gekry, maar kon geen dokumentêre bewys daarvoor vind nie; so 'n "openlikheid" was ook redelik vreemd aan die tydsgees van sy leeftyd. 'n Mens wil dit wel aflei uit bogenoemde moedergehegtheid, die geweld teenoor Hermien Dommisse as voorbeeld van die gay man se afkeer van vroue; en ook uit die voorvalle van jaloesie met die vriendin van Henri van Wyk, sy "boesemvriend".

'n Aktrise in een van sy heelwat later opvoerings verkies om naamloos te bly oor die volgende aangeleentheid: Dit het baie duidelik geword dat Huguenet aangetrokke was tot 'n James Dean in die geselskap. Dié liggaamsbouer het egter op háár verlief geraak. 'n Gefrustreerde Huguenet het die lewe daarna baie onplesierig vir dié bitterlike jong meisie gemaak. Sy is uitgeskel, verneder en hy het haar vrees vir wurms uitgebuit. Sy en haar aanstaande het die geselskap verlaat nadat Huguenet hulle nogmaals onvergeeflik beledig het. Daarna is hulle getroud.

Nog 'n persoon wat naamloos wil bly, onthou gedurende 'n onderhoud in Augustus 2002 hoe Huguenet omring was van bewonderende jong mans in sy kleedkamer ná 'n *Hamlet*-opvoering.

Dit is egter opmerklik dat Lydia Lindeque in haar outobiografiese *G'n proteas vir Cleopatra* hom as heteroseksueel teken. Huguenet reageer volgens haar geskok toe hy uitvind dat sy met Uys Krige getroud is. Hy verklaar dat hy nog altyd gehoop het dat hý met haar sou trou. Paula Styger, weer, skryf in haar dagboek hoe aangetrokke hy tot Maxie Botha was.

In Pieter Fourie se drama oor André Huguenet, *Elke duim 'n koning* (2002), is daar sprake daarvan dat André sterk aangetrokke tot Johann Nell was, maar dat die gevoel blykbaar nie wederkerig was nie en aanleiding gegee het tot "mislike jaloesie" (Fourie, 2002: 44). Anders as met Henri van Wyk dui Huguenet nie in *Applous!* 'n intieme vriendskapsverhouding met Johann Nell aan nie. Johann Nell bring ook nie hulde aan André in *André Huguenet* (red. A.M. van Schoor) nie.

In 2003 verskyn Patrick Mynhardt se outobiografie, *Boy from Bethulie*. Daarin laat hy hom onomwonde uit oor André se liefde vir hom, hoe hy dit nie kon beantwoord het nie, en hoe André se onvervuldheid hulle medespelers geraak het.

Deur Huguenet se toedoen het Mynhardt twee rolle gekry in *Iepekonders*. Gedurende die speelvak het die volgende gebeur (Mynhardt, 2003: 57):

> Because of the shortage of rooms, most of us had to share, while Huguenet always had his private room. Bryan Bales and I, the junior members of the company, got on very well and shared most of the time. This irritated Huguenet so much that he would regularly barge into our room, screaming at us to shut up, and referring to us as the inseparable Siamese twins. He probably thought he would find us in each other's arms or something, and he seemed to hate fellow homosexuals. If I shared a room or went shopping with Jannie Gildenhuys, who was openly homosexual, Huguenet would throw tantrums, insult everyone within earshot, and be thoroughly unpleasant.

Op Welkom het Huguenet weer vir Jannie Gildenhuys geterroriseer, met die gevolg dat Gildenhuys tydens 'n volgende opvoering op Bothaville in 'n hoek weggekruip het. Michal Grobbelaar wat saam met Jannie in 'n belangrike toneel opgetree het, kon die man nie geroer kry nie. Mynhardt vertel (2003: 60):

> Michal more or less lifted him by his buttocks and threw him onto the stage, Jannie landing with a loud thud. Then followed one of the weirdest acting sights I have ever witnessed. Jannie started delivering his speech in a faltering, stuttering fashion, at the same time executing a high heeled clippety clop dance; he was having a breakdown of sorts in full view of the audience, and the more he got the shakes, the more the audience loved it!

Wanneer Patrick Mynhardt in 1954 in Durban speel in *You never can tell* (Shaw), besoek Huguenet die toergroep as die N.T.O. se kunsraadgewer. Hy bewerkstellig buitensporige reklame vir Patrick, wat onmin onder die ander spelers veroorsaak. Daarna haal hy hom om om by hom in die eksklusiewe Marine Hotel te kom bly – 'n verleentheid vir Patrick.

Een oggend vroeg vertrek Huguenet terug na Pretoria en laat 'n brief onder Mynhardt se kamerdeur. Hy beskryf daarin (Mynhardt, 2003: 71) hoe hy voor sesuur kom kyk het hoe Patrick slaap, en hoe hy aan die hel en die hemel van die afgelope paar dae gedink het:

> I have been the ecstatic recipient of your attention, company and unforgettable camaraderie ... I gluttonised myself and now drop back into the vacuum of my nightmarish existence. God will one day reveal to you the magnitude of my abject misery to live without you – or even near you. ... Will you help pray for me, please? Ask Him to weaken my all-consuming love for you – it was never meant to be thus! Hopelessly yours forever, André.

André Huguenet se wense

Die onderhoud van Albie Venter ses maande voor Huguenet se dood op 15 Junie 1961 het verder só verloop (Van Schoor, 1961: 120–121):

> Skielik het die spontane woorde diep uit die hart nie meer voortgevloei nie. Sy oë het my onrustig aangekyk.
>
> "Jy het belowe. Hierdie moet eers ná my dood vertel word."
>
> Instemmend het ek geknik. Hy het sy mond oopgemaak sonder om iets te sê. Sy hand het teatraal na my gewys. Dit was asof die groot meester net een oomblik onthou het dat hy 'n groot akteur is, dat dit sy lewe was om mense te vermaak en nie om sy hart bloot te lê nie. Maar toe het sy skouers weer verswak en hy het stil voortgegaan:
>
> "Ken jy eensaamheid? En swaarkry?"
>
> "Ek ken beide.
>
> "Almal ken my naam. Maar hoeveel het my al gesien as ek saans alleen ná 'n vertoning in 'n hotelkamertjie moet gaan inkruip? Hoeveel ander mense moet elke aand in 'n ander bed slaap?
>
> "Ken jy moedeloosheid, hulpeloosheid?"
>
> "Ek ken dit. Ná al hierdie jare voel dit asof my hele lewe niks gebaat het nie. Wat kan ek wys vir my werk? Nie geld nie, slegs leër en leër sale. My nalatenskap sal eendag droewig en min wees ... en aan wie kan ek dit nalaat? Soms wonder ek wat die nut van alles is. Waarom lewe ek nog vandag? ...
>
> "As ek eendag sterf, moet jy sê hoe ek gepleit het vir 'n nuwe lewe in alles wat fyn en kunsvol in ons volkslewe is. Laat dit eendag my grafsteen wees ..."

Hulde aan die prins

André Huguenet is in die nag van Donderdag 15 Junie 1961 in sy slaap aan 'n hartaanval oorlede in die huis van sy suster, Sally Kruger, in Bloemfontein. Hy is begrawe vanuit die Gereformeerde Kerk, Wes-Burgerstraat, Bloemfontein op Maandagoggend 19 Junie om elfuur – só is in *The Friend* van 20 Junie 1961 berig.

Patrick Mynhardt (Van Schoor, 1961: 72) skryf:

> When he did go through bad times financially, he didn't sit around and vegetate or run to friends for help. No, he would work as a barman for his friends at the Springs Hotel, Aliwal North, or as a cinema manager in Johannesburg [Pigalle Cinema – D.B.]. This for a man like Huguenet must have been quite heartbreaking, but never a moan or a murmur passed his lips on these occasions.
>
> [...] On my recent arrival home there was a card for me from him – the inscription read: "Welkom terug, jou ou stuk ...". I was overjoyed

to be able to see him in his last role of the Cardinal in *The Prisoner*. How wonderful to once again see acting in the great manner. I saw André quite frequently during his last days in Johannesburg. I used to visit him in his room (201) at the Alba Hotel where we laughed, fought and shouted at each other, reading the very latest plays from London, New York and Europe – discussing parts for both of us.

[...] During the last few weeks in Johannesburg, André was still attending voice and diction classes with Frank Douglas. Such was his humility, after thirty years on the stage – eager and ready always to learn and develop.

[...] On the Friday, the day he left Johannesburg, while I was rehearsing at the Queen's Hall, André arrived with a birthday present for me, and also to say good-bye. We walked down the stairs. He took my hand and said: "Happy birthday, Patrick – be a good boy, and become a wonderful actor. I have few friends but you are one of them." A tear rolled down his cheek, and he climbed into the waiting taxi to take him to the airport. That was the last I saw of him, but I have, thank God, a treasured telegram from him, wishing me luck for our opening night in Kimberley on the 14th June. He died on the 15th.

Daar bestaan ook 'n hardnekkige opvatting dat hy selfmoord gepleeg het.

Twintig jaar later, op 22 Oktober 1981, voer Anna Neethling-Pohl die woord in Bloemfontein se Huguenet-teater:

> Dames en here, liewe teatermense, ons is almal reisigers ... – ek het op die lewenspad al vér gereis en ek is oud. Drie van ons, my swaer, N.P. van Wyk Louw, hy wat ons groot digter-leier was, en my goeie teater-kollega en vriend, André Huguenet, en ek is almal in 1906 gebore. Wyk is tien jaar gelede oorlede, André twintig jaar gelede, en ek is nog op reis. ...
>
> Vandag 75 jaar gelede is Gerhardus Petrus Borstlap gebore, hier in die Vrystaat, maar ek het hom nie geken nie. In die laat twintigerjare het ek 'n André Huguenet by Paul de Groot ontmoet toe hulle in Die Strand besig was met 'n instudering. Hy was 'n stil, slank, blonde jong man met 'n agterdogtige blik, 'n aristokratiese, byna hoogharti- ge houding en pragtige hande. Ek het min met hom dié dag gepraat, want De Groot was 'n aartsgeselser en, om die waarheid te sê – ek het nie in die versigtige Huguenet 'n persoonlikheid gewaar wat ons verhoë aan die brand sou steek nie!
>
> [...] As daar 'n mens was wat "oor die skurwe brakland van Afrika" (soos Opperman op 'n plek skrywe) geswerf het op 'n byna fanatie- ke pelgrimstog om mooi aande vir sy mense te bring, dan was dit

André Huguenet, aande van ontspanning, van dink en voel en begryp dat die teater die toeskouer se ervaringsveld oopmaak en ryper en ryker maak.

Hierdie mens, gebore uit goeie, Gereformeerde ouers, kerkvas, goed opgevoed met goeie maniere, en wie se moeder hom as predikant gedroom het, is eintlik 'n onverklaarbaarheid, en sy loopbaan, soos dié van 'n Sir Henry Irving, 'n misterie.

Elke mens is eenmalig, maar André was 'n enigste. Elkeen van ons het baie fasette wat verskeie mense op verskeie maniere tref, maar André! U het bepaald al staaltjies gehoor, insidente, verhale oor hom, sommiges waar, ander apokrief, en dit kan jou amuseer of tref, maar daar sou nooit 'n geheelbeeld van hierdie man weergegee kan word in woorde nie. Coert Steynberg het hom "dubbeld" uitgebeeld met 'n "alter ego", maar André was 'n ingewikkelde boel "ego's"! En ek kan slegs praat oor hoe hy vir my was, ek wat later sy biegmoeder was. Ja, vir baie mense was hy koddig, snaaks, vol slim grappe, maar hy het self nooit gemeen dat sy sê-goed komies of klugtig was nie. Wat waar is, is dat hy oor 'n skitterende woordeskat beskik het, en dat hy hoogsintelligent en spitsvondig was. En godsdienstig. Ons het baie saam kerk toe gegaan, en dit was vir hom 'n noodsaak, en nie – soos ook gefluister is – dat hy dit om publisiteitsdoeleindes gedoen het nie. Hy het van homself dikwels as 'n "pelgrim" gepraat en vas geglo dat hy opgetree het op Godsbevel.

Van sy Hollandse oupa het hy 'n aksent geërf wat vir hom pynlik was, want hy was musikaal en kon die verskil van sý uitspraak en sy mense s'n HOOR, maar ná die Hollander, Paul de Groot, die Hollandse a-klank verder ingedreun het en Stephanie Faure dit beaam het as "beskaafde Afrikaans", kon hy, selfs met harde, bittere oefeninge, nooit daarvan ontslae raak nie. Dit was vir hom aftakelend om na homself in opnames te luister.

Vir baie mense was hy dié ekstrovert, vir my 'n introvert met 'n vlam wat sigbaar gesmeul het, wat 'n warmte in sy werk, 'n woede van perfeksionisme, 'n onrus, 'n ongeduld en 'n eensaamheid veroorsaak het. "Dit het sy voete gebrand dat hy moes loop" soos N.P. van Wyk Louw eenmaal geskryf het.

Huguenet was soos 'n honger berggier wat skielik neerstryk, die woord gryp en terugskiet krans toe. Daar het hy dit gulsig gesluk, verteer, gewag, en teruggestort vir nog meer. Dit is veral soos ek sy gretige toewyding tydens ons instudering van *Hamlet* onthou. Ek het alleen met hom gewerk, Siegfried Mynhardt met van die ander spelers en die groeptonele. En André, wat bysiende was, het swaar geworstel met dinge soos swaardgevegte, maar aangehou tot my tong as toeskouer by die repetisies uitgehang het. In 'n klein ou hotelletjie buite Johannesburg het ons MAANDE lank aan die groot monoloë gewerk tot elkeen apart gestaan het, vir hom duidelik en REG. Ons het baie oor die groot drama bygelees en hy het besluit (en ek het ingestem) dat Hamlet bitterder was oor sy erfgrond en erfreg as oor sy moeder se huwelik met sy oom. Dit was 'n goeie tyd.

Hy het geweet wat in elke gehuggie, dorp of stad in ons land aangaan, want hy het die meeste van die plaaslike koerantjies en tydskrifte – possakke vol – gekry, met radar-oë deurgeblaai – en GEWEET wat daar gebeur. En net so kon hy buitelandse tydskrifte en boeke (veral oor die teaterwese) verslind, en met ongeduld weggooi, want die meeste van dáárdie dinge was nie vir ons beskore nie. Hy was belese en ingelig oor die wêreld van die skouburg, meer as enige persoon wat ek ken en sy dialoog het geskitter. Dit was nie donderslae nie, maar karwatshoutjies wat reaksie uitgelok het, wat hy dan met 'n voorsweepslag afgemaak het.

'n Mens gebruik nie graag en maklik die woord "geniaal" nie, maar die HAT beskryf dit so: "buitengewoon begaaf, vindingryk, vernuftig, en iemand met skeppingskrag". En hierdie man wás so: sprankelend, skeppend, stimulerend, intens. Ja, veral die woord "intens" (hewig, vurig, heftig, diep) pas by hom. Só was hy lief vir musiek, veral vir Sibelius en Tschaikovski. En wanneer hy uitgelate was, was dit toneelspel van noodsaaklikheid om 'n toeskouer, 'n publiek, 'n kritikus af te skrik of te bekoor, na gelang van omstandighede.

Hy was altyd onberispelik geklee. Hy was 'n onvergelyklike metgesel-begeleier, hoflik en vrygewig. Hy was baie, baie lief vir sy moeder, hy was baie, baie tevrede met die profiel wat die hemel hom geskenk het, hy was baie, baie hoog in sy skik met sy mooigevormde hande, en hy was baie, baie vies oor sy plat voete.

Soos Irving was hy nooit op 'n toneelskool nie en moes tegniek deur probeerslae sy eie maak. En hy het graag gesing. Sang, wat bevorderlik was vir stemontwikkeling, was vir hom van die grootste belang, en warm-bloedig in sy vertolkings wat dikwels as "melodramaties" bestempel is. Gedurende sy laaste toneelreis na Londen, skryf hy aan my: "Annaat, ek het nou 17 opvoerings bygewoon, maar dit moet almal staatsgeheime wees, want ek kon nie hoor wat gesê is nie."

Sy woordeskat was so uitgebreid dat hy dit nie nodig gevind het om vieslike kragwoorde (anders as 'n paar van Hollandse afkoms) te gebruik nie, nooit waar ék by was nie. Hy het min gedrink en onhandig gerook as hy moes, in 'n rol byvoorbeeld, of ná 'n opvoering by 'n partytjie.

Op sy troebadoer-togte het sy toneelreise hom soms 'n mooi profyt ingebring en dit het hy (uitgesonder geld-stuur aan sy moeder) net so weer teruggeploeg in sy aanbiedings en toneel-leerreise tot selfs in Rusland. Skerpsinnig kon hy oordeel wat groot kuns of wat pretensie was.

Vir Huguenet was die lewe iets geweldigs, iets soos droogte en storms daarná, en dan vrugbaarheid. Dit was heftig, nie pluksels gansdons nie. Hy het smart en vernedering, uitbuiting en verraad, onbegrip en boomskraap-moedeloosheid ondervind, maar ook groot geluk, grootse sukses en waardering ... en dié geluk was altyd, altyd op die verhoog vir hom.

Onbewusteloos, soos die oom gesê het, instinktief, het sy pelgrimsreis teater toe gelei, en hy het hoë sedelike norme of wette ten opsigte van sy gehoor uitgelewe. Net die beste waartoe hy én sy geselskap in staat was, was vir die toeskouer goed genoeg. Of die gehoor verstaan wat hy doen, of nie, hy sou sorg dat hulle die beste, sý beste kry met spel, enscenering, kostumering, beligting en veral met die keuse van stukke, ook "moeilike" stukke. Stadig maar doelgerig het hy beweeg na Molière, Shakespeare, Ibsen en die Griekse grotes.

Ek en hy het saam alles wat ons aan geld of talent besit het in 1947 in daardie eerste opvoering van *Hamlet* in Afrikaans gestoot (Coertze se vertaling), en net skraapsels (finansieel gesproke) teruggekry, maar van die publiek en die pers baie groot waardering. Daaruit het die oprigting van die N.T.O. gevolg. Ek en hy was altwee op die eerste Beheerraad. Hy het ook vir N.T.O. gespeel, ek byvoorbeeld saam met hom in Wassenaar se vertaling van *Koning Oidipus* van Sophokles onder spelleiding van Johan de Meester, die Hollandse kenner en regisseur van klassieke stukke. Dit was daar in die middel vyftigerjare, maar toe die rade, TRUK en ander, die einde van Oktober 1961 tot stand gekom het, was hy reeds die vorige Juniemaand oorlede. Ag, ek was baie hartseer daaroor, oor die feit dat hy nie die verdere ontwikkeling sou meemaak nie, veral aangesien ons saam reeds jare tevore die een deputasie na die ander na hooggeplaastes gelei en gesteun het om 'n Staatsteater af te smeek. Hy was sielsoortuig daarvan dat 'n lewende teaterwese 'n bron van besieling, 'n voedingsfontein vir ons kultuurlewe sou wees.

En toe lees ek in Hebreërs 11 vers 13: In die geloof het hulle almal gesterwe sonder om die beloftes te verkry, maar hulle het dit uit die verte gesien, en geglo en begroet, en het bely dat hulle vreemdelinge en bywoners op aarde was.

Hy het beslis die totstandkoming van die groter dinge soos die Staatsteater uit die verte gesien. Kort voor sy dood, so 'n tien dae voor daardie 15de Junie van 1961, net voor sy vertrek uit Johannesburg na Bloemfontein, na sy onvergeetlike vertolking in *The Prisoner*, daar by Dan Welman en Emgee Pretorius die aand, het hy sy Hamletketting en Macbeth-dolk aan my gegee en afskeid geneem. Hoewel hy seker in sy diepste hart gehunker het na al hoe suiwerder vertolkings vir homself in goeie rolle, al hoe wyer horisonne vir sy publiek, goeie speelstukke van sy Afrikaanse skrywers, 'n stewiggevestigde staatsteater, het hy eintlik net gepraat oor beter geleenthede vir "dié wat ná my kom", oor 'n soort Edinburgh-fees elke drie jaar in Bloemfontein ... én oor die kortstondige, vliedende werk van die toneelspeler, bywoner, dienaar, nie baas nie. Daar was iets suiwerwit, sterwensbleek, ingetoë-stil in daardie afskeid. Hy was moeg. Hy het klaar gestry.

Daardie laaste naweek in Bloemfontein was hy besig om skoon te maak in sy suster se woning waar hy voorlopig tuis (en alleen) was, ou papiere en korrespondensie op te skeur, en te besluit wat hy moes oorhou indien die Stadsraad hom 'n betrekking sou aanbied. Hy sou na 'n opvoering in Kimberley gaan ... tot die laaste was hy met sy Muse besig, bleek ná twee hartaanvalle, byna gelate. Hy het wel van ons Dertiger Digters, en lateres, se werke gelees en was byvoorbeeld diep ontroer toe hy *Die dieper reg* van N.P. van Wyk Louw saam met my gelees het, maar één sonnet van dié digter is vir my tekenend van André Huguenet (dié naam wat hy gekoop het en voor betaal het, wat in sy paspoort, sy tjekboek en al sy dokumente was), die man wat sy gewoonbeplande lewenspad verander het, weggedraai het en met 'n nuwe naam en 'n hart vol offers en vergesigte na die toneelberoep oorgestap het, en gedobbel het om versadiging-indiens te vind), die sonnet wat die digter se minnelied is aan die kuns:

> Nog in my laaste woorde sal jy wees,
> nog in die laaste skeemring van my dink
> en weet, as ek alleen in die bitter vrees
> van sterwe lê, en al die mindre sink
> in my deur vaal vergetelheid: veel haat,
> veel liefde wat kon waag om min te vra,
> ure wat rus geken 't, of blote daad,
> en nie die teken van jou onrus dra,
> o jy wat vlam was: skoon en sterk en blind
> vir smart; wat alles tot jou beeltnis brand;
> wat áls kon eis en nooit volkome vind
> versadiging! Dán weet ek het jou hand
> my jeug se oopgelate kring voltooi:
> mooi is die lewe en die dood is mooi.

En hier bring ons vandag blomme en gebede en woorde, blomme waarop hy so versot was, wat vir hom nodig was, wat vir hom 'n prag-geskenk van die hemel was.

O, André, jy wat dikwels gestaan het op die afgrond van self offer-wees, al word jou NAAM vergeet, al word OPTREDES vergeet (wanneer dié mense wat jou gesien het, wat jou bewonder en met jou saamgewerk het deur die wit perd gehaal word) en al lyk dit of jou werk soos hierdie blomme vandag gou sal verwelk en verdwyn, WEET ek dat jy reeds onafskeidelik deel is van jou volk. Ek weet, ook naamloos, is jy ewig deel van ons toneelkuns.

Lydia Lindeque
Die meisie met die silwer rok

Lydia Lindeque het die eerste deel van haar lewensverhaal opgeteken in *Trek op die skerm* wat in 1941 by J.L. van Schaik in Pretoria verskyn het. Later hersien en brei sy dit uit tot die ongepubliseerde *G'n proteas vir Cleopatra* sodat ook haar latere lewensfases tot aan haar dood op skrif gestel is. Haar tweede man, John Mantel, het wel die werk vir publikasie voorberei en van 'n nawoord voorsien ná haar dood in 1997.

Die meeste aanhalings kom uit die ongepubliseerde 1997-teks omdat dit die uitgebreidste weergawe is wat Lydia finaal goedgekeur het, maar omdat dit nie vrylik beskikbaar is, word bladsyverwysings na die meer beskikbare 1941-weergawe ingesluit.

'n Aktrise op skool

Lindeque se lewe in die toneel het begin by skoolkonserte (1941: 14–16):

> Die skoolkonsertjies was so aangenaam dat ek net wou toneelspeel en skoolgaan al hoe meer begin verafsku het. Skoolgaan het ek beskou as bysaak, want ek was maar altyd besig om lugkastele te bou en planne uit te dink hoe om later van toneelspel my loopbaan te kan maak. In die hoër klasse was daar met my geen huis te hou nie; ek het prontuit erken dat dit 'n hopelose mors van kosbare tyd was, en dat ek daar was bloot vir my straf.
>
> Ek was elf jaar oud toe my vader sterf en Mammie 'n betrekking kry as matrone in die meisieskoshuis in Ficksburg. Daar het my ellende begin: die streng ure van die koshuis het my glad nie geval nie. Wat nog die ergste was, ek moes, omdat my ma matrone was, as voorbeeld dien vir die ander meisies. Gevolglik is ek altyd twee maal

gestraf: as die prinsipale met my klaar is, loop ek weer by Mammie deur!

[...] Dinge het naderhand so erg geword, dat ek op 'n goeie dag besluit het om aan Paul de Groot te skryf en te vra of hy my tog nie in sy geselskap sal opneem nie. Ek het glad nie geweet wat sy adres was nie, en wou toe maar niemand vra nie ... hulle sou tog maar net gedink het ek is mal, en my dalk nog boonop uitlag.

Wel, ek besluit toe om die brief na Johannesburg te stuur. In my onkunde het ek gemeen dat al die groothede daar woon; of in meneer De Groot se geval, het hy natuurlik al sy kantore daar. 'n Paar dae daarna kry ek 'n brief uit Johannesburg. Met bewende vingers skeur ek die koevert oop. Maar my teleurstelling is groot en my gesig baie lank. Dis van De Groot, leier van die Heilsleër, om my te sê dat ek op die verkeerde pad is.

Eindelik en ten laaste het ek deur middel van *Die Landbouweekblad* Paul de Groot se regte adres in die hande gekry. Dié keer het my kamermaat vir my die brief geskryf, nadat sy eers plegtig moes belowe om niemand op dees aarde daarvan te vertel nie; ek het 'n kiekie ingesluit.

Ek het dit van 'n groter kiekie, waarop ek en my kamermaat was, afgesny. Ek het haar beeld skoon weggesny uit die kiekie uit. Die gevolg was: die kiekie is té dierbaar, nie baie groter as 'n posseël nie. Dit was jammer, maar dit was al wat ek gehad het. Ek het gedink: Ag, meneer De Groot sal dit nie eens oopmaak nie.

Sowat 'n week daarna word ek op 'n middag na my ma se kamer geroep. Ek het geweet dat ek nou weer iets verkeerd gedoen het, maar kon vir 'n wonder glad nie dink wat nie. Ek stap die kamer binne met 'n vreeslike onskuldige gesig. Ek kon nie droom dat dit die antwoord van De Groot was nie. Tot my grootste verbasing sê Mammie met 'n kwaai stem:

"Hier is 'n brief vir jou van Paul de Groot. Wanneer het jy dan aan hom geskrywe, en hoekom weet ek daar niks van af nie?"

Waarom ek die koshuisadres aan De Groot gestuur het, weet ek tot vandag toe nog nie, want ek wis dat Mammie al die briewe stiptelik nagaan. Meneer De Groot was baie entoesiasties en wou hê ek moes dadelik vir 'n persoonlike onderhoud na Kroonstad kom. Hy het selfs 'n paar kiekies van hom en sy geselskap ingesluit. Die kiekies was my enigste troos in die weke wat gevolg het. Ek het hulle altyd by my gehad. Terwyl ek moes studeer, onder die godsdiens en in die klaskamer, het ek hulle gesit en bekyk en ek kon nooit moeg word van die vreemde gesigte nie. Die rokke wat die meisies aangehad het, het my verruk.

> Maar die treffendste van alles was meneer De Groot se wit sokkies in skrille kontras met sy donkerblou pak, en die voet wat met opset vorentoe gestoot word om die ou pieperige sokkies des te indrukwekkender aan die wêreld te vertoon.
>
> Mammie het alles in die kiem gesmoor, so, altans, het sy gedink. My belange was maar altyd by De Groot en sy geselskap en skoolgaan het vir my by die dag 'n groter straf geword. Ek het dus nie verder gekom as standerd VII nie ...

Sy moes onder andere 'n skoolkamp bywoon (1941: 20):

> Die onderwyseres het op uitstappies vir ons die skrikwekkendste stories vertel: van hoe die wêreld sal vergaan, en ook dat ons meisies tog nooit moulose rokke en vleeskleurige kouse moet dra nie, want dis net 'n versoeking vir mans.
>
> Die verhale en vermanings het my so bang gemaak dat ek ná die tweede uitstappie besluit het om skielik aan 'n swak hart te begin ly. Daarna was die wandeling vir my buite kwessie, en moes ek in die kamp bly en koskook vir die ander, wat amper net so erg was, net, hier langs die kampvuur is ek geregtig op my eie gedagtes ...
>
> Al die meisies was verplig om tot bekering te kom voordat hulle die kamp verlaat. En van die sewentig was ek die laaste een om dié stap te doen. Ek het maar naderhand uit skone radeloosheid ingegee. Ek was uitgeput, asook die onderwyseres wat vir my moes bid. O, dit was 'n onvergeetlike tien dae wat vir my soms soos maande gelyk het.

Net in *G'n proteas vir Cleopatra* vertel Lydia dat sy die aand by 'n denneboom 'n afspraak gehad het met ene Johan, 'n man met glimlaggende oë, pragtige wit tande en twee diep kuiltjies in sy wange en met swart kamaste aan omdat hy op 'n motorfiets gery het. Maar toe neem een van die onderwyseresse haar na die boom toe, laat haar kniel en bid vir haar om tot bekering te kom. Die man moes gesien en gehoor het, want sy het hom nooit weer gesien nie.

Dan keer sy terug na die vroeër opgetekende geskiedenis (1941: 20–24):

> Terug in die hostel het dinge maar weer ou stryk gegaan. Ek het elke dag meer in opstand gekom teen die ewige leer, leer en net leer. Op 'n goeie middag, toe ek weer afgeglip het dorp toe om roomys te gaan eet in die kafee, sien ek een van Paul de Groot se strooibiljette op die tafeltjie lê. Ek het dit dadelik met my oë verslind. Hulle sou dus oor drie weke na ons dorpie toe kom! Nou was dit my kans. Die dag van die konsert het ek hom gebel. Sy stem het vreemd, maar vriendelik geklink, hoewel ek nie eintlik veel kon uitmaak van wat hy gesê het nie. Ek het toe 'n afspraak met hom gemaak.

Ek het Mammie teen wil en dank agtergehou nadat al die mense uit die konsert was, en toe kom meneer De Groot te voorskyn. Ek sou graag hier 'n beskrywing van hom wil gee soos hy daar uitgesien het daardie eerste maal wat ek hom ontmoet het – maar my gedagtes was soos 'n swerm vinke in 'n perskeboord net nadat 'n boer 'n skoot donshael onder hulle gelos het. Ek was so deur die wind dat ek geen duidelike herinnering aan die man nog aan wat daar eintlik gebeur het, oorgehou het nie. Maar een ding wat ek kan onthou, was dat daar nog 'n streep grimeerverf soos 'n stuk vetterigheid aan sy wang gesit en glans het. En dit het my die hele aand gehinder terwyl ons gesels het.

Paul het vir my en vir Mammie na sy hotelkamer geneem. Hy het my die hele tyd gesit en aanskou, terwyl ons alles bespreek. My rol, dié van Nora in Ibsen se *Poppehuis*, en selfs my salaris, is op die plek vasgestel. Die kontrak is maar net 'n bysakie, sê hy, maar hy sal dit oor 'n dag of twee vir my aanstuur om te teken. Voor ons vertrek het hy my gevra of ek verloof is. Met 'n histeriese skoolmeisie-laggie het ek nee gesê ... ek is dan maar nog net sestien jaar oud. Toe ek Mammie nagsê, moes sy darem self erken dat Paul baie sjarmant is, en ek kon sien dat sy nou meer gerus was.

Ek het kamer toe gegaan, maar slaap was min. Ek kon eerder vlieg as slaap daardie aand. En ek het half gevlieg. My voete was nie op iets so prosaïes as grond nie. Êrens tussen hemel en aarde het ek rondgeswerwe met my kop in die wolke, en my hart gaan doef-doef soos 'n perd wat koers vat oor die vlakte. Dit was alles soos 'n wonderlike droom.

Toe moes my arme ou kammie natuurlik uit háár droom wakker gemaak word om die uitslag te hoor. Sy het nie in my belanggestel nie. My toekoms, my loopbaan, kon haar weinig skeel. Sy was die ene nuuskierigheid om van Paul self te weet – hoe hy lyk van die toneel af; wat hy gesê het; of hy 'n gewone mens is soos ons ... Ag, en 'n honderd-en-tien ander vrae moes ek beantwoord.

Ek het so 'n rondetjie gemaak by 'n paar ander vriendinne om hulle in 'n fluisterstem die groot nuus te vertel. Toe ek by my onderwyseres se deur verbysluip – dieselfde een wat my bekeer het – moes ek my net bedwing of ek het so hard as ek kon deur die sleutelgat geskreeu, dat ek nou weggaan uit hierdie tronk.

My lankmoedige kamermaat moes maar boet vir my dinge, want ek het aangehou met babbel tot ligdag toe.

[...] Ek was meteens die populêrste meisie op skool en by die koshuis. Almal wou van my iets weet omtrent Paul de Groot en wat se rol ek gaan speel en of ek gaan betaling kry ...

Twee dae ná die geselskap se vertrek word ek weer na Mammie se kamer geroep. Dié keer het ek geweet waaroor dit gaan – ten minste, ek dag so. Mammie sit met 'n dik brief in haar hande, maar ek sien dat sy taamlik oorbluf is. Ek merk dadelik dat dinge verkeerd geloop het. Met 'n bleek gesig vra ek of die kontrak gekom het. Nee, dit is nie die kontrak nie, maar 'n brief van nege blaaie waarin Paul my, Lydia, vra om met hom te trou. Ek het skaars die moed gehad om Mammie te vra wat sy daarvan dink. Ek kon raai. "Die Hollander is mal," het sy gesê, "en vergeet nou in hemelsnaam die ellendige toneel ..."

Hoe kon Mammie so wreed wees? Ek het my voorgeneem dat ek gaan toneelspeel, kom wat wil. As dit nie nou kan gebeur nie, sal ek dit wel later regkry.

Ek het my kammie die brief gewys. Ons het saam 'n paar trane gestort, maar die koeël was deur die kerk. Die volgende dag was daar 'n telegram van De Groot en die dag daarop weer 'n dik brief. En toe stuur hy die manuskrip – 'n yslike dik boek wat ek belet was om oop te maak. Mammie het gesê dat dit moet teruggaan na die gek Hollander. Toe sy die middag uit haar kamer was, het ek stilletjies ingesluip, die manuskrip voor by my "gym" ingesteek, en toe, uitgestrek op my bed, gou my wonderlike rol effens deurgekyk. Dit was die bitterste oomblik van my lewe. Om te dink dat ek my rol in my hande het en dit nooit sal mag speel nie! Dieselfde aand trek die manuskrip toe onverrigtersake terug na sy baas.

André Huguenet (1950: 47) skryf ook oor dié gebeurtenis:

Voordat ons vir Helene Botha ontmoet het [met die oog op die Nora-rol – D.B.], was Paul in 'n dilemma. Dit blyk dat hy weke lank 'n briefwisseling gevoer het met die jong dametjie van Ficksburg en haar gevra het om die "Nora"-rol te kom speel. 'n Skooldogter in een van die magtigste, veeleisendste rolle wat ooit geskryf is! Ek kon my verbasing nie verberg toe Paul my in sy kamer roep en my die geskiedenis doodbedaard vertel nie. Hy het die kind self die rol gestuur en daarby 'n som geld ... alles om haar te oorreed om by die geselskap aan te sluit! ... [M]evrou Lindeque ... het natuurlik sonder tydverlies die manuskrip met die geld en al teruggestuur en kort en kragtig geskryf dat haar dogter tuis sal bly! Watter bestiering was hierdie vrou se handelwyse nie vir ons nie, want Paul sou in sy blinde onbedagsaamheid sonder aarseling 'n skooldogter aangestel en haar in hierdie onmoontlike rol geplaas het.

Lindeque (1941: 25–27) vertel verder:

Toe het Mammie maar besluit om my uit die skool te haal, en my na 'n tante te stuur op 'n plaas naby Clocolan. Sy het aan my tante geskryf om enige briefwisseling tussen my en Paul ten strengste te belet. Wel, één goeie uitwerking wat dit gehad het, was dat ek nou eindelik en ten laaste uit die skool was. En in my onuitroeibare optimisme het ek toe gemeen dat dit darem een groot struikelblok uit die weg was en 'n stap nader aan die bereiking van my ideaal.

Op die plaas het ek baie tyd gehad om my verbeelding die vrye teuels te gee en verder te droom oor die toneel en my toekoms. Ek het my verbeel dat ek 'n groot aktrise is met die wonderlikste loopbaan. Ek lê daar tussen die lang gras op die oop veld met die Vrystaatse son op my kop – en my hele toekomstige lewe trek soos 'n rolprent voor my verby: Die skitterende ligte, die rumoer, die gedrang om my; hoedat ek op die aande ná die opvoerings oorlaai word met groot dose sjokolade vol strikkies en pragtige ruikers; hoe ek ontvang word in die pragtigste hotels; al my swierige tabberds, een vir elke geleentheid; en al die toneelskrywers van die land kom uitasem aangesit met rolle manuskripte onder hul arms. Hulle het die toneelstuk spesiaal vir my geskrywe, sê hulle, en hulle smeek my om tog net daarin te speel. Dan sal dit volmaak wees, die publiek mal word van blydskap en my volk my dankbaar bly ... Ek sê: "Ja, ons sal sien, maar my sekretaris moet eers die stuk lees om te kyk of dit goed is, ek kan nog niks belowe nie ..."

So lê die hele wêreld aan my voete!

En dan laat weet Ouma gewoonlik dat ek die hoenders moet kom kos gee, of die groot koffiekan met die mandjie vol growwe brood aandra vir my neef-hulle wat besig is om te dip onder in die laagtetjie naby die wilkerboom.

Of as ek in die voorkamer op die naat van my rug lê, met die blindings af en die kamer halfdonker om net die regte stemming te kry, skreeu Ouma skielik: "Kind, bring vir my die skêr!" Dan wip ek van die skok, skrik ek wakker en is my koffie yskoud.

My tante-hulle was vir my baie goed, maar ná drie maande is ek daar weg. Ek het begin onrustig word, gevoel 'n verandering is nodig. Dit was asof ek Paul se spoor dáár heeltemal verloor het. Toe vertrek ek na 'n ander tante op 'n plaas Wesselsheim naby Bethlehem, waar ek 'n jaar as kind in die huis deurgebring het. Dit was 'n gelukkige tyd. My niggie Chicken (haar regte naam was Theresa) het my sanglesse laat neem. En verder het ek en sy die lewe net geniet. Sy het haar eie motor, 'n M.G., gehad, en dit was vir my 'n vreugde honderd as sy my toelaat om dit te bestuur.

Madame Elsa Partiss het ons baie vertel van haar loopbaan as operasangeres; sy het ook in Italië gesing, onder meer saam met Caruso. Sy vertel van hom dat hy, soos al die Italianers, gek was na vrouens en nooit die versoeking kon weerstaan om aan hulle te vat; en van naby het sy asem altyd bedwelmend na knoflok geruik.

Madame Partiss was so ingenome met my stem dat sy ernstig voorgestel het dat ek as operasangeres opgelei moet word. Maar ek was vasberade om toneel te speel. Sy het gesê sy dink ek maak 'n groot fout: 'n Operasangeres kan enige plek in die wêreld sing en sy kan ook alleen optree, met net een persoon om haar te begelei. Maar 'n aktrise, soos jy sal uitvind, Lida [soos Lydia toe nog genoem is – D.B.], het die regte toneelstuk, 'n teater met verhoog, 'n afrigter, spelers en baie, baie geld nodig.

Sy was reg, en ek het dit nog altyd berou dat ek nie haar goeie raad aangeneem het nie.

Ek het Paul se toerplan gehad en presies geweet waar hulle elke aand speel. Op 'n sekere dag sou hulle na ons dorpie kom. Ek het vooraf met hom 'n afspraak gemaak om hom by die kafee te ontmoet. Maar toe ek sy bus in die straat sien staan, begewe my moed my en gaan ek wegkruip agter die toonbank in my oom se winkel. Ek was net in my skuilplek, toe Paul ingestap kom en die klerk vra waar genoemde kafee is. Hy was so na aan my dat ek aan sy broekspyp kon raak.

Ek moes myself net inhou of ek het hard uitgebars van die lag, want so by my kolie, hy het nog altyd daardie einste wit sokkies aan. By die huis het die mense my baie gespot. Ek kon my hare uit my kop trek vir my papbroekerigheid.

Ná daardie toer sou Paul na Europa gaan. Voor sy vertrek het hy my 'n foto van hom gestuur met die onderskrif: "Met liefde van Paul." Ek was aan die brood knie toe die foto aankom en 'n uur daarna was ek nog besig om stukke deeg uit Paul se hare uit te kry. Daar was ook 'n brief waarin hy sê dat hy hoop om my in sy geselskap op te neem as hy terugkom.

Die Rosekrans-toer

Lindeque skryf (1941: 27–29):
> Die tyd het gou verbygegaan. Ek en my niggie was ses salige weke lank in Kaapstad – my eerste besoek aan 'n groot stad en my mond het vir meer as een ding wawyd oopgehang. Ons was net 'n maand terug van die vakansie toe ek 'n telegram van Paul kry om dadelik af te kom Kaap toe vir repetisies.
>
> My niggie was net so opgewonde oor die goeie nuus as ek, en sy stel toe onmiddellik voor dat ons per motor na Ficksburg moet afreis om Mammie te gaan groet.

Arme Mammie, hoe bekommerd moes sy nie oor my gevoel het nie! Ek was maar 'n bogkind van sewentien jaar wat niks van die lewe af weet nie. Maar sy het eindelik ingesien dat dit verkeerd sou wees om my nog terug te hou. 'n Week nadat ek van almal afskeid geneem het, is ek toe die onbekende in, met 'n nuwe lewe en 'n nuwe wêreld voor my om te ontdek. As ek maar geweet het wat daar nog alles vir my wag ...

Die laaste nag in die trein kon ek geen oog toemaak nie. Ek kon nie besef dat ek nou eindelik gaan toneelspeel nie – dit was te goed om te glo. Môre gaan ek Paul ontmoet en dié keer is daar geen wegkruipkans vir my nie, ek sal my man moet staan. Ek het gelê en wonder wat hy aan my sou sê. Toe ek om twee-uur die middag op Worcester-stasie afklim, was Paul in 'n kits langs my en met 'n diepe buiging het hy my welkom geheet.

Dié aand ná die ete in die Commercial Hotel het ons twee 'n ent gaan stap. As hy maar geweet het hoe moeg ek was, sou hy dit nooit voorgestel het nie, maar ek het dit tog besonder aangenaam gevind. Hy het aanhoudend van sy Europese toer gesels, my vertel van mense en plekke en dinge waarvan ek nog nooit gehoor het nie. Ek het dit baie interessant gevind as hy van al die aktrises en akteurs en die teaters in Europa vertel – hoewel die meeste van die name vir my maar bra uitheems geklink het.

Toe ek eers alleen in my hotelkamer is, het ek vir die eerste keer begin bang voel. Twee, drie keer het ek gekyk of die deur regtig gesluit is ... Maar ek het my bangheid gou vergeet toe ek eers my rol van Jane Campbell in *Die rosekrans* begin leer. Die aand toe ek die lig afslaan, het ek alreeds die eerste drie sinne van my rol geken ... Ek het gewonder hoe op aarde ek [die vreeslike lang rol] ... in my kop gaan kry; op skool kon ek dan nie eens die resitasies onthou nie! Maar ek het gou uitgevind dat 'n rol en 'n resitasie glad nie dieselfde is nie.

Die titel van die stuk is ontleen aan die sangstuk wat Lydia as Jane by 'n partytjie sing:

    Die ure saam met jou, my hart,
    Is soos 'n pêrelsnoer vir my.
    Ek tel dit oor, so een vir een, apart;
    My rosekrans, my rosekrans.

Dié lied was die Afrikaanse weergawe van Robert Cameron Rogers van Buffalo se "The rosary" van 1898: "The hours I spent with thee, dear heart, / Are as a string of pearls to me; / I count them over ev'ry one apart, / My rosary, my rosary!" Die toonsetting is gedoen deur Ethelbert Woodbridge Nevin van Pittsburgh. Michael R. Turner, samesteller van *The parlour song book*, beweer dat dit nie Nevin se beste komposisie was nie – "it requires a high standard of performance. The recit-arioso style can be a little dull even when rendered by a good singer: badly sung it is insufferable". Lydia met haar goeie sangstem het sekerlik reg daaraan laat geskied.

Mev. Carinus-Holzhausen het André Bisson se verwerking van Florence Barclay se gewilde roman van 1912 vertaal. Hoe gewild die roman self was, onthou Olga Racster as joernalis van die *Cape Times* in haar bundel Kaapse toneelanekdotes, *Curtain up!* (1951: 129). Maar dan haal sy iemand aan wat tog met "mischievous humour" oor die roman geoordeel het: H.B. Irving, seun van die beroemde toneelspeler sir Henry Irving. Sy voer 'n onderhoud met hom in die Queen's Hotel in Seepunt tydens sy toneelreis van 1912:

> H.B. Irving ... used to sit in his private room with quite a library of books on criminology at his back on the sideboard, talking South Africa, talking politics, and above all, talking theatre and plays. We suddenly got on to *The rosary* by Florence Barclay which was then in 1912 a best-seller. I remember his saying about the hero and heroine who were left together on a rock all night: "I never can understand it. Nothing happened. It's incredible."

Lindeque (1941: 29–31) vertel verder:

> Paul het die volgende dag bestee aan die aankoop van my klere vir die verhoog. Ek het die aanpas van die mooi rokke "erg leuk" gevind, en het glad nie omgegee om drie uur lank rokke aan en uit te trek nie.
>
> Dié middag het ons met 'n stuk of dertig pakkette en ons tasse na die Strand vertrek waar foto's geneem moes word. Daar, tussen hakies, het Paul my eerste lipstif vir my gekoop. Hy het ook my naam verander na Lydia. Dit sou beter lyk op die aanplakbiljette: die Y sou pas by die Q van Lindeque.
>
> Van daar is ons na Kaapstad. Ek en Siegfried Mynhardt het in 'n losieshuis in die Tuine gebly, en elke môre om tienuur moes ons vir repetisies by Paul se hotel wees, maar dit was meer 'n gekskeerdery as iets anders. Om eenuur was ons werk klaar, en dan moes ons kammakastig ons rolle gaan leer.
>
> Op 'n goeie môre het 'n sekere Flippie Coetzee, 'n ander akteur, by die repetisie opgedaag. Hy het vir my en vir Siegfried so met die afgaan in die hyser vertel dat hy £50 aan Paul moes betaal om die "kuns" te leer. Toe het ons die hele ding besef: waarom ook hy nou Melpomene, die muse van die tragedie, dien. Wat sy spel betref, was dit soos die spreekwoord sê: geld wat stom is, maak reg wat krom is.
>
> Alhoewel hy nooit 'n akteur geword het nie, was hy die vermaak van die hele geselskap. Sy groot ideaal, ná toneelspel, was om 'n

"clown" te word. Maar hy het blykbaar tot inkeer gekom, want laas toe ek hom gesien het, het hy 'n ploegstert houvas – en die mense vertel my hy is 'n eersteklas boer.

Nadat ons drie weke in Kaapstad gebly het, het daar op 'n môre 'n rooi bus voor ons losieshuis stilgehou. Ek het maar baie lugtig gesit, want die bus het vir my so hoog van die grond af gelyk. In die Strand het ons Rena la Roche (Elise Louw), die ander aktrise, opgelaai en toe vertrek na Caledon waar die repetisies in alle erns sou begin.

Dit was vir my 'n bitter swaar tyd. Paul speel nie met 'n mens nie. Hy hou jou sommer 'n hele môre by een ou sinnetjie, totdat dit eindelik na sy sin vertolk word. Hy het ons wild en wakker gevloek in Frans, Hoog-Hollands, Afrikaans en enige taal wat voorkom. Ek het selfs die groot manuskrip teen my kop gekry: "Gods, kind, staan tog niet daar te grense, ga voort!"

Maar ek het besef dat ek die hoofrol vertolk en dat dit tot my eie beswil was. Maar wanneer ek my bloedig vererg het, was as Paul so tekere gaan oor die kalme Afrikaners. Hy kon hul onverstoordheid van gees en hul gelykmoedigheid nou eenmaal nie kleinkry nie. Dit was 'n ou stokperdjie van hom. Hy het soms van ons en sy publiek gepraat as "echte schaapgezichten".

Maar as ons drie Afrikaners dit in ons skaapkoppe sou gekry het om die Kaaskop na te aap in sy buie en uitbarstings, sou dit 'n mooi herrie afgegee het. Ons moes dit eintlik probeer het ... dan sou ons hom miskien vir goed van sy voorliefde vir die heftige en dramatiese nog lank voordat die skerm opgaan, genees het.

Die openingsaand breek aan. Lindeque skryf (1941: 32–33):

Dié aand van 26 Mei 1930 was ek om sesuur al in die verkleekamer om my gesig te begin grimeer. Daarin het ek, snuiter wat ek was, amper meer belanggestel as in die spel. Ek het veral aan my oë aandag gewy en die swart mascara het my wimpers al te mooi één-één laat staan soos dié van filmsterre.

Toe die skerm die aand opgaan, was ek so kalm asof ek met repetisie besig was. Dit was ook die laaste openingsaand waarin ek so kalm was, want nou met eerste aande voel ek of ek wil weghardloop, of oor die stralende voetligte spring en gaan troos en skuiling soek by een van die vriendelike tannies wat soos monumente van kalmte daar doodsedig sit in die voorste ry.

[...] Jy dink maar aanhoudend hoe op aarde jy verby daardie sekere sin gaan kom waar jy altyd tydens repetisies so gehaak het. Dit mag 'n doodgewone ou sinnetjie wees, slegs 'n paar woorde wat 'n kind sou onthou ... Maar as hy jou eenmaal gepootjie het, pootjie hy jou altyd weer soos die stert van jou aandrok as jy haastig is.

Maar dié aand was 'n sukses. Lindeque vervolg (1941: 34–36):
> By die hotel het die vriende ons onthaal op 'n klein *souper* en verdere gelukwensinge het gevolg. Dit was ook ons afskeid, want die volgende dag het ons ons lang toer begin. Voordat ek gaan lê het, het ek eers al my goed ingepak om sewe maande lank in tasse te lewe. Daardie aand het alles vir my baie aanloklik en romanties gelyk, maar net gou was ek sat van uintjies grawe in my trommels.
>
> Van Caledon is ons na Villiersdorp; en wat 'n ontnugtering was die saal en verkleekamers nie daar vir ons nuwes nie! Ek het gemeen alle verhoë en verkleekamers is net so groot en het net sulke lang spieëls soos dié van Caledon. Maar Rena het my baie lekker uitgelag en my gewaarsku dat ek my moet reghou vir nog meer sulke verrassings ...
>
> Die aand op Villiersdorp was maar 'n taamlike blaps. Ons het ons die vorige aand so gans en al pap en kapot gespeel dat niemand 'n greintjie energie oorgehad het nie, en alles het ook verkeerd geloop. Flippie se borshemp en sokkies was weg. Paul se broek moes met enorme haakspelde van agter vasgesteek word, want Rena het sy enigste paar *bretelles* – Paul se deftige naam vir iets so doodnugter as kruisbande – op Caledon laat lê. En sy afwesige kruisbande was toe werklik sy kruis ... Die haakspelde het telkens losgegaan, en die vrees dat sy broek hom sou begewe, het hom so van stryk gebring, dat hy sy rol glad nie kon speel nie.
>
> Arme Siegfried was al sy woorde kwyt, en toe Rena hom wou voorsê, was die manuskrip ook soek. Toe het Siegfried 'n stuk of vyf keer soos 'n vervelige ou Omar Khayyam gevra: "Waarom? Waarom? ..." totdat Paul 'n paar opgemaakte sinne afgerammel het om Siegfried van sy vertwyfeling omtrent die doel van die lewe en die sin van ons bestaan te red en hom 'n kans te gee om tot verhaal te kom.
>
> Dit is tog die vreeslikste gevoel om die draad van jou rol te verloor. Dit het al met my gebeur dat ek ná die honderdste opvoering die kluts skoon kwyt raak ... [D]ie hele reuse-masjinerie van die stuk het skielik botstil gaan staan; jy het self 'n stok in die ratwerk daarvan gesteek; ... 'n oomblik lank weet jy glad nie waar jy is of wat van jou verwag word nie ...
>
> Nadat ons 'n maand op reis was, het ons in my ou dorp, Ficksburg, gespeel. Ek kon die tyd nie afwag dat dit aand moes word nie. Ek het my gou gegrimeer om lank op my gemak deur die gordyn te loer. Elke gesig in die saal het ek geken, en ek kon raai wat elkeen te sê gehad het. Hulle was net so gretig om my te sien speel as wat ek was om hulle te wys hoe ek kan speel.
>
> Dit was een van die grootste aande van my lewe. Ná afloop van die konsert het 'n paar van die onderwysers my kom gelukwens ... en die

een onder hulle wat my op skool die minste kon veel, het toe nog die vermetelheid gehad om my te soen. Die volgende dag was daar 'n verslag in die koerant. Hier volg 'n paar sinne daaruit: "Ficksburg is trots op een van haar dogters, L.L., wat met haar eerste verskyning op die toneel die hoofrol van die *Rosekrans* op so 'n perfekte wyse vertolk het. Haar natuurlike voordrag, helder en duidelike stem, bewys dat sy waarlik 'n ster op die verhoog is ... Lydia, Ficksburg is trots op jou."

Later op die toer, in Edenburg, is daar 'n klop aan my kamerdeur agtuur die môre. Rena, wat al op was, maak dit oop en sê daar's iemand om my te sien. Ek spring gou uit die bed, trek my kamerjas aan en kam my hare. Toe stap daar 'n jong meisie met ligte hare en mooi blou oë van so 'n jaar of dertien in. Sy sê: "Ek het jou gisteraand op die toneel gesien."

"Het jy van die toneelstuk gehou?"

"Dit was wonderlik; en jy het pragtig gelyk! Die kinders by die skool sê jy's my suster. Is dit waar?"

"Maar wat is jou naam?" vra ek.

"Mollie de Villiers."

En toe weet ek dat sy my babasuster is, een van die tweeling wat aangeneem was deur die De Villiers-familie toe sy 'n week oud was. Ek het al so baie gewonder wat van die twee babas geword het, en ek sou graag lank met haar wou gesels, maar sy was op pad skool toe.

Tien jaar later het ons weer ontmoet en groot vriendinne geword en toe vertel sy my dat sy haar tweeling-broer net een keer gesien het, en dit was met hulle een-en-twintigste verjaardag.

Op die bus ná die ontmoeting met haar suster vertel Lindeque die geskiedenis van haar kinderjare aan Rena. Dit kom net in die 1997-weergawe voor. Vermoedelik is die busgesprek "denkbeeldig" en net 'n manier van Lydia as outobiograaf om sekere feite interessant oor te dra.

Ek is gebore in Petrusburg – 'n klein, baie klein dorpie in die Vrystaat – en Rachel Alida gedoop. Ek het twee susters gehad en 'n broer, wat vyf jaar ouer was as ek: Johanna, Martie en Willie.

Ek kan nie baie van daardie tyd onthou nie; maar wat nog steeds helder by my bly, is dat Johanna my een môre op haar rug geneem het en ons die hele môre in die veld rondgeloop het om skilpaaie te soek. Dit was 'n dorre wêreld en ek onthou nog goed die ou lelike bossies wat daar gegroei het, en die peperbome. Dié boom laat my vandag nog aan armoede dink. Ons moes arm gewees het ...

Toe ons die môre weer terug kom by die huis, is ek na my moeder se slaapkamer geneem, waar sy in die bed lê met twee babas langs haar. Hulle was so lelik en rooi en het so hard geskree dat ek dadelik kwaad was vir hulle; ook omdat ek gedink het dis hulle wat haar siek gemaak het, dat sy nou in die bed moet lê. Sy was ook siek, baie siek ... en sy het my vertel, die middag toe ek voor haar bed sit, dat sy sal doodgaan. Ek het gehuil en gesê ek sal saam met haar gaan. Die volgende dag het sy gesterf. Sy was sewe en dertig jaar oud en het reeds sewe kinders gehad, waarvan die oudste jonk dood is.

Van my pa, Stefaans du Toit, kan ek my nie veel herinner nie. Met die dood van my ma was hy ontroosbaar. Tant Alie het dadelik na ons gekom van Ficksburg, waar sy naaldwerkonderwyseres was.

Die begrafnis is nog baie vars in my geheue; ek onthou selfs dat ek 'n wit rokkie gedra het met 'n kantjie om die lyf waardeur 'n swart lintjie geryg was. Dit het my tant Alie vir my gemaak. By die graf het ek vreeslik gehuil en het probeer om die skroewe van die kis oop te maak om saam met my ma begrawe te word; ek was vasberade om nie sonder haar aan te hou lewe nie. My ooms en tantes wat langsaan die kis gestaan het, het my opgetel en in hulle arms houvas, maar ek het so tekere gegaan dat ek van die een na die ander gegooi was soos 'n voetbal. Dit was op 'n een en dertigste Desember, net voor my vyfde verjaardag.

Tant Alie het vir my pa gevra: "Stefaans, wie gaan na al die kinders kyk?" En al wat hy kon sê, tussen sy snikke en trane deur, was: "Ek weet nie. Hulle moet maar weeshuis toe gaan."

Tant Alie het besluit om my aan te neem, en ook voorsorg te maak vir die tweeling. Toe hulle 'n week oud was, het ek, ta' Alie en die twee babas met die trein vertrek. Hulle het vreeslik gehuil en sy het gesukkel om vir hulle kos te gee; ek was nog te klein om te help. In Bloemfontein het meneer en mevrou De Villiers op ons gewag; hulle het die dogtertjie aangeneem; en in Ficksburg het die familie Van Schalkwyk die seun aangeneem.

In hierdie stadium van die gesprek op die bus vra Rena haar of sy ooit weer haar pa gesien het. Sy antwoord: "Nee, nooit nie. En ek wil hom ook nie sien nie." Daar vertel Lydia verder:

'n Rukkie daarna tree ons in Wolmaransstad op. Die middag het ek by my oudste suster Johanna, wat daar gebly het, gaan kuier. Sy vertel my dat ons pa in die distrik boer en dat hy weer getroud is. Hy sal die aand kom om my te sien speel.

"Ek wil hom nie sien nie! Hy het nog nooit iets vir my gedoen nie," sê ek. Sy pleit nog dat ek tog nie so vol haat moet wees nie, toe daar 'n lang, mooi man instap met pragtige rooi-bruin krulhare. Hy groet my asof ons mekaar gister laas gesien het – en dit was toe my eie vader, wat al sy kinders wou weeshuis toe stuur.

> Die aand met die opvoering het hy in die eerste ry gesit en huil, wat my baie ontstel het. Hy het my kwaad gemaak toe die voorgordyn nie wou toe val nie en hy op die verhoog spring om dit reg te maak. En dit was ook al wat hy ooit vir my gedoen het.

Maar waarom heet sy dan nie Lydia du Toit nie? Daarvoor keer Lindeque terug na die tyd van haar ma se dood:

> Ek en tant Alie is op Ficksburg-stasie ontmoet deur haar verloofde, wat ons in sy spider met twee pragtige perde na die huis geneem het van die Keyters, waar tant Alie loseer het ...
>
> Ek het nog af en toe gehuil as ek aan my mama dink. Tant Alie het gesê ek moet maar vir haar Mammie sê, wat ek gedoen het ...
>
> Kort ná my aankoms in Ficksburg is tant Alie-hulle getroud en het ek 'n nuwe pappie, meneer Lindeque, en hy was baie lief vir my en ek was 'n gelukkige klein mensie ...

Later bedank haar nuwe pa as skoolinspekteur en gaan boer hulle naby Bethlehem (1997: 27).

> Dinge het nie reg geloop op die plaas nie, en ná 'n paar jaar het my ouers bankrot gespeel en sy pragtige perde en al ons huisraad is verkoop. Ons het op die dorp beland, waar 'n swaer vir ons 'n losieshuis gekoop het, en waar my ma haar amper dood gewerk het, want, behalwe vir my pa en my, moes sy ook nog sorg vir twintig loseerders en my nuwe sustertjie, Adrienne, wat op die plaas gebore is. [...]
>
> Pappie het siek geword. Een keer moes hy vir 'n week na Johannesburg gaan vir mediese behandeling en moes ek, toe ek net elf jaar oud was, in die bres spring en kos kook vir die twintig loseerders. 'n Paar weke nadat hulle terug was van Johannesburg is Pappie dood.

Ná pa Lindeque se dood word ma Alie matrone in die meisieskoshuis op Ficksburg. Daarmee is Lindeque met haar vertelling terug by haar koshuisjare en haar toneeldrome.

Lindeque skryf verder van die reis (1941: 36–37):

> Nadat ons so 'n maand of twee-drie op toer was, het elke speler sy of haar eienaardige karaktertrekke begin openbaar. Flippie Coetzee het 'n manie gehad om soveel begrafnisse by te woon as wat sy vrye tyd hom toelaat. Sodra hy verneem dat daar êrens 'n begrafnis gehou moet word, trek hy sy donkerblou kisklere aan en volg die stoet plegtig saam met die ander dorpsmense. Hy bly 'n uur of wat weg en kom dan terug met lang stadige treë en 'n ernstige uitdrukking op sy gesig. Gewoonlik is hy vol vermanings. Een van sy sombere uitsprake wat ek my nog kan herinner, is: "Haai, mense, julle moet meer in

aanraking kom met die dood, dit stem tot nadenke ... Dis 'n pad wat ons almal moet opgaan en julle dink nooit daaroor na nie."

'n Begrafnis was vir hom 'n werklike *behoefte*. So onthou ek nog hoe hy hom op 'n aand vir Paul bloedig vererg het toe die ou spotvoël met "innige" belangstelling vra: "Zeg, Flippie, was de funeral een groot success?"

[...] Ek en Siegfried [Mynhardt – D.B.] was groot maats vanaf ons eerste ontmoeting op die stoep van die losieshuis in die Tuine in Kaapstad. Toe ek die klop aan die deur antwoord, staan daar 'n skraal jong seun met 'n bos hare wat oor sy oë val, en 'n tas langs hom.

"Ek is Siegfried Mynhardt," sê hy, en ek antwoord: "Ek is Lydia Lindeque."

Ná 'n paar weke op toer het ons verlief geraak op mekaar en dit het Paul, wat nog altyd gek oor my was, baie gegrief toe hy dit agterkom ... Omdat ek so jonk was het Elise gedink sy moet my chaperone wees en ons het aan die begin altyd 'n kamer gedeel. Baie aande was sy voor my in ons kamer en dan moet sy die geweekla van Paul aanhoor: "Ik zeg je, Alice (een van sy name vir haar), ik ben miserabel, ik kan er niet meer tegen."

Elise se vriend Henri van Wyk het Paul probeer troos: "Ag, meneer De Grote, moet jou nie oor haar bekommer nie! Sy's sommer 'n ou meisietjie. Haar soort kan 'n mens agter elke bossie uitskop."

Een aand het Paul vir Siegfried met 'n rewolwer gejaag deur die gange en kamers van die hotel. Telkens verskyn een van hulle in ons kamer op die deurpad na 'n ander kamer.

Ná sulke eskapades was die atmosfeer die volgende dag in die bus amper onuithoudbaar. Op 'n dag besluit Paul die bus is te ongemaklik vir my. Op Uniondale vind hy uit dat hy 'n motorkar kan huur. Die eienaar, wat dit ook bestuur het, was ene Batten. Dit was 'n sedan, met glasruite wat op- en afgedraai kon word. Maandagmôre is ek en Paul verder op toer met Batten se Soedan, soos Paul dit genoem het. Ek moet erken dat dit oneindig meer gemaklik was as die ou Chev bus.

Was ook net 'n paar weke later dat Paul vir my en Siegie vir 'n langnaweek geneem het na die Hotel Elizabeth in Port Elizabeth. Dit was 'n heerlike naweek met geen onplesierigheid nie.

Maar terug op toer het Paul weer erg jaloers geword. As ek hom kwaad maak, mag ek nie saamry in Batten se Soedan nie: "Nee, mejuffrou Hassebedas kan maar skud in die bus." Dan mag Alice en Henri saamry. En so het die toer aangegaan. Paul het al hoe meer hartstogtelik geword teenoor my op die verhoog. As ek as Jane Campbell sê: "Ek het jou lief!", sis hy in my oor: "Dat lieg je!"

Party aande vind ek 'n liefdesbriefie van Paul op my kopkussing. Ek het jare lank van sy pragtige minnebriewe gehou.

Een aand op Memel in die mans se verkleekamer het hy na Siegfried gestap en hom 'n opstopper gegee. Hy was baie groter as Siegie en kon hom gevaarlik te lyf loop, wat hy dan ook gedoen het, sodat arme Siegie die aand met 'n opgeswelde oog op die verhoog moes verskyn. Ek het die lawaai in hul verkleekamer gehoor en dadelik in die bres gespring om Siegie te help en Paul uit te skel vir 'n verdomde Hollander en wat nog meer. Henri van Wyk wat voor in die saal besig was, moes ons kom stil maak, want die publiek hoor alles, sê hy. Ná die opvoering sê ek en Siegie ons gaan weg. Maar arme Paul nooi ons om 'n drankie met hom te drink en het my vir die soveelste keer om verskoning gevra.

Hy kom toe met 'n voorstel: "Lydia, kom saam met my oorsee! Ek sal jou help om op die verhoog te kom in Parys. Natuurlik sal dit beter wees as ons eers trou." Toe ek na Siegie kyk, voeg hy by: "Siegfried kan saam kom."

Ek het niks vir Paul gevoel nie, maar wou dit natuurlik nie in soveel woorde vir hom sê nie. Hy was vyf-en-veertig en ek net agtien. Toe dit tot hom deurdring dat ek definitief sy aanbod weier, was hy so seergemaak dat hy nie wou aangaan met die *Rosekrans*-toer nie.

As ek daardie tyd sy voorstel aangeneem het en saam met hom oorsee gegaan het, sou ek al sy teatervriende ontmoet het; een van hulle, die chanteuse en aktrise Damia het vir my 'n brief geskryf (met pers ink op blou papier) en my aangemoedig om Parys toe te kom. My lewe sou heeltemal 'n ander draai gemaak het.

Wat was die gehalte van hul opvoering? *Die Burger* van Saterdag 4 Julie 1930 berig:
Die Rosekrans ... mis 'n warme, polsende lewenswerklikheid. Daar is beslis iets meganies in die handelinge van die spelers. Selfs Paul de Groot is nie altyd hiervan vry te spreek nie.
Wat 'n mens veral in hom (Paul de Groot) moet bewonder, is die skitterende selfbeheer wat altyd sy toneeloptrede kenmerk. Saam met sterk spelers op die verhoog kan hy spel van aangrypend kragtige aard lewer. Met minder goeie spelers openbaar hy egter dwarsdeur 'n selfbeheersing wat verhoed dat hy ooit alleen op die toneel is.

Maar 'n korrespondent van *Die Burger* het darem op 28 Julie 1930 getuig:
Stappie vir stappie soos *Die Rosekrans* hoër en hoër geklim het, het die spanning erger en erger by die toeskouers geword. Die end wat dan ook die klimaks was, het die spanning gebreek deur man, vrou en kind se oë te vul met pêrels. Dié wat nog nie gehuil het nie, het hoofpyn gehad.

Lindeque skryf (1941: 49–53):

> Die *Rosekrans*-toer het baie skielik aan sy einde gekom. Paul het subiet besluit om oorsee te gaan. Al die opvoerings is gekanselleer en die spelers uitbetaal ... dié keer het hy duur betaal vir sy gril. Maar hy kon dit bekostig om sulke grille te hê. Hy het gesê hy voel rampsalig en miserabel en hy verlaat Suid-Afrika nou vir goed.
>
> "Begryp wel, geld is voor my nie al ding in die lewe nie, ik zeg je, ik ga hier weg voor goed ..."
>
> Hy het 'n massa geld gemaak met *Die rosekrans*. Ons het elke aand voor stampvol sale gespeel en mense het agter ons aangery om die opvoering nog weer en weer te sien. Die toegangkaartjies was vier sjielings, studente 'n halfkroon. Ek onthou Paul het vierduisend pond gemaak met daardie toer, en die meeste daarvan het hy in Parys gaan spandeer.
>
> Toneelspelers is baie sentimentele mense en hulle vind dit altyd moeilik om van 'n rol af te sien, of dit nou 'n plesier was om te speel of nie. Die rol word deel van jou in al die maande van toer, en jy neem swaar daarvan afskeid – soos van 'n dierbare familielid wat jy nooit weer sal sien nie. Dit was my eerste afskeid op toer, en nieteenstaande die feit dat die vakansie voorgelê het, het dit my ellendig laat voel. En dis eienaardig dat ek nog met die einde van byna elke toer dieselfde gevoel gekry het.
>
> Dit bly maar 'n treurige affêre. Daar was al toere waarop party van ons mekaar nie kon verdra nie, en tog, as die afskeidsdag kom, is daar 'n huilery. Dit lyk amper of die stuk ... die mense wat daarin speel, mensliker maak en aan mekaar bind, dikwels ondanks hulself. Van wat ek lees en self deurgemaak het, lyk dit of daardie kameraderie onder toneelspelers oor die hele wêreld bestaan. En tog is dit 'n beroep waarin afguns en kleinsieligheid net so 'n groot rol – indien nie groter nie – speel as in enige ander.
>
> [...] En dit is ook hierdie gees van vrymesselaarskap wat maak dat 'n beroepspeler onder alle omstandighede speel, selfs al is hy so siek dat hy op sy mees pessimistiese oomblik dink hy lê op sterwe na dood ...
>
> Onlangs nog het ek 'n tragiese voorbeeld hiervan in die koerante gelees. Almal wat die Kaapse dokke ken, ken seker vir "Dockyard Charlie". Hy is 'n ou afgeleefde akteur wat jaar in en jaar uit elke liewe dag as daar 'n boot inkom of vertrek, met sy kierietjie en hardebol-keiltjie op die kaai verskyn en die groot Charlie Chaplin naaap, om so die paar oulap te verdien wat die passasiers, van die boot af, na hom gooi. Maar met al sy fratse het hy nou die dag te geesdriftig geword, en daar tuimel hy met keiltjie, kierietjie en al in die ga-

ping tussen die kaai en die boot in. Hy kom op 'n sleepboot te lande en lê daar kreunend. Toe hulle hom afhaal en op 'n draagbaar sit en in die ambulans instoot, wend hy nog 'n flou poging aan om orent te kom en steun hy deur sy bleek lippe ... "the show must go on ..."

Op Kroonstad het ons *Rosekrans* die laaste keer gespeel [in Oktober 1930, volgens Binge (1969: 189) – D.B.] en elkeen het die aand 'n ware traan gestort. Wat alles nog meer beroerd gemaak het, was die feit dat ek en Paul kwaaivriende uitmekaar is, en ons nie eens gegroet het nie. Ag, maar dit kon my, kind wat ek was, maar min skeel, want my bankboekie was taamlik vol en ek het na die vakansie uitgesien ...

En dit is toe dat ek vir Uys [Krige – D.B.] ontmoet het. Ek het saam met Siegfried by sy oom en tante in Johannesburg gaan vakansie hou.

Siegfried se oom Rico de Beer was getroud met Elize Krige. Een môre vroeg is ... ek, Siegie en Elize na haar neef Uys se woonstel in Rissikstraat ... [H]y was nog in die bed. Daar was ook twee of drie jongmans wat oral rond op sofas en in beddens lê en slaap het. Dit was van die Engelse akteurs wat in *Journey's end* gespeel het. Ek onthou nog vir Terence de Marny in die hoofrol baie goed.

Die middag is Uys saam met ons bioskoop toe, waar ons *The Jazz singer* gesien het; ... Uys het my toe darem 'n bietjie geskok: hy het 'n hemp aangehad met amper geen rug nie! Daaroor het hy ewe goedsmoeds 'n Stellenbosch kleurbaadjie aangetrek. Hy was baie geesdriftig, kon geweldig baie praat, veral oor boeke en gedigte; en soms, as mens iets wil sê of aan die hand gee, luister hy nie eens na jou nie – sou jy sweer: Maar hierdie seun praat mos met homself! Toe hy hoor ek is 'n aktrise, het hy my sommer dadelik 'n toneelstuk belowe: 'n treurspel ... Vyf bedrywe, spesiaal vir jou geskrywe! dig hy sommer uit die vuis.

Weer *Besigheid is besigheid*

Volgens *Die Burger* van 7 Januarie 1931 reis De Groot eers na die destydse Belgiese Kongo, en daarna as lid van 'n Nederlandse toneelgeselskap na Nederlands-Indië. Maar met die eerste die beste boot keer hy terug na Suid-Afrika. Aan boord van die *Houtman* stel hy 'n advertensie vir spelers in *Besigheid is besigheid* op – hulle moet hom in Durban ontmoet.

So speel Lydia dan vir Paul de Groot in dié heropvoering. Intussen het sy swaar gekry: het saam met James Norval met vaudeville getoer en by 'n tandarts gewerk. Lindeque (1941: 69–70) onthou die volgende voorval:

Op Fochville, omtrent 20 myl van Potchefstroom, was daar 'n soort hotel, 'n winkeltjie wat gesluit was weens die depressie, met 'n verlate ou bobbejaantjie wat voor die deur op sy paal sit, en twee of drie huise. Ná die aandete is al die tafels uit die eetkamer gedra en stoele in hul plek gesit. Natuurlik was daar geen verkleekamers nie, en moes ons in ons hotelkamers aan- en uittrek, en deur die kroeg verhoog toe loop. 'n Paar ou mans het daar gesit, en een van ons het in die verbyloop 'n klap op haar boud gekry. Ons het 'n wit krytstreep getrek wat in die een hoek van die kamer die verhoog aangedui het. Ongelukkig was die hoteltelefoon op die verhoog en het dit 'n paar keer geweldig gelui terwyl ons aan die speel was. Paul kon dit nie meer uithou nie, lig die spreekbuis op en met 'n diep stem: "Ja, Isidor Lechat hier," en binnensmonds mompel hy iets soos: "Nou, tog niet zoo vervelig, mense!"

Maar wat dié aand die kroon gespan het, was die vrou in die eerste ry met 'n baba van sowat twee of drie jaar op haar skoot. Sy het haar so ingelewe in die spel dat toe Bertie, een van die akteurs, opkom en aan Paul sê: "Meneer Lechat, u seun Xavier is nou net in 'n motorongeluk gedood!" sy so geskrik het dat die kind soos 'n kalbas van haar skoot gerol en vlak voor Paul se voete tot stilstand gekom het ... En met 'n besorgde, vaderlike gebaar het Paul die kind aan sy moeder terugbesorg.

Ek onthou nog goed hoe ons op Ottosdal, doer ver in die Transvaal, gespeel het. Dit het toe bestaan uit een hotel, twee winkels, kerk, skool, 'n poskantoor en so 'n paar huise. Ons moes die aand in die skoolsaal optree waar daar geen verhoog was nie. 'n Paar skoolbanke is teen die een muur geskuif en breë planke daaroor gesit wat moes dien as verhoog; met die gevolg dat, as ons die een kant opklim, die ander kant opwip. Ses of sewe skoolseuns aan weerskante hou toe die verhoog vas.

Albertinia was 'n klein, eienaardige ou dorpie, met 'n groot marksaal in die middel, met wye deure waardeur ons bus kon ry tot vlak teenaan die verhoog, om dan so maklik die toneelbenodighede en dekor af te laai. Bokant die voordeur van die saal het 'n klok gehang wat elke aand nege-uur hard en lank gelui het om die kleurlinge te waarsku om van die strate af te wees; daar is geen verskil gemaak as daar 'n opvoering was nie; die klok het altyd op 'n baie dramatiese oomblik in die stuk gelui.

Dié toer was 'n mislukking. Lindeque skryf (1941: 64–65):

Op 'n Vrydagaand hou ons in Bloemfontein stil en Paul neem ons na 'n hotel vir die naweek. Ons was baie opgewek; ons mond het gewater om die aand bioskoop toe te gaan, maar al wat ons tussen ons vyf kon bymekaar skraap was agt oulap. Ons kon nie eens bekostig om na 'n kafee te gaan om na musiek te luister nie. Ons sit maar in die hotel se Palm Court, droëbek. Saterdagmôre vroeg is daar 'n skuldeiser om 'n tennisspaan te kom haal wat een van die spelers voor die toer by hom gekoop het. Ek het my byna doodgeskrik; ek het gedink hulle gaan ons kollega tronk toe neem. In elk geval, die bose skuldeiser is daar weg met 'n spaan wat 'n toertjie van meer as vier maande agter die rug het en glad nie meer van die nuutste lyk nie.

Maandagmôre is al die bagasie afgedra en op die stoep gesit, maar al wat kom, is die bus. Elfuur kry ek 'n patetiese briefie van Paul om te sê dat skuldeisers die bus opgeëis het en dat hy ons nie 'n pennie kan laat kry nie. Hy vertrek vanaand per trein na Johannesburg; ons kan maar in die hotel bly totdat hy geld in die hande kry om vir ons te stuur. Dit was natuurlik 'n gek voorstel, waarvan niemand gebruik wou maak nie. Die bagasie word teruggedra na ons kamers en nou moet ons klompie eers regtig begin toneelspel om die hoteleienaar nie te laat agterkom dat ons almal platsak is nie. Gelukkig loop ek 'n ou vriend van my raak en dié leen my vyf sjielings; daarmee het ons telegramme aan pa's en ma's, ooms en tantes gestuur om ons tog te help met 'n pondjie of twee, drie daar ons net erg in die pekel sit. Dinsdag het almal geld ontvang, kon ons die hotel betaal, en vertrek elkeen om sy lot by een of ander simpatieke familielid te betreur. Dit was dan die einde van *Besigheid*, en ook my laaste toer saam met Paul de Groot.

Kinders en 'n bokkie in *Genoveva*

Lindeque vertolk eers Annekie in *Ampie*. Haar volgende toer is in 1932 met Christophorus Schmidt se *Genoveva*. André Huguenet het die opvoering onder meer aangekondig as synde "Skoner as *Ampie* / aangrypender as *Mal Hans*. Pragtige kostuums!" Hy skryf in 1934 aan F.C.L. Bosman daaroor:

> Die kerkmanne wat graag die toneel wil aanhelp en aanwakker vra my om iets van gewyde aard te speel. *Genoveva* kom aan die beurt ... 'n Werklik goeie toneelspel en dit het verbasend opgang gemaak in die land en ons kon op elke plek nouliks die groot gehore sitplekke aanbied.

In *Die Burger* van 23 April 1932 word Lydia Lindeque gereklameer:

> Sy is 'n besonder mooi dogter van die Vrystaat – 'n egte Afrikaanse tiepe – sterk, vol lewenslus, en so ongekunsteld soos 'n kind van die natuur, een van die gelukkige mense wat die genot van die lewe in volle teue kan drink sonder om ooit 'n bitter smakie te proe.

Die verslaggewer haal Lindeque aan:
> Ek wens ons is al klaar met *Ampie* en besig met *Genoveva*, want ek is al so moeg van Annekie se toiings en verlang regtig na 'n ordentlike tabberd – al is die enigste verdienste daarvan dat dit skoon is.

Ook Bettie Reitz is by dié reklame betrek. Haar voorkoms as die hofnar word beskryf:
> Sy is pragtig in 'n wit en swart satynkostuum. Daar is 'n silwer klokkie aan die mus wat een kant swart is en die ander kant wit. Sy dra ook een swart handskoen en een witte.

Lydia Lindeque skryf (1941: 84–89):
> Met *Genoveva* was dit weer my lot om 'n dogtertjie van sewe jaar te soek en haar die rol van Smartryk te leer. Dit was een van die grootste take wat my ooit opgelê is. Elke dag as ons in die dorp aankom, gaan ek heel eerste na die kindertuin om so 'n vier of ses van die intelligentste outjies uit te soek. Dan nooi ek hulle uit om by my te kom tee drink die middag. Daar speel en gesels ons, en naderhand vertel ek hulle die storie van Genoveva:
>
> Genoveva is getroud met Graaf Siegfried en woon in 'n kasteel, 'n groot huis met baie bediendes; onder andere was daar ook Golo, die Graaf se persoonlike lyfwag, wat groot seggenskap oor almal in die kasteel had. Op 'n dag moet Siegfried oorlog gaan voer en laat hy Genoveva agter in die sorg van Golo; hy moes haar bewaak en dan die Graaf laat weet hoe dit met haar gaan. Kort nadat Siegfried weg is, het Genoveva geboorte geskenk aan 'n seuntjie, en sy het hom Smartryk genoem. Golo het hom sleg gedra in die afwesigheid van die Graaf en keer op keer Genoveva lastig geval met liefdesverklarings; maar sy het trou gebly aan haar man. Golo word toe kwaad en stuur 'n boodskap na die Graaf om te sê dat Genoveva ontrou was en hy het haar en haar baba in die toring opgesluit. 'n Boodskap kom terug van die Graaf: Af met haar kop! Twee beule kom met byle in haar sel en sou haar kop afkap, maar kry haar jammer ... en besluit om haar in 'n bos te neem en daar saam met haar seuntjie vry te laat. Sewe jaar lank het hulle in 'n grot gewoon. Die seuntjie Smartryk het 'n mak bokkie gehad wat hy Snelvoet genoem het. Eendag gaan Graaf Siegfried en sy vriende wild jag in die bos en daar sien hulle 'n bokkie wat weghardloop en in 'n grot gaan wegkruip. Hulle volg hom en Siegfried ontdek sy vrou en kind. Daar is groot jolyt, en nou is dit Golo se kop wat moet waai.
>
> Op dié manier raak ons gou groot maats. Ek het maar altyd dogtertjies gekies omdat hulle lang hare het en ek gedink het hulle is

makliker om mee te werk as seuns. Die een wat die rolletjie die eerste ken en mooiste opsê, is dan die Smartryk vir die aand.

Maar dis nog glad nie te sê dat hulle vanaand net so vrypostig gaan wees nie. Party begin geweldig huil, ander vergeet weer al hul woorde of praat so sag dat ek hulle nie eens kan hoor nie. Baie van die ou dogtertjies het ook niks van die idee gehou om 'n vel aan te sit, wat vir hulle rol nodig was nie. Want as 'n kind hoor van konsert, dink dit dadelik aan mooi blink rokkies, krulhare en strikkies.

So het ek een middag ook 'n outjie by my gehad. Sy was vreeslik ingenome met die rol en besonder voor op die wa. Toe ek vir haar sê sy kan nou maar gaan, sy ken haar rolletjie mooi, draai sy om en sê: "Ag, Antie, ek wil liewers 'n butterfly wees!" [...]

Op 'n ander plek ... moes [ek] maar die eerste kindjie vat wat voorkom. Sy was nog nooit in haar lewe in 'n konsert [nie] ... Een geluk, sy het pragtige lang hare gehad ... Dié aand het ons ons hande vol gehad met haar in die verkleekamer. Sy ... wou met geweld na haar ma toe gaan. Bettie Reitz moes net mooi praat; poppe en ander goed is belowe as sy mooi speel. Met die pouse het ek haar gewys waar sy moet sit as sy op die verhoog kom. Toe haar beurt kom, druk Bettie haar vorentoe, en sy hardloop by my verby, die ander kant af. Maar gelukkig vang ek haar aan haar hare en trek haar terug. Met 'n stem wat deur die hele saal weergalm, skree sy: "Ag, moenie my hare trek nie!" en dit was al wat sy die hele aand gesê het.

Baiekeer was die kindertjies vreeslik oulik, dan vra ons hulle met die pouse uit hoe die mense die konsert geniet. Op 'n aand sê een: "My ma sê dis mooi, maar my pa sê dis sommer 'n blêrrie gemors."

Die kindertjies ... het nog lank ná die *Genoveva*-toer hul toneelmammie kom opsoek. Party van hulle het so gou groot geword dat ek hulle nie herken het nie, dan was die verontwaardiging en teleurstelling baie duidelik op hul gesigte te lees ...

Met die *Ampie*-toer het ons gesien watter groot sukses die donkie gehad het. En daarom wou André baie graag 'n lewende bokkie kry vir *Genoveva*. Die bokkie speel nogal in die grot-toneel 'n groot rol [...]

Terwyl ons nog geoefen het aan die toneelstuk op Robertson, het ons gesoek na 'n bokkie om die rolletjie van Snelvoet te speel. Dit het swaar gegaan. Baie mense het gesê ons moet 'n dooie bokkie opstop, en dit dan met wielietjies oor die verhoog trek. Maar ons wou nie hiervan hoor nie; ons wou 'n *lewende* bokkie hê. Ons het ... die geluk gehad om 'n fraai klein steenbokkie present te kry. Die diertjie was die eerste paar dae ontembaar in die bus, hy moes agter by ons meisies ry, en dit het ons heelwat nuwe pare kouse gekos. Dit het darem nie lank geduur nie of hy was so mak soos 'n hond en het die hele pad doodstil aan ons voete gelê.

Maar ons grootste bekommernis was Snelvoet se kos ... Ons het toe 'n pypkan vir hom gekoop, en driemaal op 'n dag het hy sy melk soos 'n babatjie uit die kan gedrink. Hy het my baie aan 'n baba laat dink, want as ek nie stip op die tyd sy melk vir hom bring nie, maak hy 'n snaakse geluid kompleet soos 'n baba wat huil. Die melk het hom naderhand siek gemaak. Toe sê 'n ou oom vir ons dat hy lusern moet kry ...

Snelvoet ... was almal se liefling. Die publiek, en veral die ou tannies, wou eers om die dood nie glo dat dit 'n lewende bokkie is nie en het gemeen dit word met elektrisiteit gedryf. As hy op die verhoog kom, hoor jy net a's en o's van die publiek. Hy het later ook so gewoond geraak aan die verhoog dat hy in en uit die grot gespring het, of anders loop hy tot voor by die voetligte, en daar staan hy dan met sy dun beentjies en regop, gespitste oortjies na die mense en kyk.

Dewald van der Merwe was al een in die geselskap wat die bokkie nie kon uitstaan nie, omdat hy altyd op die verhoog aan Dewald se kaal bene kom lek het. Ek sien hom nou nog in die laaste bedryf voor die grot staan, waar hy (graaf Siegfried) sy vrou terugvind ná sewe jaar. Dan sê hy met 'n vreeslike melodramatiese stem: "Genoveva, my vrou, is dit jy? Dêmit, bok, ek skop jou dood, gee pad!"

Snelvoet was ná 'n tydjie op toer baie gek na ons. En as die bus stukkend is of 'n lek in die band kry, tel ons hom af, dan hardloop hy nes 'n hondjie agter ons aan.

As ons in 'n dorp aankom, is ons eerste sorg Snelvoetjie. Dan moet daar vir hom 'n klein lusernkampie gesoek word, wat natuurlik nie altyd maklik gegaan het nie. In Potchefstroom is hy ongelukkig in 'n kamp gesit waar giftige tulpe gegroei het, en dié aand was hy amper nie in staat om sy buiging te maak nie. Die skuim het by sy bek uitgestaan, en as ons hom neersit, gly die ou lang bene sommer in alle rigtings en daar lê hy hulpeloos. Die aand ná die opvoering het ons die arme diertjie per huurmotor uitgeneem na die landbouskool, waar die veearts sy bes gedoen het om hom te red. Maar twee-uur die môre het Snelvoetjie in Johan se kamer sy laaste asem uitgeblaas. Die volgende môre het ons 'n dooie, yskoue, stywe Snelvoetjie in die bus gelaai, en hom 'n paar myl buite die dorp gaan begrawe. Die hele dag het daar 'n doodse stilte in die bus geheers, en dié aand op die verhoog was dit kompleet of een van die spelers dood was.

[...] Ek het die rol van Genoveva verafsku. Dit het op my senuwees gewerk, veral die tronktoneel ... Op Fauresmith, op die mees dramatiese oomblik waar ek op die tronkvloer neerval om in my ellende om redding te bid, hoor ek 'n klok in die verte lui. Ek het net tyd om

"O Here ..." te sê, toe skree iemand: "Brand!" Oud en jonk spring op en bondel die saal uit. Ek lê daar stoksiel alleen op die vloer van my sel en kan sonder my publiek my gebed nie klaarmaak nie.

Dit was nie die teater wat aan die brand was nie, maar 'n Jodewinkeltjie 'n entjie die straat af, waaragter 'n rookdamp uitgeslaan het soos die mense pap kook in die agterplaas. Ek moes toe maar geduldig wag totdat almal weer in hul sitplekke was om met die gebed aan te gaan, maar die stemming was gebreek en die toneel vir goed verlore vir die opgewonde publiek.

Eienaardige mense

Lydia Lindeque skryf oor die mense wat hulle op die toneeltoere teëgekom het (1941:104–107; 124–126):

Daar was een ou karakter wat ek nie maklik sal vergeet nie. Sy was uit 'n growwe soort hout gesny, wat haar groot lomp ou figuur en haar geaardheid betref, maar in werklikheid was sy die ene liefde – wat aan al die teerheid in haar soms op die eienaardigste manier uiting gegee het. Ek weet nie eintlik waarom tant Sarie nou in my geheue haar gesette figuur die eerste op die voorgrond stoot nie ... miskien omdat sy altyd so "oorweldigend van goedheid" was.

Tant Sarie woon op Joubertina daar ver tussen die blou berge. Dit is 'n ou plekkie wat nie eens 'n hotel het nie – en tog het ons geselskap altyd vooruitgesien na die dag wat ons daar speel.

[...] Tant Sarie se slot en vesting is klein, met 'n eetkamer, twee slaapkamers en 'n kombuis waarin daar altyd, al kom ons ook op watter uur van die dag daar aangesit, die lekkerste boerekos spesiaal vir ons voorberei word ...

As ons ou groot groen bus twaalfuur in die middag in die agterplaas stilhou, staan tant Sarie in die agterdeur met haar sterk broodknie-arms in haar breë sye, reg soos 'n roer om ons te verwelkom. Amper in 'n koor skree ons uit: "Is die boontjiesop al op die vuur vir vanaand?"

"Ja, ja!" kom dit van die kombuis. "Ek het julle klomp gek goed mos verwag. Kom, klim af, ek gee vir julle lekker kos – boerewors en eiers! En julle moet sien die tamaties wat ek het, so rooi soos jou rok, kind, en so groot soos klein pampoene. Hoe gaan dit nog met jul kaneelskap, jul arme sukkelaars? Maar jy lyk mooi, kind, met jou rooi wange ... Dit kom uit die apteekwinkel, nè? Nee, nee, met my gaan dit nog goed, meisiemens, net die jig tel my so op in die laaste tyd. Ek sê jou, *hy tel my op* ... Maar kom in, kom in, die boerewors word koud. Vir wat staan julle daar in die hitsigheid en swart brand ..."

"Wag, tant Sarie, ons moet jou eers voorstel aan ons nuwe speler, meneer Johan Piek," sê een van ons.

"Wat, piek, piek en tjoos! Ga! Ga! Ga!" lag sy dat haar hele ou liggaam ... op en af skud.

En daar sit die hele "kaneelskap" om die tafel en tant Sarie dra net borde vol kos aan. Al die voorvaders kyk plegtig en lewensgroot op ons af uit hul yslike goue rame; en terwyl ons eet, vertel tant Sarie omslagtig die lewensgeskiedenis van elkeen van hulle en van al hul wonderlike "wedervarenhede" in die goeie ou vanmelewe se dae ...

[...] Vir André het sy altyd "Hans" genoem. In die rol van Mal Hans moes hy 'n groot indruk op haar gemaak het.

Op 'n môre sit die geselskap in die bus, klaar om te vertrek, toe oom Jan, 'n boer in die distrik, sy kop by die busvenster insteek en vra: "Kyk, sê my, wie van julle klompie was nou Mal Hans gisteraand by die konsert?" Toe André sê dat dit hy was, gee die oubaas net sulke lang knikke van waardering: "Neef, jy is darem vir jou 'n ware êktress ..."

Op 'n Karoodorp het ons 'n snaakse ondervinding gehad met 'n jong man, X. [H]y was sterk gebou, met 'n mooi manlike gesig en pikswart hare. Alhoewel ons hom al so dikwels (in ander dorpe se hotels) gesien het, wis ons niks van hom af nie, behalwe net dat hy 'n handelsreisiger is. [...]

[D]it was met ons *Johannes van Wyk*-toer waar ons die mooi kostuums gedra het met die lae halse ... [T]erwyl ons drie meisies besig is om gou te verklee, voel ek die growwe materiaal van 'n manspak teen my rug. En sowaar hier staan ons Adonis tussen die drie van ons ...

Hy bewe soos 'n riet, lyk of hy al sy positiewe heeltemal kwyt is, terwyl hy sê: "I have always admired beauty ... Please, please don't send me away ..."

[...] Bettie het die meneer dadelik in 'n klein kamertjie net langsaan wat oop gestaan het, gedruk en toe die deur toegesluit. Daar moes hy tot pouse sit, toe het ons hom na 'n deur geneem wat in die saal ingaan, en hoe hy ook al gepleit het dat ons dit nie moet doen nie, omdat daar van sy klante was wat hom sou sien uitkom, het ons hom met 'n stoot in die rug gedwing om die vol saal binne te stap. En dit was die laaste sien van die sjarmante meneer. Van toe af het hy gesorg dat hy uit ons pad uit bly.

Op 'n ander klein plekkie het ... [e]k en Ena die middag op die stoep van die losieshuis gesit en neute kraak met 'n klip toe daar 'n snaakse soort man na ons toe kom en ewe goedsmoeds met ons begin gesels terwyl hy smul aan die neute wat ons so swaar oopkry. Hy het 'n eienaardige uitdrukking in sy oë gehad, maar ons het hom maar laat begaan en toe hy weg is, het ons hom gou vergeet.

Dié aand ná afloop van die spel was ons drie meisies besig om al die toneelbagasie in te pak in die mans se verkleekamers, en toe ons na ons eie kamer terugkeer, wie sou ons daar vind maar ons einste vriend van die middag ... Hy sit penregop voor die spieël en besmeer sy gesig met die rooi smeerstowwe. Hy het 'n mal kyk in sy oë. Hy het al 'n paar bloedrooi lippe en sien daar allervreesliks uit, amper soos 'n spook wat probeer vrolik wees of so iets.

Toe hy ons gewaar, laat spat hy na buite. Dit het ons skoon van stryk gebring. En toe ons in die pikdonker straat tussen die peperboompies loop, het ons aldrie maar met 'n holrug aangestap langs die stil swart huise verby. Die man se gesig met die rooi lippe en wilde oë spook gedurig deur ons gedagtes ...

Die losieshuisie was maar baie bouvallig; party van die kamers se ruite was stukkend en had geen gordyne of iets voor nie. Ena was ongelukkig in so 'n kamer. Toe sy in die bed lê met 'n klein kersie op die tafel langs haar, sien sy skielik die man met die rooi lippe by die stukkende venster. In 'n vreeslike stem sê hy vir haar sy moet die deur dadelik oopmaak, hy wil inkom, en onmiddellik daarna mik hy ook deur se kant toe ...

Ena gee net een harde gil, in 'n kits is Dewald by en daar spring hy en die man aanmekaar. Hy het die vent glo lelik toegetakel, daarna vir Ena na my kamer gebring. [...]

Voor my deur in die stil agterplasie – en is daar iets stiller op aarde as 'n Karoonag? – het daar 'n sinkplaat gelê en daaroor het die gek man aanhou bly val soos hy in die pikdonker sukkel om by my deur te kom. Maar gelukkig was my kamerdeur goed op slot en ek het tot vroeg in die môre nog gelê en luister hoe die sinkplaat raas en die man 'n paar maal worstel om die vensterraam op te stoot.

Die volgende dag vertel die losieshuiseienaar ons dat die arme man die slaaf geword het van drank en omdat daar geen drank op die plekkie te kry is nie, drink hy dan allerhande dinge soos brandspiritus, boegoebrandewyn, ens., wat natuurlik op die duur sy brein aantas. En dan raak hy soms heeltemal van sy kop af en dwaal hy rond in die nag ...

Ek het 'n man vermoor

Ná *Johannes van Wyk* in 1934 toer hulle in 1935 met *Ek het 'n man vermoor* deur Maurice Rostand. 'n Anonieme kritikus (ongeïdentifiseerde, ongedateerde knipsel, F.C.L. Bosman-versameling) het die hele geselskap tydens 'n swak vertoning betrap. Met elkeen was daar fout te vind:

Lydia Lindeque: Sy het te veel gesloer tussen spraakbeurte. Ena du Toit: Aan haar uitspraak het daar kort-kort iets gehaper. Siegfried Mynhardt: In sy vertolking van 'n ou man was daar in sy bewegings 'n teenstrydigheid van ouderdom en jeug. André Huguenet: Hy het nie altyd deur genoeg warmte van segging uit sy helder stem gehaal nie en het soms op 'n senuweeagtige wyse getrappel wat vreemd aangedoen het.

Lydia Lindeque vertel (1941: 128–129) dat die treurigste ondervinding wat hulle geselskap nog gehad het op die dorp M. was:

In dieselfde hotel as ons het daar 'n vriend van die geselskap gebly wat altyd baie gaaf vir ons almal was. Altyd, as ons Saterdagaand daar speel, dan woon hy die opvoering by en daarna reël hy vir ons so 'n klein partytjie in die hotel.

... (D)ié aand was hy net op sy stukke en het hy ons baie geamuseer. Die volgende dag, Sondag, was hy die hele dag by die mans en het hulle mooi musiek gemaak en ook af en toe gesing tot die aand omtrent sewe-uur. Ek onthou nog hoe treffend die manstemme opgeklink het in die loop van die lang Sondagmiddag wat so stadig omgegaan het ...

Dié aand ná ete het Siegfried by my kom sit en gesels tot omtrent so tienuur. Toe sê hy hy gaan nou ons vriend, Tom, vra om saam met hom en Nico te gaan teedrink in die kafee ...

Eenuur die môre kom Siegfried my kamer binnegehardloop. "Slaan aan die lig! Slaan aan die lig! Waar's die lig?" hyg hy half uitasem. "Lied, Tom het lysol gedrink ..."

[...] Spierwit en verskrik het Siegfried my toe die hele geval vertel. Nadat hy my kamer verlaat het, het hy by Tom gaan aanklop. Tom wou egter nie saam met hom en Nico [van Rooyen – D.B.] gaan teedrink nie. Hy het besluit om 'n end aan sy lewe te maak, het Tom ewe ongeërg gesê. Siegfried en Nico het natuurlik gedink hy speel sommer, met hom gespot en gevra of hulle hom nie miskien 'n botteltjie lysol kan bring nie. Daarna is hulle vort ... Toe hulle terugkom, gaan kyk hulle wat van Tom geword het. En daar lê hy voor sy wastafel op die grond ... Siegfried en Nico het die arme kêrel van die tweede verdieping afgedra en hospitaal toe geneem.

[...] [E]k dink nie ek was ooit daarvoor of daarna so beangs en senuweeagtig nie ... Siegfried en Nico het by my gebly tot drie-uur die môre.

Die volgende dag is Tom in die hospitaal dood.

Kobus Esterhuysen (Van Schoor, 1961: 29):

Baie dae wonder ek of André, met sy opvoering van *Ek het 'n man ver-*

moor nie meer geneë was om mý te vermoor nie. Vir die dramatiese openingstoneel het hy 'n flitslig gebruik. Daarvoor moes ek nuwe batterye besôre. Die batterye het ek wel gaan koop, maar ek is nie seker of ek met die insit daarvan 'n goeie taak verrig het nie. André het voor die biegkas van die priester stelling ingeneem, en soos hy aand ná aand gedoen het, die flits tussen sy bene vasgeknyp terwyl die lig op sy gesig geskyn het. "Vatter, Vatter, daar lê iets swaar op my hart ..." begin hy. Op daardie moment gaan die onderste dekseltjie van die flits oop en twee swaar batterye plons op die plankvloer neer en rol tussen sy bene deur oor die verhoog heen. "Vatter, ek het 'n man vermoor, Vatter," gaan hy in die duister voort. Vir my het dit geklink of hy sê: "Vatter, ek gaan 'n man vermoor," en die res van die opvoering het vir my in 'n vae beeld teruggesink. Met teedrinkery en koek-etery daardie aand ná die opvoering en in die teenwoordigheid van die dokter en ons magistraat, vra my vader: "Maar, André, wat het dan nou eintlik so swaar op jou hart gelê vanaand?"

"Twee flitsbatterye, dominee, twee flitsbatterye."

Lydia Lindeque en Uys Krige trou

Ná Uys se ses jaar in Europa ontmoet hy Lydia weer. 'n Romanse ontwikkel. Terwyl sy met *Die doodvonnis* toer, probeer hy byvoorbeeld om waar moontlik 'n naweek saam met haar deur te bring. Sy broer Bokkie het hom met 'n motor vervoer na plekke soos Potchefstroom, Kroonstad of Bethlehem.

Volgens 'n berig in *Die Burger* van 29 Januarie 1937 is hulle in die geheim in die Kaapstadse magistraatskantoor getroud. 'n Sypaadjiefotograaf was verantwoordelik vir hulle huweliksfoto. Eers 14 dae later vind die personeel van *Die Suiderstem*, waar Uys gewerk het, uit dat hulle getroud is.

Lydia Lindeque vertel die volgende net in *G'n proteas vir Cleopatra*:

> Die enigste persoon wat van ons troue geweet het was Goegoe Lourens, 'n ou vriend van Uys, vir wie ons gevra het om as getuie op te tree. (Hy was ook my advokaat by ons egskeiding een-en-twintig jaar later.) Ná die huwelik is ek weer terug op toer met *Gevaarlike huwelik*. Ek het my trouring aan 'n lang ketting om my nek gedra. Waarom al die geheimsinnigheid weet ek nie meer nie.

Een Vrydagaand ná 'n opvoering gaan kondig sy in André se kamer aan dat sy vir die naweek Kaapstad toe gaan:

> Hy was baie, baie omgekrap met my plan: "Julle mense dink julle is met vakansie. Daar is honderde handbiljette wat moet geadresseer word, en dit is wat ek gereël het vir die lang naweek. Werk! Werk!"
>
> "Ek gaan Kaapstad toe om by Uys te wees. Ons is getroud, weet jy."

André het so wit geword soos die lakens op sy bed. Hy het my lank aangekyk, uit sy bed geklim, kamerjas aangetrek en met bewende hande vir hom 'n drankie ingeskink.

"Ek is tot in die diepste van my siel geskok. Ek het nog steeds gehoop dat ek en jy eendag sal trou!"

Die volgende môre is ek Kaap toe, en André moes vanaf agtuur die môre besig gewees het om al die koerante en uitsaaistasies te bel en die nuus te gee van my troue. En ek het hom nogal so mooi gevra om dit vir niemand te vertel nie; ons wou eers ons ouers self in kennis stel. Uys was woedend toe die berig van ons troue oor die radio uitgesaai word en die koerante die volgende dag vol foto's van ons was. André het dit gebruik vir reklame, net voordat ons in Kaapstad sou optree, en dit is wat Uys so kwaad gemaak het. Ek glo ook Uys was jaloers op André.

In die Paasvakansie laat weet Krige per telegram vir Huguenet in Durban dat Lindeque nie verder gaan toer nie. Sy was baie ontsteld daaroor, maar Uys wou nie ingee nie. Op Kersdag 1937 word Eulalia vir hulle gebore. Terwyl hulle in 'n houthuisie in Clifton woon en sy swanger was, het sy en Siegfried Mynhardt baie oor die goeie ou dae saam met Paul de Groot gesels. Dit het aanleiding gegee tot *Trek op die skerm!*

Die eerste opvoering van *Magdalena Retief*

Uys Krige verower in 1938 die eerste prys met *Magdalena Retief* in 'n wedstryd van die Krugerdorpse Toneelvereniging vir die Voortrekkereeufees. Lydia Lindeque bring hulde aan P.P. Breytenbach, toe nog die groot dryfkrag agter dié vereniging (1941: 140–146):

> Hy is die voorsitter of president van omtrent 'n halfdosyn verenigings, rade, ens., hoof van 'n groot tegniese skool, 'n uitstekende toneelspeler en dan nog verder die wakker, ondernemende voorsitter van die Vereniging vir Drama en Opera. Sy werkkrag, dus, is onuitputbaar ... En dit het my glad nie verbaas nie toe mev. Breytenbach my vertel dat "Breytie" – soos hy algemeen genoem word – gereeld soos klokslag 'n senuweeaanval kry so gou as hy met vakansie is. Sommer die eerste paar dae is hy gedaan ... Werk is dus sy enigste plesier en sy enigste ontspanning; en as hy nie werk nie, word hy tot sterwens toe siek ... Nou speel hy ook die rol van Piet Retief.
>
> [...] Ons het ses weke lank gerepeteer en die afrigting was vir my glad nie so moeilik en veeleisend as ek my voorgestel het nie – miskien te wyte aan die buigsame spelers. Ook, alhoewel ek soms met hom die gek geskeer het omtrent sy "regisseurskap", het Uys my af

en toe 'n wenk of suggestie gegee wat nogal konstruktief en van nut was ...

Alles het goed afgeloop tot twee of drie dae voor *Magdalena* se première toe ek tot my ontsteltenis moes uitvind dat dit vir ons absoluut onmoontlik sou wees om die stadsaal te kry vir 'n voldrag-repetisie ... U moet u die geval probeer voorstel: dit was my "terugkeer", ná 'n afwesigheid van twee jaar, tot die Afrikaanse toneel; dit was by verre na die langste en moeilikste rol van my loopbaan; dit was ook die eerste opvoering van my man se eerste stuk – en 'n stuk boonop wat uiters moeilik is om op te voer omrede van sy baie spelers en sy baie verwisselings van kort afsonderlike tonele – en soveel het ook van hierdie première afgehang wat betref ons albei se hoop en strewe in verband met die Afrikaanse toneel in die toekoms.

Die aand voor die opvoering was daar 'n groot banket in die stadsaal vir al die afgevaardigdes na die konferensie ... Dit het my belaglik voorgekom. Ek het dit beskou as 'n nuttelose vermors van kosbare geld en tyd en dat hulle liewer die stadsaal aan ons kon afgestaan het vir 'n ordentlike voldrag-repetisie. Maar ek was een-en-'n-half – ná een openbare protessie het Uys geswyg – teen 'n honderd ander ... En hoe kon ek dan so selfsugtig wees om almal se plesier te wil bederf? En ek moet sê, die banket het ek self baie geniet.

... [O]p die banket het ek weer, 'n hele paar maal, lank gesels oor die bedroewende feit dat ons môreaand moet optree sonder een enkele voldrag-repetisie. Daar het selfs 'n vervreemding gekom tussen my en "Breytie" vir wie ek so 'n groot eerbied en agting het, want ek het geweet dat hierdie onbevredigende reëling sy werk was. En al ding wat ek uit hom kon kry, was sy aartsvaderlike versekering dat alles wel sal regkom – wat maar 'n floue troos was vir iemand so opstandig as ek destyds ...

Ná afloop van die banket ... – dit was reeds lank ná middernag – het hulle ons in die burgemeester se "voorkamer" onthaal. Daar het ek weer al my nood en ellende aan die simpatieke mev. Breytenbach meegedeel. Sy was dit met my volkome eens dat dit haar man se skuld was. Daarna is ons terug saal toe om so 'n bietjie te draai. En die eerste persoon wat ek in die saal raakloop, is "Breytie". Iets krop in my op, ek praat net holderstebolder, meneer Breytenbach kyk my effens verbluf aan, en nie te lank nie of daar volg 'n volslae versoening tussen die twee van ons.

Daar staan ons in die volle gloed van die groot lampe, ek teen sy bors aan, hy met sy arms in 'n vaderlik-besorgde houding op my skouers. Om ons dans en draai die pare en ek huil net stilletjies teen die lapel van "Breytie" se aandpak ... En terwyl hy my met sagte woordjies troos – so vertel Uys, wat die hele toneel baie "amusant" gevind het, my naderhand – staar hy oor die koppe van die dansers heen, is daar 'n ver, droewige kyk in sy oë, "presies asof hy die smart en ellende van gans die mensdom aanskou en verstaan, en daarmee 'n diepe medelye het ..."

Terwyl ons nog daar staan, kom 'n ouerige man na ons en dié begin my toe ook troos. Hy is 'n baie simpatieke figuur wat jare lank op die Londense verhoog was en wat my "bewoëndheid" goed kon begryp ... Hy nooi toe vir my en Uys uit na sy kamer in 'n naburige hotel ...

In sy kamer het hy baie grappe en verhale omtrent die toneel en toneelmense te vertelle gehad. Later neem hy toe 'n groot foto van sy tafel op en wys dit aan my. En toe vertel hy ons die tragiese verhaal van sy huwelik met 'n aktrise. Die mooi foto is dié van sy vrou ... Hulle was net 18 maande getroud toe sy met die geboorte van haar eerste baba dood is. Ook die kind het binne 'n paar uur gesterf ...

Dit was te erg vir my in die oorspanne en baie gevoelige toestand waarin ek was, en daar bars ek weer in trane uit. Die ou akteur het my maar laat begaan, niks gesê nie. En toe ek my uitgehuil het en weer omkyk, die tipiese deurmekaar kamer van 'n oujongkêrel gadeslaan en skielik die besef kry hoe leeg en eensaam hierdie ou man se lewe moet wees, met slegs die herinnerings aan 'n ou geluk nog vir hom oor, het ek plotseling skaam gevoel omdat my eie ou verdrietjie en moeilikhede so klein en gering is in vergelyking met dié van so baie ander mense. [...]

[E]k het heeltemal 'n nuwe mens gevoel toe ek om nege-uur die volgende môre die saal binnestap met die klein gelukbringertjie in my hand, wat die ou heer my die aand te vore gegee het.

Maar in die saal het daar vir my 'n verrassing gewag. Die laaste stuk dekor het eers laat die middag van die opvoering opgedaag ... Dit was 'n perskeboom, oortrek van lentebloeisels, vir gebruik in die allereerste bedryf – en van groot simboliese betekenis en waarde vir die hele stuk. En wat sou ek sien toe hulle die perskeboom eindelik ophang – nie 'n enkele lentebloeiseltjie nie, niks anders nie as net groot pragtige ryp perskes, "in volle bloei", vet soos klein spaanspekke.

En daardie boom moes die eerste tere bloei van die lewe voorstel ... Uys het hard gelag en ek was briesend. Toe soek ons almal vir die man wat gewoonlik die dekor vir die Vereniging skilder, maar hy was nêrens te vinde nie. Ten einde raad gryp een van ons beste spelers, Louis van Rensburg, 'n kwas en in 'n kits het hy die reuseperskes in die fraaiste bloeisels verander, wat die aand bepaald 'n mooi vertoning gemaak het.

Ek en Uys was die hele middag in die saal besig om alles in die haak te bring en die spelers wat gedurig op die verhoog met die opstel van die dekor aan die swoeg en sweet was, nog vir oulaas 'n bietjie te laat oefen. Alles, het ons besluit, was nou in orde – *behalwe net dat ons nooit 'n "voldrag" gehad het nie!* Die spelers moes toe die aand op die verhoog verskyn sonder dat hulle een enkele maal vantevore tussen die moeilike dekor beweeg het ...

In die verkleekamer was daar drie dames om ons te help. Twee het die spelers gegrimeer terwyl mev. Haddon, 'n skat van 'n vrou, besig was om kos by my keel te probeer afdruk. Ek het die bedagsaamheid van die drie dames baie op prys gestel, want hulle het daarin geslaag om baie van my senuweeagtigheid en ook dié van die ander spelers te laat verdwyn. Ook die ou welbekende reuk van smeerstowwe in my neus ná byna twee jaar, het my vertroue gegee ...

Wel, voor 'n gepakte saal, met baie van die toeskouers in Voortrekker-drag, het ons eindelik begin speel. Elkeen het sy rol pragtig vertolk ... "Breytie" ("good old Breytie", soos ons hom ook wel genoem het) se voorspelling het waar uitgekom, daar was nêrens 'n haakplekkie nie, en toe die skerm enkele minute ná middernag vir die laaste maal sak, kon ek nie glo dat alles so goed van stapel geloop het nie.

Maar die resensent van *Die Vaderland* van 15 Desember 1938 stem nie saam nie:

> Ek het die eerste opvoering van *Magdalena Retief* in die Krugersdorpse stadsaal bygewoon. Daar was heelwat hinderlikheidjies (die skerm het bv. nooit op die regte oomblik gesak nie en alleen 'n luide gelui van 'n klokkie êrens op die verhoog het die man by die gordyn laat wakker skrik), die dekor was nog nie heeltemal in die haak nie en die groepering van die figure het dikwels nie spontaan genoeg geskied nie, maar dit is van ondergeskikte belang en ek noem dit alleen omdat die opvoering so 'n magnifieke prestasie vir Lydia Lindeque en die Krugersdorpse amateurs is dat dit ook die moeite werd is om die fynste besonderheidjie van die opvoering in die haak te hê.

Lydia Lindeque skryf (1941: 146–147):

> Maar ek het gevoel asof ek op die plek inmekaar kon sak, so uitgeput was ek. Ek was selfs te moeg om van ons sukses te geniet. Al wat ek wou doen, was om êrens in 'n donker kamertjie in te kruip en daar te sit en huil en huil – "trane van vreugde", soos my ouma altyd gesê het. Ek het toe nie die krag gehad om vir die donker kamertjie te gaan soek nie, staan toe sommer teen die muur in die gang, en toe dr. Freddie Bosman, geesdriftig oor ons prestasie, die gang afkom, vind hy my daar soos 'n verlepte blom teen die muur, al weer aan 't grense

... van vreugde of van moegheid? Ek weet eintlik nie. Seker van albei. Miskien was ek ook hartseer dat ons nou moes afskeid neem van Krugersdorp en al sy liewe mense wat so goed vir ons was.

En was dit nie vir die geesdrif van beide pers en publiek en dat ons twee dae daarna weer by Eulalia sou aansluit nie – die hele ses weke was sy by haar ouma in Pretoria – sou ek dalk weer, met al die afskeid neem, trane gestort het ...

Die resensent van *Die Vaderland* vervolg:

Lydia Lindeque het konvensioneel as jong boeredogter begin, maar algaande 'n innigheid en 'n diepte in haar vertolking van Magdalena Retief gebring wat haar terugkeer tot die Afrikaanse toneel 'n gebeurtenis van groot betekenis maak. Haar konsepsie van die ouer vrou was onteenseglik veel ryper, veel dieper as die uitbeelding van Magdalena die jong lewenslustige boeredogter. Veral in die slotbedrywe het sy 'n diepte openbaar wat haar tot karaktervertolkster van uitnemende waarde stempel. Ek hoop mej. Lindeque sal met haar terugkoms na die toneel nie net terugkeer na mooi rokke en ligte, klein-vroulike rolle waarin sy wel in die ou dae van De Groot en Huguenet 'n glansryke verskyning op die verhoog was maar betreklik min geleentheid tot speldiepte gekry het nie. Haar spel het intussen 'n warme waaragtigheid gewin wat groter rolle as dié van salon-skoonhede waardig is.

Mnr. P.P. Breytenbach se Retief was 'n eerbiedwaardige figuur, sterk met dié beheerdheid wat in waaragtige krag skuil. Maar waarom, mnr. Breytenbach, het u daardie eerste aand u rol probeer voordra? Veral daardie ge-elokusiede (as ek die woord mag vorm) "a"-klank was baie steurend. Die geweldige dramatiek van so 'n eenvoudige maar juis daarom roerende oomblik waar Retief die Bybel lees, het verlore gegaan omdat mnr. Breytenbach daar sy hele spraak vervorm het om bewus plegtig te wees. Hy het gekunsteldhede nie nodig nie, want hy is onteenseglik 'n akteur van eerbiedwaardige formaat.

Noodlotskind

Die Krige-gesin vestig hulle kort voor die uitbreek van die Tweede Wêreldoorlog in Johannesburg. Aan die einde van Augustus 1939 beskryf Uys in die gedig "Waterkloof" oomblikke saam met sy vrou en dogtertjie "teen die hoogste heuwelrand":

Lydia swyg, staar in die blou
en ek lees Keats se briewe.
Eulalia kruip rond op vet beentjies.
Sy swaai hot om, dan met 'n oulike liewe

glimlag gaan sit sy op my boek.
Ek frons konsuis, sy lag, sy skater;
dis of 'n streep wit klippies plons
skielik in 'n poel helder water.

'n Man wat lees. 'n Vrou wat peins ...
'n Luggie ritsel sag
teen die pers glooiing van 'n heuwel.
Stilte ... en 'n kindjie lag.

Die vrede word verbreek deur 'n vliegtuig "soos 'n grys galg strak teen die lug". Die digter word bewus van die naderende oorlogsgeweld:

Man, vrou en kind één in 'n sfeer
ontdaan van alle haat of nyd,
hier saamgevoeg in stilte en rus
of daar geen bloedbad wag, geen smart, geen stryd.

Oor haar optredes in *Noodlotskind* van Jacques Duval en in *Germanicus* van N.P. van Wyk Louw skryf Lindeque in nie een weergawe van haar outobiografie nie. Anna Neethling-Pohl (1974: 102) vertel wel daarvan. Anna speel op 1 tot 3 Junie 1939 in *Soldaat* van Paul Raynal vir die Volksteater in Pretoria "toe die oorlogswolke oor Wes-Europa saamtrek":

Ek self het 'n groot les geleer. Die rol van Aude, die meisie in die stuk, was veeleisend en ek het baie tyd en energie daaraan bestee en dou-voordag alleen gerepeteer. Die rol het my fisiek ook aan die lyf gevat, en op die openingsaand, ná die finale gordyn en applous, sit ek stil in my kleedkamer, elmboë op die tafeltjie en huil, taamlik stormagtig. Van die eerste lede van die publiek wat agter toe kom, was Lydia Lindeque en 'n geleide. Sy was toe al weg van Huguenet en wou die verhoog finaal vaarwel sê, maar was in Pretoria, waar sy ook vir Volksteater as gasspeelster in 'n Franse stuk wat ons *Noodlotskind* genoem het, gespeel het. (Haar laaste optrede was as Agrippina in *Germanicus* van Van Wyk Louw toe die ou N.T.O. die Burgersentrum van Bellville geopen het onder my regie, en wat 'n uitmuntende vertolking was Lydia s'n nie!) Ek het 'n groot bewondering vir Lydia gehad. Sy was vir my mooier as enige uitlander-ster en ek het altyd gewens dat ek ook eendag die soort *glamour*-rolle sou kon speel wat sy haar *forte* gemaak het. Sy het mos eenmaal in 'n blinker-rok verskyn wat die publiek na sy asem laat snak het, ag, en ek het tot vandag toe nooit die kans gehad om só te verskyn nie!

Toe Lydia nou die kleedkamer binnekom en my sien sit en snotterbel, soos Huguenet sou gesê het, staan sy koel-pragtig, onsimpatiek na my en kyk. Haar woorde kom effens uit die hoogte en val koud op my warm hart.

"Dit was 'n mooi aanbieding en jy het goed gespeel. Dit maak my byna lus om maar weer die planke te vat, maar waarom sit jy nou en huil? Die opvoering is verby en mens moet tog weet dat jy besig was met 'n rol, hoe tragies ook al, nè? Of kan jy nie dié soort tegniek bemeester nie? Jy is nie meer Aude nie. Ont-schmink en gaan aan met jou eie lewe, mens. Dis amateuragtig en kinderagtig."

En sy draai om, skud haar aandjas om haar reg, en seil die kleedkamer uit.

Dit was 'n lang toespraak vir die swygsame Lydia en ek het dit nooit vergeet nie.

Toe ek die regie doen vir *Noodlotskind* [in 1940 – D.B.], sê ek by 'n repetisie:

"Lydia, dis 'n oujongnooi wat groot verdriet belewe ... sou jy nie 'n bietjie meer emosie kon gee nie? Ek meen nou, 'n traan of so?"

Blitssnel kom die antwoord:

"Met watter oog?"

Ek antwoord: "Met die een na die gehoor toe, ellendeling!"

Dit herinner aan die slot van Stephan Bouwer se gedig "Aktrise 1" uit *Portrette, private dele & kanttekeninge*:

> die opname begin
> en nou moet sy magic skep
> dit word vir haar 'n groot inspanning
> om die kuns te dien
> daarom spaar sy haarself deesdae
> en huil net met dié oog wat die kamera sien

"Sy het mos eenmaal in 'n blinkerrok verskyn"

Lindeque vertel die storie van Die Rok (1941: 115–117):

> Van al die "rare tipes" wat ons op toer ontmoet het, was 'n sekere ou oom Piet seker die raarste. Dit het gelyk of die toneel by hom 'n hartstog was. Hy het nooit van 'n enkele opvoering weggebly nie. En hy was dan ook gewoonlik die hoofvermaak van die aand ... So gou as die deure oopgaan, is hy die eerste deur, haas hy die gang af en gaan hy in sy sitplek sit met 'n houding asof die hele saal aan hom behoort. Daarvandaan brand hy dan los met sy grappies die een na die ander. Hy bestook almal, maak nie saak wie in sy pad kom nie ...
>
> Nie te lank nie of hy begin haastig word dat die skerm moet opgaan. Dan skree hy: "Op met die lappie!" Die mense skaterlag en elke slag as daar met die pouse tussen die verskillende bedrywe miskien 'n bietjie gedraai word, hoor ons net hoedat hy met luide stem sy raad aan ons herhaal: "Op met die lappie! Op met die lappie! ..."

> [...] In *Haar egskeiding* het ek 'n pragtige tabberd van silwerblinkers gedra. Dit het geblink soos 'n spieël en toe my vriendin, mev. Carinus-Holzhausen, my vir die eerste maal daarin sien, het sy haar hande saamgeklap, hulle toe gebak gehou en uitgeroep: "Jy lyk nes 'n silwervissie ... Ek wil jou vang en in 'n glasbak sit!"
>
> Die rok was miskien 'n bietjie te blinkerig, nousluitend en wêrelds vir my smaak van vandag – ek het naderhand 'n hekel begin kry aan ons modeparades – maar toe ek daardie aand op X op die verhoog verskyn, was oom Piet Lekkerdraai reg vir my. Hees en skor styg sy stem bo al die uitroepe van verbasing duidelik hoorbaar uit: "Gooi 'n kombers oor haar! Die kind is nakend!" [...]
>
> Dis eienaardig, maar ek het naderhand begin dink dat ek bekendheid verwerf het, nie deur my spel nie, maar deur die einste blinkerrok. Ek het naderhand gehoor dat die mense vam my praat, nie as Lydia Lindeque nie, maar as "die meisie met die silwer rok", net soos hulle altyd van Wena Naudé praat as "die meisie wat die appel geëet het".
>
> Ek wonder waar my blinkerrok nou is ... Die duisende sequins waarvan dit gemaak is, het naderhand bietjie vir bietjie begin afskilfer. Die silwervis het sy skubbe begin verloor: soms by 'n dans was daar 'n blink spoortjie van klein, glinsterende blinkers al agter my aan. Baie later, toe ek een aand die rok aan had op 'n dans, het ek stry gekry met my man. Dit was ons eerste twissie en dit het my so hartseer gemaak dat ek nie weer daaraan herinner wou word nie. Ek het die rok toe aan 'n vriendin gegee, ook 'n aktrise, wat gek was daarna, later op 'n dans ook 'n prys daarmee gewen het, en wat onlangs in tragiese omstandighede dood is.

Twelfth night

Nou volg die tydperk in Lydia Lindeque se lewe wat alleenlik in *G'n proteas vir Cleopatra* beskryf word. Behalwe waar anders vermeld, kom alle aanhalings uit dié 1997-weergawe.

In 1940 speel Lindeque haar eerste rol in Engels: Viola in *Twelfth night*, met regie deur Marda Vanne en Gwen ffrangcon-Davies. Lindeque vertel in *G'n proteas vir Cleopatra*:

> Die openingsaand, toe ek in die koelisse reg staan om my eerste verskyning te maak, het die angs my beetgepak en wou ek net weghardloop. Was dit nie dat die seekaptein en sy manne agter my gestaan het, sou ek laat spat het uit die teater. Ek kon nie dink dat ek werklik in Shakespeare in Engels moes optree nie. Maar toe ek my

eerste sin sê: "What country, friends, is this?" was ek kalm, het ek vergeet wie ek is en in die vel, die binneste van Viola gedring en die rol met so 'n élan gespeel dat ek van toe af dag en nag Viola was. Ek het 'n kartarsis deurgemaak; alles was helder om my; ek wou dans, lag en sing tegelykertyd. Ek het nooit besef dat ek tot sulke hoogtes gevoer kon word en ek kon nie die tyd afwag van die volgende opvoering nie.

Lindeque vertel verder hoe hulle per trein toer met *Twelfth night* en met James Barrie se *Quality street*:

Een nag was een van ons waens afgehaak van die ander – per ongeluk, en het toe deurgegaan na Port Elizabeth, terwyl die ander in Cookhouse gelaat was. Daardie môre was party lede van die geselskap, dié wat nie in hul eie beddens geslaap het nie, in groot moeilikheid toe hulle op Port Elizabeth-stasie aankom. Hulle moes afklim in hul kamerjasse en pantoffels.

In 1953 is Lindeque in die gehoor toe Leonard Schach *Twelfth night* in Kaapstad opvoer. Op 22 Februarie 1953 (J.S. Gericke Biblioteek, 225 KF 15) skryf sy oor haar ervarings aan Uys Krige:

Ek was Vrydagaand na 12th Night van N.T.O., afgerig deur Lennie Schach. Here, my hele binneste het opgekrul & by tye was ek baie hartseer – bv. met die "willow & a monument scene".

Sy verwys hier na die eerste bedryf, vyfde toneel waar Viola (Lindeque se rol in die 1940-produksie), verlief op Orsino, 'n liefdesverklaring namens hom aan Olivia maak, maar laasgenoemde is besig om op haar, vermom as die jong boodskapper Cesario, verlief te raak (Shakespeare, in Wolfit, 1970: 71):

VIOLA: Make me a willow cabin at your gate,
And call upon my soul within the house;
Write loyal cantons of contemned love,
And sing them loud, even in the dead of night;
Holla your name to the reverberate hills,
And make the babbling gossip of the air
Cry out Olivia! O, you should not rest
Between the elements of air and earth,
But you should pity me.

In die tweede bedryf, vierde toneel, bespreek Viola as Cesario die liefde van 'n vrou vir 'n man met Orsino wat nie 'n nee van Olivia wil aanvaar nie. Sy praat namens haar "suster" (Shakespeare, in Wolfit, 1970: 75).

VIOLA: She never told her love,
But let concealment, like a worm; i' the bud,
Feed on her damask cheek; she pined in thought;
And, with a green and yellow melancholy,
She sat like patience on a monument,
Smiling at grief. Was not this love, indeed?
We men may say more, swear more; but, indeed,
Our shows are more than will; for still we prove
Much in our vows, but little in our love.

Leonard Schach (1996: 59) vertel van 'n voorval tydens die "willow cabin"-toneel in Lindeque-hulle se 1940-aanbieding:

> Joyce Murcott caused quite a sensation when she actually yawned during Viola's "Make me a willow cabin" speech while standing in as a lady-in-waiting. Joyce was general understudy for all the actresses and was beginning to get bored "dressing the stage" every night and never getting the chance to perform.

Lindeque skryf aan Krige (22 Februarie 1953):

> Die arme klein Lennie [Leonard Schach] het iets anders probeer deur die mense in die Watteau-periode aan te trek.

Schach (1996: 69) presiseer dit as die Frangonard-Watteau-styl. Die skool van die Franse skilder Jean Antoine Watteau (1684–1721) laat val die klem op grasieusheid, beweging en fantasie.

Lydia Lindeque skryf (22 Februarie 1953):

> Hy het Feste as 'n baie treurige mens gesien. Gevolglik het die arme Gerrit Wessels die hele aand deur kraampyne gegaan. My God, luck he's a good actor – beautiful voice, even with Leonard's distorted ideas of the clown ... [onduidelik – D.B.] couldn't G.W. clown. At times he reminded me so much of ... the one who played the lead in Children of Paradise! What is his name – damn! [Waarskynlik Jean-Louis Barrault in die film van 1944. Sy mimiek in *Children of paradise (Les enfants du paradis)* word in Richard Lawton se *A world of movies* (1974: 223) geloof – D.B.] Pieter [Geldenhuys] was baie goed as Sir Toby & Sigie [Siegfried Mynhardt] was 'n scream as Sir Andrew – hy het nes sy ma gelyk in sy pienk satynkostuumpie!! Here, ek dink nog altyd aan daardie naam. Vivie Drummond was good but her voice was too high pitched – Sorrie! Ek was baie beter!! En dit het almal ook gesê wat die aand daar was.

> [...] Verder is ek besig met Chekov lees. Ek het al die Grieke wat ek hier het ook weer gelees. Here, dis snot en trane, maar pragtig vir hul eenvoud.

Mademoiselle

Hierna volg *Mademoiselle* van Jacques Duval, gefinansier deur Henriëtte de Waal. Lydia vertel:

> Henriëtte het nooit haar woorde geken nie. Haar enigste belang by die toneel was om te spog met mooi rokke en négligés. Op die verhoog was sy altyd meer geïnteresseerd in die publiek, soek haar vriende en kennisse uit of probeer die mense in die gehoor tel. In haar rol as my ma moes sy oor die telefoon praat. Wanneer dit lui, gryp sy dit, sit die gehoorbuis by haar mond, draai dit dan om totdat sy naderhand glad nie meer weet watter kant van die ding is watter nie.
>
> Gedurende die repetisies het Henriëtte en Marda Vanne slaags geraak. Marda het Pretoria toe gegaan waar hulle haar 'n week later moes gaan haal het. Marda was gewoond om met professionele te werk en had absoluut geen geduld met mense wat nie regte Teater was nie.

Krige en Lindeque

In 1943 is Uys Krige oorlogskorrespondent in Italië en Lydia speel in Madeleine Masson se *Servant of God*, onder spelleiding van Margaret Inglis. In Krige en Lindeque se briewe (J.S. Gericke-biblioteek op Stellenbosch onder 225 KF 15) duik toneelsake op. Veral verwys Lydia na die probleme met die opvoering van Masson se stuk. Op 30 April 1943 skryf Uys uit Kamp 78 in Italië:

> Behoort aan 'n Shakespeare Circle. Een aand per week lees ons 'n S. stuk. Reeds Lear, 12th Night gedoen. Nou Julius C. Ek het rol van Sir Toby gelees. Het dit geniet. Almal het my geluk gewens. Die Rooies is so kalm en bedaard, my kleurryke kragtige Sir T. het ontplof onder hul. Ek is seker, begin ek speel in S.A., sal ek al ons ou spelertjies – met hul volslae gebrek aan insig en verbeelding – skoon van die verhoog af speel. En dit sal geen swaar taak wees nie. Ek kan tjank as ek dink hoe ek net mooi op pad was om die teater baas te raak toe die oorlog uitbreek, hoe ek sedertdien niks, absoluut niks vir jou of myself in dié rigting kon uitrig. En toneelskryf hier lyk my onmoontlik. Die vonk, prikkel, spoor ontbreek heel-en-al. Alles is so grys, vaal. Almal hier ondervind dit. Dit word nou vir my 'n gruwelike mors van tyd.

In 'n latere brief skryf Lindeque aan Krige:

> Jan Smutslaan 207
> Parktown Noord
> Johannesburg
> 1 September 1943
>
> [...] Ek is baie hard besig aan *Servant of God*. Daar is 'n stuk of 40 spelers in & 'n vrou wat nie veel van afrigting weet nie. Dis 'n vreeslike moeilike rol vir my & vir die eerste maal voel ek of die rol my baasraak – en dis nie 'n baie aangename gevoel nie.

Op 10 September 1943 skryf sy:

> ... Ons is hard besig aan *Servant of God*. Maar <u>alles</u> het al verkeerd gegaan. Die hoofmanspeler het verlede week sommer hier verdwyn. Nou vind ons uit sy vrou het 'n ongeluk gehad bo in Noord-Rhodesië & hy is daarheen. Dis twee weke voor ons open. Die tweede man lê ernstig siek, sal miskien nie kan speel nie. Een van die vrouens se mans het teruggekom van die Noorde & hulle gaan nou vakansie hou. Daar is nog honderd & een dinge wat maar elke dag gebeur. Lyk my ek is die Jona. Madeleine [Masson – D.B.] is alweer besig om vir my 'n ander stuk te skrywe. Ek voel baie in my skik dat jy ook nou wil toneelspeel. Die vader weet ons het gesonde mans nodig, en jy sal goed speel. Ek het al ons hele geselskap: Willem, Hansje, Sangiro, Jy, Mizzi. Dink net watter werk ons nie kan lewer nie. Ons sal almal platslaan. Net jammer jy het nie toneelstukke geskrywe nie. Sangiro is nou ook besig aan een.
>
> [...] Ons het nou die aand 'n lang program [vermoedelik oor radio – D.B.] gehad van Joost v.d. Vondel waarin ek moes aankondig. Dit was net so 'n moeilike taak. Maar ek voel altyd daarna dat ek 'n beter mens is.

Lindeque aan Krige (sy is in hierdie stadium nie seker of hy haar briewe ontvang nie):

> H/v Scholtz & Arthurstraat
> Johannesburg
> 1 November 1943
>
> [...] "Servant of God" was 'n "smash hit". Vir die eerste keer het ek die kans gekry om die publiek te wys wat ek regtig kan doen, & hulle staan nou nog op hulle agterbene. Orals waar ek gaan in die straat, trein of teater kom mense met my praat en wens my geluk. Een Engelse akteur [ook in *G'n proteas vir Cleopatra* noem sy nie sy naam nie – D.B.] wat dertig jaar lank op die Londense verhoog was, het my nou die dag kom sien en die man was in trane. Hy sê: "My child, the

hand of God is upon you. You can't do anything wrong on the stage. You must go overseas." Nou die dag het hy my weer gebel & gesê hy is besig om geld in die hande te kry om my Amerika toe te stuur. Marie Ney sê dat sy gehoor het ek het M & G [Marda Vanne en Gwen ffrangcon-Davies – D.B.] skoon doodgespeel in "12 th Night". But, she says, I will play stars off the stage one day. Nou ja, dit is altyd lekker om die dinge van mense te hoor wat 'n goeie kennis van die toneel het.

Die teater in JHB is gedurig aan die gang deesdae. Elke week is daar 'n stuk aan. Die kompetisie word sterker & daar word nogal goeie werk gelewer ... Verlede Dinsdag het Marda-hulle hier geopen met "Watch on the Rhine" [deur Lillian Hellman – D.B.]. 'n Uitstekende produksie. Le Roux Smith le Roux speel die hoofrol en is baie goed. Maar die arme G!! Marda was baie goed, oorspeel so af en toe. Hulle neem drie stukke dié keer: "Flare Path" [Terence Rattigan – D.B.], "What Every Woman Knows" [James Barrie; sy noem nie die derde stuk nie – D.B.]. Hulle kan hulle hare uit hulle koppe trek vandat hulle Zoë R[andall] geneem het – hou niks van haar spel nie. Ek lag lekker – it serves them right.

Percy Tucker (1997:13) teken darem 'n positiewer prentjie:

> I spent many wonderful hours at the Standard, particularly during the war years when the Gwen ffrangcon-Davies-Marda Vanne Company presented some unforgettable seasons of plays, using actors who became, and remained for many years, big names. Among them were Siegfried Mynhardt, Wensley Pithey, Rolf Lefebre, Zoë Randall, and Sid James who later found fame as a comedian in Britain ...

Marie Ney nooi Lydia uit om by haar in Londen te kom bly sodat Lydia daar kon toneelspeel. Ney het vanaf 1926 tot 1936 in van die beroemdste dramaturge se werk opgetree: Shakespeare, Tsjechof, George Bernard Shaw, Eugene O'Neill en J.B. Priestley.

Maar Lindeque het nie oorsee gegaan nie. Kort ná Uys se terugkeer uit krygsgevangenskap was sy swanger. Sy wou nie daarmee deurgaan nie, maar Uys het belowe om by haar te bly. Dié belofte verbreek hy egter spoedig. Hy keer in Augustus 1944 na die Suid-Afrikaanse magte in Kaïro en Italië terug om sy werk as oorlogskorrespondent voort te sit. Volgens Kannemeyer (2002: 372) het die "ervarings op die oorlogsfront vir hom boustof vir sy skeppende werk gebied. En hy het gehou van die opwinding en die geselligheid wat hy saam met die manne kon geniet." Op 6 Desember 1944, in die afwesigheid van Uys, word hulle seun Taillefer gebore.

Vir ons manne in die Noorde

Vyf maande later kry Lindeque egter 'n wonderlike kans. Generaal Frank Theron vra haar om toneelstukke vir die troepe in Kaïro te kom opvoer.

Lydia het haar ervarings in Egipte en later Italië aanvanklik beskryf in 'n reeks praatjies vir die SAUK, getiteld "'n Toer per vliegtuig". In 1947 verskyn dit in *Die Brandwag* as vervolgreeks. Uiteindelik verwerk sy dit vir *G'n proteas vir Cleopatra*.

Lydia kies onder meer *Die rooi pruik* ('n vertaling van die riller *Ladies in retirement* deur Reginald Denham en Edward Percy) om op te voer. Siegfried Mynhardt het so pas 'n toer daarmee voltooi. Hy, Mae Pretorius en Berdine Grünewald was beskikbaar. Sy vra ook Uys se suster Mizzi, 'n opgeleide en talentvolle aktrise, om saam te gaan. Mizzi en Mae sou twee "mal" susters vertolk. Die geselskap sou as Die Maskerspelers bekend staan (*Springbok*, 3 Augustus 1945).

> Die stuk was nou nie juis my keuse nie. Dit was 'n moordstorie en ek sou die moordenares speel. Boonop was dit 'n vertaling, en ek het vanaf die begin die noodsaaklikheid besef om 'n Afrikaanse stuk na ons manne in die Noorde te neem. Maar ek had g'n keuse nie.
>
> Helwan is deur die soldate Hell Two genoem; die tweede benaming is nogal na aan die waarheid. Tog het dit – ondanks die kaal woestyn en die skroeiende somerhitte – 'n sekere bekoring gehad. Dis nie 'n plek waar ek graag sou wil wees wanneer die vreeslike Gamsien oor die woestyn waai nie. Baie van ons manne het maande en selfs jare daar deurgebring. Hulle het die beste van die lelike plek probeer maak: 'n swembad is gebou, en 'n opelugbioskoop; selfs tuine is aangelê en elke môre is die strate nat gegooi; ook die voetbalveld was 'n wonderwerk. So teen die aand se kant het Helwan begin bekoorlik word, wanneer 'n sagte windjie koel van die rivier af waai; dan het dit bepaald draagliker geword as in Kaïro, as alles skoon en suiwer om jou voel en daarbo in 'n pikswart hemel die groot helder sterre staan. Die Springbok-teater was 'n lang gebou in die middel van die kamp, met sitplekke vir sowat 1 500 manne. Die verhoog is lekker groot en die beligtingstelsel was vir ons 'n verrassing.
>
> Die eerste môre ontmoet ek een van my ou vriende, Pieter Geldenhuijs, wat in 1941 saam met my op toer was in *Twelfth Night*, toe hy 'n klein rolletjie gespeel het. Nou was ek bly om te hoor dat hy ons geselskap se sersant-majoor sal wees, met verantwoordelikheid vir alle reëlings en organisasie in verband met ons toer.
>
> Dit was nogal snaaks om te sien hoe daar die dag van die opvoering 'n vlaggie bo-op die teater gewapper het, om aan te toon dat daar vanaand konsert is, en hoe om vyfuur in die middag die manskappe 'n lang tou begin vorm buite die teater. In die warm son sit en sit hulle daar op die grys grond totdat om sewe-uur die deure

oopgaan. Ek sou gedink het dis maar 'n bra vervelige wagtery, maar as mens daar verbystap, vlieg daar so baie pittige sê-goed rond en word daar so baie gelag dat ek naderhand die indruk gekry het hulle geniet die tousittery. En toe die deure oopgaan, storm hulle die saal binne vir die beste plekke.

Die eerste aand het ek maar huiwerig gevoel. Dit sou weer 'n heeltemal nuwe soort toets wees om voor 'n gehoor van vyftienhonderd soldate op te tree. Maar alles het goed afgeloop; dit was 'n ware genot om vir hulle te speel.

Ons het ook op 'n aand in die Kaapse Korps se kamp in Garawi gaan speel. [...]

Maar, o wee! Wat 'n deurmekaarspul was dit nie! In die Garawi-saal, wat omtrent negehonderd sitplekke bevat, het tweeduisend ingedruk, met nog sowat tweeduisend rondom die gebou saamgepers teen die oop deure en vensters aan. Die geraas was oorverdowend. Toe die skerm opgaan, was die lawaai eers kwaai. So iets het ek nog nooit gehoor nie. Net die eerste ses of sewe rye kon ons hoor en hulle het tjoepstil met gespanne aandag gesit en luister. En daar agter en om die deure en die vensters is dit net een tierende menigte. Ons skree asof ons afgeslag word, maar jy kon maar net sowel teen die oseaan opskree. Ook die ligte is beroerd, want ons het ons eie ligte, verskaf deur 'n klein dinamo wat op een van ons trokke staan net agter die saal. Die stof slaan uit die stokou plankvloer in 'n gelerige damp op, sodat ek ná 'n kwartier amper verstik, ook van woede, wat natuurlik glad nie billik was nie.

Ek stap vorentoe en steek ewe parmantig so 'n klein toesprakie af, waarin ek nie net om stilte vra nie, maar dit vereis. My opgewonde gehoor dink dis alles deel van die spel. Ook die kolonel spring op en vra om stilte, maar dit help niks nie.

Waar dit alles gaan eindig, weet ek nie; nog nooit in my hele loopbaan het ek voor so 'n situasie te staan gekom nie. Skielik gaan die ligte uit en nou moet jy die lawaai hoor! Ek is baie bang, want ek dink aan die storie wat iemand my gister vertel het, hoe 'n klompie offisiere eenkeer begin skiet het toe die manskappe hulle vererg het oor die plotselinge onderbreking van 'n vertoning. In die donkerte is my angs nog groter, want in die verkleekamers val almal oor mekaar om so gou as moontlik uit hulle kostuums te kom. Maar dan skraap ek die bietjie moed wat ek het bymekaar en sê vir een van die offisiere hy moet aankondig dat die ligte vir goed kapot is, dat ons nie verder kan speel nie, maar dat ons môreaand weer sal kom.

Toe kom die verrassing: nogal stil en bedaard het die geweldige gehoor die saal verlaat. Toe ek van die verhoog afklim, kom die kolonel my verskoning vra vir sy manne se gedrag.

Hierna toer die geselskap in 'n naoorlogse Italië. Só ontmoet sy die Nederlandse akteur en regisseur Joop van Hulzen in Rome. Voor die oorlog het hy in al die groot teaters van Amsterdam, Berlyn, Praag en Rome gespeel. 'n Tyd lank het hy onder die beroemde Max Reinhardt gestudeer. Joop sou help met die verskeidenheidsprogram en die regie van *Mrs Warren's profession* van George Bernard Shaw.

Skugter woon Lydia 'n repetisie deur Anna Magnani ('n vriendin van Joop) by en vind dit vreemd: Ná drie weke sit 'n groepie mense een winternamiddag aan 'n tafel op die verhoog met komberse om hul skouers en lees steeds hulle tekste. Na aanleiding daarvan vertel Lydia dat sy altyd ingeprent was dit is onprofessioneel vir buitestanders om ongenooi na 'n repetisie te kom:

> Ek is nog steeds jammer dat ek so konvensievas grootgemaak is. Jare daarna, eendag in Stockholm, hoor ek dat Ingmar Bergman se produksie van *Hedda Gabler* 'n week later in die Koninklike Teater sal open. Tot my spyt moes ek Swede voor die tyd verlaat. Maar een namiddag slenter ek deur die strate van Stockholm en kry myself in die foyer van die teater. Terwyl ek na foto's teen die muur staan en kyk, hoor ek 'n sterk manstem deur die saal se deur kom. Ek besef dis Ingmar Bergman wat besig is om *Hedda Gabler* af te rig. 'n Hele ruk staan ek daar asof betower en luister; ek sterf om die deur oop te maak en in te gaan. Eindelik ruk ek myself weg, gaan uit en gaan drink tee by 'n kafee anderkant die straat.

In Rapallo voer die geselskap in die hoteleetkamer 'n verskeidenheidsprogram op vir die jong manne wat onder majoor Mouton die tenks versien vir terugverskeping na Suid-Afrika. Siegfried Mynhardt en Joël Herholdt was so snaaks in Tsjechof se *The proposal* dat kolonel De Wet amper van sy stoel af geval het en brigadier Bester sy hele sakdoek in sy mond gestop het van die lag. "Dit was bitter moeilik om self ons lag in te hou, hulle sit so naby ons," vertel Lydia.

Vir twee aande voer hulle *Mrs Warren's profession* op in die Kaïro Operahuis. Die teater is spesiaal gebou vir die wêreldpremière van Verdi se *Aïda* in 1871 met die opening van die Suez-kanaal.

> Ons moet open sonder 'n vol repetisie op die kolossale verhoog. Die Egiptiese toneelhelpers het elke paar uur op hulle knieë geval om te bid; dan moes ons maar wag en wag totdat hulle weer orentkom om die dekor te verskuif.
>
> Op die nippertjie daag die pruik wat ek rooi laat kleur het, op, en toe het dit boonop gekrimp. Toe word dit, terwyl ek raas en skree, 'n hele ent oopgesny en om my kop met gom vasgeplak.
>
> Die waarskuwingsklokkie lui en meteens voel ek ek kan nie met die opvoering deurgaan nie! Ek gee 'n laaste kykie na die enorme verhoog, die grootste waarop ek nog gespeel het, en wonder hoe op aarde ek my eerste verskyning gaan maak. Instede van die verhoog

kleiner te maak, het hulle die dekor heeltemal agter gesit, sodat ons die hele groot operaverhoog het om op te speel, daar waar gewoonlik plek is vir al die sangers in *Aïda*, saam met 'n koor van honderde, om nie te praat van lewende kamele en olifante nie.

Die eerste toneel van *Mrs Warren* speel in 'n tuin af; die banke en stoele was voor by die voetligte, myle van die muur en tuinhek waardeur ek moet opkom, wat amper teen die agterste muur van die verhoog gesit is.

Die gordyn gaan op en Mizzi en Siegfried begin. Ek staan reg agter die tuinhekkie, klaar om op te kom, en Siegie sê: "One word, Miss Warren, I had better tell you. It's very difficult; but ..."

Ek sê vir myself: *O Here! Help my! Hier gaan ek.* Toe ek instap en ek sien Mizzi voor by die tafel staan, voel dit vir my sy is minstens drie myl van my af, en ek het dadelik met haar begin praat: *My darling Vivie, my own daughter! My darling!* En ek loop en loop en herhaal die sin totdat ek eindelik en ten laaste by haar is en haar in my arms kan neem.

Ná die tweede bedryf het 'n page op die verhoog gekom en my 'n enorme mandjie vol rose, so groot soos die seun wat dit dra, oorhandig. Ek kon geen kaartjie sien nie, en dink dis van die direkteur van die operahuis, ou Soliman Bey Naguib. Ná afloop het ek hom gaan bedank en ek gee hom 'n soen op sy wang vir al sy hulp en die pragtige rose.

Generaal Poole het na my verkleekamer gekom om te sê dat hy en sy offisiere ons vertoning baie geniet het, en om ons te nooi na 'n partytjie. Drie dae later eers, toe die rose begin verlep, sien ek 'n kaartjie: *Van Generaal Poole.* Liewe hemel! En ek het hom nooit bedank nie, maar het 'n soen gegee vir die ou pasja.

Joop het altyd gesê dat ek na die *Rooi Pruik* – 'n stuk en 'n rol waarvan ek nie gehou het nie – *Mrs Warren* moet speel, want dit sal my die grootste voldoening van die hele toer gee. En hy was volkome reg. Dit was 'n uiters moeilike rol, en ek het die voldoening gehad dat ek dit baasgeraak het onder baie moeilike omstandighede. En ek het Joop te danke daarvoor. Ek het gevoel ons ontmoeting was die belangrikste van my loopbaan; hy was die man vir wie ek al die jare gesoek het, wat my talent beter verstaan het as enige ander regisseur sedert Paul de Groot.

Saam beplan Lydia en die geselskap om na Londen te gaan, maar haar moeder, mev. Alie Lindeque, word siek, kan nie meer die kinders versorg nie en vra haar om terug te kom na Suid-Afrika.

Wanneer Lydia terugdink aan die agt maande in Egipte en Italië onthou sy Pieter Geldenhuys as hulle sersant-majoor se aandeel:

Hy was een van die beskaafste mense met wie ek nog ooit in die toneelwêreld gewerk het. Hy was beskeie, het homself nooit vorentoe gestoot nie. Ek het nie geweet hy was van plan om toneel te speel nie; hy het ballet gestudeer, en die toere gelei en met al die probleme raad geweet. Nou is ek spyt dat ek hom nooit 'n rol aangebied het in die stukke wat ons in Rome ingestudeer het, want hy het later in 'n begaafde akteur ontwikkel wat groot rolle gespeel het op die verhoog en ook in films. Aangesien hy ná die oorlog te oud was om sy balletstudie te hervat, het hy 'n dramakursus in Londen gevolg. Toe hy eindelik terugkeer na Suid-Afrika het hy sy Engelse vrou, Marcia, en haar twee dogtertjies saamgebring. Hulle het 'n wingerdplaas naby Wellington gekoop, waar ek verskeie kere gaan kuier het. Dit het my verbaas om hom op die plaas te sien werk, van soggens sesuur tot saans laat. Dit was nie dieselfde man met wie ek in Rome na teaters en restourante gegaan het nie.

Terug in Suid-Afrika word Lindeque in 1947 deur Leontine Sagan van *Mädchen in uniform*-faam gevra om haar rol in *Mrs Warren's profession* in Sagan se produksie te herhaal.

Joop van Hulzen het dit in 'n ligte, humoristiese styl gedoen; dit was so aangenaam om dit met Joop te speel. Maar hier kom ek voor Leontine Sagan te staan, wat met 'n swaar, Germaanse hand die stuk vir my morsdood geslaan het. Niks, absoluut niks grappigs was ooit aan gedink nie. Ek was 'n hopelose mislukking in Johannesburg in die rol waarmee ek 'n groot sukses behaal het in Kaïro.

Lindeque oor *Die arend*

Op 18 Julie 1949 skryf Lindeque aan Krige oor Taubie Kushlick en Leon Gluckman se spel in Jean Cocteau se *The eagle has two heads*:

Ek het die Arend sonder vlerke gaan sien.

Ag foeitog! Ai, ai, die arme Taubie. Net soos ek gedink het. In die liefdestoneel lyk sy net soos Leon se grootmoeder! My vaderland, dan word daar elke keer melding gemaak van haar skoonheid in die stuk. Sy het so mooi gelyk soos sy kan, maar tog was sy iets onaangenaams om die hele aand na te kyk. Dit het gelyk asof sy twee borstrokke aan had & moenie praat van die riwwe wat die bust bodice op die rug maak nie! Sy het my nie alleen koud gelaat nie – maar ook kwaad gemaak. Die dekor en kostuums is pragtig.

Leon se spel het ek niks van gehou nie. Dit was nie ingehoue nie – te raserig.

Jy weet, ek het die idee gekry van al die spelers dat hulle almal voor spieëls geoefen het, en noudat hulle daar op die verhoog sit of beweeg dink hulle terug aan hoe pragtig hulle gelyk het in die spieël toe hulle die bewegings uitgetoets het – selfs Leon het my daardie gevoel gegee. Het jy die kwaai kritieke gesien wat hulle gekry het? Die Star het gesê dat dit 'n ongelukkige keuse van spel was omdat die kragte nie sterk genoeg was nie. Maar ek moet erken Leon se rol is gek – ek hou ook niks (of liewer nie veel) van die stuk nie.

G'n proteas vir Cleopatra

Leon Gluckman vra haar om die hoofrol te speel in *Antony and Cleopatra*. Daarvan vertel sy in *G'n proteas vir Cleopatra* (1997):

> Repetisies het goed verloop, totdat die noodlot een aand toeslaan. Net toe ek afbuk om Antony se liggaam te help oplig op 'n hoër verhogie, voel ek 'n ontsettende pyn in my kop en langs my rug af. Ek sit regop en voel beter. Maar toe ek weer afbuk, kry ek dieselfde pyn. Ek steier die trappe af en Leon en 'n ander man vang my net voor ek val ... Ná twee dae in die bed is ek weer repetisies toe; ons moes foto's laat neem van Antony en Cleopatra in kostuum, met al die slange op my kop, armbande en yslike halssnoere, terwyl ek saggies huil van die pyn.

Lindeque se siekte word as polio gediagnoseer.

> Terwyl Uys my vergesel in die ambulans, het John Mantel [met wie sy later getroud is – D.B.] van oorkant die straat gekom om by my kinders te kom sit. Ek het vir hom geglimlag en gewaai terwyl twee mans my op 'n draagbaar deur ons sitkamer dra, maar hy het ernstig gelyk en nie teruggewaai nie. Eulalia het gehuil, maar Tai, wat nog te klein was om ontsteld te wees, het glo gesê: "A, nou kan ons doen wat ons wil! En hoekom het die ambulans dan nie sy sirene geblaas nie?"

Daar word vasgestel dat dit nie polio is nie, maar dat 'n aar in haar kop gebars het, "seker te wyte aan die struwelinge by die huis". Sy word in afsondering gehou. Slegs Krige mag haar besoek.

> Die aand voor *Antony and Cleopatra* geopen het – met Vivienne Drummond wat my rol oorgeneem het – was ek baie senuweeagtig, wat natuurlik nie goed vir my toestand was nie. Hulle het my genoeg slaappille vir vier-en-twintig uur se slaap gegee, maar ek is nou maar 'n wakker mens: ek was die aand wawyd wakker. Die hele dag het daar bosse en bosse blomme aangekom vir my: rose, angeliere, lelies en krisante – net g'n proteas nie! Naderhand het my kamer soos 'n blomwinkel gelyk, maar dit het die saak net erger gemaak. Sewe-uur die aand toe die dokter instap, lê ek met my oë oop, bewonder die pragtige ruikers en is besig om Cleopatra se woorde oor te gaan. Eers ná elfuur kon ek ontspan.

Ná haar genesing speel sy 'n klein rolletjie in *Hassan*.

Die ryk weduwee

Kannemeyer (2002: 420 e.v.) beskryf die ontstaansgeskiedenis van *Die ryk weduwee* "wat in die distrik Wellington afspeel" en waarin Uys die geleentheid het om

> ook die natuurskoon van die Boland in die lente te betrek. Hy begin die toneelstuk ... in 'n tydperk wanneer hy met al die spanninge in sy huwelik nie gelukkig voel nie. Met die komedie wat hy aanpak, skryf hy hom egter uit sy onmiddellike omstandighede weg. Sy karakters begin weldra in sy verbeelding te dans en hy besef dat hulle as 't ware besig is om hulle eie rolle te skryf.

In 1951 skryf Krige die stuk in vir die groot toneelwedstryd tydens die Van Riebeeck-fees, maar hy deel die tweede prys van R600 met Johannes Meintjes. N.T.O. onderneem in 1953 'n landswye toer met dié stuk. Op 18 Januarie doen Lydia vanuit Rouwkoop, Rondebosch per brief verslag aan Uys wat toe in die buiteland was:

> So, teen dié tyd het jy seker al die uitknipsels van die R.W. gekry? Jammer dis so laat, het baie gesukkel om dit in die hande te kry & toe het ek dit verlê. Dit lyk asof dit 'n groot sukses was. Johann Nell skryf my vandag dat hy dit baie geniet het, hy het so baie van Magda gehou ... Jy moet darem vir M. Squire reghelp. Hoe kan hy sê dat nog nie een van jou stukke opgevoer was nie? Ek dink hulle sal vir volhuise speel. Want beide Magda & Wena was so lank gelede op toer – & veral na Doom se dood. Kan al sien hoe Magda by al die ou kennisse sal huil. Gaan N.T.O. jou betaal? Ek glo dit nie. Die £150 was mos die prysgeld. Jy kan dit maar op jou maag skryf ...

Krige en Lindeque korrespondeer heelwat oor die verloop en ontvangs van die opvoering. Só laat Krige hom eenkeer uit (ongedateerde brief, ongeveer 1953, J.S. Gericke Biblioteek, Stellenbosch, 225 KF 15 [37]):

> Nog 'n storie wat jy dadelik die kop moet inslaan: ek hoor van verskeie kante dis nie ek, Uys Krige, wat *Die Ryk Weduwee* geskrywe het nie, maar Anna Richter-Visser [regisseur – D.B.], drie van die spelers, die toneelbestuurder en die man wat die kakabalie skoonmaak in die gebou waar hulle die stuk gerepeteer het. Vir jou 'n mooi ou spulletjie, nie waar nie? Eers probeer hulle my doodmaak as toneelskrywer deur my stuk vir so lank as moontlik van die planke af te hou. En nou dat die stuk 'n reuse-sukses geword het – die N.T.O. sê amptelik in *Die Brandwag*, hoor ek, *Die RW* is die grootste sukses in die geskiedenis van N.T.O. – word min of meer beweer (selfs *The Friend* praat in dié rigting) dat nie ek die stuk geskrywe het nie, maar Anna R. Visser oor wie die Heilige Gees skielik vaardig geword het.

Lindeque skryf op 22 Februarie 1953 aan Krige (J.S. Gericke Biblioteek, Stellenbosch, 225 KF 15 [40]):

> Die arme W. [Wena Naudé – D.B.] kan nie met Magda klaarkom nie. Sy sê sy weet nie hoe 7 stuks nog sal regkry om so lank aan te gaan nie. Wena is nes ek – baie teruggetrokke & ou Magda is altyd voor op die wa & en praat almal se ore van hulle kop af. Altwee vra net dat jy vir hulle 'n stuk moet skryf. Magda sê met haar mond wat amper op haar voorkop sit: "Ek wil 'n common vrou speel, 'n hoer, sê vir Uys hy moet vir die N.T.O.-kompetisie oor haar skrywe, & sy, wat Wena is, sal die rol speel." [Dit is nie duidelik of Lindeque bedoel dat Mathilde van twee rolle gepraat het nie: 'n hoer, en Wena wat haarself moet speel? – D.B.] Ek hou baie van Wena & kry haar baie jammer. Sy speel by N.T.O. vir £17-10 p.w. – dis 'n skande. Sy sê hulle het gesê as sy nie tevrede is met die salaris nie kan hul iemand anders kry vir die rol. I ask!! Sien, dis *die* wat ek die klomp so haat. Daar is g'n simpatie met die spelers nie!! Wena wou nie aangaan met die rol nie. Maar sy sê sy doen dit vir jou & my ontwil. Sy is baie dankbaar vir wat ons destyds vir haar gedoen het. En die Here weet, g'n ander mens kan die rol speel nie. Die kinders het dit baie geniet. Taai hou ook so baie van die Karooboer.

Vir die heruitgawe van die drama in 1970 deur Human & Rousseau skryf Uys 'n inleiding, "Na neëntien jaar", wat egter nie gepubliseer is nie. Volgens hom was hierdie "Karooboer" Pierre Naudé, die onsuksesvolle vryer, ook die "boeiendste karakter in die stuk tydens die skryf". Dis "'n figuur waarin Krige ook homself herken het as hy skryf: 'Pierre de la Motte Naudé is ek self!'" (Kannemeyer, 2002: 423).

Uys skryf in "Na neëntien jaar":

> Die patos in die figuur van Pierre Naudé ... lê in sy eensaamheid ... Baie gou skemer dié eensaamheid deur – ja, selfs deur al Naudé se gebabbel en bohaai ... [Gaandeweg] word die besef in hom van dié eensaamheid al hoe skrynender [totdat] hy as 't ware besete raak van sy eensaamheid.

Kannemeyer (2002: 423–424) beweer dan dat Uys "met sy identifisering van homself as Naudé iets openbaar van sy essensiële eensaamheid in sy huwelik met Lydia, 'n sterk persoon en 'n groot aktrise wie se talent hy bewonder, maar met wie hy uiteindelik nie meer kan saamleef nie. In die eensaamheid en ook radeloosheid van Naudé het Krige ten voete uit 'n beeld van homself in hierdie jare gegee."

Dekades later gee Cobus Rossouw 'n besonder geslaagde vertolking van dié rol teenoor Babs Laker as die weduwee Anna de Kock.

Krige versus Lindeque

In J.C. Kannemeyer se biografie oor Uys Krige, *Die goue seun* (2002), word die agteruitgang in Uys en Lydia huwelik geteken. Hy dui aan dat hulle wel lief was vir mekaar. Uys was "egter wars van die burgerlike aspek van die huwelik, die vreeslik swaartillende vrou en die kinders wat beskerming vereis" (2002: 486). Lydia weer, moes telkens "die praktiese probleme en die geldloosheid die hoof ... bied" (2002: 424) en sy "het nou genoeg gehad ... van wat sy as Uys se selfsug en egosentrisiteit beskou het" (2002: 372). "Vir Guy Butler en ander vriende was dit terneerdrukkend en ontstellend om te merk dat Uys en Lydia – 'a dark Spanish-looking beauty with a straight back and eyes that could flash and smoulder, and a wicked wit' – nie beter met mekaar oor die weg kom nie" (2002: 400).

Lindeque word Medea

Vanaf 1948 tot 1958 tree Lydia Lindeque hoofsaaklik in Engelse verhoogstukke op. Die titels, regisseurs en medespelers verskyn in die afdeling "Die Afrikaanse Toneelkuns van 1905–1967 – 'n Oriëntering".

Oor een stuk skryf Lindeque in *G'n proteas vir Cleopatra*: Sophokles se *Medea*.

> Dit was my lieflingsrol. Hoe graag sou ek dit nie ook in Johannesburg gespeel het nie, waar ek so baie mislukkings gehad het. Ek het dit nog een keer gespeel, 'n paar jaar later, in Durban. Peter Craig het gedink dit gaan 'n herhaling wees van ons sukses in die Kaap. Maar dis nie 'n opvoering waaraan ek met plesier terugdink nie, seker weens die slegte akteurs met wie ek moes saamwerk. 'n Vriendin het dit spottend *Mickey Mouse in Athens* genoem. Dit was my laaste verhoogoptrede.
>
> Die hele tyd dat ek in Kaapstad besig was met *Medea* het ek haar persoonlikheid aangeneem. Dit gebeur in 'n kleiner of groter mate met al die rolle wat ek speel, maar met Medea was dit 'n honderd maal sterker. Ek *was* Medea, ek het *in* haar geleef, dag en nag. Toneelspelers sal verstaan wat 'n wonder dit is "to become another". Dit was die mees dramatiese stuk en die sterkste rol wat ek ooit gespeel het, 'n rol wat baie na aan my eie lewe was.

'n Kritikus, vermoedelik van *The Cape Times*, beskryf Lydia se kuns na aanleiding van veral *Medea* (ongedateerde knipsel in die Krige-versameling, J.S. Gericke Biblioteek, Stellenbosch):

> Even as a Town Hall, Rondebosch's civic centre is not a success; as a theatre it is abysmal. Yet Miss Lindeque performed there as though it were the theatre Cape Town ought to possess. She did not struggle with the surroundings nor argue with the acoustics. She

walked through such limitations as though they were not there, as indeed for her they were not.

This was partly strength of personality, but it was also exceptional histrionic power. Her slightly clouded voice has in itself such nervous force that it comes through a closed door, reaches the most distant listener in the hall, and conveys emotion above rattling windows and muttering traffic. Coming on to the stage, she communicated Medea's grief instantly. Yet almost the same gestures, postures and slightly masculine set of the shoulders conveyed something utterly different in quality and immediacy in Yerma. They foreshadowed what was to come.

This difference of nuance or of profound meaning through a highly personal technique is the stamp of dramatic quality. It is movement coming from life; not life from the movement, which even at its best is mimicry and at its worst puppetry. It is the ability to seize on every emotional impulse or variation and set it vibrating, amplifying it as a thermionic valve amplifies a note yet keeping it in its right place in the full chord that is being sounded.

This gives her playing an impressive driving power and etches it on the memory. Thus when she comes to an utterly different role like Mirandolina it is hard for the critics to forget other parts she has stamped on their feelings. Here is an unspoken tribute and also an unconscious acknowledgment for it is not only Medea that is remembered but also Lydia Lindeque's Medea; not only Yerma but also a memorable interpretation by a particular actress.

All those who have spent years in the theatre either on the stage or simply watching those performing on it will recognize this at once. It is the ability 'to get it across'. Yet it has its drawbacks as well as its potency. In *Mirandolina* where the tension yields to lightness, the sorrow to laughter and the sternness to enchantment, the critics found it hard to make the transition. It was suggested that it was not her métier. Yet the ironing scene is one of the finest pieces of comedy seen in Cape Town.

Her art matches this occasion every bit as well as the previous 'greater' ones.

Finale

In 1956 het Lindeque die Drie Eeue-gedenkprys ontvang vir die voorafgaande drie jaar se werk. Met die opening van die Bellvillese Burgersentrum in Junie 1957 word N.P. van Wyk Louw se *Germanicus* vir die eerste keer opgevoer en vertolk sy die rol van Agrippina. Dit sou haar laaste rol in Afrikaans wees.

In 1958 gaan sy in Johannesburg soos 'n Medea in ballingskap. Sy speel vir "diktator" Taubie Kushlick in *The rope dancers*, en kom weer met John Mantel in aanraking.

Oplaas skei sy op 20 Junie 1958 van Uys Krige en trou op 8 Augustus van dieselfde jaar met die wewenaar Mantel.

Sy kry verskeie aanbiedinge, maar aanvaar nie een nie. Sy is byvoorbeeld gevra om in Athol Fugard se *People are living there* te speel vir Barney Simon, maar sy het geglo dit is nie 'n rol vir haar nie. Só kry Yvonne Bryceland die geleentheid om 'n deurbraak daarmee te maak.

Lydia se kommentaar in *G'n proteas vir Cleopatra*:

> En so het ek stilletjies en onopgemerk van die toneel verdwyn, op 'n leeftyd waarop ander aktrises hul grootste rolle speel. Ek moet erken dat ek in die begin die teater baie gemis het, maar ek het my daarmee getroos dat 'n gelukkige huwelik op die lange duur meer belangrik is as 'n kortstondige sukses op die verhoog.

Sy is 'n paar jaar lank lid van die akteursvakbond Equity se Uitvoerende Raad. In dié tyd reis sy en John baie rond en uiteindelik verlaat hulle Suid-Afrika vir altyd in 1976 om hulle in Andorra naby Spanje in die Pireneë te vestig.

'n Maand ná haar dood (1997) skryf John Mantel 'n epiloog tot haar hersiene en uitgebreide outobiografie, *G'n proteas vir Cleopatra*. Hy gaan telkens oor in die teenwoordige tydsvorm, asof sy nog vir hom lewe:

> Die aand van 16 Julie 1997 het sy hier aan kanker gesterf, in ons tuiste in Andorra in die midde-Pireneë, waar ons een-en-twintig jaar lank woon. Drie weke later sou ons ons nege-en-dertigste troudag vier.
>
> Toe sy sterf, is Lydia vyf-en-tagtig jare jonk. Niemand sou glo dis haar leeftyd nie. Steeds pragtig, het sy tien, twintig jaar jonger gelyk, en haar verstand het nooit verouder nie. Sy is (en was) Shakespeare se Cleopatra:
>
>> Ouderdom kan haar nóg verwelk, nóg kan gewoonte
>> Haar oneindige veelsydigheid uitput ...
>
> [...] 'n Mens kan gis dat die tragedies van haar kinderjare en die mislukking van haar eerste huwelik ... haar in staat stel om tragiese rolle soos Bernarda Alba, Yerma en Medea so roerend te vertolk. Sonder twyfel is dit ook die oorsaak van haar pessimisme.
>
> Van persoon is Lydia onselfsugtig en vrygewig; dis paradoksaal, maar sy is skaam en op die agtergrond; selfs haar beroemdheid het nie haar ingebore beskeidenheid aangetas nie.
>
> Tog is sy kragtig van gees, en ook ongeduldig met haarself; wat sy ook doen, moet vinnig gedoen word, of dit nou stap of kook of stryk is, alles, sodat ek in later jare baie keer vir haar moet herinner om dinge meer op haar gemak te doen.

Sy is uiters fyngevoelig, selfs "psigies". Drie jaar gelede, op 'n dag in Julie 1994 lyk sy baie ontstel, en sê dat sy 'n droomgesig gesien het in helder daglig, van 'n wit gesiggie. Drie dae daarna hoor ons dat 'n afskuwelike tragedie hom afgespeel het in ons kleindogter se huis op Stellenbosch. Die hele gesin vermoor: Lida, Pieter, Jean, hul seuntjie van ses, en sy vierjaaroue sussie Eulalia, en ook hul kinderoppasser is omgebring.

[...] Sy het Afrika lief, die hele Afrika, van die suide tot die noorde, en van Egipte in die ooste tot Marokko in die weste. Wanneer ons daaroor vlieg, verkies sy om by die vliegtuig se venster te sit, sodat sy kan uitkyk oor "haar" kontinent. Sy is 'n ware Afrikaan. Sy bewonder Nelson Mandela ná sy sy *Long walk to Freedom* gelees het. Selfs nadat twee moordenaars van haar klein- en agterkleinkinders vrygelaat is vanweë amnestie tydens sy inhuldiging as staatspresident.

[...] Gedurende haar laaste lente in Europa, voor sy te wete kom dat sy aan kanker ly, het Lydia herhaaldelik opgemerk hoe mooi groen die bome en die gras is; hulle was nog nooit vir haar so pragtig nie. En weer gedurende haar laaste herfs in Suid-Afrika.

'n Skryfster van wie sy baie hou, Karen Blixen, meld in haar boek *Out of Africa*: "As ek terugkyk op my laaste maande (in Afrika), lyk dit vir my asof die natuur bewus was van my vertrek, van my heengaan, lank voor ek self. Die heuwels, die bosse, die vlaktes en die riviere, die wind, almal het geweet dat ons uit mekaar sal gaan." Lydia voel, meer as 'n jaar voor die tyd, dat sy binnekort dié pragtige wêreld sal verlaat.

Eghard van der Hoven huldig haar in *Insig* van Augustus 1997:

Baie van die voorspoed en dinamika is in 'n groot mate te danke aan die energie, volharding, toewyding en hartstog wat so kenmerkend was van ons baanbreker-akteurs van die jare dertig/veertig, ongeag die karige hulpmiddels waarmee hulle destyds hulle beroep moes beoefen.

So 'n pionier was Lydia Lindeque: idealisties, begaafd, beeldskoon, selfversekerd met 'n borrelende, sensuele persoonlikheid en 'n wil wat onwrikbaar was; 'n geseënde kunstenares wie se "oë gevul was met lig en rusteloosheid" (Van Wyk Louw).

Die Afrikaanse toneelkuns 1905–1967
'n Oriëntering

In sy artikel "Smouse van die illusie" (*Die Taalgenoot*, September 1987) skat Eghard van der Hoven dat 25 beroepsgeselskappe 250 toneelstukke opgevoer het gedurende die tydperk 1925 tot 1950 en dat nagenoeg 37 500 aanbiedings daarvan plaasgevind het.

Hier onder word van hierdie opvoerings chronologies gerangskik. Omdat die toneelpioniers daarna nog werk gelewer het, word stukke tot 1959 ingesluit en daarna net stukke waarin die pioniers opgetree het. Vir elke jaar verskyn eers dié wat vermoedelik in daardie jaar opgevoer is, daarna dié wat êrens gedurende daardie jaar opgevoer is en daarna dié waarvan die begindatum van die eerste speelvak vasgestel kon word. Ander gegewens wat hier onder volg, is rolbesettings, belangrike gebeurtenisse en – "tot vermaak en stigting" – enkele aanhalings uit reklametekste en resensies. Werk van amateurs en studente word ingesluit om aan te toon wat die algemene aard van die toneelwerk gedurende 'n bepaalde jaar was. Veral inheemse werk is deur laasgenoemde groepe uitgetoets.

Engelse toneelstukke word slegs ingesluit indien die toneelpioniers daarby betrokke was. Volledige rolbesettings word in hierdie geval egter nie gegee nie.

Die lys is saamgestel uit beskikbare bronne en maak nie aanspraak op volledigheid nie.

Datum	Titel	Dramaturg	Vertalers en verwerkers	Geselskap	Regisseur	Akteurs	Reklame
Voor 1925 is dit amateurverenigings wat verskeie nuwe Afrikaanse toneelstukke opvoer.							
1911							
2 Maart	Die water zaak	C.J. Langenhoven		Graaff-Reinet Amateur Dramaties en Muzikaal Genootschap		P. Pohl, H. Watermeyer, H. Momberg, C.H. Hayman, B. Enslin e.a.	
1913							
30 Oktober	Fijne beskuite	Justus van Maurik jr.	Adv. D.G. Conradie	Graaff-Reinet Amateur Dramatic and Musical Society		G.A. Miller, Hannah du Toit, Annie Naudé, Reginald Enslin, Sylvia Raphael e.a.	
16 Desember	Die Hoop van Suid-Afrika	C.J. Langenhoven			C.J. Langenhoven	Mev. Moritz Lilienfeldt: Die Hoop van Suid-Afrika; F. Muller-Rex: Vader Tyd; C.J. Langenhoven: Piet Retief.	
1915							
1915	Heldinne van die oorlog	Jan F.E. Celliers		Toneelvereniging van Beaufort-Wes	Stadsklerk Keulder	Hendrik Hanekom e.a.	
1916							
6 November	Piet s'n tante (Charley's Aunt)	Brandon Thomas	Gustav S. Preller	Graaff-Reinet Amateur Dramaties en Muzikaal Genootschap	P.H.C. Pohl, C.H. Hayman	H.J. Kruger, W.E. Schmidt, H. Momberg, D. Olivier, G.A. Miller e.a.	
1917							
1917	Hoe die nuus versprei het			Toneelvereniging van Beaufort-Wes	Stadsklerk Keulder	Hendrik Hanekom, Mathilda de Beer e.a.	
1919							
1919	Die Hoop van Suid-Afrika en Die Vrou van Suid-Afrika	C.J. Langenhoven		Studentetoneelgeselskap, Universiteit van Stellenbosch	Timo Kriel	Timo Kriel, B. de Wet, J.C. Smuts, S.H. Eyssen, D. Gilliland, B.B. Weitz, Bertie de Wet, Dora Steytler, twee kinders	
1920							
4 Augustus	Anjelina	J.H.H. de Waal		Cradock Toneelvereniging		J.H. Meyer, D.J. Schoombee, B. Meyburg e.a.	
	Die dokter van die dorp	J.H.H. de Waal		Idem			

Die Afrikaanse Toneelkuns – 1905–1967 – 'n Oriëntering

Datum	Titel	Outeur	Groep/Plek	Regisseur	Rolverdeling
9 Augustus	*Die badgaste*	Stephanus Maré	Hollandse Letterkundige en Toneelvereniging van Graaff-Reinet		B. Burger, W. Marais e.a.
16 Augustus	*Fijne beskuitjies*	Justus van Maurik Jr.	Helpmekaarvereniging Noorder Paarl		
	Luchtkastelen		Idem		
21 Augustus	*Afrikaner-harte*	M.M. Jansen	Jongspan van Maitland		
28 Augustus	*Die erfiante*	Nemo (J.F. van Oordt)	Brandvlei Toneelvereniging		
	Die watersaak	C.J. Langenhoven	Idem		
30 September	*Die koerantskrywers (Die Journalisten)*	Gustav Freytag	Unie-debatsvereniging, Universiteit van Stellenbosch	J.F.W. Grosskopf	W.H. de Klerk, J.G. Meiring, H. Erasmus, C.J. Blom, T. Neethling, D.G. Roux, P.J. Smuts.
10 November	*Jonge du Pree*	Leon Maré	Helpmekaarvereniging Worcester		
1923					
21 September	*Die bekeerde Jodin*	P. de Waal	Christelike Strewersvereniging		A. Roux, W. de Swardt, Jacoba Lubbe, H. Visagie e.a.
22 Oktober	*Lenie*	H.A. Fagan	Oranjeklub, Kaapstad		Queenie Fagan, J.J. Broodryk, adv. Wessel Roux, Ida Theron, Daisy Theron, Tienie Louw. Toneelbestuurder: Sarah Goldblatt
1925					
17 Januarie	*Overschotje (Scampolo)*	Dario Niccodemi	J. Mulder	Het Afrikaans Hollands Toneel	Paul de Groot	Lydia Cohen-Stuart, Paul de Groot e.a.
21 Januarie–18 Februarie: Stephanie Faure toer met 'n voordragprogram. Vanaf Februarie neem Paul de Groot 'n Nederlandse voordragprogram na twaalf plekke. Op Saterdag 28 Februarie publiseer hy 'n brief in *Die Burger* waarin hy die stigting van 'n "eerste" Afrikaanse beroepstoneelgeselskap aankondig.					
23 Maart	*Die bekeerde Jodin*	P. de Waal	Toneelvereniging Petrus Steyn		Mev. A.J.B. Albertyn	Mej. Naudé (as Ragie), mej. Falie Kruger e.a.
25 Maart	*Die verlore seun*	Melt Brink	Toneelvereniging Ladybrand			Twee mejuffroue Kriel, mnr. Kotze, mej. Loretz

Datum	Titel	Dramaturg	Vertalers en verwerkers	Geselskap	Regisseur	Akteurs	Reklame
3 April	Saul	W.J. Pienaar		Eerste Afrikaanse Beroepstoneelgeselskap, Volksrust	R.G. van Tonder	W.J. Pienaar, mev. W.J. Pienaar, Jessie Breedt, R.G. Pretorius	
23 April	Die gentleman-inbreker			Paul de Groot se geselskap		Mev. Nykamp, mnre. Van der Goes en C.A. van Schaik	
2 Mei	Lenie	H.A. Fagan		Johannesburgse Dramatiese Vereniging	Stephanie Faure	Gertie Maree, Matt Laubscher, Trudie de Villiers, Okkie Spruyt, Marti Muller, Joh. Combrink	
	Die heks	C. Louis Leipoldt		Paul de Groot se geselskap	Stephanie Faure	Paul de Groot, Stephanie Faure, Marguerite (Greta) de Vos, Herman Steytler, Henri Celliers, Elsa Niemeyer	
9 Julie	Huis-toe (Haar thuis; Heimat)	Hermann Sudermann	A.E. Carinus-Holzhausen	Paul de Groot se geselskap	Paul de Groot	Paul de Groot, Stephanie Faure, Danie Smal, Fanie Eloff, Henri Celliers, Wena Naudé, Marguerite de Vos, Anna Aucamp, Matt Laubscher, H. Laesecke, D. Nykamp	
Melt Brink sterf op 3 September in Pretoria Villa, Kloofstraat, Kaapstad.							
10 September	Oorskotjie (Scampolo)	Dario Niccodemi	A.E. Carinus-Holzhausen	Paul de Groot se geselskap	Paul de Groot	Wena Naudé, Lola Dyason, Hubertus de Kock, Stephanie Faure, Henri Celliers	
10 September	Lentewolken	Herman Roelvink		Unie-debatsvereniging, Universiteit van Stellenbosch	J.H.W.Th. Reimers	W.H. van der Merwe, Anna Pohl e.a.	
16 September	Liefde en geldsug	Hendrik Hanekom		Die Afrikaanse Toneelspelers	Hendrik Hanekom	Hendrik en Mathilda Hanekom, Martie du Plessis, Jan van der Walt, Ernst Kilian, Daisy Basson, Simon Malherbe	
	Oom Gawerjal se dogters en die stemregkoors	Idem		Idem	Idem	Idem	
28 September	Die bekeerde Jodin	P. de Waal		Toneelvereniging van Longlands			

1926				
Januarie	*Die heks*	C. Louis Leipoldt	Paul de Groot se geselskap	Paul de Groot, Wena Naudé, Tommie Beckley, Jessie Breedt, Iris Martin
			Paul de Groot	
8 April	*Pelgrimsreis*	John Bunyan	Studente van die Wellingtonse Sendinginstituut	J. Jansen, J. Viljoen e.a.
29 April	*Anjelina*	J.H.H. de Waal	Afrikaans-Nederlandse Kunsklub, Kaapstad	Frans le Camp e.a.
30 April	*Lentewolken*	Herman Roelvink	Unie-debatsvereniging, Universiteit van Stellenbosch	J.H.W. Th. Reimers	W.H. van der Merwe, Anna Pohl e.a.
Julie: Paul de Groot en Hendrik Hanekom vorm die Paul de Groot-geselskap – die begin van die Afrikaanse beroepstoneel.				
Julie	*Jonge du Pree*	Leon Maré	Helpende Hand-debatsvereniging, Zoutrivier	F. Bruwer, A. Esterhuizen, M. Siebrits, C. de Villiers, A. Mostert, E. Steyn, C. de Villiers, J. Malan, Hendrik Vosloo
12 Augustus	*Boumeester Solness (Bygmester Solness)*	Henrik Ibsen	Unie-debatsvereniging, Universiteit van Stellenbosch	C.G.S. de Villiers	Anna Pohl, Pauline Booysen, Anna Theron, W. van der Merwe, E. Beyers, W. Burger, I. Steenkamp
September	*Koringboere*	D.F. Malherbe	Unie-debatsvereniging, Universiteit van Stellenbosch	J.W.F. Grosskopf	Gert Odendaal, Koos Verster, Cornelia Wagner, Anna Pohl e.a.
2 September	*Oupa*	J.H.H. de Waal	C.J.V. Malmesbury		Alida Louw, Winnie Malan, J. Kühn, B. Kruger, S. Taylor, W. Smit, P. van der Merwe, C.J. Swanepoel
3 September	*Anjelina*	J.H.H. de Waal	Helpmekaartak Dutoitspan		J. Wagner, H. Venter, J. van Eck, A.P. du Toit, M. Carstens, D. Rossouw, B. Vorster, W. Lineveldt, N. Bouwer
11 September	*Reg bo reg*	Jan F.E. Celliers	A.T.V., Paarl		J. le Roux, D. de Villiers, H. Marchand, P. Joubert, N. Ackermann, S. du Toit, J. Cloete, W. Roome, J. Hough
23 September	*Oupa*	J.H.H. de Waal	C.J.V., Kingwilliamstown		A. de Swardt, C. van Eyk, S. de Lange, H. Bezuidenhout, S. van Niekerk

Datum	Titel	Dramaturg	Vertalers en verwerkers	Geselskap	Regisseur	Akteurs	Reklame
Oktober	Elsie die veldkindjie	Rikie Postma			Stephanie Faure	Marguerite du Toit, Marie Niemeyer (as Skilpad) e.a.	
8 Oktober	Huistoe (Heimat); (Haar thuis)	Hermann Sudermann	A.E. Carinus-Holzhausen	Paul de Groot se geselskap	Paul de Groot	Hendrik en Mathilde Hanekom, Paul de Groot, André Huguenet, Anna Marais, Wena Naudé, Maxie Botha, Simon Malherbe	
2 November	Die spioen en sy handlangers	J.H.H. de Waal		A.T.V., Kaapstad		H. Olivier, A.J. van Niekerk, M.S. Smuts	
1927							
Januarie: Louis de Vriendt, Mignon Sorel en Anton Verheyen kom uit Vlaandere in Suid-Afrika aan.							
Ongeveer 1927	As 'n vrou verlief is Die inbreker	Jan van Ees Idem				Wena Naudé, Stephen Naudé Wena Naudé, Maxie Botha, Hamie Borcherds	
Januarie	As mans huishou (Felix, jij en ik)	Jan van Ees	A.E. Carinus-Holzhausen	Paul de Groot se geselskap	Paul de Groot	Hendrik en Mathilde Hanekom, Paul de Groot, Wena Naudé, Felix die kat	
15 Februarie	Brand in de Jonge Jan; Bietje; Gebroken Spiegel; Het kind der zonde	Herman Heyermans				Mignon Sorel, Louis de Vriendt	
Maart	Spoken	Henrik Ibsen				Mignon Sorel, Louis de Vriendt	
2 April	Elckerlijc					Anton Verheyen, Louis de Vriendt, Mignon Sorel en 12 ander. Dameskoor o.l.v. Sarah Goldblatt	In die opelug by St. Cyprianskool, Kaapstad opgevoer.
23 Mei	Die niksnuts	Sache Kromolichy				Mignon Sorel, Louis de Vriendt	
13 Junie	Als je maar een verleden hebt					Anton Verheyen	

Datum	Stuk	Outeur	Geselskap	Regisseur	Rolverdeling	Aanhaling/Nota
8 Augustus	'n Gerieflike huwelik (Un mariage de convenance)	Alexandre Dumas sr.	A.E. Carinus-Holzhausen	Paul de Groot se geselskap	Paul de Groot	Alida Louw, Hendrik en Mathilde Hanekom, Willem van Zyl, Maxie Botha (vervang deur André Huguenet)	
12 Augustus	Die laaste van die takhare	C.J. Langenhoven		Afrikaanse Taalvereniging, Kaapstad		S.A. van Zyl, Joey Botha, Helene Olivier, Harold Wanless, E. Conradie, M.S. Smuts, W.G. Ryss, Hendrik Geldenhuys, Cecilia Kotzé	
September	Adam in ballingschap	Joost van den Vondel		Anton Verheyen se geselskap	Anton Verheyen	Anton Verheyen, Nico Uys, Sarah Lochner, Francois Wiid, Boudine van Braam, Ralie van Blerk, Gideon Roos (Uriël)	"Ons geagte ondersteuners word beleef versoek om hul blyke van goedkeuring tot die end in te hou. Dankie!"
September	As die tuig skawe	J.F.W. Grosskopf		Universiteitsdebatsvereniging, Stellenbosch	François Malherbe	J.F. Potgieter, Willem Fullard, Gideon Roos, Jac. Muller, Erica Theron, Laurette van Niekerk, Lilia Potgieter, klein Pieter Cillié	
1928							
4 Februarie	Besigheid is besigheid (Les affaires sont les affaires; Zaken zijn zaken)	Octave Mirbeau		Paul de Groot se geselskap	Paul de Groot	André Huguenet, Wena Naudé, Paul de Groot, Hendrik en Mathilde Hanekom, Henri van Wyk, Stephan Borcherds, Willem van Zyl	
13 Maart: Wena Naudé en die Hanekoms breek van De Groot weg.							
April	Oorskotjie (Scampolo)	Dario Niccodemi	A.E. Carinus-Holzhausen	Afrikaanse Toneelgeselskap		Wena Naudé, Hendrik en Mathilde Hanekom, Willem van Zyl, Leon Hofmeyr, Stephan Borcherds	"Oorskotjie het treffend-hartstogtelik afskeid geneem van Titus: 'Vir my bestaan daar twee dinge: God in die hemel, en hy (Titus) op die aarde – hy is my vriend.'" (Reklame-aanhaling, Die Burger, 4 April 1928)

Datum	Titel	Dramaturg	Vertalers en verwerkers	Geselskap	Regisseur	Akteurs	Reklame
April	Haar tweede man (Levend dood)	A. den Hertog	A.E. Carinus-Holzhausen	Paul de Groot se geselskap	Paul de Groot	Elise Louw (Rena la Roche), André Huguenet, Henri van Wyk, Paul de Groot; Alfred de Villiers en Louise du Toit neem in Mei oor by Huguenet en Louw	
4 April	Koringboere	D.F. Malherbe		C.J.V. Barkly-Oos			
14 April	Hamlet, prince of Denmark	William Shakespeare		W.B. Pienaar se geselskap, Universiteit van Stellenbosch	W.B. Pienaar	W.B. Pienaar (Hamlet), Sarah Lochner (Ophelia), mev. Wicht (Gertrude), Gideon Roos (Horatio) e.a.	Eerste Shakespeare in moderne kleredrag in Suid-Afrika. Die wagte in kakie-jasse stap met Lee-metfords. Die aktrises dra kort rokke en almal rook, behalwe Ophelia. Koningin Gertrude se tabberd is so "skitterend dat dit lyk soos iets uit Stuttaford se jongste modeparade" (Die Burger, 16 April 1928.)
25 April	Lord Lister's legende			Anton Verheyen se geselskap	Anton Verheyen		
Julie	Na vele dae	A. du Biel		Christelike Strewersvereniging, Strand		S. Rossouw, L. Badenhorst, H. Rossouw, J. Ackermann, C. Theron, Anna Malan	
11 September	'n Droom	J.A. Kotzé		Unie-debatsvereniging, Stellenbosch		Adina de Jager, Lily van der Colff, Lilia Potgieter	
8 Oktober	Die heks	C. Louis Leipoldt		Oranjeklub		Doris Mellish, D. Miller, J.T. van der Merwe, P.J. le Roux, Leonie Pienaar, Rosa Conradie, S.B. Rossouw	
	As daar bazaar gehou word	Marie Linde		Idem		Esmé Hoffmann, Marie Marais, Lily Sarembock, S.B. Rossouw e.a.	
11 Desember	Van Riet van Rietfontein	J.C.B. van Niekerk		Oranjeklub, Kaapstad	F.C.L. Bosman	Alida Louw, Jacoba Pienaar, C.L. Slabbert, Leonie Pienaar e.a.; talle veranderings aan rolbesetting	

Die Afrikaanse Toneelkuns – 1905–1967 – 'n Oriëntering

1929					
Januarie	Lanseloet ende Sanderijn			Anton Verheyen se geselskap	Anton Verheyen, G. van der Merwe, Sarah Lochner, Gideon Roos e.a.	
Februarie	De sonden van het verleden				Louis de Vriendt	
Februarie	Geleende geld (Et dukkehjem; Poppen-huis; A doll's house)	Henrik Ibsen	A.E. Carinus-Holzhausen	Paul de Groot se geselskap	André Huguenet, Paul de Groot, Helene Botha, Henri van Wyk, Rena la Roche, Peter Coetzee	Paul de Groot
Februarie	Onskuldig veroordeel (Within the law)	Bayard Veiller	A.E. Carinus-Holzhausen	Afrikaanse Toneel-geselskap	Hendrik en Mathilde Hanekom, Wena Naudé, Willem van Zyl, Stephen Borcherds (vervang deur Siegfried Mynhardt)	
25 April	Die duiwelsvrou (Der Weibsteufel)	Karl Schönherr		Walter Spiethoff-toneel-geselskap	Elsa Fouché, Walter Spiethoff	
3 Mei	Vrydag! (gebaseer op Spiel im Schloss)	Ferenc Molnár	H. Rooseboom	Oranjeklub, Kaapstad	Gideon Roos, D.H.P. Breek, H. Rooseboom, H.J. Rooseboom jr., C. Kotzé, Ch. Weich, J.J. Blom.	J. J. Broodryk
15 Junie	Die laaste van die takhare	C.J. Langenhoven		C.J.V.-toneelspelers, Kaapstad	W. Theunissen e.a.	H. Pienaar	"W. Theunissen as Piet Rympies het 'n egte surprisepacket-mondering aan."
Augustus	Eerloos	W.G. van Nouhuijs	A.J.A. Roux	Unie-debatsvereniging, Universiteit van Stellenbosch	Berning Malan, Louise Meiring, Gideon Roos	
Augustus	Die aangenome dogter	F.W. Boonzaier		C.J.V., Observatory, Kaapstad	F.W. Boonzaier, M. Compion, L. Smit, A.P. Steyn, Jan Broodryk, J.P. Malan, Ben Solomon	
6 November: Paul de Groot vertrek na Nederland						
Desember	Die vyfde gebod				Louis de Vriendt, Mignon Sorel	Hulle vertolk veertien karakters.

Datum	Titel	Dramaturg	Vertalers en verwerkers	Geselskap	Regisseur	Akteurs	Reklame
1930							
Ongeveer 1930	Vier eenbedrywe: *Die brief van 'n blinde moeder* *Toorheksie van geluk* *Die kaartjieknipper* *Arm mans rykdom*			Jean Plaat-Stultjes se geselskap	Jean Plaat-Stultjes		
Maart: Mevrou Anna Klaasen uit Nederland begin met haar toer.							
1 Maart	*Koppigheid*	W.J. Viljoen		Krugersdorp Dramatic and Operatic Club	P.P. Breytenbach		
18 April	*Ampie*	Jochem van Bruggen			Stephanie Faure	André Huguenet, Rina Malan, Nita Maraïs, Peter Penning e.a.	
28 April	*Lief en leed van Lena*	F.W. Boonzaier		Observatory-toneelgeselskap		Lizzie Smit, F.W. Boonzaier, Ben Solomon, N. Boltman, F. Schnetler, Emile Richter, A. Steyn	
2 Mei	*Die uur van vergelding* (*The hour of retribution of The divorce question*)	Friedrich Gunter of William Anthony McQuire	A.E. Carinus-Holzhausen	Afrikaanse Toneel-geselskap		Hendrik en Mathilde Hanekom, James Norval, Wena Naudé, Willem van Zyl	
16 Augustus	*Het hoogste recht*	Ina Boudier-Bakker				Louis de Vriendt, Mignon Sorel	
Augustus: Louis de Vriendt en Mignon Sorel keer terug na Nederland.							
15 November	*Die rosekrans* (*The rosary*)	Florence Barclay	André Bisson (verw.) A.E. Carinus-Holzhausen (vert.)	Paul de Groot se geselskap	Paul de Groot	Lydia Lindeque, Rena la Roche, Paul de Groot, Siegfried Mynhardt, Flippie Coetzee, Henri van Wyk, Frits le Grange	
17 November	*Van Riet van Rietfontein*	J.C.B. van Niekerk		Helpende Hand K.J.V. Woodstock		C. de Villiers, J. Kallis, M. Cilliers, A. Mostert, M. Hewett, M. Mostert, M. Visser, A Jacobs	
1931							

Van 1931 tot 1935 is drie geselskappe op die voorgrond: dié van André Huguenet, Wena Naudé-Willem van Zyl en Henri van Wyk. Uit hulle geledere ontstaan nuwe geselskappe: dié van Anton Ackermann (voorheen saam met Wena Naudé), Don Siebritz (uit Ackermann se geselskap), Louis Rood uit André Huguenet se geselskap; hy vorm die Heunis-Rood-geselskap waaruit Bennie de la Rey as Leon Bordeaux 'n geselskap stig. Omdat die menigvuldige geselskappe nie onderling oorleg pleeg wat reisbeplanning betref nie, begin gevaartekens flits.

Die Afrikaanse Toneelkuns - 1905-1967 - 'n Oriëntering

Datum	Titel	Outeur	Geselskap	Hoof	Rolverdeling	Notas
Ongeveer 1931	*Haar kruis van liefde*			Anna Klaasen se geselskap	Anna Klaasen, Mae le Roux, Bob Walters, Koos van der Westhuizen, Charl Engelbrecht	
13 Januarie	*Mal Hans (Dolle Hans)*	Jan Fabricius	André Huguenet	André Huguenet se geselskap	Rena la Roche, André Huguenet, Henri Steenkamp, Charles Kock, Henri van Wyk, Leon Cloete	
Maart	*Die silwer koning (The silver king)*	Henry Arthur Jones en Henry Herman	A.E. Carinus-Holzhausen	Die Hanekom-Van Zyl-geselskap	Hendrik en Mathilde Hanekom, Wena Naudé, Willem van Zyl, Dan Gildenhuys, Jac du Toit, Sylvia Robertson	
April	*Napoleon se wasvrou (Madame sans-gêne)*	Victorien Sardou en Émile Moreau		Anna Klaasen se geselskap	Anna Klaasen, Willy Wietfeldt, Siegfried Mynhardt, Stinie Wiid, Mae le Roux	
29 April	*East Lynne*	Mev. Henry Wood		Jean Plaat-Stultjes se geselskap		'n Vertaling van 'n verhoogverwerking van *East Lynne: The earl's daugther* (1864) – 'n roman oor die Britse aristokrasie.
Junie	*Besigheid is besigheid (Les affaires sont les affaires; Zaken zijn zaken)*	Octave Mirbeau		Paul de Groot se geselskap	Paul de Groot, Lydia Lindeque, Roekie van Rensburg, J. Lückhoff, David Muller, F. Botten, P. van Ingen	
Junie	*Die stad Sodom*	F.W. Boonzaier		Observatory-toneelgeselskap	F.W. Boonzaier, J. Hough, E. Richter, A. Louw, G. le Roux, Sally Bester, P. van der Merwe, Henna van der Merwe, C. van der Merwe, N. Boltman	
11 Junie	*Die afgode*	C. Louis Leipoldt		C.J.V. Parow	J.C. Windell, P. Dippenaar, Jan Laubscher, B. Snyman, M. Slabbert, Albert Snyman, B. Müller, K. van Rensburg	
November	*Wie is wie? (Tons of money)*	Will Evans en Sydney Valentine		Hanekom-Van Zyl-geselskap	Hendrik en Mathilde Hanekom, Wena Naudé, Willem van Zyl, James Norval	

Datum	Titel	Dramaturg	Vertalers en verwerkers	Geselskap	Regisseur	Akteurs	Reklame
1932							
Ongeveer 1932	Koningin Esther	Henri van Wyk		Henri van Wyk se geselskap	Henri van Wyk	Henri van Wyk (as Haman), Lena Cronjé, Aletta Gericke, Kosie Gericke	
Ongeveer 1932	Haar broer se skuld	D.P. du Toit		Johan Fourie se geselskap			
Januarie	Die verliefde indringer; later Die oorwinnaar				Paul de Groot	Paul de Groot, Yvonne de Morlay, Fred Batten, Jan Blignaut	
Januarie–Junie	Ampie	Jochem van Bruggen		André Huguenet se geselskap	André Huguenet	Lydia Lindeque, André Huguenet, Bettie Reitz, Ena du Toit, Johan Piek, Dewald van der Merwe	
21 Maart	Elkeen sy eie	P.W.S. Schumann		Krugersdorpse Munisipale Vereniging vir Drama en Opera	P.P. Breytenbach	D.J. Joubert, C. de la Bat, Salome Becker, Sally Kock, P.P. Breytenbach	
Die Hanekoms stig 'n toneelskool in Bloemfontein in April.							
26 April	Bodemvas	S. Bruwer	Paul de Groot ("vervaardiger")	Paul de Groot se geselskap	Paul de Groot	Paul de Groot, Yvonne Liebenberg, Maria van Dyk, P.J. Loots, Margaret Webb, Gideon Boshoff, Nic Laubscher, J. Scholtz, Elsa Dreyer	Volgens *The Cape Times* is die Engels-Afrikaanse spanning ("racial drive") "as old as the hills and dull as ditch water"
Mei	Wania			Jean Plaat-Stultjes se geselskap		Elsa Fouché e.a.	
Junie 1932–Junie 1933	Ampie	Jochem van Bruggen		Jochem van Bruggen se geselskap			
Junie	Die seeman (verw. van Hans-die-skipper)	D.F. Malherbe		Hanekoms se Toneelskool, Bloemfontein			
10 Junie	Die stoplap	Walter Spiethoff		Krugersdorpse Munisipale Vereniging vir Drama en Opera		J. Vogel, J.H. van Dyk, John Watterson e.a.	

Datum	Stuk	Outeur	Vertaler	Geselskap	Regisseur	Spelers
27 Junie	Boumeester Solness (Bygmester Solness; The master builder)	Henrik Ibsen	C.G.S. de Villiers	Universiteitsdebatsvereniging, Stellenbosch	C.G.S. de Villiers	G. Boshoff, Dola Brink, W. Lubbe, P. Loots, C. Fourie, M. Pienaar, Margaret Webb
Augustus	Moederliefde (The sacred flame)	W. Somerset Maugham		Die Hanekoms se Toneelskool, Bloemfontein		
September	Huis-toe (Heimat)	Hermann Sudermann		Die Hanekoms se Toneelskool, Bloemfontein		
Oktober	As mans huishou (Felix, jij en ik)	Jan van Ees		Die Hanekoms se Toneelskool, Bloemfontein		
November	Peggy-my-kind (Peg o' my heart)	J. Hartley Manners		Die Hanekoms se Toneelskool, Bloemfontein		
14 November	In die dae van Van Riebeeck	Sannie Metelerkamp		Krugersdorpse Munisipale Vereniging vir Drama en Opera		P.P. Breytenbach (as Jan van Riebeeck) e.a.
19 November	Die drie Van der Walts	E.A. Schlengemann		Helpende Hand C.J.V. Woodstock		
3 Desember	Genoveva	Christophorus Schmidt; Frans Demers, Jan Melis (verw.)	A.E. Carinus-Holzhausen (vert.), André Huguenet ("nagesien")	André Huguenet se geselskap	André Huguenet	André Huguenet, Lydia Lindeque, Bettie Reitz, Dewald van der Merwe, Ena du Toit, Johan Piek
1933						
Ongeveer 1933	Die verstoteling (The patsy)	Barry Connors	A.E. Carinus-Holzhausen	Willem van Zyl-geselskap		Anton Ackermann, Pikkie (Sannie) Uys, Wena Naudé, Willem van Zyl, Eileen de Lange, Jo Henning, Teddy Truby
Ongeveer 1933	Moederloos	Fanny Eden	S. Ignatius Mocke (verw.)	Jean Plaat-Stultjes Afrikaanse Toneelgeselskap		Elsa Fouché, Sannetjie de Lange, Jean Plaat-Stultjes, Gerty le Roux, Egmont Behrens

Datum	Titel	Dramaturg	Vertalers en verwerkers	Geselskap	Regisseur	Akteurs	Reklame
Ongeveer 1933	De rechte lijn	Jan Fabricius		Unie-debatsvereniging, Stellenbosch		Gideon Roos e.a.	
1933	Johannes van Wyk	J.H.H. de Waal	André Huguenet (verw.)	André Huguenet se geselskap	André Huguenet	Lydia Lindeque, André Huguenet, Dewald van der Merwe, Bettie Reitz, Siegfried Mynhardt, Ena du Toit, Johan Piek	
Maart	Die teken van die kruis			Jean Plaat-Stultjes se geselskap			
21 April	Die ouderling	H.A. Fagan		Oranjeklub, Kaapstad	Queenie Fagan	Gideon Roos, Renée du Plessis, Hester van Niekerk, Herman Steytler, Charl Engelbrecht	
13 Mei	Die familiesaak	C.J. Langenhoven		Die Hanekoms se Toneelskool, Bloemfontein			
Junie	Die spook van Verlatenfontein	F.W. Boonzaier			F.W. Boonzaier	Alwyn Steyn, H. Erasmus, Helena Pienaar, N. Latsky, Rachel van Rensburg, Tom Theron, Willem van Rensburg	
23 Junie	Die swart verraad	Eugène N. Marais		Krugersdorpse Munisipale Vereniging vir Drama en Opera			
Julie	Die drie Van der Walts	E.A. Schlengemann		Worcesterse Kultuurvereniging	Leonie Pienaar		
21 Augustus–Oktober	Verborge sonde (La Monaco)	Pierre Frondale		Paul de Groot se geselskap	Paul de Groot	Paul de Groot, Henriëtte de Waal, Greta Bodenstein, Henri van Wyk, Henri Steenkamp, Ben Roos	
September	Die verlore siel (Dr Jekyll and Mr Hyde)	Robert Louis Stevenson		James Norval se geselskap			
Oktober: Wena Naudé vertrek op 'n studiereis na Nederland.							
Oktober	In die kloue van Satan			Jean Plaat-Stultjes se geselskap			

Die Afrikaanse Toneelkuns – 1905–1967 – 'n Oriëntering

Datum	Stuk	Regisseur	Vertaler/verwerker	Geselskap	Vertolkers	Rolverdeling	Opmerkings
7 Oktober	As die tuig skawe	J.F.W. Grosskopf			A.M. Viljoen	Gideon Roos, I.W. van der Merwe (Boerneef), A.M. Viljoen, Lily Sarembock, Renée du Plessis, Johanna van Vuuren, Percy Scholtz, A.M. Burger, N.P. van Wyk Louw	N.P. van Wyk Louw (Teuns) het "...as vooruitstrewende boer besadig en met oorwoë gepastheid 'n goeie voorstelling gegee van die betrokke persoon" – Abr. H. Jonker in *Die Burger*
November	*Die seeman* (verw. van *Hans-die-skipper*)	D.F. Malherbe		Somerset-Wes Kultuurvereniging	Marie Marais, Robert Blake	Jim Theunissen, Jacobus de Waal, Marie Marais, Robert Blake	
Desember	*Hantie kom huis toe*	P.W.S. Schumann		Oranjeklub, Kaapstad	M.I. Murray	Anna Pohl, Gideon Roos, Herman Steytler, C.J. Engelbrecht, Danie Grobbelaar, L.P. Louw, J. Penderis	
1934							
Ongeveer 1934	*Fanie*	Nico Hofmeyr		Johan Fourie se geselskap			
18–19 Januarie	*Treine*	Charl J. van Blerk			Charl J. van Blerk	Marjorie Burger, J.P. Marx, Jimmie Retief, Magda Louwrens, Hedwig Linder, S. Brindean	
Februarie	*Kain*	Albert du Biel	Henri van Wyk (verw.)	Paul de Groot se geselskap	Paul de Groot	Henriëtte de Waal, Paul de Groot, Bettie Reitz, Nell van Nieuwenhuizen, Rosa du Plessis, John Brill, Johannes Coetzee, Dewald van der Merwe, Tommie Beckley, Frits le Grange	
13 Februarie: Die Kaapstadse Afrikaanse Toneelvereniging (K.A.T.) word gestig deur H.A. Fagan, Boerneef, Anna Neethling-Pohl, N.P. van Wyk Louw en Jacques Malan.							
Maart	*Vadertjie Langbeen* (*Daddy-Long-Legs*)	Jean Webster	P.H.B. Henning	James Norval se geselskap	James Norval	James Norval, Alida Holdstock, Japie Lessing, Johan Volschenk, Jessie Kotze, Rina Lourenz	"U sal saam met Judy voel en leef in die weeshuis, en u sal ook saam met haar verheug wees as sy onder die wrede humeur van mev. Lippit uit is."
April	*Reg is reg, onreg is ook reg*	Henri van Wyk (samesteller)		Blinde Swanepoel se geselskap		Jan en Freda Swanepoel, vyf kinders en hul onderwyser, mnr. Botha	
6 April	*Sy pa se skuld*	D.P. du Toit		Barend Fourie se geselskap		Barend Fourie, Ria Olivier, Jacques Lochner, Joan de Villiers	

Datum	Titel	Dramaturg	Vertalers en verwerkers	Geselskap	Regisseur	Akteurs	Reklame
11 Mei	*Rooibruin blare*	H.A. Fagan		Kaapstadse Afrikaanse Toneelvereniging (K.A.T.)	Anna Viljoen	Lily Sarembock, Maggie Botha, A.M. Burger, J.B. Bonthuys	
	Ruwe erts	Idem		Idem	Queenie Fagan	Herman Steytler, Queenie Fagan, Dollie Pienaar, Ria van Lis, Cecilia Kotzé, C. Engelbrecht, J. Retief, J. du Plessis	
29 Mei	*Haat*	Charl J. van Blerk			Charl J. van Blerk	Johanna van Vuuren, Marais de Kock, Cecile McBlain, Elise Bosman, Irma Cluver, Irma Lindner, P.T. van der Merwe, C.J. van Blerk	
Junie	*Die swart hand*	Hendrik Brand (S.H. Skaife)		André Huguenet se geselskap	André Huguenet	André Huguenet, Lydia Lindeque, Ena du Toit, Bettie Reitz, Dewald van der Merwe, Siegfried Mynhardt, Johan Piek	
Augustus	*Bang vir die lewe*	Henri Bordeaux	Oorspronklike roman vertaal deur Jan F.E. Celliers	Johan Fourie se geselskap			
30 Augustus	*Die ongeluksvoël*			Helpmekaar-geselskap, Kaapstad			
Augustus – September	*Ek het 'n man vermoor (J'ai tué un homme)*	Maurice Rostand	F.C.L. Bosman	André Huguenet se geselskap	André Huguenet	Ena du Toit, Siegfried Mynhardt, André Huguenet, Lydia Lindeque, Philip Theunissen, Nico van Rooyen	
18 September	*Die veroweraar*	Josina Simons-Mees		Leonie Pienaar se geselskap	Leonie Pienaar	Leonie Pienaar, P.J. du Toit, N. de Bruyn, Betsie Trigaard, Isa Pepler, S.J. de Swardt, Myra Horak e.a.	
22 September: Jean Plaat-Stultjies sterf aan longontsteking op Vanrhynsdorp.							
27 September – 1940	*Oom Paul*	D.C. Postma		Hendrik Hanekom-geselskap	Hendrik Hanekom	Hendrik en Mathilde Hanekom, Laurika Postma (vervang deur Elsa Fouché, Berdine Grünewald en Irma du Plessis), Louis Boshoff (vervang deur Willie Beckmann en Jacques Lochner) en Johann Lubbe	
24 Oktober	*Van Riet van Rietfontein*	J.C.B. van Niekerk		Suid-Afrikaanse Studenteverening, Amsterdam, Nederland	Wena Naudé		

Die Afrikaanse Toneelkuns – 1905-1967 – 'n Oriëntering

23 November	*Nie my kind nie*	C.F. Visser		Hendrik Hanekom se geselskap					
30 November	*Die seeman* (verw. van *Hans-die-skipper*)	D.F. Malherbe		K.A.T.		P. Tack	Herman Steytler, Renée du Plessis, J.B. Bonthuys, C. van Dyk		
Desember: Wena Naudé keer terug uit Nederland.									
7 Desember	*Rosmersholm*	Henrik Ibsen	C.G.S. de Villiers	Krugersdorpse Munisipale Vereniging vir Drama en Opera					
1935									
Ongeveer 1935	*Wittebroodsdae* (*Just married*)	Ann Nichols en Adelaide Matthews	A.E. Carinus-Holzhausen	Anton Ackermann en Johann Nell se geselskap			Pikkie Uys, Anton Ackermann, Estella Sten, Johann Nell, Cor du Toit, Edna Krause		
Ongeveer 1935	*Troebel waters*		Johann Buhr	Wena Naudé se Oorskotjie-geselskap			Wena Naudé, Jac. J. Waldeck, Ria Olivier, Johann Nell, Louis Viljoen, Pottie Potgieter, Retha Aveling, Michiel Hechter		
					Februarie				
					Eerloos		W.G. van Nouhuijs	A.J.A. Roux	
Paul de Groot se geselskap	Paul de Groot	Tommie en Hetta	Beckley, Paul de Groot			Vorster, Jacobus	Jan Swiegers		
			Groot, Queenie			Swanepoel,			
					Maart				
									Klein lagduiweltjie (*Sweet innocence*)

Datum	Titel	Dramaturg	Vertalers en verwerkers	Geselskap	Regisseur	Akteurs	Reklame
Edith Watson	Johann Buhr	Willem van Zyl-geselskap		Wena Naudé, Pikkie Uys, Jo Henning, Johan Jonker, Anton	Ackermann, Willem van Zyl		Maart
Eerloos (ook opgegee as Baron Persos)	Ludwig Stroheim		Anton Heunis en Louis Rood se geselskap		Enid Brink, Hennie Slabbert, Bennie de la Rey,	Olga du Plessis	"... die enigste geselskap wat speel van Kaapstad tot
die Limpopo." "Dis onmoontlik om nie verruk te		word nie ... Om beurte sal u huil, sid-der, en lag!!"		22 Maart	Drie lewens	Die bron	Pels
Marie Linde							
M.I. Murray Jacques Malan		K.A.T. Idem	Idem	Renée du Plessis M.I. Murray	Hélène Malan	Essie Malan e.a.	
26 April, 21 Junie	Erasmus se erfgename (Les héritiers Rabourdin)	Emile Zola	Gustav S. Preller (verw.)	Krugersdorpse Munisi-pale Vereniging vir Drama en Opera			
Mei	Haar egskeiding (A bill of divorcement)	Clemence Dane		C.F. Mynhardt	André Huguenet	se geselskap	André Huguenet
Lydia	Lindeque, André	Huguenet, Ena du Toit, Paula Styger,		Dewald van der Merwe,	Nico van Rooyen		Augustus–September
Die heilige vlam (The sacred flame)		W. Somerset Maugham	C.F. Mynhardt	André Huguenet se geselskap	André Huguenet	Lydia Lindeque, André Huguenet, Ena du Toit, Siegfried Mynhardt	
September: Die Pretoriase toneelgroep Ons Teatertjie word gestig.		September	En hadde de liefde niet	Eitemal (W.J. du P. Erlank)		Studente van die Universiteit van Stellenbosch	
Ben Haveman, Minette van Huyssteen e.a.			30 September	Boumeester Solness (Bygmester Solness)	Henrik Ibsen	C.G.S. de Villiers	Ons Teatertjie-toneelgroep
Leonie Pienaar	Leonie Pienaar, P.J. du Toit, Anna Neethling-Pohl,	W.H. van der Merwe, Napier de Bruyn,	Sophie Neethling, A.H. Gaum		Oktober	In die kloue van Satan	

Datum	Titel	Outeur	Vertaler	Geselskap	Regisseur	Rolverdeling	Aanhaling
28 November (verv.)	*Die indringer (L'intruse)*	Maurice Maeterlinck	Idem	Idem	Idem	Herman Steytler, J. Nel van der Merwe, Anna Richter-Visser	
	Fritsie	Hermann Sudermann	W.E.G. Louw (verw.)	Idem	Idem		
1936							
Ongeveer 1936	*Die vabond*			Louis de Vriendt se Kunsgeselskap		Mignon Sorel, Willem Benoy	"Wat 'n grappemaker het rondgestrooi Mignon Sorel is dood? Kom sien hoe springlewend sy is, en geniet van haar pragtige spel."
1936	*Die doodvonnis (Night must fall)*	Emlyn Williams	Willem Kamp	André Huguenet se geselskap	André Huguenet	André Huguenet, Lydia Lindeque, Paula Styger, Johan Fourie, Daniel Jonker, Mercia Zeeman, Suzanne Moolman, Elizabeth Terblanche	
Februarie	*Dracula*	Bram Stoker	P.H.B. Henning	James Norval se geselskap	James Norval	Hope Esterhuizen, James Norval, Rena Lourenz, Johan Volschenk, Alida Holdstock, Benn Potgieter	LUCY: Ag, Mina, dis alles so vaag – vlermuise – harige hande – ou mans met lang slagtande en, en – DRACULA: Stilte! As jy 'n geluid maak, sal ek sy harsings teen die muur uitslaan hier voor jou oë … "Die grieselagtigste stuk wat die wêreld ken … die spookagtigste van alle grieselstukke ….sal u laat gril, miskien laat gil – of miskien – wel, ons het u gewaarsku!!!" "Kinders onder 12 word definetief nie toegelaat nie."

Datum	Titel	Dramaturg	Vertalers en verwerkers	Geselskap	Regisseur	Akteurs	Reklame
12 Februarie	Goudvissie (Het goudvischje)	W.G. van Nouwhuijs	A.E. Carinus-Holzhausen	Willem van Zyl-Wena Naudé-Oorskotjie-toneelgeselskap	Wena Naudé	Wena Naudé, Johann Nell, Jac. J. Waldeck, Ria Olivier, Natus van Rooyen, Retha Aveling, Isaac Dormehl, Hope Esterhuizen	
	Die skitterende idee			Idem	Idem	Idem	
Maart	In die mag van Tiberius	Augusta J. Evans-Wilson	Willie Beckmann	Elsa Fouché Toneelgeselskap		Elsa Fouché, Willie Beckmann, Morné Coetzer, Rina Martens, Sann de Lange, Hope Esterhuizen	
Maart	Druppels van edik en gal			Leon Bordeaux se geselskap			
Maart	Haar geheim	Subiet		Anton Ackermann se geselskap		Anton Ackermann, Pikkie Uys, Estella Sten, Cor du Toit, Don Siebritz, Elsa van Rooyen	ESMÉ: U sal ontwaak – ontwaak – wanneer Paul u geld kry en u in die steek laat – en u hier sal sit – sonder tande te suig aan u ou duim – heeltemal verlate ... en ek hoop dat God u nooit, nooit vergewe nie. "Die toegangsprys vir volwassenes is drie sjielings, maar vir babatjies moet tien sjielings en ses pennies opgedok word."
Mei	Die sewe duiwels (Sewe duiwels en wat hulle gedoen het)	Jan Lion Cachet	P. Kruger	Elsa Fouché Toneelgeselskap	Elsa Fouché	Elsa Fouché, Willie Beckmann, Sann de Lange, Morné Coetzer, Rina Martens	
14 Mei	De spel van Lanseloet ende Sanderijn			Universiteit van Kaapstad	Anton Verheyen	Wies van Vliet, Anton Verheyen, Kitty Botha, Henny Ogier, Chris de W. Marais, Gerard de Haan	"Rokery in die saal is ten strengste verbode."
	Nu noch			Idem	Idem	Anton Verheyen, John Ogier, Henny Ogier, Gerard de Haan	

Die Afrikaanse Toneelkuns – 1905–1967 – 'n Oriëntering

Datum	Titel	Skrywer	Geselskap	Regisseur	Rolverdeling
23 Mei	Onder een dak	Johan Fabricius	Unie-debatsvereniging, Universiteit van Stellenbosch	Anton Verheyen	Lod. P. Spies, Koos Gericke, P. Conradie, O. van Schalkwyk, Kitty Botha, Sibs Botha, Hélène Lochner, Anna Mostert
Junie	Beatrys	Maurice Maeterlinck	Opleidingskollege Denneoord, Stellenbosch		Gertrude Andrag, Jeanette Lochner, Helen Murray, Truida Pohl (Beatrys)
Junie	Piet se tante (Charley's aunt)	Brandon Thomas	Helpmekaar-toneelgeselskap	Gustav S. Preller	Rufatus Burger e.a.
10–11 Junie	Terwyl daar basaar gehou word	Marie Linde	Ons Teatertjie-toneelgroep	Anna Neethling-Pohl	Napier de Bruyn, Sophie Neethling, Anna Botha, G. Uys e.a.
	Die peswolk	J.F.W. Grosskopf	Idem	Leonie Pienaar	Leonie Pienaar, L.G. van der Merwe, J. van Rensburg e.a.
	In die wagkamer	Idem	Idem	Idem	Leonie Pienaar, Anna Neethling-Pohl, W.H. van der Merwe, L.G. van der Merwe, Napier de Bruyn
18–19 Junie	Gebroke drade	J.R.L. van Bruggen	K.A.T.	Marguerite Murray	Alex Conradie, Annie Theron, Charl Engelbrecht, Renée du Plessis, George Minnaar, Oloff de Villiers, C.J. van Dijk (vervang deur A.M. Burger), Marina Taljaard, Dolla Brink, Johanna van Vuuren
Augustus	Rooibruin blare	H.A. Fagan	Ons Teatertjie-toneelgroep	Anna Neethling-Pohl	Piet du Toit, Anna Botha, Alta Meyer
	Ousus	Idem	Idem	Leonie Pienaar	W.H. van der Merwe, Larry Pretorius, Bettie Grundlingh, Hélène Güldenpfennig, N. de Bruyn, L. van der Merwe
September	Gevaarlike huwelik (The two Mrs Carrolls)	Martin Vale	André Huguenet se geselskap	André Huguenet	Lydia Lindeque, André Huguenet, Paula Styger, Cor du Toit, Louis Rood, Helene Stoop, Anna Ziervogel, Suzanne Moolman
18–19 September	Hantie kom huis toe	P.W.S. Schumann	Ons Teatertjie-toneelgroep	Leonie Pienaar	Anna Neethling-Pohl, D. Morgan, Anna le Clus, J. van Rensburg e.a.
Oktober	Erfsonde (Children of the moon)	Martin Flavin	Hendrik Hanekom se geselskap	Hendrik Hanekom	Hendrik en Mathilde Hanekom, Berdine Grünewald, Tonius Ferreira, Jacques Lochner, Johann Lubbe

Datum	Titel	Dramaturg	Vertalers en verwerkers	Geselskap	Regisseur	Akteurs	Reklame
Oktober	Die heks	C. Louis Leipoldt		K.A.T.	Anna Viljoen	Lily Sarembock, Anna Richter-Visser, A.M. Burger, I.W. van der Merwe (Boerneef) as die kardinaal	
Oktober	Nerina van Drakenstein	A.C. Bouman		K.A.T.	Anton Verheyen	Henri Cronjé, Hilda Latsky, Mizzi Krige e.a.	
5 Desember	'n Vergissing	C. Louis Leipoldt		Helpmekaar-toneelvereniging		S. Pretorius, B. van As, C. von Wielligh, J. Munnik, A. Swart, J. Immelman	

12 Desember: Ons Teatertjie-groep word die Volksteater. K.A.T. en Volksteater, beide amateurtoneelverenigings, behaal in die volgende dekades sukses met kunstoneel. Volgens Binge (1978: 232) het die beroepstoneelspelers nie agting vir die amateurs ontwikkel nie. K.A.T., Volksteater en ander kunsverenigings was weer nie beïndruk met die beroepsgeselskappe nie. Op 13 Desember stig die F.A.K. 'n toneelbond vir die beroepstoneelgeselskappe. Wena Naudé, Hendrik Hanekom en André Huguenet word bestuurslede. Mathilde Hanekom, Anton Ackermann, Willie Beckmann en Henri van Wyk was ook teenwoordig by die stigting. Later gee die Reddingsdaadbond ondersteuning aan die verdienstelikste geselskappe.

1937

Sterfjaar van Mignon Sorel

Datum	Titel	Dramaturg	Vertalers en verwerkers	Geselskap	Regisseur	Akteurs	Reklame
Ongeveer 1937	Staking in Hollywood	Emmerich Aich	Johann Buhr	Louis de Vriendt-geselskap		Louis de Vriendt, Willem Benoy, Mignon Sorel, Suzanne de Toit, Colle Jordaan, Albert Niekerk	"Ons verseker u altoos van 'n Genotvolle maar viral ook 'n Deftige Aand."
Ongeveer 1937	Oorwonne (Het einde)	Josina Simons-Mees	A.E. Carinus-Holzhausen	Wena Naudé se geselskap		Wena Naudé, Johann Nell, Daddy Theron, Retha Aveling, Ria Olivier, Marie Gous	
Ongeveer 1937	Die hand van die gereg	S.Ignatius Mocke		Anton Ackermann se geselskap		Pikkie Uys (Opdrifseltjie), Anton Ackermann, Elize Senekal, Eric Olsen, Nico van Rooyen, Jeanette Kramer, Fanie Cloete	"Kaptein Amos Greyling is 'n misdadiger... En tog is hy 'n vader... 'Opdrifseltjie' ... die vuurtoring en hy... net een soentjie... is dit die laaste... Buite... 'Die Hand van die Gereg'... Wagtend... Oormôre die galg..."
10 Maart	Suster Beatrys (Soeur Béatrice)	Maurice Maeterlinck	Anna Neethling-Pohl (nagesien deur Anna de Villiers)	Volksteater	Leonie Pienaar	Leonie Pienaar, Anna Neethling-Pohl e.a.	

18 Maart	Die papiermes (The paper knife) Oorlog is oorlog In die wagkamer	Archibald J.A. Wilson J.F.W. Grosskopf Idem	A.M. Burger	K.A.T. Idem Idem			
7 April	Kromhoutsap	P.W.S. Schumann		Krugersdorpse Munisipale Vereniging vir Drama en Opera			
9, 16 April	Die koerantskrywers (Die Journalisten)	Gustav Freytag	J.F.W. Grosskopf (verw.)	Krugersdorpse Munisipale Vereniging vir Drama en Opera			
Mei	Drie wyse dwase (Three wise fools)	Austin Strong	C. de Wet Marais	K.A.T.	Johanna van Vuuren	Herman Steytler, Oloff de Villiers, Urbane Kenney, Hilda Latsky, Irma Cluver, J.J. Blom, André de Wet, Peter Wissing, Ben Swart, Steph. Smeda, Piet du Toit	"Hy mag 'n sy-sweater dra, maar ek sal sorg dat hy sweet."
9–10 Junie	Katrina	P.W.S. Schumann		Volksteater	Hélène Güldenpfennig	Anna Neethling-Pohl (as Katrina) e.a.	
Julie	Die ongeluksvoël			Die Helpmekaartoneelgeselskap		David du Toit, Maxie Louw, Johannes Venter, Esther Heydenrych, Carl van Wyk, Jacobus van der Westhuizen, Lina Theron, Rufatus Burger, Rykie Pennington	
Augustus	Die geleende bruid			Die Hanekomgeselskap		Hendrik en Mathilde Hanekom, Berdine Grünewald e.a.	
Augustus	Die laggende vrou (The laughing lady)	Alfred Sutro	Johann Buhr	Wena Naudé se geselskap		Retha Aveling, Wena Naudé, Louis Viljoen, Ria Olivier, Johann Nell, Pottie Pogieter, Jac. J. Waldeck	
25–26 Augustus	Bohaai oor Jolanthe (Krach um Jolanthe)	August Hinrichs	Dept. Duits, Universiteit van Pretoria	Volksteater	Paul (P.R.) Skawran		
November	Twee lewenskringe (Twee levenskringen)	Josina Simons-Mees		Volksteater	M. Bokhorst		
Desember	Paardekraal-Krugersdorp	P.W.S. Schumann, J.H. van Dyk, J.A. Vogel		Krugersdorpse Munisipale Vereniging vir Drama en Opera			

Datum	Titel	Dramaturg	Vertalers en verwerkers	Geselskap	Regisseur	Akteurs	Reklame
Desember: Hendrik Hanekom onderneem 'n studiereis na Engeland, Nederland, Duitsland en Frankryk.							
1938							
Ongeveer 1938	Wat God verenig het				Louis de Vriendt en Willem Benoy	Greta van der Merwe, Mej. Willie Badenhorst, Louis de Vriendt, Rita Cilliers, Pierre Jordaan, Christie Viljoen	"Op versoek van die Publiek self word Babetjies nie toegelaat nie."
Ongeveer 1938	Moederloos	Fanny Eden		Elsa Fouché se geselskap	Elsa Fouché	Willie Beckmann, Elsa Fouché, Ida van Loggerenberg, Jo le Roux, Jeanette Kramer, Reenen van Niekerk	
Ongeveer 1938	Piet Retief	Rud. P. Visser		Henri van Wyk se geselskap		Henri van Wyk (Piet Retief), Kobus Bester, Magda Malan, Adrian Steenkamp, Anna Beneke, Gerhard Koen, Retha Aveling	
Ongeveer 1938	Lewenslank op die breekwater (Les Misérables)	Victor Hugo	Henri van Wyk (verw.)	Henri van Wyk se geselskap		Henri van Wyk, Thinus Victor, Nellie van Nieuwenhuizen, Adrian Steenkamp, Rita Nortjé	
1938	By die ou meulstroom (gebaseer op Leontientjie, Julienne en Smilin' through)	Eduard Veterman; Henri Bataille; Jean-Jacques Bernard	André Huguenet (verw.)	André Huguenet se geselskap	André Huguenet	Wena Naudé, André Huguenet, Johann Nell, Ria Olivier, Paula Styger, Cor du Toit, Johan Fourie	
Januarie	Generaal de Wet	C. Postma		Die Hanekom-geselskap		Hendrik en Mathilde Hanekom, Berdine en Lottie Grünewald, Tonius Ferreira, Jacques Lochner, Johann Lubbe	
Januarie	Janette	Sita		Anton Ackermann se geselskap		Anton Ackermann, Pikkie Uys, Eric Olsen, Arnold Crouse, Doreen Cronjé, Mona Smit	
17–18 Maart	Aletta gaan speur	Hans Rompel		Volksteater	Hans Rompel		

Datum	Titel	Outeur		Geselskap			Notas
9–10 Junie	Koning Oidipus (Oedipus Rex)	Sophokles	Theo Wassenaar	Volksteater		H.J. Oberholzer e.a.	
Augustus	Deugniet en korrelkop	C.H. Chambers		Die Hanekom-geselskap		Hendrik en Mathilde Hanekom, May Theunissen, Johann Lubbe, Antonius Ferreira, Berdine Grünewald	
11–12 Augustus	Grond	Fritz Steyn		Volksteater	P.R. Skawran		
9 September, 14–16 Desember	Die dieper reg	N.P. van Wyk Louw		Volksteater	Anna Neethling-Pohl		Die opvoering het die gehoor "vir ademlose oomblikke weggevoer van alle aardse stryd en smart". (Die Vaderland, 12 Desember 1938.)
4 Oktober	Camille of Die verlore dogter (La Dame aux Camelias)	Alexandre Dumas	G. Lampen (verw.)	Elsa Fouché se geselskap		Elsa Fouché, Willie Beckmann, Ida van Loggerenberg, Jo le Roux, Reenen van Niekerk, Fresh Steyn, Löde Bester	
7 Oktober	Die wit muur	Uys Krige		K.A.T.	Anna Richter-Visser		
26 November	Die pad van Suid-Afrika	C.J. Langenhoven		A.T.K.V., Universiteit van Kaapstad	Sarah Goldblatt		"Onder skynwerpers" opgevoer op die Coetzenburgterrein, Stellenbosch. "Daar het wyding uitgegaan van die magtige hemelgewelf bo ons, van die stilte wat so plegtig was dat selfs die uitbundigheid van die jeug in die studentelosieshuis nie in staat was om dit te versteur nie." (F.R., Die Burger, 17 Oktober 1938.)
2 Desember	Die skeidsmuur	A.J. Hanekom		Hoërskool Tulbagh	Jan Theron	Mej. S. de Klerk, mev. Enslin en Kriegler, Ida Odendaal, Maksie Maree, B. Malherbe, Jan Theron, mnre. Potgieter, Steynberg en Van der Merwe	Dié stuk is deur 'n aantal amateurgroepe in dié tyd opgevoer, bv. C.J.V. van Parow en die Strewerstak van Woodstock.

Datum	Titel	Dramaturg	Vertalers en verwerkers	Geselskap	Regisseur	Akteurs	Reklame
14–17 Desember	*Magdalena Retief*	Uys Krige		Krugersdorpse Munisipale Vereniging vir Drama en Opera	Lydia Lindeque	Lydia Lindeque, L.B.J. van Rensburg, W.J. Bosch, Daphne Keet, Anna Engela, P.J. Erasmus, J. Frey, P.P. Breytenbach, Louis Engela, Pieter Geere, D.J. Prinsloo, I.A. van Niekerk, A. Botha, G. Smith, Susan Breytenbach, Nellie Blignault, Eben van Rensburg, G.J. Erasmus, G.P. Pretorius, J.L. van Tonder	
14 Desember: Amateurs se kragte word saamgesnoer met die stigting van die tweetalige Federasie van Amateurtoneelverenigings van Suidelike Afrika (Fatsa). Hieruit sou die Nasionale Toneelorganisasie (N.T.O.) ontstaan. Die besielde leier hiervan was P.P. Breytenbach.							
1939							
In die jare van die Tweede Wêreldoorlog (tot 1945) lewer 25 reisende geselskappe opvoerings. Die kleiner groepe belemmer die werk van die sterker geselskappe.							
Ongeveer 1939	*Die drankduiwel*	Mark Preston		Elsa Fouché se geselskap	Elsa Fouché	Elsa Fouché, Louis Jacobs, Gerrie Nel, Minnie Uys, Kitty Strydom, Danny de Jager	
Ongeveer 1939	*Skipbreukelinge van die lewe (Les Neufrages)*	Leon Delrieux	G. Lampen	Anton Ackermann se geselskap		Pikkie Uys (Louise, "'n blinde wees"), Mona Smit, Cor du Toit, Eric Olsen, Anton Ackermann, Doreen Cronjé	
1939	*Donkere misdaad*	Johann van der Post		Kobus Bester se geselskap		Anna Beneke, Rosa van Tonder, Kobus Bester, Nico Deacon, André Rosseau	
1939	*Die petaljes van oom Bart*	Dirk Mostert		Henri van Wyk se geselskap		Henri van Wyk, Magda Malan, Jan Pen Cronjé, Kobus Bester, Nell van Nieuwenhuizen	
1939	*Die brug op ons plaas*			Wena Naudé se geselskap	Wena Naudé	Wena Naudé, Willem van Zyl, Retha Aveling, Babs le Page, Louis Steyn, Japie van Niekerk, Nilo van Zyl, ook met Lile Kestell en May Hattingh	"Wat kan egte en edele moederliefde alles oorbrug? – 'n Gedroomde vertolking deur Wena Naudé."

Die Afrikaanse Toneelkuns – 1905–1967 – 'n Oriëntering

1939	Vroueloos getroud	C. van Kerkhoven	Die Hanekom-geselskap	Wena Naudé	Hendrik en Mathilde Hanekom e.a.	
1939	Anne-Marie		Wena Naudé-geselskap			
Februarie	Die vermiste getuie (Kopf in der Schlinge)	Otto Bastian	S. Ignatius Mocke	Die Hanekom-geselskap	Hendrik Hanekom	Morné Coetzer, Tonius Ferreira, Kitty Botha, Mathilde Hanekom, Sann de Lange, Hendrik Hanekom, Jacques Lochner
Februarie	Die kwaksalwer (The outsider)	Dorothy Brandon		André Huguenet se geselskap	André Huguenet	André Huguenet, Leon Celliers, Berdine Grünewald, Ria Olivier, Eric Olsen, Johann Nell, Johan Fourie, Paula Styger
Maart	Die meul dreun	D.F. Malherbe		Volksteater	Hélène Güldenpfennig	
1–3 Junie	Soldaat (Le tombeau sous l'Arc de Triomphe; The Unknown Warrior)	Paul Raynal		Volksteater	Alexis Preller	Anna Neethling-Pohl, H. Oberholzer e.a.
Augustus	Katrina	P.W.S. Schumann		K.A.T.	Truida Pohl	S.C.M. Conradie, J. Wessels, Annakie Grobbelaar, Aletta Gericke, Charl Engelbrecht
25 Augustus	Die tweede Grieta	J.H.H. de Waal		André Huguenet se geselskap	André Huguenet	André Huguenet, Berdine Grünewald, Johan Fourie, Ria Olivier, Eric Olsen, Paula Styger, Johann Nell, Mercia Minnaar, Leon Celliers
8 September	Roza	Carl Grubaum	S. Ignatius Mocke	Anton Ackermann se geselskap	Anton Ackermann	Anton Ackermann, Pikkie Uys, Willem Conradie, Rita van Niekerk, Johan Brewis, Du Toit Bester, Mona Smit	ROZA: O regters! As u hom veroordeel ... dan ... dan ... O, moeder Cornelia! ... staan op uit u graf ... verdedig u kind! Regters, kan u dit nie voel nie? ... Sy moeder is hier!
13 September	Dieu et mon droit of Die heilige pand	A.C. Bouman		Studente, Universiteit van Stellenbosch		P. Wessels, G. Kruger, J. Visser S. Wiid, B. Leuvennink, P. Smith
22 September	Hulle sien die kruis	Fritz Steyn		Volksteater	Hettie Erlank	
	Die arrestasie	Uys Krige		Idem	Idem	

Datum	Titel	Dramaturg	Vertalers en verwerkers	Geselskap	Regisseur	Akteurs	Reklame
2–4, 10 November	Die laaste van die takhare	C.J. Langenhoven		Volksteater	Anna Neethling-Pohl	W.H. van der Merwe, Albie van der Bijl e.a.	
1940							
Ongeveer 1940	Maanskyn en rose			Kobus Bester se geselskap		Kobus Bester, Anna Beneke, Jaco Hendrikz, Rosa van Tonder, Louis Holmes	
Ongeveer 1940	Beloftes maak skuld			Johan Fourie se geselskap	Johan Fourie	Johan Fourie, Mercia Minnaar, Elize Thacker, Leon Celliers, Margo Haugh, Jannie Brand	"Mercia Minnaar in die hoofrol as Cornelia du Preez. Sy sal u laat skaterlag met al haar fratse."
Ongeveer 1940	Van nege tot ses (Nine till six)	Aimee en Philip Stuart		Akademie vir Dramakuns (A.D.K)			
Ongeveer 1940	En sy naam is Jannie	J. Nel van der Merwe		K.A.T.		L.W. Viljoen, C.J. Engelbrecht, M.S. Leibbrandt, Maggie Bot	
Ongeveer 1940	Tussen die tuine	Ella Eloff-Van der Walt	Martini Razin (verw.)	Kobus Bester se geselskap		Rosa van Tonder, Kobus Bester e.a.	
1940	Hans die Skipper	D.F. Malherbe		Die Hanekoms		Hendrik en Mathilde Hanekom, Tonius Ferreira, Hugo Stürm, Jacques Lochner, Irma du Plessis	
1940	Twelfth night	William Shakespeare			Marda Vanne en Gwen ffrangcon-Davies	Lydia Lindeque, Marda Vanne, Gwen ffrangcon-Davies, Johann Nell, Cecil Williams, Joyce Murcott e.a.	
1940	Agter geslote deure (The unguarded hour)	Simon van der Poll	S. Ignatius Mocke	Die Hanekoms		Hendrik en Mathilde Hanekom, Sann de Lange, Morné Coetzer, Tonius Ferreira, Jacques Lochner, Hugo Stürm	
7–9 Maart	Liefdesvuur (Johannisfeuer)	Hermann Sudermann		Volksteater	Anna Neethling-Pohl	Piet du Toit e.a.	
12 Maart	Koop my blomme (Pygmalion)	George Bernard Shaw	G.J.C. Uys (verw.)	Anton Ackermann se geselskap		Anton Ackermann, Pikkie Uys, Mona Smit, Heinro Labuschagne, Johan Brewis, Frieda Booysen	

26 Mei	Met my hele hart	Mark Preston		Pikkie Uys-geselskap		Pikkie Uys, Gulyan Francesco, Izak van Vuuren, Loeloe Kruger, Raymond du Toit, Dawie Jacobs	*"Koop my blomme* het 'n pragtige verhaal, vinnige handeling, is vermaaklik, modern en kragvol (sic). ... In hierdie pragtige karakter as Bessie, haar jongste lagsukses, oortrek (sic) Pikkie Uys al haar vorige meesterlike vertolkings as Esmé, Opdrifseltjie, Louise, Janette en Roza."
Junie	As mure kan praat (The stranger within)	Octave Mirbeau	Crane Wilbur (verw.), C. Mynhardt (vert.)	André Huguenet se geselskap	André Huguenet	André Huguenet, Berdine Grünewald, Freda Keyter, Thelma Rousseau, Johann Nell, Pierre de Wet, Eric Olsen, Cor du Toit (vervang deur Johann Nell)	
Junie	Moenie breek nie	Sophie Roux		K.A.T.	Leonie Pienaar	Hester van Niekerk, Percy Scholtz, Hannetjie van der Merwe, Jim Retief, Annakie Grobbelaar, Gilles du Plessis	Ten bate van Hollandse noodleniging
5–8 Junie	Ruwe erts	H.A. Fagan		Volksteater		Lydia Lindeque e.a.	
	Mara (vroeër Oorlog is oorlog)	J.F.W. Grosskopf		Idem		Idem	
	Moeder Ierland (The land of heart's desire)	W.B. Yeats	F.V. Lategan				
	Dagbreek	W. du Preez		Idem			
8–10 Augustus	Noodlotskind	Jacques Duval		Volksteater	Anna Neethling-Pohl	Lydia Lindeque e.a.	
September	Die veroweraar (De veroveraar)	Josina Simons-Mees		Departement Spraak en Drama, Universiteit van Kaapstad	Leonie Pienaar		
Oktober	Hélène (Aimer)	Paul Géraldy	N.P. van Wyk Louw	K.A.T.	W.J.B. Pienaar	Charl J. Engelbrecht (Henri), Anna Richter-Visser (Hélène) en W.J.B. Pienaar (Challenge). Souffleurs: Aletta Gericke en Suzanne van Wyk	

Datum	Titel	Dramaturg	Vertalers en verwerkers	Geselskap	Regisseur	Akteurs	Reklame
8 Oktober	Is jy 'n bokryer?	Leo Dietrichstein	Dirk Mostert (verw.)	André Huguenet se geselskap	André Huguenet	Pierre de Wet, Thelma Rousseau, Leon Fagan, Johann Nell, Paula Styger, André Huguenet, Freda Keyter, Christine Linde, Nico van Rooyen	
14-16 November	Die wildsboudjie	Fritz Steyn		Volksteater	Anna Neethling-Pohl	Willem Vos, Gideon Horn, Fietjie Neethling, Septimus Smuts, Martie Viljoen, Egmont Behrens, Thys Mey, Laurie du Plessis	

1941

In dié oorlogsjare (tot 1946) speel die geselskappe voor vol sale. Die Provinsiale Raad van Transvaal stel egter 'n kommissie aan om wantoestande te ondersoek. Die Hanekoms en Pierre de Wet (vroeër van André Huguenet se geselskap) is sterk op die voorgrond.

Datum	Titel	Dramaturg	Vertalers en verwerkers	Geselskap	Regisseur	Akteurs	Reklame
Ongeveer 1941	Liefdespel (Liebelei)	Arthur Schnitzler		Akademie vir Dramakuns (A.D.K.)			
	Die wit muur	Uys Krige		Idem			
Ongeveer 1941	Tussen die tuine	Ella Eloff-Van der Walt		Die Helpmekaar-geselskap		Rufatus S. Burger e.a.	
Ongeveer 1941	Die swart adelaar	A.J. Hanekom		Dirkie Uys-toneelgeselskap			
Ongeveer 1941	So 'n vabond	Walter Spiethoff		Die Kaapstadse Takhare	Reenen van Niekerk	Cor Lötter e.a.	
Ongeveer 1941	Ek het Moeder belowe	C.J. du Toit		Die Strandse Toneelgeselskap			
	Die wreker	Idem		Idem			
1941	Ampie	Jochem van Bruggen		André Huguenet se geselskap	André Huguenet	Johann Nell, Christine Linde, Adriaan Steenkamp, Fietjie Neethling, Elsa Fouché, Nico van Rooyen, Freda Tesner, Etienne Retief, Johan Piek, Willem Vos	

Maart	Twee wese		Toneelvoortrekkers	Wena Naudé	Wena Naudé, Japie van Niekerk, Marie Verster, Jan van Schalkwyk, Louis Steyn, Justus van Maurik, Heléne Uys, Marie van Zyl, klein Miemie Rothmann
18 April	Die laaste aand (uittreksels)	C. Louis Leipoldt	K.A.T.	Anna Viljoen	Herman Steytler, Leonie Pienaar (Marta), I.W. van der Merwe (Maleier-priester), W.A. de Klerk (Maleier-visser), J.H. Botha, H. Bruwer, S.D. Smeda
	Onrus (uittreksels)	Idem	Idem	W.J.B. Pienaar	Sappie Botha, Maggie Botha, Kobus van der Colff, L.W. Viljoen, A.P. Jordaan
Junie	Die rooi pruik (Ladies in retirement)	Reginald Denham en Edward Percy	Siegfried Mynhardt se geselskap		
4-6 Junie	Die heks	C. Louis Leipoldt	Volksteater	Hettie Erlank	Bettie Grundlingh e.a.; voordragte deur Anna Neethling-Pohl, Jan Pohl, Gideon Horn
Augustus	'n Lelie geknak		Toneelvoortrekkers	Wena Naudé	Wena Naudé, Louis Steyn, Marie Verster, Jan van Schalkwyk, Heléne Uys, Japie van Niekerk
28-30 Augustus; 22 September	Maria Stuart	Johann Christoph Friedrich von Schiller	Volksteater	Anna Neethling-Pohl	Anna Neethling-Pohl, Berdine Grünewald, W.H. van der Merwe, P.J. du Toit, S. van Loggerenberg, Fietjie Neethling, A.J. du Plessis e.a.
September	Sestien (Sixteen)	Aimee en Philip Stuart	Departement van Spraak en Drama, Universiteit van Kaapstad	Leonie Pienaar	
12-13 November	Die wildsboudjie	Fritz Steyn	K.A.T.	Marguerite (M.I.) Murray	Gerrit van der Merwe, Phoebe Vivier, Estelle de Villiers, Jac. J. Olivier, Steph. Smeda, Alwyn Jordaan, Kosie Oosthuizen, Johannes Bruwer
Desember	Wat te erg is ... is te erg		Siegfried Mynhardt se geselskap		

Datum	Titel	Dramaturg	Vertalers en verwerkers	Geselskap	Regisseur	Akteurs	Reklame
Desember	Helshoogte (Wuthering heights)	Emily Brontë	C. Mynhardt	André Huguenet se geselskap		André Huguenet, Paula Styger, Pierre de Wet, Freda Keyter, Hermien Dommisse, Fanie Bekker, Rudolf Nel	
1942							
Ongeveer 1942	Vat jou goed en trek	P.B.W. de Waal		Johan Fourie se geselskap			
	O, Boereplaas!	Idem		Idem			
Ongeveer 1942	Oom Kaspaas	T.O. Honiball	Henri van Wyk (verw.)	Henri van Wyk se geselskap		Henri van Wyk, Cobus Taljaard, Eric Olsen, Rita Nortjé, Johannes Uys	
Ongeveer 1942	Pinkie	Pierre de Wet		Pierre de Wet se geselskap		Pierre de Wet, Paula Styger, Thelma Rousseau, Eric Olsen, Rudolf Nel	
Ongeveer 1942	Wittebroodsdae			Anton Ackermann se geselskap		Georgie Linder e.a.	
Ongeveer 1942	En sy was 'n moeder			Bolandse Toneelgeselskap		Japie van Niekerk, Marie Verster, Miemie Groenewald, André van Niekerk, Lilla Walton, Jimmie Jooste	
Ongeveer 1942	Die privaat sekretaris			Die Helpmekaartoneelvereniging		Rufatus S. Burger e.a.	
1942	Die krag van die liefde	Josina Simons-Mees		Volksteater	Anna Neethling-Pohl	Mathilda Webb, S. van Loggerenberg, Georgie Linder, Gert van den Bergh, Fietjie Neethling, W.H. van der Merwe	
1942	Die Bolandse nooientjie	A.E. Carinus-Holzhausen en Wena Naudé		Wena Naudé se geselskap	Wena Naudé	Louis Steyn, Heléne Uys, Japie van Niekerk, Wena Naudé, Marie Verster, Jan van Schalkwyk	
1942	Absalom, my seun! (John Ferguson)	St. John Ervine	C. Mynhardt	André Huguenet se geselskap	André Huguenet	André Huguenet, Antonius Ferreira, Pierre de Wet (vervang deur Fanie Bekker), Elsa Fouché, Johann Nell, Paula Styger, Rudolf Nel	

Die Afrikaanse Toneelkuns – 1905–1967 – 'n Oriëntering

1942	Haar twee seuns (The silver chord)	Sidney Howard	C. Mynhardt	Siegfried Mynhardt se geselskap		May Pretorius, Hansje Hendrikz, Maxie Potgieter	
Februarie	My hartbeeshuisie			Wena Naudé se geselskap	Wena Naudé	Wena Naudé, Louis Steyn, Japie van Niekerk (sy twee rolle oorgeneem deur Otto Wilmot en Victor van Reenen) en Pikkie van Niekerk (rol oorgeneem deur Retha Aveling)	
Maart	Johannesburg by nag			Louis de Vriendt se geselskap			
12–16 Maart	Legende	J.F.W. Grosskopf		Volksteater	Anna Neethling-Pohl	S. van Loggerenberg e.a.	
Junie	As jy my kan veroordeel (Schaduwen van het verleden)	Ernst Zahn; Jaap van der Pol (verw.)	J. de Villiers (vert. en verw.)	Japie van Niekerk se geselskap		Japie van Niekerk, Marie Verster, Jannie van Schalkwyk, Miemie Groenewald, Heléne Uys, André van Niekerk, Leslie Holloway	
4–8 Junie	Monna Vanna	Maurice Maeterlinck	W.E.G. Louw	Volksteater	Anna Neethling-Pohl	Anna Neethling-Pohl, T. Mey, W. Loots, P.J. du Toit, S. van Loggerenberg, J.H. Bosch, Gert van den Bergh	
6 Junie	As 'n boerenooientjie liefhet (The lie)	Henry Arthur Jones	A.E. Carinus-Holzhausen	Wena Naudé se geselskap	Wena Naudé	Wena Naudé, Victor van Reenen, Otto Wilmot, Gerty Verster, Louis Steyn	"Nie 'n kunswerk nie, net Wena Naudé Stukkie lewe Ook nie spel nie Maar mense wat werklik leef en voel Wena nie 'n aktrise nie Net 'n moeder, 'n bejaarde Beproefde en liefdevolle moeder"
1 Augustus: Pierre de Wet stig 'n eie geselskap. Eerste produksie toer vanaf 28 Januarie 1943.							
4 November	Bohaai oor Jolante (Krach um Jolanthe)	August Hinrichs		K.A.T.	Mavis de Villiers	Kosie Oosthuizen, Jan Ferreira, Annakie Grobbelaar, Phoebe Vivier, Piet du Toit, Alwyn Jordaan, Kobus van der Colff, Paul Botha	

Datum	Titel	Dramaturg	Vertalers en verwerkers	Geselskap	Regisseur	Akteurs	Reklame
1943							
Ongeveer 1943	Oom Bart se goue bruilof	Dirk Mostert	Henri van Wyk (verw.)	Henri van Wyk se geselskap		Henri van Wyk, Hugo Stürm, Doris Meiring, Cor van Schalkwyk	
Ongeveer 1943	Wie loer kry niks (Nothing but the truth)	James Montgomery	S. Ignatius Mocke (vert.) Johan Fourie (verw.)	Johan Fourie se geselskap		Chris de Coning, Leon Celliers, Johan Fourie, Erna Eksteen, Kitty Maritz	
1943	Gods meule maal	Jan Fabricius	W.E.G. Louw	Die Hanekoms		Hendrik, Mathilde en Tilana Hanekom, Rita Otto, Jasper Vorster, Gert van den Bergh (lg. 3 word in Maart 1944 vervang deur Petro Goosen, Andries Erasmus en Eghard van der Hoven)	
1943	Ds. Snuffelaar (The bishop misbehaves)	Frederick Jackson		Die Hanekoms		Hendrik, Mathilde en Tilana Hanekom, Rita Otto, Hugo Stürm, Piet Wannenburg, Jasper Vorster, Michael Eksteen	
1943	Die nagtegaal (The climax)	Edward Locke		André Huguenet se geselskap	André Huguenet	André Huguenet, Johann Nell, Antonius Ferreira, Sandra van der Merwe, Fanie Bekker	
28 Januarie	Satansloon (Gaslight)	Patrick Hamilton	C. Mynhardt	Pierre de Wet se geselskap	Pierre de Wet	Paula Styger, Pierre de Wet, Anna Cloete, James Norval, Rudolf Nel, Eric Olsen	
September	Waar vergiffenis kon red (Madame X)	Alexandre Bisson		Wena Naudé se geselskap	Wena Naudé	Wena Naudé, Oubaas Brill, Reenen van Niekerk, Gertie Verster, Pikkie en Japie van Niekerk	
September	Servant of God	Madeleine Masson			Margaret Inglis	Lydia Lindeque en veertig ander	
2 September	Die swakkere vat	H.A. Fagan		K.A.T.	Anna Viljoen	Johannes Bruwer, Gilliam van Niekerk, Gerrit van der Merwe, Jeanette Lochner, Lily Sarembock, Marguerite Murray	
Desember	Moenie breek nie	Sophie Roux		Pierre van Vuuren se geselskap			

Desember	Reg is reg, onreg is ook reg	Henri van Wyk		Blinde Swanepoel se geselskap			
1944							
Ongeveer 1944	Die dodelike soen	Louis de Vriendt		Louis de Vriendt-geselskap		Louis de Vriendt, Marie van Vuuren, Tersa Rossouw, Gerhardt Gericke, Dries Marais, Susan Viljoen.	"Die tragedie is nie alleen dat mans en vrouens aangetas word deur geslagsiektes nie, maar dat hulle die middels tot behandeling verwaarloos weens vooroordeel en valse skaamte."
Ongeveer 1944	Blare wat val	Regina Neser	M.S. du Busson (verw.)	Benn Potgieter se geselskap		Benn Potgieter, Corrie Jordaan, Lydia Lorenz, Rita Botes, Johann van Heerden, Henri Hattingh, Willie de Lange	
1944	Geleende vere (Die kleine Komödie)	Siegfried Geyer		André Huguenet se geselskap	André Huguenet	André Huguenet, Maxie de Jong, Johann Nell, Isabelle Cordier, Fanie Bekker, Antonius Ferreira	
1944	Korrels en kaf			Pierre de Wet se geselskap en die Volksteater		Pierre de Wet, Anna Neethling-Pohl, Paula Styger, Gert van den Bergh, Jan Cronjé	
1944	Alleen op die wêreld, vroeër Haar tweede man (Levend dood)	A. den Hertog	A.E. Carinus-Holzhausen	André Huguenet se geselskap	André Huguenet	André Huguenet, Johann Nell, Hansje Hendrikz, Antonius Ferreira, Rudolf Nel	
1944	Witman! Wat het jy gedoen?	Lida Joubert		Die Hanekoms		Hendrik, Mathilde en Tilana Hanekom, Eghard van der Hoven, Petro Goosen, Andries Erasmus, Reenen van Niekerk	
1944	Die swart adelaar	A.J. Hanekom		Otto Wilmot se geselskap			
1944	Die wildsboudjie	Fritz Steyn		Otto Wilmot se geselskap			
Januarie	Kom ons gaan blomme pluk	S. Ignatius Mocke		Johan Fourie se geselskap		Leon Celliers, Hannes Muller, Erna Eksteen, Mercia Minnaar, Johan Fourie, Kitty Maritz	

Datum	Titel	Dramaturg	Vertalers en verwerkers	Geselskap	Regisseur	Akteurs	Reklame
Februarie	Katrientjie	Stella Owen	Marie Linde (verw.)	Helpmekaar-geselskap		Rufatus S. Burger e.a	
29 April	Die vroue van Troje	Euripides	J.P.J. van Rensburg	Studente van die Kaapstadse Opleidingskollege	Truida Pohl, bygestaan deur Aletta Gericke	Pieter de Waal, Alida Gericke, Ria Olivier, Charl Engelbrecht, Aletta Gericke, Milla Louw, Dawid Fuchs, Suzanne van Wyk, Cornelia Scholtz, Elma Krynauw, Babs Laker e.a.	
12 Mei	Die meul dreun	D.F. Malherbe		K.A.T.	Sarah Goldblatt	Gert Pretorius, J.H. Oosthuizen, M.A. Muller, Elise Marais, Jac. Olivier, Piet du Toit, C.E. van der Spuy, W.G. Meintjes	
16–17 Junie	Tonie en Anna (Anthony and Anna)	St. John Ervine	Departement van Spraak en Drama, Universiteit van Kaapstad		Leonie Pienaar	Jannie van der Merwe, Freda Kühn, P.H. Coetzer, Cornelius Smith, Jim Retief, Cynthia Coller, Juliana Oosthuizen, Gerhard van der Poll	
24 Augustus	As dit nag is in die Bosveld			Wena Naudé se geselskap		Minus Snyman, Henri Hattingh, Alec de Boom, Oubaas Brill, Gertie Verster, Japie van Niekerk	
13 Oktober	Die hele dorp skinder (The whole town's talking)	John Emerson en Anita Loos	Marie Linde	Helpmekaar-geselskap	Rufatus S. Burger	Abe de Klerk, Dolsie Pienaar, Anna Mostert, Marion Cillie, Lucy Matthee, Gideon Theron, Jan de Waal, Rufatus S. Burger, Hennie Sieberhagen	
20 Oktober	Paastyd (Pask; Easter)	August Strindberg		K.A.T.	M.I. Murray	Juliana Oosthuizen, Cornelia Scholtz, Marie Oosthuizen, Jan F. Bruijns, A. Carstens, Hendrik Burger, Kosie Oosthuizen	
November	Die gevaarlike vrou	Elsa Fouché		Elsa Fouché se geselskap	Elsa Fouché	Elsa Fouché, Alfred Eloff, Elize Theunissen, Lena Coetzer, Fanie van der Walt, Gerrit Wessels	
3 November	Ko-ee	Helene Pienaar de Klerk		Kleuterklas, Groote Schuur	Helene Pienaar de Klerk	Estelle van Niekerk (Ko-ee) e.a.	

Die Afrikaanse Toneelkuns - 1905-1967 - 'n Oriëntering

30 November–2 Desember	Die stille haard	H.A. Fagan				Jim Retief, Helena Louw, Irma du Plessis, Callie Muller, Giliam van Niekerk, Sappie Botha	
1945							
Ongeveer 1945	Die atoombom!			Louis de Vriendt se toneelgeselskap		Louis de Vriendt, Tersa Rossouw, Coral Wolfaardt, Henri Hattingh, Francois Marais, Louwrens Mynhardt	
Ongeveer 1945	"En jy wag en wag – en – WAG!"	Johan P. Botha		Wena Naudé se geselskap	Wena Naudé	Oubaas Brill, Gertie Verster, J.C. Kruger, Baas Potas, J. Smit, Anna Labuschagne	"Ek sal u vertel hoe dit voel as ... as die mynfluite blaas en jou man moet opkom ... en jy wag ... en wag ... en ... wag."
Ongeveer 1945	Verlore siele	Gerrit Naudé		Johan Fourie se geselskap	Johan Fourie	Johan Fourie, Leon Celliers, Rina Botha, Erna Eksteen, Hannes Muller	
1945	Vergewe en vergeet (Random harvest) (Moontlik The return of the soldier)	Rebecca West / John van Druten	André Huguenet	André Huguenet se geselskap	André Huguenet	Wena Naudé, André Huguenet, Anna Labuschagne, Kitty Botha, Nico Lemmer, Louis Hoffman, Etienne Louw, Emgee Pretorius	
1945	Haar twee seuns (The silver chord)	Sidney Howard	C. Mynhardt	Siegfried Mynhardt se geselskap		May Pretorius, Hansje Hendrikz, Maxie Potgieter, Siegfried Mynhardt	
Februarie	As mans huishou (Felix, jij en ik)	Jan van Ees	A.E. Carinus-Holzhausen	Henri van Wyk se geselskap			
Maart: Mev. A.E. Carinus-Holzhausen oorlede.							
Maart	Aan Mara-waters			Japie van Niekerk se geselskap		Japie en Pikkie van Niekerk, André Malan, Miemie Groenewald, Frikkie le Roux, Tinie de Lange	
Maart	Galgtou (Rope)	Patrick Hamilton		André Huguenet se geselskap		André Huguenet, Johann Nell, Rudolf Nel, Anneli Smuts, Antonius Ferreira	
30 Maart:: Hendrik en Mathilde Hanekom ontvang erepennings van die Suid-Afrikaanse Akademie vir Wetenskap en Kuns. Later in 1945 begin Mathilde Hanekom met die Oulike Nooientjies-orkes toer. Die eerste lede van dié orkes was Elbeth Venter, Dora Bekker, Hentie van Rooyen, Mart van der Merwe, Marie le Grange, Danie Smuts en Klannie Marais. Dié duur toere hou tot in 1947 aan.							

Datum	Titel	Dramaturg	Vertalers en verwerkers	Geselskap	Regisseur	Akteurs	Reklame
Mei	Die verterende vuur	W.A. de Klerk		Akademie vir Dramakuns (A.D.K.), Kaapstad	Truida Pohl	Fred le Roux, Willem van der Berg, Ria Olivier, Suzanne van Wyk, Kobus van der Colff	
Mei	Nag het die wind gebring …	W.A. de Klerk		Krugersdorpse Munisipale Vereniging vir Drama en Opera	Anna Neethling-Pohl	P.P. Breytenbach, Louie Botha, Anette Rossouw, Enone van den Bergh, G.P. Pretorius, Gert van den Bergh, J.H. du Plooy, Anna Neethling-Pohl	
Junie	Speelgronde van die – (White cargo)	Leon Gordon		Pierre van Vuuren verhooggroep		Linda Wagner, Kosie Burger, Januf Neveling, Bennie Nel, Pierre van Vuuren	"White cargo wat ses jaar op Broadway gespeel het. Afgespeel in die pragtige woude van Midde Afrika – waar 'n wonderskone vrou met mans speel, harde plantasie resident met 'n ystere hand regeer. Eers Moenie breek nie, toe Lelie geknak en nou hierdie jongste sukses van tintelende humor en spannende drama." "Die mens skep sy eie hemel of sy eie –"
Julie	As die newels eens verdwyn … (The second Mrs Tanqueray)	Arthur W. Pinero		Japie van Niekerk se geselskap		Japie en Pikkie van Niekerk, Oubaas Brill, Gertie Verster (later Olga van Zyl, Mimmie Groenewald, André Malan en Frikkie le Roux)	
September	Offer	Lida Joubert		Die Hanekoms		Hendrik, Mathilde en Tilana Hanekom, Eghard van der Hoven, Petro Goosen, Andries Erasmus	
Oktober	Moleste met die buurman (vroeër Die stille haard)	H.A. Fagan		Die Hanekoms		Hendrik en Mathilde Hanekom, Eghard van der Hoven e.a.	

Die Afrikaanse Toneelkuns – 1905–1967 – 'n Oriëntering

Datum	Titel	Eric Hudson	Marie Linde (vert.)	Die Helpmekaar-geselskap		Rufatus S. Burger e.a.	
November 1946							
1946							
Ongeveer 1946	Die hand van die gereg; daarna Die giftige omhelsing; uiteindelik Met die waters wat verby is			Die Hanekoms		Hendrik, Mathilde en Tilana Hanekom, Eghard van der Hoven, Daan Retief	
Ongeveer 1946	Skakels	Paula		Johan Fourie se geselskap	Johan Fourie	Johan Fourie, Nico du Toit, Rina Botha, Leon Celliers, Louise Nel, Erna Eksteen	
Ongeveer 1946	Wedersiens	Gerrit Naudé		Johan Fourie se geselskap	Johan Fourie	André Jooste, Erna Eksteen, Leon Celliers, Rina Botha, Johan Fourie, Louise Nel	"Twee seuns, 'n moeder alleen en 'n boereplaas ... 'n perd wat struikel... en dan die ongeluk. ... In die ou boerewoning het daar tweespalt geheers oor die liefde van 'n meisie."
Ongeveer 1946	Die jakarandas sal weer blom	Regina Neser	Johan Fourie (verw.)	Johan Fourie se geselskap		Liza van Zyl, Leon Celliers, Rina Botha, Paul de Swardt, Jaco van der Westhuizen	
Ongeveer 1946	Weerklank van die klowe	Ella Eloff-Van der Walt	Johan Fourie (verw.)	Johan Fourie se A-geselskap	Rina Botha	Hester van Niekerk, Leon Celliers, Esther du Preez, Rina Botha, Cornel Senekal	"Ons innige dank hiermee aan die plaaslike organiseerder en plekbespreker, sonder wie se hulp en samewerking vanaand se opvoering nie sou kon geskied nie."
Ongeveer 1946	Vername mense	Fritz Steyn		Volksteater			
Ongeveer 1946	Die swart engel	Gerhard J. Beukes		Volksteater			
Ongeveer 1946	Oktobernag	Gerhard J. Beukes		Volksteater			

Datum	Titel	Dramaturg	Vertalers en verwerkers	Geselskap	Regisseur	Akteurs	Reklame
Ongeveer 1946	*Die swakkere vat*	H.A. Fagan		Volksteater			
Ongeveer 1946	*Die verterende vuur*	W.A. de Klerk		Volksteater			
Ongeveer 1946	*Rebecca*	Daphne du Maurier		Japie van Niekerk se geselskap		Japie en Pikkie van Niekerk, Olga van Zyl, Frikkie le Roux, Gertie Verster, Kobus Burger, Wilhelm de la Querra	
1946	*Anthony and Cleopatra*	William Shakespeare			Leon Gluckman	Lydia Lindeque e.a.	
1–2 Maart	*Die stille haard*	H.A. Fagan		K.A.T.			
Mei	*Die dae van jou lewe*	W.A. de Klerk		K.A.T.	Leonie Pienaar	Jan Bruijns, Cornelia Conradie, Rika Louw, Izak (Paul) Malherbe, Pieter de Waal e.a.	
Mei	*Suster Beatrys (Soeur Béatrice)*	Maurice Maeterlinck		Akademie vir Dramakuns (A.D.K.)	Suzanne van Wyk, bygestaan deur Truida Pohl	Alida Gericke, Morkel van Tonder, Una Dönges, Louisa Richter, Anna Bosman, Doreen Brink, Martie Viljoen, Willie Olivier, Heloise van der Merwe, Herman Rosseau, Marie Jackson e.a.	
Junie	*Die hoogste reg (Het hoogste recht)*	Ina Boudier-Bakker	M.I. Murray (verw.)	K.A.T.	M.I. Murray	Melius Weideman, Johanna Olivier, Zandberg Jansen, Marie Viljoen, David de Villiers, Leonie Pienaar	
Augustus	*Vlindertjie gewond (Madama Butterfly)*	Giacomo Puccini	Wena Naudé (verw.)	Wena Naudé se geselskap	Wena Naudé	Wena Naudé, Baas Potas, Hannes Pretorius, Thea de Wet, Retha Aveling en klein Jannie	"Opgedra aan Paul de Groot (wyle?), mevrou Carinus-Holzhausen (wyle), Stephanie Faure, Danie Smal en Fanie Eloff ter viering van die mondigwording van die Afrikaanse beroepstoneel" en Wena se eie een-en-twintig jaar op die verhoog. Sy word die "volmaakte speelster" genoem. Die verwerking van *Madama Butterfly* was mev. Carinus-Holzhausen se laaste toneelwenk.

Die Afrikaanse Toneelkuns – 1905–1967 – 'n Oriëntering

Datum	Stuk	Outeur	Vertaler/Verwerker	Geselskap	Regisseur	Rolverdeling	Opmerkings
Augustus	Die verstoteling (The patsy)	Barry Connors		Japie van Niekerk se geselskap		Japie van Niekerk, Oubaas Brill, Gertie Verster, Olga van Zyl, Kobus Burger	
September	Bo die kranse	H.A. Fagan		K.A.T.	Queenie Fagan	Zandberg Jansen, Estelle Pentz, Kobus van der Colff, Sappie Botha e.a.	
	Opdrifsels		Idem	Idem	Dollie Loubser	Lefèvre Joubert, Stephanus Schoeman, Maggie Botha e.a.	
Desember	Die Spaanse vlieg	Franz Arnold en Ernst Bach	Con (C.G.S.) de Villiers	K.A.T.	Nap de Bruyn, bygestaan deur Izak (Paul) Malherbe	Alice Wilmot, Pieter Coetzer, Philippa Conradie, Melius Weideman, Marie Viljoen, Zandberg Jansen e.a.	
1947							
Ongeveer 1947	O, diep rivier, o, donker stroom	Eugène N. Marais	Sangiro (verw.)	Anton Ackermann se geselskap	Pikkie Uys	Pikkie Uys, Anton Ackermann	"Een spannende oomblik op die ander; en 'n klimaks soos 'n donderslag. Die Vrou ... Die Man ... Die Slang..."
Ongeveer 1947	Blare wat val	Regina Neser		Johan Fourie se B-geselskap		Bettie Gerber, Fabian Ranken, Paul de Swardt, Johan Fourie	
Ongeveer 1947	Hier's ek weer! (Eliza comes to stay)	H.V. Esmond		Johan Fourie se geselskap		Johan Fourie, Lena Coetzer, Leon Celliers, Erna Eksteen, Chris de Coning, Marie van Zyl	
	Groen koring		Tryna du Toit	Johan Fourie se geselskap			
	Geknakte riete			Johan Fourie se geselskap			
Ongeveer 1947	Vlieg sonder vlerke	Valentin Katajef		K.A.T.	Donald Inskip	Lefèvré Joubert, Johanna Olivier, Paul Malherbe, Piet Jacobs, Dan Davis e.a.	
Ongeveer 1947	Bo-op die berge	Gerhard J. Beukes		Volksteater			
1947	Stiefkind van die Skepper (Dark victory)	George Brewer en Bertram Boch	Charl Engelbrecht	Hanekoms se Jongspan	Hendrik Hanekom	Eghard van der Hoven, Tilana Hanekom, Petrusia Nel, Danie Smuts, Daan Retief	"'n Man en 'n sterwende meisie het ontmoet om mekaar lief te hê"

Datum	Titel	Dramaturg	Vertalers en verwerkers	Geselskap	Regisseur	Akteurs	Reklame
7 Mei	Hamlet, prins van Denemarke (Hamlet, Prince of Denmark)	William Shakespeare	L. Ignatius Coertze		Anna Neethling-Pohl en Siegfried Mynhardt	André Huguenet, Anna Neethling-Pohl, Gideon Roos, Olivier Burgers, Jan Schutte, Berdine Grünewald, Siegfried Mynhardt e.a.	
Julie: André Huguenet en Anna Neethling-Pohl ontvang erepennings van die Suid-Afrikaanse Akademie vir Wetenskap en Kuns.							
Oktober	Spoke (Gengangere)	Henrik Ibsen	Olivier Burgers			André Huguenet, Anna Neethling-Pohl, Hendrik Hanekom, James Norval, Anna Cloete	
Oktober en Desember	Hellersee	W.A. de Klerk		Volksteater	P.J. du Toit	Georgie Linder, Piet du Toit, Maureen Coetzee, Ben Swart, Mattie Osborne	
1948							
1948	Deur sy afgod verpletter			Hanekoms se geselskap		Hendrik en Mathilde Hanekom, Jan Jordaan, Hentie van Rooyen, Zandberg Jansen	
1948	The witch	John Masefield			René Ahrenson	Lydia Lindeque, Johann Nell e.a.	
Februarie: Die jare van die Nasionale Toneelorganisasie (N.T.O.) breek aan. Opleiding geskied steeds aan die universiteite van Kaapstad en Stellenbosch, die Hugo Naudé-toneelskool op Worcester en die Akademie vir Dramakuns (A.D.K.) in Kaapstad en Johannesburg.							
Februarie tot Julie	Altyd my liefste (Minna von Barnhelm)	Gotthold Ephraim Lessing	J.F.W. Grosskopf	N.T.O.	Truida Pohl	André Huguenet, Siegfried Mynhardt, Gert van den Bergh, Georgie Linder, Enone van den Bergh, Esmé Celliers	
Maart	Vrou teen vrou			Elsa Fouché se geselskap			
Mei	Hellersee	W.A. de Klerk		Departement van Spraak en Drama, Universiteit van Kaapstad	Leonie Pienaar		
Julie	Emily Hobhouse			Anton Ackermann se geselskap		Tersa Rossouw, Anton Ackermann, Cecilia van der Linde, Wynand de Jager, Teksie Helberg, Johann Nieuwoudt	
Julie	Moenie oor my ween nie					James Norval en Anna Cloete	

Die Afrikaanse Toneelkuns – 1905-1967 – 'n Oriëntering

Julie	Skaakbord van die liefde (The fur coat)	A.G. Macdonell	Bartho Smit (verw.)	Pikkie Uys se geselskap	Vivien Styger, Henri de Bruin, Julius Conrad, Douw du Toit, Jacques de Vries
Augustus	An inspector calls	J.B. Priestley		N.T.O.	André Huguenet e.a.
Augustus	East Lynne	Mev. Henry Wood		Elsa Fouché se geselskap	
Augustus	Ek onthou vir Mamma (I remember Mama)	John van Druten	Fred le Roux	Akademie vir Dramakuns (A.D.K.)	Aletta Gericke en Suzanne van Wyk
Augustus	Trou is nie perdekoop nie	C. van Kerkhoven		Hanekoms se Jongspan	Tilana Hanekom, Eghard van der Hoven, Danie Smuts, Daan Retief e. a.
Augustus 1948 tot April 1949	Nag het die wind gebring ...	W.A. de Klerk		N.T.O.	Hendrik en Mathilde Hanekom, André Huguenet, Enone van den Bergh, Siegfried Mynhardt, Gert van den Bergh, Erna Eksteen
September	Die hoogste reg (Het hoogste recht)	Ina Boudier-Bakker	W.K. Grobler	Volksteater	Piet du Toit, Sarah Lochner, Andries Brink e.a.
24-25 September	Suster Beatrys (Soeur Béatrice)	Maurice Maeterlinck		A.D.K., Johannesburg	Sarah Louw, Aletta Gericke, Ben de Koker, Hester van der Walt, Marianne Louw, Corrie van Graan, Rita du Toit, Lettie Beetge, Rina Dreyer, Susan Linde, H.R.C. Pienaar e.a.
November	Daar's bemindes in die hemel			Benn Pogieter se geselskap	
Desember	Gif en oujongnooiens (Arsenic and old lace)	Joseph Kesselring	W.K. Grobler	Volksteater	Maxie de Jong, Zacharias de Beer, Andries Brink, Kita Redelinghuys, Willie Loots, Piet du Toit e.a.
Desember	Mademoiselle	Jacques Duval	Marie Linde	K.A.T.	Pietro Nolte, Johanna Olivier, Leonie Pienaar, Geraldine Gildenhuys, Zandberg Jansen
1949					
Ongeveer 1949	Pollie, ons gaan Pêrel toe	Izak van der Westhuizen		Benn Potgieter se geselskap	Isabella (Potgieter) e.a.

Datum	Titel	Dramaturg	Vertalers en verwerkers	Geselskap	Regisseur	Akteurs	Reklame
Ongeveer 1949	Die rosekrans (The rosary)	Florence Barclay	André Bisson (verw.); A.E. Carinus-Holzhausen	Danny de Jager se geselskap			
Ongeveer 1949	Oorkant die waters			Benn Potgieter se geselskap		Isabella (Potgieter), Johan Hugo, Sann Koen-Louw, Jan Schutte	Isabella as "die blinde, verlangende, biddende dogter".
Januarie	Liefde en klatergoud		Mariks Manewyk en Bartho Smit (verw.)	Anton Ackermann se geselskap		Zoë de Villiers, Anna Mienie, Tersa Rossouw, Louwtjie Lorenzen	
Februarie	Waar vergiffenis kon red (Madame X)	Alexandre Bisson		Elsa Fouché se geselskap		Elsa Fouché, Nilo N. van Zyl, Baas Potas, Jannie Pieterse, Danie Bronkhorst	
Februarie	Net wat jy van 'n vrou kan verwag			Japie van Niekerk se geselskap			
Maart	Andromache (Andromaque)	Jean Baptiste Racine	A.F.H. van Dijk	J.A.A.T.S.	Aletta Gericke	Vincent Hesse, Dawid van der Walt, Jan Bruijns, Pieter Hauptfleisch, Isabel Pienaar, Sann de Lange, Eugenie Hauptfleisch	
Maart	Gaan vlug met jou smarte	Jeanette Buys-Retief		Benn Potgieter se geselskap		Isabella, Benn Potgieter, Sann Koen-Louw, Johan Hugo, Sarel Huysman	Isabella die kinderster as Hettie, slagoffertjie van kinderverlamming; en Benn Pogieter as die sestienjarige kunsskildertjie. Benn Potgieter vier met hierdie opvoering sy vyftiende jaar op die verhoog.
Maart	Gekkeparadys	Valentin Katajef	A.J. B. de Klerk	Volksteater		Tom Marais, Marlén Venter, Herman Luitingh e.a.	
Mei-Desember	Minnaar onder die wapen (Arms and the man)	George Bernard Shaw	A.J.B. de Klerk	N.T.O.	Marda Vanne	André Huguenet, Berdine Grünewald, Emgee Pretorius, Japie en Pikkie van Niekerk, Siegfried Mynhardt, Esmé Celliers	

Die Afrikaanse Toneelkuns – 1905-1967 – 'n Oriëntering

Datum	Titel	Skrywer	Geselskap	Regisseur	Rolverdeling
Mei–Desember	Die indringer, vroeër Die kwaksalwer (The outsider)	Dorothy Brandon	N.T.O.	Siegfried Mynhardt	André Huguenet, Berdine Grünewald, Pikkie en Japie van Niekerk, Esmé Celliers, Dan Welman, Emgee Pretorius, Pietro Nolte, Vincent Hesse
Junie	Vroueskool (L'école des femmes)	Molière	K.A.T.	M.I. Murray	Zandberg Jansen, Herman Steytler, Alex Heyns, Jan van Zyl e.a.
Augustus	Die verterende vuur, herdoop tot Die gek van Boedapest	W.A. de Klerk	Die Hanekoms		Hendrik en Mathilde Hanekom, Deon Kotzé, Martie Groenewald, Daan Retief, Hentie van Rooyen
Augustus	Oom Kaspaas en die All Blacks		Piet Pietersen se geselskap		
Augustus	Silwer hare tussen goud		Johan Fourie se geselskap		Rina Botha, Gerrit Wessels, Retha Aveling, Reenen van Niekerk; ook met Danny de Jager, Hennie Swart
September	Vlamme oor La Roche	W.A. de Klerk	J.A.A.T.S.	Johann van Rensburg	Petro van der Walt, Anna Botha, Tom Marais, Andries Brink, Hans Nel, Henning Viljoen, John Ree
Oktober	As ons getroud is (When we are married)	J.B. Priestley	J.A.A.T.S.	H. Swanepoel	Zanne Cloete, Pieter Hauptfleisch, Alexis Pons, Andries Strydom, Frances Coertze, Schalk Theron
November	Piet se tante	Brandon Thomas	K.A.T.	Gustav Preller	Marguerite Murray	Zandberg Jansen, Chris Louw, Herman Steytler, Gallie Muller, Phyline Ackermann, Annette Kloppers, Lefévre Joubert

1950

Datum	Titel	Skrywer	Geselskap	Regisseur	Rolverdeling
1950	Die vryerige spook (Blithe spirit)	Noël Coward	Hendrik Hanekom	Die Hanekoms se Jongspan		Eghard en Tilana van der Hoven e.a.
1950	Hassan	James Elroy Flecker			Basil Dean	André Huguenet, Lydia Lindeque, James Norval, Johann Nell, Frank Wise, Doreen Mantle
1950	Die vrou in die môreskemering (La dama del Alba)	Alejandro Casona	A.F.H. van Dijk	A.D.K. vir Krugersdorpse Munisipale Teater	Aletta Gericke en Suzanne van Wyk	Jan Cronjé, Milla Louw, Georgie Linder, Christo Pienaar

Datum	Titel	Dramaturg	Vertalers en verwerkers	Geselskap	Regisseur	Akteurs	Reklame
Februarie–Desember	Oupa Brompie (Grumpy)	Horace Hodges en T. Wigney Percival		N.T.O.		Hendrik Hanekom, Pikkie en Japie van Niekerk, Gerrit Wessels, Michal Grobbelaar, Philippa Conradie, Laurie van der Merwe	
Februarie	Macbeth	William Shakespeare	L.I. Coertze	N.T.O.	Gwen ffrancon-Davies	André Huguenet, Anna Neethling-Pohl, Berdinje Grünewald, Gert van den Bergh, Johann Nell, Lourens Schultz, Morné Coetzer, Eugenie Heyns e.a.	
Februarie	Dis te laat vir trane					Benn Potgieter, Pikkie Uys	
Februarie	Die vader (Fadren)	August Strindberg		J.A.A.T.S.	Schalk Theron	Jan Bruijns, Sann de Lange, Morné Coetzer, Lourens Schultz, Iris Coetzer, Billy Pretorius e.a.	
Maart	My hande in sy hande (Duet for two hands)	Mary Hayley Bell		Dan Welman en Emgee Pretorius se geselskap	Murdoch Maclennan	Esther Russouw e.a.	
Mei	'n Moeder (Een moeder)	Josina Simons-Mees		Departement van Spraak en Drama, Universiteit van Kaapstad	Leonie Pienaar		
Mei	Ou Spogter en sy dogter	G.J.C. Uys		Anton Ackermann se geselskap		Anton Ackermann, Pikkie Uys, Willie Herbst, Susie Coetzee, Conrad Uys, Koekie Roux	
Mei	Tussen die tuine	Ella Eloff-Van der Walt		Benn Potgieter se geselskap		Isabella (Potgieter) en ander	
Junie	Die koopman van Venesië (The merchant of Venice)	William Shakespeare	D.F. Malherbe	Volksteater		Elsa Pirow, Petro van der Walt, Piet du Toit e.a.	
September	Die bosveldnooi			Pikkie Uys en Willie Herbst se geselskap		Adrian Kruger, Marie Celliers, Matthys Swart, A. George Pienaar, Krista Swart	
September	Vyf dogters	Herman Steytler		K.A.T.	Paul Malherbe		

Die Afrikaanse Toneelkuns - 1905-1967 - 'n Oriëntering

1951					
Ongeveer 1951	Ek min daardie silwer...	Margaretha Hattingh-Visser	Dermond Dekker se geselskap		Retha Visser, Nel Neaser, Tommie Ellis, Helene Uys, Dermond Dekker
Ongeveer 1951	Bloed op die ashoop		Johann Meyer se geselskap		Johann Meyer, Nicolienne de Jonge, Anton Rossouw, Trudi Scholtz, Lea du Pont, Hein Krause
1951	Die vrek (L'Avare)	Molière	N.T.O.	Suzanne van Wyk	Siegfried Mynhardt, Anna Cloete, James Norval, Tromp Terre'Blanche, Michal Grobbelaar, Isabel Pienaar, Enone van den Bergh, Jacques Loots, Dan Welman
1951	The house of Bernarda Alba (La casa de Bernarda Alba)	Federico García Lorca		Leonard Schach	Lydia Lindeque e.a.
1951	Oedipus Rex	Sophokles			André Huguenet, Joyce Burch, Frank Wise, Kenneth Taylor, Robert Mohr e.a.
1951	Sy's nie myne nie – sy's nie joune nie		Japie van Niekerk se geselskap		Pikkie en Japie van Niekerk, Paul Els
1951	En waar was jy gisteraand? (Third party risk)	Lennox en Ashley	Die Hanekoms	Hendrik Hanekom	Hendrik, Mathilde en Tilana Hanekom, Eghard van der Hoven, Daan Retief, Hentie van Rooyen
Januarie	Simson en Delila				James Norval en Anna Cloete
Maart	Kom ons gaan blomme pluk	S. Ignatius Mocke	Pieter Pieterse se geselskap		Pieter Pieterse en Lucia O'Brien
Junie	Salome dans!	Gerhard J. Beukes	Departement van Spraak en Drama, Universiteit van Kaapstad	Leonie Pienaar	
September	The cocktail party	T.S. Eliot	N.T.O.	Marda Vanne	André Huguenet e.a.
1952					
16 Januarie 1952: Hendrik Hanekom oorlede.					
Ongeveer 1952	Die martelare (Glorious morning)	Norman MacOwan			Louw Verwey, Anneke Smit

Datum	Titel	Dramaturg	Vertalers en verwerkers	Geselskap	Regisseur	Akteurs	Reklame
1952	*Lysistrata*	Aristophanes			Leon Gluckman	Lydia Lindeque, Vivienne Drummond e.a.	
1952	*Yerma*	Federico García Lorca			Pietro Nolte	Lydia Lindeque e.a.	
Februarie	*Geknakte riete*			Johan Fourie se geselskap		Rina Botha as Alie de Wet	
11 Maart	*Die jaar van die vuuros*	W.A. de Klerk		N.T.O.	Hermien Dommisse	Jan Bruijns, Roma Reilly, Elma Krynauw, Danie Smuts, Louw Verwey, Daan Retief, Eghard van der Hoven, Dawid van der Walt	
29 Maart	*As ons twee eers getroud is!*	Gerhard J. Beukes		N.T.O.	Siegfried Mynhardt	James Norval, Pieter Wilcocks, Helene Uys, Tromp Terre'Blanche, Nilo Naudé-Van Zyl, Emgee Pretorius, Dan Welman, Sara Louw, Anna Cloete, Susan de Witt	
19 Augustus – 6 September	*Tartuffe (Le Tartuffe)*	Molière		K.A.T. en Cape Town Repertory Theatre Society	Costa Couvara	Eileen Lawless, Cecilia Sonnenberg, Carol Dichmont, Brian Proudfoot, June Neville, Zandberg Jansen, Edith Rossouw, Herman Steytler, Aubrey Louw, Johan Cilliers, André Huguenet, James Richardson, John Mullen, John Stephenson, Coenie de Beer	
1953							
1953	*Na-oes*	Paula		Johan Fourie se geselskap		Bettie Gerber e.a.	
1953	*Gelukkige dae (The happiest days of your life)*	John Dighton	A.J.B. de Klerk	J.A.A.T.S.	Aletta Gericke	Billy Pretorius, Frances Coertze, Jan Esterhuizen, Gys Steyn, Willem van Heerden, Ria Scott e.a.	

1953	Iepekonders (Le malade imaginaire)	Molière	A.F.H. van Dijk	N.T.O.	Hermien Dommisse	André Huguenet, Michal Grobbelaar, Danie Smuts, Elma Krynauw, Gracelina Bosman, Louw Verwey, Fay Engelbrecht, Jannie Gildenhuys, Helena Louw, Patrick Mynhardt, Bryan Bales
Januarie	Die ryk weduwee	Uys Krige		N.T.O.	Anna Richter-Visser	Wena Naudé, Daan Retief, Pikkie van Niekerk, Mathilde Hanekom, Dawid van der Walt, Japie van Niekerk, Reenen van Niekerk (Hannes Venter in Johannesburg), Etrecia Mocke (vervang deur Martie Groenewald), Eghard van der Hoven
1954						
Wena Naudé ontvang 'n erepenning vir toneel van die Suid-Afrikaanse Akademie vir Wetenskap en Kuns.						
1954	Blare wat val	Regina Neser	M.S. du Busson (verw.)	Johan Fourie se geselskap		Bettie Gerber e.a.
1954	Ek onthou vir Mamma (I remember Mama)	John van Druten	Fred le Roux	N.T.O.	Aletta Gericke	Martie Groenewald, Wena Naudé, Mathilde Hanekom, Elsa Fouché, Reenen van Niekerk, Bobbette Fouché, Johann Nell, Niïo Naudé-Van Zyl, Eghard van der Hoven, Daan Retief, Tilana Hanekom, Helix Meyer
1954	Die bees en die bose	Emile Zola				Wena Naudé, James Norval, Anna Cloete
5-9 Junie	Andromache (Andromaque)	Jean Racine	A. van Wyk (verw.)	Volksteater	Aletta Gericke	Jan Bruijns, Ben Mulder, Andries Brink, Elma Krynauw, Petro van der Merwe e.a.
27 Desember: Pikkie Uys oorlede.						
1955						
1955	Die twisappel	W.A. de Klerk		N.T.O.	Anna Richter-Visser	Mathilde Hanekom, Eghard van der Hoven, Limpie Basson, Kay du Toit, Danie Smuts, Tilana Hanekom, Elma Krynauw, Jaco van der Westhuizen, Leon Brink

Datum	Titel	Dramaturg	Vertalers en verwerkers	Geselskap	Regisseur	Akteurs	Reklame
1955	Gelukkige dae (The happiest days of your life)	John Dighton		N.T.O.			
1955	Die wit perde van Rosmersholm (Rosmersholm)	Henrik Ibsen	C.G.S. de Villiers	N.T.O.	André Huguenet	André Huguenet, Wena Naudé, Mathilde Hanekom, Johann Nell, Eghard van der Hoven, Cobus Rossouw en Eugene von Bülow	
1955	So praat die ou rivier	Eitemal		N.T.O.	Robert Mohr	Johann Nell, Wena Naudé, Tilana Hanekom, Cobus Rossouw, Eghard van der Hoven, Jaco van der Westhuizen, Leon Brink	
1955	Koning Oidipus (Oedipus Rex / Oedipus Tyrannos)	Sophokles	Theo Wassenaar	Johan de Meester		André Huguenet, Anna Neethling-Pohl, Kowie Marais, Izak Dormehl, Carel Trichardt, Jannie Gildenhuys, Hannes Horne, Len Verdoorn, Roelof (Pik) Botha	
15 April	Verkiesing sonder politiek!	Gerhard J. Beukes		N.T.O.	Robert Mohr en Pieter Geldenhuys	Danie Smuts, Pieter Geldenhuys, Elsa Fouché, Pieter Wilcocks, Petro van der Walt, Reenen van Niekerk, Dalene Pretorius; ook met Piet Bezuidenhout, Bobbette Fouché, Mari Minnie	
21–29 Mei	Periandros van Korinthe	D.J. Opperman		Departement van Spraak en Drama, Universiteit van Kaapstad	Ria Olivier	Fred le Roux, Paul Malherbe, Ria Olivier, Pieter Bredenkamp, Nerina Ferreira e.a.	
September	Die koopman van Venesië (The merchant of Venice)	William Shakespeare	D.F. Malherbe	Departement van Spraak en Drama, Universiteit van Kaapstad, K.A.T. en Belvillese Afrikaanse Toneelvereniging.	Fred Engelen	Paul Malherbe, Pieter Bredenkamp, Louw Verwey, Hermien Dommisse, Fred le Roux, Chris van den Berg e.a.	
1956							
Ongeveer 1956	My kind is vertraag			Johan Fourie se geselskap		Johan Fourie, Lida Meiring, Pieter Joubert, Siegfried Mynhardt e.a.	
1956	Bitter einde	Tom Weber		N.T.O.	Anna Neethling-Pohl	Eghard van der Hoven, Siegfried Mynhardt e.a.	
1956	Bohaai oor 'n oitjie; vroeër Bohaai oor Jolante (Krach um Jolanthe)	August Hinrichs		N.T.O.	Anna Neethling-Pohl	Mathilde Hanekom, Siegfried Mynhardt, Pieter Geldenhuys, Danie Smuts, Jaco van der Westhuizen	

1956	Die goue kring	Uys Krige	J.A.A.T.S.		Salie Vermaak, Morné Coetzer, anie van den Heever, Pieter Hauptfleisch, Jan Bruijns, Wilna Snyman, Yvonne Theron, Willi Olivier, Wena Naudé, Mellanie Muskat, Henri Steenkamp, Dawid van der Walt, Jan van Niekerk	
September	Gekonkel in die nag (The play's the thing)	Ferenc Molnár	N.T.O.	Anna Neethling-Pohl	Berdine Grünewald e.a.	
1957						
Ongeveer 1957	As Skoonma kom huishou		Johan Fourie se toneelgeselskap	Johan Fourie	Pieter Joubert, Fabienne Rankin e.a.	
1957	Mirandolina (La locandiera)	Carlo Goldoni	Cape Town Theatre Company	Pietro Nolte	Lydia Lindeque e.a.	
1957	Oupa Kanniedood (A hundred years old)	Serafin Alvarez en Joaquin Alvarez Quintero	N.T.O.		Tilana Hanekom, Eghard van der Hoven, Siegfried Mynhardt e.a.	
1957	Ai, die liewe Martha!	J. Nel van der Merwe	N.T.O.	Anna Neethling-Pohl	Mathilde Hanekom, Elsa Fouché, Reenen van Niekerk, Leonora Nel, Jaco van der Westhuizen, Bobbette Fouché, Derek Swanepoel, Johan van Zyl, Mari Minnie	
Januarie	Donker ure (Thérèse Raquin)	Emile Zola	Wena Naudé-geselskap	Pieter Geldenhuys	Wena Naudé, Jane Potgieter, Pieter Geldenhuys, Eugene van Bülow, Salie Vermaak, Johann Lubbe	
14, 17-20, 22 Junie	Germanicus	N.P. van Wyk Louw	N.T.O	Anna Neethling-Pohl	Lydia Lindeque, Johann Nell, Johan Malherbe e.a.	Opgevoer tydens die inwyding van Bellville se Burgersentrum. Dit sou die tuiste word vir talle Kaapse amateurtoneelgroepe
Oktober	Bruidskool (L'école des femmes)	Molière	Departement van Spraak en Drama, Universiteit van Kaapstad	Paul Malherbe		

Datum	Titel	Dramaturg	Vertalers en verwerkers	Geselskap	Regisseur	Akteurs	Reklame
1958							
Ongeveer 1958	Gee terug my kindjie	Jan Stander		Johan Fourie se geselskap	Johan Fourie	Lida Meiring, Johan Fourie e.a.	
1958	The rope dancers	Norton Wishengrad			Taubie Kushlick	Lydia Lindeque e.a.	
Januarie	Skrikkeljaar	Ugo Betti	Alewyn Lee (vert.)	N.T.O.		Mathilde Hanekom, Berdine Grünewald, Eghard van der Hoven, Sann de Lange, Reenen van Niekerk, Gerrit Wessels, Louisa Aucamp, Salie Vermaak	Mathilde Hanekom "speel 'n allerliefste ou praatsieke tannie met 'n swierige tabberd van gestreepte pers en groen satyn, wat haar kompleet soos 'n papegaai laat voel" (Anna Minnaar-Vos, 1969:199).
25 Januarie	Belinda is doofstom (Johnny Belinda)	Elmer Harris	Sorrel Carson en John Hanau (verw.); André Huguenet (vert.)	André Huguenet se geselskap	André Huguenet	André Huguenet, Freda Kruger, Ockie van Rooyen, Mari Doubell (vervang deur Betsie van Zyl), Johann Nell, Helena Wagner, De Wet Laubscher (later oorgeneem deur Gulyan Francesco en André de Jongh), Henri Hattingh	LOKKIE (Ockie van Rooyen): Jy't nog nooit geproe hoe 'n soen smaak nie – hier's nog een.
Mei	Die goue kring	Uys Krige		Departement van Spraak en Drama, Universiteit van Kaapstad	Leonie Pienaar		
Sedert 1959 tree die toneelpioniers nog soos volg op:							
1959							
1959	Die poppe dans (The old ladies)	Rodney Auckland	Kowie Marais			Mathilde Hanekom, Wena Naudé, Elsa Fouché	
11 Mei	Moeder Hanna	Bartho Smit		N.T.O.	Bartho Smit	Siegfried Mynhardt, Lynette Kotzé, Milla Louw, Jan Bruijns, Johan Malherbe, Piet Bezuidenhout, Douglas Winn	

Die Afrikaanse Toneelkuns – 1905-1967 – 'n Oriëntering

1960					
31 Mei	Koning-Eenoog of Nie vir geleerdes	N.P. van Wyk Louw	N.T.O.	Anna Neethling-Pohl	Vicki Vosloo, Johan Malherbe, Sann de Lange, Ester Mentz, Elsa Fouché, Schalk Jacobsz, Salie Vermaak, Gerry Albertse, Philip Grobler, John Botha	
1961					
1961	Aandster ver	Xander Haagen			Mathilde Hanekom e.a.
1961	The prisoner	Bridget Boland	N.T.O.	Victor Melleney	André Huguenet, Arthur Hall, Joe Stewardson, Danie Marais, James Christie
Mei	Kwart voor dagbreek	Dolf van Niekerk	N.T.O.	Richard Daneel	Elsa Fouché, Derek Swanepoel, Cora Hutchings
15 Junie: André Huguenet oorlede.					
1962					
Die Provinsiale Rade vir die Uitvoerende Kunste tree in werking: TRUK, KRUIK, NARUK en SUKOVS.					
1962	Medea	Euripides		Pietro Nolte	Lydia Lindeque e.a.
1963					
1963	Opsitkers en vonkelwyn	Xander Haagen		Iris Roux	Mathilde Hanekom e.a.
26 Augustus en 14 September	Op hoop van seën (Op hoop van zegen)	Herman Heijermans	J.A.A.T.S.	Jo Gevers	Wena Naudé, Francois Coertze, Erns Kotze, Willie van Heerden, Pierre Viljoen, Thijs Nel, Danie Kriel e.a.
1964					
1964	Haai polfaai en tierlantyn	Xander Haagen		Joan Brink	Mathilde Hanekom e.a.
5 Februarie	Bruidjie Dit en Bruidjie Dot	Mikro	TRUK	Cobus Rossouw	Wena Naudé, Mathilde Hanekom, Elsa Fouché, Sann de Lange, Anna Cloete, James Norval, Japie van Niekerk, Cobus Rossouw, Kita Redelinghuys, Leonora Nel, Ciska Marais, Hennie Pretorius, Louis van Niekerk en Floris Mostert	Eersgenoemde ses spelers het volgens Anna Minnaar-Vos "'n gesamentlike toneelondervinding van meer as 200 jaar" (1969: 214).
			Bosman de Kock (verw.)		

Datum	Titel	Dramaturg	Vertalers en verwerkers	Geselskap	Regisseur	Akteurs	Reklame
April	Op hoop van seën (Op hoop van zegen)	Herman Heijermans	Chris Barnard	Dramadepartement Universiteit van Stellenbosch; KRUIK		Wena Naudé, Pieter Fourie, Isabel Combrinck, Piet van Straaten, Christine Basson, Deon Joubert, Annette Faure	
September	'n Voël van ander vere			Ons Toneel		Wena Naudé, Nilo en St. Mostert, Pierre Viljoen, Tim Groenewald, Sheugnet en Ben Buys	
21 Oktober– 5 Desember	Die lewe wat ek jou gegee het (La vita che ti diedi)	Luigi Pirandello	C.G.S. de Villiers (vert.)	TRUK	Victor Melleney	Wena Naudé, Anna Neethling-Pohl, Elsa Fouché, Mathilde Hanekom, Kita Redelinghuys, James en Paddy Norval, Anna Cloete, Leonora Nel, Francois Swart, Frances Coertze, Roelf Laubscher, Marga van Rooy	

1966

Datum	Titel	Dramaturg	Vertalers en verwerkers	Geselskap	Regisseur	Akteurs	Reklame
1966	Die laaste van die takhare	C.J. Langenhoven		KRUIK; Johan Fourie se geselskap		Christa Botha, Johan Fourie, Lida Meiring, Paul Eilers, Robert Hicks, Charles Heiberg, John Geddes, Estelle Davidtz, Mari Minnie, Ben van Zyl	
Mei	Die pluimsaad waai ver	N.P. van Wyk Louw		TRUK	Truida Pohl	Anna Neethling-Pohl, Jan Bruijns, Louw Verwey, Carel Trichardt, Franz Marx, Petru Wessels, James Norval, Marius Weyers, Louis van Niekerk, Thea Kirstein, Roelf Laubscher, Sandra Kotzé, Frans Kies, Tommy van Schalkwyk, Johan Botha, Anna Cloete, Mathilde Hanekom, Marga van Rooy e.a.	

1967

Sterfjaar van Henri van Wyk.

Datum	Titel	Dramaturg	Vertalers en verwerkers	Geselskap	Regisseur	Akteurs	Reklame
1967	Skets diamante			Ons Toneel		Wena Naudé, Nilo en St. Mostert	

Desember	Dodedans (Döds-dansen)	August Strindberg	Bartho Smit	TRUK	Fred Engelen	Mathilde Hanekom, Patrick Mynhardt, Kita Redelinghuys, Petru Wessels, Louis van Niekerk, Franz Marx, Marius Weyers	Mathilde Hanekom se laaste rol.
1968							
2 Februarie	Moenie praat nie	Dimitri Frenkel Frank	Dol de Villiers	KRUIK	Jo Gevers	Wena Naudé (Clementine Jaffa), Katinka Heyns (Paultjie), Gertie Smith-Visser, Woutrine Theron, Annatjie Vorster, Lerina Erasmus	
26 Augustus	Richard III	William Shakespeare	André P. Brink	KRUIK	Robert Mohr	Wena Naudé (koningin Margaret), Cobus Rossouw, Sandra Kotzé, Tine Balder, Jannie Gildenhuys, Johan Malherbe, Nerina Ferreira, Johan van Jaarsveld, Pietro Nolte, Pieter Grobbelaar, Willem Vermaas, Marko van der Colff, Pieter Joubert, Fitz Morley, Kobus van der Colff, Peter Uys, André Rossouw, Don Clifford, Johan Naudé, Francois Stemmet, Glynn Day, James Blanckenberg, Dawid van der Walt, Woutrine Theron, Willem Bernard, Christo de Jongh, Tim Huisamen, Willem de la Querra, Glynn Spaans, Grenville Haman	
11 Oktober	Tartuffe	Molière		KRUIK	Robert Mohr	Wena Naudé (Madame Pernelle), Cobus Rossouw, Jannie Gildenhuys, Nerina Ferreira, Sandra Kotzé, Johan Malherbe, Ernst Eloff, Pietro Nolte, Pieter Joubert, Heléne Carstens, Will Bernard, Woutrine Theron	Volgens W.E.G. Louw het Wena Naudé "'n klein triomf" behaal, veral waar sy almal netjies betigtig het. Heléne Carstens se hoë spraaktoon het hom egter herinner aan die "gepiep van 'n viermuis" (Die Burger, 14 Oktober 1968).

Datum	Titel	Dramaturg	Vertalers en verwerkers	Geselskap	Regisseur	Akteurs	Reklame
1969							
2 Januarie	Die idioot	Fjodor Michailowitsj Dostojefski	André Barsacq (verw.) Annatjie Vorster (vert.)	KRUIK	Jo Gevers	Wena Naudé (mev. Epantsjin), Cobus Rossouw, Jannie Gildenhuys, Tine Balder, Johan Malherbe, Sandra Kotzé, Ernst Eloff, Pietro Nolte, Cheryl Heath, Heléne Carstens, Lianda Martin, Val Donald, Fitz Morley, Dawid van der Walt, Leonora Nel, Willem de la Querra, Roelf Laubscher, Will Bernard, Martin Crous	
8 April	Die vader (Fadren)	August Strindberg	Wilhelm Grütter	KRUIK	Mavis Taylor	Wena Naudé (Magriet, die Kapteinse ou oppasster), Pieter Geldenhuys, Hermien Dommisse, Annelisa Weiland, Jannie Gildenhuys, Johan Malherbe, Pieter Joubert, Ernst Eloff	
6 Junie	'n Aand met Wena Naudé				Robert Mohr	Wena Naudé	
1970							
Willem van Zyl sterf op 15 Julie, James Norval op 16 Desember en Anton Ackermann op 30 Desember.							
1971							
Elsa Fouché en Mathilde Hanekom sterf in Desember; Mathilde op die 30ste.							
1977							
Sterfjaar van Johan Fourie.							
1978							
Wena Naudé sterf op 6 September.							
1997							
Lydia Lindeque sterf op 16 Julie.							

Bronne

Boeke, verhandelings, ongepubliseerde tekste en dokumentversamelings

Aucamp, Hennie. 2002. *Bly te kenne*. Kaapstad: Tafelberg.
Aucamp, Hennie. 2003. *In die vroegte – herinneringe en refleksies*. Kaapstad: Tafelberg.
Beukes, W.D. (red.). 1992. *Boekewêreld – Die Nasionale Pers in die uitgewersbedryf tot 1990*. Kaapstad: Nasionale Boekhandel.
Binge, L.W.B. Eerste uitgawe 1969; tweede uitgawe in sagteband 1978. *Ontwikkeling van die Afrikaanse Toneel*. Pretoria: J.L. van Schaik.
Bosman, F.C.L. 1980. *Drama en Toneel in Suid-Afrika, deel II 1856–1912*. Pretoria: J.L. van Schaik.
Botha, Helene. Dagboek 1929. Bloemfontein: NALN-toneelmuseum. Oor *Geleende geld*.
Bouwer, Stephan. 1980. *Portrette private dele & kanttekeninge*. Kaapstad: Human & Rousseau.
Brandon, Dorothy. s.a. *Die kwaksalwer*. Bloemfontein: NALN-toneelmuseum.
Dekker, G. 1958. *Afrikaanse Literatuurgeskiedenis*. Kaapstad: Nasou.
Demers, Frans en Melis, Jan. 1969. *Genoveva*. Vertaal deur A.E. Carinus-Holzhausen; hersien deur André Huguenet. Johannesburg: DALRO.
Dietrichstein, Leo. 1969. *Is jy 'n bokryer?* Vertaal deur Dirk Mostert. Johannesburg: DALRO.
Dommisse, Hermien. 1998. *Voetspore*. Kaapstad: Human & Rousseau.
Fletcher, Jill. 1994. *The story of South African Theatre 1780–1930*. Kaapstad: Vlaeberg.
Fourie, Pieter. 2002. *Elke duim 'n koning*. Pretoria: Protea Boekhuis.
Geyer, Siegfried. 1969. *Geleende vere*. Verwerk deur André Huguenet. Johannesburg: DALRO.
Hanekom, Mathilde. s.a. Die ontstaan van die Hanekom-geselskap. Ongepubliseerde aantekeninge. Mathilde Hanekom-versameling. Bloemfontein: NALN-toneelmuseum.
Hartnoll, Phyllis (red.). 1991. *The concise Oxford companion to the theatre*. Oxford: Oxford University Press.
Holroyd, Michael. 1988. *Bernard Shaw – Volume 1 1856–1898. The search for love*. Londen: Penguin Books.
Horne, Hannes. 1996. Herinneringe aan André Huguenet. Ongepubliseerde dokument, Muizenberg. Danie Botha-versameling. Kaapstad.
Huguenet, André. 1950. *Applous! Die kronieke van 'n toneelspeler*. Kaapstad: H.A.U.M.
Inskip, Donald. 1972. *Forty little years. The story of a theatre*. Kaapstad: Howard Timmins.
Kannemeyer, J.C. 1978. *Geskiedenis van die Afrikaanse Literatuur I*. Kaapstad: Academica.

Kannemeyer, J.C. 1993. *Wat het geword van Peter Blum?* Kaapstad: Tafelberg.

Kannemeyer, J.C. 1999. *Leipoldt – 'n lewensverhaal.* Kaapstad: Tafelberg.

Kannemeyer, J.C. 2002. *Die Goue Seun. Die lewe en werk van Uys Krige.* Kaapstad: Tafelberg.

Kannemeyer, J.C. 2004. *Jan Rabie – prosapionier en politieke padwyser.* Kaapstad: Tafelberg.

Krige, Uys. 1985. *Versamelde gedigte.* Kaapstad: J.L. van Schaik, Human & Rousseau en Perskor.

Krüger, D.W. en Beyers, C.J. (reds.). *Suid-Afrikaanse Biografiese Woordeboek III.* Kaapstad: Tafelberg vir die Raad vir Geesteswetenskaplike Navorsing.

Law, Jonathan, Pickering, David en Helfer, Richard (reds.). 2001. *The new Penguin dictionary of the theatre.* Londen: Market House.

Lawton, Richard. 1974. *A world of movies. 70 years of film history.* New York: Sundial.

Le Roux, André I. en Fourie, Lilla. 1982. *Filmverlede. Geskiedenis van die Suid-Afrikaanse speelfilm.* Pretoria: Universiteit van Suid-Afrika.

Lindeque, Lydia. 1941. *Trek op die skerm.* Pretoria: J.L. van Schaik.

Lindeque, Lydia. 1997. *G'n proteas vir Cleopatra.* Hersien deur John Mantel. Ongepubliseerde herinneringe.

Lombard, Chris. 1996. Die aard van toneel. Ongepubliseerde herinneringe, Heidelberg, Kaap. Danie Botha-versameling. Kaapstad

Loney, Glenn. 1983. *Twentieth century theatre. Premieres, personalities and events in the theatre, Part I & Part II.* New York: Facts On File.

Louw, N.P. van Wyk. 1939.'n Toneelopvoering in Kaapstad. *Lojale verset.* Kaapstad: Nasionale Pers.

Marais, Anna (Martha Hanekom). 1926. Dagboekinskrywing oor *Huis-toe 2*. Ongepubliseerde dokument. Bloemfontein: NALN-toneelmuseum.

Melchinger, S. 1959. *Drama & toneel van Shaw tot Brecht.* Amsterdam: Moussault.

Minnaar-Vos, Anna. 1969. *Die spel gaan voort. Die verhaal van Hendrik en Mathilde Hanekom.* Kaapstad: Tafelberg-Uitgewers.

Molière (pseud.). 1982. *Five plays.* Londen: Methuen London Ltd.

Mynhardt, Patrick. 2003. *Boy from Bethulie: an autobiography.* Johannesburg: Wits University Press.

Mynhardt, Siegfried. s.a. Paul de Groot. Ongepubliseerde dokument. Bloemfontein: NALN-toneelmuseum.

Nasionale Toneelbiblioteek. 1975. *Kumulatiewe byvoegsel tot die basiese katalogus van die Nasionale Toneelbiblioteek April 1966–Maart 1975.* Bloemfontein: Openbare Biblioteek.

Naudé, Wena. Ongeveer 1969. Toespraak oor o.m. *Oorskotjie 2.* Bloemfontein: NALN-toneelmuseum.

Neethling, Anna M. (samest.). 1977. Dokumentasie van die Hanekoms (Hendrik en Mathilde) en hul toneel- en ander bedrywighede. Ongepubliseerde katalogus, Departement Dramakunde, Universiteit van Pretoria.

Neethling-Pohl, Anna. 1974. *Dankbaar die uwe.* Kaapstad: Human & Rousseau.
Neethling-Pohl, Anna. 1980. Toespraak by die eerste toekenning van die Cobus Rossouw-prys op 21 Februarie 1980 te Kroonstad. Bloemfontein: NALN-toneelmuseum.
Neethling-Pohl, Anna. 1981. Toespraak ter huldiging van André Huguenet. Bloemfontein: NALN-toneelmuseum. 22 Oktober 1981.
Nel, Frederik Jacobus. 1972. Die Kaapstadse Afrikaanse Toneelvereniging (1934-1962). Universiteit van Stellenbosch: Ongepubliseerde M.A.-verhandeling.
Paskman, Dailey. 1976. *"Gentlemen, be seated!"* New York: Clarkson N. Potter.
Pienaar, Jacques. 1964. Huldigingsboodskap aan Danie Smal op 11 Februarie 1964. Ongepubliseerde inligtingstuk. Bloemfontein: NALN-toneelmuseum.
Postma, D.C. 1935. *Oom Paul: 'n simboliese drama in vier bedrywe.* Bloemfontein: Nasionale Pers Beperk.
Racster, Olga. 1951. *Curtain up! The story of Cape theatre.* Kaapstad: Juta.
Retief, Bertrand. 1998. *Sieketroosters, gruwels en glimlagte.* Halfweghuis: Perskor/Kagiso.
Retief, Daan. 30 Desember 1976. Huldiging van Mathilde Hanekom. Radiopraatjie vir "In die voorportaal". Bloemfontein: NALN-toneelmuseum.
Schach, Leonard. 1996. *The flag is flying. A very personal history of theatre in the Old South Africa.* Kaapstad: Human & Rousseau.
Schoonees, P.C. 1922. *Die prosa van die Twede Afrikaanse Beweging.* Pretoria: J.H. de Bussy.
Shakespeare, William. 1945. *Hamlet, prins van Denemarke.* Vertaal deur L.I. Coertze. Kaapstad: Stewart Drukkersmaatskappy.
Shakespeare, William. 1970. *The complete works of William Shakespeare, comprising his plays and poems.* With a preface by Donald Wolfit and introduction and glossary by Bretislav Hodek. Londen: Spring Books, The Hamlyn Publishing Group Limited.
Shaw, George Bernard. 1957. *Pygmalion.* Londen: Longman.
Steyn, J.C. 1998. *Van Wyk Louw. 'n Lewensverhaal. Deel I en II.* Kaapstad: Tafelberg.
Styger, Paula. s.a. Outobiografiese skets oor haar kinderjare. Bloemfontein: Paula Styger-versameling, NALN-toneelmuseum.
Styger, Paula. 1939. Dagboek Bloemfontein: Paula Styger-versameling, NALN-toneelmuseum.
Thomson, Peter; Salgado, Gamini. 1985. *The Everyman companion to the theatre.* Londen: J.M. Dent & Sons.
Tucker, Percy. 1997. *Just the ticket! My 50 years in show business.* Johannesburg: Jonathan Ball.
Turner, Michael R. 1974. *The parlour song book. A casquet of vocal gems.* Londen: Pan Books.
Van Bruggen, Jochem. 1939. *Met Ampie deur die Depressie.* Johannesburg: Voortrekkerpers.

Van der Hoven, Eghard. 1987. Smouse van die illusie. *Die Taalgenoot*, September.
Van Niekerk, Dolf. 1996. Herinneringe aan André Huguenet. Ongepubliseerde dokument, Pretoria. Danie Botha-versameling. Kaapstad.
Van Rooyen, Ockie. 2002. Herinneringe oor *Belinda is doofstom*. Ongepubliseerde dokument, Walmer. Danie Botha-versameling. Kaapstad.
Van Schoor, A.M. (red.). 1961. *André Huguenet*. Johannesburg: Afrikaanse Pers-Boekhandel.
Wilmot, Otto. 1944. Toneelherinnerings oor *My hartbeeshuisie* en *As 'n boerenooientjie liefhet*. Ongepubliseerde dokument. Mosselbaai.

Dokumenteversamelings

Bosman, F.C.L. Bloemfontein: NALN-toneelmuseum.
Botha, Danie. Kaapstad.
Hanekom, Mathilde. Bloemfontein: NALN-toneelmuseum.
Huguenet, André. Bloemfontein: NALN-toneelmuseum.
Krige, Uys. Stellenbosch: J.S. Gericke Biblioteek.
McGregor (Van der Merwe), Truida. Bergsoom, Citrusdal. In besit van Maureen Joubert, Paarl.
Moolman, Dora. Pretoria.
Naudé, Wena. Bloemfontein: NALN-toneelmuseum.
Styger, Paula. Bloemfontein: NALN-toneelmuseum.
Wilmot, Otto. Mosselbaai.

Berigte en artikels

Algemeen

Beeld, 23 Oktober 1986. Eghard van der Hoven oor sy eerste toneelervarings.
Bron onbekend, ongedateer. A.M. van Schoor oor stand van teater. Pretoria: Dora Moolman-versameling.
Bron onbekend, ongedateer (ongeveer 1933). Wena Naudé oor stand van teater.
Burger, Die, 12 Februarie 1932. Amateurtoneel.
Burger, Die, 24 April 1933. Toneelgordyne.
Burger, Die, 11 Mei 1936. F.C.L. Bosman oor stand van teater.
Burger, Die, 21 Junie 1947. Afrikaanse toneelterme.
Huisvrou, Die, Desember 1959. André Huguenet oor die stand van teater.
Taalgenoot, Die, September 1987. Eghard van der Hoven oor aard van toneelspel.
Transvaler, Die, 16 Augustus 1975. Eghard van der Hoven aan David Lombard oor leen van meubels; dekor.

Anton Ackermann

Burger, Die, 8 September 1939. Oor *Roza*.
Burger, Die, April 1948. L.W.B. Binge oor *Koop my blomme*.

Tommie Beckley
Dagbreek en Landstem, 14 Desember 1969.

Rufatus Burger
Naweek, Die, 18 April 1946. "Vir liefdadigheid." Die Helpmekaargeselskap.

A.E. Carinus-Holzhausen
Filma, April 1945.

Paul de Groot
Bron onbekend. Ongedateer (ongeveer 1933). Wena Naudé oor Paul de Groot.
Burger, Die, 28 Februarie 1925. Frederik Rompel oor Paul de Groot.
Burger, Die, 20 Februarie 1926. F.E.J. Malherbe oor *Die heks*.
Burger, Die, 28 April 1928. *Haar tweede man*.
Burger, Die, 18 Julie 1928. *Haar tweede man*; reisomstandighede.
Burger, Die, 4 Augustus 1930. Korrespondent van Kenhardt oor Paul de Groot.
Burger, Die, 7 Januarie 1931. *Besigheid is besigheid 2*.
Burger, Die, 14 Augustus 1933. *Verborge sonde* (reklame).
Ochtendblad, 15 Junie 1927. *As mans huishou*.
Ons Vaderland, 10 Julie 1925. W.T. Pienaar oor *Huistoe*.
Ons Vaderland, 15 September 1925. *Oorskotjie*.
Transvaler, Die, 16 Augustus 1975. David Lombard oor De Groot; *Huistoe 2*.
Vaderland, Die, 26 November 1964. Henri van Wyk oor Paul de Groot.
Volkstem, De, 3 April 1925. Voordragprogram.
Volkstem, De, 4 Mei 1925. Paul de Groot se eerste optrede in Afrikaans (resensie).
Volkstem, De, 9 Julie 1925. Gustav Preller oor *Huistoe*.

Sann de Lange
Rapport-Tydskrif, 28 Julie 1996. Barrie Hough oor Sann de Lange en Elsa Fouché.

Louis de Vriendt
Taalgenoot, Die, September 1987. Eghard van der Hoven oor Louis de Vriendt en vermaaklikheidsbelasting.

Olga du Plessis
Dagbreek en Landstem, 28 Julie 1968. Swaarkry in Depressie.

Stephanie Faure
Burger, Die, 3 Februarie 1926. Voordragprogram in Kaapstad.
Burger, Die, 10 Februarie 1926. Voordragprogram in Kaapstad.

Elsa Fouché
Rapport-Tydskrif, 28 Julie 1996. Barrie Hough in "Skuins voor Maandag" oor Elsa Fouché en Sann de Lange.
Taalgenoot, Die, September 1987. Eghard van der Hoven oor swaarkry in Depressie.

Vaderland, Die, 22 Maart 1969. *Oom Paul*; Jean Plaat-Stultjes.
Vaderland, Die, 28 Junie 1971. *Oom Paul*.

Johan Fourie
Cape Argus, The, 20 September 1958.

Hendrik en Mathilde Hanekom
Beeld, 19 September 1985. Eghard van der Hoven oor reklame vir *Huistoe 2*.
Burger, Die, 3 Maart 1926. Praeceptor oor *Oom Gawerjal se dogters en die stemregkoors*.
Burger, Die, 13 Maart 1926. E.C. Pienaar oor *Oom Gawerjal se dogters en die stemregkoors*.
Burger, Die, 8, 11, 29 Desember 1926, 15 Januarie 1927. Johann Buhr oor Hendrik Hanekom se geselskap; "Agter die gordyne"-reeks.
Burger, Die, Februarie 1927. Johann Buhr oor *As mans huishou*.
Burger, Die, 23 Februarie 1927. Korrespondent van Darling oor *As mans huishou*.
Burger, Die, 15 Oktober 1935. Francois Malherbe oor *Oom Paul*.
Burger, Die, 21 November 1935. Frederik Rompel oor *Oom Paul*.
Burger, Die, 5 Oktober 1936. *Oom Paul*.
Burger, Die, 25 Januarie 1940. *Agter geslote deure*.
Huisgenoot, Die, 30 Maart 1945. "Twintig jaar op ons beroepstoneel." Hendrik Hanekom oor sy jeug; sy geselskap; *Oom Gawerjal se dogters en die stemregkoors*.
Huisgenoot, Die, 8 Februarie 1952. "'n Toneelpionier oorlede." Dood van Hendrik Hanekom.
Transvaler, Die, 1 Mei 1957. J.J.K. oor *Ai, die liewe Martha!*
Vaderland, Die, 22 Maart 1969. *Oom Paul*.
Vaderland, Die, 3 Januarie 1977. Anna Minnaar-Vos oor die dood van Mathilde Hanekom.
Volksblad, Die, 10 Junie 1933. *Die seeman*.

André Huguenet
Beeld, 25 Julie 1985. Eghard van der Hoven oor André Huguenet; onthou van woorde; *Spoke*.
Beeld, 19 September 1985. Eghard van der Hoven oor *Huistoe 2*.
Beeld, 22 Junie 1987. Eghard van der Hoven oor onthou van woorde; oor *Iepekonders*.
Burger, Die, 28 April 1928. Korrespondent van Kamieskroon oor *Haar tweede man*.
Burger, Die, 18 Julie 1928. *Haar tweede man*.
Burger, Die, 19 April 1930. Gustav Preller oor *Ampie*.
Burger, Die, 27 Desember 1930. F.J.M. oor *Mal Hans*.
Burger, Die, 2 Februarie 1931. *Mal Hans*.
Burger, Die, 10 Februarie 1931. L. Fourie oor *Mal Hans*.
Burger, Die, 18 Februarie 1931. *Mal Hans*.
Burger, Die, 22 Februarie 1931. *Mal Hans*.

Burger, Die, 8 Januarie 1932. *Ampie 2.*
Burger, Die, 19 Januarie 1934. *Treine.*
Burger, Die, 11 Junie 1934. *Ek het 'n man vermoor*; oor Phillip Theunissen.
Burger, Die, 21 Februarie 1935. M.E.R. oor *Haar egskeiding.*
Burger, Die, Maart 1937. N.P. van Wyk Louw oor *Gevaarlike huwelik.*
Burger, Die, 24 Maart 1937. *Gevaarlike huwelik*; vermaaklikheidsbelasting.
Burger, Die, 15 Julie 1937. Opneem van *Tamboere in die nag* vir radio.
Burger, Die, 27 Oktober 1940. Willem Kempen oor *Is jy 'n bokryer?*
Burger, Die, 11 November 1940. H.N. Malan oor *Is jy 'n bokryer?*
Burger, Die, 3 Maart 1941. André Huguenet se advertensie teen laster.
Burger, Die, 28 April 1941. Willem Kempen oor *Ampie 3.*
Burger, Die, 27 April 1944. André Huguenet oor *Geleende vere.*
Cape Argus, The, 19 Januarie 1934. *Treine.*
Cape Times, The, 19 Januarie 1934. *Treine.*
Dagbreek & Sondagnuus, s.a. (ongeveer 1948). A.M. van Schoor oor *Altyd my liefste.*
Friend, The, 21 Mei 1928. Kinderjare van André Huguenet; *Haar tweede man.*
Friend, The, 18 Desember 1936. Botsing met gereg.
Friend, The, 20 Junie 1961. Dood van André Huguenet.
Huisgenoot, Die, 27 Maart 1936. André Huguenet oor sy vak.
Huisgenoot, Die, 26 Januarie 1945. Ontstaan van Afrikaanse beroepstoneel.
Huisvrou, Die, Desember 1959. André Huguenet oor rondreisende toneelspelers.
Ruiter, Die, 25 Julie 1947. Jan Schutte oor *Hamlet.*
Taalgenoot, Die, September 1987. André Huguenet op toer.
Transvaler, Die, 20 Februarie 1939. *Die kwaksalwer.*
Vaderland, Die, 26 November 1964. Henri van Wyk oor André Huguenet as Jan van Riebeeck.
Volksblad, Die, 10 Oktober 1927. C.M. van den Heever oor *'n Gerieflike huwelik.*
Volksblad, Die, 24 Mei 1928. *Haar tweede man.*
Volksblad, Die, 14 September 1968. Henri van Wyk oor André Huguenet.

Anna Klaasen
Beeld, 30 Maart 1996. Eghard van der Hoven haal Siegfried Mynhardt aan oor Anna Klaasen.
Burger, Die, 17 Maart 1930. Voordragprogram in Kaapstad.
Burger, Die, 25 Maart 1930. Oproep aan skoolhoofde en predikante.
Burger, Die, 10 April 1930. A.C. ver Loren van Themaat oor kinderprogram in Kaapstad.

Lydia Lindeque
Burger, Die, 28 Julie 1930. *Die rosekrans.*
Burger, Die, 4 Julie 1931. *Die rosekrans.*
Burger, Die, 23 April 1932. *Genoveva.*
Burger, Die, 29 Januarie 1937. Huwelik van Lydia Lindeque met Uys Krige.

Cape Times, The, ongedateer. Uys Krige-versameling. Stellenbosch: J.S. Gericke Biblioteek. *Medea*.
Insig, Augustus 1997. Eghard van der Hoven oor dood van Lydia Lindeque.
Springbok, 3 Augustus 1945. *Die rooi pruik*; Maskerspelers in Egipte.

Siegfried Mynhardt
Springbok, 3 Augustus 1945. *Die rooi pruik*; Maskerspelers in Egipte.
Beeld, 30 Maart 1996. Eghard van der Hoven oor dood van Siegfried Mynhardt.

Wena Naudé
Brandwag, Die, 20 Maart 1964. Tipiese Gehoor (Pierre Coetzee) oor *Bruidjie Dit en Bruidjie Dot*.
Brandwag, Die, 2 Maart 1973. Wena Naudé oor haar kinderjare; student by Stephanie Faure.
Brandwag, Die, 16 Maart 1973. Wena Naudé oor *Die heks*.
Brandwag, Die, 30 Maart 1973. Wena Naudé oor *Huistoe 1*; *Oorskotjie*.
Brandwag, Die, 13 April 1973. Wena Naudé oor *Oorskotjie*.
Brandwag, Die, 20 Julie 1973. Wena Naudé oor *Oorskotjie 2*.
Brandwag, Die, 14 September 1973. Wena Naudé oor *Die uur van vergelding*.
Brandwag, Die, 9 November 1973. Wena Naudé oor *By die ou meulstroom*.
Brandwag, Die, 16 November 1973. Wena Naudé oor *By die ou meulstroom*.
Brandwag, Die, 22 November 1973. Wena Naudé oor *Die brug op ons plaas*.
Brandwag, Die, 15 Maart 1974. Wena Naudé oor *Die wit perde van Rosmersholm*.
Brandwag, Die, 29 Maart 1974. Wena Naudé oor *Die lewe wat ek jou gegee het*.
Brandwag, Die, 10 Mei 1974. Wena Naudé oor *Bruidjie Dit en Bruidjie Dot*.
Burger, Die, 16 Januarie 1926. Oor *Smilin' through*.
Burger, Die, 18 Januarie 1926. F. Viljoen oor *Oorskotjie*.
Burger, Die, 26 Januarie 1926. Een Hollander oor *Oorskotjie*.
Burger, Die, 29 Januarie 1926. D.F. Malherbe oor *Oorskotjie*.
Burger, Die, 3 Februarie 1926. Anoniem oor *Oorskotjie*.
Burger, Die, 4, 5, 9 Februarie 1926. *Oorskotjie*.
Burger, Die, 20 Februarie 1926. F.E.J. Malherbe oor *Die heks*.
Burger, Die, ongedateer (ongeveer Maart 1926). Boerbok oor *Die heks*.
Burger, Die, 13 Maart 1926. E.C. Pienaar oor *Oorskotjie*.
Burger, Die, 18 April 1926. Universiteitskorrespondent van Stellenbosch oor *Oorskotjie*.
Burger, Die, 17 Junie 1927. Wena Naudé se toer met eenakters.
Burger, Die, 20 April 1928. Johann Buhr oor *Oorskotjie*.
Burger, Die, 7 Augustus 1928. Korrespondent van Jacobsdal oor *Oorskotjie 2*.
Burger, Die, 8 Oktober 1928. C. Louis Leipoldt oor *Die heks*.
Burger, Die, 27 Oktober 1940. Willem Kempen oor *Die brug op ons plaas*.
Burger, Die, 30 November 1940. Korrespondent van Darling oor *Die brug op ons plaas*.
Burger, Die, 30 April 1964. W.E.G. Louw oor Wena Naudé.

Dagbreek en Landstem, 21 Desember 1961. *Oorskotjie 2*; *Die brug op ons plaas*.
Dagbreek en Landstem, 14 Desember 1969. Wena Naudé oor haar kinderjare; *Huistoe 1*; *Oorskotjie*; Tommie Beckley.
Friend, The, 3 Mei 1930. Huwelik van Wena Naudé.
Huisgenoot, Die, 17 Augustus 1945. Wena Naudé oor ontstaan van Afrikaanse beroepstoneel.
Landbouweekblad, Die, 16 Augustus 1955. Nellie Kruger oor *Die wit perde van Rosmersholm*; maak van pruike.
Middellander, Die, 3 Mei 1928. *Oorskotjie 2*.
Ons Vaderland, 10 Julie 1925. W.T. Pienaar oor *Huistoe 1*.
Ons Vaderland, 15 September 1925. *Oorskotjie*.
Ons Vaderland, 3 Mei 1930. *Die uur van vergelding*; huwelik van Wena Naudé.
Rooi Rose, Junie 2002. Corlia Fourie oor Wena Naudé.
Sarie Marais, 24 September 1975. Roy Niemann oor Wena Naudé.
Star, The, 3 Julie 1928. Korrespondent van Lydenburg oor *Oorskotjie*.
Transvaler, Die, 8 November 1976. *Rapport-Oscars*.
Tydskrif vir Wetenskap en Kuns, Oktober 1954. Gerhard J. Beukes oor erepenning van die SA Akademie vir Wetenskap en Kuns aan Wena Naudé.
Vaderland, Die, 26 November 1964. *Oorskotjie*.
Victoria-West Messenger, The, 8 Mei 1928. Toneelganger oor *Oorskotjie 2*.
Volksblad, Die, 7 September 1978. Dood van Wena Naudé.
Volkstem, De, 11 Julie 1925. Gustav Preller oor *Huistoe 1*.
Volkstem, De, 11 September 1925. J.C.V. oor *Oorskotjie*.
Volkstem, Die, 3 Mei 1930. Huwelik van Wena Naudé.

Danie Smal
Burger, Die, 8 Mei 1928. Duisendste voordragprogram.
Burger, Die, 6 Mei 1931. Voordragprogram vir kinders.
Burger, Die, 10 Desember 1935. Laaste voordragprogram.
Ons Land, 22 September 1925. *Huistoe*.
Ons Vaderland, 6 Augustus 1920. Danie Smal oor verdeling van toneelkragte in Pretoria.
Ons Vaderland, 16 Oktober 1925. 'n Spreuk van Danie Smal.
Volkstem, De, 22 September 1925. *Huistoe*.

Paula Styger
Suid-Afrikaanse Stem, 23 Maart 1958. Albie Venter oor Paula Styger.

Pikkie Uys
Die Burger, April 1948. L.W.B. Binge oor *Koop my blomme*.
Landstem, ongedateer. *Die hand van die gereg*.

Henri van Wyk
Vaderland, Die, 26 November 1964.
Volksblad, Die, 14 September 1968. Henri van Wyk en André Huguenet.

Anton Verheyen
Burger, Die, 17 Januarie 1929. *Adam in ballingschap*.

Briewe

De Groot, Paul aan Hendrik Hanekom, twee briewe, ongedateer. Bloemfontein: NALN-toneelmuseum. *Besigheid is besigheid*.
Evie aan Hendrik en Mathilde Hanekom, 19 September 1946. Bloemfontein: NALN-toneelmuseum. Huishoudelike sake.
Faure, Stephanie van Pretoria aan Wena Naudé, 20 April 1945. Bloemfontein: NALN-toneelmuseum. Mentorskap.
Faure, Tillie aan Wena Naudé, 10 Oktober 1962. Bloemfontein: NALN-toneelmuseum. Dood van Stephanie Faure.
Hanekom, Hendrik van Robertson aan dominees. Ongedateer. Bloemfontein: NALN-toneelmuseum. *Met die waters wat verby is*.
Hanekom, Mathilde aan F.C.L. Bosman, Augustus 1949. Bloemfontein: NALN-toneelmuseum. *Die verterende vuur*; mededinging van teatergroepe.
Hanekom, Mathilde aan Gerhard J. Beukes, 2 Junie 1954. *Die ryk weduwee*; onmin tussen spelers. Bloemfontein: NALN-toneelmuseum.
Huguenet, André van Johannesburg aan Anna Neethling-Pohl, Pretoria, 1950. In: Van Schoor, A.M. (red.). 1961. *André Huguenet*. Johannesburg: Afrikaanse Pers-Boekhandel. Oor *Hassan*.
Huguenet, André van Johannesburg aan Anna Neethling-Pohl, Pretoria, 16 September 1955. In: Van Schoor, A.M. (red.). *André Huguenet*. Johannesburg: Afrikaanse Pers-Boekhandel. Radiospel versus verhoogspel.
Huguenet, André aan F. C.L. Bosman, s.a. Bloemfontein: NALN-toneelmuseum. *'n Poppehuis*.
Huguenet, André van Pretoria aan F.C.L. Bosman in Kaapstad, 16 Maart 1930. Bloemfontein: NALN-toneelmuseum. *Ampie 1*.
Huguenet, André aan F. C.L. Bosman, 1934. Bloemfontein: NALN-toneelmuseum. *Ampie 2*.
Huguenet, André aan F.C.L. Bosman, 1934. Bloemfontein: NALN-toneelmuseum. *Genoveva*.
Huguenet, André aan F.C.L. Bosman, 1934. Bloemfontein: NALN-toneelmuseum. *Mal Hans*.
Huguenet, André uit Bethlehem aan F.C.L. Bosman, Kaapstad, 18 Mei 1936. Bloemfontein: NALN-toneelmuseum. Stand van die teater.
Huguenet, André aan F.C.L. Bosman, 8 Junie 1936. Bloemfontein: NALN-toneelmuseum. Stand van die teater.
Huguenet, André aan F.C.L. Bosman, 19 September 1951. Bloemfontein: NALN-toneelmuseum. Wena Naudé.
Keet, A.D. dr. aan Danie Botha, Kaapstad. September 2002. Danie Botha-versameling. Louis de Vriendt; Mignon Sorel.

Krige, Uys uit Italië aan Lydia Lindeque, Johannesburg. 30 April 1943. 225 KF 15 (37). Stellenbosch: J.S. Gericke Biblioteek. *Twelfth night.*
Krige, Uys aan Lydia Lindeque. Ongedateer (ongeveer 1953). 225 KF 15 (37). Stellenbosch: J.S. Gericke Biblioteek. *Die ryk weduwee.*
Krige, Uys aan Lydia Lindeque. 23 Februarie 1953. 225 KF 15 (30). Stellenbosch: J.S. Gericke Biblioteek. *Die twee lampe.*
Lindeque, Lydia van Johannesburg aan Uys Krige. 1 September 1943. 225 KF 15. Stellenbosch: J.S. Gericke Biblioteek. *Servant of God.*
Lindeque, Lydia van Johannesburg aan Uys Krige. 10 September 1943. 225 KF 15. Stellenbosch: J.S. Gericke Biblioteek. *Servant of God.*
Lindeque, Lydia van Johannesburg aan Uys Krige. 1 November 1943. 225 KF 5. Stellenbosch: J.S. Gericke Biblioteek. *Servant of God*; stand van teater in Johannesburg.
Lindeque, Lydia aan Uys Krige. 18 Julie 1949. 225 KF 15 (37). Stellenbosch: J.S. Gericke Biblioteek. *The eagle has two heads.*
Lindeque, Lydia aan Uys Krige. Ongedateer (ongeveer 1953). 225 KF 15 40. Stellenbosch: J.S. Gericke Biblioteek. *Die ryk weduwee.*
Lindeque, Lydia van Rondebosch aan Uys Krige. 18 Januarie 1953. 225 KF 15 (37). Stellenbosch: J.S. Gericke Biblioteek. *Die ryk weduwee.*
Lindeque, Lydia aan Uys Krige. 22 Februarie 1953. 225 KF 15. Stellenbosch: J.S. Gericke Biblioteek. *Twelfth night* (Schach-produksie).
Lochner, Johann van George aan Danie Botha, Kaapstad, Oktober 2002. E-pos. Danie Botha-versameling. André Huguenet en godsdiens.
Malan, Lucas van Darling aan Danie Botha, Kaapstad, 2 April 2004. E-pos. Danie Botha-versameling. Elsa Fouché.
Munnik, Marie van Pretoria aan Danie Botha, Kaapstad. September 2002. Danie Botha-versameling. Kinderjare van André Huguenet; *Hamlet.*
Nel, Rudolf van Vredenburg aan onbekende, 19 Februarie 1945. Citrusdal: Truida McGregor-versameling. 'n Liefdesbrief.
Steyn, Fresh van Johannesburg aan Hendrik en Mathilde Hanekom, 4 Februarie 1941. Bloemfontein: NALN-toneelmuseum. Dekor vir Hanekom-geselskap; Louis de Vriendt.
Van Rooyen, Hentie. Omsendbrief van Robertson af aan predikante oor *Met die waters wat verby is.* Ongedateer. Hanekom-versameling, NALN-toneelmuseum.
Vorster, Mauritz H. dr. van Port Elizabeth aan Danie Botha, Kaapstad, Augustus 2002. Danie Botha-versameling. André Huguenet en die poswese.

Onderhoude

Botha, Gawie van Paarl, Augustus 2002. André Huguenet en die gereg.
Cloete, Anna in gesprek met Albert Maritz, 1996. James Norval.
Cordier-Steenkamp, Isabelle van Strand, Augustus 2002. *Geleende vere.*

Gerber, Bettie, Augustus 2002. Johan Fourie.

Hanekom, Mathilde in gesprek met Dora (Bekker) Moolman, Maart 1969. Bandopname deur Nico Moolman. Verhoogname; André Huguenet; Hendrik Hanekom se geselskap.

Hugo, Henk, Oktober 2002. Japie van Niekerk.

Kruger, Freda, Oktober 2002. *Belinda is doofstom*.

Malan, Lucas, 2 April 2004. Elsa Fouché.

Moolman, Nico, Oktober 2002. Hendrik en Mathilde Hanekom.

Uys, Cor, Oktober 2002. Pikkie Uys.

Van Rooyen, Ockie, Oktober 2002. *Belinda is doofstom*; reisomstandighede.

Wilmot, Otto, September 2002. *My hartbeeshuisie*; *As 'n boerenooientjie liefhet*; leen van meubels; André Huguenet.

Register van persoonsname

Ackermann, Anton 97, 112, 155–157, 162, 253, 372, 375, 379, 382, 384, 386, 388–390, 394, 403–404, 406, 408, 418, 422
Ali Bey 232, 233
Lennox, Gilbert 172, 409
Aucamp, Anna 20, 37, 44–45, 366
Aucamp, Hennie 11, 115, 285
Aveling, mev. (suster van Wena Naudé) 87
Aveling, Retha 107, 113, 379, 382, 384–386, 388, 395, 402, 407
Bales, Bryan 300
Barclay, Florence 317, 372, 406
Barrault, Jean-Louis 346
Barrie, James 277, 345, 349
Basson, Daisy 20, 366
Basson, Limpie 14, 411
Bastian, Otto 168, 389
Beckley, Tommie 47, 49, 367, 377, 423, 427
Beckmann, Willie 147, 378, 382, 384, 386–387
Bekker, Dora (Dora Moolman) 52
Bekker, Fanie 265, 394, 396–397
Ben-Ami, Jacob 172
Benoy, Willem 245–246, 381, 384, 386
Bergman, Ingmar 352
Bernaerd, Guy 115
Beukes, Gerhard J. 119, 142, 172, 401, 403, 409–410, 412, 427, 428
Beukmann, Japie 113
Binge, L.W.B. 19, 22, 66, 384
Bisson, André 317, 372, 406
Bleichmann, Rudolf 28
Blignaut, Chris 113, 155, 247
Blixen, Karen 361
Blum, Peter 274, 420
Boland, Bridget 285, 415
Boonzaier, D.C. 28
Borcherds, Hamie 70, 368
Borcherds, Stephen 83, 196
Borstlap, C.W.R.Z. (oupa van André Huguenet) 179

Borstlap, G.P. (vader van André Huguenet) 53
Borstlap, Gert (André Huguenet) 46, 53, 58, 179, 192, 268, 302
Borstlap, Manie (broer van André Huguenet) 179
Borstlap, Sally (suster van André Huguenet) 179, 301
Bosch, Bill 248, 250
Bosman, F.C.L. 27, 96–97, 107, 125, 155, 157, 194, 200, 214, 219, 229, 234–239, 255, 328, 334, 340, 370, 378, 422, 428
Botha, Helene 183–199, 313, 371
Botha, Kitty 168, 382, 383, 389, 399
Botha, Maxie 56, 65, 69–70, 72, 191, 196, 299, 368–369
Botha, Pik 287, 412
Botha, Rina 285, 399, 401, 407, 410
Bouwer, Stephan 343
Brand, Hendrik 229, 246–248, 378
Brandon, Dorothy 248, 252, 389, 407
Breedt, Jessie 44
Breytenbach P.P. 337–341, 372, 374–375, 388, 400
Bronkhorst, Daan 157
Brontë, Emily 259, 394
Bruijns, Jan 126, 287, 406, 408, 410–411, 413–414, 416
Brzeska, Sophie 131
Buhr, Johann 53–55, 57, 63, 66, 76, 137
Buitendach, Attie 39, 40
Burger, pres. Schalk 145
Burger, Rufatus S. 158, 383, 385, 392, 394, 398, 401, 423
Burgers, M.P.O. (Olivier) 247, 404
Butler, Guy 358
Carinus, mnr. (eggenoot van mev. A.E. Carinus-Holzhausen) 116
Carinus-Holzhausen, A.E. 19, 21–22, 36, 38, 40, 50–51, 68, 83, 87, 113, 116–119, 259, 317, 344, 366, 368–373, 375, 379, 382, 384, 394–395, 397, 399, 402–403, 406, 419, 423

Carnegie, Dale 142
Caruso, Enrico 314
Celliers, Jan F.E. 135, 364, 367, 378
Celliers, Leon 254–255, 285, 389–390, 396–397, 399, 401, 403
Chambers, C.H. 160, 387
Chaplin, Charlie 245, 325
Chrispijn, L.H. 28
Cilliers, Henri 22, 32, 36, 39–40, 45, 366
Clifton, Marjorie 19, 136
Cloete, Anna (mev. Anna Norval) 97, 121, 126, 241, 255, 296, 298, 380, 396, 404, 409–411, 415–416
Cloete, Leon 208, 211, 373
Cocteau, Jean 74, 354
Coertze, L. Ignatius 269, 305, 404
Coetzee, Andries 184–185, 190–192
Coetzee, Dawid J. 158
Coetzee, Flippie 317–319, 322–323, 372
Coetzee, Pierre 120, 426
Cohen-Stuart, Lydia 30, 365
Cordier-Steenkamp, Isabelle 11, 264–265, 293–294, 299, 429
Cowl, Jane 99
Craig, Peter 358
Cronjé, genl. Piet 175
Damia (Louise Maryse Damien) 324
Dane, Clemence 229–230, 233, 237, 380
Daviot, Gordon 130
De Beer, Karel (vader van Mathilde Hanekom) 133
De Beer, Kitty en Miemie (susters van Mathilde Hanekom) 134
De Beer, mev. (Mathilde Hanekom se moeder) 57, 60, 138, 141
De Beer, Rico 326
De Groot, Paul 19–23, 27–42, 44–46, 49–59, 61–63, 65–66, 68–76, 87, 96, 97, 117–119, 123, 137, 139–140, 142, 179–195, 199–200, 208, 233–236, 244, 275, 284, 296, 302–303, 310–319, 323–328, 337, 341, 353, 365–374, 376–377, 379, 402, 420, 423, 428
De Haas, mev. (suster van Wena Naudé) 87
De Hartog, Jan 285

De Jong, Maxie 265, 397, 405
De Klerk, W.A. 155, 171–172, 276, 393, 400, 402, 404–405, 407, 410–411
De Kock, Hubertus 39–40, 366
De Kock, Sita 157, 386
De Lange, Sann 168, 227–228, 382, 389–390, 405–406, 414–415, 423
De Marny, Terence 326
De Meester, Johan 166, 287, 305, 412
De Villiers, C.G.S. 73, 82, 183
De Villiers, Dirk 124
De Villiers, Dolly 44, 73
De Villiers, M.L. 44, 89
De Villiers, Mollie (suster van Lydia Lindeque) 320
De Vos, Marguerite (Greta) 22, 32, 35, 366
De Vriendt, Louis 104, 112, 168–169, 245–246, 368, 371–372, 381, 384, 386, 395, 397, 399, 423, 428–429
De Waal, Henriëtte 96, 234, 347, 376–377
De Waal, J.H.H. 229, 255, 364, 367–368, 376, 389
De Wet, Pierre 157, 255, 257–258, 391–392, 394–397
Dean, Basil 277–279, 407
Den Hertog, A. 118, 236, 370, 397
Denham, Reginald, 350, 393
Dietrich, Marlene 257
Dietrichstein, Leo 256–257, 392, 419
Dockyard Charlie 325
Dommisse, Hermien 173, 259–264, 299, 394, 410–412, 418–419
Dostojewski, Fjodor 167
Doubell, Mari 165, 414
Douglas, Frank 302
Dr. O'Kulis 147
Drummond, Vivienne 346, 355, 410
Du Plessis, Hester 20
Du Plessis, Irma 112, 378, 390, 399
Du Plessis, Olga 95
Du Preez, Danie 44–45
Du Toit, Cor 99, 101, 256, 379, 382–383, 386, 388, 391
Du Toit, David 158, 385
Du Toit, Ena 215, 229–233, 245, 333–335, 374–376, 378, 380
Du Toit, J.D. (Totius) 46, 137

Du Toit, Johanna (suster van Lydia Lindeque) 320, 321
Du Toit, M.L. 87
Du Toit, Marie 46, 47
Du Toit, Martie (suster van Lydia Lindeque) 320
Du Toit, Rachel Alida (Lydia Lindeque) 320
Du Toit, S.J. 135
Du Toit, Stefaans (vader van Lydia Lindeque) 321
Du Toit, Willie (broer van Lydia Lindeque) 320
Dumas, Alexandre 68–69, 118, 369, 387
Duprez, Paul (Paul de Groot) 29
Durr, E.J.M. 219
Duval, Jacques 342, 347, 405
Dyall, Franklin 99
Dyason, Lola 39–40, 366
Eden, Fanny 163, 375, 386
Egan, William 124
Eksteen, Erna 171, 396–397, 399, 401, 403, 405
Eliot, T.S. 285, 409
Ellis, Walter 19
Eloff van der Walt, Ella 159
Eloff, Fanie 19, 21–22, 34–35, 117, 119, 366, 402
Emerson, John 159, 398
Engelbrecht, Driaan 14
Engelen, Fred 173, 412, 417
Erasmus, P.F. 20
Ervine, St. John 235, 237, 394, 398
Esterhuijsen, Kobus 217–218, 269, 335
Esterhuizen, Elza 14
Evans, Maurice 271
Evans, Will 90, 373
Fabricius, Jan 96, 208–209, 211–213, 268, 373, 376, 383, 396
Fagan, H.A. 22, 31, 169, 238, 365–366, 376–378, 380, 383, 391–392, 396, 399–400, 402–403
Farjeon, Herbert 235, 237
Faure, Stephanie 20–22, 26, 29, 31–32, 34–35, 37–41, 44, 47–48, 50–51, 96, 117, 166, 200–207, 220–221, 303, 365–366, 368, 372, 402, 423, 426, 428

Faure, Tillie 48
Ferreira, Tonius 147, 149, 159, 248, 261, 266, 383, 386–390, 394, 396–397, 399
Ffrangcon-Davies, Gwen 173, 344, 349, 390
Field, Salisbury 19
Flecker, James Elroy 276–277, 407
Ford, Henry 234
Fouché, Bobbette 95, 226–227, 411–413
Fouché, Elsa 95, 121, 123–124, 126, 142, 147, 162–164, 166–168, 225–228, 371, 374–375, 378, 380, 382, 386–388, 392, 394, 398, 404–406, 411–416, 418, 423, 429–430
Fourie, Barend 161
Fourie, Corlia 11, 15, 88, 98, 124–125, 131, 427
Fourie, Johan 99–101, 113, 155, 251, 255, 284–285, 374, 377–378, 381, 386, 389–390, 394, 396–397, 399–401, 403, 407, 410–414, 416, 418, 424, 430
Fourie, Pieter 299
Francesca, Gulyan 158
Fritz, Bennie, 14
Fuchs, Frances 280, 281
Fugard, Athol 227, 360
Gaudier, Henri 130
Geldenhuijs, Pieter (Leon Fagan) 258, 287, 350, 353
Gentle, Charles 14
Gerber, Bettie 11, 285, 403, 410–411
Geyer, Siegfried 262–263, 397, 419
Gildenhuys, Jannie 13, 16–17, 287–288, 300, 373, 405, 411–412, 417–418
Gillwald, Lucille 228
Gluckman, Leon 354–355, 402, 410
Godfrey, Freda 45
Gogolj, Nikolai 115
Grobbelaar, Michal 300, 408–409, 411
Grobbelaar, Pieter 14
Grosskopf, J.F.W. 166, 365, 367, 369, 377, 383, 385, 395, 404
Gründgens, Gustav 271
Grünewald, Berdine 147–149, 154, 248, 251, 254–256, 264, 350, 378, 383, 385, 387, 389, 391, 393, 404, 406–408, 413–414

Gunter, Friedrich 83, 372
Hamilton, Patrick 265, 396, 399
Hanekom, A.J. 114, 387, 392, 397
Hanekom, Hendrik 19–23, 45, 48, 52, 55–56, 62–63, 70–71, 75–76, 79–83, 85, 88, 90–95, 117, 119, 133–178, 245–248, 356, 364, 366–367, 378–379, 383–384, 386, 389, 403–404, 407–409, 424, 428, 430
Hanekom, Joe 135
Hanekom, Mathilde 19–20, 52, 56, 60–61, 64–66, 79–83, 85, 87, 90–93, 95, 119, 121, 125, 133–178, 248, 356–357, 368–369, 371–373, 378, 383–387, 389–390, 399–400, 404–405, 407, 411–421, 424, 428–430
Hanekom, Tilana 21, 57, 60–61, 87, 132, 138, 141–142, 170, 172, 396–397, 400–401, 403, 405–407, 409, 411–413
Hanekoms, Die 20–21, 47, 51, 53, 56–58, 66, 73, 75–76, 83, 88, 90, 95–96, 112, 116, 118–119, 133, 137, 142, 147, 149, 159–163, 167–172, 180, 189, 196, 296, 369, 374–376, 390, 392, 396–397, 400–401, 403–405, 407, 409, 420
Harris, Elmer 285, 414
Harris, Katherine 96
Hartnoll, Phyllis 279, 419
Hattingh, Henri 165, 397–399, 414
Hattingh, May 107, 109, 388
Heijermans, Herman 121–122, 415–416
Hellman, Lillian 349
Hendriks, Hansje 348, 395, 397, 399
Herholdt, Joël 352
Herman, Henry 94
Hertzog, genl. J.B.M. 64, 88
Heunis, Anton 95, 379, 380
Heydenrych, Esther 158, 385
Heyns, Eugenie 157, 408
Hodges, Horace 172, 408
Holzhausen, Nunez 116
Horne, Hannes 11, 287, 412
Hough, Barrie 11, 15, 227, 423
Howard, Leslie 99
Hugo, Henk 11, 114, 115
Huguenet, André 13, 19, 21, 27, 45–47, 51, 53, 56–68, 70–76, 82, 89, 96–102, 104–105, 113, 116–117, 120, 125, 129, 164–166, 168–169, 171–172, 179–308, 313, 328, 330, 333, 335–337, 341–342, 368–376, 378, 380–381, 383–384, 386, 389, 391–392, 394, 396–397, 399, 404–412, 414–415, 419, 421–422, 424–425, 427–430
Huston, Walter 96
Huygens, Constantijn 31
Ibsen, Henrik 28–29, 49, 118, 120, 170, 183, 193–195, 236, 263, 276, 285, 305, 312, 367–368, 371, 375, 379–380, 404, 412
Inglis, Margaret 347, 396
Inskip, Donald 173, 403
Irving, H.B. 317
Irving, Henry 303–304, 317
James, Sidney 349
Jandrell, Theo W. 41
Jansen, M.M. 49, 365
Jones, Henry Arthur 94, 113, 119, 373, 395
Joubert, genl. Piet 26
Joubert, Jan 26
Kannemeyer, J.C. 33, 135, 199, 274, 349, 357–358, 419–420
Keet, A.D. jr. 11, 246, 428
Keet, A.D. sr. 34, 246
Kempen, Willem 106–107, 224, 258, 383, 425–426
Kern, Jerome 258
Keulder, mnr. 135
Keyter, Freda 256, 258, 391–392, 394
Killian, Ernst 20
Klaasen, Anna 88–90, 97, 372–373, 425
Kock, Charles 208, 373
Kohler Charlotte 98
Kriel, Christo, 77
Kriel, Timo 19, 364
Krige, Bokkie 336
Krige, Elize 326
Krige, Eulalia 11, 337, 341, 355
Krige, Mizzi 348, 350, 353
Krige, Taillefer 349, 355, 357
Krige, Uys 46, 125, 286, 299, 326, 336–341, 345–350, 354–358, 360, 383, 387–389, 392, 411, 413–414, 420, 425–426, 429
Kruger, Freda 165, 289, 293–295, 414
Kruger, Gezina 145–146, 149, 153

Kruger, J.A. 145
Kruger, pres. Paul 143–153
Krynauw, Elma 172, 398, 410–411
Kushlick, Taubie 354, 360, 414
La Roche, Rena (Elise Louw) 180, 183–184, 194, 208, 211–212, 318–321, 370–373
Laker, Babs 14 357, 398
Langenhoven, C.J. 19, 26, 135, 137, 142, 230, 289, 364–365, 369, 371, 376, 387, 390, 416
Laubscher, Matt 37, 366
Lauwerijs, E. 26, 29
Lawton, Richard 346
Le Page, Babs 107, 108, 109, 388
Le Roux, Le Roux Smith 349
Le Roux, Mae 89
Lefebre, Rolf 349
Leipoldt, C. Louis 21, 33, 117, 366–367, 370, 373, 384, 393, 420, 426
Lessing, Gottlob Ephraim 263, 276–277, 377, 404
Liebenberg, Christine 14
Liebenberg, Willie 227
Linde, Christine 226, 392
Linde, Marie 159, 370, 379, 383, 398, 401, 405
Lindeque, Adrienne (aangenome suster van Lydia Lindeque) 322
Lindeque, Alie (tante van Lydia Lindeque) 126, 321–322, 353
Lindeque, Lydia 11, 27, 89, 180, 184, 208, 215–218, 224, 228–233, 240, 242, 245, 277–279, 299, 309–361, 372–376, 378, 380–381, 383, 388, 390–391, 396, 402, 404, 407, 409–410, 413–415, 418, 425–426, 429
Lindo, Olga 45
Lochner, J.G. 241
Lochner, Jacques 112, 140, 147, 159, 248, 377–378, 383, 386, 389–390
Lochner, Johann 11, 241
Lockwood, Harry 29
Lombard, Chris 11, 14–16, 293
Lombard, David 29, 65, 161, 422–423
Long, Geoffrey 279
Loos, Anita 159, 398

Lourens, Goegoe 336
Louw, Alida 68–71, 367, 369–370
Louw, Elise 180, 184–187, 323
Louw, Maxie 158, 385
Louw, N.P. van Wyk 15, 17, 174–175, 242, 302–303, 306, 342, 360, 377, 380, 387, 391, 413, 415, 425
Louw, W.E.G. 15, 121, 175, 380–381, 395–396, 417, 426
Lubbe, Johann 147, 149, 159, 248, 383, 386–387
M.E.R. 15, 229, 425
Maeterlinck, Maurice 268, 381, 383–384, 395, 402, 405
Magnani, Anna 352
Malan, Lucas 124
Malan, Rina 206–207, 372
Malherbe, D.F. 43–44, 143, 167, 285, 367, 374, 377, 379, 389–390, 398, 408, 412, 426
Malherbe, F.E.J. 32, 61, 76, 147, 238, 423, 426
Malherbe, Johnny 288
Malherbe, Mabel 116
Malherbe, Simon 20, 56, 366, 368
Mandela, Nelson 361
Mantel, Doreen 278
Mantel, John 309, 355, 360, 420
Marais, Anna 56, 58–61, 63, 368
Marais, J.F. (Kowie) 247, 412
Marais, Nita 206, 372
Maré, Stephanus 49, 365
Maritz, Albert 241, 429
Marx, Groucho 280
Masson, Madeleine 347–348, 396
Maugham, W. Somerset 234, 237, 375, 380
Mayo, Margaret 19
Meintjes, Johannes 356
Meiring, Lida 285, 412, 414, 416
Merrall, Mary 99
Mikro (C.H. Kühn) 121, 415
Miller, Arthur 172
Minnaar, Mercia 255–256, 389–390, 397
Miranda, Carmen 280
Mirbeau, Octave 71, 74, 118, 236, 256, 369, 373, 391

Mocke, S. Ignatius 163, 375, 383, 389–390, 396–397, 409
Molière 13, 15, 49, 166, 172, 236, 285–286, 305, 407, 409–411, 413, 417, 420
Moolman, Dora 140, 177, 243, 422
Moolman, Nico 11, 52, 176, 430
Morton, Michael 19, 39
Mostert, Dirk 256, 388, 392, 396, 419
Munnik, Marie 11, 46
Murcott, Joyce 346, 390
Murray, Marguerite (M.I.) 268, 377, 398
Mynhardt, C.F. 83, 233, 380, 391, 394–396, 399
Mynhardt, Patrick 114, 157, 163, 241, 262, 266–267, 279, 283, 299–302, 411, 417
Mynhardt, Siegfried 31, 83, 89–90, 96, 110, 132, 171, 232–233, 240, 247, 269, 272–273, 303, 317, 319, 323–324, 326, 335, 337, 346, 349, 350, 352–353, 371–373, 376, 378, 380, 393, 395, 399, 404–407, 409–410, 412–414, 420, 425, 426
Naudé, Barend en Susanna (ouers van Wena) 25, 131
Naudé, Ben 27
Naudé, Hester 25, 26
Naudé, Hugo 129, 404
Naudé, Wena 19, 21, 25–132, 142, 163, 165, 180, 189, 196, 235, 238–239, 245, 248, 267, 284, 293, 344, 356–357, 366–369, 371–373, 375–376, 378–379, 382, 384–386, 388–389, 393–396, 398–399, 402, 411–418, 420, 422–423, 426–428
Neethling-Pohl, Anna 15–16, 72, 122–124, 161, 171, 173–175, 264, 268–269, 274–276, 280, 287–288, 293, 296, 302, 342, 367, 377, 380, 383–385, 387, 389–395, 397, 400, 404–405, 408, 412–413, 415– 416, 421, 428
Neilson-Terry, Phyllis 45
Nel, Fred 276
Nel, Rudolf 266, 394, 396–397, 399
Nell, Johann 99, 161, 225–226, 254–255, 257, 266, 278–279, 282, 287, 294, 299, 356, 379, 382, 384–386, 389–392, 394, 396, 397, 399, 404, 407–408, 411–414
Neser, Regina 285, 397, 401, 403, 411

Nevin, Ethelbert Woodbridge 316
Ney, Marie 349
Niccodemi, Dario 30, 37, 118, 365–366, 369
Niemann, Roy 15, 128, 427
Niemeyer, Elsa 22, 32, 366
Nienaber, P.J. 118
Norval, James, 83, 85–86, 90–91, 97, 123, 241, 255, 279–280, 296, 298, 326, 372–373, 376–377, 380–381, 396, 404, 407, 409–411, 415–416, 418, 429
O'Neill, Eugene 259, 349
Olivier, D.P.M. 246
Olivier, Ria 99–100, 251, 253–256, 377, 379, 382, 384–386, 389, 398, 400, 412
Olsen, Eric 251, 254–256, 380, 384, 386, 388–389, 391, 394, 396
Opperman, D.J. 302
Otto, Irma 87
Owen, Stella 159, 398
Pankhurst, Emmeline 137
Partiss, Elsa 314–315
Paskman, Daily 133
Paula (skryfster) 285
Peck, Gregory 115
Penning, Peter 206, 372
Pennington, Rykie 158, 385
Percival, T. Wigney 172, 408
Percy, Edward 350
Pickford, Mary 81
Piek, Johan 215, 218–219, 333, 374–376, 378, 392
Pienaar, E.C. 139–140, 424, 426
Pienaar, genl. Jacques 51
Pienaar, Johannes (Pine) 124
Pienaar, W.J. 32, 44–45, 50, 366
Pierneef, J.H. 50, 203
Pietersen, Piet 155, 407
Pikkie van Niekerk (née Verster) 395, 399–400, 402, 406, 411
Pirandello, Luigi 122, 259, 416
Pithey, Wensley 349
Plaat-Stultjes, Jean 27, 97, 117, 119, 147, 163–164, 166, 372–376, 378, 424
Pohl, Truida 277, 383, 389, 398, 400, 402, 404, 416
Postma, D.C. 143, 146, 159

Postma, Laurika 146, 378
Postma, W. 147
Potgieter, Benn 112, 155–156, 381, 397, 405–406, 408
Preller, Gustav S. 15, 36–37, 49–50, 116, 118, 159, 203, 276, 364, 380, 383, 407, 423–424, 427
Pretorius, Emgee 306, 399, 406–408, 410
Pretorius, Mae 350
Priestley, J.B. 276, 349, 405, 407
Rabie, Jan 274, 420
Racster, Olga 317
Randall, Zoë 349, 406
Rattigan, Terence 349
Raynal, Paul 342
Rayne, Leonard 134, 136
Rebecca, West 267
Redelinghuys, Kita 123
Reinhardt, Max 352
Reitz, Bettie 215, 329–330, 333, 374–378
Retief, Bertrand 11, 126
Retief, Daan 15, 142, 170, 172, 176–177, 264, 401, 403, 405, 407, 409–411
Retief, Jim 239, 391, 398–399
Rhodes, Cecil John 96
Richter-Visser, Anna 356, 380, 384, 387, 391, 411
Rogers, Robert Cameron 316
Roland Holst, Henriette 253
Rompel, Frederik 30, 44, 53, 72, 148, 386, 423–424
Roos, Gideon 46, 268–270, 369–371, 376–377, 404
Rossouw, Cobus 16, 120, 357, 412, 415, 417–418, 421
Rossouw, Tersa 157, 397, 399, 404, 406
Rostand, Maurice 229, 334, 378
Rousseau, Thelma 258, 391–392, 394
Royaards, Willem 28, 31
Russell, Ken 130
Sagan, Leontine 256, 354
Sangiro (A.A. Pienaar) 124, 348, 403
Sardou, Victorien 89
Schach, Leonard 345, 346, 409
Schiller, Friedrich von 263, 393
Schmidt, Christophorus 328, 375

Scholtz, Gerard 14
Schoonees, P.C. 255, 421
Schumann, P.W.S. 268, 374, 377, 383, 385, 389
Schutte, Jan 264, 271–274, 404, 406, 425
Shakespeare, William 156, 171, 173, 236, 263, 269, 276, 285, 305, 344–347, 349, 360, 370, 390, 402, 404, 408, 412, 417, 421
Shaw, George Bernard 28, 94, 156, 172, 276, 300, 349, 352, 390, 406, 408
Shearer, Norma 99
Sibelius, Jean 304
Smal, Danie 19–22, 29, 34–35, 37–38, 41, 48–51, 117, 119, 366, 402, 421, 427
Smulders, Willem 89
Smuts, Bill 288
Smuts, Danie 170, 172, 286, 399, 403, 405, 410, 411–412
Smuts, genl. J.C. 64, 249
Snyman, Wilna 132, 413
Sophokles 285, 287, 305, 358, 387, 409, 412
Sorel, Mignon 169, 245–246, 368, 371–372, 381, 384, 428
Spiethoff, Walter 166, 371, 374, 392
Stander, Jan 285, 414
Stanislawski, Konstantin 254, 278
Staring, A.C.W. 31
Steenkamp, Henri 208, 212–213, 373, 376, 413
Steenkamp, Jabez 265
Stevenson, Robert Louis 376
Steyn, Fresh 112, 167, 169, 386–387
Steyn, Fritz 114, 387, 389, 392–393, 397, 401
Steyn, J.C. 175, 230
Steyn, Louis 107–108, 110–111, 388, 393–395
Steynberg, Coert 303
Steytler, Herman 22, 32, 366, 376–380, 385, 393, 407–408, 410
Strindberg, August 174, 176, 398, 408, 417–418
Styger, Paula 99–100, 231, 242, 248–257, 264, 299, 380–381, 383, 386, 389, 392, 394, 396–397, 405, 421–422, 427

Sudermann, Hermann 29, 34, 117–118, 366, 368, 375, 381, 390
Swaffer, Hannen 237
Swanepoel, Blinde 113–114, 397
Swanepoel, OK 114
Swart, Francois 123
Swemmer, Arthur 248
Talmadge, Norma 29
Tesner, Freda 225, 392
Theron, Frank 350
Theron, Lina 158, 385
Theron, Schalk 157, 274, 407–408
Theunissen, Philip 102, 378
Thomas, Brandon 158, 364, 383, 407
Tree, Herbert Beerbohm 74
Trichardt, Carel 132, 412, 416
Tsjaikowski, Piotr Iljitsj 304
Tsjechof, Anton 347, 349, 352
Tucker, Percy 160, 349
Turner, Lana 128
Turner, Michael R. 316
Uys, Cor 155–158
Uys, G.J.C. (Johannes) 156, 394
Uys, Pieter-Dirk 110
Uys, Pikkie 97, 115, 155–158, 162, 293, 379, 382, 384, 386, 388–391, 403, 405, 408, 411, 427, 430
Vale, Martin 242, 383
Van Alphen, Hieronymus 31
Van Blerk, Charl J. 239, 377–378
Van Bruggen, J.R.L. 159, 383
Van Bruggen, Jochem 15, 158, 199, 202–208, 220–227, 372, 374, 392
Van den Berg, Enone 171
Van den Bergh, Gert 157, 171, 394–397, 400, 404–405, 408
Van der Hoven, Eghard 11, 13, 17, 62, 90, 95, 104, 142, 161, 163–164, 166, 169–170, 172, 276, 285, 361, 363, 396–397, 400–401, 403, 405, 409–414, 422–426
Van der Merwe, Dewald 215–216, 331, 334, 374–378, 380
Van der Merwe, J. Nel 175, 380, 390, 413
Van der Merwe, Johan 14
Van der Post, Johan 157
Van der Spuy, Elise 269, 405

Van der Walt, Dawid 132, 406, 410–411, 413, 417–418
Van der Walt, Jan 20, 366
Van der Walt, Johannes 160
Van der Westhuizen, Jacobus 158, 385
Van der Westhuizen, Jaco 126, 401, 411–413
Van Druten, John 267, 399, 405, 411
Van Ees, Jan 66, 70, 118, 368, 375, 399
Van Gelder, Max 29
Van Heerden, Petronella 175
Van Hulzen, Joop 352–354
Van Leer, Bernard 255
Van Niekerk, Dolf 11, 15, 162, 292, 415
Van Niekerk, J.C.B. 98
Van Niekerk, Japie 107–110, 114–115, 368, 388, 393–396, 398–400, 402–403, 406–409, 411, 415, 430
Van Niekerk, Marie 20
Van Niekerk, Pikkie (née Verster) 115–116
Van Nouhuijs, W.G. 97, 100, 238, 371, 379
Van Reenen, Rykie 15, 289–292
Van Renen, Victor 112–114
Van Rensburg, Louis 339
Van Rensburg, Willie 130
Van Riebeeck, Jan 172, 280–281, 356, 375, 425
Van Rooyen, Betsie 274
Van Rooyen, F. 21
Van Rooyen, Fred 142
Van Rooyen, Hentie 170–171, 399, 404, 407, 409, 429
Van Rooyen, Nico 225, 335
Van Rooyen, Ockie 165, 289, 292, 294–295, 414
Van Schaik, A. 22, 366
Van Schaik, J.L. 118
Van Schoor, A.M. 57, 62, 217, 219, 226, 240, 243–245, 261–262, 264, 266–267, 269–270, 274, 277, 279–280, 283, 287, 289, 296, 298–299, 301, 335, 422, 428
Van Staden, Sophie 227
Van Wijk, Suzanne 14
Van Wyk, Carl 158, 385
Van Wyk, Henri 71–73, 76, 180, 182–194, 208, 211, 264, 281–284, 299, 323–324,

369–374, 376–377, 384, 386, 388, 394, 396–397, 399, 416, 423, 425, 427
Van Zyl, Jan 89
Van Zyl, Joan 285
Van Zyl, Koos (Anton Ackermann) 156
Van Zyl, Nilo 88, 95, 98, 107, 113, 124, 130, 132, 142, 388, 406, 410–411, 416
Van Zyl, Willem 83, 85–92, 95, 97–98, 105–107, 109, 130, 155, 369, 371–373, 375–376, 379, 381–382, 384, 386, 388–389, 392, 400, 410, 417–418, 425–426
Vanne, Marda 125, 173, 277–279, 344, 347, 349, 390, 406, 409
Veiller, Bayard 82, 371
Venter, Albie 249, 255, 298, 301, 427
Venter, Johannes 158, 385
Verdoorn, Len 287, 412
Verheyen, Anton 29, 67–68, 97, 236, 368–371, 382–384, 428
Verkade, Eduard 28–29
Verster, Gerty 116
Verwey, Louw 172, 409–412, 416
Viljoen, D.W. 46

Visser, C.F. 53, 379
Vondel, Joost van den 31, 66–68, 348, 369
Vorster, Mauritz H. 11, 268
Walters, Bob 89, 373
Wassenaar, Theo 44, 387, 412
Watteau, Jean Antoine 346
Weissmuller, Johnny 114
Weitsz, B.B 19
Welman, Dan 279, 306, 407–410
Wessels, Gerrit 346
West, Rebecca 267, 399
Weyers, Marius 132, 416–417
Wietfeldt, Willy 89
Wiid, Stienie 89
Wilbur, Crane 256, 391
Wilder, Thornton 285
Williams, Emlyn 234, 256, 381
Wilmot, Otto 11, 110, 112–114, 164–165, 277, 395, 397, 403, 422, 430
Worst, G. 87–88
Wright, Marjorie 288
Wyman, Jane 295
Ziervogel, Anna 248, 383

Register van titels

Absalom, my seun! 113, 261–262, 264, 394
Actor prepares, An 254
Adam in ballingschap 67–68, 369
Affaires sont les affaires, Les (kyk ook Besigheid is besigheid) 71, 236, 369, 373
Afrikaner-harte 49, 365
Agter geslote deure 167, 390
Agterstevoorboerdery 158
Ai, die liewe Martha! 174, 175, 413
Aïda 352, 353
Alexandra 29
Altyd my liefste 276, 277, 404
Ampie 96, 199–208, 213, 214, 215–227, 228, 244, 252, 259, 289, 328, 329, 330, 372, 374, 392, 425, 429
André Huguenet 57–58, 62, 217, 219, 226, 240, 261–262, 264, 266–267, 269–271, 274–275, 279–281, 283, 287, 289–292, 296–297, 298–299, 301–302, 335–336.
Anna Christie 259
Antony and Cleopatra 355
Arend, Die 354
As 'n boerenooientjie liefhet 113
As mans huishou 55, 66–67, 69, 72, 110, 118, 142, 143, 368, 375, 399
As mure kan praat 256, 391
As ons twee eers getroud is 172, 410
Belinda is doofstom 165, 285, 289, 290, 294, 414
Besigheid is besigheid 71–76, 96, 118, 142, 180, 326–328, 369, 373
Bill of divorcement, A 237
Blare wat val 285, 397, 403, 411
Bodemvast 97
Boland! 126
Bolandse nooientjie 102, 394
Bourgeois gentilhomme, Le (De nieuwbakken edelman) 166
Boy from Bethulie 299–300
Brief van 'n blinde moeder, Die 166, 372
Briewe van tant Magrieta 271

Brug op ons plaas, Die 102, 105–109, 388
Bruidjie Dit en Bruidjie Dot 121, 174, 415
Bruidskool, Die 13
Bubbles and Squeak 258
Burgemeester van Slaplaagte, Die 158
Business is business (Besigheid is besigheid) 74
By die ou meulstroom 98–102, 248, 293, 386
Candida 172
Cat and the fiddle, The 258
Children of paradise (Les enfants du paradis) 346
Cocktail party, The 285
Copacabana 280
Corn is green, The 256
Curtain up! 317
Daar kom tant Alie 126
Dame met die kamelias, Die 264
Death of a salesman 172
Deugniet en korrelkop 160, 387
Deur sy afgod verpletter 170, 404
Die lewe wat ek jou gegee het 123
Dieper reg, Die 306, 387
Dit is weer lente 102
Dodedans 174, 176, 417
Dolle Hans (kyk ook Mal Hans) 208–214, 373
Doll's house, A (kyk ook Geleende geld) 118, 371
Doodvonnis, Die 96, 143, 234, 240, 245, 336
Dracula 97, 381
Du Plooys van Soetmelksvlei, Die 271
Duiwelsvrou, Die 166
Eagle has two heads, The (kyk ook Die arend) 354
East Lynne 163, 166, 373, 405
Eerloos 163, 371, 379
Ek het 'n man vermoor 96, 102, 163, 229, 245, 248, 334–336, 378
Ek onthou vir Mamma 122, 130, 142, 174, 405, 411
Ek sal opstaan 174
Elckerlijc 67, 368

Elke duim 'n koning 299
Elke hart het sy smart 97
En waar was jy gisteraand? 172, 409
Enfants du paradis, Les (Children of paradise) 346
Erasmus 20, 118, 365, 376, 380, 388, 396, 397, 400, 418
Et dukkehjem (kyk ook Geleende geld) 118, 371
Eustagius 236
Fatal letter, The 29
Felix, jij en ik (kyk ook As mans huishou) 53, 66, 118, 368, 375, 399
Fourposter, The 285
G'n proteas vir Cleopatra 277–279, 299, 309–341, 343–345, 347–348, 350–356, 358, 360
Galgtou 265–267, 399
Gaslight (kyk ook Galgtou) 265, 396
Gebroke drade 159, 383
Gee terug my kindjie 285, 414
Gek van Boedapest, Die (kyk ook Die verterende vuur) 172, 407
Geleende geld (Et dukkehjem, Poppehuis) 96, 118, 183, 185–195, 197–199, 371
Geleende vere 262–265, 293, 397
Gem of the Karoo 174
Generaal de Wet 159–160, 386
Genoveva 96, 215, 228, 234, 235, 236, 238, 328–331, 375
Gerieflike huwelik, 'n 68–71, 82, 118, 142, 369
Germanicus 342, 360, 413
Gevaarlike huwelik 96, 242–243, 245, 248–249, 336, 383
Giftige omhelsing, Die 169, 401
Gijsbrecht van Aemstel 31
Goeie oue tyd, Die 157
Goudvischje, Het 97
Goue seun, Die 358
Grumpy (kyk ook Oupa Brompie) 172, 408
Haar egskeiding 96, 228–233, 234, 245, 248, 250, 251, 344, 380
Haar man se geheim 143
Haar thuis (kyk ook Huistoe) 29, 366, 368
Haar twee seuns 110, 395, 399
Haar tweede man 53, 96, 118, 180–182, 183, 185, 190, 296, 370, 397

Hamlet 29, 47, 55, 180, 268–275, 276, 280, 293, 299, 303, 305, 370, 404
Hand van die gereg, Die 156, 157, 169, 384, 401, 428
Hans die skipper 129, 143, 167, 285
Hantie kom huistoe 268
Hassan 276, 277–280, 356, 407
Hedda Gabler 29, 352
Heilige vlam, Die 96, 234, 380
Heimat 36, 117, 118, 366, 368, 375
Heks, Die 21–22, 32–33, 34, 40, 117, 139, 366, 367, 370, 384, 393
Hele dorp skinder, Die 159, 398
Hele dorp weet, Die 174
Helshoogte 259–261, 394
Hier kom Japie 156
Hoop van Suid-Afrika, Die 19, 364
Huistoe 19, 22, 34–37, 38, 39, 40, 50, 51–65, 66, 117, 118, 129, 142, 143, 366, 368, 375, 428
Iepekonders 49, 285, 286, 300, 411
In die kloue van Satan 166, 234, 376, 380
In die maalstroom 158
In die vroegte – herinneringe en refleksies 115
In die wagkamer 166, 383, 385
Inbreker, Die 70
Inspector calls, An 276, 405
Inspekteur-generaal, Die 115
Is jy 'n bokryer? 168, 256–258, 392, 420, 425
Jaar van die Vuuros, Die 172
Jakkalsdraai se mense 126
Jakob en Esau 114
Janet 130, 157
Janie gooi haar flikkers 156
Jazz Singer, The 326
Johannes van Wyk 96, 97, 228, 333, 334, 376
Johannesburg by nag 112, 395
Johnny Belinda (kyk ook Belinda is doofstom) 295, 414
Joseph in Dothan 67
Journey's end 326
Julienne (kyk ook By die ou meulstroom) 99, 386
Just the ticket! 160
Katrientjie 159, 398
King Lear 285

King Oedipus 285, 287
Klein lagduiweltjie 98, 379
Kleine Komödie, Die (kyk ook *Geleende vere*) 262, 397
Klim van die oostoring, Die 115
Koning Oidipus 287, 305, 387, 409, 412
Koop my blomme 156-157, 390, 391, 428
Koopman van Venesië, Die 173, 408, 412
Koopman van Venetië 29
Kwaksalwer, Die 248, 251-255, 293, 389, 407
Kwart voor dagbreek 162, 292, 415
Ladies in retirement (kyk ook *Die rooi pruik*) 350-353, 393
Lanseloet ende Sanderijn 67, 371, 382
Lanseloet van Denemarken 28
Lenie 22, 31, 365, 366
Leontientje (kyk ook *By die ou meulstroom*) 99
Levend dood (kyk ook *Haar tweede man*) 118, 370, 397
Lewe wat ek jou gegee het, Die 122-124, 174, 416
Lie, The (kyk ook *As 'n boerenooientjie liefhet*) 113, 395
Liefste Madelein 126
Lig van 'n eeu 174
Little bit of fluff, A 19
Long walk to freedom 361
Macbeth 171, 276, 280, 289, 293, 306, 408
Madam X (kyk ook *Waar vergiffenis kon red*) 128
Madama Butterfly 119
Madame sans-gêne (kyk ook *Napoleon se wasvrou*) 89, 373
Mädchen in uniform 354
Mademoiselle 347, 405
Magdalena Retief 337-341, 388
Mal Hans 96, 163, 208-214, 215, 244, 328, 333, 373
Man in die donker 174
Man zonder hart, De 97
Mariage de convenance, Un (kyk ook *Gerieflike huwelik*) 68, 118
Martjie die maltrap 156
Medea 358-360, 415
Merchant of Venice, The 173, 408, 412

Met die waters wat verby is (*Die hand van die gereg* / *Die giftige omhelsing*) 169, 170, 401
Mev. Warren's bedrijf 28
Minna von Barnhelm (kyk ook *Altyd my liefste*) 277, 404
Minnaar onder die wapen 276, 406
Misdade van die vaders 163
Moederliefde 143, 375
Moederloos 163, 166, 375, 386
Moedertjie 166, 258
Moleste met die buurman 169, 400
Mr Cinders 258
Mrs Warren's profession 352, 353, 354
My broer se bril 124
My fair lady 156
My hartbeeshuisie 102, 110, 113, 395
Nag het die wind gebring 171, 276, 400, 405
Na-oes 285, 410
Napoleon se wasvrou 89, 373
Nieuwbakken edelman, De 166
Night must fall 234-236, 238, 256, 381
No, no Nanette 59
Nommer, asseblief! 115
Noodlotskind 341-343, 391
O Boereplaas 102
Oedipus Rex 288, 387, 409, 410
Omslagtige tant Lenie, Die 26
Ongeluksvoël, Die 158, 378, 385
Onskuldig veroordeel 82-83, 97, 142, 371
Onsterflike liefde 156
Oom Gawerjal se dogters en die stemregkoors 20, 21, 45, 56, 136-140, 366
Oom Kaspaas en die All Blacks 155, 407
Oom Paul 96, 142-154, 167, 378
Oorskotjie 19, 22, 27, 32, 34, 37-45, 69, 76-82, 117, 118, 125, 129, 142, 245, 366, 369, 379, 382, 428
Op hoop van seën 121-122, 128, 415, 416
Ou liefde roes nie 97
Ouderling, Die 238
Oud-Heidelberg 28
Oupa Brompie 172, 408
Our town 285
Ousus 238, 380, 383
Out of Africa 361
Outsider, The 248, 389, 407

Overschotje (kyk ook *Oorskotjie*) 30
Pantoffelregering, Die 157
Parlour song book, The 316
Peggy-my-kind 143, 375
People are living there 227, 360
Piet se tante 118, 158, 257, 383, 407
Pinkie 255, 394
Pinkie se erfenis 255
Pluimsaad waai ver, Die 174, 175, 416
Pollie ons gaan Pêrel toe 155
Poppehuis 183, 236, 312, 371
Poppenhuis 28, 371
Portrette, private dele & kanttekeninge 343
Prisoner, The 265, 285, 289, 302, 306, 415
Private sekretaris, Die 159
Proposal, The 352
Pygmalion 156, 390
Quality street 345
Rechte lijn, De 268, 376
Remnant (kyk ook *Oorskotjie*) 39
Return of the soldier, The (kyk ook *Vergewe en vergeet*) 267, 399
Romeo en Julia 28
Rooi pruik, Die 350, 353
Rope dancers, The 360, 414
Rosary, The (kyk ook *Die rosekrans*) 236, 317
Rosekrans, Die 163, 208, 315–326, 372, 406
Ryk weduwee, Die 125, 174, 356–358, 411
Sacred flame, The (kyk ook *Die heilige vlam*) 234, 237, 375, 380
Satansloon 255, 396
Saul 32, 50, 366
Scampolo (kyk ook *Oorskotjie*) 118, 365, 366, 369
Servant of God 347, 348–349, 396
Silver king, The (kyk ook *Die silwer koning*) 94, 373
Silwer Hare tussen Goud 155
Silwer koning, Die 94, 97, 119, 142, 373
Simon Beyers 155, 157
Sister Beatrice 268
Six characters in search of an author 259
Skaakbord van die liefde 155, 405
Skelmstreke van Jakhals 167
Skerpioen, Die 157, 238, 246
Skone geslag, Die 159, 401

Skuld en boete 167
Smilin' through (kyk ook *By die ou meulstroom*) 99
Soldaat 342, 389
Spoke 170, 276–277, 404
Spore in die modder 174
Staking in Hollywood 245, 384
Stiefkind van die Skepper 170, 403
Stille haard, Die (kyk ook *Moleste met die buurman*) 169, 399, 400, 402
Stranger within, The (kyk ook *As mure kon praat*) 256, 391
Streamline 258
Swart adelaar, Die 114, 392, 397
Swart hand, Die 96, 228, 234, 378
Swerwer, Die 143
Tamboere in die nag 246–248
Tartuffe 285, 410, 418
Teken van die kruis, Die 166, 376
Third party risk (kyk ook *En waar was jy gisteraand?*) 172, 409
Treine 236, 239, 377
Trek op die skerm 27, 309, 337
Trou is nie perdekoop nie 170, 405
Tussen die tuine 159, 390, 392, 408
Twee lampe, Die 286
Tweede Grieta, Die 255–256, 389
Twelfth night 344–347, 349, 350, 390
Twin beds 19
Twisappel, Die 13, 174, 411
Uur van vergelding, Die 83–86, 87, 97, 142, 372
Vabond, Die 245, 381
Vadertjie Langbeen 97, 377
Van Riet van Rietfontein 98, 370, 372, 378
Verborge sonde 233, 234, 376
Vergewe en vergeet 267, 399
Verlore siel, Die 97, 376
Vermiste getuie, Die 168, 389
Verstoteling, Die 97, 156, 375, 403
Verterende vuur, Die 155, 172, 400, 402, 407
Vlindertjie gewond 119, 402
Voortrekkers, De 63
Vrou van Suid-Afrika, Die 19, 364
Waar vergiffenis kon red 128, 130, 396, 406
Wania 166, 374

Wat God verenig het 246, 386
Wêreld die draai, Die 135, 143
Whole town's talking, The 159, 398
Wie is wie? 90, 142, 373
Wild violets 258
Wildsboudjie, Die 114, 392, 393, 397
Wit perde van Rosmersholm, Die 120, 174, 285, 379, 412
Within the law (kyk ook *Onskuldig veroordeel*) 82, 371
Woman to woman (kyk ook *Die brug op ons plaas*) 19, 105–109, 136
Wonderland van Kammie Kramer, Die 174
Wuthering heights (kyk ook *Helshoogte*) 259, 394
You never can tell 300
Zaken zijn zaken (kyk ook *Besigheid is besigheid*) 118, 369, 373

Saakregister

administrasie
  sekretaresse 117, 165, 170–171
  toneelbestuurder 231, 232, 356
African Theatres 19, 29, 42, 50–51, 117, 137, 220, 231–232, 259, 287
Afrikaanse beroepstoneel 14, 19–23, 31, 32, 49, 97, 116–117, 133, 173, 178, 243, 284, 296, 365, 367, 402, 425, 427
Afrikaanse Toneelgeselskap, Die 81, 82, 86, 369, 371–372
Afrikaanse Toneelspelers, Die 23, 138–140, 366
Akademie vir Dramakuns (A.D.K.) 14, 404
akteursbystand 132
amateurtoneel 14, 19–20, 22, 31, 36, 37, 45, 46, 49, 97, 103, 110, 119, 136, 137, 206, 340, 363, 364, 384, 387, 388, 413, 422
Anglo-Boereoorlog (Tweede Vryheidsoorlog) 116, 135, 255
ballet 155, 258, 298, 354
bekronings, toekennings en pryse 11, 14, 119, 122, 125, 169, 172, 275, 337, 356, 359, 399, 404, 411, 421, 427
beligting 14, 15, 65, 78, 79, 181, 214, 243, 275, 305, 314, 350, 351
beroepstoneelgeselskappe 19–23, 32, 39–40, 45–47, 53, 54, 69–70, 81, 101, 103, 104, 109, 110, 115, 118, 136, 137, 155, 161, 163, 164, 166, 170, 174, 181, 198, 229, 236, 241, 243, 245, 247, 250, 284, 285, 293, 297, 298, 363, 365
  Britse 19, 42, 59, 69
  buitelandse 54
  Nederlandse 29, 67, 326
  skeurings 76, 96, 142, 155, 156
  Vlaamse 246
Betsjoeanaland (Botswana) 181
blyspele 66, 69, 97, 99, 121, 257, 262–264
Britse teater 42, 156, 279
Bybeldramas 32, 67, 114
DALRO (Dramatiese, Artistieke en Letterkundige Regte-organisasie) 269

dekor 22, 33, 54, 56, 67, 72, 90, 93, 138, 144, 149, 156, 158, 161, 167–169, 181, 201, 205, 231, 244, 249, 256, 262, 269, 270, 274, 279, 282–283, 293, 327, 339–340, 352–354, 422, 429
diere
  donkie 199, 201–203, 208, 215–221, 224, 226, 330
  insekte 65, 79–80, 83
  padda 174
  skilpaaie 92
  slange 157, 355
  steenbokkie 329–331
dissipline 14, 141, 151, 156, 187, 240–242
  kleredrag 151, 221
dramas 20, 32–33, 67, 74, 83, 107, 121, 135, 138, 143, 159, 167, 170, 172, 183, 206, 208, 210–212, 220–221, 228, 236–237, 239, 244–248, 252, 266–267, 270, 285–286, 293, 299, 304, 357, 400, 421
dramaturge 16, 94, 110, 162, 167, 206, 292, 349
eerste opvoerings 20–23, 31, 38, 47, 49, 58, 62, 99, 105, 108, 113, 117, 120, 146, 156, 158, 167, 200–208, 212–213, 220, 239, 246, 277–278, 296, 305, 318–319, 337–341, 342, 344, 351, 359
eerste rol 26, 28, 32, 56, 83, 112, 135, 166, 250, 316, 320, 344
eerste toneelervaring 13, 45, 128, 134, 154, 160, 163, 422
Eerste Wêreldoorlog 31
Egiptiese teater 350–354, 426
egskeiding 38, 83, 84, 96, 124, 130, 166, 228–231, 234, 245, 248, 250, 251, 296, 336, 344, 360, 380, 425
etes 19, 47, 57, 59–61, 63, 90–95, 165, 177, 247, 265, 316, 332–333, 335
F.A.K. 235, 384
finansies 19, 50–51, 59, 62–64, 69–75, 81, 91–95, 100, 104, 107–108, 119, 122, 124–125, 132, 137, 140, 157–158, 173, 178,

181, 214, 240, 249, 267–268, 276, 283, 301, 305, 315, 325, 328, 338, 349, 358, 425
vermaaklikheidsbelasting 104–105, 290, 424, 426
fopdossery 257–258
gehoor 14, 17, 20, 30–31, 33, 35–36, 44–45, 53, 55–56, 63, 79, 81, 86, 102–103, 106–107, 109, 115, 120–121, 124, 129, 137–138, 140, 149, 151–154, 160, 163–164, 172, 189, 195–198, 201–203, 205–206, 210–214, 218, 223, 225, 228–230, 242–243, 245, 247–248, 254, 257–258, 261, 265, 270, 273, 277, 280, 283, 286, 288–289, 294–295, 303, 305, 311, 316, 344–347, 349, 351, 387
  gelag 53, 107, 120, 140, 196, 202–203, 205, 207, 220, 223, 225–226, 242–243, 254, 284
  grootte van 31, 44, 49–50, 59–63, 67, 81, 112, 124, 138, 154, 159, 169, 181, 279
  kinders en babas 60, 89, 253–254, 262, 327
  reaksie van 47, 64, 66, 76, 84
Geloftefees 26, 63–64, 136, 238
gereg
  botsings met 283, 425, 429
  hofverskynings 233, 240, 281–283, 289–291
  polisie 62, 65, 82, 93, 144, 150, 197, 249, 262, 282, 283, 289
geskenke 87, 145, 153–154, 215
godsdiens 88, 131, 241, 303, 310, 429
  besware 60, 263
  kerkbywoning 59–60, 141, 166, 182, 186, 188–189, 240–241, 303
  predikante, ondersteuning van 31, 81–82, 89, 164, 170, 240, 425, 428, 429
grammofoon 58, 91, 195, 228
  opnames 234, 247–248
Griekse drama 228, 285–288, 305, 347, 358, 387, 409, 410
grimering 22, 37, 80, 82, 86, 98, 118, 124, 142, 143–145, 153, 154, 157, 162, 163, 166, 194, 200–201, 204, 265, 288, 293, 297, 312, 318, 319, 340

baard 145, 159, 181, 261
hare 82, 120, 201, 261
pruike 39, 42, 58, 70, 80, 87, 98, 120, 145, 214, 272–273, 281, 352, 427
Helpmekaargeselskap 158, 378, 383, 384, 385, 392, 394, 398, 401, 423
Helpmekaarvereniging 51, 365, 367
homoseksualiteit 142, 274, 298–300
huldigings 15, 51, 57, 78, 90, 117, 121, 150, 173, 176, 264, 285, 301, 337, 361, 421
huwelik 86, 88, 96, 116, 124, 130, 131, 136, 147, 156, 157, 178, 246, 259, 295, 298, 299, 336, 339, 355, 356, 358, 360, 425, 427
Italiaanse teater 352
Johannesburgse Afrikaanse Amateurspelers (J.A.A.T.S.) 274
jong spelers 27, 53, 70, 72, 73, 74, 83, 122, 127, 141, 153, 182, 266, 284, 286, 295, 299, 323
Jongspan (Hanekoms se) 170
Kaapstadse Afrikaanse Toneelvereniging (K.A.T.) 276, 377, 378
kabaret 29
karakterspelers 91, 99, 250, 341
kinders
  kinderervaring van toneelspelers 25–26, 133–134, 179, 249, 309–313, 320–321
  kinders as spelers 107, 188–191, 195, 328–330
  kinders van toneelspelers 11, 21, 57, 60, 61, 88, 95, 98, 107, 113, 124, 130, 132, 138, 141, 142, 170, 172, 226, 227, 337, 341, 349, 353, 355, 357, 358, 361, 411, 412, 413
  programme vir kinders 51, 89, 427
klugspel 20, 67, 138, 203, 220, 258
Koffiehuis 29, 103, 236
komediante 91, 116, 129, 280
komedie 32, 43, 89, 90, 121, 203, 224, 226, 263, 273, 356
kostumering 69, 144–145, 174, 262, 288, 305, 328, 333, 354, 370
kostuumontwerp 279
KRUIK 119, 121, 126, 415
kunswedstryde 46, 53

laaste opvoering
  van speelvak 50, 272, 326, 328
  van speler 97, 172, 174, 176, 268, 288, 342, 358
mallemeule 60, 155
Maskerspelers, Die 350, 426
melodrama 94, 100, 128, 156, 180, 234
menseverhoudings 294
  geweld 75, 142, 190, 232, 261, 284, 290, 299, 324
  jaloesie 16, 187, 193, 299, 323, 325, 337
  kameraderie 17, 56, 58, 59, 62, 64, 75, 325
  karaktereienskappe 65, 74, 89–90, 96, 100, 116, 119, 125, 128, 130–131, 134, 156, 158, 164, 166, 167, 173, 174–179, 185, 252, 266, 268, 271, 281, 301–304, 322, 353, 359–361
  liefde 58, 65, 68–69, 86, 88, 96, 147, 173, 178, 186, 191, 193, 196, 208, 241, 323–324, 336
  onmin 39, 42, 58, 59, 75, 76, 100, 101, 120, 140–142, 156, 186, 188–193, 195, 196, 198–199, 226–227, 265, 284, 300, 326, 336, 338, 344, 347, 357, 358, 428
  selfbeeld van toneellui 252, 253, 278, 280, 294, 295, 296, 304
  siekte 95, 172, 197
  vriendskap 64, 88, 114, 141, 168, 182, 183, 198, 251, 265, 323
meubels en rekwisiete 33, 54, 55, 115, 144, 161, 162, 165, 217–218, 231, 422, 430
musiek 41, 75, 88, 107, 155, 169, 206, 243, 258, 297, 316
  grammofoon 196
musiekblyspele 156, 258
naaktheid op die verhoog 130
Nasionale Afrikaanse Letterkundige Museum en Navorsingsentrum (NALN) 21, 22, 27, 58, 63, 71, 78, 96, 102, 119, 136, 167, 170, 208, 248, 250, 251, 254, 257, 258, 267, 268, 419, 420, 421, 422, 428, 429
Nasionale Toneelbiblioteek, Bloemfontein 256, 262, 420
Nasionale Toneelorganisasie (N.T.O.) 14, 49, 119, 120, 125, 157, 170, 171, 172, 276, 277, 287, 288, 297, 300, 305, 342, 345, 356, 357, 388, 404

natuur 199, 356, 361
Nederlandse toneel 28–29, 66–67, 100
opdragstukke 135
openingsaande 62, 120, 167, 200, 206, 253, 256, 277, 295, 296, 318, 338–341, 342, 344
openingstoneel 146, 201, 209, 261, 336, 339, 353
opvoer- en ander regte 69, 233, 235, 238
opvoering
  buiging 13, 15, 41, 64, 121, 182
  pouse 102, 127, 138, 206, 210, 330, 333, 343
  toneelwisseling 201, 205, 210, 338
  verloop van 13, 37, 39, 64, 67, 75–76, 84–86, 105–109, 138, 147, 167, 181, 203, 207–208, 224, 256, 263, 269–275, 277, 279–280, 288, 324, 335, 351, 352, 356
opvoerings
  kansellasie van 105, 108, 150, 226, 253
opvoeringslisensie 104, 150
oudisie 35, 37, 241
ouers 25–28, 46, 57, 60, 74, 95, 101, 105–106, 113, 115, 124, 130–132, 133–136, 138, 177, 179, 188, 190, 233, 241, 249, 251, 262, 264, 268, 276, 285, 292, 299, 303–305, 309–316, 320–322, 337, 353
  invloed van 26, 73–74, 83, 133–134, 179, 250–251, 295, 298, 303, 311–313, 321
Oulike Nooientjiesorkes 52, 170, 399
outobiografiese geskrifte 15, 25, 27, 136, 160, 267, 268, 271, 285, 299, 342, 360, 421
plekbesprekings 44, 60, 62, 63, 105, 108, 160, 169, 253
politiek 64, 135, 159, 258, 412
poswese 268, 429
Pretoria-eeufees 287
programme 21, 30, 51, 53, 104, 131, 139, 212, 213, 267, 294
publiek 30, 31, 32, 33, 40–41, 45, 64, 67, 78, 84–86, 90, 94, 105–107, 121, 125, 146, 155, 164, 200, 203, 205–207, 212, 214–217, 219–220, 223–225, 230, 234–239, 242, 245, 254, 259, 264, 267, 280, 304–306, 314, 318, 324, 331–332, 341–342, 347–348
  houding van 30, 63, 106

radio 13, 176, 177, 247, 268, 292, 296, 337, 348, 421
    radiodramas 13, 119, 131, 246–247, 259, 264, 296–297, 425, 428
    vervolgverhale 14, 248, 271
realisme 28, 76, 210, 260–261
Rebellie 31, 51
Reddingsdaadbond 167, 384
regie 12, 14, 22, 115, 118, 120, 148, 157, 171, 175, 221, 256, 259, 268, 277, 285, 287, 342, 343, 344, 352, 356
    despotiese regisseur, 278, 360
    regisseurs 14, 15, 49, 56, 119, 124, 158, 200, 206, 209, 210, 224, 255, 269, 287, 288, 293, 305, 352, 353, 358
reise 21–23, 28, 47, 50, 53–55, 58, 63, 66, 67, 69, 70, 75, 102, 104, 138, 151–154, 157, 167, 170, 174, 182–183, 214, 260, 285, 298, 305, 322
    busbestuurders 95, 184, 185, 196
    einde van 63–64, 71, 177, 199, 214, 256, 325
    etes 57, 58
    onthale 87, 166, 197, 265, 304, 319, 335, 336, 338, 353
    oorsese reise 28, 29, 96, 97–98, 199, 246, 248, 304, 305, 316, 325, 326
    per bus 75, 95, 113, 141, 147, 151, 180, 181, 184, 243, 251, 318, 323, 332
    per motor 60, 63, 67, 90, 100, 112, 164, 323
    per skip 97, 100, 326
    per trein 57, 59, 60, 137, 138, 231, 232, 316, 345
    per vragmotor 164
    reisplanne 22, 44, 102, 107, 110, 291, 293, 315
    teenspoed 157, 158, 191, 199, 328
    toestande 74, 97, 158, 183, 221, 243, 297–298, 319, 323, 352
reklame 42, 54, 59, 60, 62, 63, 65, 69, 117, 147, 167, 169, 170, 180, 219, 221, 233, 240, 300, 328, 329, 337, 369, 423, 424
    aanplakbiljette 45, 243, 317
    advertensieborde 224
    foto's 15

pamflette en brosjures 69, 112, 119, 221, 258
plakkate 45, 60, 69, 107–108, 112, 131, 189, 219, 262
plakkate en klokke 217
plekbespreking 197, 198
reklameset 44, 65
reklamestukke 45, 49, 64, 156, 167, 208, 257
reklametekste 107, 155–157, 245, 363
strooibiljette 49, 64, 117, 255, 262, 294, 311, 336
Repertory Players 259
repetisies 15, 34, 36–38, 55–56, 61, 66, 73, 76, 100, 123, 173, 185–189, 197, 208–212, 215, 231, 252, 256, 260, 269–270, 273, 277–278, 287–288, 296, 304, 315–318, 330, 337–340, 342, 343, 347, 352, 355, 356
    kleedrepetisie 56, 269, 279, 288, 338, 340, 352
resensies en kritiek 15, 31, 36, 39–41, 43–44, 80, 82, 86, 98, 106, 120, 140, 148, 159, 203–207, 212–213, 224, 226, 236–239, 242, 258, 268, 334, 340, 341, 355, 363, 423
Rhodesië (Zimbabwe) 96
rillers 235, 265, 350
rolbesetting 22, 31, 32, 36, 39, 44, 66, 72, 73, 147, 158, 171, 208, 213, 215, 224, 248, 266, 286, 363, 370
rolprente/films 15, 29, 63, 96, 97, 99, 119, 122, 124, 125, 126, 127, 129, 130, 131, 143, 155, 156, 157, 166, 174, 186, 239, 244, 255, 258, 280, 285, 286, 298, 346, 354, 420
SASVIA 98
selfmoord 302, 335
siekte 60, 95, 105, 110, 115, 129, 131, 157, 162, 172–173, 190, 192, 195, 197–198, 246, 249, 254–255, 276, 337, 348, 353, 355
beserings 66, 157, 214, 270, 295
sirkus 42, 61, 68, 77
skerms 71, 72, 87, 88, 103, 138, 200, 201, 206, 207, 215, 216, 217, 223, 224, 231, 244, 264, 272, 275, 293, 296, 318, 340, 343, 351

skoolhoofde 79, 152, 153, 155
  invloed van 31, 79, 152, 170, 425
skrywers 15, 33, 53, 82, 118, 128, 137, 146,
  148, 169, 200, 213, 256, 264, 265, 271,
  274, 292, 306, 314, 356
souffleur 109, 206, 269, 286
souffleuse 276, 277
speelvak 107, 122, 124, 274, 278, 363
spel 216
  afgaan van verhoog 128, 191, 228, 288,
    295
  bewegings 37, 109, 120, 123, 142, 204,
    242, 278, 281, 335, 354
  binnekoms 34, 35, 53, 56, 70, 82, 86, 100,
    103, 109, 123, 137, 146, 148, 153, 159,
    181, 211, 218, 228, 273, 280, 327, 353
  doeblering 86, 169, 193, 216, 256
  fisieke voorkoms 35, 115, 204, 205, 288,
    329
  flaters 15, 38, 47, 64, 71, 82, 109, 159, 176,
    190, 197, 272, 277, 279-280, 283, 336
  gebare 28, 37, 40, 123, 139, 242, 269, 274,
    288, 289-292, 293, 296, 297
  gekskeerdery 83, 123, 133, 222
  illusie 32, 33, 86, 145, 149, 153, 215, 270
  improvisasie 109, 159, 202, 280, 286
  inlewing 37, 144, 205, 210, 270-271, 294,
    345, 358
  liefdestonele 110, 188, 263, 265, 277, 279,
    345, 354
  memorisering 34, 203, 269, 276, 278,
    294, 347
  mimiek 35, 169, 269, 296-297, 346
  monoloë 208, 271, 304
  omruil van rolle 108, 172, 262
  onbeplande gebeurtenisse 85, 89, 103,
    137, 149, 174, 193, 216-219, 223, 261,
    265, 269-274, 286, 288, 289, 319, 331,
    348
  persoonlikheid versus rol 74, 99, 194,
    245, 268, 271, 278, 302
  samespel 99, 157, 203, 205-206,
    224-225, 324
  selfsugtige spel 245, 260, 265, 279, 280
  spitsvondighede 216, 277, 279-281
  stereotipering 221, 244-245

teksgetrouheid 242
tekshantering 90, 193, 293, 297
verhoogvrees 108-109, 217
versprekings 47, 193
voorbereiding 23, 38, 99, 100, 105, 107,
  113, 122, 137, 142, 157, 186, 206, 229,
  231, 281, 298, 302, 317, 318, 329, 354
wagwoord 264
woorde vergeet 274, 276-277, 286,
  318-319, 330
sport 155, 179, 189, 328
spraak
  artikulasie 26, 31, 37, 38, 50, 53, 81, 89,
    100, 120, 157, 180, 185, 209, 220, 234,
    303, 335, 341
  oefeninge 26, 303
  projeksie 297
stand van toneel 235, 243-245, 423
studente 15, 19, 26, 49, 68, 77, 112, 116, 127,
  206, 220, 266, 325, 363
Suid-Afrikaanse Akademie vir Wetenskap
  en Kuns 119, 125, 169, 235, 275, 399, 404,
  411
Suid-Afrikaanse Vrouefederasie (SAVF)
  117
Suidwes-Afrika (Namibië) 111, 130, 131,
  151-154, 159
suksesstukke 38, 94, 107, 129, 157, 228,
  229, 236, 275
teater
  deurwag 104, 154
  geïmproviseerde verhoë 111, 151, 165, 181,
    196, 327
  gordyne 29, 35, 44, 50, 54, 56, 58, 66, 71,
    84, 102, 103-104, 108, 109, 135, 137, 139,
    143, 153, 162, 174, 189, 191, 197, 208,
    212, 214, 223, 224, 261, 264, 272, 283,
    286, 293, 319, 334, 340, 342, 353, 422
  kleedkamers 31, 45, 58, 65, 81, 120, 121,
    122-124, 150-151, 175, 183, 200, 222,
    256, 265, 271-273, 286, 288, 290, 291,
    299, 327, 342-343, 351
  kleërs 231, 288, 340
  koster 64, 78
  loket 293
  opelugopvoerings 67, 78

verhoë 31, 67, 78, 152, 190, 191, 195, 198, 216–217, 222, 243, 274, 278, 282, 327, 350, 352
verhoogbestuurder 104, 165, 288
verhooghulp 22, 161, 162, 352
verversingsafdeling 258
teaters 244, 269
  Alhambra, Kaapstad 259
  Bioskoopsaal, Paarl 32
  Brooketeater, Johannesburg 175
  Burgersentrum, Belville 342
  Burgersentrum, Rondebosch 358
  Duchess Theatre, Londen 235
  Grand Teater, Bloemfontein 146
  Her Majesty's, Johannesburg 231
  His Majesty's, Johannesburg 96, 244, 258, 269, 274, 276
  Hofmeyr, Kaapstad 115
  kerksale 61, 63, 128, 148, 218, 243, 281
  Kleinteater, Kaapsta 173, 268
  Kleinteater, Pretoria 175
  Koffiehuis 30
  Koninklijke Schouwburg, Brussel 235
  Koninklijke Vlaamse Conservatorium 49
  Nasionale Saal, Parow 65
  Operagebou, Kaapstad 99
  Operagebou, Pretoria 22, 31, 39–43, 200–203, 206, 214, 220–221, 259, 278
  Operahuis, Kaïro 352–353
  Ramblersaal, Bloemfontein 45
  Rekreasiesaal, Stellenbosch 140
  Spoorweginstituutsaal, Kaapstad 62
  Spoorweginstituutsaal, Waterval-Boven 222
  Springbok, Helwan 350
  Stadsaal, Beaufort-Wes 134
  Stadsaal, Bloemfontein 292
  Stadsaal, Caledon 188
  Stadsaal, Citrusdal 290
  Stadsaal, Colesberg 93
  Stadsaal, Darling 109
  Stadsaal, Heidelberg 214
  Stadsaal, Kaapstad 89
  Stadsaal, Krugersdorp 63, 338, 340
  Stadsaal, Makwassie 163
  Stadsaal, Pietersburg 108, 109
  Stadsaal, Pretoria 36, 86, 160, 288
  Stadsaal, Riversdal 138, 139
  Stadsaal, Robertson 295
  Stadsaal, Victoria-Wes 78
  stadsale 88, 89, 115, 162, 243, 244
  Stadshuis, Pretoria 22
  Standard-teater, Johannesburg 22
  Tivoli-skouburg, Kaapstad 208, 211
Teatertrust 50
televisie 13, 119, 126, 129, 131, 241, 297
terminologie 275, 276
toegangskaartjies 42, 47, 55, 93, 94, 95, 105, 127, 149, 150, 151, 160, 164, 168, 275, 292, 293, 325
toespraker 64, 78, 106, 343
toneelgpare 11, 66, 88, 112, 142, 147, 156, 157, 241, 295, 296
toneelgeselskappe 14, 15, 19–23, 29, 32, 39–40, 45–47, 49, 51, 53–55, 67, 69, 76, 81–82, 86, 89–90, 94–97, 99–101, 103–104, 106, 107, 109, 110, 112–115, 118, 125, 134, 136–138, 147, 155, 157, 158, 161, 163–166, 170, 174, 181, 184, 198, 208, 212–214, 226, 228, 229, 234, 236–237, 240–241, 243, 245, 247, 250, 253, 255, 258, 277, 281, 284, 293, 297, 298, 310–311, 313, 315, 348, 350, 352, 363, 371–372, 373, 382, 392, 399, 413
  Britse 42, 59, 69, 99
  buitelandse 54
  Nederlandse 28, 326
  Vlaamse 246
Toneelmuseum, NALN 21, 22, 27, 51
toneelopleiding 13, 20, 26, 28, 34, 47–48, 54, 56, 90, 121, 124, 142, 166, 268, 285, 302, 352
toneelskole 20, 28, 50, 95, 96, 142, 304, 374, 404
toneelstukke 11, 13, 15, 20, 22, 28, 30, 33, 43, 45, 46, 65, 69, 77, 96, 97, 99, 100, 102, 105, 106, 110, 117–119, 129, 130, 135–140, 142, 143, 145, 146, 148, 151, 152, 153, 155, 158–159, 160, 161, 166, 167, 169–172, 175, 180, 181, 199, 213, 224, 236–238, 242, 245–246, 251, 257, 276, 305, 306, 316, 320, 326, 330, 338, 342, 347–350, 354, 356–358, 363

aanhalings uit teks 146, 156, 201, 254, 257, 262–263
boekverwerkings 97, 143, 157, 158, 163, 167, 199, 204, 205, 220, 228, 236, 246, 255–256, 259, 267, 285, 317
  keuse van tekste 31, 68, 72, 83, 98, 137, 167, 183, 212–214, 228, 234–236, 238, 242, 245, 267, 305, 350
  opsomming van inhoud 37, 51, 70, 83, 86, 106, 212, 229, 252, 256, 266, 329
  vertalings 21, 30, 44, 66, 74, 82, 89, 97, 99, 102, 113, 116–119, 122, 128, 130, 156, 158, 159, 208, 209, 212, 229, 230, 233, 234, 242, 250, 256, 265, 267, 269, 305, 317, 342, 350, 353, 419, 421
  verwerkings 21, 32, 39, 99, 102, 106, 118–119, 128, 135, 143, 156, 166, 199, 256, 262, 402, 419
tragedie 67, 269, 288, 317, 326
tuistes van toneellui 124–125, 131, 132, 170, 172, 173, 177–178, 274, 306, 360
Tweede Wêreldoorlog 97, 114, 115, 151, 159, 160, 258, 341, 342, 347, 349, 352, 354, 388
Van Riebeeckfees 172, 280, 356
variété 80, 89, 208
vaudeville 42, 280, 326
verassing 132
verblyf 75, 318
  hotelle 54, 63, 69, 71, 90–91, 95, 110, 112, 114–115, 151, 157, 164–165, 181, 185, 195–196, 198, 218, 226–227, 231, 241, 249, 262, 267, 282, 286, 289, 300–301, 304, 316–317, 319, 323, 326–328, 335, 352
  kampering 91–92, 95, 158, 221
  losieshuis 71, 95, 246, 317–318, 323, 333, 334
  treinwaens 57–58, 60, 138, 231–233
  woonwaens 59, 63
Vereniging vir Drama en Opera, Krugersdorp 337

vergoeding 19, 22, 229, 292
verhoogname 52, 53, 58, 133, 156, 258, 285, 317, 430
Vlaamse teater 28, 30, 166, 169, 246
voetligte 64, 78, 79, 88, 182, 191, 195, 214, 261, 262, 318, 331, 353
voordragprogramme 20–21, 29, 44, 48–49, 51, 67, 70, 75, 88, 117, 162, 174, 365, 393, 423, 425, 427
voorgordyn 64, 77–78, 85, 103, 104, 105, 123, 152, 161, 288, 322
Voortrekkereeufees 337
werksomstandighede 53–55, 58, 60, 61, 63–64, 76, 91, 95, 97, 103–104, 112–113, 124, 158, 161, 165, 178, 188, 231, 243, 246, 255, 260, 264, 278, 297, 337, 351
  aanstelling 34, 46, 53, 70, 71, 72, 73, 99, 110, 126, 183, 193, 217, 240, 251, 259, 285, 294, 313, 315, 317
  beëindiging van diens 69, 70, 71, 75, 83, 114, 147, 190, 191, 193, 199, 226, 240, 265, 295, 337
  beserings 157, 223, 270
  dissipline 57, 74, 75, 83, 140, 176, 187, 233, 241
  drankmisbruik 115, 125, 157, 168, 188, 189, 190, 192, 232, 241
  dwelmgebruik 188, 193
  kameraderie 90, 325
  kansellering van opvoerings 109, 112, 150
  kleredrag in openbaar 140, 242
  kontrakte 35, 73, 74, 117, 129, 131, 228, 231, 240, 285, 312, 313
  salarisse 50, 51, 65, 69, 75, 90, 198, 240, 242, 357
  sedes 115, 137, 140, 141, 142, 233, 241, 258, 263, 305
  sensuur 259
  siekte 107, 325
  vakansie 105, 112, 142, 151, 176, 177, 186, 199, 323, 325, 326
wese van teater 13, 14, 277, 296